# MÉMOIRES

DE

# JEAN LANDRIEUX

# MÉMOIRES
## DE
## L'ADJUDANT-GÉNÉRAL
# JEAN LANDRIEUX

Chef d'état-major de la cavalerie de l'armée d'Italie
chargé du bureau secret

1795-1797

AVEC UNE INTRODUCTION BIOGRAPHIQUE ET HISTORIQUE

PAR

Léonce GRASILIER

---

TOME PREMIER
## BERGAME-BRESCIA

---

DEUXIÈME ÉDITION

---

PARIS
NOUVELLE LIBRAIRIE PARISIENNE
ALBERT SAVINE, ÉDITEUR
12, RUE DES PYRAMIDES, 12

---

Tous droits réservés.

# MÉMOIRES

DE L'ADJUDANT-GÉNÉRAL

# JEAN LANDRIEUX

*SOUS PRESSE*

---

MÉMOIRES

DE L'ADJUDANT-GÉNÉRAL

JEAN LANDRIEUX

II. Salo, Vérone, Venise.
III. Gênes, Fragments divers, — Étude sur la Correspondance de Napoléon Bonaparte.

---

IMP. CH. LÉPICE, 10, RUE DES CÔTES, MAISONS-LAFFITTE.

# MÉMOIRES
## DE
## L'ADJUDANT-GÉNÉRAL
# JEAN LANDRIEUX

Chef d'état-major de la cavalerie de l'armée d'Italie
chargé du bureau secret

1795-1797

AVEC UNE INTRODUCTION BIOGRAPHIQUE ET HISTORIQUE

PAR

Léonce GRASILIER

---

TOME PREMIER

## BERGAME-BRESCIA

---

PARIS
NOUVELLE LIBRAIRIE PARISIENNE
ALBERT SAVINE, ÉDITEUR
12, RUE DES PYRAMIDES, 12

1893
Tous droits réservés

IL A ÉTÉ TIRÉ

30 EXEMPLAIRES SUR PAPIER DE HOLLANDE

à 15 francs le volume

# JEAN LANDRIEUX

> « En fait d'histoire, il faut dire le bien et le mal ou ne pas écrire. Les actes héroïques et les fautes commises peuvent également servir de eçon. »
>
> CARDINAL BILLIET. — *Mémoire pour servir à l'histoire ecclésiastique.* Préface, p. VII.

Napoléon, alors dans l'éclat de sa toute-puissance, aperçoit un jour Landrieux sur la place d'armes de Versailles. Le lendemain, il s'enquiert auprès de Junot de ce que fait cet ex-colonel de hussards. A quoi le duc d'Abrantès répond que Landrieux vit à la campagne et cultive un petit bien voisin de son domaine. L'Empereur réplique sévèrement : « *Qu'il s'y tienne !* »

Une autre fois, c'est Murat, grand duc de Berg, qui demande à son aide de camp, le colonel de Chambry, s'il voit toujours leur ancien chef de brigade du 21e chasseurs. Sur la réponse affirmative de Chambry, Murat de s'écrier avec vivacité : « *Dites-lui bien que s'il bouge sur mon compte, je l'écrase !* »

Qu'avait donc fait Landrieux pour s'attirer le persistant ressentiment de ces deux hommes les plus puissants du jour ?

Ses *Mémoires* apprendront ce qu'il reproche à Bonaparte et laisseront lire entre les lignes ce que Bonaparte reprochait à Landrieux et ce qu'il ne lui pardonna jamais, quelles que fussent les circonstances. L'Empereur, en effet, garda jusqu'à la mort les rancunes du général en chef de l'armée d'Italie ; tandis que l'officier mis en disponibilité, puis retraité prématurément, demanda sans arrière-pensée, mais en vain, à reprendre son épée aux heures douloureuses des dernières défaites. Pour cela, il oublia ses propres fautes, ses violences de langage, ses invectives et ses débordements de haine contre l'homme qui brisa son avenir, qui pour ainsi dire l'annihila, et cela pendant que d'autres au contraire, des favorisés, des repus de gloire, d'honneurs et d'argent, abandonnaient ou trahissaient ce même homme qui les avait faits et qui les avait comblés.

Lorsque les pamphlets contre Napoléon, qui s'étaient jusque-là monopolisés en Angleterre, œuvres d'ennemis étrangers, d'adversaires peu loyaux, d'émigrés fanatiques, de serviteurs infidèles, tels que Guillaume Barré [1], ou de vulgaires traitres comme le général Sarrazin [2], apparurent en France après la chute et l'exil, Landrieux avait depuis longtemps écrit ses *Mémoires* dans la solitude et l'inaction parfois plus propices au développement de la haine qu'à son apaisement.

Ce n'est donc pas un soufflet appliqué sur la joue d'un

---

1. Guillaume Barré, ancien secrétaire particulier de Bonaparte, passé en Angleterre, auteur de *History of the french consulate under Napoléon Bonaparte* et de *The rise, progress, decline and fall of Buonaparte's empire in France*. London, J. Badcock, 2 vol. in-8°, 1804 et 1805. Ces ouvrages, introuvables aujourd'hui, ont servi de thème à l'œuvre du général Iung : *Bonaparte et son temps*, bien que cet écrivain se soit abstenu de les citer.

2. Le général Jean Sarrazin, ancien chef d'état-major de Bernadotte aux armées d'Allemagne et d'Italie, ancien général de brigade au service de Napoléon, quitta le camp de Boulogne en 1810, passa en Angleterre pour y vendre les plans de campagne qu'il avait dérobés et servir contre son pays. Il réclamait à l'Angleterre, pour prix de sa trahison, un traitement annuel de 3,000 livres sterl., 50,000 livres sterl. en échange de ce qu'il avait sacrifié, et 10,000 livres sterl. pour son usage immédiat. En outre, il exigeait le rang de lieutenant-général. Ses autres prétentions, selon Fauche-Borel (*Mémoires*), étaient aussi immodérées. Napoléon paraît, d'après le même auteur, s'être peu préoccupé de la conduite de Sarrazin. Condamné à mort pour crime de trahison, ce triste personnage rentra en France avec les Bourbons et fut nommé maréchal de camp des armées, mais sans activité. En 1817, il fut chassé de l'armée, accusé et reconnu coupable de bigamie en 1818 : il fut condamné aux travaux forcés, à la dégradation et à l'exposition, par arrêt de la Cour d'assises de la Seine, en date du 24 juillet 1819 (il avait

ennemi réduit à l'impuissance et c'est encore moins ce qu'on appelle le coup de pied de l'âne.

Si plus tard, lorsque parut la *Correspondance inédite et confidentielle de Napoléon Bonaparte* publiée en 1819 par le libraire Pankoucke, Landrieux, très surpris d'y lire des choses peu en rapport avec ce qu'il avait vu ou fait, reprend sa plume et donne un nouveau cours à sa mauvaise humeur, ne doit-on pas encore ramener cet emportement à sa juste valeur et ne voir là que la manie si commune aux *vieux grognards* de critiquer, de contredire des récits officiels arrangés à dessein, ou des romans fantaisistes qui ont la prétention d'exposer la *réalité*.

Tout cela permet de connaître aussi parfaitement que possible la situation de Landrieux vis-à-vis de Bonaparte, de prendre ce qui est vrai et de laisser de côté tout ce qui n'est que le fruit d'une imagination faussée par les déceptions qui avaient fortement aigri le caractère de cet officier intelligent et ambitieux.

Quant au ressentiment de Murat, rien dans les *Mémoires* ne vient l'expliquer. Landrieux, au contraire, parle très peu de son ancien subordonné et rarement s'abandonne contre lui à sa mauvaise humeur habituelle. Cependant, il existe entre eux une vieille rancune, pour des faits antérieurs à l'époque dont parlent les *Mémoires* et dans lesquels Murat n'a pas toujours eu le beau rôle. Tout cela s'expliquera par la suite, au cours de cette biographie de Jean Landrieux, travail ardu, malaisé à entreprendre, difficile à établir, attendu que l'existence de ce personnage serait absolument ignorée si ce n'étaient les deux ou trois mentions qu'on trouve de lui dans la correspondance de Napoléon Ier ([1]).

---

en effet épousé trois femmes), mais il fut au bout de deux ans gracié par le roi. Réfugié en Belgique il ne cessa de demander la révision de son procès jusqu'en 1848.

Pendant son séjour à Londres, il publia dans le *Times* un grand nombre d'articles très violents contre Napoléon Ier et en librairie des ouvrages contre l'Empereur et contre Murat qui, presque tous, furent traduits en anglais. Voir Quérard, *la France littéraire*, — Watt, *Bibliotheca Britannica* et ce que dit M. W.-J. Fitz Patrick dans son livre *Secret service under Pitt*, p. 297-360, in-8°. London, Longmans et C°.

1. Son nom est estropié dans le *Mémorial* qui le calomnie.

Les historiens, soit qu'ils l'aient ignoré, soit qu'ils l'aient négligé ou peut-être volontairement mis de côté, n'ont point parlé de lui. Les biographies générales ou particulières n'ont pas compris son nom dans leur répertoire ; qui pis est les recueils militaires ne l'ont pas davantage inscrit dans leurs colonnes, et même au ministère de la Guerre son dossier est fort incomplet.

Landrieux ne parle de lui dans ses *Mémoires* qu'en ce qui se rapporte aux deux années de sa vie pendant lesquelles il a été chargé du bureau secret, puis adjudant-général chef d'état-major de la cavalerie de l'armée d'Italie, c'est-à-dire 1796 et 1797, durant cette période qui va de la bataille de Lodi où il a été blessé à la chute de la République de Venise, à laquelle il a travaillé si activement et à la révolution de Gênes à laquelle il a présidé. Il est extrêmement rare qu'il parle de son existence antérieure et encore s'il le fait, c'est d'une façon tellement laconique qu'il paraît difficile de prendre cette indication pour un point de repaire dans ce passé inconnu. Cependant il se trouve dans ses papiers ou pièces justificatives (¹) quatre brouillons différents d'une

---

Les *Mémoires* de Masséna donnent une lettre de lui à Augereau : leur rédacteur, le général Kock, a, d'ailleurs, abondamment emprunté au manuscrit des *Mémoires* de Landrieux qu'il cite en appendice, mais qu'il ne semble pas avoir lu avec l'intention d'en tirer tout ce qui concerne le duc de Rivoli, ce qui lui a permis d'attribuer à Kilmaine la responsabilité d'une persécution qui fut l'œuvre de Bonaparte.

1. A la Bibliothèque nationale, les manuscrits de Landrieux sont inscrits sous les cotes 7981 et 7982 du fonds français. Le premier volume (Mss A), comporte *Mémoires, Fragments et Etude de la Correspondance de Bonaparte, publiée par Panckouke;* le deuxième (Mss B), contient les pièces justificatives au nombre de 463. Les notes autobiographiques sont aux folios 56, 58, 59, 61. Au ministère de la Guerre, les *justifications* donnent aussi de précieux renseignements biographiques. Les notes autobiographiques du Mss B remontent à des dates diverses. Le folio 58 a dû être rédigé à l'époque où Landrieux ruiné fit appel à la générosité du roi. Le folio 56 paraît dater au contraire du début de la Restauration. Le folio 61 est rédigé postérieurement à 1816; Landrieux termine en demandant du service, quoiqu'il ait plus de soixante ans, mais ne parle pas de sa ruine. Enfin, dans la rédaction du folio 59, qui raconte brièvement le séjour de Louis XVI

très succinte autobiographie, très insuffisante, très discrète il est vrai, mais qui a servi de point de départ à des recherches qui ont amené la possibilité d'écrire cette première biographie.

chez les Truet et le rôle que Landrieux s'attribue en cette circonstance, il se dit âgé « quoique sans infirmité » et parle de sa ruine. Cette dernière note est à rapprocher, comme date, du folio 58.

I

Jean Landrieux, naquit le 13 février 1756, à Lavaur, où son père, Nicolas-Louis Landrieux, exerçait la profession de confiseur [1].

Nicolas-Louis Landrieux, fils d'un invalide pensionné [2], originaire de la paroisse de Manival, dans le même diocèse de Lavaur, était employé à l'office de l'évêque, Mgr Jean-Joseph de Fontanges, lorsqu'il épousa, en 1751, Marie-Catherine Thouzery plus âgée que lui de deux ans, fille de Guillaume Thouzery, bedeau du chapitre de Saint-Alain. Il en eut quatre enfants, *Guillaume*, qui semble ne pas avoir

---

1. *Extrait des registres de baptême de la ville de Lavaur, département du Tarn :*
Le quatorze février 1756 a été baptisé Jean, fils de Nicolas-Louis Landrieux, marchand, et de Catherine Thouzery, mariés. L'enfant né le jour d'hier. Parrain, Jean Foulquet, licencié en droit ; marraine, Jeanne Vilary. Le père présent a déclaré n'avoir d'autre enfant mâle du même nom. Témoins : Larteur, Travet, qui ont signé avec moi, Renaut, chanoine-sacristain, ainsi signé :
Landrieux père, Travet, Lartèur,<br>Foulquet, J. Vilary.
(*Archives municipales de l'hôtel de ville de Lavaur. — Archives de la Guerre*, dossier Landrieux).

Ce qui a rapport à la famille Landrieux nous a été, sur nos indications, communiqué par M. Ad. Bousquet, l'érudit secrétaire de la mairie de Lavaur, qui a bien voulu faire pour nous de longues et minutieuses recherches.

2. Archives de la Guerre, doss. Landrieux : *Etat abrégé des services de Landrieux depuis le commencement de la Révolution et observations pour éclairer le Comité de Salut public sur sa conduite politique, révolutionnaire et militaire et sur sa capacité.* Cette pièce fut rédigée en 1794 pour répondre à la demande du Commissaire de l'Organisation et du Mouvement des Armées.

vécu, *Anne* dont on ignore la destinée, *Jean* qui est celui dont on s'occupe ici, enfin un autre fils, nommé *Guillaume* comme le premier.

La famille Landrieux paraît avoir joui d'une modeste aisance. Le père, qui avait, même après son mariage, conservé son emploi à l'office de l'évêque, finit par s'établir confiseur vers 1754 et se créa promptement une bonne clientèle. Mais il sut surtout s'attirer l'estime de ses compatriotes : aristocratie, noblesse de robe, bourgeoisie se plurent à lui témoigner leur bienveillance en maintes circonstances. On voit, par exemple, une demoiselle Anne d'Abeilhou, épouse de M. d'Audegaud, avocat au Parlement, tenir la fille de Landrieux sur les fonds baptismaux ; son dernier fils, Guillaume, eut pour parrain messire Guillaume Fontanges, seigneur de Velzie, neveu de l'évêque, et pour marraine dame Marie-Anne de la Claverie de Fonpech, veuve de messire Jean-Jacques de Dupuy, baron de Saint-Paul, seigneur de Montesquieu, et avec ces parrain et marraine signèrent à l'acte de baptême : de Soupet, Pagès du Travet, Dupuy de Montesquieu, Baudier de Tyssode, La Devèze ; enfin ce sont les archidiacres, vicaires généraux et doyens du chapitre qui administrent les sacrements.

Louis-Nicolas Landrieux mourut en octobre 1771, n'ayant pas encore atteint sa cinquantième année et fut inhumé dans le cimetière paroissial, tandis que sa femme, qui décéda le 27 mars 1773, fut déposée, par privilège, dans la nef de l'église de Saint-Alain, où son père, l'ancien bedeau, alla la rejoindre deux mois après, âgé d'environ quatre-vingt-dix ans.

Jean et Guillaume reçurent une très bonne éducation, grâce à l'appui du clergé et des protecteurs influents qui s'étaient intéressés à eux. Guillaume, le plus jeune, problablement pour soutenir le fonds de commerce paternel qui lui était échu, épousa, à peine âgé de seize ans, Marie-Françoise Gazaniol, fille d'un négociant de Lavaur. On ne sait ce qu'il advint de lui jusqu'après le 9 thermidor, époque à laquelle il fut nommé juge de paix du canton de Lavaur (1).

---

1. « A cette époque-là, il y avait trois juges de paix à Lavaur, dont un pour la ville (*intra muros*), un second pour la banlieue et un troisième pour le canton qui était en outre « officier de

La succession du fonds de commerce était échue au fils cadet, parce que l'aîné avait été destiné à la carrière ecclésiastique. Jean Landrieux, en effet, après ses humanités, était entré au grand séminaire et avait été tonsuré; peut-être même l'était-il déjà, comme cela se pratiquait assez fréquemment à cette époque. En tout cas, la vocation du séminariste ne paraît pas avoir été bien sérieuse. Comme tant d'autres, elle n'était que le résultat d'influences ambiantes, de volontés familiales, ou simplement de condescendance respectueuse aux désirs de hautes personnalités. Si le jeune homme s'était adonné avec ardeur aux études classiques, si les auteurs latins et même grecs lui devinrent familiers, il ne semble pas avoir fait beaucoup de progrès dans les voies de la perfection chrétienne. Jésus-Christ, le maître qu'il s'apprêtait à servir bientôt, comme prêtre, a dit : « Méfiez-vous, l'esprit est prompt et la chair est faible. » Malheureusement, chez Jean Landrieux l'esprit était naturellement très vif et, comme il se méfiait peu ou point, il arriva que la chair faiblit tout à fait.

Une demoiselle de Lavaur, sœur de la femme de son frère Guillaume, Perrette Gazaniol, qui redoutait de rester vieille fille et n'avait nulle envie de coiffer sainte Catherine, fit tomber le pauvre clerc en tentation. La chronique scandaleuse de l'époque ne raconte point le fait : aussi ignore-t-on lequel des deux, du séminariste dans sa dix-huitième année ou de la péronnelle courant sur ses vingt-trois ans, livra l'assaut d'amour auquel l'autre succomba.

Mais, à défaut de la chronique parfois suspecte, un document probant fort original en sa forme, un document officiel, exhumé des vieilles archives de l'hôtel de ville de Lavaur, trahit l'aventure amoureuse du jeune abbé.

C'est la déclaration de la partie la plus intéressée :

« L'an mil sept cent soixante-quatorze et le trentième jour du mois d'octobre, par devant nous Jean-François Pagès, Sr du Travet, premier consul de la ville de Lavaur et dans notre maison d'habitation audit Lavaur, étant assisté du Sr Cau, notre greffier ordinaire,

---

police ». Ils siégeaient alternativement selon que les affaires à juger étaient de leur ressort et souvent aussi pour se remplacer mutuellement. » Communication de M. Ad. Bousquet.

« A comparu D^lle Perrette Gasaniol, fille à feu Jean-Antoine, habitante de cette ville, âgée de vingt-trois ans environ. Laquelle après serment par elle fait de dire la vérité, sa main mise sur les saints Evangiles, a dit et déclaré être enceinte depuis la my mois de juin dernier, des œuvres du S^r Jean-Jacques Landrieux, clerc tonsuré, pour lors habitant de cette ville, nous a requis acte de sa déclaration que luy avons concédé. Requise de signer a signé avec nous et notre greffier, à Lavaur, les mois et jours que dessus.

Pagès du Travet, 1^er consul, Perrette Gasaniol, Cau, greffier (1).

Que s'était-il passé depuis la mi-juin — époque à laquelle commencent les vacances des grands séminaires, où l'air déjà chaud, tout parfumé des senteurs grisantes des foins, trouble les esprits — jusqu'à cette fin d'octobre, avec ces jours plus calmes, en cette nature mélancolique au seuil de l'hiver triste? Il dut y avoir, après l'aventure et surtout après la constatation de son irréparable conséquence, une lutte continuelle entre la femme qui voulait le reprendre, le garder, et le jeune homme honteux, repentant, sentant doublement sa faute, puisqu'il se destinait au chaste célibat du sacerdoce.

Avec le mois d'octobre les vacances finissaient, l'abbé Jean rentra dans son séminaire, espérant y trouver le pardon, la paix et l'oubli. Mais Perrette Gazaniol ne lâcha pas ainsi sa proie. A peine la porte refermée sur le clerc tonsuré, elle se rendit devant le premier magistrat de la ville pour faire la déclaration qu'on a lue.

Ce n'était pas une vaine formalité, comme on pourrait

---

1. *Archives de la ville de Lavaur* : — Communication de M. Ad. Bousquet, secrétaire de la mairie, qui a bien voulu nous écrire à propos de cette pièce : « Quant au doute que vous paraissez avoir sur la question de savoir si *Jean* et *Jean-Jacques* Landrieux sont ou non la même personne, je crois, moi qui ai à plusieurs reprises parcouru un à un tous les actes paroissiaux de Lavaur, depuis les temps les plus reculés jusqu'à 1792, et qui n'ai pas trouvé d'autres actes concernant cette famille que ceux dont je vous ai donné copie, pouvoir conclure que *Jean* et *Jean-Jacques* n'ont été qu'une seule et même personne. Il arrive, du reste, fort souvent que dans les familles on donne aux enfants des prénoms qu'ils n'ont pas. »

le croire; loin de là, et la demoiselle avait dû être fort bien conseillée par un homme au courant du droit canonique.

Il était d'usage alors, comme aujourd'hui du reste, que le samedi des Quatre-Temps qui précèdent la fête de Noël, l'évêque fît une ordination, c'est-à-dire conférât les ordres majeurs et mineurs aux séminaristes de son diocèse. Mais il est de règle que l'on ne confère les ordres à un clerc qu'après que publication en ait été faite préalablement au prône de son église paroissiale, ainsi que cela se pratique avant la célébration des mariages. Cette publication de bans invite également les fidèles à faire connaître « sans malice ou sans cause illégitime », si quelque empêchement s'oppose à ce que le postulant reçoive l'ordre en question.

Or, les bans pour Jean Landrieux, clerc tonsuré, postulant aux ordres mineurs, durent être publiés à la fin de novembre ou dans les trois premiers jours de décembre; sans perdre de temps, le 4 décembre, la vindicative Perrette s'en fut retirer un extrait de sa déclaration faite cinq semaines avant ([1]) et le porta à l'officialité de Monseigneur l'évêque, qui manda l'accusé.

Le pauvre clerc dut confesser sa faute, en présence d'une accusation si formellement faite « la main mise sur les Saints Evangiles », puis il s'entendit refuser les ordres et bannir du séminaire.

Y eut-il scandale? Tout au moins, les mauvaises langues durent s'en donner à plaisir et l'abbé ne fut pas sans quelque honte.

Perrette Gazaniol triomphait sur un point. Sa vengeance était satisfaite; restait à satisfaire son amour-propre, mais elle fut absolument déçue sur le second point: la réparation du dommage fait à sa vertu. Jean Landrieux refusa obstinément de l'épouser et ce fut sa vengeance à lui.

Après de telles aventures scandaleuses, plus ou moins bruyantes, le séjour de sa ville natale devenait impossible à l'ex-séminariste; il importait de déguerpir, d'aller ailleurs se

---

1. La pièce donnée pages 12 et 13 se termine en effet ainsi après les signatures : « Signé à l'original dont le présent extrait a été tiré par nous, greffier en chef soussigné.

A Lavaur, ce 4 décembre 1774.

CAU, *greffier*.

faire oublier tout au moins pour un temps. Précisément, son oncle maternel, l'abbé Le Bosc de Touzery était sur le point d'entreprendre un voyage en Italie; il fut décidé que Jean Landrieux l'accompagnerait et qu'au retour on prendrait une décision selon les circonstances.

Pendant l'année 1775 l'oncle et le neveu visitèrent les principales villes d'Italie. L'abbé Le Bosc, grand amateur d'antiquités, se plut non-seulement à montrer à son neveu les monuments et les musées, mais aussi à lui faire admirer les collections privées qui n'étaient point ordinairement ouvertes à de simples touristes et notamment, à Bologne, les galeries du palais Caprara (²).

Si l'abbé Le Bosc de Touzery avait eu l'espoir que le séjour de la Ville Éternelle aurait quelque influence sur l'esprit de son neveu et lui redonnerait un regain de vocation, il semble s'être absolument abusé. De retour en France, il ne fallut pas songer à rentrer à Lavaur; aussi décida-t-on de placer Jean Landrieux à Toulouse où l'ex-séminariste suivit les cours de l'Université, étudiant la médecine et le génie (³).

Il avait, en effet, un goût prononcé pour les sciences, mais il dut concurremment s'adonner à l'étude du droit, peut-être pour satisfaire aux désirs de son parrain et ce fut probablement à Toulouse qu'il se fit, quelques années plus tard, recevoir avocat au Parlement.

Pendant une période de vacances, il accompagna les ingénieurs géographes Drugeon et Claveaux (⁴) et travailla avec eux à la levée des plans des places fortes de la frontière d'Espagne et à la carte des Pyrénées.

---

1. Le nom de Le Bosc, pas plus que la particule, ne figure sur les actes relatifs au père et à la sœur de cet abbé. La particule seule est toutefois portée sur l'acte de mariage de Jean Landrieux devant le nom de sa mère.

Malgré nos demandes réitérées auprès de l'archevêque d'Albi. il nous a été impossible d'obtenir le moindre renseignement sur cet abbé.

2. Mss. A. folio 21, note 114.

3. Mss. B. Note autobiographique, folio 58. — Archives de la Guerre, doss. Landrieux : *Etat abrégé des services de Landrieux*, note autographe.

4. Archives de la Guerre, doss. Landrieux : *Etat abrégé des services de Landrieux.*

C'est tout au plus si Landrieux resta trois ans à Toulouse. Son oncle, ayant eu l'occasion de venir séjourner à Paris, l'emmena avec lui, et le jeune homme y reprit à son aise ses études variées, suivant les cours du collège des Quatre-Nations, entre autres ceux du célèbre mathématicien Marie (1), travaillant dans les bibliothèques, notamment à la Bibliothèque du roi, où, probablement en compagnie de l'abbé Le Bosc, il lisait les vieux manuscrits (2).

Le maître déteint toujours sur l'élève ; aussi, d'après Jean Landrieux, peut-on se faire une idée de ce qu'était l'abbé Le Bosc de Thouzery : un vieux savant, très érudit, grand amateur d'anticailles et de numismatique, très ferré en histoire à l'égal de M. Rollin, connaissant ses auteurs à fond, et par-dessus tout cela, juriste, canoniste, casuiste et gallican. On devait, dans la conversation, qui parfois dégénérait en discussion, fort morigéner le pape, qui ne s'en doutait guère, et cette manie de l'oncle passa au neveu, qui ne se gêna pas, le cas échéant, pour dire son fait à Sa Sainteté (3). Les dissertations savantes n'étaient pas ennuyeuses ; les interlocuteurs étant des gens spirituels, aimables et parfois acerbes, la boutade, l'épigramme devaient être monnaie courante dans cette société, et le jeune homme y acquit un tour d'esprit amusant, caustique, qui en fit un causeur agréable.

Ces avantages, joints à un extérieur assez avenant, con-

---

1. Archives de la Guerre, doss. Landrieux : *État abrégé des services de Landrieux*. — L'abbé François-Joseph Marie succéda à Lacaille, mort le 21 mars 1762, dans sa chaire du collège des Quatre-Nations. En 1782, il devint avec l'abbé Guenée sous-précepteur des fils du comte d'Artois. A la Révolution, il émigra et suivit le comte de Provence, dans l'intimité duquel il vécut à Mittau. En 1801, il se tua d'un coup de poignard. Landrieux parle souvent de lui dans ses *Mémoires*.

2. Il est fait à ceci plusieurs allusions au cours des *Mémoires*. Landrieux fut, d'ailleurs, toute sa vie grand liseur : ses dissertations historiques prouvent l'intérêt qu'avait pour lui le passé des régions où il faisait campagne ; il a, notamment, étudié d'une façon tout spéciale la *Description historique et critique de l'Italie ou Nouveaux mémoires sur l'état actuel de son gouvernement, des sciences, des arts, du commerce, de la population et de l'histoire naturelle*, par l'abbé Richard, 6 vol. in-12.

3. Voir *Mémoires*, I, p. 13, note.

tribuèrent sans doute beaucoup à le faire admettre dans les sociétés où le présentait l'abbé. C'est ainsi qu'il entra chez le marquis de Montesquiou-Fezensac où l'introduisaient encore de puissantes protections venues du pays natal. Il devint dans la maison de Montesquiou, rendez-vous de gens de goût et de beaux esprits, une sorte d'homme indispensable.

Le marquis, qui avait la charge de premier écuyer de Monsieur, frère du Roi, comte de Provence, plus tard Louis XVIII, ne tarda pas à faire entrer Landrieux en qualité de secrétaire aux écuries de ce prince. L'abbé Le Bosc de Thouzery étant mort, le jeune homme vint habiter les dépendances des écuries bâties en 1779 au faubourg Saint-Germain, entre les rues Plumet et de Babylone, sur un terrain précédemment en marais que le comte de Provence avait acquis et sur lequel il fut autorisé à établir, pour la commodité de ses écuries, une rue qui s'appela la rue de Monsieur (1).

En 1780, lors de la création des chevaux de poste, Landrieux fut nommé inspecteur des relais de Monsieur, par suite d'un arrangement avec le baron d'Oigny, maître des cérémonies honoraire de l'Ordre royal et militaire de Saint-Louis, surintendant général des Postes, Relais et Messageries; peu après, il eut le contreseing de ces écuries. Sa signature et son écriture furent, à cette occasion, reconnues et enregistrées à l'administration des Postes.

Landrieux exerça ces fonctions d'inspecteur à tous les voyages que fit le prince à Strasbourg, à Vichy, et aux chasses de la capitainerie de Senart dont il était lieutenant. Il conserva cette charge jusqu'en 1791, époque du départ du comte de Provence pour l'exil (2).

La charge ne devait pas être bien lourde, et si elle n'occupait le fonctionnaire que pendant les déplacements du prince, on comprend, dès lors, qu'il ait pu aisément passer tous les ans plusieurs mois au château de Maupertuis, en Brie.

Le marquis de Montesquiou avait en effet acquis, le 16 mai 1778, du duc de Luynes, la seigneurie de la ville et

---

1. F. et L. Lazare, *Dictionnaire administratif et historique des Rues et Monuments de Paris*.
2. Mss. B, folio 59.

châtellenie de Coulommiers, qui se composait alors de onze paroisses : Coulommiers, Aulnoy, Girmoutiers, Mouroux, Saint-Augustin, Beautheil, Saints, Chailly, Saint-Rémy de la Vanne, Saint-Siméon et Maupertuis, avec la haute, moyenne et basse justice de Fontaine-Archer dans la paroisse de Saints ([1]). Il choisit pour résidence Maupertuis, un petit village très sain, très pittoresque, fit mettre le château en état et, pour plus de commodité, ordonna d'établir la grande route de Coulommiers à Rozoy et à Fontenay.

Landrieux eut là maintes occasions de déployer ses talents d'ingénieur, car le châtelain, en veine de transformation, fit faire une grande rue pavée qui allait des pavillons du château à la place principale du village également pavée. Autour de cette place on construisit une église d'assez bel effet, un presbytère, une maison pour le maitre d'école, une autre pour les sœurs de charité appelées à soigner les malades et faire l'école aux filles, enfin, pour terminer l'ensemble, plusieurs autres maisons destinées aux particuliers et une fontaine donnant une eau excellente ([2]). La mode était, à cette époque, aux jardins, aux parcs, dans le genre dit anglais mais mieux dénommé *rococo*. Le marquis de Montesquiou ne put faire autrement que de suivre le goût du jour. Il fit donc créer dans un site vraiment ravissant, ce parc idéal, cet *Elysée* que l'abbé Delille chante en son Poème des Jardins :

> Maupertuis, le Désert, Rincy, Limours, Auteuil,
> Que dans vos frais sentiers doucement on s'égare.

Pyramides « formées à l'instar de celle d'Egypte », grottes, tombeaux, temples en ruine, colonnes tronquées, sources, nayades, lacs, îles, ruisselets avec petits ponts, rien n'était oublié et tout portait des inscriptions grecques, latines, françaises, en style épigraphique ou en vers dans le goût

---

1. Michelin, *Essais historiques sur le département de la Seine-et-Marne*, Melun, 1828, t. II, p. 1302.
2. Le domaine comportait cent quatre-vingt-dix-sept arpents de terre labourable, cinquante-trois arpents en parc, garenne et remises, vingt-sept en prés, vingt-cinq en vignes, luzernes et terres en friche.

de ceux-ci que Landrieux, s'il se les est rappelés, fut à même de méditer en sa vieillesse triste :

> *Insensé qui poursuis sur la scène du monde*
> *La vaine image du Bonheur,*
> *A toi même rendu dans cette paix profonde,*
> *Tu sens avec effroi le vide de ton cœur,*
> *Tu sens que tout s'échappe et fuit comme cette onde.*

Il y avait aussi l'inévitable chaumière, comme à Trianon, un moulin et même un fort escarpé, avec un pont-levis et des palissades, que l'on aurait dit « bâti par un de ces anciens chevaliers qui s'armaient pour protéger la faible beauté et la soustraire à de lâches ravisseurs (1). » Près de là était l'Ile des Jeux, où il y avait une *roue de fortune* et un jeu de bagues. Bref, l'Elysée « était un jardin des plus pittoresques, à cause des variétés que présentaient les collines et les vallons qu'il renfermait. C'était un jardin anglais fourni par la nature, embelli par le goût, qui enchantait les étrangers qui venaient le voir (2). »

A peine revenu, le 1er juillet 1785, d'un voyage à Vichy où, en sa qualité d'inspecteur des relais, il avait dû accompagner Monsieur, parti de Paris le 20 juin pour aller voir Mesdames Adélaïde et Victoire de France qui faisaient une cure (3), Landrieux eut à s'occuper des préparatifs d'une fête féerique que le marquis de Montesquiou voulait offrir dans son parc, en la nuit du 29 juillet, au frère du Roi.

Cette fête attira un concours nombreux de seigneurs et de peuple. Elle devait avoir lieu au sortir de table, sur les onze heures du soir, mais le mauvais temps ne le permit pas, elle ne put commencer que vers les minuit et demie. A peine la pluie avait-elle cessé qu'on alluma les terrines destinées à éclairer les sentiers que Monsieur devait suivre et les tableaux dont on voulait le faire jouir. On alla d'enchantements en enchantements, des grottes aux lacs, des rochers aux îles. Sur un premier lac, on vit apparaître le célèbre danseur Dugazon habillé en blanchisseuse, il mon-

---

1. Michelin, *Essais historiques sur le département de Seine-et-Marne*, t. II, p. 1306.
2. Michelin, *id.*
3. *Mercure*, numéros de juin et juillet 1785.

tait une petite barque et la scène qu'il mima amusa beaucoup le prince. On passa ensuite du côté du fort qu'un détachement de l'Arquebuse de la ville de Coulommiers attaqua avec tout le déploiement de la pyrotechnie. De là, Monsieur fut conduit sur les bords d'un lac où se donnaient des joutes aux accords d'une musique militaire, tandis que dans l'île un danseur de corde faisait merveille au milieu des danses pittoresques et des jeux de toutes sortes.

Quand il eut admiré, sur le penchant d'un coteau, le spectacle surprenant de toute une chasse à courre éclairée à giorno, le royal visiteur vint au palais des Nayades dont Dugazon « en costume de nymphe » lui fit les honneurs; il était près de quatre heures du matin et le grand jour força tout le monde à se retirer pour prendre du repos.

C'est le seul souvenir historique qui soit resté de ce domaine qui n'existe plus. A peine retrouve-t-on, par-ci par-là, les restes de l'Élysée. Quant au château, huit ans après, la torche révolutionnaire le détruisait entièrement et le temps peu à peu a emporté ses derniers vestiges [1].

Non loin de la commune de Saints, toujours dans ce parc immense, au milieu des bosquets, des ruisseaux et des cascatelles se trouvait une jolie habitation nommée les Coteaux [2]. C'est là que logeait le famillier des Montesquiou, l'ami de l'abbé Lefort, vicaire de la paroisse de Saints, quand il dût prendre un logement hors du château en 1787, lors de son mariage.

Au cours de ses voyages sur la route de Paris à Strasbourg par Châlons et Nancy, l'inspecteur aux relais avait eu maintes fois l'occasion de passer par Dormans, charmante petite ville bâtie sur un coteau qui domine la Marne aux confins de la Brie et de la Champagne, entre Château-Thierry et Épernay. A l'entrée de la ville, en face la caserne de la maréchaussée, près du bac qui traversait la rivière et que remplace aujourd'hui un pont suspendu, se trouvait l'auberge du *Lion-d'Or* où s'arrêtait *la poste* et tout à côté une vaste maison d'assez belle apparence habitée par un des plus notables négociants de Dormans, le sieur Truet, pro-

---

1. Le marquis avait dû émigrer. Il trouva son domaine en ruine quand il rentra en France, après thermidor.

2. Oudiette, *Dictionnaire topographique du département de Seine-et-Marne*. 1821.

priétaire de l'auberge du *Louvre* (¹), père de trois jeunes filles que Landrieux dut remarquer.

Les Truet étaient d'une vieille famille de Dormans. Déjà en 1655, un Nicolas Truet était maire royal de cette petite ville et son descendant, le sieur Truet, fut aussi, comme on verra plus loin, placé à la tête de la municipalité, tandis que son frère, Nicolas-François Truet, était entré dans l'ordre des chartreux.

Est-ce hasard d'une rencontre fortuite, connaissance faite pendant un séjour d'inspection, présentation à la famille par le fils Truet qui étudiait à Paris les sciences et la pharmacie et qu'il pouvait bien fréquenter? Le fait est que Landrieux s'éprit de la fille aînée et sollicita sa main qui lui fut accordée.

Le 25 juillet 1787, Jean Landrieux, avocat au Parlement, inspecteur des relais de Monsieur, frère du roi, secrétaire aux avis de ce prince (²), épousait Augustine Rosalie Truet, fille de Jean-Baptiste Truet et de Marie-Françoise Le Grand.

Le mariage fut célébré, en la vieille église romane dédiée à saint Hippolyte, par messire Nicolas-Antoine Remy, curé de Maupertuis-en-Brie, aumônier des écuries de Monsieur, frère du roi, chapelain de l'Ordre royal militaire hospitalier de Saint-Lazare de Jérusalem et commandeur de l'Ordre du Mont-Carmel (³) avec permission et assistance de Nicolas Clairin, curé de Dormans, assisté également de l'abbé Torri, vicaire de Maupertuis, et de l'abbé Lefort, vicaire de Saints, en présence de « très haute et très puissante dame Jeanne-Marie Hocquart de Montfermeil, marquise de Montesquiou (⁴), épouse de très haut et très puissant seigneur

---

1. Cette maison, qu'a longtemps habitée le docteur Lécuyer, est encore appelée *le Louvre*.

2. L'acte porte : fils de défunts Nicolas-Louis Landrieux et Marie de Thouzery (*Registre de la paroisse de Dormans*. Communication de M. l'abbé Z. Perinet, curé doyen de Dormans).

3. L'abbé N.-A. Remy fut, avec J.-E. Raby et Michon père, de la commune de Maupertuis, envoyé à l'échafaud, à Meaux, le 2 mars 1794, en compagnie de sept autres victimes, par le représentant du peuple Maure (*Recherches sur l'Histoire de la Révolution dans la Brie*. Meaux, 1876, in-32, p. 58.)

4. Marquis de Montesquiou, *Histoire de la maison de Mon-*

Anne-Pierre de Montesquiou Fezenzac, premier écuyer de Monsieur, frère du roi, chevalier des Ordres de Sa Majesté », et de sa sœur « dame Louise Honorine Hocquart, épouse de Monsieur de Martinet, chevalier de l'ordre de Saint-Louis, major du régiment du Dauphin. »

Le fait de voir de si hautes et si puissantes dames, accompagnées du clergé de leur domaine, quitter leurs somptueux châteaux, venir se loger en une modeste et peu confortable demeure après une route assez longue, pour assister au mariage d'un humble inspecteur aux relais, ne prouve-t-il pas sufisamment l'attachement et l'estime qu'avait la famille de Montesquiou pour Landrieux (¹).

Du côté de l'épouse, on ne trouve point d'aussi grands noms ni d'aussi hautes situations, tant s'en faut. Les assistants sont : J.-B. Nicolas Couvé, perruquier et André Collignon, menuisier, habitants de Dormans, ses témoins; ses père et mère, son oncle et sa tante, J.-B. Piéton, négociant, demeurant à Saint-Martin-d'Albois et sa femme Marie-Françoise Truet, enfin, ses frère et sœurs, Charles-Alexandre, Julie et Victoire Truet.

Le matin même de la cérémonie, sur les dix heures, avant de se rendre à l'église, on avait passé le contrat par devant le notaire royal de Dormans. Les deux époux adoptèrent le régime de la communauté suivant la *coutume* de Vitry. Landrieux apportait huit mille livres qu'il avait acquises ou qu'il tenait de ses parents décédés ; le père Truet constituait à sa fille une dot de pareille somme dont il promit de payer provisoirement la rente de quatre cents livres. En cas de décès de l'un ou l'autre des époux, il fut établi que le survivant aurait en préciput ses habits et le linge à son usage, un lit garni à son choix et un cheval équipé du prix de huit cents livres, ou ladite somme en deniers. Il fut

---

*tesquiou*, Paris, 1856. — Les Hocquart, grands propriétaires à Montfermeil et au Raincy, étaient une famille de robe. Un d'eux périt sur l'échafaud dans la fournée des Parlementaires que le menuisier Trinchard, l'un des jurés, invitait sa *chaire amie et épouge* à venir voir juger le 1ᵉʳ floréal an II. (Émile Campardon, *Le tribunal révolutionnaire de Paris*, p. 306 et 488.)

1. Rien ne tend à faire supposer que la famille de la mariée fu en quoi que ce soit en rapport avec la maison de Montesquiou, et qu'elle eut une part quelconque à revendiquer dans l'honneur fait à Landrieux.

en outre stipulé, qu'en cas de mort de l'époux, l'épouse aurait un douaire de deux cents livres (¹).

Pendant trois ans, les époux vécurent tranquillement, partageant leur temps entre Paris et Maupertuis, l'hiver rue de Monsieur, et tout le reste de l'année en cette habitation champêtre des Côteaux, où Landrieux se ressouvenant de ses premières études, se mit à exercer la médecine jusqu'au jour où la Révolution vint tout bouleverser.

Le marquis de Montesquiou avait certes des prétentions à une noblesse des plus reculée puisque dans un procès qu'il gagna, il établit qu'il descendait en ligne directe de Clovis, ce qui lui attira cette saillie de Maurepas : « Maintenant, nous espérons qu'au moins vous voudrez bien ne pas *retraire* le royaume de France (²); » mais c'était un homme instruit, aux idées larges. Seulement ses prétentions au bel esprit nuisirent quelque peu à son esprit naturel et à ses talents véritables. Il était le famillier et le protégé du comte de Provence, « ce bel esprit de café de province, » selon l'expression de Créquy (³). Il s'adonna pendant un temps à la littérature, écrivit des comédies qu'il faisait jouer en son hôtel par des amateurs, et crut que c'était là un titre suffisant pour se présenter à l'Académie, en remplacement de l'ancien évêque de Limoges, M. de Coëtlosquet, qui n'en avait eu aucun. Il va de soi qu'il fut admis. Il s'était peu à peu débarrassé de ce que l'on pouvait appeler les travers de son esprit et s'était repris aux études sérieuses, lorsqu'en 1789, envoyé par la noblesse de Paris aux États généraux, il fut un des quarante membres de cet ordre qui se réunirent les premiers au Tiers-État. Il étonna ses collègues autant par son libéralisme que par la solidité et l'étendue de ses connaissances en matière de finances et d'administration. Élu président de l'Assemblée en 1791, il se sépara dignement du parti de la Cour après le retour de Varennes et, la session terminée, on lui donna le commandement de l'armée du Midi. Il réprima d'abord les troubles de cette contrée, puis profitant de la jonction du roi de Sardaigne à la Coalition, il prit l'offensive et s'empara de la Savoie presque sans coup férir, tandis que son lieutenant, le général Anselme, qu'il

---

1. Communication de Mᵉ Fenaux, notaire à Dormans.
2. *Biog. Didot.*
3. *Mémoires du prince de Ligne*, p. 71.

avait détaché sur Nice, s'emparait de même de ce comté. Les services qu'il avait rendus à la patrie ne purent l'empêcher d'être accusé d'attachement au gouvernement constitutionnel et d'être décrété d'accusation, le 9 novembre 1792. Il se déroba à temps au sort que lui réservaient les exaltés, par un exil momentané en Suisse (1).

Pendant ce temps, privé de sa bienfaitrice, la marquise de Montesquiou, morte depuis peu d'années, dépouillé de sa place par les événements, obligé de quitter son logement aux écuries de Monsieur, peu à peu dénué de ressources, car on lui devait encore ses feuilles de route de 1789 à 1791 (2), se sentant en outre suspecté à cause de ses anciennes fonctions et de ses relations par trop aristocratiques, Landrieux, qui avait entre temps organisé la garde nationale de Maupertuis, finit par prendre le parti de se réfugier à Dormans chez son beau-père (3). Il y fut en sûreté jusqu'au jour où un événement grave vint, après l'avoir troublé dans sa retraite, le jeter dans une nouvelle vie pleine d'aventures. Il s'y lança à toute bride et, malheureusement, il fit la culbute au moment précis d'atteindre le but que d'autres plus heureux dépassèrent même pour toucher à un au delà inespéré.

La famille royale en fuite avait été arrêtée le 20 juin 1791, à Varennes en Argonne, et on la ramenait sur Paris, escortée d'une foule de gardes nationaux et de peuple. Le 22 juin, un nommé Béaux, venant de Sézanne, arriva à Dormans (4) chargé par les membres du corps administratif du département, MM. Roze, Vallin et Plaiet, qui accompagnèrent le roi depuis Sainte-Menehould jusqu'à Dormans (5), de prévenir la municipalité de l'arrivée de Louis XVI pour le lendemain et d'avoir à tout préparer pour le recevoir. Le jeudi 23, au matin, les délégués de l'Assemblée passèrent, se rendant au-devant du roi, et depuis ce moment les gardes

---

1. *Biog. Didot.*
2. Landrieux put les déposer à la Restauration en en demandant le paiement. Il l'attendait encore en 1824. (Mss. B., folio 58 et folio 56.)
3. Mss. B., folio 58.
4. De Sèze, *Histoire de l'événement de Varennes*. Paris, 1791, p. 215.
5. *id.*, p. 164.

nationaux des villes et pays voisins arrivèrent sans cesse en très grand nombre, pendant toute la journée et toute la nuit.

Dans la soirée, une estafette de l'adjudant-général Mathieu Dumas (¹), qui avait pris le commandement de l'escorte à deux lieues de Dormans, vint de nouveau prévenir la municipalité de tenir prêt à la *Poste*, un logement pour le roi. Le maire, qui était alors Jean-Baptiste Truet, beau-père de Landrieux, avait disposé sa propre maison sous le prétexte que ces hôtes illustres seraient plus en sûreté, moins mal et plus décemment que chez les autres habitants (²), mais en réalité pour se réserver tout l'honneur et, si l'on en croit Landrieux, pour un motif secret ; lui-même aurait sinon conseillé son beau-père, tout au moins fort encouragé celui-ci dans son dessein.

Sur les neuf heures du soir, l'escorte évaluée à environ deux mille hommes armés ou non, arriva à une lieue de Dormans. L'adjudant-général de la garde nationale de Paris, Mathieu Dumas, adjoint par l'Assemblée nationale à ses commissaires pour l'exécution de leurs ordres, fit faire halte dans un fond où la route est traversée par une petite rivière ; après avoir ordonné le silence, il déclara que, d'après les avis qu'il avait reçus, et pour prévenir toute surprise pendant la nuit, la famille royale s'arrêterait à Dormans, où se rassemblaient plusieurs bataillons de gardes nationales des environs qui formeraient l'escorte jusqu'à Meaux (³). L'adjudant général ajouta que, pour couvrir le quartier du roi, on allait prendre position en arrière du ruisseau, qu'une partie seulement de l'escorte accompagnerait la voiture jusqu'à Dormans et que tout le reste allait se former, bivouaquer et allumer ses feux en aussi bon ordre qu'il se pourrait. Ces dispositions calmèrent les esprits excités de cette multitude. D'anciens militaires qui s'étaient rapprochés du commandant, l'aidèrent à les faire exécuter et de la sorte on arriva tranquillement à Dormans à neuf heures et demie du soir (⁴).

1. *Souvenirs du lieutenant-général comte Mathieu Dumas, 1790-1836*, publiés par son fils, t. I, p. 490.
2. Mss. B., folio 58.
3. Victor Modeste. *Le passage de Louis XVI à Meaux au retour de Varennes*, in-8. Meaux, 1865, p. 18.
4. *Souvenirs de Mathieu-Dumas*, id., p. 491-492.

La petite ville était illuminée ; l'autorité municipale avait fait son devoir : le logement était préparé, le maire Jean-Baptiste Truet reçut le roi avec beaucoup de déférence et de respect et lui présenta une garde d'honneur et de sûreté composée des gardes nationaux de Dormans. Sa Majesté très touchée lui donna sa main à baiser ([1]).

Les voitures entrèrent dans la cour de l'auberge du *Louvre*. La première était une grande berline dans laquelle se trouvaient le roi, la reine, le Dauphin, la princesse royale, Madame Elisabeth, Barnave et Pétion, et sur le siège trois gardes du corps vêtus en courriers portant une livrée jaune. Dans la seconde, un cabriolet : $M^{me}$ de Tourzel, gouvernante des enfants de France, La Tour-Maubourg qui n'avait pu monter avec le roi à cause de sa très haute taille, la femme de chambre de Madame Royale et celle du Dauphin.

Le roi, la reine, le Dauphin et Madame furent logés avec $M^{me}$ Elisabeth et $M^{me}$ de Tourzel au rez-de-chaussée, dans la chambre qu'occupaient Landrieux et sa femme pendant leur séjour à Dormans ([2]). Une chambre donnant sur la rue avait été préparée pour les commissaires et l'adjudant-général tout près de celle de Leurs Majestés. Le commandant fit placer la berline au milieu de la cour, fermer les portières et remettre les clés à la reine. Il posa autour de la voiture quatre sentinelles de la garde nationale de Dormans à laquelle, de concert avec le maire, il avait réservé le poste d'honneur, après leur avoir fait reconnaître son aide de camp, Delarue, en leur défendant de laisser approcher de la voiture personne autre que lui. Ces sentinelles ne furent point relevées pendant toute la nuit.

Delarue, qui était le beau-frère et l'aide de camp de Mathieu Dumas, se mit aux ordres de la reine qui lui donna les clés de la voiture en le priant de lui rapporter une cassette et quelques autres objets, ce que celui-ci fit ostensi-

---

1. *Notice sur la ville de Dormans* rédigée en 1814 par l'abbé Pierre-François Robert, né à Dormans en 1756, mort en 1814. (Mss. *Archives de l'Hôtel de Ville de Dormans*.) « Les détails, donnés par Landrieux, sembleraient être le commentaire de ce texte si précis. » Lettres et communications de M. l'abbé Z. Perinet, curé doyen de Dormans.

2. Landrieux, Mss B., folio 58.

blement, tout autre intermédiaire aurait pu exciter les soupçons, car la foule assemblée en dehors, en face de l'auberge dans un respectueux silence, ne perdait pas de vue cette berline.

Pendant le souper, le roi, avec sa bonne grâce habituelle, n'oublia point les commissaires qui se tenaient dans la petite chambre à côté, « il eut la bonté de leur envoyer de son vin de Tokay » dont il avait fait provision pour la route [1].

Après le souper, avant que la famille royale fît ses préparatifs pour la nuit, Landrieux, déguisé en garçon limonadier portant des rafraîchissements, entra, malgré les gardes, dans la chambre où il trouva le roi assis sur un petit fauteuil de paille au milieu de la pièce, la reine assise près du lit contre lequel elle s'appuyait, le Dauphin et Madame jouant avec $M^{me}$ de Tourzel. Il alla droit à $M^{me}$ Élisabeth, qui se tenait debout, et il lui offrit ses rafraîchissements sans rien dire, mais cette princesse qui l'avait vu à Senart et à Maupertuis le reconnut aussitôt. Alors il lui exposa qu'il avait conçu un plan pour sauver la famille royale et la supplia d'en parler au roi, qui ne faisait point attention à lui. Selon lui, la chose était des plus simples. Il avait remarqué qu'on avait placé des sentinelles à la porte de la chambre seulement. Or, cette chambre située sur le derrière de la maison et qu'on avait choisi à dessein pour éviter les indiscrétions de la foule, donnait par deux croisées sur le jardin en terrasse qui communiquait avec la rivière au moyen d'un petit escalier qu'on ne pouvait apercevoir; de là, on gagnerait donc très facilement un bateau qu'il avait disposé à cet effet pour les conduire à Vincelles, petit village très peu éloigné de l'autre côté de la Marne où Truet avait un vendangeoir. Landrieux disait y avoir préparé une charrette commode, bien matelassée, couverte et attelée de trois bons chevaux à son beau-père. Il suppliait le roi de fuir avec toute sa famille par ce petit escalier, de s'en rapporter à lui, serviteur fidèle et dévoué : il les mènerait lui-même, seul et rapidement, de Vincelles à Fère-en-Tardenois où la famille Truet avait une grande ferme hors la ville et où trois ou quatre autres vigoureux

---

1. *Souvenirs de Mathieu-Dumas, id.*, p. 493.

chevaux relaieraient ceux de Vincelles et conduiraient les fugitifs chez un sieur Forzy, riche cultivateur, marié depuis peu à une sœur de la femme de Landrieux. Là, on relaierait encore. Il assura qu'il connaissait assez les chemins pour les mener ainsi jusqu'à la frontière avant même qu'on soupçonnât leur évasion et surtout les chemins que l'on aurait pris. Puis il ajouta que la famille Truet était prête, pour éviter d'être victime de la fureur populaire, à fuir également en bateau et à gagner Vieux-Maison où elle se cacherait chez le sieur Thévalin, notaire, qui venait d'épouser la plus jeune sœur de sa femme.

Le roi refusa net, disant qu'il comptait sur sa bonne ville de Paris, qu'il ne l'avait quittée que malgré lui sur de fausses insinuations.

La reine, appuyée sur le lit, se leva vivement et témoigna au roi, avec la plus grande mauvaise humeur, combien il lui en coûtait de ce qu'il refusait de prendre le parti qui leur était offert.

Le roi demeura inébranlable dans sa détermination malheureuse et il ne resta à Landrieux et à sa famille qu'à témoigner leur attachement par tous les petits services qu'ils purent rendre à la famille royale et à lui faire ainsi comprendre combien elle aurait pu compter sur leur dévouement.

« M^me de Tourzel, rapporte Landrieux, a depuis maintes fois, sous la Restauration, dit au duc d'Havré, son frère, que la famille royale avait été extrêmement touchée de la réception que lui avaient faite les Truet à Dormans » (¹).

C'est Landrieux lui-même qui raconte ce projet d'évasion qu'il croyait très réalisable. Cependant, sans mettre en doute sa parole, on est quelque peu surpris, malgré son sang-froid et son art de tirer parti des circonstances, de la rapidité avec laquelle il avait préparé ses moyens d'exécution, car on a vu que le roi n'était arrivé à Dormans qu'à neuf

---

1. Landrieux, Mss B., folio 58. — Cette note autobiographique, rédigée vers 1824, invoque le témoignage de M^me de Tourzel et du marquis d'Havré, de qui Landrieux était personnellement connu, (*Mémoires*, III, ch. xlviii). Il n'est donc pas sans intérêt de rappeler que la duchesse de Tourzel ne mourut qu'en 1833, et que son frère vécut près de cent ans. M^me de Tourzel est muette sur les Truet dans ses *Mémoires*, sauf coupures.

heures et demie et c'est seulement une demi-heure après qu'il lui fait ses propositions. Les choses peuvent cependant s'expliquer par une préméditation remontant à la veille, dès la venue du messager du corps administratif départemental ; il aurait donc eu de la sorte vingt-quatre heures pour combiner son plan, conduire les chevaux à Vincelles, « matelasser » et couvrir la charrette. Qui sait même, si le choix de la chambre communiquant aisément avec la rivière n'était pas, ainsi que l'absence de sentinelle de ce côté, une chose calculée.

La fuite pouvait-elle s'effectuer sans danger et aussi facilement que Landrieux le croyait ? Cela est très douteux, car l'adjudant-général Mathieu Dumas fut sur pied toute la nuit, dirigeant de nombreuses patrouilles dans les environs, car il redoutait autant la fureur de la foule venue de Reims, qu'il craignait une surprise de Bouillé qu'on disait venir par l'autre côté de la Marne pour enlever le roi. La tentative de Landrieux ne paraît donc pas avoir eu chance de succès, d'autant plus que toute la nuit il arriva des gardes nationales qui encombrèrent Dormans : on compta en effet plus de dix mille hommes que l'adjudant-général reconnut et plaça par bataillons.

Bien avant la pointe du jour, Mathieu Dumas, qui ne tenait pas du tout à conserver la foule turbulente qu'il avait trouvée la veille et qu'il avait eu tant de peine à discipliner et à cantonner à une lieue de la ville, l'envoya prévenir que tout était parfaitement calme et que le roi partirait de bonne heure escorté par de nombreux détachements de gardes nationales [1].

En effet, le 24 juin, à 7 heures du matin, après avoir pris les ordres du roi, l'adjudant-général donna le signal du départ. Le roi ayant remercié Truet et sa famille [2], les voitures s'avancèrent lentement sur la grande route plantée d'arbres, de chaque côté de laquelle étaient échelonnés les nombreux bataillons de gardes nationales. Les troupes présentèrent les armes ; les drapeaux s'inclinèrent devant le roi qui fut aussi complimenté par plusieurs municipalités qui avaient accompagné leurs bataillons.

1. Mathieu Dumas, *loc. cit.*, p. 492.
2. *Notices sur la ville de Dormans*, par l'abbé Robert, manuscrit déjà cité.

Le roi et son escorte gagnèrent Château-Thierry, La Ferté-sous-Jouarre et Meaux, où l'on coucha pour rentrer à Paris le lendemain.

Landrieux fut-il soupçonné d'avoir médité d'enlever le roi, son séjour à Dormans était-il préjudiciable à son beau-père, car tout le monde connaissait son ancien emploi, ses relations et ses protecteurs, toujours est-il qu'il dut abandonner sa retraite et rentrer à Maupertuis où il se remit à faire de la médecine (1), ce qui fut probablement son unique moyen d'existence.

S'il faut l'en croire, il songea tout d'abord à émigrer en Angleterre (2), puis se ravisant et partant de ce principe qu'il vaut mieux hurler avec les loups que de se laisser dévorer par eux, Jean Landrieux, en homme d'esprit qu'il était, plutôt que de se laisser dévorer, ce qui ne mène à rien, préféra se ranger du côté des loups où l'on fait parfois bonne chair et même grand profit. C'est généralement le parti que prennent ceux qui, n'ayant rien à perdre, cherchent au contraire tout à gagner.

Pendant qu'il dirigeait, à ce qu'il assure, « ses camarades de la garde nationale vers la liberté et le maintien des lois » (3), son beau-père, qui avait cessé d'être maire, était en butte, à Dormans, au mépris du citoyen Palloy, démolisseur et exploiteur de la Bastille.

Le 18 septembre 1792, le « patriote » Palloy, à la tête de son bataillon de sans-culottes, était arrivé à Dormans. Il allait à Varennes porter une pierre de la Bastille, en souvenir du grand service que cette ville avait rendu à la patrie en arrêtant le roi. Sur son chemin, le patriote Palloy distribuait quelques-unes de ces reliques inestimables aux municipalités patriotes et surtout généreuses. Il y avait une pierre tout spécialement réservée à la ville de Dormans, où Palloy et ses volontaires devaient séjourner deux jours.

Le bataillon, venant de Château-Thierry, se rangea sur la place et la municipalité vint le recevoir ; de là on se

---

1. Mss B., folio 33 : *Certificat de la municipalité de Maupertuis.*
2. Mss B., folio 59.
3. Archives de la Guerre, doss. Landrieux : *Etat abrégé de ses services.*

porta en corps en face de la Maison Commune où les billets de logement furent délivrés. Après quoi, le maire, le citoyen Chomet, qui avait succédé au père Truet, et les officiers municipaux, « tous bons patriotes » prenant les volontaires bras dessus bras dessous, les firent se rafraichir avec de très bon vin.

C'est alors que le patriote Palloy ayant appris qu'on lui destinait la chambre où avait logé le ci-devant roi, chez l'ancien maire Truet, ne put retenir son indignation et déclara formellement qu'il n'y voulait point coucher; finalement le citoyen Chomet le calma en l'amenant loger chez lui.

Le soir, volontaires, citoyens et citoyennes se mirent à chanter la *Carmagnole*, l'*hymne des Marseillais* et autres chansons patriotiques et à danser autour de l'arbre de la Liberté.

Le compte rendu de la fête du lendemain vaut la peine d'être cité. Il est présumable que le père Truet, qui n'est pas nommé parmi les notables, avait été rayé pour cause d'incivisme ayant revendiqué l'honneur de loger Louis XVI; en tous cas, le patriote Palloy lui eût dit son fait. Du reste toute la municipalité était nouvelle et ne comprenait point de gens suspects.

« Le lendemain donc, jour de séjour, le maire, les membres de la municipalité, les notables, le secrétaire, le curé, le vicaire, les citoyens Renault, Varrin, les citoyennes Duquesne, Gillet, tous les habitants avec leurs épouses et leurs enfants se rendirent au champ de la Fédération, à l'effet d'y renouveler leur serment et le prêter de nouveau avec les volontaires. M. Chomet remit une adresse pour l'Assemblée nationale; deux volontaires se revêtirent du costume du curé et du vicaire. Il n'y eut que le vicaire qui se fâcha, présumant que le costume militaire l'avait engagé; et pour prouver qu'on ne peut compter sur le serment des prêtres, d'après quelques plaisanteries qui lui furent faites sur son changement d'état, il les prit à l'affirmative, et s'en fut à la Maison Commune, en disant aux membres : « F...

---

1. Fête patriotique *entre les habitants de la ville de* Dormans *et les sans-culottes commandés par le patriote* Palloy, *lors de leur séjour en cette ville, les 18 et 19 septembre 1792, l'an IV de la Liberté et I*er *de l'Egalité*. — Pièce sans lieu ni date. — Bibliothèque Nationale, Lk[7] 2490.

je jure m'engager de bonne volonté et partir. » On le crut sur sa parole, très décidé de bonne foi ; mais il f... le camp comme un j... f..., il est disparu, mais le curé, brave homme, l'a rallié sur-le-champ. Le maire s'arma et mit l'uniforme du commandant, le commandant mit l'écharpe municipale. Tout se passa avec la décence, l'honnêteté et l'union de la fraternité, qui doit régner parmi tous les hommes amis de l'Égalité. »

Le patriote Palloy fit remise de la pierre de la Bastille. Cette pierre, ornée de son inscription, fut précieusement encastrée dans le mur et se voit encore au-dessus de la porte de la gendarmerie nationale.

Comme complément à la cérémonie, il fut dressé un procès-verbal et la citoyenne Dequesne, fille de l'officier municipal, chanta sur l'air de la *Marseillaise* les couplets qu'elle avait spécialement composés à l'adresse du patriote Palloy. Le premier couplet suffira pour apprécier cette poésie :

> Dormans voit avec allégresse
> Le fier patriote Palloy,
> Quitter l'objet de sa tendresse
> Pour sa patrie et pour ses lois *(bis)*.
> A la tête des sans-culottes
> De la Bastille les vainqueurs,
> Eux et lui sont les destructeurs
> Des tyrans et de leurs cohortes.
>
> Aux armes, citoyens !...

Le patriote Palloy, très touché, ne voulut pas être en reste et, séance tenante, il chanta, sur l'air de la *Carmagnole*, une patriotique improvisation qu'il intitula la *Carmagnole de Dormans*, dans laquelle il s'adressait aux citoyens de tous les âges et de toutes les classes. Le couplet ci-dessous, adressé à la jeunesse, est particulièrement remarquable par l'absence de cette décence qui avait régné jusque-là dans la cérémonie :

> Filles, avec vos amoureux *(bis)*,
> Au bois n'allez jamais que deux *(bis)*.
> Allez... Ne craignez pas
> De faire des soldats ;

> Notre mère Patrie
> Ce péché vous pardonnera;
> Car de donner la vie
> N'en fut un et ne le sera.

Après cette belle moralité, la cérémonie terminée, « chacun se retira chez soi avec ses hôtes, on soupa fraternellement et on se visita cordialement. »

Le lendemain matin à 6 heures, au moment du départ, la municipalité remit au patriote Palloy un certificat de bonne conduite et de probité pour le bataillon des sans-culottes qui reprit le chemin de Varennes.

## II

Landrieux avait pris une position importante à Maupertuis, dès 1789, en contribuant à organiser la garde nationale locale. « Il lui adjoignit les meilleurs braconniers des forêts voisines et lui procura des fusils, qu'il eut la dextérité de tirer des ci-devant seigneurs du canton et de lui faire donner moitié gré moitié force, trois pièces de canon de deux livres de balles, qu'il mit lui-même sur des affûts (1) » Il est probable qu'une partie de ces armes à feu avait été bénévolement cédée par le marquis de Montesquiou qui adhérait, comme on l'a vu, aux idées nouvelles, mais en 1794, époque où Landrieux oubliait dans sa note au ministre de citer les noms des ci-devant seigneurs, parler de son ancien protecteur, eut nui au sort de son plaidoyer.

Bientôt, il ne se contenta plus d'être de la garde nationale de Maupertuis, il voulut être aussi de celle de Paris, où le 8 février 1792 il vint s'installer 97 rue de Grenelle (2). Il se fit inscrire à la section de la Fontaine de Grenelle qui lui délivrera plus tard un certificat de civisme (3). Il devint patriote avec ostentation; il fut même quelque peu jacobin. Le patriotisme est parfois comme le galon ou le panache, on n'en saurait trop faire étalage. Landrieux se fit recevoir de

---

1. Archives de la Guerre, doss. Landrieux : *Etat abrégé des services de Landrieux.* — Voir aussi le *certificat de civisme* de la municipalité de Maupertuis (Mss. B., folio 103). « Il nous a fait fournir une quantité de fusils à titre de prêt pour armer nos frères d'armes dans les circonstances critiques. Il a travaillé avec ardeur pour nous monter des canons que nous avons et qu'il nous a fait donner lors de la fuite du ci-devant roi. »

2. Mss. B., folio 103 : *Certificat de civisme de la municipalité de Maupertuis.*

3. Mss. B., folio 102 : *Certificat de civisme de la section de la Fontaine de Grenelle,* le 14 septembre 1792.

sociétés populaires et son amour de l'humanité fut si grand qu'il alla jusqu'à donner au comité d'instruction publique le produit de ses travaux avec le docteur Delzeuzes et le célèbre Fragonard, ainsi qu'il l'affirma lui-même dans une note au ministre de la Guerre (1), sans mentionner la nature de ces travaux que tout porte à croire être des études de médecine ou d'anatomie, genre dans lequel le célèbre Fragonard ne brille particulièrement pas.

Trois fois il revint à Maupertuis commissaire de sa section, « toujours simple garde nationale, » pour protéger les approvisionnements de Paris en ces temps difficiles. La garde nationale de Maupertuis l'assista dans cette tâche. « Il n'y a que de mauvais citoyens qui puissent dire du mal de lui », diront plus tard le commandant et l'adjudant du bataillon de Maupertuis (2).

Au cours d'un de ces voyages, en août 1792, il trouva tout le département de Seine-et-Marne ému par l'arrivée des représentants du peuple Merlin de Thionville, Jean de Bry et Legendre envoyés pour accélérer la levée des volontaires. Les routes du district de Melun étaient couvertes d'enrôlés; les communes offraient leurs chariots (3).

C'était l'époque où toutes les ambitions se donnaient carrière, où tout le monde se croyait appelé à jouer un rôle important dans le gouvernement et à faire le salut de la patrie en danger, où inconnus jusqu'alors, suspects de la veille cherchant à donner le change, déclassés en quête d'une position, gens avides pour qui tous les moyens sont bons pour arriver à se créer une situation et à pêcher en eau trouble, exploiteurs de toutes catégories s'ingéniaient à trouver le moyen de parvenir, de dominer et plus encore de faire fortune, quand ce n'était pas pour se livrer à des instincts de féroce cruauté ou tout simplement de vengeance odieuse (4).

---

1. Archives de la guerre, doss. Landrieux : *Etat abrégé de ses services*.
2. Mss. B., folio 103, pièce citée. — Archives de la Guerre, doss. Landrieux : *Etat abrégé de ses services*.
3. J.-N.-E. de Vivier, Essai de monographie : *La commune de Saint-Ouen-sur-Morin et le château de la Brosse-Saint-Omer*, in-8°, 1870.
4. Dubois-Crancé reconnaît, dans son rapport du 7 février 1793, que les bataillons de volontaires « sont mélangés d'hommes qui

Landrieux, doué d'une intelligence peu ordinaire, homme habile qui avait été bon courtisan, sachant profiter des circonstances, ne pouvait rester en arrière et ne pas tirer parti des événements. Aussi, s'empressa-t-il de suivre l'exemple que lui offraient tant de gens à prétentions qui s'opiniâtraient à créer de nouveaux corps pour se faire donner des commandements toujours honorables et parfois aussi très lucratifs.

Ses rapports avec les gardes nationales de Maupertuis et de tout le district de Rozoy, bataillons composés de toutes sortes de gens, parmi lesquels se trouvaient en grand nombre des braconniers des forêts de Seine-et-Marne, lui suggérèrent l'idée de former, comme tant d'autres, un corps franc. Les formateurs, ou plutôt les entrepreneurs de ces corps, réussissaient toujours à tirer quelque profit, surtout dans des corps à cheval, en spéculant sur les fournitures, équipements, remonte et même sur les hommes. C'est ce que Landrieux appellera plus tard sous la Restauration « avoir cherché refuge aux armées » (¹).

Il proposa au comité militaire, avec l'appui de quelques patriotes influents, peut-être de Xavier Audouin, ancien président de sa section, la formation d'un corps franc de chasseurs à cheval sous le nom de *Hussards-Braconniers*. Le 9 septembre 1792, sur le rapport du représentant Dumas, Landrieux fut autorisé à lever des compagnies, « considérant que la formation de compagnies franches tant à pied

---

n'ont pas toujours le patriotisme pur pour guide. » — Liger (*Campagnes des Français pendant la Révolution*, t. II, p. 375 et suivantes) fournit des renseignements analogues à propos des levées de 1793 : « La manie de l'épaulette, dit-il, entrava la marche de cette opération... Ce ne fut qu'avec les plus extrêmes difficultés que l'on parvint à faire entrer les contingents dans les corps pour lesquels ils étaient destinés. Plusieurs d'entre-eux persistèrent dans leurs refus, et pour ne pas en avoir le démenti, ils furent chercher un refuge dans l'armée révolutionnaire. On trouvait dans son sein une discipline moins sévère et pour ceux qui redoutaient les chances de la guerre active, des occasions moins fréquentes de danger qu'à la barbe de l'ennemi. »

1. Mss. B., folio 58 : *Note autobiographique* rédigée après la Restauration pour le duc de Feltre : « Paris n'étant plus tenable pour lui, Landrieux se réfugia dans un régiment de hussards où il resta caché pendant un an. »

qu'à cheval est la manière la plus régulière et la plus prompte de former » les troupes légères » (¹).

Le ministre fut autorisé de traiter avec lui à raison de 800 livres pour chaque homme engagé, monté, armé et équipé (²).

Le même jour, sur la proposition du même représentant, l'Assemblée adopta le décret suivant qui clôt l'ère anarchique des créations de corps francs :

« L'Assemblée nationale, voulant empêcher que l'accueil, qu'il était de son devoir de faire aux citoyens qui ont proposé de lever différents corps de troupes légères, ne puisse servir de masque et de prétexte aux ennemis de la chose publique, qui feraient parade d'un faux zèle pour trahir plus sûrement la cause de la liberté et de l'égalité, décrète qu'il y a urgence :

« L'Assemblée nationale, après avoir décrété l'urgence, décrète ce qui suit :

« Art. 1ᵉʳ. — Il ne sera plus à l'avenir, et jusqu'à ce qu'il en ait été autrement ordonné, formé aucun corps de troupes légères sous quelque dénomination que ce puisse être, avec état-major et administration particulière.

« Toutes les troupes légères, soit à pied, soit à cheval, seront à l'avenir levées par compagnies franches, conformément aux décrets qui ont déterminé leur formation, leur solde, et leur service, et par lesquelles le pouvoir exécutif est suffisamment autorisé par les lois antérieures (³). »

Comme Landrieux ne disposait pas, ainsi que certains autres formateurs, d'une fortune suffisante et qu'il ne pouvait marcher sans fonds, le ministre lui avança une somme de 25,000 livres. Muni de cet argent, il partit pour Maupertuis et se mit à racoler dans le district de Rozoy tous les gens qui lui parurent propres à servir dans le nouveau corps. Mais comme la somme qui lui avait été donnée ne lui parut pas suffisante, il se procura par ses relations personnelles, un crédit qui lui permit de faire à la République une première fourniture se montant à la somme de

---

1. Loi du 9 septembre 1792, l'an quatrième de la liberté (*Moniteur universel*, t. XVII, p. 656). Landrieux y est appelé Andrieux.
2. *Moniteur universel*, séance du 9 septembre 1792, numéro du 10 septembre, *ibidem*.
3. *Idem*.

50.000 livres, en hommes engagés, montés, armés et équipés (¹).

Dès le premier octobre, c'est-à-dire treize jours après la promulgation de la loi d'autorisation, le corps comptait déjà quatre compagnies (²), sur la formation desquelles il est possible de donner des renseignements très précis, alors que de l'aveu même de Xavier Audouin, gendre du ministre Pache, la chose est généralement impossible pour les autres corps francs (³).

« J'avais adopté pour principe, disait plus tard Landrieux, que l'aristocratie de l'ancien régime ne pouvant encore avoir atteint l'homme au sortir de l'adolescence, ceux-ci devaient-être préférés aux hommes d'un âge plus avancé. Aussi la troupe était-elle composée de jeunes gens dont les plus âgés n'avaient guère que vingt-cinq ans. Mais il me fallait en officiers et sous-officiers des gens qui con-

---

1. *Instruction préliminaire donnée avec le sixième compte de formation à la Commission du commerce et approvisionnement dont la connaissance est nécessaire pour juger à fond de l'injustice des reproches qui m'ont été faits.* Cette pièce autographe, rédigée en 1794, est citée par abréviation dans ce travail sous le titre de *Mémoire justificatif*. Elle figure au dossier Landrieux, aux archives de la Guerre, mais les pièces justificatives qui l'appuyaient ont été rendues, quoique partie seulement figurent dans les papiers de Landrieux. C'est sur son examen, surtout, qu'a été reconnu le mal fondé des reproches adressés au chef de brigade des hussards-braconniers, tant sur sa gestion que sur son civisme.

2. Archives de la Guerre, *dossier des hussards-braconniers*. La loi du 9 septembre 1792 fut promulguée le 14, par Danton, président du conseil exécutif provisoire.

3. Note de Xavier Audouin, sur une lettre du général Dillon au ministre d'Abancourt. (Archives de la Guerre — pièce citée par Camille Rousset : *Les Volontaires*.)

Xavier Audouin, d'abord vicaire de Saint-Thomas-d'Aquin, puis commissaire de la section de la Fontaine-Grenelle, membre de la Commune au 10 août, commissaire dans les Deux-Sèvres et en Vendée, avait épousé Sylvie Pache (Nauroy, *Le Curieux*, II, 118.) Son beau-père le mit à la tête du département de la Guerre, avec le titre de premier secrétaire. Audouin a laissé un ouvrage sur l'ancienne armée. Il semble lui avoir préféré les volontaires.

nussent le service, il me fallait des instructeurs (¹). » La première compagnie commandée par Landrieux lui-même, avec le grade de capitaine seulement, avait pour lieutenant Laurent Blézimart, né en 1752 à Saint-Germain-en-Laye, ancien garde de la porte du roi, de 1774 à 1787, capitaine de la garde nationale de Saint-Germain depuis 1789. Le sous-lieutenant Ch.-J. Dallemagne appartenait à la garde nationale parisienne.

La deuxième compagnie était sous les ordres du capitaine Jean-Nicolas Lucas, ancien capitaine de la maréchaussée, vétéran, avec, pour lieutenant, Denis Deschamps, né à Toulouse, qui avait été successivement exempt de la maréchaussée à Saint-Domingue, lieutenant de prévôt et major de la garde nationale de Champteaux. Le sous-lieutenant Félix Bezin, rouennais d'origine, après sept ans de service au 5e dragons, en était sorti le 3 septembre 1792, avec un congé pour infirmité, mais il s'était, paraît-il, guéri depuis et Landrieux le déclare « très en état de servir. »

A la troisième, on trouve le capitaine Le Brun, un Brabançon réfugié en France, après avoir servi la révolution de sa patrie. « Il est bon républicain, plein de talent et de zèle. » Le lieutenant Claude-Guillaume Blancsubé, de Gap, d'abord dragon au 16e régiment, sortait de la gendarmerie des Hautes-Alpes, tandis que le sous-lieutenant Étienne Riffault, qui avait été lui aussi dragon pendant deux ans, appartenait à la garde nationale de Melun.

Pour la quatrième compagnie, à côté du capitaine J.-B. Claveau, ancien garde national parisien, c'étaient le lieutenant Théodore Dosset, également garde national de Paris et le sous-lieutenant E.-Th. Perquier, garde national du district de Saint-Hippolyte, mais qui du moins avait fait la campagne du Midi (²).

Le 21 octobre, la deuxième compagnie avait changé de chef et c'est sous le commandement du capitaine Guillaumet qu'elle se transporta à Lizy-sur-Ourcq, sur la demande du maire et de l'officier municipal, pour y veiller à la tranquillité du marché. Ces autorités rendirent hommage à sa

---

1. Archives de la Guerre, doss. Landrieux : *Mémoire justificatif*.
2. Archives de la Guerre, *doss. des hussards-braconniers*.

conduite et à son zèle (¹). Le 25 du même mois, c'était au tour du maire et des officiers municipaux de Fontenay de faire appeler un détachement de vingt-cinq hussards-braconniers, alors cantonnés à Maupertuis sous le commandement de Landrieux, pour faire la police du marché de cette ville. Les réquisitions de blé, qui se multipliaient depuis septembre dans la Brie pour l'alimentation de Paris, produisaient déjà une effervescence qui, allant croissant en même temps que le nombre des quintaux exportés, finit par provoquer de véritables émeutes. Les représentants du peuple, leurs délégués et les commissaires de la municipalité parisienne les réprimèrent énergiquement et parfois d'une façon sanglante (²). La difficulté de l'approvisionnement rendait généralement les marchés tumultueux. Mais, à Fontenay, la bonne contenance et la fermeté de la troupe, jointes à la prudence de ses chefs, en imposèrent aux malintentionnés et le marché fut très calme (³).

Le 28 octobre, Landrieux passa sa première revue et produisit les pièces comptables nécessaires pour justifier de l'emploi des 25,000 livres que le ministre lui avait fait allouer; puis, le même jour, il contracta un nouvel emprunt de pareille somme qui lui permit de continuer ses opérations (⁴).

Le 31, les hussards-braconniers quittaient le cantonnement de Maupertuis dont la municipalité constata que, pendant leur séjour, ils n'avaient donné lieu à aucune plainte et qu'au contraire ils s'étaient comportés de manière à mériter les éloges des amis de l'ordre et du bien public (⁵). Le corps se transportait à Meaux, où commandait le général ci-devant baron de Lenglantier (⁶).

---

1. Mss. B., folio 108 : *Certificat de la municipalité de Lizy-sur-Ourcq.*
2. *Recherches sur l'histoire de la Révolution dans la Brie*, p. 172.
3. Mss. B., folio 105 : *Certificat de la municipalité de la ville de Fontenay.*
4. Archives de la Guerre, doss. Landrieux : *Mémoire justificatif.*
5. Mss. B., folio 106 : *Certificat de la municipalité de Maupertuis*, 31 octobre 1792.
6. Archives de la Guerre, doss. Landrieux : *Mémoire justifi-*

Au début, ce maréchal de camp fit le meilleur accueil au chef et à ses hommes : « Je ne peux, disait-il, que donner des éloges à la manière dont ils font le service, à la subordination et bonne discipline de ce corps, à la manière distinguée dont il se conduit et dont il fait le service de la place à Meaux [1]. » Il pressait le ministre d'expédier les brevets aux officiers qui « remplissaient leurs places » avec tant de zèle et de civisme et qui étaient si utiles pour la formation des compagnies. Il était, en effet, fort difficile de décider les commis du ministère à s'occuper des corps francs, et Xavier Audouin affirme que l'aristocratie de quelques-uns de ces commis mettait à l'expédition des brevets des officiers de volontaires une si constante opposition, que la plupart n'ont pu en obtenir qu'au moment de l'embrigadement, ce qui expliquerait, d'après lui, pourquoi ces officiers ont eu si peu d'avancement [2].

Comme il l'avait fait précédemment le 28 octobre, Landrieux passa une nouvelle revue le 28 novembre ; cette fois, il toucha 82,000 livres représentant le montant de ses avances et le remboursement de son emprunt qu'il fit renouveler comme en octobre [3].

Les relations avec Lenglantier ne laissaient pas que d'être cordiales, malgré ses réclamations de tous les jours contre les inconvénients du cantonnement de Meaux. On lui avait donné, pour y loger ses chevaux, l'ancienne église des Cordeliers excessivement élevée mais trop étroite pour le nombre d'animaux qu'on y avait mis [4]. Les vitraux brisés par l'intolérance jacobine laissaient passer la neige et la pluie. Il n'y avait point de grenier et le fourrage entassé en plein air était toujours mouillé. Landrieux fut obligé de louer, en ville, à ses frais, l'écurie de l'ancienne poste [5]. Enfin, le 15 décembre, on donna aux hus-

---

catif. « J'étais le seul, dit Landrieux, qui ne l'appelât pas Monsieur le baron ! »

1. Archives de la Guerre : *Lettre du maréchal de camp, Ch. Lenglantier, au ministre de la Guerre.*
2. *Note* de Xavier Audoin, déjà citée.
3. Archives de la Guerre, doss. Landrieux : *Mémoire justificatif.*
4. Mss. B., folio 116 : *Certificat des officiers du 21ᵉ chasseurs*, en date du 1ᵉʳ juillet 1793.
5. Mss. B., folio 114 : *Certificats de Fiquet et Languenard.*

sards le cantonnement de Montceau, sur une colline presque inaccessible en hiver. L'abreuvoir était situé au bas des hauteurs; qu'il plût ou qu'il gelât, les chevaux glissaient et se blessaient, les cavaliers dégoûtés de la fréquence des chutes dans lesquelles ils se contusionnaient, négligèrent leurs chevaux qui ne tardèrent pas à dépérir. Le service de l'état-major devenait en outre écrasant. Landrieux était à même de produire 453 ordres ou réquisitions, qui lui avaient été adressés en un mois et demi (1).

L'adjudant-général Carteaux fit à cette époque un rapport sur les cantonnements de Meaux, dans lequel sont relatés tous les inconvénients dont se plaignait Landrieux. Ce fut l'origine de leurs relations. Le chef de brigade ne cessa de réclamer auprès de Lenglantier (2).

Néanmoins, jusqu'aux environs du 10 janvier, tout marcha bien au régiment où l'on ne comptait que peu de désertion, chose très fréquente dans les corps de récente formation. Un décret de la Convention prononça que les hussards-braconniers avaient bien mérité de la patrie et donna le grade d'officier à un de ceux qui s'étaient le plus distingué. L'intervention du général Lenglantier auprès des représentants en mission n'était pas étrangère à ce résultat. Le 12 janvier 1793 il appuyait auprès d'eux les demandes de Landrieux par cette lettre :

« Citoyens représentants,
« Je vous recommande le citoyen Landrieux; c'est un excellent officier qui joint beaucoup d'intelligence à des connaissances militaires très étendues; il a besoin de votre assentiment pour obtenir à son corps un état-major. Le corps et lui le méritent; aucune plainte ne m'est parvenue contre les hussards-braconniers qu'il lève ici et c'est fort extraordinaire pour un corps nouveau.

« *Le maréchal de camp, commandant à Meaux,*
« Ch. LENGLANTIER (3). »

---

1. Archives de la Guerre, doss. Landrieux : *Mémoire justificatif.*
2. *Idem.*
3. Mss. B., folio 109.

Le 19, il installa Landrieux comme chef de brigade provisoire et lui donna le commandement général de toutes les sections, car jusque-là il n'était légalement que formateur et capitaine (¹).

Les mécomptes de Landrieux ne provinrent pas des hommes, mais des officiers. Malgré la surveillance qu'il exerçait sur tous les individus qui entraient au corps, ce qui lui valut la haine de Sijas, de Lebon et de Lebas, il ne tarda pas à s'apercevoir qu'il s'y était glissé quelques mauvais sujets. Il dut chasser un capitaine et, en dépit des influences que cet officier mit en jeu auprès du ministre, réussit à avoir gain de cause. Il fut moins heureux dans son différend avec le capitaine Soibinet.

Sur environ quarante officiers, il s'embarrassa de « cinq scélérats qui causèrent tous ses maux et le malheur du corps. » C'étaient Soibinet, Deschamps, Chavannes, Le Duc et Guillaumet. « Plastronnés de certificats de civisme, » recommandés à la sympathie du formateur des hussards-braconniers par leurs talents militaires et leur parfaite discipline, ces officiers lui devinrent suspects sitôt que malgré « leur feinte douceur et leur hypocrisie profonde, » ils ne surent plus lui dissimuler leurs véritables sentiments à son égard. Landrieux avait déjà eu une affaire avec l'adjudant-général Chazaud-Dutheil, à qui il reprochait son origine aristocratique. Soibinet et ses amis, s'ils n'étaient pas aristocrates de naissance, l'étaient tout au moins d'esprit.

« Je m'aperçus de quelque changement de leur part, raconte Landrieux, lorsque j'envoyai quatre braves entourer Santerre le jour de l'exécution du tyran (²). Je pris de plus grands renseignements. Je fus averti par Albitte, et enfin je découvris que Soibinet, que j'avais fait quartier-maître, avait été adjudant de la Garde-Véto et qu'il était la veille du 10 août, à la tête des patrouilles capétiennes dans le jardin des Tuileries. Rien ne m'arrêta. Je lui enjoignis sur-le-champ de quitter ses fonctions et de rendre ses comptes.

---

1. Archives de la Guerre, *Doss. des hussards-braconniers*.
2. Landrieux écrit ceci après thermidor. Sous la Restauration il dira : « Landrieux, menacé comme ayant appartenu à la famille royale, se cacha dans un régiment dans lequel *il trouva moyen de faire entrer quantité de jeunes gens sortant de la garde du roy.* » (Mss. 1, folio 59.)

Je courus en même temps chez le général pour le prévenir. Lenglantier, vieux (1) et faible, était mené par d'Estimonville, qui depuis est tombé sous le glaive de la loi dans la Vendée, et qui cherchait à devenir chef du corps que je formais. Lenglantier se laissa persuader que j'étais injuste, au lieu de me soutenir, il se déclara protecteur de Soibinet (2). »

Landrieux n'était pas homme à se reconnaître vaincu pour si peu. S'il n'y avait pas de société populaire à Meaux, Paris n'était pas si éloigné qu'il ne put, sans perte de temps, porter ses protestations à la tribune des Jacobins. Soibinet fut dénoncé au comité de surveillance de la Convention nationale et Lenglantier n'osa plus résister, mais il garda Soibinet à Meaux, comme sous sa protection.

Landrieux mit à profit sa présence à Paris pour tirer parti d'un procès-verbal dressé par le vétérinaire Languenard et l'inspecteur des remontes Fiquet, en présence

---

1. Charles Philibert, baron de Lenglantier, était né à Pelouzey, près Besançon, le 1er septembre 1728. Le 15 septembre 1745, il prit du service en qualité de cadet dans le Royal artillerie, passa au Monaco-infanterie, plus tard Belzunce, avec le grade de lieutenant en 1747. En 1763 il fut réformé avec le grade de capitaine, puis au bout de trois mois replacé en cette qualité au régiment de recrues provinciales de Lille. Un an après, il passa avec le même grade au régiment de Rouget-infanterie, puis en août 1775 aux grenadiers de Flandre, avec lesquels il se rendit à Saint-Domingue, et y séjourna jusqu'en juillet 1791, époque où son emploi fut supprimé. Nommé général de brigade, il fut chargé le 7 septembre 1792 du commandement du camp sous Meaux et demeura dans ce poste jusqu'au 7 mars 1793, date de son envoi comme général de division à l'armée des Alpes, chargé du commandement en chef de Grenoble. Remercié deux mois et demi après il fut, sur sa réclamation, admis à la retraite; cependant considérant ses services (47 ans, 8 mois et 13 campagnes) et sa situation peu fortunée, on lui confia le commandement temporaire de la place de Lille. En janvier 1796, il fut relevé de ses fonctions et autorisé par mesure spéciale, à conserver un logement et les subsistances réglementaires à la citadelle de Lille. Il y mourut le 11 février 1796, âgée de 68 ans. Il était chevalier de Saint-Louis, du 1er avril 1774 et avait été blessé gravement à Zutjelberg. (Archives de la Guerre, doss. Lenglantier)

2. Archives de la Guerre, doss. Landrieux : *Mémoire justificatif.* — Mss. B., folio 115 : *Certificat des officiers du 21e chasseurs.*

de Lenglantier et du commissaire des guerres Latour, pour établir les inconvénients du cantonnement de Meaux « destructeur de toute espèce de cavalerie (¹) ». Le ministre lui remit l'ordre d'emmener les hussards-braconniers à Melun et à Provins, où des troubles récents rendaient probablement leur présence utile (²). Il lui promit en outre que le chef du bureau du contrôle serait envoyé à Meaux pour vérifier les comptes de Soibinet.

Au retour de Landrieux à Meaux, Lenglantier refusa de tenir compte des ordres du ministre et envoya Estimonville au ministère pour les faire modifier; celui-ci obtint tout d'abord qu'une partie des hussards-braconniers demeurerait à Meaux. Lenglantier, accompagné de Soibinet qui se sentait en péril, le rejoignit à Paris où ils devancèrent partout Landrieux.

Au lieu du chef du bureau du contrôle, ce fut l'adjudant-général Chalbos qui fut envoyé à Meaux pour vérifier, non

---

1. Mss. B., folio 114. Il convient de citer cette pièce :

« L'an 1793, II<sup>e</sup> de la République française, une et indivisible, le quinze janvier, nous, Inspecteur de remontes, en vertu des ordres du ministre de la Guerre, à la demande du citoyen Landrieux, nous sommes transportés à Meaux, accompagnés du citoyen Languenard, artiste vétérinaire, à l'effet d'examiner les chevaux des Hussards-braconniers, cantonnés en cette ville. Après nous être transportés en l'église des ci-devant Cordeliers où sont une partie desdits chevaux, et par suite dans les écuries d'une maison, dite l'ancienne poste, où il y en a une autre partie, nous nous sommes transportés chez le général Lenglantier, où nous avons déclaré, qu'attendu l'état de dépérissement desdits chevaux occasionné par les écuries malsaines et trop étroites, il était indispensable qu'il fut donné audit corps, un cantonnement où les chevaux pussent être plus à l'aise, et où ils pussent recevoir des soins manuels et diététiques qui ne peuvent leur être administrés ici : de tout qu  nous avons dressé le procès-verbal en présence du général Lenglantier, du commissaire des guerres Latour et du citoyen Landrieux, pour en être envoyé un double signé par eux et par nous au ministre de la Guerre, et l'autre pour rester entre les mains du citoyen Landrieux pour s'en servir à ce que de besoin.

» Collationné lesdits jours et an que dessus et trouvé conforme.

» LANGUENARD, FIQUET, LATOUR, CH. LENGLANTIER,
» J. LANDRIEUX. »

2. Bourquelot, *Histoire de Provins*.

la comptabilité de Soibinet, mais l'administration de Landrieux qui venait justement, le 29 janvier, de passer sa cinquième revue qui portait le compte total de ses recettes à 374,600 livres (1).

Landrieux ne se découragea pas devant les singuliers résultats de sa dénonciation. Tout d'abord il écrivit à Lenglantier :

« Mon général,

« J'apprends par l'adjudant-général Chalbos, chargé de vos ordres, que vous fixez à Meaux le dépôt des hussards-braconniers :

« Si j'étais moins attaché à la chose publique, je vous supplierais de vouloir bien ne pas trouver mauvais que je cessasse toute opération relative au complément de ce corps; car je vous prouverai que j'ai perdu là près de 100,000 francs.

« Mais j'espère que vous voudrez-bien vous en rapporter à moi et ordonner que tout autre lieu sera le dépôt de ce corps, que rien ne m'oblige à lever, si j'y trouve mes intérêts compromis, et, malgré les plus grandes instances de ma part, malgré le décret du 9 septembre qui ne fixe aucun lieu pour la levée du corps des hussards-braconniers, le ministre Pache m'a forcé d'en établir le dépôt à Meaux : j'ai eu beau exposer que les chevaux y dépérissaient, les citoyens Fiquet et Languenard, inspecteurs des remontes, ont eu beau le témoigner à ce ministre, l'état-major de Meaux l'a toujours emporté sur le bien de la République et tous mes efforts n'ont réussi qu'à faire couper le corps en trois; opération désastreuse qui a presque tout perdu, car encore pouvais-je surveiller lorsque le corps était réuni.

« Aujourd'hui, mon général, on m'annonce que vos instructions sont d'établir le dépôt en entier à Meaux. J'obéirai, mais je vous supplie de vouloir bien vous rappeler, lorsque votre ordre aura été exécuté, que je vous ai annoncé aujourd'hui que le corps est totalement détruit, si vous ne révoquez cet ordre (2). »

---

1. Archives de la Guerre, doss. Landrieux : *Mémoire justificatif*.
2. Mss. B, folio 96.

Après cette ferme défense, Landrieux n'hésita pas à rendre coup pour coup, menaçant Lenglantier de le faire traduire à la barre de la Convention nationale s'il persistait à soutenir des contre-révolutionnaires. Le général envoya alors une plainte contre lui aux bureaux de la Guerre. Les choses en étaient venues à un tel point que deux tentatives d'assassinat furent dirigées contre Landrieux. D'abord les cinq officiers, chassés par lui des hussards, appostèrent des meurtriers dans les rues de Meaux et sur la route de Claye. D'Estimonville lui tira un coup de pistolet, mais le manqua. Landrieux porta plainte au juge de paix de Meaux ; une enquête fut commencée, mais l'âpreté de l'homme de lois Vincent, à qui il avait déjà versé 1,100 livres, le contraignit à abandonner les poursuites (¹).

Chalbos, le contrôleur envoyé par suite des intrigues de Lenglantier, venait de Fontainebleau où le chef de la légion germanique s'était, disait-il, entendu à merveille avec lui. Aussi avait-il trouvé 2,000 hommes présents à cette légion alors qu'il n'y en avait que 800. A 800 livres par homme, l'erreur permettait de trouver de quoi contenter un adjudant-général qui n'était pas riche et que sa besogne ruinait. Dans son mémoire justificatif, Landrieux prétend que Chalbos, le voyant peu compréhensif en présence d'invites aussi discrètes, ne jeta plus qu'un coup d'œil distrait aux écuries. Les chevaux étaient jeunes mais exténués de fatigue, malades ou blessés. Il refusa de s'enquérir des causes de leur dépérissement, rejeta négligemment le procès-verbal de Fiquet et de Languenard. Landrieux était un calomniateur qu'il fallait écraser. En fait, il n'y avait que des rosses au corps et seulement 438 chevaux pour 465 hommes. Il manquait 124 fusils, 100 casques, 60 ceinturons, 90 porte-manteaux, 100 sabretaches, 33 paires de bottes, des habits, des gilets, des pantalons d'écurie, des brides, des bridons, des étrilles, des licols, des brosses, des éponges (²).

L'état-major donna à Chalbos, pour l'aider dans son

---

1. Archives de la Guerre, doss. Landrieux : *Mémoire justificatif*.
2. Archives de la Guerre, doss. Landrieux : *Rapport présenté par la Commission du commerce et approvisionnements*, citant la Revue de Chalbos.

travail et tenir son bureau, Soibinet et ses quatre camarades. On devine de quel côté pencha leur influence. Chalbos décida de procéder sur-le-champ à l'évaluation des chevaux. C'était comploter la condamnation de Landrieux qui n'avait cessé de signaler le mal. « Cette estimation, faite par des marchands de porcs, indiqués comme experts-vétérinaires par les officiers expulsés qui tenaient la plume pendant l'opération et dirigeaient tout, fut tournée de manière qu'à peine on y trouva un bon cheval. Chavannes tenait la plume ([1]). » Malgré leurs efforts, les ennemis du formateur des hussards-braconniers ne purent rendre complice de leur conduite le vétérinaire Desplas. A Melun et à Provins, où une partie du corps était depuis environ trois semaines, il en fut de même, quoique Soibinet et Leduc servissent de lieutenants à Chalbos. Les estimations des vétérinaires furent certes aussi atténuées que possible, mais il y eut de vives discussions entre les estimateurs et Chalbos qui les menaça à plusieurs reprises, afin de les amener à réduire leurs estimations ([2]). Les chevaux étaient en meilleur état qu'à Meaux : aussi, à la fin de l'opération, d'un mouvement spontané, les vétérinaires se rendirent à la municipalité pour y faire cette déclaration : que les chevaux qu'ils avaient eu ordre d'estimer, *tels qu'ils étaient*, vaudraient infiniment davantage, lorsqu'ils auraient été encore pendant quelque temps soignés et reposés ([3]).

C'est à ce moment qu'arriva à Landrieux l'ordre du commissaire ordonnateur La Saulsaye, de mettre deux escadrons en état de partir, le 28 février 1793, pour Liège ([4]). Chalbos tint à organiser lui-même le départ du premier escadron, celui qui était caserné à Melun.

« Je ne sais s'il le fit par ignorance ou par malice, dit Landrieux, mais il s'y prit de manière à tout confondre. Il mêla les hommes d'une compagnie avec ceux d'une autre, mit les recrues avec les hommes instruits, en sorte

---

1. Archives de la Guerre, doss. Landrieux : *Mémoire justificatif*.
2. Mss. B., folio 115 : *Certificat des officiers du 21ᵉ chasseurs*.
3. Pièce 19, communiquée au ministère par Landrieux, et qui n'a pas été conservée.
4. Archives de la Guerre, *doss. des hussards-braconniers*. L'ordre est du 19 février.

qu'il fut impossible de faire exécuter la moindre manœuvre. Il réduisit à la condition de simples hussards les instructeurs patriotes que j'avais fait officiers provisoires. Il profita de l'occupation que ce dérangement donnait aux sous-officiers et aux hussards, pour nommer Soibinet capitaine de la première compagnie. J'eus beau réclamer, même sur la reddition des comptes — on ne m'écouta pas. Rippel avait commandé jusqu'alors à Melun ; comme on n'avait rien à lui reprocher. Chalbos lui dit qu'il fallait qu'il rendit ses comptes et qu'il irait prendre sa compagnie lorsqu'il aurait réglé tout. En lui disant cela, Chalbos faisait partir Soibinet qui était bien plus *comptable* que Rippel. Celui-ci rendit ses comptes en un jour et voulut partir. On se moqua de lui chez Berruyer : il se plaignit au ministre qui lui expédia une lettre d'avis pour commander la quatrième compagnie. Rippel s'y rendit, présenta sa lettre à Lenglantier, qui, sans façon, la déchira (1). »

Landrieux fit retentir Melun de ses protestations : Chalbos usurpait ses droits ; il n'était pas admissible qu'un adjudant-général chargé d'une inspection put faire rentrer dans un corps, malgré son chef, les officiers que celui-ci en avait expulsés. Chalbos riposta par des insultes et quand Landrieux porta ses plaintes au ministère, on se débarrassa de lui en lui promettant, comme satisfaction, de donner aux escadrons qui marchaient à l'ennemi un chef de sa main (2).

Un officier provisoire, Guéry, plus tard capitaine au 21e chasseurs, porta au ministre Beurnonville une lettre au nom de tous les officiers du corps, pour le prévenir que l'état-major de Lenglantier avait trompé Chalbos sur le compte de Landrieux, que Chalbos n'était pas moins abusé sur la valeur morale de Soibinet, Chabannes, Le Duc, Guillaumet et quelques autres. Il avait également mission de protester contre les persécutions qu'essuyait Landrieux. Le ministre lui ayant fait l'accueil le plus froid, Guéry s'adressa au Comité militaire : « Nonobstant cela, les traîtres partirent à la tête des premières compagnies, en triomphant des patriotes qui se trouvèrent sans place et sans pain (3). »

1. Archives de la guerre, doss. Landrieux : *Mémoire justificatif*. — Mss. B., folio 115, pièce citée.
2. *Idem*.
3. Mss. B., folio 115, pièce citée.

Landrieux, désireux de parer, autant qu'il lui était possible, au danger, désigna au choix du ministre Taillefer, frère du représentant du peuple, qu'il croyait propre à maintenir dans le devoir les officiers suspects. Mais, ici encore, il se trouva en face de Chalbos, qui fit exprès, de nuit, la route de Melun à Paris pour entraver cette nomination (1). Landrieux courut au ministère sur les pas de son ennemi, mit en mouvement le représentant Taillefer et rapporta, le 26 février, l'ordre du ministre de la Guerre qui lui enjoignait de faire reconnaître Taillefer en qualité de lieutenant-colonel (2). Chalbos, qui avait dû renoncer à la lutte, à cause de l'intervention du frère de Taillefer, réclama avec énergie les comptes du chef de brigade des hussards-braconniers. Celui-ci les promit pour la huitaine qui suivrait le départ des escadrons. D'autre part, cet adjudant-général se montra si pressé de faire partir ses cinq protégés, qu'il oublia de leur faire prêter le serment requis par la loi (3).

Désespéré, convaincu que ces hommes ne complotaient rien moins que de passer à l'ennemi, car ils ne se gênaient point dans leurs propos, Landrieux avait eu le soin, sous prétexte de réparations urgentes, de ne pas compléter leur armement et leur équipement (4). Il alla jusqu'à déclarer à une section de Paris, qu'il regardait armes et effets comme perdus s'il les faisait passer aux hussards-braconniers qui avaient rejoint l'armée de Dumouriez. Le 28 mars, il dut se résoudre à s'en dessaisir, mais en les confiant à la prudence du capitaine de la quatrième compagnie qui partait, ce jour-là, pour l'armée du Nord, et encore s'empressa-t-il, accompagné du député Taillefer, d'aller faire part de ses inquiétudes au Comité de Sûreté générale : c'était le 3 avril.

Les soupçons de Landrieux n'étaient point sans fondement; deux jours plus tard, le 5, à Saint-Amant, les offi-

---

1. Archives de la Guerre, doss. Landrieux : *Mémoire justificatif*.
2. Archives de la Guerre, doss. des hussards-braconniers : *Ordre du 26 février, signé Félix*.
3. Archives de la Guerre, doss. Landrieux : *Mémoire justificatif;* — doss. du 16e chasseurs. *Revue d'Hesdin visée par le commissaire des guerres La Brosse.*
4. C'était aussi un moyen de ne pas rendre de compte à Chalbos, qui se montrait si mal disposé pour lui.

ciers imposés par Lenglantier, Chalbos et Berruyer, c'est-à-dire Soibinet, Chavannes, Guillaumet, Le Duc et Walter, passaient à l'ennemi avec Dumouriez, entraînant à leur suite deux compagnies de hussards, après les avoir enivrés (1). Les traîtres avaient à tel point épouvanté leur chef d'escadron Taillefer, que celui-ci n'osait presque plus paraître à son poste (2).

On sait que les corps de cavalerie entraînés par les complices de Dumouriez ne tardèrent pas à se débander. *Le Moniteur*, qui avait d'abord enregistré la défection des hussards et des chasseurs, s'empressa presque aussitôt de rectifier cette nouvelle. En réalité, les hussards qui avaient suivi leurs officiers à Tournai, où on les avait internés, s'échappaient peu à peu et revenaient rejoindre leurs régiments, isolément ou par groupes. Le 12 mai, Dumouriez n'avait plus que 209 hussards et cuirassiers (3).

La présence du formateur du corps devenait absolument nécessaire pour le réorganiser. C'était pour Landrieux l'occasion si longtemps désirée de quitter définitivement la Brie et Meaux l'inhospitalière. Son protecteur, le représentant du peuple Taillefer, le conduisit au Comité de Salut public, qui ordonna sur-le-champ à Bouchotte, ministre de la Guerre, de lui expédier l'ordre de se rendre à Douai, pour y prendre le commandement de la portion de son corps qui y était cantonnée et pour y adopter, de concert avec le général en chef Dampierre, toutes les mesures que requéreraient les circonstances (4). A Douai, la situation des

---

1. Archives de la Guerre. *Revue d'Hesdin*, note du commissaire des guerres et de Landrieux. « Le régiment observe au ministère de la Guerre que ces traîtres ont été nommés malgré le chef de brigade, au préjudice de plusieurs officiers patriotes qui étaient en fonctions depuis plus de six mois, et que les sentiments inciviques des sus-nommés étaient si connus que Chalbos se permit de faire partir les deux compagnies de Melun, qu'il commandait, sans leur faire prêter serment de fidélité, serment sans lequel toute organisation est nulle et criminelle. »

2. Archives de la Guerre, doss. Landrieux : *Mémoire justificatif.*

3. Mortimer-Ternaux, *Hist de la Terreur*, VI, p. 549. — Voir aussi sur ce sujet l'excellent livre de M. Chuquet : *La Trahison de Dumouriez.*

4. Archives de la Guerre, doss. des hussards-braconniers :

troupes était tout ce qu'il y a de plus contraire à la discipline. Carnot rapporte que les casernes contenaient plus de 3.000 femmes.

Il ne resta à Meaux, lors du départ de Landrieux, que 56 hommes, dont 13 officiers et 17 sous-officiers. Tous ces hommes furent licenciés et reçurent l'ordre de se rendre au 3e hussards, mais les officiers et sous-officiers durent rentrer dans le rang, « attendu que leur chef n'avait pas eu le droit de nommer tant d'officiers et de sous-officiers pour commander 56 hommes » (1).

L'un des premiers actes de Landrieux, en arrivant à Douai, fut de faire constater, le 17 avril, l'état de la comptabilité. Le conseil d'administration du régiment reconnut qu'il n'existait au bureau qu'un seul registre signé Soibinet, dans lequel étaient inscrits les noms de tous les individus engagés, l'époque de leur entrée au corps et enfin celle des désertions. Par contre, il n'existait aucun état de revue, parce que Soibinet, qui avait fait fonction de quartier-maitre, les avait tous gardés, sous prétexte de rendre ses comptes ; si bien que sans le registre resté au bureau, la comptabilité du corps se serait trouvée inattaquable, Soibinet ayant emporté dans sa fuite tous les papiers et la caisse du corps (2).

Avant de quitter Paris, Landrieux s'était entendu avec le ministre Bouchotte sur les moyens propres à faire disparaitre le mauvais renom qu'avait attiré sur les hussards-braconniers, la défection à l'ennemi des premières compagnies. Il fut décidé, en conséquence, que les hussards-braconniers deviendraient 16e chasseurs, numéro sous lequel avait été incorporée, depuis le 28 février précédent, la cinquième compagnie avec d'autres recrues (3).

De Douai, Landrieux, nommé au commandement de la

---

*Ordre du 10 avril 1793.* — Doss. Landrieux, *Mémoire justificatif.*

1. Archives de la Guerre, doss. Landrieux : *Rapport présenté au Comité de Salut public par la commission du commerce et des approvisionnements, le 30 frimaire an III.*
2. Archives de la Guerre, doss. Landrieux : *Certificat du conseil d'administration des hussards-braconniers.*
3. Archives de la Guerre, doss. du 21e chasseurs à cheval.

place d'Hesdin (¹), mena son régiment, à peine réorganisé, tenir garnison dans cette localité qui avait toujours reçu des troupes de cavalerie (²). Il avait, en outre, à y diriger les travaux de défense dont le général Custine venait d'ordonner la reprise et que Carnot-Feulins craignait de voir trainer en longueur, faute de paiements aux entrepreneurs (³).

Obligé de partager son temps entre ses nouvelles fonctions d'ingénieur, auxquelles le préparaient ses études antérieures, et les soins du recrutement et de la remonte de son régiment, devenu commandant temporaire de Montreuil, où il avait aussi un détachement de chasseurs, Landrieux éprouva le besoin de doubler Taillefer, premier chef d'escadron, faisant fonction de lieutenant-colonel, dans les capacités duquel il n'avait plus la même confiance qu'au temps où il sollicitait sa nomination (⁴). C'est alors qu'il eut la

---

1. Mss. B, folio 111 : *Certificat du conseil général de la commune d'Hesdin*, 4 octobre 1794.
2. Mondelot, *Le vieil et le nouvel Hesdin*.
3. Legros, *La Révolution telle qu'elle est*, p. 74-75. C'est vers cette époque que Lefetz écrivait à Guffroy et à Lebon (31 juillet 1793).

« Mes amis, *nos places de guerre ne sont pas approvisionnées* et nous avons près les armées des représentants du peuple. Qu'y font-ils ? Rien pour le bien public, mais tout pour la perte de la liberté. Nous les avons vus de près et nous pouvons vous assurer que le salut public ne les occupe point. Promener, discourir, discuter, faire les proconsuls et les Verrès, voilà ce qu'ils ont fait et ce qu'ils font: aussi sait-on les apprécier et l'on ne compte pas sur eux pour sauver la patrie. Leur bureau n'est point monté, ils ne savent rien, ils ignorent la situation de nos magasins, de nos armées, ils ignorent nos ressources et ne marchent qu'à tâtons et menés par le premier qui s'empare d'eux. Ils sont douze ou quatorze: trois, bien intègres et aimant le travail et l'ordre, suffiraient et les choses iraient bien mieux et ne seraient point entravées. Pour moi, je déteste Duhem, je crains Carnault (*sic*) depuis qu'il est avec son frère Feulints (*sic*) et je gémis de voir le sort de la République, des armées par conséquent, confié à des mains aussi inhabiles que celles de Duquesnoy et Bollet, tous deux braves citoyens et excellents pour voter dans la Convention, et d'autres de la même trempe (H. Wallon, *Les Représentants du peuple en mission*, t. IV, p. 136-137).

4. Archives de la Guerre, doss. Landrieux : *Mémoire justificatif*.

*d*

fatale pensée de proposer le poste de deuxième chef d'escadron à un aide de camp du général Durre, capitaine au 12e chasseurs depuis le 14 avril, pour qui il s'était pris d'admiration. Ayant facilement obtenu l'adhésion de Murat à ses projets, il écrivait triomphalement à Taillefer :

« C'était une chose presque arrangée, mon ami, entre Murat et moi que je vous le donnerai pour camarade. J'écris au général Durre pour le lui demander. S'il l'accorde, vous ferez usage de l'ordre ci-joint. Je le désire de tout mon cœur; je l'ai connu à fond à Arras et vous verrez combien je suis observateur : je crois qu'il est aussi patriote que moi (1). »

Le 8 mai, le général avait évidemment donné son approbation et Landrieux écrivait à Murat :

« Je vous préviens, citoyen, qu'en vertu de l'ordre du ministre dont je suis porteur et de l'invitation du général Dampierre, vous avez été nommé provisoirement à la place de deuxième chef d'escadron du régiment que je commande. Vous voudrez bien en conséquence prévenir de cette disposition le général auquel vous êtes attaché, afin qu'il vous rende à votre poste le plus tôt possible; vous me ferez passer sa décision (2). »

Les hussards-braconniers allaient subir encore une nouvelle transformation. Le 6 mars 1793, la Convention nationale avait décrété la création de deux nouveaux régiments de cavalerie légère, qui devaient être assimilés aux autres corps de chasseurs et prendre rang parmi eux sous les numéros 21 et 22. L'état major et les officiers de chacun de ces régiments devraient être nommés par le Conseil exécutif sur la présentation du général en chef (3). Le 3 juin, un arrêté du Comité de Salut public autorisait le ministre à

---

1. Archives de la Guerre, doss. Landrieux : *Pièces à l'appui de la dénonciation de Murat.*
2. *Idem.* Doss. Murat.
3. *Moniteur*, t. XV, p. 643. Le décret est adopté sur la proposition de Doulcet.
« L'un de ces régiments, dit l'article II, sera levé dans les départements du Morbihan, Côtes-du-Nord, Finistère, Ille-et-Vilaine et Loire-Inférieure, l'autre sera levé dans les départements de la Manche, de l'Orne, de l'Eure, du Calvados et de la Seine-Inférieure.

former des corps francs de cavalerie des régiments de chasseurs à cheval (1). Le 10, Xavier Audouin, au nom du ministre, avisait Landrieux qu'il était nommé chef de brigade du 21e chasseurs en garnison à Hesdin (2). Les hussards-braconniers ne devaient pas tarder à être versés dans ce régiment, car le 22e chasseurs, créé par la même loi du 6 mars 1793, prenait, vers la même date, par ordre du ministre de la Guerre Bouchotte, le numéro 16 (3).

Le 12 juin, les hussards-braconniers comportaient 9 compagnies composées de 741 hommes et 19 officiers (4). Il n'y avait pour cet effectif que 349 chevaux, dont environ 180 provenaient du département du Pas-de-Calais (5). Les autres, les survivants de la campagne de Belgique, revenaient du camp de Cassel. Les députés de la Convention en mission aux armées du Nord avaient autorisé un marché de 400 chevaux, mais les animaux n'étaient pas encore rassemblés dans les quartiers du régiment qui avait, à cette date du 12 juin, outre le dépôt d'Hesdin, des détachements à Boulogne, Gravelines, Auxi-le-Château et Saint-Josse près Montreuil (6).

Le département avait autorisé le régiment à passer à son compte les marchés nécessaires pour l'équipement et l'ar-

---

1. Archives de la Guerre, doss. du 21e chasseurs.
2. Mss. B, folio 110. Lettre d'avis de Xavier Audouin.
3. Commandant Chevillotte, *Historique du 16e chasseurs*, manuscrit des Archives de la Guerre.
4. Archives de la Guerre, doss. du 16e chasseurs. *Revue d'Hesdin*, pièce citée. Parmi les officiers figurent Chambry, Chauveton, Perrimond Dosset, puis Murat et cinq autres sortant comme lui du 12e chasseurs à cheval, que l'on retrouvera mêlés aux intrigues de l'an II. Les soldats fournissent les noms aristocratiques suivants : de Lanchy, de la Porte, d'Héry, de Goulange, du Forestelle, de Lambelle, Barthélemy de la Marre, de Croix, de Launay, de Zorry, de Sailly, d'Assonville, Vincent d'Ailly, de la Haye. Il y a aussi les pseudonymes : Bellerose, Mangetout, La Verdure, Gros de Cœur, Le Peuple, l'Ecrulant, du Fumier (! Vide-Bien, Sauvetout, La Fiole, La Bouteille, La Liberté, Le Pain.
5. Douze sortaient des écuries du duc de Charost-Béthune, où le département les avait fait saisir en vertu de la loi relative aux chevaux de luxe (Archives de la Guerre, *Revue d'Hesdin*). Il en sera question dans les dénonciations de Murat.
6. Archives de la Guerre, doss. du 16e chasseurs.

mement et en avait promis le règlement. Il existait au corps 342 sabres, 52 paires de pistolets, 12 mousquetons. Le département avait en outre autorisé les hussards, le 2 mai, à prendre 200 lames de sabre existant dans les arsenaux de Saint-Omer, ainsi que les pistolets et carabines qui seraient trouvés dans l'étendue de son ressort (1).

Du 1er au 7 juin, le régiment avait eu les trois revues de rigueur : la première passée par le général de brigade de Lille, inspecteur des dépôts de cavalerie, nommé *ad hoc* par le général en chef ; la deuxième, par le citoyen Jean Garnisson, envoyé à cet effet par les représentants en mission Carnot et Duquesnoy ; la troisième, par le général de brigade Durre, commandant la 12e division de l'armée. Ce dernier avait été extrêmement favorable. « Je ne peux, disait son attestation, que rendre un compte satisfaisant au ministre de la Guerre du zèle que j'ai trouvé dans le 16e régiment de chasseurs, autant pour l'instruction que pour hâter l'organisation de ce corps, de l'ordre et de la discipline (2). » Il n'y avait en effet que 2 hommes aux prisons de Douai et 42 malades aux hôpitaux ; mais les menées de Soibinet et de Lenglantier, les mauvaises notes de Chalbos, auxquelles le peu d'ardeur de Landrieux à rendre ses comptes, malgré ses promesses réitérées, semblait prêter une apparence de sincérité, allaient compliquer, de la liquidation du passé, la préparation de l'avenir.

Sur les plaintes de Landrieux, lors de ses querelles avec Chalbos, le ministre avait ordonné un nouvel examen des chevaux et le général Durre en chargea l'adjudant-général Chazaud-Dutheil, dont l'inimitié pour le chef de brigade des hussards-braconniers ne lui était certainement pas connue. Néanmoins, malgré ses rancunes légitimes, ce nouvel estimateur, l'ex-noble dénoncé l'année précédente à la vindicte publique, (3) arriva à des résultats sensiblement

---

1. Archives de la Guerre, dossier Landrieux.

2. Archives de la Guerre, dossier du 16e chasseurs : *Note du général Durre, datée de Montreuil, 15 juin 1793.*

3. Né à Saint-Maurice des Lions, près Confolens, frère du conventionnel, Chazaud n'avait dans les veines que du sang plébéien, mais, ancien gendarme (1785), devenu capitaine de fusiliers dans la légion des volontaires de Luxembourg (1782), il avait bien pu scinder son nom et prendre la particule.

différents de ceux qu'avait produits l'estimation de Chalbos. Il travailla avec Landrieux à la reddition de ses comptes qui, si l'on admettait le bon emploi des 374,600 livres à lui versées antérieurement au 30 janvier 1793, ne roulaient que sur les 25,000 livres qu'il avait touchées à titre d'aval et les sommes par lui déboursées en avances et dont il réclamerait le remboursement. Enfin, Landrieux put envoyer ses pièces aux bureaux de la Guerre et en même temps il donna à son beau-frère Truet procuration pour rendre son compte. On refusa, parce qu'il manquait quelques pièces justificatives et que beaucoup de celles qu'il avait fournies n'étaient que des copies faites par lui et non visées, par conséquent dénuées d'autorité. Il envoya les pièces réclamées et l'on ne parla plus de rien jusqu'en l'an II ([1]).

Le 31 juillet, l'adjudant-général Chazaud-Dutheil partait avec un congé régulier pour Chartres, où, cinq semaines après, il apprenait sa destitution en lisant *le Courrier de la Convention* et *l'Auditeur national* ([2]).

Landrieux, dont le crédit auprès du représentant André Dumont était devenu considérable, pendant cette période, par suite des services qu'il lui rendait quotidiennement, avait trouvé une occasion favorable de se venger des tracasseries de Chazaud. S'étant procuré « la preuve matérielle d'un des mensonges » de cet adjudant-général, il agit sur Dumont et enleva l'ordre de son remplacement ([3]). Cette mesure satisfaisait tout le monde, c'est-à-dire Landrieux, Taillefer et Dumont. Le représentant trouvait dans cette occasion le moyen de donner une nouvelle preuve de son « maratisme », que Le Bon pouvait bien avoir intérêt à calomnier à Paris. Landrieux, du même coup, se débarrassait d'un contrôleur mal disposé à son égard et casait son lieutenant-colonel

---

1. Archives de la Guerre, doss. Landrieux : *Mémoire justificatif*.
2. Archives de la Guerre, doss. Chazaud-Dutheil : *Lettre de l'adjudant-général Chazaud-Dutheil*. Chartres, chez Fr. Labatte, libraire-imprimeur de l'évêché et du département d'Eure-et-Loir. — *L'Auditeur national*, du 8 septembre, analysant la séance du 7, où fut lue une lettre de Dumont faisant part de la destitution de Chazaud-Dutheil, dit : « Les représentants annoncent qu'ils ont nommé adjudant-général le patriote Taillefer à la place d'un ci-devant qui se faisait complaisamment appeler Monsieur le Chevalier. » (p. 3).
3. Archives de la Guerre, doss. Landrieux : *Mémoire justificatif*.

Taillefer, qu'il supportait difficilement au régiment depuis la déplorable défection des compagnies que celui-ci avait commandées à Saint-Amant.

Trois fois Taillefer avait offert sa démission, après des observations de Landrieux, notamment à Hesdin, le 21 juillet, après la revue passée par le général Durre, revue qui permit de constater la présence au corps de 761 cavaliers et 46 officiers (1). Cette démission n'était pas légalement admissible et Landrieux, à son grand regret, ne put l'accepter sur l'ordre du général Durre. Restait l'avancement, moyen pratique que l'on emploie toujours très fréquemment. Le 31 août, Taillefer faisait enregistrer par la municipalité d'Abbeville la commission provisoire d'adjudant-général que son ami et protecteur Dumont avait signée la veille en sa faveur (2).

« Nous, André Dumont, Représentant du Peuple dans le département de la Somme, sur le compte qui nous a été rendu de l'étendue de la 12e division de l'armée du Nord composée des districts d'Amiens, Abbeville et Montreuil, laquelle comprend en outre toute la partie des côtes depuis la rivière de Canche jusqu'à celle de Bresle : considérant que cette division se trouve en ce moment dépourvue d'une partie des officiers de son état major et particulièrement de Chazaud, se disant Dutheil, son adjudant-général qui se trouve absent depuis quelque temps ; considérant que le

---

1. Archives de la Guerre, doss. du 21e chasseurs : *Contrôle nominatif de la revue passée par le général Durre*. Voici la lettre de démission de Taillefer :

Hesdin, ce 21 juillet 1793.

« Citoyen chef de brigade,

« L'offre, trois fois réitérée, que vous m'avez faite de vous donner ma démission de la place de chef d'escadron ne me permet pas de balancer. En conséquence, je vous prie de la recevoir. Je suis prêt de rendre compte de l'administration du régiment que vous m'avez confié, tant pour la partie de la comptabilité, que pour celle de la discipline et police.

« Votre subordonné,
« TAILLEFER. »

Landrieux affirme que jamais Taillefer ne put rendre ses comptes.

2. Prarond, *Annales modernes d'Abbeville*.

citoyen Chazaud est accusé d'incivisme et en a donné les preuves en fréquentant des personnes suspectes dont plusieurs sont en ce moment en état d'arrestation en la citadelle de Doullens ; considérant que le bien du service, la surveillance essentielle de cette division et la défense militaire de la côte, exigent que cette place soit remplie sans interruption, nous avons cru devoir y nommer provisoirement le citoyen Jean-Baptiste Taillefer, lieutenant-colonel au 21e chasseurs à cheval, dont le patriotisme nous est connu, et qui par ses connaissances militaires, a été employé avec succès par les conseils de guerre qui ont été tenus dans les places de cet arrondissement et a contribué par ses lumières à procurer toutes les connaissances et mesures nécessaires pour la défense de la Somme et de la côte ; en conséquence nous lui avons délivré le présent pour lui servir et valoir de commission provisoire d'adjudant-général lieutenant-colonel, nous réservant d'en rendre compte au ministre de la Guerre pour faire approuver cette nomination ([1]). »

Le 1er septembre, André Dumont soumettait en conséquence cette commission provisoire à l'approbation du ministre Bouchotte :

« Vous trouverez ci-jointe, citoyen ministre, la copie d'une commission provisoire que j'ai cru, en attendant votre approbation, devoir donner au citoyen Taillefer. Ses connaissances, son patriotisme et l'indispensable nécessité de pourvoir au remplacement provisoire d'un ci-devant chevalier qui n'a la confiance d'aucun patriote, quoique avant-hier il ait escamoté de la municipalité d'Abbeville (qui m'a déclaré ne pas le connaître) un certificat de civisme. S'il vous en restait un doute, je m'offre de vous envoyer le contre-poison de ce certificat et de le faire signer par les premiers signataires. Ce département, dont l'esprit a été gangrené jusqu'à ce jour, qui renferme encore moitié d'aristocrates et dans lequel le département du Nord vient de vomir dix mille ci-devant et personnes suspectes, a un besoin urgent d'un patriote prononcé, et Taillefer, cette ferme colonne des sociétés populaires, m'a paru bien propre à remplir les fonctions que le sieur Dutheil remplissait si mal auprès des sans-culottes. Veuillez me répondre » ([2]).

1. Archives de la Guerre, doss. Chazaud-Dutheil.
2. *Idem.*

Chazaud-Dutheil, qui logeait rue des Côtes à Chartres, protesta par l'envoi au ministre de la Guerre d'une lettre imprimée, en date du 15 septembre, et dans laquelle il répondait à toutes les accusations qui s'étaient groupées autour des causes premières de sa disgrâce. Il déclarait, en réponse aux accusations du *Courrier de la Convention* et de *l'Auditeur national*, qu'il était absolument faux qu'il eut pris la fuite, attendu qu'il avait quitté Abbeville en vertu d'un congé en bonne et due forme. Né de parents plébéiens, honorés depuis plus de cent cinquante ans par le choix de leurs concitoyens, il ne pouvait être ce ci-devant qui « se faisait toujours complaisamment qualifier de M. le Chevalier » ainsi que le contaient les gazettes. Il parlait de ses services, il faisait valoir ses réquisitions à Amiens, sa conduite dans l'affaire de la descente des cloches : « sacrifice qui ne s'est pas opéré sans peine », la fabrication de 60,000 cartouches au moins, le zèle qu'il avait déployé pour la destruction des emblèmes et armoiries, l'intelligent dévouement à la chose publique qui l'avait fait s'opposer à « des travaux coûteux et inutiles à la porte de la Hautoye »[1].

Les protestations de Chazaud n'empêchèrent pas la plainte d'André Dumont de suivre son cours. On apposa les scellés sur ses papiers et le président et le vice-président du Comité de surveillance du département d'Eure-et-Loir, furent délégués pour procéder à leur examen le 20 novembre 1793, « en présence de son et de sa propriétaires. » Bien que ces citoyens eussent déclaré dans le procès-verbal n'y avoir non seulement rien trouvé de suspect, mais, au contraire des preuves nombreuses de ses sentiments républicains[2], malgré les démarches des sociétés populaires de la Somme auxquelles il était affilié, l'intervention de représentants du peuple qui témoignèrent de son civisme, Chazaud-Dutheil ne fut réemployé qu'en août 1794, en qualité d'adjudant-général commandant amovible d'Ardres [3]. Quant à son

---

1. Archives de la Guerre, doss. Chazaud-Dutheil : *Lettre imprimée* déjà citée.
2. *Idem.*
3. Archives de la Guerre, doss. Chazaud-Dutheil. En brumaire an IV, Chazaud fut fait général de brigade, mais le 25 pluviôse an V, on le réforma avec traitement. Sur ses réclamations, il devint tour à tour membre du Directoire de l'hospice militaire de

successeur Taillefer « l'idole des sociétés populaires » il se lança dans des intrigues politiques qui tournèrent mal pour lui. Joseph Lebon, en effet, fit de lui son inséparable compagnon « de fêtes et de beuveries ». Peut-être Taillefer contribua-t-il à boire les 2,500 bouteilles achetées des deniers de la Nation et bues en un mois et demi par les amis de Lebon durant son séjour à Cambrai, sans détriment du vin vieux de l'émigré Sentenay (¹).

André Dumont, après son rappel, en reçut une lettre empreinte du plus chaud dévouement.

« J'ai appris avec la plus vive douleur que nous te perdions ; déjà cette nouvelle a glacé l'âme de tous tes amis. Les pauvres te regrettent et sentent la perte qu'ils font. Digne représentant, l'ami du peuple, le père des pauvres, tes actions d'humanité te font regretter de tout le monde, et chaque particulier, ennuyé de ne plus te voir, me demande à chaque instant : « Quand l'intègre Dumont arrivera-t-il ? » Juges combien je dois souffrir d'être obligé de répondre que tu ne reviens plus au milieu d'eux ! La douleur m'accable. Rien de nouveau dans cette commune (Amiens), la tranquillité y règne toujours, mais je crains bien que l'esprit philanthropique que tu y avais propagé ne se perde. (²). »

A la chute de Robespierre, il fut un des premiers à féliciter Dumont : « Les scélérats allaient d'un train à ne pas ménager les amis de la République (³). » Dumont continua à le protéger en maintes circonstances ; il n'oubliait pas que Taillefer avait toujours été l'ennemi des séditieux qui prêchaient la révolte dans les sociétés populaires d'Amiens et, à la séance du 17 germinal an III (6 avril 1795), il le

---

Bruxelles, inspecteur des hôpitaux militaires à Lille, puis à Leyde, où il mourut le 22 juillet 1812.

1. Paris, *Histoire de Joseph Lebon*. — Guffroy, qui fournit ces renseignements sur la soif de Lebon, note encore que pour cette période, sa table coûta 61,193 livres. (*Les Secrets de Joseph Lebon et de ses complices*, p. 221, 222 et 223.)

2. André Dumont, *Compte rendu à ses commettants*, p. 237 et 238.

3. André Dumont, *Compte rendu à ses commettants*, p. 284. La lettre de Taillefer est du 15 thermidor an II, au moment où il venait de voir dans son journal la nomination de Dumont au Comité de Salut public.

félicitait de s'être brouillé avec le représentant du peuple, son frère et d'avoir déclaré à celui-ci que s'il ne changeait pas d'opinion, il le dénoncerait lui-même (¹). C'était au lendemain d'une émeute à Amiens que Taillefer avait montré la plus grande mollesse à réprimer. Pendant les troubles l'adjudant-général n'était en effet pas sorti de chez lui (²). Dumont, qui l'avait d'abord soutenu à la tribune contre les dénonciations de François de l'Oise, un des représentants qui avaient pris en main la cause de Chazaud-Dutheil, vint le lendemain reconnaître qu'il avait été abusé par de faux renseignements et que Taillefer devait « non seulement être destitué, mais déclaré incapable de servir désormais la République (³). »

Taillefer tint rancune à Dumont qui écrit dans son *Compte rendu*, que la malveillance prêtait à cet adjudant-général des propos qu'il serait difficile de concilier avec ses lettres (⁴). « Comme je ne veux jamais être injuste, continue-t-il, parce qu'on aurait pu me faire des menaces que je ne crains pas, je dois dire que le citoyen Taillefer m'a constamment montré beaucoup de zèle à remplir ses devoirs (⁵). »

Landrieux, qui était alors un solliciteur ballotté de commission en commission, n'apprit peut-être point la disgrâce de son ancien lieutenant-colonel. Taillefer l'avait d'ailleurs renié avec une merveilleuse désinvolture aux heures difficiles de l'an II, quand son témoignage pouvait apporter un utile concours au chef de brigade destitué et incarcéré sous des prétextes dont, mieux que personne, lui, Taillefer, devait connaître l'inanité. Landrieux ne rappela-t-il pas maintes fois que, s'absentant pour le recrutement et la remonte, il n'avait pu gérer les fonds du régiment; et que c'était Taillefer qui devait surveiller la comptabilité. « Je me plaignais, disait-il, du peu d'ordre dans la comptabilité. On voit (par sa lettre du 21 juillet) qu'il offre de me rendre compte; il ne put jamais en venir à bout et se tira de là en se faisant nommer adjudant-général. Je partis pour l'armée et ce n'est

---

1. *Moniteur*, t. XXIV, p. 156. Discours d'André Dumont.
2. *Idem*, t. XXIV, p. 155. Discours de François.
3. *Idem*, t. XXIV. Séance du 18 germinal. — Archives de la Guerre, doss. Chazaud-Dutheil.
4. André Dumont, *Compte rendu à ses commettants*, p. 237.
5. *Idem*, p. 239.

qu'à cette époque que je m'aperçus qu'il n'y avait pas de registre de délibérations au corps, j'y en mis un, en punissant Taillefer. C'est pour cela qu'il voulut se retirer. Je ne présente cette lettre que pour faire voir que j'avais agi conformément aux règlements en ordonnant à Taillefer, chef d'escadron, de suivre la comptabilité pendant mes absences pour le recrutement et l'équipement du corps; d'un autre côté par les pièces justificatives que j'ai présentées pour ma réintégration, que le corps entier reconnait que j'étais forcé à ces absences et que les quartiers-maîtres, les chefs d'escadron et le conseil d'administration géraient seuls la comptabilité. Ces agents responsables ont eux-mêmes signé cette pièce. Il est donc on ne peut plus matériel que je n'ai pas géré. J'ai bien d'autres preuves de ce genre, si elles sont utiles je les enverrais (¹) ».

1. Archives de la Guerre, doss. Landrieux : *Note autographe sur l'original de Taillefer*. A l'appui des dires de Landrieux, voir le *certificat* du général Durre (Mss B., folio 120) et celui du conseil d'administration du 21ᵉ chasseurs (Archives de la Guerre, doss. Landrieux).

## III

A la fin de juillet, Landrieux eut, comme on l'a dit, l'occasion de rendre d'importants services au représentant du peuple André Dumont (1).

Le 23, les corps constitués de la ville d'Amiens avaient fait appel à l'intervention des Comités de Salut public et de Sûreté générale qu'ils suppliaient de porter remède aux maux prêts à éclater sur leur cité(2). Depuis plusieurs jours, le Marché aux Herbes était le théâtre de scènes violentes, que causaient à la fois le manque de pain et les provocations d'un régiment de cavalerie de la garnison, universellement exécré dans le pays depuis qu'il avait conduit Louis XVI à l'échafaud (3). Sous la pression de mille ou

---

1. André Dumont, fils d'un conseiller du roi, juge royal et savant, jurisconsulte, était né à Oisemont (Somme), le 24 mai 1754. Envoyé en 1793 en mission dans son département, il y déploya un zèle verbal extraordinaire. Rappelé par suite des intrigues des amis de Robespierre, il jura une guerre à mort aux *buveurs de sang* expliqua sa conduite durant sa mission dès frimaire an III, puis en l'an V, dans son *Compte rendu*. Il ne mourut qu'en 1836 à Abbeville : il avait été sous-préfet pendant l'Empire. On peut consulter pour lui, comme pour les autres Représentants du Peuple, le *Dictionnaire des Parlementaires* par Robert et Bourloton, en ayant soin de contrôler les dates et les citations, surtout dans les deux premiers volumes. Le reste de cet important ouvrage est de beaucoup supérieur à la première partie.

2. André Dumont, *Compte rendu à ses commettants*, in-8°, an V, (p. 6). Ouvrage peu connu et très curieux, qui suscita, lors de sa publication, toute une série de brochures aujourd'hui rarissimes dont la *Bibliographie picarde* a conservé les titres d'après des exemplaires le plus souvent uniques.

3. C'étaient les hussards de la Liberté ou de l'Echelle, créés le 2 septembre 1792 par l'Assemblée législative. Après le 21 janvier, ils prirent le nom de hussards de la Mort.

douze cents femmes ameutées, les municipaux avaient édicté une taxe sur les denrées de première nécessité dans l'espoir, d'ailleurs aussitôt déçu, d'éviter ainsi le pillage.

Les Comités, à ses nouvelles, discutèrent un arrêté déclarant Amiens en état de rébellion; puis, ramenés à des sentiments moins sévères, décidèrent l'envoi de deux commissaires dans cette ville. Chabot et Dumont furent désignés (¹).

Ils arrivèrent à Amiens, le 26 juillet, accompagnés d'une escorte de cavalerie que commandait le chef de brigade du 21ᵉ chasseurs. C'était la première mission de ce genre qui incombait à Landrieux. Il ne s'en appliqua que mieux à étudier et à servir avec zèle les représentants du peuple. L'ex-capucin Chabot était un petit homme assez robuste, d'une figure sinistre. Il portait, ce jour-là, un pantalon et une veste de nankin, dont il avait eu soin de déchirer les manches, pour rendre son costume plus conforme à celui de ses frères les sans-culottes. Un énorme bonnet rouge couvrait ses cheveux plats. Quand il paraissait en public c'était sans cravate, les jambes nues et la chemise déboutonnée laissant voir sa poitrine. La mise de Dumont était plus soignée (²). Son caractère plus froid différait singulièrement de l'exaltation de son collègue. « Ma principale occupation, dira-t-il plus tard, était de calmer le caractère vif et bouillant de Chabot, qui agissait presque toujours seul (³). »

A peine descendus de voiture, les représentants convoquèrent une assemblée générale des citoyens à la cathédrale transformée en temple de la Raison. Devant une foule nombreuse de curieux attirés par la nouveauté du spectacle, Chabot monta en chaire, tenant à la main un pot de faïence bleu rempli de vin, dont il arrosait fréquemment sa révolutionnaire éloquence. Au lieu de remontrer aux auteurs des attroupements combien leurs violences étaient illégales et opposées aux vrais intérêts du peuple, il affecta de blâmer la conduite de l'administration et de la rendre suspecte. Il promit l'abondance des subsistances et une baisse de plus de moitié sur le prix de toutes les denrées avant huit jours, en attendant la loi agraire qui assurerait à jamais ces beaux

---

1. André Dumont, *Compte rendu à ses commettants*, p. 7 et 8.
2. H. Dusevel, *Histoire de la ville d'Amiens*, p. 246 et 247.
3. André Dumont, *Compte rendu à ses commettants*, p. 9 et 10.

résultats, en faisant disparaître tout le faste des riches qui insultaient à la simplicité républicaine. Chabot annonça ensuite des visites domiciliaires pour le lendemain; il menaça de faire incarcérer ceux qui seraient rencontrés dans les rues après neuf heures du soir, et de traduire au tribunal révolutionnaire les individus qui ne feraient pas une déclaration exacte de la quantité de grains qu'ils avaient dans leurs maisons. Il menaça également d'une paire de pistolets qu'il portait à la ceinture, les scélérats qui oseraient méconnaître en lui la représentation nationale [1].

Le peuple écouta d'abord assez froidement sa harangue extravagante, puis des projectiles de toute espèce coupèrent court à la faconde de Chabot [2]. Il eut alors recours à un moyen assez bizarre, renouvelé du faubourg Saint-Antoine, que ses harangues soulevaient jadis : il proposa aux assistants de le suivre à la Hautoye pour y danser *la Carmagnole*. Sept ou huit cent individus de la lie du peuple s'y rendirent. Quelques ivrognes dansèrent avec des femmes publiques, tandis que le député se promenait seul dans une des allées latérales de la Hautoye.

Le lendemain, 27 juillet, Dumont détermina Chabot à écrire aux Comités que tout était rentré dans l'ordre et que la tranquillité régnait à Amiens, mais sitôt le départ du courrier qui emportait cette lettre, un malentendu fit ordonner de fermer les portes de la ville [3]. Cette fermeture répandit la terreur dans les campagnes et éloigna le peu de marchands qui venaient approvisionner les marchés. Les visites domiciliaires, ordonnées par Chabot chez les boulangers et dans quelques maisons, pratiquées, tant par les hussards de la Mort que par les chasseurs de Landrieux, pour s'assurer qu'il n'y avait pas de subsistances cachées, mirent le comble à la fermentation populaire [4], d'autant que depuis deux jours toute la garde nationale était sous les armes.

Dans l'après-midi, le club des Jacobins tint sa séance. Sous la pression de quelques exaltés, les représentants

---

1. H. Dusevel, *Histoire de la ville d'Amiens*. — Goze, *Histoire des rues d'Amiens*.
2. Goze, *Histoire des rues d'Amiens*.
3. André Dumont, *Compte rendu à ses commettants*.
4. Goze, *Histoire des rues d'Amiens*.

enjoignirent à la Commune et au District de faire déposer dans la salle où la Société populaire tenait ordinairement ses délibérations, les fusils, piques et sabres dont ils pouvaient disposer. Ne convenait-il pas d'armer les braves sans-culottes qui, contre le vœu de la loi, étaient encore sans armes. Le chef du troisième bataillon, Lefebvre-Alavoine, s'écria vivement : « Comment ! des armes à de la canaille comme vous, quand il y a tant d'honnêtes gens dans mon bataillon à qui je ne puis en donner ! (¹) » Ce propos fut aussitôt dénoncé à la tribune de la Société populaire et sur la foi de cette délation, Chabot ordonna à Lefebvre de comparaître en séance des Jacobins, pour répondre à l'accusation portée contre lui. Des hussards de la Mort furent chargés de l'amener, mais le commandant Lefebvre était à la tête de son bataillon et les gardes nationaux observaient justement que si leur chef avait commis quelque faute, c'était devant les autorités constituées qu'il devait être traduit, et non devant la Société populaire qui n'était ni une juridiction, ni une autorité. Le troisième bataillon groupé sur le Marché aux Herbes contre la Poissonnerie jura même de mourir plutôt que de laisser incarcérer son chef. Chabot et son collègue persistèrent dans leur résolution. La garde nationale tout entière, à cette nouvelle, sans convocation et comme instinctivement, se porta, au pas de charge, sur la grande place. Chabot y pérorait, selon sa coutume, monté sur un cheval blanc qu'il gouvernait avec peine. Quelques chasseurs et leur colonel étaient seuls auprès de lui. En un instant, 4,000 hommes les enfermèrent dans une espèce de bataillon carré et les canoniers avec leurs pièces chargées occupèrent le milieu de la place. De toutes les rues qui aboutissent sur cette vaste place, les membres de la Société populaire cherchaient à déborder pour rompre les lignes de la garde nationale et soutenir le bataillon des sans-culottes, mais l'énergie des gardes nationaux repoussa même une charge que les hussards de l'Echelle tentèrent par la rue des Vergeaux. Pâle, « hors de sens et presque hors de selle », l'ex-capucin Chabot s'efforçait vainement de reprendre contenance. Son cheval, effrayé par ses cris, tantôt reculait tantôt s'élançait, de toute part ramené par la pointe des

---

1. Goze, *Histoire des rues d'Amiens.*

baïonnettes. Landrieux jugea opportun de faire appeler André Dumont qui arriva fort à propos au secours de Chabot au moment où une première balle sifflait aux oreilles du représentant (¹).

« J'appris, dit André Dumont, que le mandat d'amener avait donné lieu à cette scène affligeante, et qu'on en avait accompagné la nouvelle de mille mensonges, pour faire croire que le citoyen contre lequel il était décerné allait périr. On ajoutait que c'était porter le coup de la mort à sa femme qui était prête d'accoucher. En courant rejoindre Chabot, je rassurais tous ceux qui m'environnaient ; je disais aux bons citoyens qui me pressaient et que ma femme effrayée avait suivis. « Veuillez calmer les esprits, et me faire pénétrer au milieu de la force armée; conduisez ma femme près de celle du militaire contre lequel est lancé le mandat d'amener; elle ne la quittera que lorsque son mari lui sera rendu : mais qu'il obéisse au mandat et je réponds de lui. » A peine avais-je fini, que mes paroles s'étaient déjà répétées dans les rangs : aussitôt ils s'ouvrent, je pénètre ; et les personnes auxquelles j'avais parlé se répandent sur la place. Je m'adresse aux citoyens armés ; je les engage à la tranquillité, à la soumission aux lois ; et, c'est ici un hommage que je dois rendre à la municipalité, au district, aux officiers de la garde nationale, et au citoyen Morgand en particulier (²) ; ils m'ont vivement secondé. En un instant (ma femme était auprès de celle de l'officier), les chants succédèrent à la fureur et les bons Amiénois redevinrent ce qu'ils sont et avaient toujours été, tranquilles et soumis aux lois (³). »

Chabot, ainsi délivré, put alors se retirer, tandis que le bataillon de Lefebvre-Alavoine, resté sous les armes au milieu de la place, voyait tous les autres défiler devant lui en acclamant son chef. Le soir, aux termes de l'accord conclu entre Dumont et la garde nationale, Lefebvre comparut aux Jacobins. Il en fut quitte pour une forte réprimande de

---

1. Dusevel, *Histoire de la ville d'Amiens.* — Goze, *Histoire des rues d'Amiens.*

2. C'est ce Morgand qui, après avoir défendu le duc de Béthune-Charost, épousa sa fille. Chabot voulait, le lendemain, lui faire sauter la cervelle.

3. André Dumont, *Compte rendu à ses concitoyens.*

Chabot à qui imposait cependant l'escorte que faisait au commandant l'élite de ses grenadiers (1). Notre capucin prit sa revanche le lendemain à la cathédrale où il put à son aise renouveler ses diatribes contre la garde nationale amiénoise, puis à l'hôtel de ville où il se répandit en divagations affolées. Il prétendait avoir été couché en joue par plus de cinquante grenadiers, parlait de guillotine et de têtes portées au bout d'une pique, seuls châtiments proportionnés au crime des coupables. Le conflit faillit renaître entre cet énergumène et un officier de la garde nationale, Poullain-Cotte, qui s'éleva contre l'expression de *complot de scélérats* qu'employait le représentant du peuple. Chabot répliqua aigrement que lui-même, Poullain, était un scélérat (2). Le scandale fut au comble. Le général Durre parvint cependant à modérer la fougue de Chabot et, même la peur aidant, car les canons étaient braqués, à le réconcilier avec ceux qu'il vouait à la mort peu d'instants avant. Landrieux eut fort à faire pour sauvegarder la vie de Dumont, qui avait eu la malencontreuse idée de proposer l'arrestation immédiate de Poullain et que les Amiénois voulaient précipiter par les fenêtres (3). Le colonel du 21e décida le représentant à renoncer à ses exigences. Durre, qui était fort aimé à Amiens comme à Abbeville, fit le reste (4). On s'embrassa fraternellement et la réconciliation fut complète.

Tout reconnaissant qu'il fut le leur présence d'esprit et de leur dévouement, au chef de brigade Landrieux et au général Durre, Dumont ne dissimula point sa satisfaction en voyant, le 30 juillet, Chabot prétexter que sa présence à Paris était nécessaire à la discussion d'une mesure financière dont il était l'instigateur : la démonétisation des assignats à face royale (5). Avant de partir, le capucin défroqué

---

1. Goze, *Histoire des rues d'Amiens*.
2. Goze, *Histoire des rues d'Amiens*. — Dusevel, *Histoire d'Amiens*.
3. Goze, *Histoire des rues d'Amiens*. — Archives de la Guerre, *Etat abrégé des services de Landrieux*. Cette pièce qui fait surtout allusion aux événements du 27 juillet, renvoie comme preuves à la correspondance de Dumont avec le Comité de Salut public.
4. Piarond, *Annales modernes d'Abbeville*. — Goze, *Histoire des rues d'Amiens*.
5. Dumont, *Compte rendu à ses commettants*, p. 10.

avait eu le loisir de se voir pendre en effigie à la porte de son auberge. Les Amiénois prophétisaient vrai. Chabot était réservé non à la potence, mais à l'échafaud sur lequel il porta sa tête, à la suite d'une accusation où sa réputation de probité se trouvait gravement compromise. On accusait, en effet, Chabot d'avoir trafiqué de son influence en supprimant et falsifiant un décret concernant la Compagnie des Indes dans un but intéressé (¹).

Les services que Landrieux avaient rendus aux représentants et aux Amiénois pendant ces journées d'angoisses, le recommandaient tout spécialement à l'attention de Dumont que le départ de Chabot laissait, sans qu'il s'en plaignît beaucoup, seul chargé de la terrible responsabilité de l'approvisionnement d'une grande commune dénuée de ressources et privée de subsistances (²). Dumont l'attacha donc spécialement à sa personne. Lorsque ce représentant fit le 31 juillet son entrée solennelle à Abbeville, où il rejoignait le célèbre Joseph Lebon, il était accompagné du général Durre, de Landrieux et du colonel des hussards de la Mort. Dumont chargea Landrieux de l'organisation des cohortes volantes qui, tapageusement, rassuraient les sans-culottes sur le civisme du maratiste Dumont.

La mission de ce représentant dans la Somme, a écrit Lacretelle (⁴), est une sorte de phénomène historique. Personne ne parla avec plus de dureté que lui le langage révolutionnaire. On lui demandait du sang et il servait de l'encre (⁵). Il fit de continuelles arrestations, ajoutant aux

---

1. Dusevel, *Histoire d'Amiens*, p. 249. — Goze, *Histoire des rues d'Amiens*, p. 119. La pleine lumière n'a pas été faite sur le procès de Chabot. La Biographie Michaud estime que cette étude est sans intérêt. M. Emile Campardon, qui n'étant pas du même avis est remonté aux sources, fournit quelques renseignements. *Le Tribunal révolutionnaire de Paris*, I, p. 248-285). Aux archives nationales, le dossier est dans le carton W. 342, doss. 648.

2. André Dumont, *Compte rendu à ses commettants*, p. 10.

3. Prarond, *Annales modernes d'Abbeville*.

4. Lacretelle, *Précis historique sur la Révolution française*, édition de 1810, II, p. 233.

5. D'Hautefeuille, *Histoire de Boulogne*, p. 99. L'auteur invoque comme Lacretelle, le témoignage d'un de ses concitoyens, qui lui disait : « Dumont n'était pas méchant. Il faisait grand tapage pour nous sauver : il nous sauva. »

pères dénoncés les femmes et les enfants (1), mais il sauva ainsi la vie de ceux à l'encontre desquels il se montrait si redoutable. Une fois incarcérés par ses soins, ni le Comité de Salut public, ni le tribunal révolutionnaire, ni l'échafaud ne purent les arracher des prisons d'Amiens où toujours on célébrait « les effets de son équité (2) » et ses « principes de justice et d'humanité (3) ». Dans ses lettres, il ne parle que d' « extirper le chancre cadavéreux de l'aristocratie », de « comprendre dans les proscriptions les animaux noirs appelés prêtres », de « faire disparaître croix et crucifix ». Nomme-t-il Louis *le raccourci*, c'est pour affirmer que « quoique ce monstre n'ait jamais rien valu, c'est sur de l'or et de l'argent que sa stupide figure a été gravée » ? On mettait ces belles tirades au *Moniteur* (4) et, cependant, pas une goutte de sang ne coulait. Mais comment suspecter un représentant qui comprenait si bien que les opimes dépouilles des émigrés et des captifs devaient être dirigées sur Paris ? C'était en effet l'annonce perpétuelle d'envois sans cesse réitérés. Quand on arrêtait « trois bêtes noires ex-moines », on découvrait aussitôt un trésor en terre. « Trois personnes sont en ce moment occupées à compter l'or, l'argent et les assignats trouvés, tandis que les trois monstres sont allés au cachot », et presque aussitôt deux émissaires d'André Dumont venaient déposer sur le bureau 88,873 livres en or et en argent, 37,070 livres en assignats, 106 couverts, 18 *cuillers* à café, 14 *cuillers* à ragoût, 8 chandeliers, une montre en or, 4 cafetières, 2 couteaux, 1 calice et sa patène, etc… Et il restait encore bien d'autres trésors déposés au district d'Abbeville. « On m'a accusé, écrivait-il une autre fois, d'être brouillé avec la religion. Voici la preuve du contraire : plus de trois cents saints du département de la Somme viennent

---

1. *Rapport de Courtois sur les papiers trouvés chez Robespierre*. Déclaration faite par André Dumont à la Convention, le 12 frimaire.

2. Expression du prisonnier de Broglie.

3. Expression de Morgand qui, détenu 14 mois, connut la prison après le départ de Dumont, et put comparer geôlier et geôlier.

4. Voir notamment t. XVII, p. 609, 656, 734 et t. XVIII p. 214. Le dossier d'André Dumont aux Archives nationales (AF. II, 143), est aussi à consulter.

sur une simple réquisition se présenter à votre barre, avec leurs chandeliers, leurs encensoirs et leurs calices (¹). » Aussi, loin de suspecter ce farouche apôtre de la liberté, on étendait ses pouvoirs à d'autres départements que la Somme. Il acceptait la tâche de nettoyer l'Oise et répétait à chacune de ses lettres, avant le cri final : *Ça ira... La République ou la mort!* qu'il tenait les fils, tous les fils, qu'il ne négligeait rien, que bientôt dans les départements confiés à sa surveillance, l'aristocratie aux abois ne saurait plus où se réfugier. Il épurait avec grand tapage les sociétés populaires. Il arrêtait que tous les ivrognes seraient incarcérés, « pour empêcher que la fainéantise et l'ivrognerie ne privent les défenseurs de la Patrie des eaux-de-vie et boissons qui sont pour eux de première nécessité. ».

Et ses cavaliers de caracoler toujours par le département pour le purger en détail ou en masse, avec grand cliquetis de sabres et d'éperons, force hennissements, force hurlements patriotiques, force menaces et... des égards pour les personnes (²). Landrieux, dont l'importance croissait puisque le 16ᵉ et le 21ᵉ ne faisaient ~ 'un seul corps depuis le 14 août, fut, avec quelques autr̃  directeur et l'organisateur de ces sortes d'expéditions. ..omprenait-il les secrètes intentions de Dumont ? On ne saurait l'affirmer et plaider pour lui à ce titre des circonstances atténuantes qui équivaudraient à un acquittement. En fait, ce qu'il faisait alors au Nord, d'autres soldats le firent en Vendée, notamment le général baron Boulart, le général Haxo alors pourvoyeurs féroces des prisons de Nantes où Carrier n'avait pas pour ses captives les attentions délicates de Dumont pour la comtesse de Choiseul-Gouffier et ses filles (³).

---

1. *Journal de la Montagne*, n° 156.
2. D'Hautefeuille, *Histoire de Boulogne*.
3. André Dumont, *Compte rendu à ses commettants*. Lettre de Mᵐᵉ de Choiseul-Gouffier. Cette lettre est à la suite de l'exemplaire de la Bibliothèque nationale. On y lit notamment ces deux phrases :
« Je ne me suis jamais dissimulé les dangers que je courais, j'en connaissais l'étendue : mais vous m'avez prouvé, monsieur, combien vous désiriez m'y soustraire, et le sentiment de confiance que vous avez fait naître dans mon âme, a souvent ranimé un courage prêt à m'échapper. S'il m'est pénible de fixer encore mes pen-

D'autres ne valaient même pas Boulart, comme ce Gondran, dont le nom est sans cesse associé à celui de Landrieux ; et que Bonaparte faisait retraiter le 20 vendémiaire an IV (11 octobre 1796), colonel du 2e dragons avec cette note : « Ce sont des gens qui sont malades à la veille d'une affaire. Ces gens-là n'aiment pas le sabre (¹). » Landrieux, du moins, racheta par ses blessures à Pont-à-Marque et sur les champs de bataille d'Italie, le sang qui coula, de son fait, en Petite-Vendée. On ne le vit pas, comme Ferrand, passer son temps à boire et à jouer avec les commissaires Gallard et Bassecourt, laissant ses soldats saigner les paysans et culbuter leurs filles sur les foins, sous prétexte de châtier les mauvais patriotes (²). On ne le vit pas non plus s'en prendre à des femmes ou à des enfants. Il marcha droit aux chefs et, si ses artifices de policier ne sont point pour plaire aux âmes délicates, il convient de constater que le naïf qui s'y laissa prendre n'était rien moins qu'un conspirateur de haut parage et un politique qui avait longtemps roulé les libéraux de 1789, l'âme damnée de la Cour, le duc du Châtelet (³).

C'est à Abbeville, sous les yeux et la surveillance de

sées sur ces moments affreux, il m'est doux de songer combien vous avez été occupé d'en adoucir l'horreur et de rendre mon sort et celui de mes filles moins pénible. » D'après une communication de M. le comte Erard de Choiseul-Gouffier, son arrière petit-fils la comtesse de Choiseul-Gouffier, femme de l'ancien ambassadeur de France à Constantinople, auteur du *Voyage pittoresque en Grèce*, avait quatre filles qui épousèrent le duc de Saulx-Tavannes, le duc de Fitz-James, le marquis de Belmont et le comte de Chabrillan.

1. Prarond, *Annales modernes d'Abbeville*.
2. « Ce général, dit de Ferrand, l'adjudant de place de Saint-Venant, Baudet, qui l'accompagnait dans cette expédition, ce général tirait son sabre, menaçait de couper en deux, de brûler ceux qui ne seraient pas patriotes, et m'invitant à l'imiter, sur ce que je lui observais qu'il n'avait personne qui put l'entendre, il me reprocha que je n'approuvais pas ce qu'il faisait ; il insulta ainsi que les commissaires, à ma sensibilité. Il était mon chef ; il était ivre, je me tus. » Guffroy, *Les Secrets de Joseph Lebon et ses complices*, 1794. Cet ouvrage est plein de renseignements très curieux.
3. Il n'est peut-être pas inutile de rappeler que Landrieux, familier des Montesquiou et dévoué garde national dès l'institution

Lebon, que Landrieux préluda au rôle qu'il allait jouer pendant deux mois. Dès leur entrée, Dumont et Lebon firent, en effet, incarcérer quantité de suspects (¹). La mesure s'imposait. Des barils de poudre saisis, des correspondances arrêtées longtemps avant la mission de Dumont, avaient révélé que la contrée recélait de nombreux complices de l'émigration jusque dans l'administration locale. Le 22 août, une partie de la garde nationale protesta et réclama la mise en liberté des administrateurs destitués, ce qui lui valut une lettre par laquelle les représentants engageaient la population à se défier de ces hommes « qui ne reconnaissent point ou ne veulent point reconnaître d'individus suspects dans leur cité (²) ». Le moment était, en effet, mal choisi. Les désordres de la Petite-Vendée allaient éclater.

Pendant le séjour des représentants à Montreuil, Joseph Lebon avait reçu une lettre anonyme, mais sous le contreseing du Comité de sûreté générale, qui lui annonçait que le ci-devant duc du Châtelet (émigré, portait la lettre), était dans le pays (³). Les Jacobins écrivaient de leur côté aux représentants, qu'ils recevaient de la Haute-Marne des dénonciations contre le ci-devant duc « dont l'émigration n'était plus douteuse (⁴) ». Ils les invitaient donc à ne pas manquer de l'arrêter, si l'occasion s'en présentait.

Lebon et Dumont n'étaient pas gens à s'entendre bien longtemps. Ils avaient eu déjà quelques querelles, notamment au sujet de la destitution et du renouvellement de l'administration départementale de la Somme (⁵). Dumont,

---

avait dû partager contre le duc du Châtelet toutes les colères de la bourgeoisie parisienne, soulevées bien avant la prise de la Bastille contre le colonel des gardes françaises.

1. Dumont, *Compte rendu à ses commettants*, p. 17. — Louandre, *Histoire ancienne et moderne d'Abbeville*, p. 256. — Prarond, *Annales modernes d'Abbeville*, p. 252. — Archives de la Guerre, *État abrégé des services de Landrieux*.

2. Dumont, *Compte rendu à ses commettants*, p. 17. — Louandre, *Histoire ancienne et moderne d'Abbeville*, p. 256 et 257.

3. Dumont, *Compte rendu à ses commettants*, p. 23.

4. *Idem*, p. 20.

5. *Idem*, p. 24.

qui connaissait le pays et y avait des attaches de famille, désirait y ménager des gens que Lebon eût sacrifiés sans pitié, comme il le fit dans le Pas-de-Calais. Tous deux dinaient chez le général Durre, quand Landrieux vint tout à coup leur annoncer qu'il avait découvert à Boulogne la retraite du duc du Châtelet. (¹) On ne pouvait laisser échapper une proie de cette importance. Prévenu d'émigration, à l'intérieur sans doute, et coupable d'avoir résisté le 10 août à la nuée d'assaillants que Bonaparte montrait avec tant de mépris à Bourienne, du Châtelet était désigné aux insultes et aux facéties des geôliers et juges du tribunal révolutionnaire (²).

Lebon enthousiaste, Dumont à contre-cœur s'il l'en faut croire, accueillirent la dénonciation, et comme Landrieux témoignait le désir d'être chargé de l'arrestation, on trouva bon de s'en rapporter à l'habileté du colonel des chasseurs. Celui-ci alla trouver du Châtelet et se donna à lui pour un émigré qui partageait ses opinions et ses espérances (³). Ancien serviteur de la maison royale, disait-il, il brûlait de voir le roi vengé et le trône restauré. Du Châtelet qui avait peut-être connaissance du passé de Landrieux, qui l'abusaient par des renseignements très précis sur l'entourage des princes, comme n'en pouvait fournir qu'un homme ayant appartenu à leur maison, tomba dans l'embûche. Il fit à celui qui aurait sauvé le roi à Dormans, si Louis XVI eut consenti à se prêter à un coup de main, des révélations qui alléchèrent l'officier de fortune. Pour connaître à fond ses projets, le colonel de chasseurs abonda dans le sens du duc. « Je suis parvenu à entrer dans les armées, lui dit-il, je suis même en ce moment commandant temporaire d'Hesdin. Les représentants, qui ignorent mes attaches et mes vrais sentiments, ont confiance en moi. Ils m'ont remis

---

1. Dumont, *Compte rendu à ses commettants*, p. 120 et seq. Archives de la Guerre, *État abrégé des services de Landrieux*. Le récit de Landrieux est conforme à celui de Dumont, bien que beaucoup plus concis. Il est probable, d'ailleurs, que Dumont écrivait sur des documents autographes. Or, il fait allusion à une lettre de dénonciation de Landrieux quand il commente sa réclamation du 28 frimaire.
2. Voir H. Wallon, *La Terreur*, t. II, p. 91.
3. Dumont, *Compte rendu à ses commettants*, p. 120 et seq.

l'ordre de vous arrêter. Le voici. Vous voyez que je n'en ferai rien. Seulement un conseil. Ne restez pas ici. Même à Boulogne, tout le monde ne pense pas comme moi. Venez à Hesdin où nous nous concerterons. Vous ne m'accompagnerez pas pendant la route. Votre voiture me suivra à quelque distance. »

Le plan fut exécuté. Landrieux arriva le premier à Hesdin. Il avertit et prépara le comité révolutionnaire à la comédie qu'il fallait jouer. Du Châtelet, arrêté en descendant de voiture, déchira et avala quelques papiers compromettants. Il subit un interrogatoire, opposa un démenti absolu à toutes les questions. Landrieux parut aussitôt, comme appelé par des affaires de service. Le comité le laissa un moment seul avec le duc auquel il promit d'agir en sa faveur auprès des représentants. Du Châtelet persistant à se confier à lui, lui dit rapidement et à voix basse : « Sauvez-moi et votre fortune est faite. J'ai des trésors à Paris. Réclamez-moi pour votre prisonnier et faites-moi envoyer à Paris. Là, je réponds de tout. J'ai dans les comités plusieurs membres qui sont à ma dévotion, notamment Julien de Toulouse qui vit avec la ci-devant marquise de Beaufort. »

Muni de ces renseignements, Landrieux revint trouver les représentants. Lebon s'apprêtait à se séparer de son collègue, sous prétexte de passer quelques jours dans sa famille, en réalité pour parcourir seul et en maître tout puissant le Pas-de-Calais, qui l'avait connu jadis si maigre sire ([1]). Landrieux leur fit le récit de ses entrevues avec du Châtelet et les pria de se prêter à la continuation de son rôle. Il savait déjà en quel lieu était fixé le rendez-vous des conspirateurs ; un souterrain devait favoriser une tentative de livraison de Dunkerque à l'ennemi et une sorte de Vendée préparée dans les bois de Pernes, pour laquelle un drapeau blanc resté entre les mains de du Châtelet comme commandant des gardes françaises, était caché dans le souterrain. « Représentants, ajouta le colonel, du Châtelet me suit. On le transfère ici ; j'en ai donné l'ordre à Hesdin. Je

---

1. Dumont, *Compte rendu à ses commettants*, p. 24. — Paris, *Histoire de Joseph Lebon*. — Fleury, *Saint-Just*. — Hamel, *Saint-Just*.

vais me faire amener sans armes, comme si j'étais arrêté par vos ordres pour avoir favorisé la retraite du ci-devant duc. On m'incarcérera avec lui, je suis certain de tout savoir. » (¹). Jamais juge révolutionnaire n'a négligé les offres d'un mouton. Les représentants acceptèrent.

Ce nouvel acte de la comédie joué, tandis que Landrieux allait conquérir le drapeau de du Châtelet et poursuivre ses complices (²), Lebon partit en hâte pour le Pas-de-Calais. A peine était-il dans la famille de sa femme à Saint-Pol que, le 25 août, à la ducasse d'Aumerval, les frères Thuyards réunirent la jeunesse et l'engagèrent à gagner les bois pour résister à la levée en masse. On cria : « Vive le roi ! » On arracha les cocardes tricolores. Le soir, après boire, on alla, les uns au bois de Saclin désarmer un patriote, les autres mettre en émoi le village de Flers. Lebon, qui n'attendait qu'une occasion de se signaler par la pureté de son jacobinisme, bondit sur les rebelles dont le crime principal consistait à avoir coupé les arbres de la liberté à Nedonchel et dans deux autres villages où le calme était déjà rétabli (³). Aidé par Gallard, commissaire du district, dont il devait faire son juré familier à Arras et à Cambrai, et par le général Ferrand, dont les exploits sont déjà connus, il fit cerner les bois et faire des battues. « L'on arrêta indistinctement, dit un contemporain (⁴), la femme restée paisible dans sa chaumière, le timide fugitif, le libre voyageur, et le précieux cultivateur occupé dans son champ. » Il y eut tout de suite trois cents arrestations. Darthé, président du conseil, professait qu'il fallait toujours arrêter, qu'on rendrait justice après. A Béthune et à Aire, il y eut quarante exécutions. A Saint-Pol, ce fut Lebon qui choisit lui-même la place où devait manœuvrer grosse Louison (⁵). Elle y faucha vingt têtes.

---

1. André Dumont, *Compte rendu à ses commettants*, p. 120 et seq.
2. Archives de la Guerre, *Etat abrégé des services de Landrieux*.
3. Abbé Deramecourt, *Le Clergé du diocèse d'Arras, Boulogne et Saint-Omer pendant la Révolution*, Paris, 1884-1886, II, p. 510 à 517.
4. Lettre de Baudet à Guffroy. Guffroy, *Les Secrets de Joseph Lebon et ses complices*.
5. Abbé Deramecourt, *Le Clergé du diocèse d'Arras, Boulogne et Saint-Omer pendant la Révolution*, II, p. 517.

Les amis de Lebon s'employèrent dès lors à peindre Amiens comme « le point central de la contre-révolution », où se réfugiaient les aristocrates et les suspects, « tristes vérités auxquelles il est pressant de porter remède. (¹) » C'était essayer de perdre Dumont qui para le coup en annonçant des découvertes extraordinaires : « dans les nouvelles arrestations les Mailly, les Beuvron, les d'Arcourt, les de Ligne s'y trouvent compris, les titres de noblesse sont saisis... L'esprit public s'élève chaque jour et j'espère bientôt avoir à vous donner de meilleures nouvelles encore. »

Le 5 septembre, du Châtelet fut transféré d'Abbeville à la conciergerie d'Amiens. Le 9, sur un ordre d'arrestation délivré par Dumont, Landrieux allait mettre la main au collet d'Eléonore-Marie des Bois de Rochefort, curé de Saint-André-des-Arts avant la Révolution, député à l'Assemblée législative, premier évêque constitutionnel d'Amiens (²). L'évêque avait publié une lettre pastorale qui n'était pas du goût du représentant du peuple. « Il s'amusait, écrit gravement Dumont, à maltraiter tous les patriotes et à ne voir que des aristocrates. J'ai fait amener à la société populaire cet évêque contre-révolutionnaire. Vous connaissez sa profonde perfidie par la copie de son interrogatoire (³). D'autres faits très graves m'ont porté à le suspendre publiquement et à le faire envoyer à la maison d'arrêt. L'exécution s'en fit aux applaudissements réitérés de tous les sans-culottes. Ce qui rend la chose plaisante, c'est que ce prêtre constitutionnel et maniaque est réuni aux prêtres

---

1. Lettre de Dufour et Labbé à Hassenfratz. (Dumont, *Compte rendu à ses commettants*, p. 26.) Hassenfratz, d'après M. Chuquet (*Jemmapes et la conquête de la Belgique*), était fils d'un toqué qui, s'appelant Lelièvre, s'était affublé d'un nom allemand. Il prenait le cynisme pour du civisme et ne reconnaissait pour républicain que le sans-culotte aux bas déchirés et aux mains crasseuses. Ce rustre jouant le Diogène, comme l'appelait Sauveur Chénier, était pour Prudhomme un simple charlatan. C'est lui qui pour que rien ne se perdît, dépensait 10 sols à faire transporter de Saint-Denis à Liège des piquets de 2 sols pour attacher les chevaux, comme s'il n'y avait pas eu de forêts dans les Ardennes.

2. Darsy, *Amiens pendant la Révolution*, I, p. 225.

3. Darsy explique les faits différemment. L'ordre d'arrestation aurait eu pour motif le blâme exprimé par l'évêque contre le mariage des prêtres, dans une conversation avec André Dumont.

réfractaires en la maison d'arrêt (1). » Dans la même lettre, Dumont rappelait la récente capture du duc du Châtelet qu'il avait précédemment annoncée aux comités, en en rapportant l'honneur à l'adresse du colonel des chasseurs (2). ce prisonnier ne cessait, prétendait-il, de réclamer son transfert à Paris, où il se disait assuré de trouver les moyens de s'évader. Il ne redoutait rien tant que la surveillance du représentant, si bien qu'il avait tenté de s'empoisonner (3). « Il y a deux jours, contait-il une autre fois, j'ai été arrêté le soir par trois muscadins qui me dirent d'un ton amical :
— C'est ton dernier moment. Ma réponse énergique en leur montrant deux pistolets saisis sur du Châtelet, leur fit faire une retraite peu honorable... J'ai découvert des sommes énormes en or et en argent chez la ci-devant maréchale de Biron, d'autres sommes en or et des assignats à face royale, ainsi que de la vaisselle plate qui étaient enfouies. Je l'ai découverte et vais la faire déposer ici, en attendant que je vous l'adresse avec la ci-devant maréchale, qui avait l'incivique complaisance d'être la trésorière et l'agente de du Châtelet, Charost, Béthune et autres. Comment se peut-il donc qu'une vieille édentée s'ingère encore de trahir sa patrie (4). »

Le tribunal révolutionnaire, le département de la Haute-Marne, le ministre de la Justice eurent beau réclamer un prisonnier (5) qui était le trait d'union de toutes les conspirations locales, le chaînon indispensable aux enquêtes de Dumont. Plusieurs mois s'écoulèrent de la sorte, avant le fâcheux incident qui perdit du Châtelet.

1. *Moniteur*, t. XVII, p. 656. L'évêque des Bois demeura incarcéré à Amiens jusqu'au 1er janvier 1794, date de son transfèrement à Abbeville. Il ne mourut qu'en 1807.
2. *Moniteur*, t. XVII, p. 609. Landrieux eut la malechance que le *Moniteur* laissa son nom en blanc. Déjà, comme on l'a vu quand il avait proposé la création des hussards braconniers, son nom avait été estropié au *Moniteur* et dans le tirage à part de la loi. (Mss B., folio 4).
3. *Moniteur*, t. XVII, p. 609. D'après le *Compte rendu*, il y aurait eu deux tentatives de suicide. Du Châtelet aurait d'abord avalé du verre pilé. Ensuite il aurait essayé de se procurer de l'opium par le médecin et par le geôlier.
4. *Moniteur*, tome XVII, p. 734.
5. Dumont, *Compte rendu à ses commettants*, p. 120 et seq.

Landrieux, sans doute occupé des travaux d'Hesdin, semble s'être pendant tout ce temps désintéressé de son prisonnier. Il ne résigna le commandement de la place qui lui était confiée que le 24 septembre (¹) et reprit ses équipées et ses cavalcades à la suite du représentant qui se rendit à Boulogne le 27 septembre. La Convention avait, le 17, décrété l'arrestation des suspects. Dumont ne pouvait qu'applaudir à une mesure si propre à amener le triomphe des sans-culottes (²), mais il importait de jeter encore de la poudre aux yeux. Boulogne, rempli d'Anglais, était un terrain merveilleusement propre à une entreprise de ce genre. Les suspects y abondaient et l'on prétendait qu'il s'y tramait le projet de livrer Boulogne à la flotte anglaise (³). Le procureur syndic du district ne s'était-il pas exclamé en apprenant la mort du roi : « Mon bras sécherait plutôt que d'inscrire un pareil acte (⁴), » et jusqu'à la fin de la Révolution Boulogne ne resta-t-elle pas fameuse par les facilités qu'offrait sa municipalité aux émigrés rentrants, si bien que ses certificats finirent par perdre tout crédit (⁵) ? Accompagné de ses chasseurs habituels, dont les chevaux piaffaient à qui mieux mieux, le représentant fit son entrée, descendit à l'hôtel Britannique, comme dédaigneux des réceptions officielles, manda à la cathédrale les autorités et la population. « Vous avez encore des nobles, des parents d'émigrés, des prêtres, des fanatiques de toute espèce. Je suis

---

1. Mss B., folio 111. C'est le certificat délivré suivant l'usage du temps par le maire, les officiers municipaux et les membres du Conseil général d'Hesdin. On y lit que tous sont « témoins de son zèle infatigable et de son activité à remplir les fonctions *pénibles* dont il était chargé ; que jamais l'ordre, la discipline, le service et les dispositions pour la défense de la place n'ont mieux marché que pendant le temps qu'il a commandé cette commune ; que nous avons remarqué avec plaisir que ce citoyen a toujours concouru, avec les autorités constituées, à poursuivre les intrigants, les conspirateurs et les faux patriotes en sacrifiant son repos. »

2. Lettre du 20 septembre.

3. Dumont, *Compte rendu à ses commettants*, p. 31. — Bertrand, *Précis de l'histoire de Boulogne*, I, p. 237.

4. D'Hautefeuille, *Histoire de Boulogne*, p. 89. Le procureur syndic fut guillotiné le 28 avril 1794 par les soins de Lebon.

5. Forneron, *Histoire générale des émigrés sous la Révolution française*, II, p. 220.

venu vous en délivrer. Demain votre ville sera purgée et les patriotes respireront (¹). » Toute la nuit, la ville fut battue par les pelotons de chasseurs qui, sur les indications des Jacobins, allaient cueillir à domicile les suspects qu'on centralisait à la cathédrale.

Le lendemain soir, 400 personnes étaient en arrestation : tout ce qui restait de la noblesse du pays, plusieurs anciennes religieuses, des anglaises, des bourgeois en vue. Dumont malade était reparti pour Abbeville. Landrieux, muni de ses ordres, fit l'appel d'une voix de tonnerre, faisant ranger nobles à droite, bourgeois à gauche. Aidé de ses collègues de la Société populaire qui l'avait affilié en grande pompe, il réquisitionna voitures et chevaux et quarante-quatre charrettes, garnies d'un peu de paille, prirent la route d'Abbeville (²). A Montreuil, mêmes perquisitions, mêmes arrestations, mêmes concours des sociétés populaires et le cortège se grossit de vingt-cinq « ci-devant nobles reconnus suspects. » (³)

A Abbeville, tous furent logés dans les maisons religieuses ou eurent la ville pour prison, en attendant le transfèrement à la citadelle de Doullens qu'entravèrent des misérables attroupés par la Société populaire. Landrieux déploya le plus grand zèle à les empêcher d'insulter et d'assaillir à coups de pierres les prisonniers de Dumont (⁴).

Ainsi fut appliquée la loi dans les villes compromises où Lebon aurait versé et versa plus tard des torrents de sang. Comme l'écrit Dumont, « son exécution put agiter quelques familles, mais elle ne diminua pas le nombre des individus qui les composaient (⁵)... J'avais été accompagné, raconte-t-il encore, dans le voyage que je fis à Boulogne, de plusieurs

---

1. D'Hautefeuille, *Histoire de Boulogne*, p. 97 et 98.
2. D'Hautefeuille, *Idem*, p. 98.
3. *Journal de la Montagne*, n° du 8 octobre 1793. Lettre d'André Dumont aux Jacobins.
4. D'Hautefeuille, *Histoire de Boulogne*, p. 99. — Louandre, *Histoire ancienne et moderne d'Abbeville*, p. 459.
5. Dumont, *Compte rendu à ses commettants*, p. 31. Lebon se vantait, le 26 novembre, d'expédier chaque vingt-quatre heures deux ou trois gibiers de guillotine à Arras, outre ceux qu'on exécutait sur place. Aussi, lorsque ses prisonniers étaient mis en liberté, Dumont les engageait-il à rester à Amiens et à ne se point risquer

citoyens estimables d'Abbeville et d'Amiens. Le nommé Petit (¹), m'y avait aussi suivi et y était resté après moi. Il découvrit, je ne sais comment, dix-huit caisses de livres et effets à Boulogne et les fit amener à Abbeville, dans la maison dans laquelle j'étais tombé malade. A peine j'en fus informé, que je lui déclarai que j'entendais qu'il fît apposer les scellés sur les portes du lieu du dépôt, ce qui fut fait par le juge de paix. Lorsqu'on leva ces scellés pour emporter les effets au district, d'après un ordre que j'en donnai, on trouva un médaillon représentant la famille royale, dans une lettre du citoyen Voyer-d'Argenson.

« On n'examina pas si ces papiers trouvés à Boulogne n'y étaient pas avant même qu'on proclamât la République ; on n'examina pas davantage si ce médaillon n'avait pas été fait à une époque fort reculée. Cette découverte fit beaucoup de bruit ; j'en craignis le résultat ; je l'écrivis à la Convention nationale, de manière à instruire Voyer-d'Argenson en tel lieu qu'il fût. Les expressions dont je me servis n'étaient pas tendres, mais tel était le langage que je m'étais fait un devoir d'employer et qui me servit si heureusement pendant ma mission (²). »

Parmi les prisonniers que Landrieux ramena de Boulogne et d'Abbeville se trouvait Élisabeth Pitt, parente du célèbre homme d'État anglais et un proche parent du roi d'Angleterre (³). Ces captures ne furent annoncées à la Con-

---

à Abbeville. « Il fait meilleur dans mes mains, disait-il, que dans celles de Lebon. » — D'Hautefeuille, *Histoire de Boulogne*, p. 99. — Paris. *Histoire de Joseph Lebon.*

1. Petit était un personnage fort suspect à Dumont, qui le prenait pour un des espions de Lebon et de Robespierre.

2. Dumont. *Compte rendu à ses commettants*, p. 98 et 99.

3. *Moniteur*, t. XVII, p. 71. Lettre d'André Dumont datée du 4 octobre 1792. « Il était encore réservé aux Abbevillois de faire par eux-mêmes l'arrestation d'une parente de l'infâme Pitt. Cette mégère, nommée *Elizabet Johannes Pitt*, avait prudemment conçu le projet de déguerpir, mais elle se trouvait dans une ville dont les citoyens ne sont plus dominés par le modérantisme et l'aristocratie ; elle trouva sur sa route des républicains qui l'engagèrent patriotiquement à rester chez elle... Comme c'est un nouvel otage, je vais l'envoyer à Paris avec le beau-frère du roi d'Angleterre que j'ai fait arrêter à Boulogne. » A propos du séjour des Anglais et Anglaises dans les prisons d'Abbeville et d'Amiens, voir la traduction que M. Taine a donnée du journal d'une des prisonnières.

vention que le 4 octobre par Dumont qui lui avait déjà mandé, le 1er, l'arrivée des quarante-quatre charrettes. Cependant Landrieux avait ramené les illustres prisonniers à Amiens quelques jours avant, car, le 29 septembre, il écrivait en pleine joie de triomphateur à son chef d'escadron Murat:

« Murat, je vous ai laissé au régiment. Vous y êtes et tout doit bien aller... Adieu, mon garçon, portez-vous bien. Je suis à la fin de ma dernière expédition, je vais à Abbeville avec un frère du duc de Cumberland, autrement dit un beau-frère du roi d'Angleterre, et quarante-trois fanatiques ou émigrés ou prêtres non assermentés. Boulogne est purgée ([1]). »

C'était, en effet, la fin des razzias policières de Landrieux. D'Abbeville il rejoignit son régiment aux avant-postes à Pont-à-Marque, dont il commanda l'arrondissement sous les ordres du général Hosten à partir du 1er octobre ([2]).

Placé dans une contrée marécageuse et boisée, entre les positions stratégiques de Cysoing et d'Orchies, à la jonction des routes de Douai et de Lille, Pont-à-Marque était la clef de ces deux importantes villes. Ce point était par conséquent l'objectif de l'ennemi et l'on s'y battait sans cesse depuis le printemps ([3]). On avait combattu à Orchies du 30 avril au 1er mai. Liger, à qui le général Berru avait confié le commandement des postes analogues d'Hellemmes, Flers, Pont-à-Bruck et l'Empompont, a tracé un tableau très animé de la vie des troupes d'avant-garde.

« Nos cantonnements étaient trop voisins de ceux de l'ennemi, et l'acharnement était trop vif de part et d'autre pour que l'on put rester un seul instant sans se battre; aussi les attaques étaient-elles fréquentes; il se passait peu de jours sans que l'on en vint aux mains, peu d'instants sans que l'on entendit le canon gronder sur quelques-uns des points environnants et presque toujours l'avantage se fixait de notre côté.

1. Archives de la Guerre: *Pièces justificatives de la dénonciation de Murat*.
2. Mss B., folio 116: *Certificat du général Hosten*, en date du 9 frimaire an II.
3. Voir la Correspondance des représentants du peuple aux armées du Nord, notamment au tome IV de l'importante publication de M. Aulard.

« Je n'entrerai pas dans le détail de toutes les actions qui furent le résultat de cette petite guerre continuelle, entre l'ennemi et nos avant-postes de Ghiwele, Rœsbrugges, Poperingue, Bailleul, Armentières, Comines, Blatru, Bardues, Tincelles, Mouveaux, Vasquelat, Pont-à-Bruck, Flers, l'Empompont, Hellenimes, Pont-à-Marque, etc., que les camps soutenaient par des détachements proportionnés à l'importance de chaque affaire.

« Plusieurs mois s'écoulèrent dans cette vissicitude d'attaque et de défensive, qui nous tenait jour et nuit sous les armes (¹). »

En août 1793, l'alarme avait été plus vive encore. Averti que l'ennemi se portait en force du côté d'Orchies, Houchard et le représentant du peuple Levasseur de la Sarthe, craignirent que le projet des Autrichiens ne fut de forcer le poste de Pont-à-Marque, de couper les communications de l'armée et de la gêner dans ses approvisionnements, puis, laissant Douai et Lille derrière eux, de tomber sur les troupes françaises épuisées, avec des forces supérieures. Ils s'empressèrent de faire une diversion, en jetant un corps de 18.000 hommes contre le camp de Menin (²).

La situation était à peu près identique au moment où Landrieux et le 21ᵉ régiment de chasseurs eurent à supporter, pendant près d'un mois, les efforts des armées coalisées. Mais cette fois encore c'est par l'offensive qu'on triompha de l'obstination de l'ennemi. Les généraux donnèrent à Landrieux, qui s'était distingué à la panique de Gaverelle où le 21ᵉ chasseurs avait rallié toute l'armée(³), 8,000 hommes d'infanterie et la 5ᵉ division d'artillerie légère. Il avait 1.800 chasseurs et put, dès lors, résister victorieusement aux troupes commandées par le prince de Cobourg en personne. Cinq redoutes, qu'il fit construire, assurèrent définitivement la défense de ce poste « terrible » (⁴), où pendant dix-sept jours, on lutta sans un instant de repos (⁵).

1. Liger, *Campagnes des Français pendant la Révolution*. Blois, an VI, t. II, p. 202.
2. Lettre de Levasseur au Comité de Salut public, en date de Lille, 13 août 1793. — Legros, *La Révolution telle qu'elle est* p. 168-169.
3. *Mémoires*, t. I, p. 107.
4. Mss B. Note autobiographique, folio 56.
5. *Mémoires*, t. I, p. 107.

Ses nombreuses et importantes occupations ne suffisaient pas à son activité ; il entreprit, en présence de l'ennemi, un dictionnaire des ruses des vivriers (1) et de leurs agents pour voler l'argent de la nation. « Après avoir décrit deux ou trois cents manières toutes pendables, je renonçai, dit-il dans ses *Mémoires* (2), à cet ouvrage qui, déjà, contenait plus de trois cents pages et qui serait devenu plus considérable que le grand Richelet (3). » Bien qu'il affirme n'avoir pas perdu cet écrit, il n'a pas été possible de le retrouver, et il n'existe dans ses papiers que quelques fragments anecdotiques relatifs à la campagne d'Italie se rapportant aux commis aux vivres, vivandiers, et autres rizpainsel.

On se demandera comment Landrieux, au milieu de tant de travaux, de tant d'escarmouches incessantes, trouvait le temps d'écrire et de lever les plans de Pont-à-Marque et environ à dix lieues à la ronde pour l'usage des chefs d'avant-postes (4); mais cela ne surprend plus quand on voit des mariages se célébrer aux cantonnements, comme le raconte Liger. « J'avais pour second un jeune cadet de quarante-six ans de service qui devait épouser la fille d'un de ses anciens camarades. Nous nous disposions à la cérémonie, écrit cet auteur, lorsque nous aperçûmes nos vedettes se replier et nos postes avancés battre en retraite. L'ennemi ne tarda pas à paraître sur les hauteurs : il avait l'air de vouloir prendre part à la noce et il nous préparait un bal qui n'amusait sûrement pas la mariée. La danse commença au milieu d'un feu très nourri d'artillerie et de mousqueterie. Le général Berru, qui montait à cheval à la moindre alerte, vint animer la fête par sa présence et m'amena du renfort. L'ennemi fut à portée de connaître ce que c'était qu'une noce à la *Carmagnole*, mais il ne jugea pas à propos d'assister à la célébration. Dès qu'il fut retiré et que nous eûmes rétabli nos avant-postes, je descendis de cheval et je présentai mon camarade et sa future au curé du lieu qui, sous la double qualité de ministre du culte et de municipal, sanctionna leur union. Les canons de nos pièces et ceux de

---

1. C'est ainsi qu'on appelait les commis aux vivres et les pourvoyeurs (Littré.)
2. Le dictionnaire de Richelet comporte 3 volumes gr. in fol.
3. *Mémoires*, chap. xxxiii.
4. Archives de la Guerre, doss. Landrieux : *Etat abrégé des services de Landrieux*.

nos mousquets étaient encore chauds du feu que nous venions de faire sur l'ennemi, le brave Schreiber fut marié en héros avec les honneurs de la guerre. Le reste de la journée se passa avec toute la gaieté que l'on ressent quand on a fait son devoir. Une danse, d'un genre différent de celle que nous avions commencée le matin avec l'ennemi, se prolongea pendant tout le cours de la nuit suivante, et, loin de ralentir notre surveillance, elle la ranima parce que chacun de nous passait alternativement de la salle de bal aux retranchements. J'observerai que la même scène se renouvela quelques temps après à la noce de mon adjudant-major, car à cette époque la démangeaison du mariage tourmentait la troupe et les feux de la guerre semblaient donner un nouveau degré d'activité à ceux de l'amour. ([1]) »

Landrieux, qui n'avait probablement pas autant de distractions que son camarade Liger, ne quitta le poste de Pont-à-Marque que pour prendre le commandement d'une colonne d'observation qui protégea la gauche du corps d'Hosten pendant l'attaque d'Orchies, le 23 octobre. Pendant sept jours, il harcela l'ennemi avec intelligence, contraignant par la vigueur et la hardiesse de ses mouvements les postes de gauche du camp de Cysoing à se replier. Il enleva le poste important de Mourain, qui eut coupé à l'ennemi la retraite d'Orchies sur Tournai, si la bonne direction des colonnes de droite avait enlevé cette place, tandis que les chasseurs occupaient cette position ([2]). Les pertes de Landrieux en hommes et en chevaux étaient insignifiantes et si, par la faute d'un autre, on ne put tirer tous les avantages de sa brillante conduite, il avait du moins brûlé le vieux clocher de l'abbaye de Cysoing, fondée en 838, d'où l'ennemi observait et découvrait les mouvements des Français. Cette destruction, qui était depuis longtemps le vœu des généraux et des représentants, avait motivé plusieurs attaques inutiles.

Le général Hosten, dans son certificat du 9 brumaire, louait donc à bon droit « le zèle, l'activité et les connaissances militaires » de Landrieux([3]) que Kilmaine, le prudent

---

1. Liger, *Campagne des Français pendant la Révolution*, t. II, p. 271.
2. Mss B., folio 116 : *Certificat du général Hosten.*
3. *Idem.*

Kilmaine devait surnommer « l'alarmiste », à cause de sa vigilance à s'éclairer et de sa prudence à se garer des moindres surprises [1].

Deux jours plus tard, le 31 octobre, le colonel du 21e chasseurs assista à la messe d'un brave homme de curé, — il n'est point d'aussi petites distractions dont on ne profite en pareille circonstance, — et l'endoctrina pour qu'il allât, sous un déguisement, porter de faux avis à l'ennemi campé à Templeuve [2]. Grâce à cette ruse, l'avantage fut assuré à l'armée révolutionnaire, mais, pendant l'attaque, Landrieux reçut une blessure au bras gauche, blessure qui l'empêcha depuis lors de se servir librement de ce bras [3]. Les félicitations du représentant du peuple Isoré et celles de la municipalité de Lille, le dédommagèrent un peu de ce contretemps. Cette blessure et les circonstances qui la suivirent, suspendirent momentanément la carrière militaire de Landrieux.

Avant de rentrer dans le détail des événements qui amenèrent à son tour ce grand pourchasseur d'émigrés et de suspects dans les prisons d'Abbeville et d'Amiens, il convient d'en terminer avec l'affaire du duc du Châtelet.

A peine remis de la maladie qui l'avait obligé à résider quelque temps à Abbeville, Dumont avait dû se rendre à Paris où l'appelait un incident désagréable d'ordre privé relatif probablement au vol dont il avait été victime. Pendant son séjour dans la capitale, il fut plusieurs fois sollicité en faveur du duc du Châtelet : « Rien, répondit-il, ne peut me faire trahir mon devoir, mais rien non plus ne me déterminera à laisser jamais donner la mort. » Il tint parole et renvoya l'huissier que le département de la Haute-Marne avait chargé de réclamer le prisonnier pour lui appliquer la loi sur les émigrés. Il devait être jugé au lieu de son arrestation, répondait imperturbablement le représentant, ainsi que ses complices qui allaient être bientôt tous arrêtés.

1. *Mémoires*, ch. III.
2. *Mémoires*, t. II. « Vous souvient-il, mon général, écrit Landrieux, en évoquant ce souvenir dans un rapport pendant la campagne d'Italie, de ce que nous valut une messe à Templeuve, en l'an II, de terrible mémoire.
3. Archives de la Guerre, doss. Landrieux : *Etat abrégé des services de Landrieux*.

Le 9 brumaire, le ministre de la Justice le prévenait qu'il avait donné ordre à l'accusateur public de Seine-et-Marne de poursuivre du Châtelet.

Enfin, en frimaire an II, une lettre de Saint-Just arriva, réclamant, au nom du Comité de Salut public, le ci-devant marquis du Catelet et sa fille, ses compatriotes. Saint-Just demandait leur envoi accompagné de la déclaration que « *Dumont ne savait rien contre eux* ». C'était, un non lieu ou un acquittement certain pour ces accusés dont, le 4 novembre, Lindet, Prieur, Barrère, Billaud-Varennes et Robespierre avaient requis l'arrestation sans explications bien claires (1). Dumont rédigea volontiers la note réclamée par Saint-Just et s'empressa de dicter l'ordre chargeant le citoyen Froissart, commandant temporaire à Amiens, de faire conduire au Comité de Salut public le ci-devant marquis du Catelet et sa fille. Le soir, Froissart annonçait à Dumont qu'il avait bien envoyé à Paris le marquis, mais que sa fille ne se trouvait pas. Dumont ordonna des recherches. Elles durèrent quelques jours. On déclara enfin au représentant du peuple que le marquis avait été arrêté seul. Or, Dumont savait fort bien à quoi s'en tenir sur ce point, ayant selon son usage opéré lui-même (2).

L'erreur fut donc bientôt découverte, et quoique alité, Dumont rédigea de sa main, en présence d'un témoin qui l'attesta plus tard (3), l'ordre rectificatif que voici :

« Le cinquième jour de la troisième décade du troisième

---

1. Le 21 novembre 1793, le marquis du Catelet et sa fille avaient été écroués aux Capettes, une des nouvelles prisons d'Amiens.

2. Le marquis du Catelet avait été arrêté dans le département de l'Aisne par Dumont, qui réussit à lui sauver la vie et affirmait posséder du père et de la fille des lettres de nature à couvrir d'opprobre ceux qui méconnaîtraient les services qu'il leur avait rendus (*Compte rendu*, p. 71 et 75).

3. C'était un négociant d'Amiens, nommé Gensse-Desjardins. Voici son témoignage : « Les scélérats seuls sont tes ennemis, les buveurs de sang ; ils portent l'infamie à te reprocher la mort de la maréchale de Biron et celle de du Châtelet ; il est bien constant que tu n'en es pas coupable ; je le sais d'autant mieux et je puis d'autant mieux les en convaincre que j'ai été témoin de la scène que tu fis à Froissart, alors commandant, d'avoir commis l'erreur, et des ordres que tu donnas de courir après du Châtelet, qu'il avait fait partir pour Paris, au lieu de du Catelet et sa fille. »

mois frimaire an II, André Dumont, etc., requiert le commandant temporaire d'Amiens de faire conduire sur-le-champ à Paris le ci-devant marquis du Catelet et sa fille, restés ici par erreur, tandis que le ci-devant duc du Châtelet a été conduit à leur place. En conséquence, le charge, sous sa responsabilité de, faire rendre sous trois jours au Comité de Salut public le ci-devant marquis du Catelet et sa fille, et de ramener le ci-devant duc du Châtelet dont le procès sera jugé aux termes de la loi dans le lieu de son arrestation. »

Il était trop tard. Quand l'ordre arriva à Paris, du Châtelet, arrivé le 14 frimaire à Sainte-Pélagie (1), puis transféré à la Conciergerie, était déjà « convaincu d'avoir participé au massacre des patriotes au château des Tuileries, dans la nuit du 10 août 1792, d'avoir émigré et d'être rentré en France, muni d'un guidon aux armes de France (2) ». En conséquence, il avait été condamné à mort et on sait qu'à cette époque l'exécution suivait de près la condamnation.

Trois jours après, Landrieux adressait à Dumont la lettre suivante :

28 frimaire, an II (18 déc. 1793).

« Le duc du Châtelet vient d'expier ses crimes. C'est à moi seul que la Nation doit d'avoir trouvé ce coupable et d'avoir tiré de sa bouche l'aveu de son émigration et de ses desseins criminels. Je suis son seul dénonciateur, tu le sais. Un décret accorde un tiers du bien du coupable au dénonciateur. Mes droits sont réels et clairs ; mais je veux faire voir à mon pays l'exemple d'un homme qui n'ayant d'autre

---

1. *Consolation de ma captivité ou Correspondance de Roucher*, publiée ;r Guillon, son gendre, 1797, t. I, p. 67.
2. *Moniteur*, 15 décembre 1793. Dumont dit à tort que « le jugement ne porte rien de relatif à l'émigration », dont on avait accusé du Châtelet. Il a pensé sans doute mieux démontrer aussi, ce qui est le but évident de son récit, qu'il n'avait nullement provoqué la mort du duc du Châtelet. Ce n'est pas contestable, aucune pièce n'ayant été transmise par lui à Fouquier-Tinville ; ainsi qu'on le voit dans le dossier du procès aux Archives nationales. L'acte d'accusation n'indique ni la date ni les causes de l'arrestation. Dumont, d'ailleurs, affirmait, en l'an V, qu'il possédait encore tous les papiers du duc du Châtelet.

fortune que 750 livres de rente pour vivre avec sa femme, méprise deux millions qu'il peut prendre, parce qu'ils lui appartiennent. Je n'en veux pas un sol, mais je veux être le maître d'en disposer au profit de la République ; je les emploierai à une fabrication d'armes et à achever les fortifications de Pont-à-Marque, auxquelles j'ai tant fait travailler déjà, et j'espère rendre ce poste, qui assure Lille et Douai, impénétrable.

« C'est à toi à pousser cela, à moins que tu ne juges que je doive écrire au Comité de Salut public ; après cela je me retirerai dans une campagne, où je travaillerai paisiblement avec ma femme pour suppléer à ce qui pourra nous manquer pour vivre doucement. »

« Colonel LANDRIEUX. »

Cette lettre singulière était écrite de la prison d'Abbeville par un homme abandonné de tous, dénoncé comme suppôt de la royauté et concussionnaire. Dumont ne dit pas ce qu'il y répondit, ni s'il y répondit, mais le Comité de Salut public n'eut à s'occuper de Landrieux que beaucoup plus tard et pour des motifs d'un autre ordre que le prix du sang.

IV

Depuis qu'il était chef d'escadron au 21ᵉ régiment de chasseurs, et surtout depuis que Taillefer avait été nommé adjudant-général, tout le poids de l'organisation et de l'administration incombait à Murat. Landrieux, sans cesse absent d'Hesdin, occupé des soins de la remonte, plus occupé encore de ses cavalcades au pourchas des émigrés et des suspects, confiant dans l'habileté et le zèle de son brillant chef d'escadron, ne faisait au régiment que de rapides apparitions (1). « Il aime, diront plus tard les sous-officiers, partisans de Murat, à se promener dans les pays et lorsque par hasard il vient au régiment, ce n'est que momentanément, pour dire comme le ci-devant prélat : Regardez-moi, me voilà ! (2) »

Au corps, c'est Taillefer, c'est Murat qui « font tout » (3). En juillet 1793, Taillefer envoie à l'armée le premier escadron sur le pied de guerre. D'août à septembre, Murat forme le deuxième et le troisième escadron (4) tandis que Landrieux « travaille » à Boulogne, à Montreuil et à Abbeville, et se borne en route à assurer Murat qu'il compte rejoindre les chasseurs à Pont-à-Marque. De simples capi-

---

1. Sur ce point tout le monde est d'accord. Archives de la Guerre, doss. Landrieux : *Certificat des officiers du 21ᵉ chasseurs*, du 26 novembre 1793 ; *Lettre des sous-officiers à Dumont*, du 15 février 1794.
2. Archives de la Guerre, doss. Landrieux : *Lettre des sous-officiers à Dumont*.
3. *Idem*.
4. Archives de la Guerre, doss. Murat : *Lettre de Murat aux représentants du peuple composant le Comité de Salut public*, 14 mai 1795.

taines lui suffisent à la tête des escadrons de guerre. Murat reste à Hesdin où il formera le quatrième, tandis que Chauveton, Paimparey de Chambry, Rippel, Fessole commandent à sa place sur les champs de bataille où le 21e chasseurs conquiert le renom de *célèbre* qu'il conservera à l'armée du Nord.

Aussi, au corps cette situation crée-t-elle deux partis : d'un côté les officiers qui marchent et qui partagent avec le chef de brigade les félicitations d'Hosten et de Berru, et les promesses d'avancement qui en sont la conséquence ; de l'autre les officiers qui restent au dépôt et qui partagent avec Murat l'ingrate tâche d'équiper et de dégourdir les recrues, de leur apprendre le maniement des armes et les règles du service des places. Les uns seront les amis inébranlablement fidèles du chef de brigade, et, comme Devaux, ils lui parleront, trois ans plus tard, en Italie, des jours heureux du 21e chasseurs [1]. Les autres ce sont les mécontents, les jaloux ; Murat recrutera parmi eux les auxiliaires de ses menées. Pour tromper les loisirs des cantonnements, ils fréquentent les clubs, les sociétés populaires à qui l'avènement de municipalités sans-culottes a donné une nouvelle vigueur. La délation y est habituelle et la critique des actions et du passé des hommes en place y est constamment à l'ordre du jour [2]. Landrieux, en sa qua-

---

1. Mss. B., folio 400 : *Lettre de l'adjudant-général Devaux*, Milan, 23 germinal an V (12 avril 1797) : « Je suis bien fâché, mon bon ami, à mon passage à Milan, d'avoir été privé du plaisir de te voir. J'apprends avec plaisir que tu es au moins aussi heureux que tu le mérites, ce que je t'ai toujours désiré. Ce doit être un grand chagrin pour les Messieurs du 21e, dont le but était de te perdre. Si le regret de ton absence causé à plusieurs officiers du 21e de chasseurs, pouvait te flatter, il en est qui te regrettent beaucoup et qui voudraient bien te ravoir.

« Reçois de nouveau l'assurance de mon amitié la plus sincère.
« Salut et amitié.
                                                                    « P. DEVAUX. »

2. « Doué d'un physique vigoureux et d'une voix de stentor, il se fit remarquer dans les clubs, dit Sarrazin de Murat, par la chaleur de son jacobinisme. » (Jean Sarrazin, *Défense des Bourbons de Naples contre les panégyristes de l'usurpateur Murat.* Paris. 1815. in-8, p. 11).

lité de chef de brigade, ne pouvait échapper à leurs atteintes. Un ancien cocher de Monsieur, Hardy, maintenant employé aux transports militaires, avait reconnu en lui l'ex-inspecteur des relais avec qui il avait eu autrefois des rapports de service, l'hôte familier à qui la protection du marquis et de la marquise de Montesquiou suscitait tant de jaloux. Il n'eut rien de plus pressé que d'apprendre à Murat que le formateur des hussards-braconniers était un ci-devant serviteur du frère de Capet (1).

Les révélations de Hardy furent un trait de lumière pour Murat. Il avait été, l'année précédente, inquiété par Pache qui le taxait d'aristocratie, le croyant de la famille des Murat d'Auvergne et il avait dû, pour se disculper, mettre en jeu de nombreuses influences et prouver qu'il était roturier, fils de roturiers (2). L'occasion se présentait pour lui de donner une marque importante de civisme en dénonçant au ministère son chef de brigade comme un ci-devant serviteur des Tyrans. Il devait d'autant moins hésiter que cet acte de bon patriote favorisait singulièrement son ambition. En effet, un homme qui avait de pareils antécédents ne pouvait rester à la tête d'un régiment et, Landrieux destitué, Murat qui, depuis le départ de Taillefer, était le plus ancien chef d'escadron, se considérait comme le chef de brigade futur du 21e chasseurs (3).

Mais Murat n'était pas homme à comploter en silence. Landrieux, rapidement avisé de ses menées, envoya Maisonnade, un de ses officiers, à Paris, pour tâcher de devancer la dénonciation et remettre au ministre une contre-dénonciation en règle, visant l'inconduite et l'indiscipline de Murat et rappelant les soupçons d'incivisme qui avaient pesé sur lui. Le capitaine Perimond, ami intime du représentant Lebas, qui au lendemain de son mariage avec la fille de Duplay venait d'entrer au Comité de Sûreté générale (4), se chargea d'appuyer la dénonciation, avec la secrète espérance de remplacer Murat. Mais, arrivé à Paris, autrement

---

1. Mss. B., fol. 56, 58, 59 et 61.
2. Archives de la Guerre, doss. Murat : *Lettre de Murat au Comité de Salut public*.
3. Archives de la Guerre, doss. Murat : *Rapports du bureau de la cavalerie au ministre*, 4 nivôse et 13 pluviôse.
4. Le 14 septembre 1793.

conseillé, Perimond changea d'attitude et se tourna contre Landrieux, ce qui, d'ailleurs, ne lui réussit guère.

Murat, informé du départ de Maisonnade et de Perimond, connaissant le but de leurs démarches, se sentit menacé. Pour parer au renouvellement des ennuis qu'il avait eu l'année précédente, il se décida à métamorphoser son nom : on lui reprochait d'être un Murat d'Auvergne ; désormais il s'appellerait Marat comme l'ami du Peuple. Sous une pareille appellation volontairement choisie, qui donc oserait mettre en doute la pureté de son civisme [1].

Il fallait à toute force écraser Landrieux. Murat s'empressa donc d'écrire à Bouchotte, ministre de la Guerre, pour lui révéler le passé de son colonel. Il informa les représentants du peuple, ses protecteurs, des dangers que courait le 21ᵉ chasseurs. Après Soibinet et les autres traîtres, un Landrieux! « Le corps s'est couvert d'infamie ; » une épuration sévère s'impose.

A Paris, tous les ennemis que Landrieux s'est fait dans sa carrière militaire, — et ils sont nombreux, — se coalisent. Sijas centralise les efforts.

« Le citoyen Guittard, inspecteur, prévint le ministre que, dans sa tournée aux dépôts de l'armée du Nord, il avait observé que l'administration du 21ᵉ régiment de chasseurs était dans le plus grand désordre ; que depuis le trompette jusqu'au chef d'escadron, tous demandaient à grands cris que Landrieux finît son éternelle comptabilité et leur procurât le décompte depuis la formation du corps [2]. » On réveilla les vieilles histoires des hussards-braconniers et l'on jugea que les rapports de Chalbos et de Chazeaud-

---

1. Archives de la Guerre, doss. Murat : *Lettre de Murat au Comité de Salut public*. On lit dans la *Défense des Bourbons de Naples contre les panégyristes de l'usurpateur Murat*, par le général Sarrazin, sur ce point bien renseigné, p. 72 : « Il m'a été dit que dans son régiment, il avait fait changer, sur les contrôles, son nom de Murat pour celui de Marat. » Barré (*The rise, progress, decline and fall of Bonaparte empire*), appelle volontiers Murat Marat. La *Biographie Didot* fait aussi mention de ce changement de nom.

2. Archives de la Guerre, doss. Landrieux : *Rapport de la Commission du commerce et des approvisionnements*, 16 vendémiaire an III.

Dutheil étaient suffisants pour motiver une destitution immédiate.

A ces griefs s'en joignit un autre. En mai 1793, les représentants du peuple aux armées avaient autorisé Landrieux à compléter son corps avec des hommes du contingent et à pourvoir à leur habillement et à leur équipement : une somme de 100,000 livres fut affectée à cet usage. Le 25 octobre (4 brumaire), le commissaire des guerres, chargé de prendre connaissance de l'emploi de cette somme, fit assembler le conseil d'administration du 21e chasseurs : il n'existait ni registre de délibérations, ni journal général, ni caisse ([1]).

Sijas décida « que Landrieux qui avait été à la tête de l'administration, Chauveton qui avait été chargé du détail des achats et du magasin de l'habillement et Chambry qui avait touché l'argent, seraient mis en état d'arrestation et qu'un commissaire des guerres leur ferait rendre compte ([2]). »

Le Conseil exécutif, sur le rapport qui lui fut fait par Bouchotte, décida la suspension de Landrieux que le ministre de la Guerre signa le 13 novembre 1793 ([3]).

Grièvement blessé le 31 octobre précédent, Landrieux apprit à Arras la mesure qui le frappait par cette lettre d'avis du ministre de la Guerre :

*Le ministre de la Guerre au citoyen Landrieux.*

Le Conseil exécutif ayant jugé devoir vous suspendre du grade de chef de brigade au 21e régiment de chasseurs, je vous préviens que son intention est que vous cessiez, à compter de ce jour, les fonctions que vous y exercez et que vous vous conformiez aux lois et décrets de la Convention nationale, notamment à ceux des 20 août, 5 et 6 septembre dernier, en vous éloignant immédiatement à une distance

---

1. Archives de la Guerre, doss. Landrieux : *Rapport de la Commission du commerce et des approvisionnements*, 16 vendémiaire an III.
2. Archives de la Guerre, doss. Landrieux : *Rapport de la Commission du commerce et des approvisionnements*, 16 vendémiaire an III.
3. Archives de la Guerre, doss. Landrieux. *Idem.*
4. Mss. B., folio 117.

de 20 lieues de toute frontière, de toute armée et de la ville de Paris ; vous voudrez bien m'accuser réception de cette lettre et m'annoncer quel est le lieu que vous choisirez pour vous retirer, afin que je puisse en informer le Conseil exécutif.

V. BOUCHOTTE.

Cette suspension, qu'il ne prévoyait pas, car quelques jours avant il s'était fait délivrer par les officiers du corps, *Marat* compris, une attestation prouvant que les détails de l'administration intérieure lui avaient été totalement étrangers (¹), cette suspension donc le surprenait au moment où les généraux et les municipalités s'empressaient de

---

1. Voici cette curieuse pièce :

**21ᵉ DE CHASSEURS**  ADMINISTRATION DUDIT RÉGIMENT
A CHEVAL

Nous, officiers du régiment, certifions que le citoyen Landrieux, chef de brigade et formateur dudit régiment, n'a presque jamais été présent au corps depuis le 10 avril jusqu'à la fin de septembre; nous reconnaissons qu'il lui a été impossible d'y être, étant occupé au dehors de tous les détails du recrutement, de l'équipement et de la remonte du régiment, et que, par conséquent, les détails de l'administration intérieure lui ont été tout à fait étrangers ; que les citoyens Taillefer, Chauveton, et après lui Marat, chefs d'escadron, en ont seuls été chargés, conjointement avec les citoyens Chambry, Haunier, Houtteville et Le Goix, qui ont été successivement quartiers-maitres ; qu'à la fin de septembre, le citoyen Landrieux ayant rejoint les escadrons de guerre à Pont-à-Marque, l'administration du régiment est restée entre les mains de Marat et du conseil d'administration du dépôt. En foi de quoi avons signé le présent pour servir et valoir à ce que de raison.

Flers, ce 6 frimaire, IIᵉ année républicaine.
Et ont signé :

FAISOLLE, sous-lieutenant ; FORZY, capitaine ; HAUNIER, lieutenant ; CHAMBRY, capitaine ; LE DUCQ, sous-lieutenant ; COCLET, sous-lieutenant ; CORBIÉ, sous-lieutenant, *la Liberté ou la Mort*; THIRION, adjudant ; HOUTTEVILLE, lieutenant ; DOSSET, capitaine ; MARAT ; CHAUVETON, chef d'escadron.

Je ne connais rien à l'administration, mais je signe l'absence du citoyen Landrieux.   HÉRARD, sous-lieutenant.

Je ne connais rien à l'administration, mais je signe l'absence du citoyen Landrieux.   CHANEL, sous-lieutenant.

lui faire parvenir les témoignages écrits de leur admiration pour sa belle conduite et son dévouement à la patrie. La lettre du ministre qui venait ainsi briser sa carrière aux heures des plus belles espérances, lui fut transmise le 15 frimaire (5 décembre 1793) par les officiers du premier escadron de guerre qui s'empressèrent d'y joindre en guise d'adoucissement cette consolante lettre.

« Le Conseil exécutif provisoire vient de nous prévenir, citoyen chef de brigade, qu'il avait jugé à propos de vous suspendre de vos fonctions. A cet ordre, daté du 13 brumaire et qui ne nous est parvenu qu'aujourd'hui, est jointe une lettre à votre adresse que nous vous faisons passer.

« En vous notifiant la décision du Conseil exécutif, nous ne pouvons, citoyen chef de brigade, que vous témoigner toute la douleur et le regret qu'elle nous cause; ce n'est pas vous qu'on veut perdre, c'est le régiment. Comptez sur nos efforts à éclairer la religion du ministre *surprise par quelque vil intrigant*.

« Si notre bourse vous est utile pour vos comptes, disposez de celle de tous les officiers. Vous avez deux fois tiré le corps du néant. Votre bravoure extraordinaire et vos talents militaires ont conduit ses premiers pas au chemin de l'honneur, et vous êtes le seul auteur de la gloire qu'il s'est acquise.

« Nous faisons passer copie du présent au Comité de Salut public, aux représentants à l'armée du Nord et au ministre de la Guerre.

« Recevez, citoyen chef de brigade, nos consolations fraternelles.

CHAUVETON, chef d'escadron, commandant le dépôt; CHAMBRY, capitaine; LEROY, capitaine; RIPPEL, capitaine; HOUTTEVILLE, lieutenant; LE GOIX, quartier-maître-secrétaire ([1]). »

On n'ignorait donc pas à Arras d'où partaient les dénonciations, quel était « le vil intrigant » jaloux de s'attribuer la gloire du 21e chasseurs; on devinait les mobiles secrets qui le faisaient agir; néanmoins, les officiers, en écrivant à

---

1. Mss. B., folio 118.

Landrieux leur lettre très digne, évitèrent de se compromettre.

Les amis de Murat n'avaient pas la même modération ; ils professaient, comme leur chef de file, la plus grande animosité pour Landrieux, et un certain nombre d'autres officiers connus pour ses partisans n'avaient même pas attendu la notification officielle de la destitution de leur chef de brigade pour se considérer comme affranchis vis-à-vis de lui des liens de toute discipline.

Le 26 novembre 1793, à l'instigation de Murat, les officiers des escadrons de guerre se réunirent en un conciliabule pour procéder à un de ces examens *épuratoirs* mis à la mode par les Jacobins de Paris et imités par toutes les autres sociétés populaires. A la suite de cette réunion le procès-verbal suivant, dont le style ne rappelle que bien peu les principes d'éloquence que l'ex-abbé Murat avait puisés au séminaire, fut immédiatement rédigé ([1]) :

« L'an II de la République française une, indivisible et impérissable, le sixième jour de frimaire, les officiers composant les trois escadrons de guerre du 21e régiment de chasseurs à cheval cantonnés à Flers, Pont-à-Marque et Pont-à-Breck, réunis.

« Le républicain Marat, chef d'escadron, l'un d'eux, prenant la parole, a dit :

« Camarades, frères et amis,

« Un grand intérêt nous rassemble aujourd'hui. L'ambition, l'intrigue de quelques individus reconnus, mais trop tard, indignes de nous commander, nous ont à jamais

---

1. D'après le texte même de ce procès-verbal, on sait qu'il en a été fait originairement plusieurs copies d'après le régistre des délibérations du corps : l'une, envoyée par les officiers au ministre, est conservée aux Archives de la Guerre dans le dossier du 21e régiment de chasseurs : c'est la pièce qui a reçu l'approbation du ministre. La seconde copie était destinée aux représentants du peuple en mission, et la troisième au général en chef de l'armée du Nord. Landrieux put donc en avoir communication. Il se trouve également aux Archives du ministère de la Guerre une expédition de ce document dans le dossier Murat ; elle porte les annotations données ici de la main même de cet officier qui, postérieurement, a pris soin de transformer en *u* l'*a* de Marat par l'adjonction de deux petits jambages de chaque côté de cette lettre.

déshonorés et ont rendu presque infâme le nom du 21e régiment de chasseurs à cheval et je crains que bientôt on ne déclare que nous ne méritons plus de servir la patrie.

« Il existe encore parmi nous de ces êtres hypocrites, de ces faux amis de la Liberté. Je vois encore siéger parmi nous des partisans, des complices du scélérat Landrieux qui n'eut de républicain que la parole. Je les vois, et, incapables de rougir comme leur digne chef, ils affectent, ainsi que lui, l'air et le ton de la franchise pour mieux surprendre notre bonne foi.

« Camarades, dans le Sénat français des scélérats trafiquaient, sous le manteau du patriotisme, de notre liberté avec les tyrans de l'Autriche et de la Prusse ; dans des sociétés populaires des traitres inconnus servaient Pitt qui les avait achetés ; dans les armées de la République des chefs perfides, des Lafayette, des Dumouriez, des Custine, des Houchard livraient au fer de l'infâme coalition des milliers de républicains. La surveillance nationale a déjoué les complots de ces derniers et déjà ils ne sont plus.

« Le scrutin épuratoire, qui a eu lieu dans les sociétés populaires, a démasqué les traitres qui se disaient les amis du peuple : déjà, leurs têtes criminelles sont tombées sous le glaive vengeur des parricides. Ah ! que ce même scrutin épuratoire nous purifie tous aujourd'hui !

« En effet, camarades, rester plus longtemps dans cette honteuse létargie, garder plus longtemps un silence coupable, ce serait nous faire soupçonner, ce serait nous déclarer les complices, les agents ou les fauteurs de ces chefs dilapidateurs, dont la loi nous a fait justice. Il est temps que nous connaissions les coupables. Il faut que le voile qui, dans ce corps, confond le crime avec la vertu soit déchiré ; il faut qu'avant que nous nous séparions, la République connaisse ses vrais défenseurs. Il faut ici que chaque officier fasse l'analyse de sa conduite depuis 1789. Il faut que le camarade devienne l'accusateur de celui qui n'est pas digne de l'être. Que la franchise et l'impartialité prononcent ! Loin de nous tout esprit de haine particulière ! Que le calme, le sang-froid et la justice soient nos guides dans cette opération délicate ! La République entière nous contemple. Elle va nous juger ; elle attend de nous un exemple qui doit lui devenir salutaire et qui va, n'en doutez pas, être imité dans tous les régiments de la République. »

« L'assemblée tout entière applaudit à la sagesse et à la nécessité de la mesure proposée par Marat et, pleine de l'esprit qui l'anime, considérant d'ailleurs que les sociétés populaires, les sauvegardes de notre sainte liberté, nous ont tracé la marche que nous avons à suivre en nous donnant l'exemple de ce scrutin épuratoire qui doit frapper dans leur dernier retranchement l'aristocratie, la trahison et le modérantisme et que cette mesure en devient une de salut public à l'égard des corps militaires qui, tenant plus immédiatement entre leurs mains les destins de la patrie, doivent avoir une plus grande pureté de patriotisme et qui malheureusement ont tous été contagionés par l'incivisme, en ne devenant que trop souvent le refuge des agents et des créatures plus que suspectes des Dumouriez, des Custine et de tant d'autres scélérats de cette espèce qui vendaient la République à leur fortune. Considérant encore que c'est principalement un devoir pour ces corps républicains nés avec la liberté et qui doivent se distinguer par le courage, le dévouement à la cause du peuple et plus encore par le civisme le plus pur, de repousser loin d'eux, par tous les moyens que leur énergie leur inspire, les traîtres, les ambitieux, les intrigants qui ne voient qu'eux dans la République et qui jouent, suivant que leurs intérêts l'exigent, et le républicanisme et la plus vile aristocratie, et ces êtres pusillanimes qui craignant d'envisager le sommet de la montagne n'ont du patriotisme que le masque et laissent facilement apercevoir qu'ils ne sont pas faits pour la liberté ;

« Considérant enfin que ce serait partager l'opprobre et l'infamie de la conduite criminelle et se déclarer les fauteurs des dilapidations du coupable Landrieux que de ne pas prendre sur-le-champ les mesures les plus promptes et les plus efficaces pour purger le corps de tous ceux dont les liaisons ou les rapports avec ce traître pourraient les faire présumer, au moins soupçonner, de complicité avec lui et rendre par là au corps son honneur et sa pureté.

« Tous se sont levés simultanément et ont demandé par acclamation que, séance tenante, et sans désemparer la conduite de tous les officiers restant au corps depuis le chef d'escadron jusqu'au dernier sous-lieutenant fut examinée avec sévérité et épluchée avec calme et avec le sang-froid de l'impartialité et du désintéressement qui caractérisent l'homme libre et qui ne respire que le salut de la République : que sans exception de personne et que ne voyant que la Patrie, le camarade exposât ce qu'il voyait d'impur dans la conduite de son camarade et que l'on repoussât et l'homme sans civisme et le complice de Landrieux.

« A l'instant le républicain Marat, nommé président à la presque unanimité des suffrages, ayant pour secrétaire Ransonnet, le plus jeune des officiers, ouvre la séance.

« Il a ensuite quitté le fauteuil qui a été momentanément occupé par le lieutenant Thévenin, le plus ancien d'âge, pour paraitre au sein de l'assemblée pour répondre aux inculpations qu'on pourrait lui adresser.

« Un membre demandait qu'il rendit ses comptes, mais l'Assemblée entière passa à l'ordre du jour, motivé sur ce que, n'ayant jamais été chargé d'aucune comptabilité, il ne devait aucun compte et déclara qu'elle reconnaissait que, comme chef et républicain, il avait continuellement fait son devoir.

Marat reprend le fauteuil.

« L'assemblée examine ensuite la conduite de Périmond, capitaine, qui, s'autorisant d'une nomination illégale, et qui jamais n'a été consommée, a quitté l'armée pour aller au dépôt se faire recevoir chef d'escadron. Elle arrête : qu'attendu l'absence de Périmond, capitaine, et la gravité des inculpations qui lui étaient faites, il lui serait adressé les questions suivantes en l'invitant d'y répondre catégoriquement, sans délai, en lui rappelant que nous sommes dans la ferme résolution de ne conserver parmi nous que des gens purs, intacts, et qui n'ont d'autre ambition que celle de servir la Patrie :

« Questions :

« Pourquoi Périmond, n'ayant obtenu un congé pour aller au dépôt que pour y rendre ses comptes, n'a-t-il en rien rempli l'objet de son voyage ? — N'était-ce pas un prétexte pour quitter son poste et se rendre à Paris ? — N'avait-il pas promis à Landrieux d'y appuyer sa dénonciation calomnieuse contre Taillefer et Marat remise par celui-ci à Maisonnade ? — Quel pouvait être le motif de voyage assez important pour l'engager à quitter sa compagnie ? — La non-reddition de ses comptes ne pourrait-elle pas faire prouver qu'il a dilapidé les fonds qu'il a touchés pour la subsistance du corps, pour satisfaire à ses folles dépenses et à ce luxe indigne d'un républicain qu'on lui reproche avec raison ? — Où a-t-il eu les trois chevaux qu'il a ? — Les a-t-il payés au corps ? — Qu'en a-t-il fait ? — Pourquoi, n'ignorant pas la loi qui n'a jamais accordé plus que trois chevaux à un capitaine, s'est-il permis, ayant déjà trois chevaux, de s'approprier le cheval pris dans l'affaire du 1ᵉʳ octobre, sans même l'avoir fait estimer et sans en avoir tenu compte aux chasseurs qui l'ont pris avec lui ? — Pourquoi, en partant, s'est-il permis de se faire rembourser encore une ration de fourrage, tandis que, au contraire, c'était lui qui en devait une à la République ? — Pourquoi conseillait-il à un officier de se faire l'ami de Landrieux, tandis qu'il n'ignorait pas que Landrieux était un traitre et un scélérat ? — Pourquoi disait-il que Marat, qu'il savait avoir toujours fait son devoir en honnête homme, était un gueux, un scélérat ? — N'était-ce pas pour satisfaire son ambition qu'à son retour de Paris il pressa tout le corps de demander un chef d'escadron et en imposat-il un en venant nous dire que le vœu du dépôt était pour que les officiers seuls consentent à cette nomination et que Maisonnade était porteur de ce vœu, tandis qu'il savait bien le contraire, puisque les officiers du dépôt réclamaient l'exécution de la loi du 21 février relative au mode d'avancement ? — Pourquoi dit-il qu'on l'avait pressé au dépôt d'accepter cette place malgré toute sa répugnance, tandis que le vœu du dépôt n'était pas en sa faveur ? — La nomination a-t-elle été confirmée par les représentants du peuple et n'a-t-il pas, dans le cas de l'affirmative, surpris leur sanction en leur disant que c'était le vœu de tous les officiers, tandis qu'il savait bien que sa nomination était illégale, était nulle, puisqu'elle n'a jamais été sanctionnée ? — Par quel ordre s'est-il fait recevoir ? — Pourquoi, sachant que Landrieux avait ses chevaux dans les écuries du quartier, n'a-t-il pas fait ses diligences pour le faire arrêter ? — Ne peut-il pas être accusé d'avoir favorisé leur fuite ? — Pourquoi, quand il applaudissait à la nomination de Lebrasseur pour capitaine, disait-il à Maisonnade, son concurrent, chargé de porter nos suffrages à l'assemblée du dépôt, *de ne travailler que pour lui ?* (¹)

« Examen fait de la conduite de Rippel, et d'après les différentes inculpations à lui faites et auxquelles il n'a pu

---

1. En marge. — *Périmond a quitté le régiment.* Murat.

répondre, il a été arrêté qu'à compter de ce jour il serait regardé comme ne faisant plus partie des officiers du régiment et qu'il en serait, à cet effet, référé aux représentants du peuple (1).

« On a ensuite discuté le civisme du citoyen Forsy, qui a été reconnu pur, mais ayant, dans différentes affaires devant l'ennemi, exposé ses camarades et sa compagnie par impéritie, d'après l'aveu qu'il a fait lui-même de son incapacité, en convenant qu'il servait plus utilement la République à la charrue, il a été arrêté que les représentants seraient invités à le rendre à l'agriculture (2).

« Il a été arrêté à l'égard de Guéri, capitaine, que, pur d'ailleurs, il serait tenu de rendre compte de trente carabines à deux coups dont il est responsable (3).

« La conduite du capitaine Blackwel soumise ensuite à l'examen épuratoire, plusieurs membres ont d'abord observé que ce citoyen aurait été placé dans le corps des Braconniers en qualité de chirurgien-major et que ensuite, sans consulter ses forces et ses connaissances militaires, Landrieux avait récompensé en lui un de ses amis en le faisant capitaine. En raison de son impéritie, il a été arrêté que les représentants seraient invités à placer Blackwel dans un hôpital où il pourrait servir plus utilement l'humanité et la chose publique, après avoir néanmoins exigé de cet officier de rendre compte des fonds qu'il a administrés avec Landrieux.

---

1. En marge. — *Rippel est encore au régiment. Les représentants du peuple n'ont pas encore prononcé sur un des principaux chefs d'accusation. Il a déclaré avoir reçu de Landrieux cinq cent cinquante livres pour achat de chevaux de remonte. Il a avoué en avoir eu pour quatre cents et à moins. Il n'a pu rendre compte du surplus; de plus, il a quitté deux fois son poste à l'armée. Il avait un billet d'hôpital pour Saint-Eloy, il a été à Paris, Reims et Amiens. Il est dans ce moment au dépôt et souffre qu'un autre capitaine commande sa compagnie.* MURAT.

2. En marge. — *Forsy a montré depuis cette époque la meilleure volonté du monde et le Conseil lui a accordé un certificat qui atteste sa bonne conduite au bivouac d'Hélesding, le 22 prairial.* MURAT.

3. En marge. — *Guéry a rendu compte de ses trente carabines.* MURAT.

« On a reconnu ensuite que le capitaine Watier avait continuellement fait son devoir et qu'il n'y avait lieu à accusation contre les capitaines Lebas, Leroy, Thuillier, Bezin et Dosset.

« La conduite du citoyen Paimparey, lieutenant, a ensuite occupé l'assemblée. On lui reproche comme marque d'incivisme notoire son refus de marcher à l'armée quoique son tour fut arrivé, prétextant qu'on lui avait fait des injustices et qu'il devait, et ne voulait partir qu'en qualité de capitaine. Pour lequel refus les représentants ont ordonné son arrestation à la citadelle de Lille. On lui reproche encore de n'avoir pas voulu marcher contre les rebelles de la petite Vendée dans les environs de Saint-Pol. On lui reproche encore plusieurs marques d'insubordination indignes d'un officier et d'un républicain. Pour quoi l'Assemblée, d'une voix unanime, arrête qu'il ne pourrait plus faire partie du corps [1].

« Il a été arrêté à l'égard de Dupont, parti du cantonnement de Flers le 8 frimaire pour Paris, sans permission du général, sur un simple ordre de Landrieux, sans avoir rendu les comptes de la compagnie dont il était chargé, commandant en l'absence de son capitaine, après un séjour de deux à trois jours à Lille, que les représentants du peuple seraient invités de prononcer.

« Quant au citoyen Haunier, l'assemblée sursit à prononcer sur sa conduite jusques après la reddition de ses comptes [2].

« Houtteville, ci-devant quartier-maitre, a été reconnu et déclaré incapable de servir la République, eu égard à son âge, à ses infirmités et son impéritie. Il a été arrêté d'abord qu'il serait tenu de rendre strictement ses comptes de quartier-maitre et que les représentants du peuple seraient invités à lui faire accorder une retraite si toutefois il n'y a pas de malversation dans sa gestion [3].

---

1. En marge. — *Paimparey destitué par le ministre de la Guerre.* MURAT.

2. En marge. — *Haunier n'a pas encore rendu ses comptes, mais il doit les rendre au premier jour.* MURAT, chef d'escadron.

3. En marge. — *Hauteville n'a pas encore rendu ses comptes, et les représentants n'ont pas encore prononcé. Ce citoyen est au dépôt.* MURAT.

« L'assemblée a ensuite applaudi à la bonne conduite continuelle des citoyens Lebrasseur, Thévenin, Maisonnade, Ferrand, Molesme, Leduc l'ainé et Legoix, quartiers-maitres.

« Passant ensuite à l'examen de la conduite du citoyen Leduc le jeune, l'assemblée, considérant que sa jeunesse, son inexpérience et les terreurs paniques qu'il a manifestées dans plusieurs affaires le rendent incapable de commander à des hommes, a arrêté que les représentants seraient engagés à le renvoyer à sa bonne maman [1].

« Fessole, noble de son propre aveu, s'est cependant comporté depuis qu'il est aux escadrons de guerre en brave soldat, en franc républicain [2].

« Corbié, interrogé pourquoi dans une retraite sur pays ennemi, après avoir enlevé une porte et fait quelques prisonniers, il a laissé les chasseurs de son détachement *piller*, ayant répondu qu'il ignorait la loi qui le défend, il a été arrêté, après avoir d'ailleurs reconnu qu'il n'y avait pas lieu à inculpation contre son civisme, qu'il en serait donné connaissance aux représentants du peuple [3].

« La conduite du citoyen Coclet a ensuite excité l'indignation de l'assemblée. Des actes multipliés de dérèglement de mœurs et d'insubordination sont reprochés à cet officier. L'assemblée, considérant qu'il importe que les chefs et tous les officiers se comportent de manière irréprochable en prêchant le bon exemple, a voté à l'unanimité qu'à compter de ce jour il serait rayé de la liste des officiers du corps [4].

« Jouti, sous-lieutenant, étant à Paris pour se faire opérer de la pierre, l'assemblée s'est refusé de voter sur cet officier qui n'est point assez connu [5].

« L'assemblée a ensuite déclaré qu'il n'y avait pas lieu à

---

1. En marge. — *Les représentants du peuple n'ont pas encore prononcé sur le compte du citoyen Leduc le jeune.* MURAT.

2. En marge. — *Fessole destitué comme noble par l'arrêté du représentant du peuple Duquenois.* MURAT.

3. En marge. — *Les représentants du peuple n'ont pas encore prononcé sur le citoyen Corbié.* MURAT.

4. En marge. — *Coclet destitué par le ministre de la Guerre.* MURAT.

5. En marge. — *Jouti est de retour, il est détaché à Bergue; il ne nous est parvenu aucune plainte contre lui.* MURAT.

inculpation contre les citoyens Borie, Bellerose dit Erard, Charnet, Lemoine, Rossignol, Messin, Vougauze, Vilmar, Lefebvre, Valloi, Scribe, Lecomte et Ransonnet ainsi que contre les citoyens Forgeau, Thirion et Pommier, adjoints.

« Quant aux officiers attachés aux états-majors, l'assemblée a déclaré ne pouvoir prononcer sur leur civisme, n'ayant jamais été à même de les connaître.

« L'assemblée arrête, en outre, que tous les commandants des compagnies prendraient les renseignements les plus exacts sur le civisme de leurs officiers.

« L'assemblée, considérant enfin qu'on ne saurait donner trop de publicité à cette mesure rigoureuse et nécessaire qui doit effacer tous les doutes qu'on aurait pu élever sur la pureté de son civisme et de son dévouement à la cause du peuple, a arrêté à l'unanimité qu'il serait dressé procès-verbal de la présente séance et que copie en serait adressée aux représentants du peuple, au ministre de la Guerre et au général commandant en chef de l'armée du Nord.

« Fait et arrêté ce jour et an que dessus et ont signés :

RANSONNET, sous-lieutenant; LEFEBVRE, sous-lieutenant; ERARD, sous-lieutenant; CHANEL, sous-lieutenant; CORBIÉ, sous-lieutenant; FESSOLE, sous-lieutenant; THÉVENIN, lieutenant; HAUNIER, lieutenant; MAISONNADE, lieutenant; LEBRASSEUR, lieutenant; FORSY, capitaine; RIPPEL, capitaine; BEZIN, capitaine; DOSSET, capitaine; WATIER, capitaine; MARAT, chef d'escadron, président ([1]). »

---

1. Sur l'exemplaire du dossier Murat, on lit à la suite de ce procès-verbal la note que voici :

« Le Conseil d'administration du dépôt dudit régiment adhère entièrement et approuve les mesures de sûreté du Conseil d'administration des escadrons de guerre en ajoutant :

« A l'égard du capitaine Dosset, qu'il se justifierait du soupçon de noblesse, attendu d'ailleurs qu'il y a contre lui de véhémentes suspicions tenant à la famille du ci-devant Caulincourt, général de l'ancien régime, ayant aussi un de ses frères que l'on prétend émigré, lequel était dragon dans Orléans.

Reims, ce 4 nivôse, II<sup>e</sup> année républicaine.

Signé : MOLESME, JEANNIN, LE COMTE, GUÉRY, LE ROY. »

Murat a ajouté en marge : « Dosset a fourni des certificats de roturier; il est à l'armée. »

On a vu, dans le procès-verbal du *scrutin épuratoire*, que l'un des principaux griefs invoqués contre Périmond était d'avoir laissé sortir du quartier d'Arras les chevaux de Landrieux. En effet, dès qu'il eut connaissance de la lettre des officiers des premiers escadrons de guerre, Landrieux donna l'ordre de mener ses chevaux à Amiens, car il se proposait d'aller dans cette ville se mettre sous la protection d'André Dumont (1). On ne lui laissa pas le temps d'y arriver, car l'ordre de son arrestation, signé le 16 novembre, avait suivi de près la lettre de suspension. Il fut arrêté et incarcéré à Abbeville. Joseph Lebon envoya en même temps appréhender M$^{me}$ Landrieux à Hesdin. Comme les perquisitions étaient l'inévitable conséquence d'une arrestation, les papiers et les effets du colonel, ainsi que les effets de sa femme, tant à Arras qu'à Hesdin, furent mis sous scellés par les soins des comités de surveillance de ces deux villes (2).

Pendant huit mois, Landrieux et sa femme demeurèrent sans nouvelles l'un de l'autre. Ils n'avaient ni linge ni argent et souffraient beaucoup. M$^{me}$ Landrieux surtout, détenue à Arras en la prison des Baudets, « pleine comme un œuf » (3), où elle courait un vrai danger; car Lebon avait installé un tribunal révolutionnaire, dont plusieurs

---

1. Il était, on le comprend, peu jaloux de confier sa vie à la justice de Lebon. Voici en quels termes un ami des Robespierre rendait compte à Charlotte Robespierre de l'état auquel le boucher d'Arras réduisait son pays natal : « Depuis six semaines on a guillotiné cent cinquante personnes et *incarcéré environ trois mille*. Des citoyens ont été trouver un ami de ton frère; on lui a dit : « Vous seul pouvez faire entendre la vérité, Robespierre a confiance en vous. » Il leur a répondu : « *Comment pourrais-je écrire, puisque tous les soirs on assiste au départ des lettres ?* » *Le rapport de Saint-Just et le décret qui porte que les accusés de conspiration seront traduits au tribunal révolutionnaire, à Paris, avait fait naître quelques espérances;* mais hier on a publié que, dans toute la République, la seule ville d'Arras ne jouirait pas de la sagesse de cette loi. (*Rapport Courtois sur les papiers trouvés chez Robespierre* : documents.)

2. Archives de la Guerre, doss. Landrieux: *Lettre à Pille*, 20 août 1794.

3. L'expression est de la municipalité (8 floréal an II-27 avril 1794). Lescène, *Arras sous la Révolution*, II, p. 229.

juges membres de sa famille (¹), et la guillotine fonctionnait en permanence.

Les amis de Landrieux ne l'abandonnaient pas dans sa disgrâce : il est vrai qu'ils ne possédaient guère d'influence. Chauveton et Chambry avaient été destitués et incarcérés presque en même temps que lui (²). Avant de subir le même sort, le sous-lieutenant Fessole informa Alexandre Truet de l'arrestation de son beau-frère Landrieux (³). Truet, qui habitait Paris, s'adressa immédiatement aux bureaux de la Guerre. L'accueil hostile qu'il reçut lui fit comprendre que si la situation de Landrieux était grave, cela tenait à d'autres griefs qu'à ceux qu'on invoquait ouvertement.

L'affaire des comptes n'était en effet qu'un prétexte. Les dénonciations de Murat n'étaient pas prises au sérieux, car on connaissait fort bien le mobile ambitieux qui les dictait (⁴); mais, du haut en bas, toutes les rancunes s'unissaient pour perdre le prisonnier. On ressuscitait même de vieilles querelles. Sijas, ancien employé de la régie, devenu adjoint à la Guerre, que sa situation et ses relations parmi les Montagnards rendaient un personnage influent, profitait des circonstances pour faire expier à Landrieux le dédain qu'il avait eu en janvier 1793 pour une recomman-

---

1. Lamoral-Vasseur et Régniez, notamment, étaient les cousins de Lebon ou de sa femme. « J'ai vu, disait le représentant Choudieu après thermidor, j'ai vu des membres de ce tribunal ; ils ont plutôt l'air de bourreaux que de juges ; ils se promènent dans les rues avec une chemise décolletée et un sabre traînant toujours à terre ; enfin, ils montent au tribunal en annonçant que l'affaire de tel ou tel va être expédiée et que bientôt on le verra passer pour aller à l'échafaud. J'ai été moi-même le témoin auriculaire de ces propos, qui ne conviennent point à des juges. (Guffroy, *Les secrets de Joseph Lebon*, pièces.)

2. Chambry fut suspendu de ses fonctions le 28 brumaire an II (18 novembre 1793), et réintégré seulement le 12 juillet 1795. Landrieux le retrouva en Italie en 1797. (Archives de la Guerre, doss. Chambry.)

3. Archives de la Guerre, doss. Landrieux : *Lettre de Truet*.

4. Plus tard, Murat demanda à jouir du bénéfice de la loi du 21 février 1793, d'après laquelle il devait être pourvu de la place de chef de brigade laissée vacante lors de la destitution de Landrieux. (Archives de la Guerre, doss. Murat: *Rapport du bureau de la cavalerie au ministre*, en date de nivôse an IV.)

dation en faveur d'un mauvais sujet nommé Houdangry. Il lui reprochait encore la violente expulsion des hussards-braconniers, d'un aventurier, Chastelain de Bye, à la femme de qui cet orateur habituel des Jacobins ne pouvait rien refuser ().

Parmi les autres influences contraires à Landrieux, il convient de signaler celles des deux représentants du peuple Lebon et Lebas. L'un lui tenait rancune d'avoir obligé son frère Nicolas-Henri Lebon à quitter le 21e chasseurs pour un poste infime de secrétaire-commis au département, aux appointements de 1,200 livres, bien que depuis ce dernier eut réussi à se faire nommer, par les représentants Lacoste et Peyssard, commissaire des guerres provisoire pour la levée de 1793 (²). Or, il était dangereux de se mettre mal avec « cette famille de fous » comme l'appelait Prieur (³).

L'autre ne pouvait oublier les punitions sévères pour fautes contre la discipline infligées à son frère, le capitaine François Lebas, par ce même Landrieux, d'autant plus que le représentant du peuple et toute sa famille tenaient ce frère en très haute estime (⁴). Le chef de brigade avait pareillement entravé la carrière d'un beau-frère de Lebas. Ces crimes impardonnables envers la famille d'un représentant du peuple furent vigoureusement dénoncés au club des Jacobins.

Les simples commis à la Guerre, ceux dont on se conciliait les bonnes grâces avec quelques menues politesses, ne pouvaient rien contre l'influence prépondérante et néfaste de Sijas. L'un d'eux, Le Fêvre, dira plus tard qu'il n'a fait que ce qu'on lui ordonnait de faire (⁵).

1. Archives de la Guerre, doss. Landrieux : *Mémoire justificatif*.
2. C'est ce Nicolas Lebon qui avait épousé la fille de Ferdinand Graux, chapelier à Saint-Pol. Sa belle-mère avait eu l'audace de promettre la liberté d'aristocrates : elle faisait des achats à crédit en invoquant l'alliance contractée par sa fille. Joseph Lebon la fit incarcérer, puis la relâcha sur l'intervention de Nicolas. (Paris, *Hist. de Joseph Lebon.*)
3. Guffroy, *Les secrets de Joseph Lebon et de ses complices*.
4. Buchez et Roux, *Histoire parlementaire de la Révolution*, XXXV, publient des lettres de Lebas à sa famille, dans lesquelles il est fréquemment question de François Lebas.
5. Annotation sur l'original de la lettre de Truet à Landrieux :

Truet, en sortant du ministère, écrivit à Landrieux pour lui faire connaître les résultats de ses premières démarches et le mettre au courant de la vérité : il lui adressa sa lettre à Abbeville où elle fut saisie par la municipalité qui l'expédia au ministère de la Guerre (1).

« Fessolle m'a appris votre détention, mon cher frère. J'ai sur-le-champ été aux bureaux de la Guerre. J'ai trouvé Sijas et Lefebvre ensemble. Je ne vous cache pas que vous n'avez rien à espérer tant que ces gens-là existeront aux bureaux : vous le savez aussi bien que moi, et s'il était sûr qu'ils dussent toujours y influencer toutes les décisions, votre plus court serait de quitter l'état militaire : quand on parle des services importants que vous avez rendus, ils ricanent de manière à exciter la colère de l'homme le plus posé; ils parlent toujours de vos comptes, comme s'il était nécessaire de suspendre un bon officier pour régler des comptes dans lesquels il peut être créancier. Il y a autre chose que tous ces spécieux prétextes. Sijas vous a dénoncé aux Jacobins, comme ayant tourmenté mal à propos et forcé à sortir du corps le frère de Lebon et les frère et beau-frère de Lebas, qui, dit-il, sont aussi bons patriotes que les députés leurs frères (2) : voyez ce que cela veut dire et défendez-vous. — On m'a dit que votre femme était en arrestation à Hesdin : si cela est vrai, il n'y a plus de doute sur mes conjectures. Vous avez affaire à forte partie. Le représentant Dumont pourrait vous aider. Je sais qu'il vous aime beaucoup : mais ce n'est pas le moment, je pense, de l'employer. Il faut attendre. Le temps nous découvrira peut-être quelque chose sur le vrai motif de la persécution que vous éprouvez. Depuis que Perrimont a passé ici, je vois tous les visages changés. Indiquez-moi les moyens de vous écrire : soyez sûr, mon cher frère, que je ne serai pas négligent à votre égard. Je remuerai ciel et terre pour une cause aussi juste que la vôtre, mais comme je vous l'ai dit,

---

« Je prie le citoyen Pille de ne pas laisser *rouler* cette lettre, parce que Le Fèvre m'ayant fait dire *qu'il n'avait fait que ce qu'on lui avait ordonné de faire*, il me paraît inutile de le fâcher. »

1. Elle fut visée le 28 frimaire an II (18 décembre 1793), au conseil général permanent de la commune d'Abbeville.

2. Le capitaine Lebas était au corps, puisqu'il prit part à l'examen préparatoire du 6 frimaire.

il faut de la prudence et du temps. Marquez-moi à qui il faut que j'adresse ce que j'ai de papiers à vous. J'ai vu Jourdeuil (³), il est comme les autres, excepté qu'il m'a dit de vous dire de prendre patience, et que pour le moment il ne pouvait rien faire pour vous (⁴). »

Truet, à qui Landrieux avait envoyé tous ses papiers comptables et les explications nécessaires, en même temps que sa procuration, en juillet précédent, pour l'apurement de son compte au ministère, était à même de savoir à quoi s'en tenir sur les griefs qu'on prétendait tirer de la mauvaise gestion du chef de brigade.

On lui reprochait de n'avoir pas fourni son compte de formation du régiment des hussards-braconniers devenus depuis déjà quelques mois le 21ᵉ chasseurs à cheval. Cependant Truet, son fondé de pouvoir, avait remis ce compte pour l'apurement duquel il ne manquait que le visa de la deuxième commission, dite commission du commerce et des approvisionnements. De ce compte il résultait que Landrieux avait, par des revues parfaitement régulières, touché :

| | |
|---|---|
| Le 27 septembre 1792. . . . . . . . . | 25,000 livres |
| Le 28 octobre    —  . . . . . . . . . | 50,000   — |
| Le 28 novembre   —  . . . . . . . . . | 82,000   — |
| Le 28 décembre   —  . . . . . . . . . | 95,600   — |
| Le 29 janvier 1793. . . . . . . . . . | 122.000  — |
| Soit au total. . . . . . . . | 374,600 livres |

Il pouvait produire la justification d'une dépense qui, à raison de 800 livres par homme engagé, monté, armé et équipé, dépassait de 92,742 livres 3 s. 9 d. le montant des sommes qui avaient été versées par le ministère de la Guerre.

La taxation à 800 livres par homme, ayant été la base de l'arrangement, ne pouvait être discutée. Un formateur de corps qui recrutait à ses risques et périls, sans solde, sans indemnité d'aucun genre, comme c'était le cas de Landrieux, jusqu'à la transformation des hussards-braconniers en 21ᵉ régiment de chasseurs à cheval, était un spéculateur

---

1. Adjoint comme Sijas au ministère de la Guerre.
2. Archives de la Guerre, doss. Landrieux.

de qui on devait exiger l'exécution stricte des conventions, mais auquel on ne pouvait contester le droit à ses bénéfices.

La seule chose qui pouvait amener des contestations, c'était les faits allégués par l'adjudant-général Chalbos à Meaux et en quelque sorte acceptés à Hesdin par l'adjudant-général Chazaud Dutheil : sur ce point il était nécessaire d'entendre Landrieux.

Quant à la comptabilité du 21e chasseurs, Truet l'ignorait complètement, car Landrieux, de l'aveu même de ses adversaires, ne s'était jamais occupé de la gestion ni de l'administration du corps. C'était Taillefer, puis Murat qui, avec l'aide de quartiers-maîtres plus ou moins expérimentés, avaient seuls géré les fonds, et la décharge donnée à Murat, lors du scrutin épuratoire, n'était qu'une mesure préventive contre toute réclamation à venir.

Jamais, d'ailleurs, plus qu'à l'armée du Nord, on n'avait constaté dans les corps les plus lamentables dilapidations. Carnot déclarait que « l'esprit de brigandage était tel qu'il était moralement impossible de débrouiller le chaos général des affaires ; que les commissaires des guerres étaient *ignorantissimes* et que les quartiers-maîtres faisaient tous en un clin d'œil des fortunes brillantes [1]. »

Le mal gagnait des grands aux petits et au quartier général de Marque l'ordre du jour du 17 frimaire an II (7 décembre 1793) que signait l'adjudant-général Duverger [2] deux jours après la destitution effective de Landrieux, s'exprimait en ces termes énergiques :

« Le général en chef est indigné de voir qu'il existe encore des dilapidations affreuses dans plusieurs bataillons. Ces abus énormes ne proviennent que de l'insouciance des chefs et de la négligence des capitaines. On prend avec profusion dans les magasins de la République habits, vestes, culottes, bas, chemises et les soldats profitent de la facilité à les obtenir pour aller vendre à vil prix la variété

---

1. Lettre de Carnot, datée de Lille, le 29 avril 1793, citée par Wallon, *les Représentants du peuple en mission*, IV, p. 79-80. Voir aussi Aulard, *Recueil des actes du Comité de Salut public*, notamment tome IV, page 241.

2. Duverger venait d'être réintégré par Isoré, après jugement d'une commission militaire. Il avait été destitué par Duquesnoy. (*Journal de la Montagne*, 2e série, n° 11.)

des matières. Il est temps d'arrêter des abus aussi préjudiciables.

« Le général en chef ordonne en conséquence que les revues de butin se passeront exactement, que tous les commandants de compagnie qui, lors d'une revue, ne pourra pas présenter ses feuilles de revue de butin en règle sera sur-le-champ destitué, que tout conseil d'administration qui ne pourra pas justifier de l'emploi qu'il aura fait des objets pris par les bataillons ou régiments dans les magasins de la République sera également destitué et poursuivi comme dilapidateur; ses registres d'habillement et équipement seront arrêtés tous les mois, et le capitaine sera tenu de présenter son registre de compte ouvert avec chaque volontaire de sa compagnie afin que les retenues puissent se faire exactement.

« Le présent ordre sera lu dans chaque compagnie et sous la responsabilité de chaque corps ([1]). »

Quand on étudie en détail l'histoire de l'armée du Nord, qu'on constate le nombre vraiment considérable de dilapidations signalées en quelques mois par les lettres des généraux et des représentants du peuple en mission, et qu'on en rapproche les griefs si peu fondés qui servirent à justifier pendant plus de deux années la destitution du chef de brigade du 21ᵉ régiment de chasseurs ([2]), on se prend à répéter

---

1. Archives de la Guerre : armée du Nord et doss. Murat. *Ordre du jour signé de l'adjudant-général Duverger*, 17 frimaire an II. Cet ordre débute par les curieuses considérations que voici :

« La Raison, qui éclaire maintenant la République, bannit toutes les pratiques superstitieuses qu'avaient inventées des hommes dont la fade occupation était de duper le peuple. Paris vient de convertir son premier temple à la Raison et à la Liberté; l'armée du Nord ne veut donc plus dans son sein ces ministres du fanatisme et de la charlatanerie.

« En conséquence, il est ordonné à tout commissaire des guerres de ne plus comprendre sur l'état des revues les aumôniers des régiments. »

2. Parmi les principaux ouvrages à consulter sur cette question des dilapidations à l'armée du Nord, il faut citer en première ligne les très remarquables études de M. A. Chuquet, intitulées: *Jemmapes et la conquête de la Belgique; la Trahison de Dumouriez*. On y trouve notamment un historique détaillé des friponneries de d'Espagnac, Max Bidermann, Marx Beer, Cerf Beer,

le mot du représentant Beffroy, au sujet de Custine qu'on lui dénonçait de Paris : « Qu'il est dangereux d'écouter les ignorants et les intrigants qui portent envie à quiconque est au-dessus d'eux (1). »

L'intrigue si complaisamment secondée, la calomnie si souvent écoutée ne portaient pas toujours les fruits qu'en attendaient les hommes qui s'en servaient dans un but égoïste soigneusement caché sous les dehors d'un ardent patriotisme ou d'un civisme soi-disant pur. Tel fut le cas du chef d'escadron Murat.

S'il avait déployé tant d'ardeur à dénoncer Landrieux, c'était, on l'a vu, avec l'espoir de lui succéder à la tête du régiment. Or, il fut tout le premier victime des soupçons qui planaient sur les dispositions des officiers du 21e chasseurs (2). On n'ignorait pas au ministère qu'il avait administré ce corps et qu'il était par conséquent responsable pour sa part des désordres de la comptabilité qu'on reprochait si durement à Landrieux. « Le peu de certitude que l'on avait alors acquis du personnel et des talents des officiers obligeaient Bouchotte à proposer au Conseil exécutif

---

Mosselman, Simon Pick, Perlan-Carpentier, Mallet, Hogguer, Achard. Des fonctionnaires et commissaires soupçonnés, un seul fut réhabilité avec éclat, c'est Malus. Les commissaires de la Convention déclarèrent que tous ses papiers attestaient l'ordre, l'activité, un travail aussi assidu qu'heureux et facile. — On peut consulter également Aulard, *Recueil des actes du Comité de salut public*, t. II, p. 67, 68, etc.

1. Lettre de Beffroy au Comité de salut public en date de Cambrai, 11 juin 1793. Aulard, *Recueil des actes du Comité de salut public*, IV, p. 516.

2. La manie des dénonciations était fréquente au 21e régiment de chasseurs; du supérieur à l'inférieur tout le monde dénonçait. Forneron rapporte (*Histoire générale des émigrés pendant la Révolution française*, I, p. 182) que Robespierre annota de sa main une dénonciation du chasseur Cahauve, du 21e régiment, qui le prévenait que les officiers de son corps n'étaient pas patriotes. Le 16 floréal an II (5 mai 1794), Saint-Just et Robespierre écrivaient au commissaire du mouvement des armées, au nom du Comité de salut public : « Tu t'informeras de la conduite politique des officiers du 21e régiment de chasseurs, 2e compagnie. S'ils ne sont pas reconnus pour patriotes, tu les changeras. » (Archives de la Guerre, doss. du 21e régiment de chasseurs à cheval.)

provisoire de disposer des emplois supérieurs vacants dans ce régiment en faveur d'anciens militaires sur lesquels il comptait ([1]). »

Lorsque, plus tard, Murat réclama contre les nominations faites par Bouchotte, le bureau de la cavalerie opposa à ses instances des arguments qui durent singulièrement lui déplaire.

« C'est en vain, dit le rapport, que le citoyen Murat se fonde sur les bons témoignages que rend de lui le conseil d'administration du régiment, si depuis l'époque de la nomination du citoyen Duprés il a acquis les connaissances militaires nécessaires pour commander un corps, rien ne prouve, qu'il en eut alors de suffisantes, et c'est ainsi que l'a jugé le pouvoir exécutif puisqu'il fut obligé d'appeler un militaire pris hors du 21e régiment de chasseurs ([2]). »

Le 18 novembre 1793, le ministre Bouchotte avait signé la nomination à la tête du 21e régiment de chasseurs du citoyen Duprés, officier de cavalerie, qui depuis 1776 était successivement passé par tous les grades et qui se trouvait alors chef de brigade en disponibilité ([3]). Le mécontentement de Murat fut porté à son comble quelques mois plus tard par la nomination d'un nouveau chef d'escadron, le citoyen Rey, qui avait été nommé par arrêté des représentants du peuple en mission à Bordeaux, lieutenant-colonel provisoire de cavalerie ([4]), en récompense de ses services.

Bien plus tard, tout en approuvant, le 24 décembre, le procès-verbal du *scrutin épuratoire*, Bouchotte trouva fort mauvaise la fantaisie qui avait poussé Murat à s'approprier le nom de l'Ami du Peuple et à signer Marat. L'incident même prit les proportions les plus graves et ce fut encore à l'intervention des représentants du peuple, ses protecteurs, que Murat dût de ne pas voir les choses tourner mal pour lui.

1. Archives de la Guerre, doss. Murat: *Rapport du bureau de la cavalerie au ministre,* 13 pluviôse an IV.
2. Archives de la Guerre, doss. Murat: *Rapport du bureau de la cavalerie au ministre,* nivôse an IV.
3. Archives de la Guerre, doss. du 21e chasseurs: *Lettre de Duprés* en date du 26 floréal an III.
4. Archives de la Guerre, doss. Rey: *Nomination au grade de lieutenant-colonel,* 5 brumaire an II, signée Baudot, Tallien, Ysabeau, Chaudron-Rousseau.

Cette déception n'était pas propre à calmer l'animosité de Murat contre Landrieux, que le représentant André Dumont venait de faire transférer d'Abbeville à Amiens.

Malade au moment de l'arrestation de son ami, le représentant intervenait en temps utile, pour l'arracher aux terribles griffes de Joseph Lebon. Comme il jugeait qu'Abbeville était encore trop rapprochée d'Arras, il le prit sous sa garde à Amiens (1). Landrieux se trouva dans la prison des Capettes avec son ancien camarade Delorme, ex-écuyer-courrier de Monsieur, M<sup>me</sup> d'Ecquevilly, M. de Haucourt et d'autres ci-devant du Pas-de-Calais qu'il avait peut-être contribué à mettre sous les verroux protecteurs d'André Dumont (2).

On sait que les Amiénois n'avaient pu conserver un mauvais souvenir de son rôle dans les journées de juillet 1793 (3) ; il était donc certain de trouver parmi eux des sympathies.

Néanmoins, il crut utile de se faire oublier, heureux moyen qui réussit à cette époque à tant de suspects enfermés dans les prisons révolutionnaires, témoin le célèbre Beugnot qui put ainsi échapper à une mort certaine (4).

Dumont s'était informé auprès de Sijas et des autres adjoints du ministère des causes de la disgrâce de Landrieux. S'il en faut croire ce dernier, on n'en put rien tirer de précis (5). Cependant, Merlin de Douai se chargea de remettre à l'un de ces adjoints un mémoire justificatif que Dumont avait chaudement recommandé à sa bienveillance. Il en accompagna l'envoi de la lettre suivante, le 31 mars 1794 :

« Je te prie, citoyen, de donner ton attention au mémoire ci-joint. Je n'en connais pas l'auteur, mais, d'une part son patriotisme m'a été attesté par des gens dignes de la plus

1. En relâchant les suspects arrêtés à Boulogne et Montreuil, Dumont les engageait à ne pas retourner à Abbeville. « Il fait meilleur dans mes bras que dans ceux de Lebon, disait-il. »D'Hautefeuille, *Histoire de Boulogne*, p. 99.

2. Mss. B., fol. 56, 58, 59.

3. Dans la notice autobiographique (Mss. B., fol. 61), Landrieux se vante de les avoir « sauvés, en 1793, de la furie de trois députés : Chabot, Joseph Lebon et André Dumont, qui voulaient y faire ce qui arriva depuis à Toulon. » On a vu au chapitre précédent quel fut exactement le rôle de Landrieux.

4. *Mémoires du comte Beugnot*, t. I<sup>er</sup>, p. 220-242. — Wallon. *La Terreur*. T. II, p. 151-152.

5. Archives de la Guerre, doss. Landrieux. *Lettre à Pille*, 20 août 1794.

grande confiance, de l'autre je sais qu'il s'est toujours bien battu dans la dernière campagne à Pont-à-Marque entre Douai et Lille.

« Ce sont de justes motifs pour me faire désirer qu'il soit promptement prononcé sur son sort trop longtemps incertain ; qu'on le punisse s'il est coupable, mais qu'on le rende à ses fonctions et à son régiment s'il est innocent (1). »

Cette démarche de Merlin de Douai devait demeurer sans effet : Daubigny était l'ami intime de Sijas (2) et les influences néfastes qui existaient au ministère contre Landrieux n'étaient pas près de désarmer. Un évènement faillit compromettre définitivement sa cause.

En floréal, l'appui d'André Dumont, rappelé à Paris, allait en effet manquer soudain à Landrieux. Ce rappel était la conséquence des dénonciations successives que J. Lebon avait adressées à ses amis du Comité de Salut public depuis ventôse. D'abord, il avait prétendu posséder contre Dumont les pièces les plus compromettantes. « Vous n'avez pas idée, écrivait-il, des leçons que l'homme public reçoit en lisant la confidence des aristocrates ; comme on spécule sur vos faiblesses et sur les vices de tout ce qui nous entoure : Du fond de leur prison, les gens suspects complotaient encore les ruines de la patrie. J'ai été éveillé ; soudain j'ai envoyé à la citadelle de Doullens sept terribles patriotes qui m'ont ramené pour le tribunal une douzaine de scélérats mâles ou femelles. Buchotz, l'indigne commandant que je vous ai dénoncé, est à Amiens par ordre d'André Dumont, *mais il ne pourra le dispenser d'expier ici ses intelligences criminelles.* J'étendrai le bras dans les départements environnants. *Je ne peux ni ne dois croire à tout, mais le Comité de Salut public doit sans cesse avoir les yeux ouverts sur ses collègues dans les départements* (3). »

Le 11 mai 1794, le Comité de Salut public chargea Lebon d'examiner l'affaire des citoyens Amy et Guche détenus

---

1. Archives de la Guerre, doss. Landrieux : *Lettre du citoyen Merlin, de Douai, représentant du peuple, au citoyen d'Aubigny, adjoint au ministre de la Guerre.*
2. *Moniteur*, XIX, p. 290.
3. Lettre de Lebon, datée d'Arras, 22 ventôse an II (12 mars 1794). — André Dumont, *Compte rendu à ses commettants*, p. 329.

dans les prisons de la Somme par ordre d'André Dumont et de leur rendre prompte justice (¹).

C'est avec l'affaire de ces deux détenus que Lebon enleva le rappel de son collègue. Il accourt à Paris, tonne au Comité contre ses « calomniateurs », et le 17, il rentre triomphant à Cambrai. « Le Comité de Salut public lui avait rendu toute la justice qu'il méritait (²). »

1. Amy et Guche avaient été arrêtés dans la Somme malgré les protestations des patriotes de Boulogne. Joseph Lebon se fit charger par le Comité de Salut public d'examiner leur affaire et le 10 juin 1794, il enjoignait à l'agent national près le district de Boulogne « d'informer, de concert avec le comité de surveillance de cette commune sur l'information aristocratico-secrète qui a eu lieu contre les patriotes. »
Le 18 juin, il prenait l'arrêté suivant :
« S'étant fait amener des prisons d'Abbeville les citoyens Guche et Amy, avec toutes les pièces que les agents nationaux des districts dudit Abbeville et d'Amiens peuvent connaître à la charge de ces deux citoyens ;
« Considérant qu'il n'existe sur leur compte que des actes d'écrou dans lesquels ils sont dits : détenus pour sûreté générale ;
« Considérant les réclamations sans nombre adressées en leur faveur par tous les patriotes de Boulogne ;
« Considérant les services qu'ils ont constamment rendus à la chose publique depuis le commencement de la Révolution, ce qui leur attire la haine des modérés et des aristocrates ;
« Arrête que ces individus, dès cet instant, sont rendus à la liberté ; et attendu que les places qu'ils occupaient au Comité de surveillance sont aujourd'hui remplies par d'autres, ils sont adjoints jusqu'à nouvel ordre audit Comité de surveillance, où ils continueront à poursuivre, sans doute, les ennemis de la patrie... »
(*Joseph Lebon dans sa vie privée et sa carrière politique*, par Emile Lebon, p. 146-147.)
2. « Mon cher ami, écrivait Darthé à Lebas, le 19 mai 1794, Lebon est revenu avant-hier soir de Paris ; le *Comité de Salut public lui a rendu toute la justice qu'il méritait*, et ses calomniateurs ont été couverts du mépris et de l'opprobre que leur conduite infâme leur a attirés depuis longtemps. Guffroy avait rédigé contre lui un mémoire, le plus virulent et le plus pitoyable qu'on puisse fabriquer. Ils voulaient nous faire passer pour des assassins tout dégoûtants du sang innocent ; ils espéraient nous faire monter à l'échafaud qui les attend depuis longtemps. Ce n'était pas nous, positivement, qu'ils voulaient frapper ; c'était la patrie. Ils voyaient avec peine les conspirateurs écrasés, *les malheureux*

Au moment où André Dumont livrait contre Joseph Lebon ce suprême combat, Landrieux essayait du fond de sa prison de perdre l'ambitieux Murat. Il fut près d'atteindre le but.

Murat, qui devait partir d'Amiens pour aller à Paris, le 17 mai, à quatre heures du matin, fut arrêté et retenu au Comité de surveillance révolutionnaire du troisième arrondissement pour être entendu sur une dénonciation portée contre lui par Landrieux. Il ne fut relâché qu'à quatre heures après midi, alors que le courrier de Paris eut appris à la municipalité la disgrâce de Dumont. On s'empressa, pour apaiser le chef d'escadron, de lui signer un certificat relatant les événements de la journée « pour valoir à ce que de raison (¹). »

Cette fois, Landrieux se croyant perdu, écrivit à Murat cette lettre d'excuse :

« Si j'eusse connu les sentiments nouveaux dont on m'a dit que tu étais animé, je n'eusse pas été si prompt à m'adresser au Comité pour connaître la cause qui t'avait fait quitter ton poste et éveiller la surveillance sur ton compte.

« Je t'écris parce que jamais je n'ai fait de promptitude que je ne me sois fait justice de moi-même et quoique j'aie horriblement à me plaindre de toi, je déclare que je suis fâché de t'avoir tracassé (²). »

Le départ de Dumont laissait, à Amiens, Landrieux dans la même situation qu'au lendemain de son arrestation ; mais, loin de se décourager, il reprit bientôt ses démarches, et, le 7 thermidor, à la veille d'événements dont il ne pouvait se douter, il écrivit à Pille, commissaire à la Guerre :

---

*soulagés*, l'esprit public se montrer journellement, par conséquent se préparer un avenir de succès à nos braves armées dans cette belle campagne; leurs complots abominables sont déjoués. *Guffroy serait déjà décrété d'accusation, sans des raisons de politique et Dumont est rappelé.* » (Courtois, *Papiers inédits trouvés chez Robespierre*, I, p. 148).

1. Archives de la Guerre, doss. Murat: *Certificat délivré par les membres du Comité de surveillance révolutionnaire du troisième arrondissement de la commune d'Amiens*, 17 mai 1794.

2. Archives de la Guerre, doss Murat: *Lettre de Landrieux*, sans date.

« Citoyen,

« Après avoir rendu pendant toute la Révolution les services les plus essentiels à la chose publique, après m'être montré digne de la confiance de mes concitoyens par les actes de patriotisme les moins communs, j'ai été suspendu, le 30 brumaire, des fonctions de chef de brigade du 21e régiment de chasseurs à cheval.

« Depuis ce temps, je demande vivement la cause de ma suspension. Il faut qu'elle soit bien faible, puisqu'on ne m'a pas encore répondu.

« Le représentant du peuple Dumont m'a assuré que j'étais au-dessus de quelques misérables calomnies qu'on avait envoyées à l'ex-ministre contre moi, et qu'il les combattrait en temps et lieu pour moi.

« Cependant, il faut que je les connaisse, car il faut que ma suspension finisse ou que je sois puni si j'ai commis quelque crime.

« Je te prie d'ordonner que les dénonciations, s'il y en a, me soient communiquées, afin que je puisse y répondre et terrasser encore une fois les intrigants et les intrigues [1]. »

La lettre de Landrieux arriva au ministère et fut enregistrée le 11 thermidor. Pille ne pouvait partager les inimitiés de son adjoint Sijas, qui l'avait lui-même dénoncé aux Jacobins, le 3 thermidor [2]. Les événements qui venaient de se produire, la chute de celui qu'il appelle quelque part « le dernier tyran » changea du tout au tout la situation du malheureux chef de brigade. André Dumont venait à son tour d'entrer au Comité de Sûreté générale, après avoir joué un rôle important dans la fameuse séance du 9 thermidor, où il attaqua avec la dernière violence Robespierre jeune, dénonçant les vols que ce représentant avait commis à l'armée d'Italie avec Hermann et Lahire. Son premier acte au Comité fut de demander l'arrestation de Lebon, le seul des persécuteurs de Landrieux qui fut encore en liberté.

Lebas, mis hors la loi à la séance de nuit du 9 thermidor, après avoir demandé qu'on l'associât au sort de Robespierre et de Saint-Just, s'était tué d'un coup de pistolet au moment

---

1. Archives de la Guerre, doss. Landrieux.
2. *Moniteur*, XXI, p. 313.

où les commissaires de la Convention allaient se saisir de lui. Son frère, François Lebas, qu'un avancement extraordinairement rapide avait fait de simple capitaine au 21e chasseurs, adjudant-général chef de brigade à l'armée de Sambre-et-Meuse (¹), allait être arrêté, en fructidor, sans autre motif que sa parenté avec « l'un des auteurs de la conspiration horrible qui vient d'éclater.... l'intérêt de la patrie s'opposant à ce que le frère de celui qui conspira contre elle soit employé plus longtemps (²). »

Prosper Sijas avait été mis hors la loi et guillotiné le 11 thermidor (29 juillet) comme complice dans la rébellion de la Commune, car il avait présidé le Conseil général dans la nuit du 9 au 10 (³).

Landrieux pouvait enfin se défendre et respirer plus librement. Aucun de ceux qui avaient étouffé sa voix n'étaient plus là pour lui imposer le silence que commandait la terreur de la guillotine, cette *ultima ratio* des montagnards. Seul, Murat, n'eut point à souffrir des représailles thermidoriennes (⁴).

---

1. Capitaine du 14 août 1793, il fut nommé adjudant-chef d'escadron à l'armée du Nord le 28 janvier 1794, puis adjudant-général chef de brigade le 29 avril 1794, trois mois après. (Archives de la Guerre, doss. François Lebas.)

2. L'adjudant-général Lebas fut mis en état d'arrestation ; « bien que cet officier n'ait donné lieu, depuis qu'il était à l'armée, à aucun reproche », il passa cinquante-six jours au cachot, puis fut relâché sans réintégration. Le Directoire la lui refusait encore en l'an IV. (Archives de la Guerre, doss. François Lebas.)

3. *Moniteur*, XXI, p. 343.— Emile Campardon, *Le Tribunal révolutionnaire de Paris*, I, p. 429; II, p. 490.

4. *La Biographie Didot*, probablement sur la foi de Léonard Gallois, affirme à tort que Murat eut à subir des persécutions à cette époque. *La Biographie Michaud*, dans un article rédigé par M. Bégin, que la faillite de son éditeur, en 1848, empêcha seule, dit-il, de publier une biographie « exacte » de Murat, parle « d'un nouveau corps de chasseurs à cheval que le colonel Landrieux organisait à Versailles... Murat y commandait *déjà* un escadron au commencement de 1795. » Or, Murat était chef d'escadron depuis le 14 août 1793. La même biographie ajoute : « Le Directoire nouvellement constitué (vendémiaire an IV!) désigna Murat pour remplacer le colonel Dupré qui allait être mis à la retraite. » Quant à Gallois, dans son *Histoire de Joachim Murat*, il a cru que Murat avait été aide de camp de Durre après le 9 thermidor!

La rapidité, avec laquelle Xavier Audouin répondit à sa demande, dut faire comprendre à Landrieux le changement que ces événements avaient apporté à sa situation personnelle. Le 3 août 1794, cet adjoint à la Guerre lui écrivait au nom du commissaire :

« J'ai reçu, citoyen, la lettre que tu m'as écrite pour demander les motifs de ta suspension prononcée par le ci-devant Conseil exécutif provisoire. Je te préviens qu'elle a été déterminée par la connaissance que le 2e adjoint de la 2e division a donnée de la mauvaise gestion dans la formation et l'administration du régiment dont tu as le commandement. Si, cependant, tu veux réclamer contre ta suspension, tu peux m'adresser un mémoire dans lequel tu te conformeras d'abord à toutes les dispositions contenues dans une circulaire du 6 floréal, dont je joins ici un exemplaire, et tu l'accompagneras de pièces justificatives propres à détruire l'opinion que l'on a sur ta conduite.

« J'en ferai le rapport au Comité de Salut public et je t'informerai de sa décision (³). »

Landrieux s'empressa de rédiger les deux mémoires qui lui étaient demandés et de réunir les pièces justificatives sur lesquelles devait s'étayer la réfutation des reproches qu'on lui adressait. Moins d'un mois plus tard, le 20 août 1794, ce travail préliminaire étant achevé, il en envoyait les résultats au ministère avec la lettre suivante.

« J'ai reçu, citoyen, la lettre du 16 thermidor, par laquelle tu me mandes que si je veux réclamer contre ma suspension, dont tu m'expliques les causes prétendues, il faut que je me conforme avant tout aux dispositions contenues dans la circulaire du 6 floréal, et qu'ensuite je réponde aux re-

---

Cet historien retarde d'un an ! Une biographie exacte de Murat est encore à écrire, car le travail du major L. Merson (*Moniteur de l'Armée,* janvier 1857) expose trop sommairement tout ce qui a rapport à la jeunesse de ce personnage. Elle ne part en réalité que du jour où Murat fut attaché à Bonaparte. — La notice contenue dans *les Fastes de la Légion d'honneur* renferme vraisemblablement moins d'erreurs, mais cela tient surtout à sa rédaction beaucoup trop sommaire. Cette publication rédigée au début sur les documents officiels, en fut bientôt privée par ordre du maréchal Soult, ministre de la Guerre.

3. Archives de la Guerre, doss. Landrieux, minute.

proches qui ont porté le ci-devant Conseil exécutif à me suspendre.

« La pièce marquée A est en conformité de ce qu'exige la circulaire (1).

« Celle marquée B est ma réponse auxdits reproches; (2) elle te prouvera qu'il est impossible qu'il n'y ait pas eu autre chose contre moi. On ne suspend pas, on n'incarcère pas un officier utile, un patriote connu, sans des motifs au-dessus d'une allégation aussi vague et aussi dénuée de preuves que celle dont le ci-devant Conseil exécutif s'est servi pour m'écarter et pour satisfaire des passions particulières. Dumont me l'avait bien dit: Bouchotte, Sijas et autres battirent la campagne lorsqu'il les somma de dire pourquoi j'étais disgracié.

« Oui, sans doute, il y a une autre cause.

« J'ai eu le malheur, en janvier 1793, de refuser l'entrée du corps à un mauvais sujet nommé Houdangry, malgré les vives recommandations de Sijas. J'avais en outre chassé, en décembre 1792, un aventurier nommé Chastelain de Bye, dont la femme était trop connue de Sijas.

« J'ai forcé Lebon de retirer son frère du régiment. J'ai puni avec sévérité le frère et le beau-frère de Lebas; de ces trois derniers, l'un a été fait commissaire des guerres malgré son ivrognerie et son extrême ignorance ; l'autre fut fait adjudant-général et le dernier général ; je n'avais pas eu la patience de souffrir leur insolence et leur insubordination. Les deux représentants, peu satisfaits de l'élévation monstrueuse de leurs parents, me punirent de n'avoir pas assez respecté, dans ces êtres pleins de vices, mais qui leur appartenaient de très près, le pouvoir énorme dont ils étaient revêtus. Dumont avait obtenu, vers le 15 brumaire, que mes comptes seraient réglés pendant les loisirs d'hiver. Quelques

---

1. Cette pièce est l'*Etat abrégé des services de Landrieux depuis le commencement de la Révolution et observations pour éclairer le Comité de Salut public sur sa conduite morale, politique, révolutionnaire et militaire et sur sa capacité.*

2. C'est l'*Instruction préliminaire donnée avec le sixième compte de formation à la Commission du commerce et approvisionnement, dont la connaissance est nécessaire pour juger à fond de l'injustice des reproches qui m'ont été faits.*

jours après, Périmond alla à Paris : on ne manqua pas de prétextes : le 30 brumaire, je fus suspendu.

« Merlin de Douai écrivit en germinal à Daubigny de la manière la plus vigoureuse sur mon compte. La Commission du commerce et des approvisionnements écrivit à Hesdin et à Arras pour que la portion de mes papiers, qui étaient entre les mains des comités de surveillance de ces villes, me fussent remis. Lebon, qui fut sans doute prévenu, s'empara de ceux qui étaient à Arras et ils sont à présent sous le scellé qu'on a mis chez ce représentant. Il envoya en même temps un membre du département du Pas-de-Calais mettre les scellés sur les papiers que j'avais à Hesdin. Heureusement que tout ce que j'avais dans ces deux endroits ne m'était pas absolument utile, car j'ai eu beau écrire, personne ne me répondit.

« A l'époque de mon arrestation, Lebon fit incarcérer ma femme à Hesdin. Nous avons été huit mois sans pouvoir avoir des nouvelles l'un de l'autre, sans linge ni habits.

« *A peine Lebon a-t-il été arrêté, que le département du Pas-de-Calais m'a écrit qu'il était prêt à faire tout ce qu'il faudrait pour moi, et on a mis ma femme en liberté.*

« Si je ne m'étais échappé, par mon adresse, aux ordres de Lebon à Arras, ma tête eût assouvi sa vengeance. Heureusement, on n'osa venir m'arracher des maisons d'arrêt d'Amiens, où l'ordre du ministre m'avait atteint : Dumont veillait et je fus sauvé.

« J'ai donc été la victime de la tyrannie de ces représentants coupables et de tout ce qui leur était dévoué : la lettre incluse le prouvera encore mieux (²).

« Ainsi, les reproches qu'on m'a faits, ne sont qu'un prétexte dont ils se sont servis pour m'écraser.

« Lis mes réponses, citoyen, donne un moment à mon malheur : j'attends tout de ta justice ; tu auras relevé un patriote opprimé. Quant à mon compte, je serai bien mieux à même de le rendre étant libre et à mon poste, d'ailleurs ma

---

1. *Ce sont les preuves de mes services contre les ennemis de l'intérieur de la République.* (Note de Landrieux.)

2. Il n'a pas été possible de retrouver la lettre dont parle Landrieux.

suspension est indépendante de l'apurement d'un compte après lequel qui redevra payera.

« Tu verras par une lettre que m'a écrit le commandant actuel du corps, qu'il désire que je le débarrasse de ce poste, ainsi il ne peut pas être un obstacle à ma réintégration [1].

« Au surplus, citoyen, il est mille autres postes où je puis être utile à la République, dans les troupes légères ou aux états-majors, cela m'est égal, pourvu que ce soit devant l'ennemi ? »

Dans l'*Instruction préliminaire*, Landrieux, après un historique de la levée des hussards-braconniers, discute pied à pied les inculpations dont il avait été l'objet de la part de Chalbos et de Chazaud-Dutheil. Après avoir établi le compte exact de ce qu'il avait reçu du ministre de la Guerre, compte qui sera plus tard approuvé par la commission compétente, il s'écrie :

« Ai-je rempli le but de la République ? Ai-je fourni de bons chevaux ? Ai-je bien armé et équipé les hommes ? Etaient-ils eux-mêmes propres au service ? C'est l'objet de cette instruction et j'espère que la Commission ne pourra voir, sans être profondément indignée, les efforts que la malveillance et l'aristocratie ont faits pour entraver la levée

---

1. Landrieux ayant écrit à son successeur, le chef de brigade Duprès, au sujet de ses chevaux, saisis sur l'ordre du conseil d'administration du 21ᵉ chasseurs, à Amiens, en reçut la réponse ci-dessous, datée du 31 décembre 1793 :

« Béthune, 11 nivôse.

« *Duprès au citoyen Landrieux, chef de brigade suspendu du 21ᵉ régiment de chasseurs à cheval*

« Le citoyen Meyssent a fait son rapport au conseil, mon camarade, de l'arrestation des chevaux à Amiens : je ne crois pas que le conseil ait pris ou puisse prendre aucune détermination à ce sujet.

« Tu as bien raison de croire que je ne puis t'en vouloir. Je désire pouvoir t'être utile. Dépêche-toi de te faire rendre justice et viens reprendre ta place, que je te céderai bien volontiers. Mais ne me parle plus de cette affaire de chevaux, dans laquelle je ne puis rien, étant d'ailleurs assez occupé, n'étant secondé par personne.

« Salut et fraternité.   Duprès. »
(Archives de la Guerre, doss. Landrieux.)

de ce corps, l'usage perfide auquel il paraît qu'on le destina quand il fut levé, et qu'elle s'empressera de rendre justice à l'homme qui eut le courage de résister seul aux complots des pervers et qui a employé toute son énergie à les dévoiler et en détourner le résultat.

« Quant à l'armement et à l'équipement, personne n'y a trouvé à redire, car ces objets sont permanents et indépendants des maladies ou usage forcé.

« Il en alla autrement des chevaux. L'adjudant-général Chalbos a dit qu'ils étaient tous mauvais ; l'adjudant-général Chazaud-Dutheil les a trouvé *après la campagne* presque tous bons. Un inspecteur envoyé par le ministre les a trouvés bons, mais malades. Que signifient ces contradictions ? C'est à moi de les expliquer.

« Chalbos les trouva presque tous mauvais : le 20 février, il en réforma 245 sur 449 comme de misérables rosses incapables de rendre aucun service à la République : il les fit en conséquence évaluer de 25 à 200 livres chaque. Eh bien! ce même Chalbos, du 28 du même mois au 28 mars suivant, après avoir clos son procès-verbal, repassa dans les écuries, et craignant la punition due au mensonge, trouva 403 chevaux propres au service et les fit partir pour l'armée ! Qu'on lise son procès-verbal d'estimation et celui d'organisation et de départ, achevé par le général Lenglantier.

« Sans doute, le rebut, c'est-à-dire les 46 restant au dépôt, ne valaient pas la peine d'être écorchés ? Eh bien! trois semaines après, on en trouva 6 assez bons pour entrer dans les remontes du 3e de hussards et que des officiers y prirent. Les remontes générales y en trouvèrent encore 15 ; enfin les 13 restant qui sont tout ce qu'on a véritablement réformé, furent vendus, et malgré la défaveur qu'ont les chevaux de la réforme, il s'en trouva qui furent payés 342 livres, on se souviendra qu'ils n'avaient coûté que 400 livres.

« Si Chalbos n'a pas fait partir les plus mauvais pour l'armée, ce qui n'est ni vrai ni probable, sa malveillance est prouvée, et on ne s'étonnera plus de l'évaluation faite sous les ordres de Chazaud-Dutheil après la campagne. — Mais patience.

« Sur mes plaintes, le ministre ordonna un nouvel examen du corps et des chevaux : cet ordre, donné en avril, après avoir roulé quelque temps, parvint en juin au général Durre, qui chargea l'adjudant-général Chazaud-Dutheil de son exécution. Ma mauvaise destinée voulut que le hasard amenât-là ce même Chazaud, ci-devant adjudant-général à Meaux, avec lequel j'avais eu une affaire relativement à l'aristocratie de cet ex-noble. Il s'en souvint à Hesdin, fit ce qu'il put pour me nuire. Je prouvai un de ces mensonges au représentant et au ministre et il fut destitué.

« On présume d'avance qu'il ne voulut trouver que des haridelles, car il l'avait belle : les chevaux revenaient de Cassel, ils avaient couru toute la Belgique et la majorité d'entre eux venait des compagnies 3 et 4, qui à Meaux avaient choisi les dernières. — Eh bien! ces chevaux soi-disant de réforme, ces chevaux de 25 à 200 livres se trouvèrent valoir de 6 à 900 livres et plusieurs beaucoup au delà. Sans doute les chevaux étaient renchéris, mais du quadruple en deux mois de temps!

« Qu'on compare les signalements. On a aux bureaux les procès-verbaux de ces deux officiers ; on verra si ce ne sont pas les mêmes chevaux, car cette énorme différence doit faire naître tous les doutes possibles. J'observe que les chevaux furent évalués en quatre cantonnements différents, par des experts et des municipaux différents à chaque cantonnement... et je n'y étais pas.

« Des pièces prouvent que, lors de la revue de Chalbos, les chevaux étaient malades en général; ils souffraient depuis trois mois. La différence de ces estimations eut été nulle si Chalbos n'eut épousé la haine de cinq coquins (Soibinet, Guillaumet, Chavannes, Le Duc, Deschamps) qu'il protégea, qui l'entraînèrent dans des fautes sans nombre.

« Mais que dis-je? Le temps n'a-t-il pas découvert que Beurnonville, — que Chalbos allait consulter tous les jours presque, dans son opération, — était d'intelligence avec Dumouriez [1]? Les officiers que Chalbos a fait rentrer au corps n'ont-ils pas entraîné une partie des hussards avec Dumouriez. Chalbos n'a-t-il pas maltraité Landrieux de toutes les manières! A-t-il fait prêter serment à la troupe ? Chalbos n'a-t-il pas fait son possible pour empêcher que

---

1. Cette idée, qui faisait de Beurnonville le complice de Dumouriez, était généralement admise à l'époque où Landrieux écrivait. M. Arthur Chuquet, avec son érudition habituelle, a démontré, dans son livre sur Dumouriez, la fausseté de cette allégation.

Taillefer ne partit comme chef d'escadron des deux compagnies où étaient les traîtres. N'allât-il pas exprès, toute la nuit, de Melun à Paris pour cela. Ces perfides ne complotèrent-ils pas en route et ne vinrent-ils pas à bout d'épouvanter Taillefer, en sorte qu'il n'osa plus se montrer au corps ? En faut-il davantage pour prouver qu'on ne tracassa Landrieux que pour se défaire de lui afin qu'il ne gênât pas au moment décisif de la trahison ? Qui peut méconnaître dans ces rapprochements les sentiers de la vérité. »

Le mémoire justificatif continue par des explications sur les circonstances de la reddition des comptes. Landrieux semble surtout y avoir à cœur de justifier les retards qu'il a dû, malgré lui et au détriment de ses intérêts, apporter au règlement définitif.

« Mon individu n'a pas pu suffire à tout. J'ai constamment travaillé, je n'ai pas eu une minute de repos ; je n'ai pas donné un seul instant à mes plaisirs, je n'en ai pas l'habitude — et avec tout cela je n'ai pu me détacher un instant pendant six mois pour aller à Paris.

« Le représentant du peuple, André Dumont, me faisait écrire, en brumaire, à l'armée, que j'y restasse tranquille en continuant à bien servir la République, et qu'il avait obtenu que je rendrais mon compte lorsque l'hiver me donnerait quelque loisir.

« Et, pendant ce temps-là, on se hâte de profiter de ma sécurité pour tromper le Conseil exécutif, on me suspend, on arrête un patriote blessé et on indigne toute l'armée.

« Quel formateur a mieux que moi rempli le but que la République se soit proposé ?

« Au fait le 21e existe, les généraux le préfèrent même au Chamborand si célèbre, parce qu'il est au moins aussi brave et qu'il est moins pillard.

« On crie contre le retard que j'apporte à rendre mes comptes. Eh bien, je dirai toute la vérité : il n'a pas été possible jusqu'à présent de trouver un véritable quartier-maître et des officiers pour le conseil. Tous les nouveaux corps en sont logés là. Rien ne se fait par enchantement…

« Qu'on n'aille pas cependant croire que je cherche à dégager ma responsabilité : je sais ce qui a été reçu et dépensé. Peu au fait de l'administration d'un régiment, les officiers qui en étaient chargés en mai, juin, juillet et août, ne mirent pas dans les affaires l'ordre usité, mais je suis prêt à déchirer la pièce que je cite et à être leur champion, je déclare qu'ils ont régi avec la plus sincère économie. Je proteste ici, en face de la République entière, que si je demande à rentrer à mon poste, ce n'est que pour faire voir combien ce régiment a été calomnié. Je prendrai le timon en main, je rendrai compte *usque ad ultimum restantem;* et j'offre ma tête si je ne prouve que tout ce qui a été reçu a été employé comme il devait l'être, et il est dû au régiment des sommes énormes, dont suit cette conséquence, que le régiment n'avait presque point de dettes à l'époque où je l'ai quitté et ayant de fortes sommes à recevoir, *il a donc été conduit avec économie.* On me dira que la dette de la citoyenne Traulet existait, je répondrai que nous avions de quoi la payer, car les représentants ordonnèrent qu'il fût payé au corps une somme de 100,000 livres. Sur le dernier paiement de cette somme, la citoyenne Traulet devait être soldée, mais pendant que j'étais à l'armée, le conseil du dépôt fit des dépenses nouvelles que je n'ai jamais connues, et j'ai appris qu'il disposa de la somme destinée à la citoyenne Traulet en faveur des créanciers nouveaux, pour être tranquille et pour me nuire.

« Si j'obtiens cette conséquence sans contradiction, s'il est constant que le corps est excellent à l'armée, je répéterai encore : que me veut-on donc ?

« Pourquoi m'a-t-on suspendu sans m'entendre ? Il est faux qu'on m'ait écrit depuis juillet.

« Je terminerais ici ma réponse, s'il n'était venu à ma connaissance que quelques ingrats qui me doivent leur place et de l'argent, ont cru en écrivant contre leur bienfaiteur qu'ils se débarrasseraient de leur dette et du fardeau de la reconnaissance.

« Il est dans le 21e, comme dans beaucoup d'autres corps, plusieurs individus qui aiment singulièrement la besogne faite et qui ont cru, en y entrant, prendre possession d'un canonicat. J'avais cru prendre des collaborateurs : nous nous trompions les uns et les autres. Cette sorte de gens, lorsqu'on leur laisse quelque chose à achever, au lieu de se mettre à l'ouvrage, se mettent à crier et à dénoncer et ne font absolument rien.

« J'espère que la Commission saura évaluer ces cris et ces

dénonciations qui ont caché jusqu'à présent la paresse, l'ignorance suffisante et l'*ambition* de ceux qui les font.

« Il y a huit mois que je ne suis plus au corps. Qu'ont donc fait depuis ces savants officiers qui ont tant clabaudé ? Où est leur besogne ? Où sont leurs comptes ? Savent-ils seulement par où s'y prendre pour les rendre ? Le chef de brigade actuel ne me prie-t-il pas d'aller reprendre mon poste aussitôt que je le pourrai, parce que, dit-il, il n'est secondé par personne ? Ne font-ils pas tourner la tête au commissaire Le Vacheux, chargé d'apurer la comptabilité du corps, en ne lui présentant que des données incertaines et insignifiantes ? Je demande à reprendre mon poste et, en un mois de tranquillité, je remettrai tout en ordre (¹) ».

Pille renvoya lettres et mémoires à la *Commission du commerce et des approvisionnements*, en lui demandant un rapport à présenter au Comité de Salut public. Le 20 décembre 1794, ce rapport fut remis au Commissaire de l'organisation et du mouvement des armées de terre. Il y était établi que Chalbos avait estimé que sur les 800 livres par homme que Landrieux avait reçues, il n'en avait dépensé que 616. Il y était encore constaté que la comptabilité du 21ᵉ chasseurs était mal tenue, qu'il n'existait ni registre de délibération du conseil d'administration du régiment, ni journal de caisse.

« En ce qui concerne les accusations portées par Landrieux contre Chalbos, Chazaud-Dutheil et les vétérinaires, y lisait-on encore, en admettant que les choses se soient passées telles qu'il le raconte, il ne prouve pas que leurs évaluations soient fausses....................

« Nous sommes loin de penser que ce citoyen soit dénué des moyens qui font un bon officier supérieur. Sa correspondance prouve qu'il a de l'esprit, et cette preuve s'élève contre lui parce qu'il est démontré que le désordre qui règne dans sa comptabilité n'est pas une suite de l'ignorance. On doit, sans doute, regretter qu'il ne se soit pas attaché davantage à l'étude des règlements militaires et à leur pratique; car il y a lieu de croire que s'il eût appliqué à cette partie du service la méthode régulière et la théorie

---

1. Archives de la Guerre, doss. Landrieux: *Mémoire justificatif.*

savante dont il se sert pour pallier sa négligence, le régiment qu'il commandait eût été le mieux administré de l'armée. Mais sa conduite prouve qu'il y a une grande différence entre bien dire et bien faire, et peut mener à conclure qu'un homme de guerre, un bon capitaine, doué d'un esprit ordinaire, mais franc et loyal, est bien au-dessus de celui qui ne montre que de l'érudition, qui agit d'une manière très équivoque et qui, comme Landrieux, est obligé d'employer journellement ses talents pour disculper ses fautes... (1). »

Le commissaire Pille soumit alors au Comité de Salut public les conclusions suivantes :

« Le Comité jugera que les soupçons que l'on a conçus sur son administration (de Landrieux), sont loin d'être détruits et qu'il n'est pas convenable d'employer un homme qui reste encore fortement prévenu de dilapidation, d'infidélité, d'ineptie ou incurie dans la formation successive des deux corps qu'il a commandés (2) ».

La Commission proposa donc au Comité de décider qu'il n'y avait pas lieu à délibérer sur la demande en réintégration du chef de brigade, jusqu'à l'apurement définitif de sa comptabilité. Le Comité de Salut public approuva ces conclusions.

En présence de l'insuccès de ses premières démarches, Landrieux fit agir Dumont, qui était devenu président de la Convention nationale, et sur l'original même du rapport, le protecteur de Landrieux écrivit cette apostille :

« J'engage mon collègue Dubois-Crancé à examiner cette affaire, parce que, sans justifier Landrieux, je peux au moins attester que pendant six mois qu'il a servi près de moi, il a mérité de grands éloges (3). »

Dubois-Crancé ne pouvait refuser son attention à une réclamation ainsi appuyée ; il indiqua lui-même la voie à suivre pour arriver à un résultat favorable. Sur ses conseils, André Dumont engagea l'officier suspendu à se pourvoir

---

1. Archives de la Guerre, doss. Landrieux : *Rapport de la Commission du commerce et de l'approvisionnement*, 16 vendémiaire an III.

2. Archives de la Guerre, doss. Landrieux : *Rapport de Pille au Comité de Salut public*, 30 frimaire an III.

3. Archives de la guerre, doss. Landrieux.

auprès de la Commission du commerce et des approvisionnements pour y suivre l'examen de ses comptes. Cette commission le renvoya devant les agents généraux de l'habillement, équipement et campement. Huet et Debris examinèrent à leur tour les comptes avec tous les soins que méritait le protégé de personnages aussi importants et, le 9 avril 1795, ils déchargeaient Landrieux des 374,600 livres mises à sa disposition par le ministre. Quant aux pièces que Landrieux produisait à l'appui de son compte, tendant au remboursement de 92,742 livres 3 s. 9 d. dont il déclarait avoir fait l'avance, ils jugèrent « qu'elles n'avaient point le caractère légal qui peut les faire admettre en comptabilité, puisqu'aucune d'elles n'était visée par le commissaire des guerres chargé de la police de la troupe » formée et commandée par Landrieux. Mais aussitôt, les agents généraux ouvraient au formateur des hussards-braconniers une nouvelle porte, en lui rappelant « que toute indemnité à réclamer en raison des pertes subies par l'effet des circonstances doit être demandée à la Convention nationale qui a seule le droit d'en accorder ([1]). » Quant à la comptabilité défectueuse du 21e régiment de chasseurs, il n'en fut plus question.

Dix jours plus tard, le 20 avril, Landrieux qui était venu suivre lui-même à Paris le cours de cette affaire, adressait à Pille la lettre suivante ([2]).

« Citoyen,
« Le Comité de Salut public décida en nivôse que ma réintégration serait ajournée jusqu'à ce que j'eusse rendu mes comptes.
« Ils sont rendus et je t'en apporte la décharge.

---

1. Archives de la Guerre, doss. Landrieux : *Lettre des agents généraux de l'habillement, équipement et campement*, en date du 20 germinal an III.
2. Dans ses notes autobiographiques (Mss. B., fol. 58, 59, 61), Landrieux prétend que des habitants d'Amiens, auxquels il avait rendu quelques services, lui procurèrent de l'argent et des moyens d'évasion. Il s'échappa de la prison des Capettes en sautant par une fenêtre sur une charrette de foin qui le transporta hors de la ville. De là ,dit-il, il gagna Paris, « non sans quelques traverses ». Aucun document officiel ne permet de contrôler cette assertion de Landrieux. La note autobiographique folio 56 parle de « comptes rendus à sa *sortie* des prisons d'Amiens. »

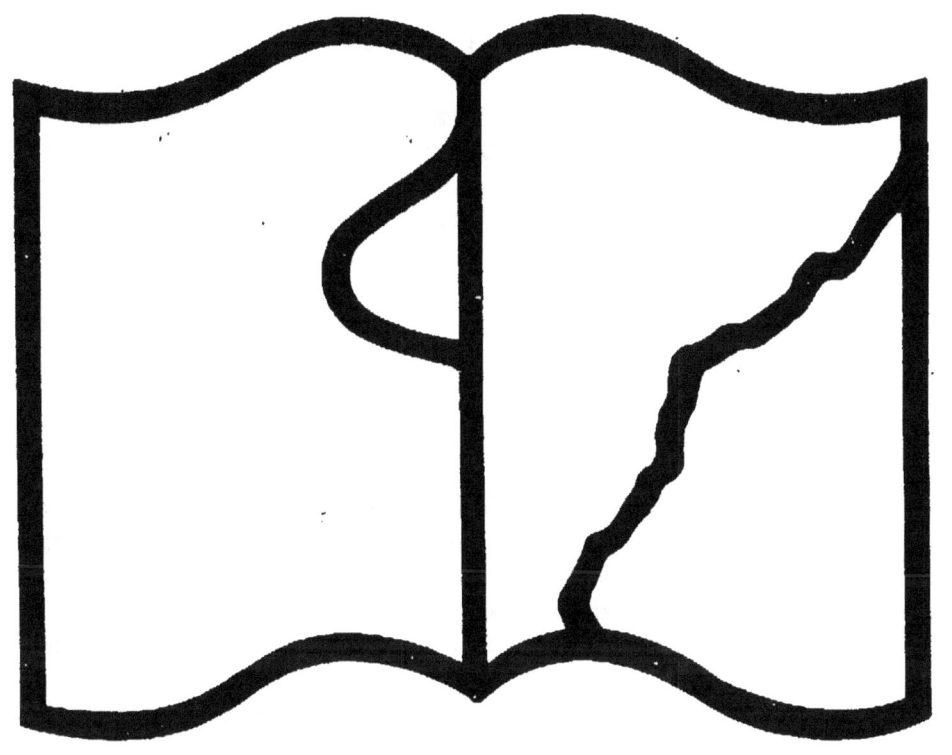

Texte détérioré — reliure défectueuse

**NF Z 43**-120-11

« La condition que le Comité de Salut public avait mise à ma réintégration étant remplie, j'ai tout lieu d'espérer qu'elle ne souffrira plus de difficulté.

« Je joins à ma demande les pièces exigées par l'arrêté du Comité de Salut public du 9 messidor.

« Je te prie, citoyen, de ne pas perdre de vue que ma gestion n'a été qu'un prétexte frivole pour me suspendre et m'incarcérer, ainsi que ma femme, pendant onze mois (1).

« La vengeance de Joseph Lebon et Lebas avait besoin d'un motif, l'exécution des lois relatives à la discipline militaire exercée contre les frères de ces représentants ne pouvant être alléguée contre moi sans quelque vergogne.

« On réveilla d'anciennes dénonciations, dont mon compte rendu est le résultat.

« Au reste, s'ils ont causé mes malheurs, ils ont préparé mon triomphe, car ils m'ont mis dans la nécessité de faire connaître que nul corps n'a moins coûté que celui que j'ai levé (2).

Trois jours après, le 23 avril, Pille proposait au Comité de Salut public la réintégration de Landrieux, en faisant cette déclaration : « Il ne reste plus de doute maintenant sur la manière fidèle avec laquelle le citoyen Landrieux s'est conduit dans sa gestion (3). » Les membres du Comité, Aubry, Rabaut, Laporte, Treillard, Fourcroy, accordaient le 6 mai cette réintégration « avec d'autant plus de raison que son successeur offrait de lui rendre son régiment (4). »

Le 13 mai, Pille invitait Landrieux à se conformer à cet arrêté en se rendant dans le plus court délai à Compiègne, où se trouvait le dépôt du 21e régiment de chasseurs à cheval. Il l'informait, en outre, qu'il avait donné avis de sa réin-

---

1. D'après ce passage, Landrieux serait sorti des prisons d'Amiens en brumaire an III (novembre-décembre 1794). D'après une pièce du dossier Landrieux aux Archives de la Guerre, le 14 décembre 1794, le Conseil général d'Amiens attestait, à l'unanimité, que « le citoyen Landrieux s'est comporté en bon citoyen depuis *plus d'un an* qu'il habite en cette commune. »

2. Archives de la Guerre, doss. Landrieux.

3. Archives de la Guerre, doss. Landrieux: *Rapport de Pille au Comité de Salut public*, 4 floréal an III.

4. Archives de la Guerre, doss. Landrieux (en marge du rapport).

*i*

tégration au corps. Il fut invité à le recevoir et la lettre fut remise en main propre à Landrieux, le même jour, dans les bureaux de la Guerre (¹).

A peine Landrieux avait-il atteint le but de ses efforts, que, profitant de la situation nouvelle qui lui était faite et de son séjour à Paris, il s'associa dans un sentiment de vengeance facile à comprendre, à une campagne entreprise contre Murat par un officier du 21e chasseurs.

Cet officier, nommé Jean Rey, né à Montflanquin, dans le Tarn, et par conséquent compatriote de Landrieux, se trouvait à Bordeaux au moment des combats de Pont-à-Marque. Capitaine au 19e régiment de chasseurs à cheval, il remplissait auprès d'Ysabeau et de Tallien, représentants du peuple en mission dans la Gironde, des fonctions analogues à celles que le chef de brigade du 21e chasseurs remplissait auprès d'André Dumont dans la Somme. Il fut, pendant quarante et un jours, membre de la commission militaire organisée par les représentants pour terroriser Bordeaux et tout le département (²). Bientôt las de siéger dans un tri-

---

1. Archiv. Guerre, doss. Landrieux. *Minute.* — Mss. B., fol. 75. Original.

BUREAU
**DU PERSONNEL**
de la
CAVALERIE

Paris, 24 floréal an III,

*La Commission de l'organisation et du mouvement des armées de terre, au citoyen Landrieux, chef de brigade du 21e régiment de chasseurs*

« Je vous informe, citoyen, que le Comité de Salut public, à qui la Commission a soumis votre réclamation contre la suspension prononcée contre vous par le ci-devant ministre, vient de décider que vous seriez réintégré dans votre grade, avec d'autant plus de raison que votre successeur, par sa lettre du 11 nivôse, a offert de vous le rendre.

« Je vous invite, en conséquence, à vous conformer à cet arrêté, en vous rendant dans le plus court délai à Compiègne, lieu du dépôt de votre régiment, où vous serez reçu sur la présentation de cette lettre, d'après l'avis que j'en donne au conseil d'administration.

« PILLE. »

2. *Journal de la Montagne*, n° 151.

bunal dont les membres, au dire de Sénart, n'étaient qu'un amas de valets, de banqueroutiers et de filous (¹), il se hâta de résigner ses fonctions et demanda à prendre du service aux frontières ().

C'est alors qu'il fut envoyé au 21e chasseurs, où il arriva le 15 avril 1794. Au dépôt il trouva qu'un grand nombre de chevaux et d'hommes étaient en état de faire la guerre, mais ne pouvaient partir faute d'armement, d'équipement et de harnachement. Il se transporta à Lille, auprès du général Pichegru, qui donna des ordres pour qu'on lui fournit le nécessaire.

« Mais, dit-il, j'eus le mal au cœur de ne trouver dans les magazins que la moitié de ce dont nous avions besoins ; je le fis transporter sur-le-champ à Béthune et fis partir cent vingt hommes équipés et montés, sauf de morts de brides que je ne peux me procurer, mais j'étois instruit qu'ils en trouverai à Dunlibre où il y a un détachement des escadrons de campagne ; d'ailleurs l'ardent désir qu'avoit mes braves frères d'armes de rejoindre ceux qui étoits en présence de l'ennemi, ne leur permit point d'attendre davantage, je me proposois de les mener moi-même au champts de la Victoire lorsque l'on m'a ordonné de rester dans ma chambre où je suis encore sous prétexte qu'il voulloit savoir si je n'étois pas un homme suspect, et leur prétexte de suspicion vient à ce qu'ils disent de ce que je disois que je scavois des secrets du Comité de Salut public ; ce fait est dénué de tout sens. A la vérité je dis à un membre du Comité de surveillance et à quelques autres (étant à faire la conversation sur les évènements actuel du Midy) qu'à Bordeaux et dans les département j'avois fait trembler les aristocrates et fédéralistes et queyant été delégué des représentants du peuple, rien n'avoit échapé à ma surveillance, que j'étois voué à servir la République de tous mes moyens et que si dans le Nord j'appercevois des malversations je les dénoncerais de même qu'au midi, au Comité de Salut public. C'est je crois cet article qui a choqué l'orgueil de M. le président (³) qui, entre le verre et la bouteille, a dé-

---

1. Sénart, *Mémoires*, ch. XVII, p. 209.
2. Aurélien Vivie, *Histoire de la Terreur à Bordeaux*.
3. Voici le curieux portrait que Rey trace de Leroux :
« Je mempresse de repondre à ta lettre en dactte du 20 de ce mois,

cidé de me faire mettre aux arrêts jusques à ce qu'ils ait reçu des nouvelles du Comité de Salut public, scavoir si jettois bon patriote. — Second grief non moins absurde, ils sont offusqué de ce que j'ai porté le jour que l'on célébrait une fête, c'étoit le 6, mon habit de la Commission militaire de Bordeaux, mais il m'aurait été impossible d'en porter d'autre, attendu que je ne trouvois point de drap vert en arrivant pour faire faire mon nouvel uniforme, d'ailleur je ne croyais pas que cela deut offusquer des sans-culottes, la Nation ou leurs représentants nous l'ont donné, je ne croyais pas commettre un crime en le portant étant le seul propre que j'eus ; mais je crois que cela ce résume à ce qu'ils ont craint que je neclairas leurs conduite (¹). »

Pille fit savoir à la commission de surveillance de Béthune que le Comité de Salut public l'avait chargé du jugement de cette affaire. Leroux se hâta de faire conduire Rey en prison, mit les scellés sur ses effets et le traduisit au tribunal révolutionnaire d'Arras.

« Le 30 dudit floréal, écrit de nouveau Rey le 11 juin, je fus appelé et jugé en liberté à l'unanimité ; les juges et jurés s'empressèrent à venir m'embrasser et me témoigner combien ils avoit de peine de mon incarcerration qu'ils avoit fait cesser malgré qu'il fut décade dès qu'ils lavoit seu. Me voila a larmé depuis le 2 preraial et jespère y continuer à bien mériter de la patrie en rendant de nouveaux services à la République (²). »

Murat fut-il pour quelque chose dans les persécutions que

afin de te mettre en meme de juger des vexations qu'a exercé sur moi le despote Leroux président du district de ce lieu, homme qui joue le rôle de patriote et qui autrefois étoit le bas vallet de la noblesse se trouvant jouer du viollon assés passablement, il assistoit assiduement à leur concert de plus c'est un de ses sensuel mercantilles qui ne voit que son intérest, servant plutot ses passions que la cause commune. Cest individu est le seul qui est occasionné le dézagrément que je viens desuyer Et tu vas juger par la narration des faits que je vas te faire si un Républicain comme moi devait s'attendre a une pareille tirannie des gens qui ozent se dire patriotes. » *(Lettre du 23 prairial an II.)*

1. Archives de la Guerre, doss. Rey (Jean), chef d'escadron: *Lettre du 22 floréal an II, Béthune.*

2. Archives de la Guerre, doss. Rey: *Lettre du 23 prairial an II, du camp, près Ypres.*

Rey éprouva en arrivant au 21ᵉ régiment de chasseurs ? Toujours est-il que la brouille ne tarda pas à éclater entre eux, si bien qu'après thermidor, Rey adressa au Comité de Salut public une dénonciation en règle contre Murat qu'il taxait de terroriste. Le bouillant chef d'escadron apprit du même coup la dénonciation portée contre lui et la réintégration de Landrieux à la tête du régiment.

Convaincu que Landrieux et Rey associaient leurs haines contre lui, il accourut à Paris, visita ses protecteurs, les membres de la députation du Lot, les citoyens Bouygues, Cledel, Monmayou, Laboissière, Jean Bon Saint-André, Salette, par qui il se fit délivrer un certificat de civisme, réunit en hâte un dossier personnel contre Landrieux et adressa au Comité de Salut public la lettre suivante (1) :

« Citoyens représentants,

« Je suis informé que tandis que je travaille avec ce zèle que j'ai toujours montré pour ravitailler le régiment, deux ennemis, qui ont juré depuis longtemps ma perte, conspirent sourdement auprès de vous contre moi par des dénonciations qu'il ne me sera pas difficile de faire tomber, si vous daignez seulement jeter un coup d'œil sur les pièces que je joins à l'appui. Vous ne balancerez pas alors à porter votre jugement entre les dénonciateurs et le calomnié.

« Certes, je vous l'avouerai, je ne m'attendais guère que celui qui m'a dénoncé le 28 floréal 2ᵉ année républicaine et fait arrêter à Amiens comme aristocrate, viendrait aujourd'hui me dénoncer comme terroriste. Il sied bien à Landrieux, cet homme immoral qui ne vécut jamais que d'intrigues et de dilapidations, à venir attaquer un homme qui a constamment marché dans le droit chemin de la vertu, qui n'a jamais quitté son poste et qui a eu un cheval blessé sous lui la campagne dernière. Ma conduite, depuis et avant la Révolution, l'estime des honnêtes gens qui me connaissent, celle du régiment que j'ai acquise et celle de moi-même, me disent d'attendre avec tranquillité votre décision sur mon sort et la justice que vous devez me rendre.

« Et de quoi m'accuse-t-on ? D'avoir pris le nom de Marat, d'avoir employé mon temps dans des sociétés populaires.

---

1. Archives de la Guerre, doss. Murat.

Car voilà (à ce qui m'a été rapporté) le seul grief qu'on m'impute.

« Le ministre Pache voulait me destituer, l'an dernier, parce que, disait-il, j'étais de cette famille des Murat d'Auvergne. La députation du département du Lot me délivra un certificat qui atteste que j'étais très roturier et fils d'un pauvre laboureur (¹). J'étais alors à Hesdin, où tandis que Landrieux travaillait à faire des arrestations à Boulogne, Abbeville, etc., je formais un 2ᵉ et 3ᵉ escadrons que j'envoyais à l'armée en un mois de temps. La copie de la lettre de Landrieux que je joins ici (²), atteste la vérité de ce que j'avance. Que fis-je alors pour me mettre à l'abri des poursuites de mes ennemis ? Je demandai à être autorisé à porter le nom de Marat, ce qui me fut refusé. Je le portai cependant pendant l'espace de quinze jours que je passai à Hesdin ; mais arrivé à l'armée, alors ne craignant plus aucune espèce d'ennemis, je me dépouillai de ce nom qui semblait avoir ébloui les yeux dans toute la République (³) ; d'ailleurs, si on voulait me punir d'avoir cherché à me soustraire à la tyrannie par ce moyen bien innocent, il faudrait donc punir la section entière de Paris, qui a pris le nom de Marat, mais ce sont là des puérilités, et le Comité est trop juste pour punir sur une telle bagatelle.

« On me dénonce comme terroriste. Je demanderai alors à mes dénonciateurs de s'expliquer, car si jamais je me suis montré terroriste, ce n'a été qu'en face des ennemis de mon pays [Pitt et Cobourg (⁴)], que Landrieux et Rey, mes

---

1. Murat n'était pas fils d'un pauvre laboureur. Son père, Pierre Murat-Jordy, était maître de poste et tenait une petite auberge. Jusqu'à la Révolution, il administra, comme une sorte d'intendant, les biens de la famille de Talleyrand. Quant à Murat, il fut élevé au collège en qualité de boursier, puis au séminaire de Toulouse. C'est dans un mémoire adressé par lui au ministre de la Guerre et relatant les services du républicain Murat depuis sa naissance, en 1765, jusqu'à l'année 1793, qu'il déclara : « J'ai l'honneur d'observer au citoyen ministre que, quoique je porte le nom de ci-devant nobles, je suis un vrai sans-culotte ; que je suis fils d'un laboureur et que j'en fournirai les certificats quand il le jugera à propos. » Pièce vendue 50 francs en février 1844, citée par la *Biographie Michaud*.

2. Voir cette lettre page 119.

3. Murat porta ce nom, même à l'armée.

4. Les mots entre crochets sont rayés de la main de Murat.

lâches dénonciateurs, n'ont jamais osé regarder en face.

« Quoi, citoyens représentants, Rey et Landrieux osent aujourd'hui élever la voix contre moi, des êtres vils et dont le nom seul a fait trembler tant de fois l'innocence persécutée ? Rey, cet homme couvert du sang des victimes qu'il a fait égorger du temps qu'il était membre de la Commission militaire de Bordeaux (¹); qui, en arrivant au régiment, se flattait devant ses camarades, qui alors n'osaient lui reprocher sa barbarie, d'avoir fait arrêter et guillotiner tels et tels et qui, même au régiment, l'année dernière, au mois de messidor, fit fusiller un officier du corps nommé Chenel, qui emporta tous les regrets (tous ses camarades ont versé des larmes sur sa tombe ; je refusai d'être président de cette commission). Mais c'est trop parler d'un homme qui me fait horreur et qui n'a de militaire que l'habit, sans talents et connaissances de son métier, et que tout le régiment rougit de posséder dans son sein.

« Je demande que le Comité prenne des renseignements à Chantilly, où se trouve l'état-major du régiment, sur le compte de Landrieux et de Rey, contre ce dernier à Bordeaux, sur ma vie entière au département du Lot, à la députation de ce même département, à la Convention nationale et au régiment, et cela, pendant mon séjour à Paris, pour prouver que la réponse que vous recevrez n'aura pas été le fruit de mon intrigue. Agissez avec célérité, citoyens

---

1. La commission militaire de Bordeaux, quoique beaucoup moins féroce que le tribunal révolutionnaire qui lui succéda, avait prononcé des condamnations extrêmement sévères. Pendant un séjour de dix jours à Libourne et en dix séances, elle prononça soixante jugements s'appliquant à pareil nombre d'accusés :
Cinq furent condamnés à mort ;
Cinq aux fers, avec ou sans amende ou exposition ;
Dix à la détention, avec ou sans amende ou exposition ;
Treize à l'emprisonnement temporaire ;
Onze à l'amende seulement,
Et seize furent acquittés.
Le total des amendes s'éleva à 692,300 livres, se divisant ainsi : 585,000 livres au profit de la République et 107,300 livres au profit des sans-culottes ou des pères et mères des défenseurs de la patrie. — (Vivie, *Histoire de la Terreur à Bordeaux*, t. II., p. 70, 71.)

représentants, il faut un terme au crime. Vous devez la justice à l'homme qui a fait son devoir.

« Je sollicite auprès de vous une prompte décision.

« Paris, 25 floréal 3ᵉ année républicaine,

« Murat.

« Toutes les pièces originales sont entre mes mains : je les produirai quand on voudra.

« Murat (1). »

Le terrible dossier, dont Murat faisait tant d'étalage, se composait en majeure partie de certificats de civisme, qui ne diffèrent en rien de tous ceux qu'on donnait si abondamment à cette époque. Peu de pièces méritaient l'attention des membres du Comité. C'étaient des copies de lettres écrites par Landrieux, soit à Murat lui-même, soit au lieutenant Houteville (2). Celle-ci était relative à l'affaire des chevaux pris pour la remonte dans les écuries du duc de Béthune-Charost et c'était le seul document qui méritait examen :

« Je vous préviens, mon cher Houteville, écrivait Landrieux, que j'ai choisi quatre chevaux dans les remontes : une jument brune âgée de 4 ans, queue courte, 9 ponces ; un cheval alzan zanoné, marqué en tête, 3 ans, 10 pouces, à tous crins ; un cheval bai à tous crins, zain, 30 mois, 8 pouces ; un cheval bai, sourcils, extrémités et crins noirs, 5 ans, 8 pouces. Vous vous arrangerez de manière que je puisse payer cela tout doucement. Je ne suis pas riche, comme vous le savez. Je pense que nous pourrons faire une côte mal taillée, lorsque je vous présenterai ainsi qu'au Conseil, mes comptes de dépenses et d'avances pour le régiment. Je vous prie de régler mon compte d'appointements, je ne sais où nous en sommes et je n'ai point d'argent (3). »

A la copie de cette lettre remise à Murat, Houteville avait ajouté une déclaration portant qu'il n'avait touché aucune

---

1. Archives de la Guerre, doss. Landrieux : *Pièces Murat contre Landrieux*.
2. *Idem*.
3. Archives de la Guerre, doss. Landrieux, pièces Murat : Copie de la *Lettre de Landrieux à Houteville*, en date de Béthune 12 germinal an I (2 avril 1793).

somme à compte du prix de ces chevaux (¹). Dans une autre déclaration du capitaine Thuilier faisant également partie du dossier, Landrieux était accusé d'avoir vendu des chevaux, d'avoir donné des chevaux de luxe qui ne lui appartenaient pas, d'avoir voulu se débarrasser de Murat en l'envoyant aux avant-postes. « Il osa, continuait Thuilier, me proposer à moi, qui suis maître d'armes, de me défaire de Murat, en me disant qu'il avait fait mettre mon épouse en prison ; il me ferait chef d'esca̅on à sa place. »

C'était là tout ce que Murat put produire contre Landrieux. Quant à Rey, il ne fournit aucune pièce contre lui. Les renseignements demandés sur cet officier au Comité de surveillance de la commune de Bordeaux par le Conseil d'administration du 21ᵉ régiment de chasseurs, n'étaient pas encore parvenus, et quand arriva la note ci-dessous, datée du 8 août 1795, Murat et ses amis se gardèrent bien de la produire :

« Le Comité de surveillance de la commune de Bordeaux a pris connaissance des renseignements demandés à la municipalité par le Conseil d'administration du 21ᵉ régiment de chasseurs à cheval, sur la conduite du citoyen Rey, ci-devant membre de la Commission militaire.

« Il a réuni toutes les pièces qui pouvaient exister pour ou contre ce citoyen et a consulté l'opinion publique, il va en faire un rapport fidèle, qui servira sans doute à détruire des préventions défavorables dont il se trouve entouré parmi ses camarades.

« Jean Rey, originaire de Montflanquin, capitaine du 19ᵉ régiment de chasseurs, fut nommé par un arrêté des représentants du peuple, Isabeau et Tallien, membres de la Commission militaire, organisée le 2 brumaire de l'an II.

« Il exerça les fonctions qui lui étaient déléguées depuis l'époque de l'organisation du tribunal, jusqu'au 13 frimaire, et il est même à remarquer qu'il n'a pas assisté, durant cet intervalle d'un mois 11 jours, aux jugements des

---

1. Voici cette déclaration :
« Je soussigné déclare et certifie n'avoir reçu du citoyen Landrieux, cy-devant chef de brigade au dit régiment, aucune somme à compte des chevaux qu'il a choisis pour lui dans les remontes et dont il m'a envoyé le signalement par une lettre sans datte. » Archives de la Guerre, doss. Landrieux. *pièces Murat.*

premiers condamnés, notamment de Reullet, Huche et Sallenave, morts victimes de leur dévouement à la cause de la liberté.

« Le premier usage qu'il fit des grands pouvoirs qui lui étaient délégués, fut une invitation au Comité de surveillance de faire arrêter la mère d'un émigré, cette invitation est ainsi conçue :

« *Le Comité de surveillance est invité à faire arrêter*
« *sur-le-champ la nommée Beynette, mère d'un émigré,*
« *femme qui a manifesté des mauvais principes, et qui*
« *reste aux Sablons, sur la route de Bouscat; il serait*
« *urgent de la faire arrêter ce soir.*

« *Signé* : REY. »

« Cet acte n'était ni arbitraire ni vexatoire, car il existait une loi qui ordonnait l'incarcération des père et mère d'émigrés.

« Des éclaircissements positifs, pris sur la conduite du citoyen Rey, prouvent qu'il eut tant d'horreur de la scélératesse des agents de la tyrannie, qu'il préféra quitter les fonctions de juge et aller au poste d'honneur combattre les ennemis extérieurs de la République, que de contribuer aux assassinats commis par cette Commission d'infâme mémoire.

« Il a rendu des grands services à plusieurs citoyens de Bordeaux, et plusieurs membres du Comité le connaissent sous les rapports les plus avantageux ; ils lui doivent la justice de dire que, lors de la mesure tyrannique prise contre le commerce de Bordeaux, il s'éleva avec courage contre les auteurs, et brava la puissance qu'ils avaient acquise auprès des représentants en mission.

« Tels sont les renseignements recueillis sur la conduite du citoyen Rey. S'il y avait un seul fait à sa charge, nous le transmettrions de la même manière ([1]). »

Réduit à l'inaction contre Rey par le manque de renseignements et de preuves, conscient de la faiblesse de son dossier contre Landrieux, Murat concentra tous ses efforts

---

1. Archives de la Gironde, série L, registre 147, folio 277. Cette pièce est citée par M. Aurélien Vivie, *Histoire de la Terreur à Bordeaux*, II, p. 486-487.

dans la lutte engagée pour empêcher la réintégration de ce dernier à la tête de son régiment. A son instigation, le conseil d'administration du 21e chasseurs adressa un long plaidoyer en faveur de Duprès et dans lequel Murat trouva naturellement moyen de se faire donner des éloges. Ce document se termine ainsi : « Ne vous laissez pas tromper par de vains certificats surpris à la faiblesse, à la vénalité, à la pusillanimité. C'est au nom du corps entier, qu'à la face de la liberté, aujourd'hui nous vous offrons cette réclamation... Nous vous parlons le langage de la franchise ; mais, représentants, l'intrigue vous assiège (1). »

Le même jour, le chef de brigade Duprès, qui avait réfléchi depuis l'année précédente et aussi probablement poussé par Murat, joignit sa voix à celle de ses officiers. Plus satisfait à la tête de son régiment mieux discipliné, il ne tenait plus du tout à perdre un poste qui lui avait coûté, au début, tant de déboires et de découragements, aussi appela-t-il l'attention du Comité de Salut public sur « le manque de talents » de Landrieux qui, disait-il, « entrepreneur des hussards-braconniers en 1792 (v. s.), ne s'est attaché à la partie militaire que depuis cette époque et qui ne peut justifier d'aucune nomination légale, tandis que je sers sans interruption depuis 1776, ayant passé par tous les grades dans la cavalerie, et étant breveté chef de brigade depuis le 28 brumaire... J'espère, représentants, de votre équité ordinaire, que vous aurez égard à la juste demande d'un militaire qui peut se flatter d'avoir sauvé le régiment et de l'avoir commandé avec honneur en campagne et dans l'intérieur. Salut, respect, confiance (2) ».

Aubry qui, au Comité de Salut public, s'était fait le défenseur de Landrieux sur la recommandation de Deltel, son collègue à la Convention (3), le fit appeler pour l'entretenir

---

1. Archives de la Guerre, doss. Landrieux : *Réclamation du conseil d'administration du 21e chasseurs aux représentants du peuple composant le Comité de Salut public de la Convention nationale contre la réintégration de Landrieux.* — Chantilly, 26 floréal an III.

2. Archives de la Guerre, doss. Landrieux : *Lettre de Duprès* du 26 floréal an III.

3. On trouve dans le dossier Landrieux (Archives de la Guerre), la note ci-dessous de la main du citoyen Deltel : « Deltel recom-

des conséquences que pouvaient entraîner les réclamations soulevées contre sa réintégration, et Landrieux lui écrivit à cette occasion :

« Je ne suis pas étonné, citoyen représentant, de ce que vous m'avez fait l'amitié de me dire ; je me suis toujours attendu à voir Murat, Wattier et deux ou trois autres se récrier contre ma réintégration. Je me suis attendu à les voir remuer le corps entier pour mendier des suffrages pour eux et des dénonciations contre moi. Je me suis attendu à ces épithètes usées de scélérat, d'intrigant, etc ; celle d'*ignorant* m'a un peu surpris ; j'imagine que c'est parce qu'elle ne flatte pas ma vanité.

« Je ne récriminerai pas : c'est au-dessous de moi. Tant pis pour les représentants qui se laissent tromper : ils ont signé que Murat était un honnête homme, c'est leur affaire. Je dois au respect que j'ai pour les membres de la représentation nationale de croire que lorsque la vérité toute nue se présentera devant eux, ils abandonneront la gageure.

« Si je voulais, j'irais aujourd'hui prendre le commandement du corps et, me servant de l'autorité que la loi me donne, je ferais faire le procès aux fripons et aux dilapidateurs qui infectent encore le régiment. Je ferais cesser les plaintes, en établissant un ordre permanent et durable, que ceux qui osent m'appeler *ignorant* n'ont jamais su faire naître.

« Mais, je suis attaqué ; je dois, avant tout, me défendre,

---

mande à son collègue Aubry, membre du Comité de Salut public, la réintégration de Landrieux.

« La proposition qui en a été faite au Comité de Salut public par la Commission, a été remise au citoyen Aubry par Désirat.

« Deltel prie son collègue de faire expédier le plus promptement possible *ce citoyen qui souffre injustement depuis très longtemps.*

« Il a prouvé sa capacité militaire par des certificats, par des plans et des cartes.

« Il a été blessé à l'attaque d'Orchies, à la tête d'une colonne qu'il a commandée avec honneur.

« Il n'a jamais été battu et ses ruses lui ont toujours réussi au-delà des espérances des généraux.

« Deltel prie Aubry de faire examiner si, après sa réintégration, cet officier ne se trouverait pas dans l'ordre d'avancement par ancienneté. »

et pour cela il faut que je sache ce qu'on me reproche, outre *l'ignorance*. — Vous m'avez fait l'amitié de me dire qu'il existait beaucoup de pièces contre moi, il faut que je les connaisse. De quelque protection qu'on veuille entourer mes détracteurs, il est impossible qu'on ne reconnaisse la justice de ma demande.

« Vous verrez, citoyen représentant, qu'on reculera à ma proposition. Jamais Murat n'osera se dessaisir de ces pièces qu'il a entre ses mains depuis plus d'un an ; je ne puis m'expliquer davantage là dessus.

« Je demande qu'il soit ordonné à la 9ᵉ Commission, dont le chef est le rapporteur naturel de ces sortes d'affaires, de recevoir lesdites pièces et tout ce qui pourra être argué contre moi, de m'en donner communication, de recevoir ma défense et tout ce qui y a trait, et d'en faire un prompt rapport au Comité de Salut public qui jugera.

« Je ne doute pas que les représentants protecteurs de Murat ne se réunissent à vous pour solliciter cette première décision du Comité. Ils sont justes : ils veulent que l'intrigue soit punie; ils ne peuvent se refuser au moyen que je leur propose de la démasquer, de quelque côté qu'elle se trouve. C'est le seul moyen légal, quant aux affaires militaires.

« J'ai le droit d'attendre de leur délicatesse qu'ils n'useront pas de l'influence attachée aux recommandations des représentants du peuple pour faire envisager l'attaque et la défense sous un autre point de vue que celui de la vérité. La neutralité est dans ces occasions le seul parti qu'ils aient à prendre, et j'ose croire, citoyen représentant, que c'est celui qu'ils adopteront (1) ».

Approuvé par Aubry, qui loua beaucoup son attitude et lui donna le conseil de prendre l'initiative de demander une enquête sur ses capacités militaires, Landrieux écrivit à Pille la lettre suivante qui parvint au commissaire précisément au moment où les Montagnards, dans leurs dernières convulsions, menaçaient la Convention :

« Je sais que quelques officiers du 21ᵉ régiment, égarés sans doute, ou nouvellement arrivés et ne me connaissant pas, ont cru qu'ayant peu de service je ne pouvais assez connaître les manœuvres et autres objets dont la connais-

---

1. Archives de la Guerre. doss. Landrieux.

sance est d'absolue nécessité pour un chef de corps. Ils on pensé en conséquence que leur devoir était de vous adresser leurs sollicitudes à cet égard.

« Je vous prie, citoyen, de nommer un général auprès duquel je puisse me rendre; il m'examinera et vous fera son rapport; j'ai tout lieu de croire qu'en le communiquant à ces officiers, vous calmerez leurs inquiétudes (1). »

A l'heure où l'envahissement de la Convention et l'assassinat de Féraud rappelaient aux Parisiens effrayés les plus mauvais jours de la Terreur, en ces sanglantes journées de mai 1795, Landrieux qui ne pouvait rester inactif, se mit au service des officiers chargés de réprimer l'émeute. L'adjudant-général Jouy, qui marchait sous les ordres du général Lapoype, heureux d'avoir sous la main un officier expérimenté, accepta les offres de Landrieux et lui donna un poste dans la compagnie de jeunes gens qu'il commandait. Cet officier se plut à déclarer qu'il n'avait eu qu'à se louer « de la manière dont Landrieux l'avait servi, et du zèle qu'il avait mis à se rendre utile dans la journée du 3 prairial » (22 mai) (2).

Sitôt le calme rétabli, Pille invita le Comité de Salut public à rapporter son arrêté de réintégration et à se borner à lever purement et simplement la suspension de Landrieux, qui serait examiné au point de vue de son instruction militaire par le général Landremont, inspecteur général de la cavalerie (3).

D'après la note de service transmise à ce général, Landrieux devait, au cours de cet examen, commander et exécuter les diverses manœuvres des troupes à cheval. Le général inspecteur étant absent, le 15 juin, Pille écrivit au général Menou, commandant le camp du Trou-d'Enfer sur Marly pour lui prescrire de faire examiner Landrieux et de lui adresser le procès-verbal de cet examen (4).

La veille, le conseil d'administration du 21e chasseurs

---

1. Archives de la Guerre, doss. Landrieux.
2. Mss B., folio 121 : *Certificat de l'adjudant-général Jouy*, du camp sous Paris, Marly, 5 messidor an III.
3. Archives de la Guerre : *Arrêté du Comité de Salut public*, en date du 19 prairial an III.
4. Archives de la Guerre, doss. Landrieux : *Lettre de Pille au général Menou*, 27 prairial an III.

accusait réception au commissaire à la Guerre de l'arrêté pris par le Comité de Salut public le 7 juin : « Mais, ajoutait-il, à la réclamation unanime du régiment, les représentants du peuple près du camp nous ont autorisé à le refuser (Landrieux), et, s'il se présentait, nous mettrions votre lettre à exécution (¹) ».

A cette nouvelle, Landrieux écrivit d'une main fébrile à Pille pour protester contre l'attitude du conseil d'administration. « Je vous préviens, écrit-il, que j'ai remis, entre les mains du citoyen Goulhot, ma réponse à ce chef-d'œuvre d'imposture (la déclaration du 26 floréal). C'est un faux arrêté du conseil d'administration du corps. J'ai accompagné ma défense d'environ deux cents pièces que je vous prie de faire examiner le plus promptement possible, afin que le doute élevé sur ma conduite soit promptement détruit. Vous êtes trop ami de la justice pour laisser languir une affaire de cette importance (²) ».

Aubry dut intervenir de nouveau, car Menou, circonvenu par les représentants Thabaud et Letourneur (de la Manche), n'avait pris aucune décision. Enfin, Baraguey d'Hilliers, chef d'état-major de Menou, informa Aubry le

---

1. Archives de la Guerre, doss. Landrieux : *Lettre du conseil d'administration à Pille.*

Le registre des arrêtés des représentants du peuple près le camp sous Paris porte l'arrêté suivant :

« Considérant la lettre de la Commission de l'organisation et du mouvement des armées de terre portant injonction au citoyen Landrieux, chef de brigade du 21e chasseurs, de se présenter au dépôt de Compiègne pour y être reçu en cette qualité, et sous la date du 24 floréal ;

« Considérant que le citoyen Landrieux a eu probablement pour différer sa réception des motifs qu'il importe d'éclaircir et qu'il existe contre cet officier plusieurs dénonciations qui ont été soumises au Comité de Salut public ;

« Arrêtent provisoirement qu'il sera sursis à la réception du citoyen Landrieux en sa qualité de chef de brigade du 21e régiment de chasseurs jusqu'à ce qu'il en ait été autrement ordonné par le Comité de Salut public. » — (Archives de la Guerre : *Extrait du registre des Rep. du peuple au camp.*)

2. Archives de la Guerre, doss. Landrieux : *Lettre de Landrieux, chef de brigade, commandant le 21e chasseurs, à Pille*, le 26 prairial an III (14 juin 1794).

26 juin, qu'il avait chargé le général Montchoisy d'examiner Landrieux, mais que les représentants du peuple près le camp avaient jugé convenable de suspendre cette opération (1). Les membres du Comité de Salut public, très étonnés de cet incident, firent aussitôt une enquête. Les représentants Thabaud et Letourneur (de la Manche) s'étaient contentés de mettre au bas de l'ordre de cette mention : « Ajourné ledit examen jusqu'à ce que le Comité de Salut public ait prononcé sur le nouveau rapport qui sera fait sur cet officier. » Aubry, se sentant joué, fit écrire par le commissaire Pille aux représentants près le camp pour leur demander quels motifs leur avaient fait ajourner l'examen (2). Le même jour, le Comité autorisait Landrieux à rester à Paris encore une semaine pour ses affaires.

Les jours passaient ; enfin, le 1er août, Pille transmit au Comité de Salut public un nouveau rapport constatant les continuelles entraves apportées par les représentants du peuple près le camp à l'examen de Landrieux, mais, se basant sur l'envoi que lui avait fait ce chef de brigade d'essais sur les manœuvres de cavalerie et de cartes de géographie militaire, il estimait « qu'il n'était pas totalement étranger aux connaissances exigées d'un chef de corps ». Il invitait en conséquence le Comité de Salut public à réintégrer Landrieux « en l'assimilant aux chefs de brigade réintégrés avec lesquels il concourra pour un remplacement (3). »

Un mois s'écoula sans que la question fit un pas. Landrieux, résolu à tout mettre en jeu pour arriver à une solution, fit passer copie de la déclaration du conseil d'administration du régiment à son ami Faissole qui était rentré au corps, en le priant de prendre l'initiative d'une protestation contre cette pièce. Faissole recueillit les signatures de quelques officiers et sous-officiers restés fidèles à leur ancien colonel. Ceux-ci s'empressèrent d'attester que

---

1. Archives de la Guerre, doss. Landrieux : *Lettre de Baraguey d'Hilliers au représentant Aubry*, du 8 messidor an III.

2. Archives de la Guerre, doss. Landrieux : *Lettre de Pille aux représentants en mission près le camp sous Paris*, 24 messidor an III.

3. Archives de la Guerre, doss. Landrieux : *Rapport de Pille au Comité de la Guerre*, 14 thermidor an III.

plusieurs des allégations de la déclaration étaient absolument contraires à la vérité et que beaucoup d'entre elles leur étaient inconnues. Ils se croyaient, en outre, en état d'affirmer qu'aucun des signataires n'avait lu ce qu'il signait « excepté ceux qui avaient *fabriqué* ce document. » D'ailleurs, parmi ces signataires, si les uns s'étaient laissé guider par la vengeance, les autres avaient cédé à la faiblesse. « Remettez, disaient-ils, toutes les pièces au commissaire des guerres qu'il convoque Landrieux, les officiers et les sous-officiers, qu'il les entende contradictoirement, qu'il dresse procès-verbal, et tout le monde convaincu se rendra à l'évidence, quelle que soit la vérité. La lutte qui divise le corps cessera (1) ».

Pille, sur les instances d'Aubry, agréa la proposition et donna les ordres nécessaires au chef d'état major de l'armée de l'intérieur. Cette fois, les représentants du peuple au camp de Marly n'osèrent renouveler leur opposition et, le 18 septembre, à 10 heures du matin, Landrieux se présenta devant le général Duvigneau qui commandait la cavalerie. On appela les officiers et les sous-officiers du 21e chasseurs; le général les entendit séparément en présence de Landrieux, sur tous les griefs qu'avait relevés le dernier rapport au Comité de Salut public et, trois jours après, Baraguey-d'Hil-

1. Archives de la Guerre, doss. Landrieux : *Lettre des officiers et sous-officiers du 21e chasseurs aux Représentants composant le Comité de Salut public*, 10 fructidor, an III.
Cette pièce est signée par Faissolle, Guéry, Rippel, Blackwel, tous très mal notés par Murat lors de l'*examen épuratire*. Blackwel tout particulièrement n'eut pas à souffrir seul : sa femme fut incarcérée pendant de longs mois à Arras et une délibération du district de cette ville, en date du 14 messidor an II (2 juillet 1794), citée par Lecesne (*Arras sous la Révolution*, t. II, p. 174), contient le passage suivant :
« Un membre fait le rapport de la pétition de la citoyenne Sophie Wade, anglaise, épouse du citoyen Blackwel, capitaine au 21e régiment de chasseurs à cheval, afin d'avoir une copie du procès-verbal d'après lequel elle a été mise en arrestation aux ci-devant Capucins, ou du moins une déclaration qui constate les motifs de son arrestation. L'assemblée décide de renvoyer la pétition au Conseil de la Commune et arrête qu'il fera passer ensuite à l'administration copie du procès-verbal d'arrestation de la citoyenne Sophie Wade ou une déclaration des motifs de cette arrestation, s'il en existe d'autres que sa naissance. »

*j*

liers adressait à Pille le procès-verbal de cette enquête contradictoire (¹).

On avait prétendu que Landrieux n'avait jamais été légalement chef de brigade du 21ᵉ régiment de chasseurs à cheval et qu'en se faisant réintégrer à un poste qui ne lui avait jamais appartenu, il avait surpris la religion du Comité de Salut public. C'était une allégation absurde, et aux officiers prétendant qu'il n'avait jamais été que l'entrepreneur du corps, Landrieux répondit par la production de sa lettre de nomination signée de Xavier Audouin. « C'est à Pille d'apprécier », dit le général.

Landrieux, arguait-on, n'a pas formé ce corps, il n'a jamais rien fait pour lui, Murat était le seul des chefs qui entendit son métier et c'est par les soins de cet officier seul que les deux premiers escadrons ont été mis en campagne. Sur ce second chef d'accusation les opinions des officiers étaient partagées; néanmoins ils admettaient en général que Landrieux avait fait quelque chose pour le 21ᵉ. Il fut reconnu que la majorité des signataires « n'avaient signé cet article que parce qu'il était signé par les autres ». Landrieux prouva par la production de quelques papiers, notamment une lettre de Murat, qu'il s'occupait de la remonte et de l'équipement des chasseurs. Duvigneau reconnut le bien fondé des observations de Landrieux. « Ceci n'ôte rien au mérite du chef d'escadron Murat qui, par son intelligence et son zèle, a pu bien servir le régiment. »

On avait encore reproché à Landrieux de n'avoir pris aucune mesure pour la conservation des effets et des chevaux des hommes morts ou malades à l'armée : tout avait été dilapidé par le fait de son insouciance. Sur cette question, les officiers montrèrent quelque incertitude : là encore on avait signé par esprit d'imitation. Le chef d'escadron Beauregard, arrivé au corps quelque temps après la destitution de Landrieux, déclarait avoir trouvé « les chasseurs nus en presque totalité et de très mauvais chevaux ». Landrieux opposa aux premiers les certificats qu'il s'était fait signer en l'an II et répondit à Beauregard qu'aux avant-

---

1. Archives de la Guerre, doss. Landrieux : *Lettre de Baraguey d'Hilliers à Pille, en date du cinquième jour complémentaire de l'an III.*

postes il était difficile de se procurer des effets. Tout en constatant la justesse des observations du chef de brigade et la réalité des efforts qu'il avait faits pour inviter les chasseurs à soigner leur équipement et leurs chevaux, Duvigneau laissa entendre qu'on aurait peut-être pu surveiller davantage l'exécution de ses ordres.

D'après le quatrième grief, Landrieux, qui était avant la Révolution « intendant de maison », ne pouvait avoir des connaissances militaires. Les officiers se bornèrent à alléguer qu'ils n'avaient jamais vu Landrieux commander le régiment. C'était faire la partie belle à l'ancien commandant du poste de Pont-à-Marque. Après avoir démontré, par les qualifications de son contrat de mariage, qu'il n'appartenait pas à la domesticité, il mit, sous les yeux du général enquêteur, un certain nombre de certificats rappelant ses faits d'armes au Nord. Le plus curieux était celui du général Durre :

« Je soussigné ci-devant général de brigade commandant la 12e brigade de l'armée du Nord, certifie et atteste à tous ceux à qui il appartiendra :

« Que le citoyen Jean Landrieux, chef de brigade suspendu du 21e régiment de chasseurs à cheval, ayant servi sous mes ordres dans ma division, s'y est distingué par son intelligence et son infatigable activité en réunissant le commandement temporaire des places de Hesdin et Montreuil, aux soins indispensables qu'exigeait la réorganisation de son régiment auquel il a donné en très peu de temps une nouvelle existence, et qu'il a commandé avec honneur depuis le mois d'avril 1793 jusqu'au 30 septembre de la même année, époque à laquelle il a quitté ma division, pour aller commander son régiment parti pour Pont-à-Marque, dans la 1re division de cavalerie de l'armée du Nord ;

« Qu'il est hors de doute que, sans ses travaux et ceux du chef d'escadron Taillefer, actuellement adjudant-général, ce régiment n'existerait plus ;

« Que j'ai reconnu en lui un bon officier de troupes légères; ayant essayé avec lui la petite guerre dans les gorges de Hesdin, pour rendre moins neufs les escadrons qu'il envoyait à l'armée, et que je n'ai aucune plainte à faire contre son régiment, qui s'est toujours comporté avec décence, soit qu'il fut commandé par le chef de brigade Landrieux, soit en son absence par le chef d'escadron Taillefer.

« Certifié à Amiens, ce 20 prairial, 2ᵉ année de la République une et indivisible.

« JOSEPH DURRE (1). »

Les talents militaires du chef de brigade, observa Duvigneau, n'étant pas connus des officiers, c'était, de leur part, préjuger que d'avancer de pareilles allégations. Or, les pièces que Landrieux venait de produire étaient à son honneur et ses mémoires et ses cartes prouvaient qu'il n'était pas sans connaissances militaires.

Avait-il été terroriste puisqu'il avait contribué à des arrestations et s'était emparé des chevaux des gens qu'il avait fait arrêter ? Les officiers déclarèrent à l'unanimité qu'ils ne savaient absolument rien sur cette question. Mais Landrieux reconnut sans ambages, qu'il avait exécuté les ordres du représentant Dumont et reçu de lui des chevaux à titre de gratification, ce qui ne l'avait pas empêché de payer un cheval provenant d'un adjudant-général révoqué. « Pas de preuves, » déclare le général.

Enfin, si l'on admettait le sixième chef d'accusation, Landrieux aurait reçu de fortes sommes du département du Pas-de-Calais pour acheter de bons chevaux et il n'aurait acquis que des rosses pour s'attribuer le bénéfice fait sur ces marchés. Ici encore, les officiers battirent en retraite et reconnurent n'avoir pas de preuves, tout en déclarant que Landrieux avait été coupable de négligence ou d'insouciance en recevant des chevaux qui ne valaient pas le prix payé. Landrieux exhiba un arrêté des représentants du peuple en mission dans le Pas-de-Calais, daté de Douai le 2 juin 1793, qui autorisait le département à faire pour le

---

1. Le certificat qui figure au Mss B., folio 120, porte cette annotation :

« Vu au Comité de surveillance révolutionnaire du 3ᵉ arrondissement de la ville d'Amiens, le 21 prairial, deuxième année de la République une indivisible, impérissable et de la mort des Tyrans, pour passer à la maison d'arrêt des Capettes.

MILMY, VALLOIS, MALIVOIRE, JACQUET, LANOY.

Le général Durre, comme beaucoup de généraux de cette époque, Lenglentier notamment, s'était trouvé dans la misère après sa réforme. En floréal an III, il écrivait d'Amiens une lettre éplorée à André Dumont *(Compte rendu à ses commettants,* p. 364).

16ᵉ chasseurs des achats de chevaux au prix maximum de 700 livres. Il prouva, par une lettre du commissaire nommé pour la livraison des chevaux, qui l'invitait à venir en prendre cinquante à Arras, qu'il n'avait jamais eu l'argent en mains. Quant à la qualité des chevaux, on était alors bien obligé de prendre ce qu'on trouvait, on n'avait pas le temps de choisir. Le général estima que le sixième grief n'était pas fondé (1).

« Il m'a paru, conclut le général Duvigneau, dans son rapport, que les dénonciations portées contre Landrieux ont été dirigées contre lui pour des motifs différents les uns des autres, c'est-à-dire : dans les uns par haine que l'on a voulu généraliser ; dans les autres, par le désir prononcé de conserver un chef digne de l'estime de tous, un brave militaire aussi pur qu'il a bien servi, le citoyen Duprès. Je dis par le désir de conserver ce chef, parce qu'en se rétractant de ce qu'ils ont signé, plusieurs ont déclaré qu'on leur avait présenté cette dénonciation comme seul moyen de conserver le citoyen Duprès, chef de brigade actuel. Par ce que j'ai appris et ce que j'ai vu moi-même, j'ai reconnu qu'il existe dans le régiment deux partis opposés dont les haines seraient bientôt rallumées, si le citoyen Landrieux était rapproché du régiment, ce qui alors ne manquerait pas d'occasionner des troubles dans ce corps, et de détruire la discipline et l'ordre qui y règne par les soins du chef actuel ; en conséquence, je pense qu'il n'est pas admissible que Landrieux soit réintégré dans ce régiment, mais j'estime qu'il peut être réintégré à la suite de tel régiment de troupes à cheval, qu'il plaira au gouvernement de lui assigner. »

Cette pièce fut soumise à l'approbation des représentants du peuple près du camp, qui lui donnèrent leur visa, ainsi que le général de division Montchoisy (2).

Duprès, mis au courant des résultats de l'enquête contradictoire, fit une démarche suprême auprès du représentant Letourneur (de la Manche), dont l'intervention lui avait été si utile pour gagner du temps. Le 22 septembre, il lui écrivit :

---

1. Archives de la Guerre, doss. Landrieux : *Procès-verbal de l'enquête contradictoire*.
2. Archives de la Guerre, doss. Landrieux.

« Citoyen représentant,

« Le citoyen Landrieux vient, enfin, malgré la répugnance que les représentants et les généraux avaient à lui accorder sa demande, d'être admis à la justification des griefs allégués contre lui. Quel que puisse être le résultat de cette démarche, je ne puis croire qu'on pense jamais à déplacer du commandement un vieux militaire parvenu au grade qu'il occupe par la seule recommandation de ses longs services et de ses actions, un chef à qui tout le corps se fait un devoir de déclarer qu'il doit la bonne organisation dont il jouit; qui l'a conduit pendant deux campagnes dans le sentier de l'honneur, pour le remplacer par un homme qui, quand il serait pleinement justifié, ne peut certes avoir les mêmes titres que moi pour prétendre à commander le corps.

« Je sais que le citoyen Landrieux, qui oppose la plus active finesse à la franchise dont je fais profession (¹), va ruser de nouveau, et les propos de ses agents qui s'applaudissent déjà de sa prétendue rentrée prochaine m'apprennent la conduite qu'il va tenir.

« Comme il a vu que tous les chefs du corps s'opposaient à ce qu'il revint au corps, il a feint d'entrer dans leurs vues, il leur a même confié qu'il ne voulait qu'être placé, mais dans tout autre régiment que le 21ᵉ, afin de détruire la prévention qui existait contre lui, et le faire admettre à se justifier.

« Maintenant que son but est rempli, il insiste, dit-on, à prétendre au commandement du corps, et se dispose à faire valoir des moyens qui viendront échouer contre la loi qui met à la suite les officiers réintégrés. Il ne s'étayera pas sans doute de sa première réintégration qui a été rapportée; et qui, d'ailleurs, était fondée sur l'interprétation perfide d'une lettre contre laquelle j'ai réclamé avec indignation (²).

« Comme cette affaire va être de nouveau soumise au Comité, je viens réclamer *la parole que vous m'avez*

---

1. On peut apprécier cette *franchise* en comparant les lettres que Duprès écrivait à Landrieux et celles qu'il adressait au Ministère et aux Représentants du peuple.
2. Voir la lettre de Duprès à Landrieux, p.125, et celle de Duprès au Comité de Salut public.

*donnée, que jamais il ne rentrerait au corps*, et que s'il était réintégré, on le placerait ailleurs qu'au 21e et dans le cas, où contre toute attente, où par faveur particulière, vous dérogeriez à la loi sur les officiers réintégrés, je me recommande à la bienveillance que vous avez bien voulu jusqu'ici m'accorder ; car il serait impossible, il serait nuisible au bien du service, à l'intérêt du corps, que nous y restassions ensemble. J'ose donc espérer que vous ferez valoir, en outre, toutes les raisons dont nous vous avons déjà entretenus. C'est cette bienveillance dont je m'honorerai toujours de recevoir des marques, qui m'engage aujourd'hui à recourir à votre justice [1]. »

Le 28 septembre 1795, le Comité de Salut public mit enfin un terme à la longue attente de Landrieux. Il reconnut denués de fondements tous les reproches qui avaient été avancés contre ce chef de brigade, mais se rangeant à l'avis des généraux et des représentants du peuple sur les inconvénients que présentait sa rentrée au 21e chasseurs, les membres siégeant à la séance du 28 septembre 1794, estimèrent qu'il convenait de prononcer sa réintégration à la suite d'un régiment de cavalerie. Cependant une difficulté subsistait. Au cours de cette interminable série de rapports et d'arrêtés contradictoires était intervenue la loi du 13 prairial (1er juin) qui contrariait le vœu des représentants du peuple et des généraux. Comme il n'existait pas en ce moment de place de chef de brigade de cavalerie vacante, on ne pouvait réintégrer Landrieux en activité et avec solde qu'à la première vacance. Toutefois, comme les lois sont en général faites pour être tournées, et qu'il y avait trop de légistes dans le Comité pour qu'on fût obligé de chercher longtemps un moyen d'éluder la susdite loi du 13 prairial, on estima que Landrieux se trouvait dans un cas particulier qui l'empêchait d'être frappé par elle. La suspension de sa réintégration n'avait été que provisoire et l'arrêté du 7 juin précédent disait expressément que cet état de chose ne durerait que jusqu'à sa justification. Il fallait donc considérer Landrieux justifié comme réintégré à la date du 6 mai [2]. Rapportant, séance tenante, son arrêté de suspen-

---

1. Archives de la Guerre, doss. du 21e chasseurs.
2. Archives de la Guerre, doss. Landrieux : *Rapport de Pille au Comité de Salut public*, 6 vendémiaire an IV.

sion, et sur l'avis de Pille, le Comité de Salut public nomma Landrieux chef de brigade aux hussards des Alpes, régiment qui n'avait pas encore d'existence légale et dont le chef n'avait qu'un brevet de lieutenant [1].

Cambacérès, Merlin de Douai, Letourneur de la Manche, Eschassériaux, Thibaudeau signèrent au registre, le 17 octobre 1795, cet arrêté qui mettait fin aux dissensions survenues dans le Comité au sujet de cette affaire.

Les événements du 13 vendémiaire, que Landrieux raconte dans l'avant-propos de ses mémoires, retardèrent l'exécution de cet arrêté, qui eut lieu seulement le 17 octobre. Landrieux, rassuré par Aubry et André Dumont sur la décision prise à son égard, ne s'occupait plus que de se faire donner des chevaux en remplacement des quatre qu'on lui avait pris à Amiens, lors de sa destitution. C'est ainsi qu'au Comité où il était allé solliciter Delmas et Barras, étant assis à côté de Menou consigné, il vit pour la première fois le général Bonaparte, peu d'instants avant la canonade qui balaya la rue de Richelieu [2].

Le 3 brumaire an IV (25 octobre 1795) Pille remettait en mains propres à Landrieux l'avis officiel de sa nomination aux hussards des Alpes.

*Au citoyen Landrieux, chef de brigade du 13e régiment de hussards (hussards des Alpes).*

« D'après le rapport que lui avait fait la Commission, le Comité de Salut public a arrêté le 25 du mois dernier, citoyen, que vous seriez envoyé comme chef de brigade au régiment des hussards des Alpes, dont le chef, le citoyen Etoquigny, n'a pas été admis.

*« Le commissaire,*
« PILLE [3]. »

---

1. Archives de la Guerre, doss. Landrieux : *Arrêté de réintégration à dater du 17 floréal an III et nomination aux hussards des Alpes* (13e régiment de hussards).
2. *Mémoires*, t. I, p. 29.
3. Mss B., folio 75.

## V

La joie de se voir enfin réintégré après tant de traverses, de sollicitations vaines et de déceptions de la dernière heure, n'éblouit pas Landrieux. Résolu de tout faire pour éviter une nouvelle chute, de laquelle il lui serait peut-être impossible de se relever, il écouta avec soumission les instructions secrètes du Comité de Salut public, de qui il reçut l'ordre de correspondre avec le ministre de la police générale de la République « pour tout ce qui paraîtrait être de quelque conséquence (1). »

Le 13e hussards, en effet, n'était pas un régiment ordinaire, et, à proprement parler, il ne s'agissait pas d'un simple commandement, mais d'une réorganisation compliquée d'une épuration, telles qu'on pouvait les attendre du créateur des hussards-braconniers. Quand Landrieux s'était informé au sujet de son régiment à la Commission d'organisation des armées ou dans ses conversations avec Lacuée qui lui promit tout son concours (2), on lui avait appris que ce corps avait été formé en vertu d'arrêtés du représentant Cassanier, en date des 12 et 17 pluviôse an III, par la réunion d'éléments empruntés à des corps de création plus

---

1. Mss B., folio 123 : *Lettre de Landrieux au ministre de la Police générale de la République.*
2. Archives de la Guerre, *Correspondance de l'armée d'Italie :* Lettre de Landrieux, chef de brigade du 13e régiment de hussards, ci-devant formateur des braconniers, au représentant du peuple Lacuée, en date du 22 germinal an IV (11 avril 1794). « Lacuée, dit Forneron (*Histoire générale des émigrés pendant la Révolution française*, I, p. 175), a montré sa valeur, non seulement comme manieur d'armée, mais aussi comme adversaire impitoyable des fournisseurs véreux. »

ancienne : hussards organisés au dépôt de Vienne, en thermidor an II, par ordre d'Albitte et de Laporte; hussards des Alpes, dragons de la montagne, guides à cheval de l'armée des Alpes ([1]). Rien de plus hétérogène, lui disait-on, que l'esprit qui animait les soldats du 13e hussards. Le général Walther ([2]), au moment de la création, avait été en secret autorisé à laisser s'y glisser, sans paraître s'en apercevoir, tous les jeunes gens de la région à qui il prendrait fantaisie de solliciter leur admission. La plupart avaient cruellement souffert pendant le fameux siège de Lyon soulevé sous Précy, contre les armées révolutionnaires : il n'en était pas un dont quelque parent n'eut, après la défaite, payé de son sang son dévouement à la cause royale, quand l'échafaud fauchait les têtes à *Commune-Affranchie.* Aussi la mesure était-elle, au point de vue de la sûreté générale, pleine de sagesse puisqu'elle débarrassait le pays d'une jeunesse remuante, facile à entraîner dans de nouvelles aventures, en même temps que son rassemblement dans un corps facilitait une surveillance bien plus incomplète alors qu'ils étaient disséminés dans toute la contrée, en Provence et en Dauphiné. Walther avait complètement réussi, merveilleusement secondé d'ailleurs à ce point de vue par le chef provisoire du corps qui, bien qu'il ne fut point dans les secrets du général et des représentants, amena au 13e hussards beaucoup de muscadins avec lesquels il était très lié ([3]). Ce Guérin ne disait rien qui vaille au Comité de la guerre qui refusait de l'admettre au grade qu'il occupait ([4]); on le peignit à Landrieux sous les pires couleurs : c'était, disait-on, le fils ignorant d'un huissier de village de Normandie, dilapidateur des caisses de son régiment qu'il

---

1. Archives de la Guerre, doss. du 13e hussards.
2. Les notes de Walther lui furent communiquées aux bureaux de la Guerre, Mss B., folio 130, pièce citée. — Archives de la Guerre, (Cartons de l'armée d'Italie) : *Lettre à Lacuée* — et dossier du 13e hussards.
3. Mss B., folio 123 : *Lettre de Landrieux au ministre de la Police générale de la République.*— Mss B., folio 130 : *Lettre de Landrieux au ministre de la Guerre, Brignolles, 24 germinal an IV.*
4. Archives de la Guerre, doss. Landrieux : *Rapport au Comité de Salut public, du 6 vendémiaire an IV* (28 septembre 1795)

considérait comme sa propriété, bien qu'il ne fut encore réellement breveté que lieutenant (1), et on engagea Landrieux à se préparer à lui enlever le commandement de haute lutte. En réalité, ce portrait, quoiqu'en ait écrit Landrieux dans ses *Mémoires*, était fort injuste (2).

René-Florimond-François Guérin d'Etoquigny était né à Dieppe le 28 avril 1762, non d'un petit huissier, mais de maître Denis-Louis Guérin, avocat au Parlement et notaire royal en cette ville. Comme Landrieux, il avait fait d'excellentes études et suivi les cours de l'école du génie. De 1778 à 1783, il avait servi dans les régiments provinciaux sur la lettre d'attache de M. de Puget, commandant le bataillon de garnison de Chartres, laquelle contenait promesse du second emploi vacant. Après cinq ans de service, le peu d'activité des corps provinciaux, les entraves qu'apportaient à l'avancement les nouvelles ordonnances, le décidèrent à entrer dans le corps des ingénieurs du roi. En 1788, il obtenait du duc de Valentinois, colonel des Cravates, son agrément pour un emploi dans son régiment. En 1791, lors de sa nomination de sous-lieutenant au 8e dragons, il comptait quatorze mois de service effectif dans la garde nationale du district de Saint-Germain-des-Prés (3). Jusqu'à la formation du 13e hussards, son avancement fut plutôt lent, mais rien n'autorise, en présence de douze ans de services effectifs, à en attribuer la cause à son ignorance du métier militaire. S'il n'avait pas les connaissances et les talents d'organisateur de Landrieux, s'il avait été dupe des canailleries des fournisseurs de chevaux, acceptant de confiance leurs rosses les plus galeuses, s'il laissait ses quartiers-maîtres et son conseil d'administration s'enrichir au détriment de ses hussards, si enfin on attribuait à ses mœurs trop grecques la faveur dont il jouissait auprès de Stengel — affirmation dont il faut laisser toute la responsabilité au seul Landrieux, car ce pourrait bien n'être qu'une calomnie des clubs aixois(4),

---

1. Archives de la Guerre, doss. Landrieux : *Rapport du 6 vendémiaire an IV* (28 septembre 1795).
2. *Mémoires*, I, p. 31.
3. Archives de la Guerre : *Etats de service du général vicomte Guérin d'Etoquigny*.
4. Mss B., folio 123, pièce citée, folio 130 : *Lettre de Landrieux au ministre de la Guerre.* — *Mémoires*, I, p. 31. Quand le

— il convient de lui rendre cette justice qu'il ne fit rien, au moins ouvertement, pour disputer au colonel le commandement d'un corps qu'il dirigeait depuis de longs mois et sur lequel il pouvait s'imaginer avoir des droits, ayant en poche une commission provisoire. Loin de répondre au cartel de Landrieux, il s'enfuit dès son arrivée (1).

Parti de Paris à la fin de brumaire, Landrieux franchit trop lentement à son gré les cent quatre-vingts lieues qui le séparaient d'Aix où Guérin avait, d'étape en étape, ramené ses hussards partout redoutés pour leurs incartades (2). Le colonel arriva au corps en frimaire, au lendemain d'une échauffourée qui mit un terme au séjour du régiment à Aix. Fréron, représentant du peuple, en mission dans les Bouches-du-Rhône, se refusa à conserver plus longtemps un pareil élé-

---

19 nivôse an V, Guérin devint chef de brigade du 25e chasseurs, c'est Landrieux, chef d'état-major de la cavalerie, qui contresigna son brevet pour l'enregistrer. Guérin mourut lieutenant-général le 28 avril 1831. De baron, comme le qualifie Landrieux dans ses *Mémoires*, I, 31, il était devenu vicomte. (Archives de la Guerre, doss. Guérin d'Etoquigny.)

1. « A mon arrivée au corps le commandant disparut. Il n'était apparemment pas disposé à me disputer le commandement les armes à la main. Il me suffit de lui en faire la proposition. Je ne l'ai jamais vu. » (Mss B., folio 123, lettre citée).

2. Guérin avait fait son possible pour dompter ses hussards. Au lendemain de l'expulsion du détachement qu'il avait envoyé au Puy, il écrivait le 29 mai 1795 à la Commission de la Guerre :

« Je viens d'être instruit du retour du détachement du régiment qui avait été envoyé au Puy sur l'ordre de la Commission. Ce retour est motivé, dit-on, sur l'incivisme des hussards qui composent ledit détachement. Cette nouvelle m'a d'autant plus affecté, citoyens, que je ne cesse de prêcher à ceux qui sont sous mes ordres l'amour de la discipline, celui de leur pays et l'obéissance la plus parfaite aux lois et aux autorités qui en sont l'organe.

« J'espère, citoyens, que vous êtes trop justes pour ne pas sentir que la position des chefs de corps et celle des officiers qui sont employés dans l'intérieur est affreuse ; et que le pays que nous habitons est en proie à deux factions également hideuses. Les uns sont les factieux du règne de Robespierre, et les autres sont les égorgeurs qui prétendent sauver le Gouvernement en foulant au pied les lois sacrées de l'humanité et en se livrant à la violation de toutes les conventions sociales. Au reste, citoyens, ce n'est pas le moment de faire des observations politiques sur le but

ment de discordes dans sa juridiction. Il fallut, le lendemain, partir pour Nîmes (¹).

L'impression première était d'ailleurs déplorable. Ce n'était pas un régiment, c'était, comme Landrieux l'écrira plus tard à Lacuée, « un assemblage d'hommes vivant aux dépens de la République, sans discipline, sans lois, ne connaissant aucun principe de subordination, sans comptabilité, sans registre, connus seulement par leurs excès dans les villes et les campagnes dont ils étaient le fléau et par leurs sentiments inciviques (²). » Il y avait là des massacreurs à gages de tous les partis (³). Les officiers ne valaient pas mieux que la troupe; Walther en avait prévenu le Comité de Salut public. Il parut cependant à Landrieux que ce général eut pu prendre soin de faire choix d'un bon quartier-maître (⁴).

Instruit par les ennuis que lui avaient causés les frasques de Soibinet et ses propres négligences, Landrieux porta une attention extrême à toutes les questions de comptabilité. Il suppléa au défaut de registres par une enquête dans laquelle les faits suivants furent établis en bonne forme. Depuis la création du régiment, les hussards n'avaient reçu que des acomptes sur des revues partielles ou générales. De toute part, de prétendus payeurs de détachement avaient touché,

---

que se proposent les deux partis ; le mien est de vous prouver que je serai toujours étranger à tout ce qui n'est pas de mon métier et que j'emploierai tout pour convaincre ceux qui sont sous mes ordres, qu'obéir et se battre est l'unique emploi.

« C'est un exemple que je n'ai cessé de donner depuis le principe de la Révolution et duquel je ne m'écarterai jamais. (Archives de la Guerre, doss. du 13ᵉ hussards).

1. Archives de la Guerre: *Correspondance générale, armée d'Italie, — Lettre à Lacuée.*
2. Ces sentiments se retrouvaient dans d'autres régiments. Dans une lettre du 22 mars 1796, Schérer rapporte que la 70ᵉ demi-brigade avait mis des crêpes à ses drapeaux pour l'anniversaire de la mort du roi. (Archives de la Guerre: *Correspondance générale, armée d'Italie*).
3. Archives de la Guerre : *Lettre de Guérin à la Commission d'organisation datée de Vienne 10 prairial an III* (29 mai 1795.) Il s'y intitule chef de brigade.
4. Mss B., folio 130 : *Lettre de Landrieux au ministre de la Guerre, datée de Brignoles, 24 germinal an IV* (13 avril 1796).

Il était impossible d'obtenir des données assez positives pour régler le passé, les agents ayant quitté le corps à diverses époques, mais sans rendre de comptes.

L'habillement, l'équipement, le harnachement étaient dans un désordre égal. Rien en magasin, rien dans les porte-manteaux. Les hussards n'avaient que ce qui couvrait leur corps. Les uns étaient habillés de neuf complètement ; les autres n'avaient que le gilet et le dolman avec des pantalons étrangers à l'uniforme, car on avait pris dans divers magasins des effets confectionnés pour d'autres troupes. Il n'y avait pas une seule culotte hongroise [1]. Souvent les hommes n'avaient du hussard que la moustache [2]. Le contrôle général du corps n'existait pas, et c'était parler grec aux capitaines que de leur demander les registres des compagnies. Landrieux dut donc établir ces livres pour la première fois [3].

Dans les écuries, au lieu de 900 bons chevaux, qui y existaient en pluviôse de l'année précédente, Landrieux ne trouva que 350 haridelles ruinées et galeuses, car « les mulets ou plutôt les charognes de l'entrepreneur général des transports Cerfbeer » avaient infecté toutes les écuries du Midi. Ceux de ces chevaux qui avaient fait la campagne des Alpes, où les hussards étaient réservés au facile service de la correspondance, étaient tous sans exception garrottés d'une manière hideuse. Mal soignés par suite de l'ignorance excessive des officiers et des hussards, le pus avait jusqu'au coude tracé des fusées et des cloques sur leurs jarrets [4]. Les chevaux, qui n'avaient pas quitté le dépôt, étaient dans un pire état, s'il était possible. Cependant les hussards ne les fatiguaient point par le surmenage. Ces hommes n'avaient reçu aucune instruction et beaucoup montaient à cheval « comme des garçons meuniers » [5]. Landrieux crut trouver la cause du mauvais état de la cavalerie du dépôt dans l'opulence toute récente du capitaine qui le commandait, il exprima quelque envie d'envoyer cet officier au conseil

---

1. Mss B., folio 130 : *Lettre citée.*
2. *Mémoires*, I, p. 30.
3. Mss B., folio 130.
4. *Idem.*
5. *Mémoires*, I, p. 31.

de guerre, mais il dut renoncer à cette satisfaction, faute d'éléments suffisants pour établir sa culpabilité (1).

S'il en faut croire Landrieux, en se faisant expulser d'Aix, le but secret des hussards était d'obtenir que ce corps fut envoyé plus au nord, à Tarascon ou à Vienne. Résolu à ne point leur donner satisfaction, il les mena à Nimes, d'où le général Hacquin l'envoya, par Uzès et Saint-Gilles, à Montpellier (2). Partout sur la route les hussards se signalèrent par leurs querelles entre royalistes et terroristes, et par les sévices qu'ils infligeaient à telle ou telle coterie des habitants. La surveillance était difficile, presque impossible. Landrieux ne pouvant compter que sur un très petit nombre d'officiers. Le chef d'escadron Gauthrin était un homme à peu près nul, que le premier venu conduisait à sa guise (3). Bon officier, c'est-à-dire sachant son métier, il pactisait facilement avec les tapageurs, bien qu'étranger à leurs coteries, car il était de Troyes (4) ; d'autres, les capitaines Rodrigue (5) et Juniac (6) ainsi que le lieutenant Triboust (7), militaires de profession, se multipliaient en vain. Le reste se dérobait autant qu'il le pouvait aux charges du service et il en fut ainsi jusqu'à la dissolution du corps (8). Le 10 pluviôse an IV (30 janvier 1796), pendant leur séjour à Montpellier, Landrieux et Gauthrin écrivirent au Directoire pour se plaindre que l'arrêté qui suspendait toute nomination d'officiers rendait leur tâche impossible (9). Ils faisaient valoir

1. Mss B., folio 130 : *Lettre citée*.
2. Archives de la Guerre : *Lettre à Lacuée*.
3. Mss. B., folio 123.
4. Archives de la Guerre, doss. du 13e hussards.
5. Le capitaine Dominique Rodrigue était né à Dammartin-la-Montagne.
6. Le capitaine Jacques Begougne de Juniac était de Limoges ; il sortait de la gendarmerie.
7. Le lieutenant Triboust, de Bouville (Jura), venait de l'armée régulière où il servait depuis 1770.
8. Le procès-verbal de licenciement constate que, sur 32 officiers inscrits aux contrôles, 9 ne sont pas présents. Un capitaine est toujours malade et si âgé qu'on ne l'a jamais vu au corps ; quatre officiers sont absents sans permission et seraient « remplacés sans des influences » ; un sous-lieutenant s'est procuré des billets d'hôpital pour ne pas marcher à l'ennemi.
9. Archives de la Guerre, doss. du 13e hussards. — Archives

que, sur 36 officiers nécessaires au corps, il n'en existait que 25 et suppliaient le Directoire de leur accorder un collaborateur de plus. « Une seule place de chef d'escadron ne peut entraver vos travaux : aussi vous demandons-nous de nommer Vilars qui est au corps depuis son origine (1) ».

Dès son arrivée à Montpellier, Landrieux put s'apercevoir que la troupe en général n'y était pas aimée et que son régiment en particulier était vu d'un très mauvais œil. Ce séjour lui parut dès lors aussi dangereux pour ses hussards que celui d'Aix, mais il sollicita vainement du général Hacquin l'ordre de déplacer son corps (2). Dans l'intérêt d'une réorganisation devenue urgente et indispensable, le colonel du 13e hussards demandait l'envoi de son régiment à Castres, où il prendrait mieux ses hommes en mains. Il avait conquis à sa thèse l'adjudant-général de Hacquin, mais celui-ci ne voulut point admettre la justesse de ses raisons (3). Il fallut attendre les événements. Ils ne tardèrent point à se produire.

Quelques provocations au théâtre trouvèrent les hussards assez calmes. Landrieux commençait à se féliciter de leurs progrès dans la voie de la subordination et de la discipline, quand, à la suite d'une rixe fortuite entre un soldat de ligne et un hussard, les habitants du faubourg du Courreau, fermes soutiens des idées républicaines comme ceux du plan de l'Ollivier des idées royalistes, s'insurgent, s'arment, fondent sur les hussards, résistent aux exhortations de la municipalité, tout en acclamant Landrieux. Cette dernière phase de la bagarre indigna le colonel. Il suffisait de ces cris effrénés, alliés à ce prétendu dévouement des insurgés à sa personne, pour renouveler les malheurs qu'il avait éprouvés au 21e chasseurs, et rendre sa présence au corps impossible. Il écrivit en termes fort nets au

---

nationales, AF III*, registre 126 : *Répertoire de la Correspondance du ministère de la Guerre*, folio 240.

1. Vilars était lyonnais ; il servit en Hollande, puis dans le régiment de Maillebois.

2. Mss B., folio 122 : *Copie de ma lettre au département de l'Hérault, le 13 pluviôse an IV (2 février 1796), quand je pris sur moi de quitter cette ville malgré les ordres du général Hacquin.*

3. Mss B., folio 122, pièce citée.

département et prit avec énergie le parti de ses hussards :

« Comment se fait-il qu'un régiment qui revient de l'armée se trouve ici provoqué, insulté, maltraité, assiégé enfin depuis ce matin dans son quartier ?

« Le fer dont la République a armé nos bras doit-il enfin sortir du fourreau pour punir cette audace ? Le sang impur d'un factieux doit-il salir un républicain ? Non. Mais les hussards défendront leur vie injustement attaquée. Une consigne sévère les retient au quartier. Je les tiens enfermés par les seuls liens de la subordination ; je dois les retenir, car l'anarchie est dans le faubourg et tout autour d'eux. Mais je vous en préviens, citoyens administrateurs, ces liens extraordinaires de la discipline militaire sont prêts à se rompre dans mes mains.

« C'est dans les vôtres, citoyens, que sont déposées les forces de la prudence : vous allez en faire usage, sans doute, mais avant tout, et pour que vos efforts ne portent pas à faux, connaissez tout ce qui s'est passé. Une infinité de faits, recueillis avec soin et déposés au corps, nous ont prouvé sans réplique qu'on ne chercha pas originairement à égorger le corps ; qu'on voulait seulement le renvoyer de Montpellier ; qu'en conséquence on cherchait à lui faire commettre des fautes ; on poussa même l'impudence jusqu'à habiller de mauvais figurants en hussards. Vous savez, citoyens, que ce fait est notoire par la punition qu'a subie l'un de ces hommes ainsi travestis. Cette ruse grossière réclame plus de mise ; les malveillants déconcertés n'ont pas eu d'autre ressource que de soulever un faubourg qui, dans tous les temps, par sa légéreté, fut le bras droit des intrigues et des séditieux.

« Il est prouvé, citoyens, que Montpellier est à présent le refuge de tous les brigands que la rigueur des autorités constituées ou des commissaires du gouvernement a chassés de chez eux. Ce refuge provisoire est mal assuré tant qu'il y aura de la troupe à Montpellier : d'un autre côté les jeunes gens de la réquisition ont tremblé en nous voyant arriver. Les égoïstes qui n'aiment pas à loger les officiers et l'intérêt, le dirai-je, qu'on a de crier contre les royalistes pour ne pas en être soupçonné soi-même, tout a concouru à amener directement ou indirectement ce qui se passe aujourd'hui, et vous remarquerez avec moi, citoyens, que le Courreau, avec sa légéreté ordinaire, s'est laissé

*k*

soulever par des royalistes et qu'effréné patriote ce faubourg croit défendre la cause de la liberté.

« Les mesures que la municipalité a prises depuis ce matin ont été fort sages sans doute et très pénibles pour elle. Mais, citoyens, il est midi, et huit heures d'essais inutiles ont dû prouver que la sagesse séparée de la force réussit difficilement dans une insurrection du Midi. Je n'ai point d'intérêt à flatter les habitants du Courreau ; je dis qu'ils font insurrection. De quels droits prétendent-ils faire la police dans mon régiment, et surtout à coups de fusil ? Je ne suis pas républicain à leur manière. Je cours après les timides patriotes purs ; je n'en suis jamais rassuré, mais je déclare que la confiance, dont le patriotisme fusillant du Courreau a voulu me gratifier, me déshonorerait si je n'y répondais ; elle me fait horreur ; je n'en veux pas, et je refuse avec indignation de prendre le commandement que ces hordes viennent de m'offrir. Il est temps, citoyens, de prendre des mesures énergiques ; il est de la dernière urgence d'empêcher les hussards de venger le sang de leurs camarades odieusement assassinés et dont les corps sont encore sur la place du quartier.

« Je vous requiers de mettre sur-le-champ toute la garnison à ma disposition. Je me charge de tout et je réponds qu'il n'y aura pas une goutte de sang versé. Je veux profiter de la bonne volonté que le peuple du faubourg me témoigne, je lui en imposerai s'il le faut par mes véritables intentions, je viendrai à bout de garnir la place du quartier et les rues qui vont vers Mèze, avec la garnison, et je sortirai de la ville avec mes hussards que je conduirai à Pézenas ; là j'attendrai les ordres du général en chef ; le commissaire des guerres Roch, ou les circonstances, me donneront une route.

« Ce sera à vous, citoyens, après mon départ, à prendre envers les coupables le parti que votre amour pour le bien public vous dictera. (1) »

La crainte de trouver en Gauthrin un Murat avait aveuglé Landrieux sur la réalité des équipées de ses hussards (2).

---

1. Mss B., folio 122, pièce citée.
2. Mss B., folio 1 : *Lettre au ministre de la Guerre.*

Ils ne se bornaient pas à agacer les républicains de Montpellier par la vue de leurs tresses en cadenettes réactrices : ils avaient des premiers chanté *Le Réveil du Peuple*, chant de ralliement du parti royaliste reformé, auquel précisément le commissaire des guerres Roch venait d'ajouter ce sixième couplet.

> Hâtez-vous de punir le crime
> Ne souffrez pas que l'intrigant
> Puisse désigner sa victime
> Ni faire périr l'innocent.
> Il ne faut pas qu'une cabale
> Vienne remplacer les tyrans ;
> Parlons vengeance nationale
> Et non vengeance de brigands (1).

Au sortir du spectacle, ils poursuivaient et maltraitaient les républicains. A diverses reprises, la municipalité avait représenté au général de brigade Tesson, qu'au point où en était arrivée l'irritation, tout était à craindre et qu'avec les torts que s'était donnés le régiment, il fallait l'éloigner « puisque l'on ne pouvait pas faire partir la population de la ville (2). » Landrieux trouva donc en elle les dispositions les plus conformes à son désir. Il dirigea son régiment sur Pézenas sans pouvoir, cependant, éviter une nouvelle bagarre entre un escadron et une patrouille municipale (3).

Il ne devait pas séjourner longtemps à Pézenas où il laissa un dépôt, car il obtint enfin l'autorisation d'emmener le reste de son régiment à Castres. Le pays castrais n'était pas royaliste : la Terreur, malgré l'échafaud obligatoire, y avait relativement passé sans violence. Landrieux, dont le frère était juge de paix à Lavaur depuis la chute des Montagnards (4), n'ignorait point cette situation. Il savait même, sans doute, que sa troupe serait bien accueillie, car la municipalité

---

1. Duval Jouve, *Montpellier pendant la Révolution*, p. 452.
2. *Idem*, p. 285.
3. *Idem*, p. 285. Cet historien rapporte que malgré la lettre de Landrieux, le département blâma la municipalité d'avoir obtenu le départ des hussards « sans son intervention. »
4. Archives de la Guerre, doss. Landrieux : *Certificat de rature délivré par la municipalité de Lavaur*, 5 germinal an III.

manquant d'éléments pour reconstituer une force armée que les brigandages dans les campagnes castraises rendaient indispensables, serait enchantée de fêter, en échange des services qu'ils allaient lui rendre, des officiers bien élevés, gens d'éducation et de bonnes manières, assez rares à une époque où le militaire gradé manquait le plus souvent de savoir vivre. La jeunesse de Castres, les anciens dragons du Tarn prodiguèrent, en effet, aux hussards une hospitalité aimable [1]. L'arrestation et le supplice d'un brigand célèbre du nom de Valenciennes furent le prix de leurs efforts combinés et quand les hussards reprirent la route du Languedoc et de la Provence, ce fut munis de certificats qui rendaient hommage à la bonne conduite des chefs et de la majeure partie du régiment [2].

L'ordre de rappel au Languedoc inquiétait Landrieux dès la fin de pluviôse an IV. Il voulut s'en expliquer avec le ministre de la Police générale et lui adressa une lettre pour lui exposer ses craintes. Depuis quelque temps, il s'apercevait que les officiers, les sous-officiers et même quelques hussards du corps, qui, à leur retour de l'armée des Alpes, n'avaient ni argent, ni butin, se livraient à des dépenses considérables. On donnait de grands repas dans les divers cantonnements où se trouvaient des détachements du corps. On payait comptant et en beaux écus sonnants traitants et aubergistes. Les observateurs de Landrieux lui rapportaient tous que tout cet or était semé dans les rangs de ses hus-

---

1. Anacharsis Combes, *Histoire de la ville de Castres et de ses environs pendant la Révolution française*, p. 180, 181, 183.

C'est pendant ce séjour à Castres que, le 7 ventôse, Landrieux écrivit au ministre de la Guerre pour demander si les magasins civils ne pourraient pas verser de l'avoine dans les magasins militaires (Archives nationales, AF III*, registre 227 : Répertoire de la Correspondance du ministère de la Guerre, folio 288).

2. Ce certificat contient quelques restrictions. « Néanmoins en plusieurs circonstances leurs efforts ont été inutiles envers certains hussards, dont l'inconduite a obligé l'administration municipale à se porter tantôt dans des auberges, tantôt dans diverses rues bien avant dans la nuit pour rétablir l'ordre et la tranquillité publique violemment troublées par leurs écarts, trop souvent fruit de l'ivresse, ainsi qu'il résulte de plusieurs procès-verbaux déposés aux archives de l'administration municipale. » (Mss B., folio 127.)

sards par un sous-lieutenant nommé Clesler, fils du payeur de l'armée à Dreux. Le colonel avait alors fait séduire par son secrétaire, beau garçon, propre à ses besognes, la maitresse de Clesler, et il en avait obtenu la confidence qu'on sollicitait Stengel pour que le corps fut envoyé à Tournon ou à Vienne. De riches Lyonnais, les Pichat, s'étaient chargés d'enlever le consentement du général. Avec l'arrivée du régiment devait coïncider un soulèvement général à Lyon, dans la Bresse et le Bugey. Claudius, ami intime de Clesler, servait d'intermédiaire et venait souvent le voir en poste [1].

« Hier matin, ajoutait Landrieux après avoir raconté tous ces faits, j'assemblai tous les officiers, les adjudants et les maréchaux-des-logis. Je leur dis fort nettement que si la plupart d'entre eux avaient eu l'adresse de cacher au général Walther leurs anciennes fredaines et leur façon de penser actuelle, ils n'avaient pas échappé aux informations que j'avais prises. Je leur montrai là-dessus les ordres que j'avais du gouvernement de casser et emprisonner tout ce qui serait suspect d'être d'un parti opposé au régime actuel. J'ajoutai que je savais bien des choses depuis, mais que je regardais tout cela comme l'effet de l'effervescence des têtes du Midi ; que même j'en augurais bien en leur faveur, que des gens turbulents et brouillons n'étaient jamais cachés devant l'ennemi ; je leur présentai en même temps une lettre du général Beaumont qui me prévient que sous peu je recevrai l'ordre de me rendre à l'armée. Je terminai en leur disant que j'espérais que leur conduite jusqu'au moment du départ ne me forcerait pas à en laisser une vingtaine dans les prisons de Toulouse, où j'aurais soin d'envoyer les factieux qui seraient bientôt jugés et punis. Je leur promis en même temps que si je ne recevais aucun avis secret contre eux, il n'y aurait personne de maltraité et que j'oublierais tout. Ils me remercièrent tous fort affectueusement, à ce qu'il me parut...

« Ce n'est pas que je croie, citoyen ministre, que je puisse rien faire de bon de ce corps. Je suis convaincu qu'en passant le Var pour arriver à Nice, sur 1,500 hommes que j'ai il ne m'en restera pas 500... Je ne manquerai cependant pas de leur faire toutes les caresses imaginables. Si, une fois,

---

1. Mss B., folio 123.

je les tiens à Nice, il ne sera plus en leur pouvoir de m'échapper (¹). »

Le 7 ventôse (25 février), le ministre Merlin de Douai remerciait Landrieux de son rapport ; il lui annonçait qu'il avait demandé au commissaire du gouvernement du département des Bouches-du-Rhône de l'instruire de la conduite du ci-devant commandant Guérin (²).

Quatorze jours plus tard, Stengel lui ordonnait de rassembler ses détachements et de se rendre à Aix où le commissaire des guerres passerait ses chevaux en revue (³). Le 18 mars (28 nivôse), Landrieux écrivait aux citoyens officiers municipaux de la ville de Montpellier la très curieuse lettre qu'on va lire :

« Citoyens,

« Une foule d'intrigants, disséminés sur toute la surface de la République, cherche à étendre un système désorganisateur ; vous éprouvâtes vous-mêmes, il y a peu de jours, les effets de leurs efforts clandestins. Ce n'est pas seulement dans les villes qu'ils essaient de mettre le trouble : les régiments, cette partie essentielle de la force publique, sont travaillés avec autant de soin que de perfidie; nos frères d'armes, peu accoutumés, peu aguerris à ces sortes d'embûches politiques, s'y laissent prendre facilement ; et comment leur loyauté ne serait-elle pas surprise? Les malveillants ne se trouvent-ils pas souvent être leurs camarades ? Car, n'en doutons pas, les ennemis de la chose publique se sont glissés partout.

« Vous avez connu ma conduite, citoyens, elle ne vous a pas paru tortueuse; sans cesse avec vous dans le péril, vous m'avez vu vous aider d'un côté à ramener vos concitoyens égarés, de l'autre contenir d'une main ferme un régiment justement irrité.

---

1. Mss B., folio 123.
2. Mss B., folio 124. « Continuez, concluait Merlin, vos informations avec le même zèle sur les autres individus que vous m'annoncez, et comptez que je vous seconderai de tout mon pouvoir; je ne saurais que me féliciter d'avoir concouru à donner à la République un appui aussi fidèle. »
3. Mss B., folio 125. C'est l'ordre de Beaumont, en date du 12 ventôse, prescrivant la mise en route pour le 24.

« Je l'emmenai malgré moi loin de ces murs où sa présence contenait le crime, et où, peut-être, il a été regretté quand on a enfin connu les desseins des pervers.

« L'implacable malveillance nous suivit dans notre retraite : elle a cherché à me punir d'avoir fait le bien ; elle a profité du morcellement du corps pour insinuer à la partie que j'ai laissée à Pézenas, que je n'étais pas l'ami du régiment, puisque je jouissais de la confiance des habitants de Montpellier ; on a débité des propos absurdes que des soldats crédules ont presque adoptés ; on a cherché à me faire perdre leur confiance ; on a enfin assuré que je vous avais dit que j'étais un nouveau Robert, chef de brigands, et que le corps était presque entièrement royaliste.

« Ces propos ont été entendus par des officiers qui ont plus ou moins d'intérêt à les accréditer : l'ambition de certains, une discipline gênante pour d'autres ; la crainte qui poursuit les anciennes dilapidations, tout a été adroitement saisi par l'agent désorganisateur ; une rumeur générale me fit connaître, à mon arrivée à Pézenas, que ma troupe avait été travaillée et je ne fus pas longtemps sans en être instruit.

« C'est en m'adressant à vous, citoyens, que je prétends déconcerter cette machination nouvelle ; un témoignage de votre part détruira tous les projets que les ennemis de la République peuvent avoir formés sur la désunion du régiment, et ramènera autour du chef ceux qu'on a essayé d'en écarter.

« Salut et fraternité,

« LANDRIEUX (1). »

Landrieux obtint de l'administration municipale de Montpellier une délibération conforme à ses désirs.

« Considérant, y lit-on, qu'il n'y a que la malveillance et la méchanceté qui aient pu prêter au citoyen Landrieux, commandant du 13e régiment de hussards, les propos relatés dans sa pétition.

« Considérant que l'administration n'a eu qu'à se louer dans toutes les occasions du zèle du pétitionnaire pour la chose publique et qu'il l'a puissamment secondée pour apai-

---

1. Mss B., folio 126.

ser les diverses rixes survenues entre le régiment qu'il commande et les citoyens de cette commune.

« Déclare qu'il est absolument faux que le pétitionnaire ait tenu ni dans la séance ni en particulier à aucun membre de l'administration l'infâme propos qu'on lui a prêté, qu'il n'est même pas venu à la connaissance de l'administration qu'il l'ait tenu à aucun citoyen, qu'au contraire il a tâché d'excuser auprès de l'administration les membres de son corps.

« Déclare en outre qu'elle saisit avec empressement l'occasion que lui fournit le pétitionnaire de rendre hautement justice à son civisme et à ses qualités morales, ainsi qu'à ses talents militaires et à son amour pour le bien public([1]). »

Le même jour où il lançait cet appel à la commission municipale, Landrieux, accompagné du capitaine Juniac, se présentait chez le général Marc Beaumont, commandant en second la cavalerie de l'armée d'Italie. Marc Beaumont le reçut fort sèchement, lui reprocha en termes sévères de n'avoir pas encore obéi aux premiers ordres qui lui avaient été expédiés et de n'avoir pas ramené enfin tout son effectif de Castres à Pézenas. Landrieux, sans se déconcerter, pria Beaumont de l'autoriser à lui remettre des observations écrites. Juniac et lui y protestaient qu'à Pézenas on manquait de tout tandis qu'à Castres et à Albi on avait tout en abondance. A les entendre il eut même fallu y envoyer l'escadron détaché à Nimes. « Je crois, général, écrivait Marc Beaumont à Stengel en lui racontant cette visite, qu'il n'y a qu'une raison qui pourrait vous engager à réunir le régiment dans cette partie, c'est que les chevaux sont absolument galeux et qu'il sera bien difficile de s'en servir dans cette campagne. J'attendrai vos ordres pour faire venir de Castres à Pézenas la partie du régiment qui y est, attendu que je puis m'en passer pour l'organisation ([2]). » Et Marc Beaumont ajoutait en post-scriptum: « Le citoyen Landrieux est tel qu'on nous l'a dépeint; *il paraît avoir quelques*

---

1. Mss B., folio 126 : *Délibération du 29 ventôse an IV*.
2. Mss. B., folio 133. On lit dans cette lettre ce curieux passage : « Je dois faire l'inspection à midi sur le terrain, mais je crains d'être obligé de la remettre à demain à cause de la pluie qui tombe fort et qui n'a pas l'air de vouloir cesser. »

*moyens* et est surtout très adroit : Juniac m'a confirmé ce que Gauthrin vous avait mandé (¹). »

Pendant le séjour des hussards à Béziers, le sous-lieutenant Clesler avait couronné ses équipées par une algarade à la municipalité. Un mandat d'amener avait aussitôt été lancé contre lui, mais il sut se faire délivrer un billet d'hôpital par le capitaine Vilars son ami. Il en profita pour fuir et le régiment en fut définitivement débarrassé (²). Combien Landrieux eut voulu qu'il en fût de même d'autres de ses officiers, sous-officiers ou hussards. Durant la route vers Nice, il fut obligé de marcher en arrière-garde pour réprimer le brigandage ; à chaque entrée dans une ville, au lieu de prendre le repos qui lui était bien dû, il lui fallait, avec l'aide d'une forte garde d'hommes dont la fidélité ne lui était point suspecte, veiller à empêcher les désordres (³).

« Il n'y a pas une ville, un bourg, un village, écrivait-il au ministre de la Guerre, où il ne se trouve un bon nombre de ce que vous appelez à Paris des réacteurs ou égorgeurs, ce que ici on nomme honnêtes gens. Ces honnêtes gens se tutoient avec la troupe ou la troupe se mêle avec eux, et il était rare que la nuit il n'y eut quelque assassinat de commis par nos hussards, à l'instigation de ces honnêtes gens qui se servaient de ces passagers pour se venger de leurs ennemis.

« J'ose vous dire, citoyen ministre, que la faction des patriotes n'est pas plus pure dans ces contrées à l'égard des égorgeurs, que celle des royalistes, et les unes et les autres savent bien à quels hussards elles doivent s'adresser. Et puis, au jour, il fallait calmer l'affaire, car pour la recherche du coupable, c'était peine inutile, et même très souvent dangereuse. Je me suis toujours rallié aux autorités constituées, et il arrivait souvent de là qu'on prescrivait l'ordonnance, le berger se ralliant au loup.

« Dans ces temps malheureux, citoyen ministre, il ne dépend pas toujours d'un chef, quelque habile qu'il fût, de métamorphoser un mauvais corps en un bon. C'est encore

---

1. L'original de cette lettre fut annoté par Landrieux dans un moment de mauvaise humeur. Le *paraît avoir quelques moyens* le mit hors de lui.
2. Mss B., folio 128.
3. *Idem.*

plus difficile dans le Midi de la France qu'au Nord où l'on trouve de véritables citadelles et des places fortes; là on peut être sévère; ici, il faut être adroit pour faire marcher la chose tant bien que mal, au risque d'être égorgé à chaque heure du jour (¹). »

Landrieux avait réussi à Montpellier, réussi à Nimes, il ne fut pas partout aussi heureux, et cependant l'ordre du jour qui prescrivait aux commandants de compagnie de préparer pour le remettre au chef de brigade, le 21 germinal, l'état des déserteurs, était explicite.

« Cet état contenant les noms, surnoms et lieu de naissance, sera remis le jour même par le chef de brigade au capitaine-rapporteur du conseil militaire, afin que les déserteurs de la cause que nous défendons soient condamnés aux fers. Les hussards sont prévenus que ces condamnations seront envoyées avec soin dans les lieux de naissance des déserteurs, afin que leurs biens présents et à venir soient saisis jusqu'à parfait remboursement des effets qu'ils peuvent avoir emportés, ainsi que des frais du conseil militaire.

« Leur personne sera poursuivie partout, et en quel endroit que pourront aller se cacher ces brigands? Ignore-t-on que dans ce moment il existe partout des commissaires du gouvernement qui font arrêter jusque dans les montagnes tous ceux qui ont déserté ou qui n'ont pas encore joint les drapeaux?

« Si quelqu'un était encore tenté de déserter, ce que le chef de brigade ne croit pas, qu'il réfléchisse qu'il ne peut reparaître de la vie dans son pays; la condamnation aux fers une fois arrivée chez lui, on le prendra dans vingt ans comme aujourd'hui pour lui faire subir son jugement : qu'il sache que sa famille peut être vexée, tourmentée et rendue malheureuse à cause de lui; qu'il apprenne enfin que les lois militaires vont être exécutées avec plus de sévérité que jamais.

« On a rapporté aux chefs du corps que plusieurs hussards avaient déserté parce qu'ils n'étaient pas montés ou habillés.

« L'état de nudité des hussards afflige infiniment les

---

1. Mss B., folio 130.

chefs; ils ont fait tous leurs efforts pour équiper le régiment, l'ordre de marcher à Nice a tout suspendu pour un moment; aussitôt arrivés, ce travail va être repris avec la plus grande activité, et sous très peu de jours les hussards auront tout ce qui leur est dû à cet égard.

« Il est venu aussi à notre connaissance que quelques malintentionnés, qui voudraient la destruction de tous les corps, ont persuadé aux hussards qu'on allait les incorporer dans l'infanterie.

« Le chef de brigade donne un démenti formel à ceux qui ont osé tenir ce propos. Le corps a été consolidé par sa nouvelle organisation, et sa conservation est due à la bonne conduite qu'il a tenue à l'armée la campagne dernière, il a la réputation qu'il s'est acquise et qu'il s'agit de soutenir cette année.

« Il est bien maladroit de déserter quand on craint d'entrer dans l'infanterie; c'est un moyen sûr d'y aller quand on sera arrêté, si par hasard on n'est pas conduit aux fers.

« D'ailleurs le chef de brigade prévient les hussards qu'il est défendu aux corps à cheval de faire des recrues. Où donc aller après avoir déserté ? ([1]) »

Or, le 20 germinal 1796, malgré cet avis comminatoire, les faits les plus regrettables signalèrent le séjour à Aix des hussards. Vers les huit heures du soir, la municipalité, sur le qui-vive depuis les meurtres commis au début du mois ([2]), était informée qu'une foule d'hommes armés de sabres et revêtus de l'uniforme des hussards, venaient de se porter à la maison du cafetier Féraud, située sur le Cours et l'avaient assaillie à coups de pierre. Elle s'empressa, avec la garde de police, d'aller au secours de la maison attaquée. On y trouva, à demi-morte de peur, une malheureuse femme qui put raconter la scène, une fois remise de son émotion. « Ayant entendu un bruit extraordinaire à sa porte, dit le procès-verbal, elle avait engagé un des citoyens qui soupaient dans sa maison à monter au second étage, à l'effet de reconnaître les personnes qui hurlaient avec tant de fureur et les inviter à la paix, au silence, à la retraite. Ce citoyen,

---

1. Mss B., folio 131.
2. Roux Alphéran, *Les rues d'Aix*.

ayant aperçu des personnages revêtus de l'uniforme de hussards, est descendu sans pouvoir obtenir des séditieux ce qu'il avait pourtant le droit d'en attendre. La citoyenne Bailly s'est alors décidée à leur demander, sans ouvrir cependant la porte, quelles étaient leurs prétentions et à qui ils en voulaient :

« C'est au citoyen Féraud que nous voulons parler, « ont-ils dit, ouvrez-nous. » Cette femme leur a répliqué : « Retirez-vous ; le citoyen Féraud n'est plus dans la « maison. » Peu satisfaits de cette réponse, les mêmes individus ont redoublé leurs instances, accompagnées de menaces, et ne se sont retirés qu'après avoir brisé à coup de pierre toutes les vitres des fenêtres qui donnent sur le Cours. » (¹)

Pour rassurer la femme Bailly, les administrateurs lui laissèrent une garde pour sa sûreté personnelle durant la nuit ; mais à leur retour à la maison commune, les municipaux y trouvèrent un autre cafetier, le citoyen Gérard, chez qui s'étaient passées des scènes identiques. Son café avait été soudain envahi par six ou huit hussards, vomissant mille injures, se menaçant mutuellement de coups de sabre, jouant les gens qui se battent et criant tour à tour : « Coquin, laisse-moi aller. — Bougre, tu n'échapperas pas. » Pour finir la fête ces tapageurs soufflèrent la lampe, cassèrent tous les carreaux, puis prirent la fuite en chantant à gorge déployée « l'air homicide et prohibé du *Réveil du Peuple.* »

Un des municipaux se décida alors à révéler à ses collègues le rapport qu'un de ses amis lui avait fait dans la soirée. Des hussards, causant en groupe avec quelques muscadins, avaient dit à ces derniers: « Ne sortez pas demain. Venez le soir à la comédie ; nous y chanterons ensemble le *Réveil du Peuple,* nous agirons ensuite. »

Toutes ces voies de fait n'étaient que le prélude de scènes plus regrettables qui se produisirent dans la même nuit. Le sieur Pécoult, honnête et paisible citoyen, rentrait dans sa maison, sur les onze heures du soir, lorsqu'il fut assailli par des hommes dont il ne put reconnaître ni la figure ni le

---

1. Mss B., folio 29. *Extrait du registre des délibérations de l'administration municipale d'Aix.*

genre d'habillement et qui, après lui avoir porté plusieurs coups de sabre, se sauvèrent, le croyant mort, et disant : « *Il en a son compte.* »

Les renseignements que l'administration avait reçus jusque là, l'engageant à prendre les mesures nécessaires pour maintenir la tranquillité publique, soit durant le reste de la nuit, soit pour la journée du lendemain 21 germinal, des patrouilles furent commandées, et on les multiplia autant que possible.

La matinée du 21 avait été assez paisible ; mais à trois heures de relevée, une patrouille passant sur le Cours fut arrêtée devant la statue de la Liberté par un officier du 13e régiment de hussards, qui s'adressant au peloton lui dit : « Vous avez parmi vous un déserteur de mon corps ; je vous le consigne à l'effet qu'il soit arrêté quand il aura fini son service. » Une pareille invitation, parfaitement conforme au code militaire, déplut sans doute à quelques officiers qui étaient présents, et notamment au chef d'escadron Gauthrin. Ils s'approchèrent du peloton et, à l'aide de quelques individus à cadenettes, tentèrent d'enlever l'accusé de désertion.

Les gardes nationaux qui formaient le peloton résistèrent, et, par leur fermeté, empêchèrent l'enlèvement. Parmi les individus à cadenettes, on distinguait surtout un audacieux qui, du geste et de la parole, enhardissait les hussards et les provoquait à la rébellion ouverte. C'est sur lui que se dirigea la force publique, comme étant le principal auteur des désordres. On l'enleva à bras le corps et on le porta au corps de garde. Dans ce débat violent, le hussard reçut un coup de baïonnette dans le dos dont il mourut peu après, malgré les soins que lui fit donner l'administration municipale. C'est à ce moment qu'un rassemblement de ces mêmes hussards excités par quelques-uns de leurs officiers s'avança, à grands pas et en ordre, pour attaquer le poste de la maison commune[1].

« J'accourus, dit Landrieux. Je hasardai un commandement qui ne fut pas écouté. J'allai chercher le poste qui était à ma porte et, à mon arrivée, il me quitta et se réunit aux rebelles. Je courus à la municipalité, où la patrouille

---

1. Mss B., folio 29.

avait fait retraite et que le régiment voulait attaquer; la confiance des officiers municipaux fut telle qu'ils me donnèrent deux cents hommes et trois pièces de canon que je fis charger à mitraille. Cependant le régiment avançait en assez bon ordre par deux rues. Je fis pointer et je marchai avec quatre hommes en avant dans l'une des rues. Au lieu de crier: « Qui Vive! », j'appelai l'adjudant Cardier que je vis à la tête de la colonne qui venait par cette rue ; il vint à moi et je lui ordonnai, sous peine de la vie, de faire faire halte. Je criai en même temps aux canonniers de faire feu sans s'inquiéter de moi, si le régiment faisait un pas en avant. Il s'arrêta net. Je rappelai Cardier et lui ordonnai de m'amener tous les officiers, il obéit : ils arrivèrent. J'en arrêtai quatre que je remis à ma nouvelle troupe comme otages. Moitié crainte de mon air résolu, moitié persuasion, ils se laissèrent faire, Cardier ramena les hussards au quartier où je les consignai jusqu'au lendemain, hier, à l'heure du départ, et la consigne tint.

« A l'autre rue, le commissaire Pélissier, ex-député, fit mine de faire feu, et la troupe recula. Cardier eut le temps d'y courir et d'expliquer ce qui s'était passé à l'autre colonne. ([1]) »

Une proclamation fut faite pour ordonner la fermeture de tous les lieux publics, tels que les auberges et les cafés ; on enjoignit à tous les citoyens de se retirer dans leurs domiciles respectifs, et aux militaires de rentrer dans leurs logements, sous peine d'être arrêtés comme perturbateurs; des patrouilles multipliées furent mises sur pied. Un certain nombre d'officiers, malgré ces injonctions, se dirigèrent cependant vers le logement de leur chef de brigade à qui ils eurent l'audace de demander compte de sa conduite. Pour toute réponse, Landrieux en arrêta deux et ne les relâcha que le lendemain au moment du départ ([2]).

Le désordre une fois apaisé, la garde nationale rentra dans ses postes et les chefs de corps furent invités à se rendre au conseil; il fut impossible à l'administration municipale de dissimuler au chef du 13e régiment de hussards combien l'insubordination qui régnait dans son régiment était alarmante. Landrieux ne put à son tour leur déguiser

---

1. Mss B., folio 130, pièce citée.
2. Mss B., folio 128.

les craintes dont il était pénétré. En conséquence, l'administration, convaincue du peu d'influence que ce chef pourrait conserver sur ses officiers, malgré ses efforts multipliés, soit pour prévenir, soit pour arrêter l'émeute, délibéra d'envoyer sur-le-champ un gendarme d'ordonnance au citoyen Puge, général divisionnaire à Marseille, pour l'inviter à se rendre, s'il lui était possible, avant le jour dans la commune d'Aix pour y prendre par lui-même connaissance de ces délits, et en faire punir les auteurs quand ils seraient parfaitement connus[1]. Elle-même rédigea sur-le-champ une proclamation invitant les citoyens à dénoncer à l'officier public les complices des désordres de la journée[2].

« La vigilance de l'administration, continue le procès-verbal, ne devait pas se borner là; il lui était impérieusement commandé par la justice et l'honneur, de prendre des renseignements précis sur le nom et le grade de chaque officier, sous-officier ou hussard qui ont paru à la tête de l'émeute; il est résulté de ceux qu'elle a reçus, que le chef d'escadron, qui a été reconnu pour l'un des principaux acteurs et meneurs, est appelé Gauthrin; que parmi les hussards qui l'entouraient sur le Cours, Blanc, lieutenant et quartier-maître, Dagoreau, sous-lieutenant, Viar, chirurgien-major et Cardier, adjudant, ont été les plus actifs à le seconder, — qu'à la tête des hussards qui venaient attaquer le poste de la maison commune, se trouvaient les nommés Préjaly, brigadier, Toussaint, maréchal-des-logis, Lachaise, hussard, Donnat, hussards, Nache, maréchal-des-logis et Sauthau, maréchal-des-logis[3] ».

Tandis que la municipalité rédigeait ce procès-verbal, Landrieux écrivait au ministre de la Police générale et réclamait avec douleur le licenciement du corps dans lequel il avait, une année durant, mis ses espérances :

« Le masque est entièrement levé, citoyen ministre, s'écriait-il. Ce régiment ne vaut rien, absolument rien. Le soupçon de notre marche à l'ennemi fait tout déserter, ainsi que je l'avais prévu! Je n'ai plus ici que 800 hommes. J'ai tout tenté pour en faire quelque chose.

---

1. Mss B., folio 29.
2. Roux-Alphéran, *Evénements de 1787 à 1811*, p. 425, Mss. (Communication de M. H. Guillibert.)
3. Mss B., folio 29.

« Le Comité de Salut public me chargea de cette pénible besogne sur la connaissance des succès que j'avais obtenus avec les hussards-braconniers : mais il est des limites que toute l'adresse et l'intelligence humaines ne peuvent franchir; il n'y a aucune ressource ; il faut que cette troupe soit incorporée.

« J'avoue que ma pauvreté m'a longtemps fait envisager cette mesure avec peine et qu'elle n'a pas peu contribué à me faire redoubler de soins pour mettre ce corps en état de servir. Mais, dussé-je ne pas être placé dans un autre régiment, dussé-je être abandonné par la République, il faut lever le voile et déclarer positivement que le 13e régiment de hussards est incapable d'être de quelque utilité; il est presque nu : et je me suis bien gardé de faire confectionner ses habits dont le drap a été mis à ma disposition par l'ordonnateur Perot à Montpellier ; ne vaut-il pas mieux habiller ces hommes à l'uniforme du régiment dans lequel ils seront incorporés. J'ai économisé cette dépense. Il y a deux cents chevaux qui ne se sont pas refaits à cause du mauvais passage des contrées ; ils ne sont pas en état de rester quinze jours à l'armée. A quatre ou cinq officiers près, parmi lesquels je me fais un devoir de nommer les capitaines Rodrigue, Triboust et Juniac, le reste est d'une ignorance absolue, et d'un très mauvais esprit (1). »

Peut-être Landrieux trouva-t-il quelque consolation dans la considération que lui témoigna la municipalité d'Aix en lui adressant la lettre suivante :

« Les mouvements séditieux qui ont eu lieu hier dans notre commune vous ont fourni l'occasion de manifester une seconde fois et votre amour ardent pour la liberté, et votre attachement inviolable pour ceux qui la défendent. Aussi, l'administration municipale se fait-elle un devoir de rendre hommage à la conduite énergique que vous avez tenue ; en vous ralliant auprès d'elle, vous avez bien mérité de la chose publique : vous nous avez rendu les témoins des mesures que vous avez prises pour dissiper l'attroupement, et nous avons dû y applaudir, puisque, secondant nos efforts, vous n'avez pas craint d'attaquer les malveillants. Votre activité et votre courage ont déjoué leurs complots et ont ramené la tranquillité publique. Ce sentiment doit vous

---

1. Mss B., folio 128.

dédommager des amertumes que vous devez éprouver souvent. Nous avons jugé, dans le cours des événements, les hommes qui composent votre régiment et nous avons connu ce que vous avez à souffrir ; nous vous distinguerons toujours d'eux et nous n'oublierons rien pour les démasquer. Le gouvernement, à qui nous nous adressons, connaîtra bientôt votre conduite patriotique et ne manquera pas de vous rendre justice (¹). »

Il s'agissait, en effet, pour le malheureux colonel, de passer à la suite, sans attendre trop longtemps un commandement ; mais après les événements de l'avant-veille, il n'y avait pas à songer à réorganiser : la dissolution s'imposait. Landrieux, la mort dans l'âme, écrivit à Lacuée :

« J'ai écrit trois fois au ministre de la Guerre. Je ne sais ce que sont devenues mes lettres (²) : si elles ont été interceptées, je cours risque d'être assassiné. Le ministre Merlin m'a seul répondu.

« Dans cette détresse je me rappelle que vous me promites soutien. Le bien public exige impérieusement que le 13ᵉ régiment de hussards soit licencié ou incorporé ; il ne peut, d'ailleurs, être d'aucune utilité ; cette troupe, à demi-nue, quoiqu'ayant reçu, depuis un an qu'elle a d'existence, plus d'équipement qu'il n'en faut pour quatre corps, sait à peine marcher par deux. Jamais ils n'avaient eu de livrets. Les commandants des compagnies n'ont jamais eu de registres ; le quartier-maître, que j'ai chassé pour vol, n'a jamais pu rendre aucun compte ; point de registre de caisse. Le vin, le jeu, les femmes, voilà ce qu'on connait au corps. Il est le même que le 12 pluviôse an III, jour de sa création. Vous trouverez aux bureaux de la Guerre, dans les cartons qui concerne ce corps, les mêmes notes que celles que je vous donne. Elles sont de la main du général Walther qui l'organisa à regret (³).

---

1. Mss B., folio 129. L'administration municipale d'Aix rédigea en effet, le 30 germinal, une adresse au Conseil des Cinq-Cents pour lui annoncer les meurtres et les discordes advenus pendant le mois. — Roux Alphéran, *Événements de 1787 à 1811*, (Mss. déjà cité et communiqué par M. H. Guillibert.)

2. Ces lettres ne se trouvent pas en effet dans les Archives du ministère.

3. Ces notes sont dans le dossier du *13ᵉ hussards*, Archives de la Guerre.

« Il n'y a que 200 chevaux au corps; quoiqu'ils soient très maigres, ils feraient beaucoup de bien à un régiment qui en aurait soin et dont les officiers feraient leur devoir.

« Ici c'est impossible. L'officier supérieur, le subordonné vont se griser au cabaret ensemble; j'ai tout tenté: punitions, moyens particuliers, discours, encouragements, rien n'y fait.

« C'est à vous, citoyen représentant, que je m'adresse pour faire entendre au ministre qu'il faut absolument qu'on incorpore les hussards dans d'autres régiments. Ils sont nus et sans armes; il vaut mieux les habiller après l'incorporation qu'avant, aussi ai-je cessé tout travail à cet égard.

« Qu'on me mette à la suite d'un autre corps, où mon travail puisse être utile : voilà tout ce que je demande.

« J. LANDRIEUX. »

« Mon adresse sera à Nice, armée d'Italie (1). »

Après l'esclandre d'Aix, Landrieux jugea prudent de ne pas se mettre à la tête de son régiment. Il le suivit à demi-journée de distance, ramassant les traînards et faisant la police des routes. A Brignoles, où le 13ᵉ hussards arriva le 24 germinal, la municipalité instruite des événements de l'avant-veille et peu soucieuse de s'exposer de nouveau aux désordres inséparables, semble-t-il, dans cette ville du passage des troupes (2), s'empressa de venir au devant du colonel des hussards qui, d'accord avec elle, fit bivouaquer son régiment hors Brignoles. Landrieux put enfin prendre le temps d'écrire au ministre de la Guerre :

« J'avoue, citoyen ministre, que j'ai longtemps cherché à disculper le régiment, et surtout après ses leçons san-

---

1. En marge, on lit : Note du ministre. « *Donner des ordres prompts pour faire rejoindre au plutôt* (sic) *le 13ᵉ régiment de hussards à l'armée d'Italie, ensuite le licencier et le refondre.* » Puis, d'une autre écriture : *Exécuté*, (Archives de la Guerre. Correspondance générale : *Armée des Alpes et d'Italie*, 1796, Cart. V. 8/19.)

2. Communication de M. C. Auzivizier, chargé du dépouillement des archives de Brignoles. — Le registre des délibérations de l'assemblée municipale de 1796 manque à ces archives.

glantes de Montpellier, d'Aix et de Castres ; j'ai été longtemps persuadé que ces communes avaient tort. Mais aujourd'hui toute la commune de Brignoles me certifie des choses exécrables. Je vois des épouses en deuil, des enfants pleurant leur père et prêts à sonner le tocsin à l'arrivée d'un régiment de cannibales. Une liste qu'on me présente me rappelle que j'ai constamment vu les individus qu'elle désigne à la tête de tous les rassemblements, de toutes les rixes, et comptés toujours soi-disant par hasard ; je suis certain, citoyen ministre, que tel, que je prenais pour un homme calomnié, se trouve un monstre abreuvé du sang de ses concitoyens, un émigré, un prêtre, un moine, un égorgeur de Marseille, de Tarascon, d'Aix ou de Lyon. Je ne puis enfin résister à l'évidence. Ces gens-là m'ont donc regardé comme utile en quelque sorte à leurs desseins, puisqu'ils ne m'ont pas vingt fois égorgé. Je me rappelle, en rougissant de honte, que j'ai longtemps été leur dupe. Et comment ne l'aurais-je pas été ? J'arrive comme une bombe dans un corps qui m'est inconnu ! Je suis seul. Je ne connais personne dans le pays qui puisse m'éclairer. Peut-être me suis-je défié de ceux qui eussent pu m'instruire ?

« Un nommé Guérin, que Walther avait mis à la tête de ce corps, et qui n'a pas eu le courage de m'attendre, s'est retiré auprès des généraux Stengel et Beaumont, ses protecteurs, pour tourner peut-être en ridicule les observations que j'aurais pu faire à ces généraux qui commandent la cavalerie de l'armée des Alpes. J'ai été instruit de cette particularité assez à temps pour ne pas faire de bévue dangereuse. Je ne leur ai jamais écrit que sur des objets relatifs au service et au mouvement.

« Dans quatre jours nous serons à Nice. Sur quinze cents hommes que j'avais au départ, il ne m'en reste que huit cents. Je suis persuadé qu'au Pont-du-Var, je n'en aurai pas moitié : ils désertent par bandes. J'en ai prévenu le citoyen ministre de la police générale, et les yeux des commissaires du gouvernement à Lyon, à Aix et à Montpellier sont ouverts sur ces déserteurs.

« Je ne vous propose rien sur ce qui me restera, citoyen ministre, votre sagesse sait le parti qu'il convient de prendre (1). »

---

1. Mss B., folio 130,

Landrieux arriva à Nice le 18 avril. Le gros de l'armée était déjà en Italie où la brigade Cervoni avait reçu le baptême du feu le 10, à Voltri, et où Rampon, refoulé dans Montenotte, venait de s'immortaliser (1). La cavalerie seule, d'un usage difficile dans les gorges et sur les côtes, demeurait en arrière, massée dans les Alpes-Maritimes, sous le commandement de Stengel et de Kilmaine (2).

A Nice, en effet, Landrieux retrouva l'ancien général en chef de l'armée du Nord qui n'avait pas tardé, en 1793, à passer des avant-postes dans la prison du Luxembourg à Paris, où le royalisme qui faisait, disait-on, le fond de son caractère d'Irlandais (3) trouva de l'écho parmi les suspects décimés par les prétendues conspirations des prisons. Kilmaine fit à Landrieux le meilleur accueil et lui promit, quand le 13e husssards serait licencié, de le faire réemployer sans perte de temps.

Le séjour à Nice fut de brève durée (20 et 21 avril). « Les tripots y étaient nombreux et il s'y jouait des sommes importantes » (4); Landrieux fut donc heureux de voir la

---

1. M. Eugène Trolard, dans son livre : *De Montenotte au pont d'Arcole*, tranche la question controversée du serment de Rampon en s'appuyant sur le récit de Landrieux (*Mémoires*, I, p. 43 et 109 qu'il qualifie improprement de général. Or le 11 avril, jour du combat de Montenotte, Landrieux se trouvait à Aix-en-Provence, en route pour rejoindre l'armée d'Italie. Ce n'est donc pas un témoin oculaire.

2. Pour tout ce qui concerne Kilmaine, voir l'ouvrage en préparation par l'auteur de cette introduction : *Le Général Kilmaine*.

3. Dans une lettre du 3 juin 1793, un représentant du peuple écrivait de lui au Comité de Salut public : « Il est Irlandais. Le républicanisme ne se fixe pas dans ces têtes-là. » (Legros, *La Révolution telle qu'elle est*, p. 36.)

4. Trolard, *De Montenotte au pont d'Arcole*, p. 42. Les renseignements de M. Trolard sont pleinement confirmés par le document inédit suivant qui contient, en outre, de curieux détails sur la situation de l'armée d'Italie. Daubermesnil, membre du Conseil des Cinq-Cents, écrivait le 10 germinal an IV à Carnot :

« Je crois devoir vous faire part de ce qu'on m'écrit de l'armée d'Italie. Je ne l'ai pas lu sans verser des larmes ; je réponds de la véracité, de la droiture de celui qui m'écrit, il a bien fait ses preuves, et deux ans et demi de captivité chez nos ennemis lui ont rendu la liberté plus chère ; voici ses propres termes :

« *L'armée va bien mal, point de pain, point de viande, point*

cavalerie prendre l'horrible route de la Corniche, où un premier escadron était déjà passé le 5 avril (¹). Il y avait là avec Stengel, Kilmaine et Marc Beaumont, 6,000 hussards, chasseurs ou dragons (²). Le 22 avril, le 13ᵉ hussards arriva à Menton ; le 23 il était à San-Remo, le 24 à Diano. A Oneille la cavalerie se divisa ; partie continua à longer la côte ; partie abandonna la Corniche pour rejoindre Sérurier qui avait ordre d'entrer par Orméa vers Ceva.

« *d'argent et enfin tous nus*, voilà comme nous sommes tous, attendu que les administrateurs en tous genres se promènent à cheval *tout le jour et insultent à la misère du soldat;* je ne puis pas croire que le gouvernement ne prenne des moyens pour réprimer ces abus ; on voyait, ce carnaval passé, dans les bals bourgeois, tous ces muscadins jouer l'or à pleins chapeaux (ce que j'avance je l'ai vu moi-même), tandis que nos chevaux sont sans fourrage et que nos soldats sont réduits au quart de pain dans les montagnes et bien souvent réduits à 5 ou 6 onces de châtaignes ; je crois que c'est assez pour vous donner une idée de nos affreuses privations ; cependant ne désespérons pas, etc... »

« Au nom de la patrie, de l'humanité, *remédiez à ces cruels abus*, réprimez le luxe des fauteurs et immoral des vampires de la République ; faites donner du pain à ces braves gens, ce qui vous est d'autant plus facile, à cette armée, que par un état *qui m'a été communiqué, il y a du blé pour nourrir soixante mille hommes pendant trois ans et au-delà.* » (Archives nationales, AF III, 185, doss. 849.)

Faipoult, ministre de France à Gênes, qui passait par Nice à la même époque, fournit au Directoire des renseignements identiques. (Archives nationales, AF III, 185.)

1. Le brigadier Schaffart, de Schlestadt, tomba dans la mer avec son cheval à Saint-Maurice. Un hussard, le nommé Langlois, de Niort, fut tué par les paysans à Orméa : deux autres furent tués dans une rixe à Céva, le 11 avril. (Archives de la Guerre, doss. du 13ᵉ hussards : *Procès-verbal d'incorporation du 13ᵉ hussards dans les 1ᵉʳ et 7ᵉ hussards.*)

2. Dans son ouvrage intitulé : *De Montenotte au pont d'Arcole*, M. Trolard, énumérant les régiments de cavalerie composant les divisions Stengel et Kilmaine, au début de la campagne, d'après la *Correspondance de Napoléon*, a cru devoir ajouter que Landrieux commandait le 7ᵉ hussards. Or, à cette époque, Landrieux commandait le 13ᵉ hussards que cet historien a omis dans son énumération. Ce n'est seulement qu'après Lodi qu'il devenait colonel à la suite du 7ᵉ hussards commandé par le colonel Payen.

Le 13ᵉ hussards, moins favorisé que le 13ᵉ chasseurs qui chargea à Mondovi sous la conduite de Stengel et de Roise, ne fut employé qu'à des besognes secondaires, ce qui n'empêcha pas Landrieux d'être blessé, dès le début de la campagne, aux environs de Céva (¹).

A Fombio, le 8 mai, il reçut une nouvelle blessure, un coup de baïonnette à la jambe (²), dans les combats de cavalerie qui se livraient aux environs de Malleo et jusqu'à Codogno, où il faillit être enlevé, le soir, tous les postes français dormant au lieu de se garder. « Nous avions fini de souper, raconte-il, le général Laharpe, le commissaire des guerres Lavergne, l'aide-de-camp Lahoz et moi, et l'on s'endormait à table, avec le comte de Lamberti, notre hôte, lorsqu'un canonnier ivre vint nous demander assez insolemment ce que nous avions ait de la pièce de 5 placée à la porte. Nous crûmes que son état d'ivresse l'avait empêché de la voir. Il était minuit et la nuit très noire. Lahoz le mit à la porte. Un instant après, un volontaire vint nous dire, de la part de Dupuis, chef de brigade de la 32ᵉ, que l'ennemi était dans la ville et très mêlé avec la 32ᵉ (³). Nous fûmes à l'instant à cheval et nous courûmes vers Dupuis. Nous étions sept, y compris les ordonnances. Une fusillade nous accueillit, nous la fîmes cesser en criant : « France ! » Nous ne savions pas trop où nous étions. Dans le même instant, une paillasse que Dupuis fit allumer nous fit voir dans cette place qui est immense un corps d'environ 300 Autrichiens à gauche, qui se collaient contre le mur de l'église et la demi-brigade de près de 4,000 hommes, rangée assez confusément le long des boutiques à droite. Point de feu de bivouac. Sitôt que Dupuis se trouva éclairé et qu'il eut quelques hommes en ligne, il marcha sur le détachement qui mit bas les armes. C'étaient des pontonniers. Nous cherchions le général Laharpe autour de nous ; il n'y était pas. Son aide-de-camp l'appelait ; il était tombé mort dans la rue, entre nous sept, de la fusillade dont j'ai parlé,

---

1. Archives de la Guerre, doss. du 13ᵉ hussards : *Procès-verbal d'incorporation.*

2. Mss B., folio 27 : *Certificat de blessures délivré par le conseil d'administration du 13ᵉ hussards.*

3. Sur Dupuis, voir Trolard : *De Montenotte au pont d'Arcole,* p. 20 à 22, et *De Rivoli à Marengo et à Solferino,* I, p. 195.

et nous n'avions rien eu. En courant dans l'obscurité, nous ne l'avions ni vu, ni entendu tomber. »

Le surlendemain, Landrieux commanda ses hussards à l'attaque de Pizzighitone, place assez forte sur la rive gauche de l'Adda, pendant que se livrait la bataille de Lodi [1]; là il eut un cheval tué sous lui et fut légèrement blessé à l'aisselle gauche [2], mais cette victoire assurait la Lombardie à l'armée française, le plus beau pays de la terre, comme dit la lettre d'un officier. « Les statues d'or et d'argent qui abondent dans les églises sont allées se fondre dans nos trésors. Notre armée abonde de tout. Le soldat ne connaît plus le pain de munition. Les chevaux valent trois louis [3]. » Trois louis un cheval ! En France, Landrieux avait payé huit mille livres en assignats une seringue pour les chevaux du 13e hussards [4].

Après Lodi, le chef de brigade se consacra entièrement aux travaux préparatoires du licenciement de son corps, car l'ordre était arrivé de Paris de réorganiser le régiment. Kilmaine le fit charger de cette mission délicate et obtint de Bonaparte la promesse pour Landrieux du grade d'adjudant-général. Il l'informa du résultat de ses démarches par une lettre datée de Lodi le 8 floréal (27 avril 1796) :

« Vous savez, mon cher Landrieux, que l'opération du licenciement d'une troupe est une chose assez difficile. Le général en chef ne veut ni ne peut se confier à Beaumont qui n'y entendrait rien, ou qui ferait quelque gaucherie.

---

1. Le journal *le Gil Blas* du 24 avril 1892 s'est étonné que la bataille de Lodi figurât sur l'étendard du 13e hussards. Il prétend que ce régiment était licencié avant Lodi et donne comme preuve l'arrêté du Directoire du 2 floréal an IV (21 avril 1796), mais cet arrêté, ne pouvant être exécuté en Italie au moment où il était signé à Paris, n'empêcha pas le 13e hussards, sous le commandement de Landrieux, de prendre une part active aux combats autour de Lodi. Son licenciement n'eut lieu, comme on le verra plus loin, que le 18 mai.

2. Mss B., folio 27, pièce citée.

3. Archives de la Guerre, *Correspondance générale de l'armée d'Italie*. La lettre est du 28 floréal an IV (15 mai 1796.)

4. Mss B., folio 130, pièce citée. « J'ai souvent aussi été contrarié par les assignats dont on ne veut en aucune façon en ce pays. Une seringue pour les chevaux a coûté 8,000 livres, et vous savez, citoyen ministre, que les assignats nous sont donnés au pair. »

Quant à Roise qu'on veut faire adjudant-général, il ne s'en tirerait jamais. Il n'y a donc que vous qui puissiez faire cette besogne d'une manière satisfaisante ; j'en ai parlé au général en chef qui m'a chargé de vous en donner l'ordre. Ainsi, n'ayez plus d'inquiétude sur les jalousies que vous paraissez craindre. Je suis chargé également de vous annoncer que vous resterez avec nous en qualité de chef de l'état-major général de la cavalerie, et qu'en attendant vous pouvez choisir du 1er ou du 7e régiment de hussards à commander. Pour votre tranquillité, prenez le 7e, le premier étant composé d'Allemands et de Français qui se disputent sans cesse. Ce corps, d'ailleurs, n'est pas bon. On n'en est pas content. Le 7e a un chef de brigade, mais on lui prépare l'ordre de rentrer en France, et puis ce n'est qu'en attendant que le Directoire ait envoyé son refus d'élever Roise au grade d'adjudant-général, ce qui ne peut manquer puisqu'il n'est que capitaine.

« Beaumont extravague avec cet homme. Le général en chef ne l'a demandé que pour le contenter, bien certain qu'il sera refusé ; car, s'il l'avait bien voulu, il l'aurait nommé lui-même.

« Je vous donne tous ces détails pour vous mettre le cœur au ventre ; prenez tels moyens qu'il vous conviendra, mais dépêchez cet ouvrage et faites en sorte que tout le monde soit content.

« Vous pouvez y servir vos amis et les bons sujets. Ci-joint l'ordre que je vous annonce.

« Je vous salue de cœur,

« KILMAINE ([1]). »

L'ordre annoncé, daté du même jour, charge Landrieux de procéder sur-le-champ au licenciement de son régiment. Vingt-cinq hommes des mieux faits, des plus sages, des mieux montés et équipés seront choisis tout spécialement par lui pour être envoyés, sous le commandement d'un maréchal-des-logis et de deux brigadiers, au quartier général. Ces hommes étaient destinés à former le noyau du corps des guides de Bonaparte. Le reste du régiment devait être

---

1. Mss B., folio 136.

« divisé en deux parties égales, hommes et chevaux » ; une partie envoyée au 1er hussards cantonné à Malleo et la seconde au 7e campé à Lovresco (1).

Bien que le travail fut interrompu par l'entrée à Milan (où Landrieux fut un des signataires du procès-verbal de pesée des 21 millions qui constituèrent la rançon du Milanais), conformément aux ordres donnés, le 18 mai, le général Kilmaine, assisté du commissaire des guerres Roux, se rendit au bivouac sous Lodi et procéda à l'incorporation. L'effectif du 13e hussards comportait alors : un état-major de 32 officiers inscrits au contrôle, car il y avait des emplois vacants; 148 sous-officiers et hussards montés; 216 hommes non montés dont seulement 20 présents et les autres dans les dépôts à Nice, Toulon et Castres (2). Il y avait 235 chevaux : 148 à l'armée et le reste malades dans les dépôts. Les 25 hommes destinés aux guides furent d'abord prélevés; puis 169 hommes et 105 chevaux furent dirigés sur le 1er hussards et 170 hommes et 105 chevaux sur le 7e régiment (3).

Au lendemain de la dissolution du 13e hussards, Lan-

---

1. Mss B., folio 137.
2. Depuis les revues passées en France, l'effectif s'était diminué de 23 hommes par désertion, meurtre, ou morts au champ de bataille.
3. Archives de la Guerre, doss. du 13e hussards : *Procès-verbal d'incorporation du 13e hussards dans les 1er et 7e hussards.* — M. Eugène Trolard, dans son dernier livre *De Rivoli à Solférino*, I, page 144, s'est absolument trompé sur tout ce qui regarde le 13e hussards. Cela paraîtra peut-être surprenant, d'autant plus que cet auteur cite à chaque page les *Archives de la guerre*, les *Archives nationales*, etc., et, par là, tend à faire croire qu'il s'est livré à des recherches approfondies; M. Trolard avait cependant à sa disposition les pièces justificatives (Mss B.) des *Mémoires* de Landrieux, qui auraient suffi à l'éclairer s'il leur avait accordé plus qu'un examen superficiel. Mais, pour des raisons totalement étrangères à l'Histoire, cet auteur, par une incohérence inexplicable, a cru devoir vilipender Landrieux dans son nouvel ouvrage, tandis que dans le précédent (*De Montenotte au pont d'Arcole*, pages 39, 160, 161, 221, 223, 383, 387, 430), il s'appuyait au contraire avec quelque complaisance sur la haute valeur de cet écrivain militaire qu'il a découvert... après le général Koch, la *Revue du Cercle militaire* et M. Eugène Asse.

drieux devenait colonel à la suite du 7e hussards et rentrait à Milan, d'où il dut fuir la révolte des habitants indignés du vol du mont-de-piété, que Bonaparte avait fait transporter à Gênes.

## VI

On lit dans les *Mémoires* de Landrieux un récit très détaillé et très pittoresque des évènements de Milan et de Pavie auxquels il assista à son retour de Lodi, au moment où il donnait tout son temps à l'organisation du bureau des affaires secrètes (¹).

Jusque là, chaque général s'était tiré tant bien que mal du service des renseignements, employant des espions qu'il payait suivant les circonstances : aussi n'y avait-il aucune régularité dans les informations. Depuis le début de la campagne, Bonaparte se montrait très mécontent de cette organisation défectueuse et parlait de la rétablir sur un pied différent. Kilmaine, qu'il en voulut charger, lui indiqua Landrieux comme l'homme de ces besognes. Saliceti lui en fit également l'éloge sur la recommandation de Pelissier (²).

Le général en chef résolut de s'attacher un officier si ferme et si adroit. Il lui fit force promesses et s'ouvrit à lui de ce qu'il attendait de son intelligence (³). Il fallait établir des correspondances sûres, non seulement dans l'armée ennemie, mais à Naples, à Rome, à Florence, à Turin, à Venise, à Vienne et à Paris. « Les travaux de ce bureau secret, dit Landrieux, n'avaient aucune espèce de rapport, Paris excepté, avec les opinions républicaines ou les opi-

---

1. *Mémoires*, I, p. 63-72.
2. *Mémoires*, I, p. 107. C'est ce Pélissier qui avait vu Landrieux réprimer l'émeute du 13. hussards à Aix en Provence.
3. Landrieux affirme que Bonaparte promit de lui faire rembourser les 90,000 francs qui restaient dus sur la formation des Hussards-braconniers et dont il n'a jamais perdu le douloureux souvenir.

nions royalistes. Il fallait seulement savoir ce qui se passait autour du Directoire à cet égard, à quel parti tenaient les officiers et les chefs de corps que les Directeurs, à chaque mouvement de bascule, nous envoyaient à Milan (1) ». Il fallait savoir ce qu'étaient et ce que faisaient tous les généraux, surveiller leurs exactions et leurs pillages, en un mot, faire la police secrète en même temps que diriger une savante organisation d'espionnage contre l'ennemi. Avec un bureau bien organisé, Bonaparte comptait avoir dans sa main tout le personnel militaire et politique de l'époque, et il l'eut en effet. Sur ce point, les affirmations de Landrieux, qui, isolées, pourraient passer pour suspectes, sont prouvées par les constatations de l'Histoire.

Une fois à la tête du bureau secret, Landrieux travailla à se faire décharger du commandement du 7e hussards, dont le colonel blessé lui laissait tout le poids. Le 27 mai, c'est lui qui amena à Bonaparte, installé au couvent de Sainte-Euphémie, les deux envoyés du providiteur général de Vérone : Rocco San Fermo et Benedetti del Bene qui y signèrent les conventions qui permirent plus tard le soulèvement de la Terre-Ferme (2). Bonaparte en fit rédiger le texte par Landrieux qui, les signatures échangées, ramena les négociateurs à leur auberge, non sans leur dauber dessus (3). Kilmaine feignit de croire, pour être désagréable à Bonaparte, que Landrieux avait été le véritable inventeur de ce contrat léonin ; car il était déjà en plein désaccord avec le général en chef et le querellait ferme. Beaulieu venait d'occuper Peschiera par ruse, et Kilmaine, chargé de repousser son avant-garde, réclamait d'urgence les renforts de troupes d'infanterie que le général en chef avait promis de joindre à ses cavaliers. Il dut néanmoins livrer bataille avec sa seule cavalerie : 1,200 hommes du 1er et du 7e hussards. Ce furent une série de charges dans l'une desquelles

---

1. *Mémoires*, I, p. 108.
2. *Mémoires*, I, p. 74. Voici l'ordre de Kilmaine : « Vous voudrez bien, citoyen, vous rendre sur-le-champ à l'auberge del Gambara, à Brescia, où vous trouverez deux députés de la ville de Vérone qui se rendent près du général Bonaparte ; vous les accompagnerez dans leur voiture et vous reviendrez avec eux. » (Mss. B, folio 138.)
3. *Mémoires*, I, p. 77.

Landrieux eut son cheval tué au moment où son général abattait à ses pieds d'un coup de sabre le célèbre Liptai. Le lendemain de ce combat (29 mai) Landrieux perdit un deuxième cheval à Borghetto. Il était de grand'garde, près d'une vieille église ruinée qui servait de grange, sur le chemin de Valleggio à Castel-Novo. Depuis deux jours, constamment en éveil, il n'avait pas eu un moment de repos. Les hussards sommeillaient couchés sur le foin. Ayant attaché son cheval au portail de l'église, il grimpa dans le campanile où il s'endormit d'un si profond sommeil qu'il se réveilla sous la garde d'un factionnaire autrichien. Qu'était donc devenu son régiment ? Enfin la fusillade lui apprit l'approche des Français qui le délivrèrent. Restait à se monter. Un grenadier lui céda pour douze livres un cheval dont il n'avait que faire et il répara si bien le ridicule de son aventure de la nuit, pendant la journée du 30, qu'à la tête des éclaireurs il reçut un coup de feu au genou droit et un autre à l'aisselle gauche. Le soir, ses blessures pansées à la hâte, il éprouva un autre inconvénient de la guerre, dont il devait se ressentir longtemps. Un obus éclata à peu de distance de lui et les terres soulevées l'aveuglèrent ([1]). Un an plus tard, il n'était pas remis. Le plus dangereux fut, d'ailleurs, sa blessure à la jambe qui avait fort méchante mine et l'obligea à se faire transporter à Goito, où Kilmaine lui donna l'ordre de rester avec quelques hussards ([2]). Comme Sérurier lui demandait ce qu'il faisait dans cette ville, qui ne lui paraissait pas propre à devenir le siège du commandement de la partie du Mantouan qui est à la droite du Mincio, poste que Bonaparte avait confié au colonel blessé, Landrieux lui écrivit pour le mettre au courant de la situation.

« Il suffit, citoyen, répondit Sérurier, que le général Kil-

---

1. Mss. B, folio 239 : Certificat de Kilmaine, en date du 4 nivôse an V.
2. L'ordre est du 12 prairial (31 mai). « Il correspondra, y lisait-on, pour les objets relatifs au service avec le général Sérurier, établi à la Favorita, et quant à la partie politique et à tous les détails relatifs au gouvernement important qui lui est confié, il continuera à entretenir les relations les plus intimes et les plus exactes avec le général Kilmaine. »

maine ait prononcé sur le lieu que vous pouvez habiter dans le Mantouan pour que je me fasse un devoir d'être du même avis ; d'ailleurs, citoyen, quand je pourrai vous être de quelque utilité, vous pourrez disposer de moi.

« J'apprends avec peine que vous avez la jambe fracassée ; ne négligez rien pour votre prompt rétablissement.

« Vous êtes bien bon de prendre intérêt à ce qui me regarde : la saison, j'espère, me fera grâce.

« Je vous souhaite un prompt rétablissement. »

Sérurier marchait alors sur Mantoue, cette *bicoque* que Bonaparte comptait enlever en quelques heures et qui résista de si longs mois. Landrieux, à Goito, ne perdait point son temps. Il suivait ses travaux du bureau secret et entre temps s'occupait de sériciculture. Son récit vaut la citation comme type des occupations variées auxquelles est apte le soldat français :

« Il n'était pas resté un seul habitant à Goito en sorte qu'on ne pouvait s'y procurer les choses les plus nécessaires.

« J'envoyai quelques hussards faire des découvertes. Ils revinrent comme la colombe de Noé. Nul habitant dans les villages voisins. Le lendemain, on poussa jusqu'à Gazzoldo, même résultat. Le Mantouan n'était plus qu'une immense solitude.

« C'était la saison des vers à soie et ces insectes abandonnés menaçaient le pays d'une infection générale. Kilmaine, à qui j'en donnai avis, et qui commandait à Roverbella, et Sérurier, m'envoyèrent un bataillon de Gascons et de Languedociens qui, au fait de l'éducation de ces vers, se répandirent dans ces campagnes inhabitées et soignèrent ce qui restait avec une attention et une bonhomie incroyable, c'était à qui ferait mieux. Les cocons furent vendus à Gênes ; le prix en fut distribué au bataillon.

« Tous les habitants avaient passé en masse sur le territoire des Vénitiens. Ceux-ci les y avaient poussés en calomniant nos troupes de la manière la plus atroce. Ils avaient fait accroire aux Mantouans qu'à défaut de viande nos soldats mangeaient les enfants. Cette assertion, toute ridicule et toute incroyable qu'elle était, se trouva être de la dernière

---

1. Mss. B, folio 240.

exactitude dans l'imagination de ce peuple. Les bons Mantouans avaient emmené leurs bestiaux qu'ils furent ensuite forcés de vendre, presque pour rien, aux avides Vénitiens pour pouvoir vivre eux-mêmes dans cette terre étrangère. Ils virent enfin qu'on les avait trompés, et ils rentraient ruinés dans leurs foyers. Vivante, auteur de ce conte, possesseur d'un odieux monopole, revendait très cher à l'armée ce qu'il avait fait acheter par des personnes de Terre-Ferme aux Mantouans effrayés ([1]).

« Il rentra sans doute une partie de ces bestiaux dans le Mantouan, car tous n'avaient pas été vendus, mais les animaux, fatigués par la fuite, par le jeûne et par le retour, furent attaqués, en rentrant, par une épizootie affreuse. On manquait de gens pour les enterrer. Si l'on veut se faire un tableau de la désolation du Mantouan à cette époque, on n'a qu'à lire la description que donne Virgile de la peste des bestiaux des campagnes de la Norique : c'était à peu près la même chose dans ce pays. »

Le 8 juin, le colonel Payen reprenant son poste à la tête du 7e hussards, Kilmaine fit attacher Landrieux à son état-major, l'état-major général de la cavalerie. Il demeurait, cependant, simple chef de brigade malgré l'inconvénient qu'il y avait pour le bon ordre et la discipline à confier à un colonel une fonction qui le faisait commander à des généraux.

Le bureau secret fonctionnait déjà si activement et avec tant d'ordre, que ses agents, Mantouans pour la plupart, très adroits, assez vrais et pas chers, s'étaient répandus sous prétexte de commerce dans toutes les villes vénitiennes, autrichiennes et sardes. Il y en avait jusque dans l'armée ennemie, à Rome, à Naples, à Gênes, à Trente.

Le 21 juin, Landrieux transmit à Bonaparte l'avis de la nomination de Wurmser comme commandant d'une armée destinée à l'Italie et qui se formait dans le Tyrol. Le 25,

---

1. Vivante était un fournisseur international, juif de race, commandité par les principaux sénateurs. Il faisait, s'il faut en croire Landrieux, un peu d'espionnage dans les deux camps. Comment refuser à un fournisseur des renseignements sur la quantité de fourrage, par exemple, dont un corps aura besoin, voire même des états de situation ? Kilmaine eut le cœur de les lui refuser.

un nouvel avis prévenait le général en chef, qui attendait à Vérone dans une inaction complète que Mantoue, épuisée par la famine, capitulât, que 12,000 hommes se rassemblaient à Palma-Nova. « C'est un gobe-mouche; je lui retirerai le bureau! » s'exclama Bonaparte qui se confiait surtout à son service personnel d'espionnage et qu'abusait la vieille et rouée princesse Palestrina. Le chef du bureau secret renouvela bientôt après l'alarme. — « C'est encore du Landrieux! dit Bonaparte que querellèrent Sérurier et Kilmaine, vous allez sans doute vous hâter de faire une *circonvallation*. — Je vais la faire faire, dut-elle vous être aussi inutile que celle de Saint-Georges! » répondit Kilmaine avait été très fort blâmé pour cette construction, faite sur le conseil de Landrieux, à qui un de ses agents les plus habiles, le père Ambrosio, avait remis une très ancienne gravure du siège de 1629 sur laquelle le faubourg Saint-Georges était indiqué comme fortifié par derrière d'un mur circulaire flanqué de tours (¹). Le prudent Kilmaine confia l'exécution de ce travail au chef de bataillon du génie Samson, malgré la désapprobation du général en chef qui fut trop heureux d'y trouver un moyen de défense sauveur lors du combat d'Anguillari. Bonaparte, malgré ses sarcasmes, savait que Landrieux était, de par ses travaux antérieurs, assez compétent en génie pour le venir consulter à Goito, le surlendemain du jour où le chef de brigade lui avait proposé d'aller à Mantoue demander à Canto d'Yrles de laisser sortir de la place assiégée les illustrations scientifiques qui étaient la gloire de son Université; cette fois, il s'agissait d'une ruse de Murat que le général en chef annonçait au Directoire le 12 juillet en ces termes pompeux: « Je médite un coup hardi; les bateaux, les habits autrichiens, les batteries incendiaires, tout sera prêt le 28 (16 juillet). Les opérations ultérieures dépendront entièrement de la réussite de ce coup de main qui, comme ceux de cette nature, dépend absolument du bonheur d'un chien ou d'une oie (²) ». L'échec fut complet et la ruse était de celles qui réussissent du premier coup ou jamais. Landrieux en avait jugé ainsi.

---

1. Ce plan est dans le Mss. B.
2. *Correspondance de Napoléon Ier.*

Mais l'ennemi approchait et il fallait se préparer à la résistance. Landrieux s'occupait de replier ses dépôts de cavalerie le long du Pô. « Ils seront en route six minutes après l'ordre reçu, écrivait-il à Kilmaine. Je demeurerai parce que je ne veux pas vous quitter dans ce moment critique. On se battra, et je veux y être, et avec vous, comme au camp de César en frimaire an II (¹). » Sa haine contre les Vénitiens s'augmentait de toute l'incrédulité de Bonaparte. « Ce sont eux et leurs partisans, écrivait-il le 29 juillet à Sérurier, qui ont tenu le général en chef dans cette malheureuse sécurité qui m'a fait traiter d'alarmiste lorsque j'ai fait passer les avis qui me venaient de Vienne même et dernièrement du Frioul et du Palais Rouge. Nous allons sans doute céder pour un moment à la tempête : nous reculerons probablement sous deux ou trois jours pour nous rallier. Mais, je vous jure, général, qu'autorisé ou non, si je recommande quelques troupes, comme j'ai le droit de l'espérer, je brûle tout partout où je porterai mes pas dans la Terre-Ferme. Je châtierai d'une façon terrible ces prétendus républicains, ces malveillants, ces juifs, ces traîtres : il leur faut une leçon pour leur apprendre que leur sublime politique n'est pas un secret pour vous et que la première nation du monde ne se laisse pas jouer par des brigands. Je vous supplie de communiquer ma lettre et les trois rapports au général en chef. Le général Kilmaine me mande de Ronco que ses affaires ne vont merveilleusement pas bien. J'ai ici près des deux tiers de la cavalerie en chevaux blessés. Je dispose tout au départ vers le Piémont (²). »

Le soir, Vignolles et Murat (³) vinrent lui demander à

---

1. En frimaire an II, Landrieux n'était pas au camp de César, il était dans les prisons d'Abbeville. Quant à Kilmaine il était suspendu de ses fonctions depuis le 4 août 1793 et il ne reprit ses fonctions que le 13 juin 1795. Pendant ce temps-là il avait été incarcéré, puis il était tombé malade.
2. Mss. B, folio 171.
3. Landrieux avait en effet retrouvé en Italie son ancien chef d'escadron du 21ᵉ chasseurs. Murat, après avoir longtemps lutté contre la réintégration de Landrieux, avait entrepris de réclamer tardivement contre la nomination de Duprès qu'il jugeait attentatoire à ses droits. Ses réclamations au bureau de la cavalerie,

coucher et il leur céda son lit. « Murat avait un air de satisfaction extraordinaire. Ils étaient descendus d'une très belle voiture anglaise que Murat me dit avoir confisquée sur le consul anglais à Livourne d'où ils venaient. Il me pria de la lui garder quelques jours pour lui donner le temps de la vendre. Il ne voulait pas la mener à Milan, crainte que Bonaparte ne se l'appropriât. Vignolles me dit qu'ils avaient eu tous à l'état-major 60.000 francs chacun environ, provenant des dettes des négociants livournais envers les Anglais que Collot, qui avait été chargé de ces recherches, les avait forcés à payer et que, ensuite, il en avait fait le partage ». (1)

Landrieux n'eut pas le temps de jalouser la bonne fortune de son terrible adversaire du Nord. A 7 heures du matin, il reçut de Kilmaine l'ordre d'évacuer ses dépôts sur Borgoforte. A 8 heures, tous étaient en route, mais il lui fallait vider les magasins considérables de Goito. Toute la journée il achemina des voitures chargées de draps ou de toiles vers le Milanais. Les troupes ne cessaient de passer dans le plus grand désordre. Vers 5 heures, madame Bonaparte arriva accompagné de l'ordonnateur en chef Lambert. Partout le tocsin sonnait.

---

vaines d'abord, furent enfin accueillies quand il sollicita, en invoquant des précédents, sa nomination de chef de brigade à la suite. Au 13 vendémiaire, il s'était attaché à la personne de Bonaparte allant chercher l'artillerie aux Sablons (*Mémoires de Napoléon : guerre d'Italie*, chap. III). Il fallait désormais compter avec lui. Le 13 pluviôse an IV (2 février 1796), il obtint, malgré l'avis contraire du chef de bureau de la cavalerie, de prendre le rang de chef de brigade à compter du 28 brumaire 1793, mais le Directoire décida qu'il continuerait les fonctions de chef d'escadron au 21e chasseurs sans pouvoir se prévaloir de son rang d'ancienneté dans le grade de chef de brigade que lorsqu'il serait porté à un emploi titulaire à la première vacance. Le 11 ventôse an IV (1er mars 1796) il devenait l'aide-de-camp de Bonaparte qui l'avait demandé au Directoire et il le suivit en Italie où il fut fait général de brigade le 21 floréal (10 mai 1796).

1. *Mémoires*, Mss A., folio 212, note. Landrieux ajoute : « Bonaparte appelait cela des enfantillages. Il se gardait bien d'en parler au Directoire auquel il écrivait, le 2 thermidor, qu'il avait mis toutes les dilapidations sous la responsabilité personnelle du citoyen Belville, consul de France à Livourne. »

Au point du jour, le 31 juillet, Bonaparte et Berthier descendirent de cheval. Tandis qu'ils dormaient deux heures sur le lit du chef de brigade, Berruyer lui expliqua la situation : l'ennemi était dans Vérone ; sous peu d'heures on serait attaqué ; l'ordre était donné de lever le siège de Mantoue.

Landrieux fit noyer dans le fleuve les 900 milliers de poudre entassés au château d'Arco, chavirer le pont de Goito, et se battant comme un enragé, disputant le terrain pied à pied, rejoignit Kilmaine à Castiglione le 1ᵉʳ août. La journée fut encore chaude et, le soir à Montechiaro, Bonaparte l'accueillit par des reproches de ne pas s'être fait tuer. La querelle entre les généraux dans la petite grange où se tenait le conseil est une des pages les plus curieuses des *Mémoires* de Landrieux [1]. « Je m'en lave les mains. Je m'en vais, » dit enfin Bonaparte. Augereau, qui savait aussi bien se battre que piller, prit le commandement et ne s'occupa plus que de « f.... : une fameuse danse à l'ennemi [2]. » Landrieux commanda le centre de la cavalerie durant la journée mémorable de Castiglione [3] et le lendemain, au lieu de prendre part à la poursuite de l'ennemi, avec

---

1. M. Eugène Trolard, qui a étudié les *Mémoires* de Landrieux avec trop de précipitation sans doute, ne s'est pas aperçu que le récit de Masséna, ou plutôt du général Koch, qu'il cite (*De Montenotte au pont d'Arcole*, p. 433), est littéralement copié dans les *Mémoires* de Landrieux. C'est donc avec l'aide de Landrieux que M. Trolard porte un des coups les mieux dirigés au récit de Thiers.

2. *Mémoires*, III.

3. M. Eugène Trolard dit, dans son nouvel ouvrage *De Rivoli à Solferino*, que Landrieux commanda rarement le 7ᵉ hussards. Il ne fait pas attention que cet officier était colonel à la suite et que ses fonctions d'adjudant-général l'appelèrent ensuite à l'état-major. Dans le même ouvrage, M. Trolard écrit que « Landrieux ne prit part à aucune des grandes batailles. » Il résulterait de cette affirmation que Castiglione n'est pas une grande bataille, mais M. Trolard s'est refuté d'avance dans *De Montenotte au Pont d'Arcole* (p. 424), où il écrit que « Bonaparte donna le commandement du pays mantouan à l'adjudant-général Landrieux qui, blessé d'un coup de pistolet à la cuisse près de Rivoli, ne pouvait faire campagne. » Le malheur veut que Landrieux, à l'époque où il a reçu ce coup de pistolet, n'était pas adjudant-général. M. Trolard ferait peut-être bien de mettre d'accord entre eux ses deux volumes.

400 cavaliers, il fut chargé par Augereau d'aller reconnaître les positions occupées par l'ennemi à la droite de l'armée. Il y employa plusieurs journées, terrifia le gouverneur d'Azzola qui l'avait obligé à rentrer dans sa ville par la brèche, fut soigné des fièvres par le médecin du duc de Parme, qui le guérit avec son précieux quinquina (1). Le 9, son expédition était finie et Kilmaine l'entretenait des dépôts à établir en Lombardie et aussi de ses propres intérêts :

Codogno, le 22 thermidor, l'an IV (9 août 1796).

« Je vous ai attendu toute la matinée, mon cher Landrieux, d'abord pour arranger les affaires des dépôts qu'il faudrait mettre ici, à Casale et à Malleo pour la commodité des fourrages, et écrire au général Sahuguet, commandant de la Lombardie, pour le prévenir de leur arrivée dans son commandement, et faire revenir de Milan les dépôts du 7e et du 20e qui y sont allés de Plaisance. Secondement, j'avais besoin immédiat des mille écus de Milan pour les envoyer sur-le-champ à Paris, avec d'autre argent, par le moyen d'Auzou, ne voulant absolument garder ici qu'une cinquantaine de sequins; je vous prie de me dire tout de suite où je pourrais les prendre, ou si je dois les envoyer chercher par mon aide-de-camp; vous aimez comme moi que les choses aillent rondement. Ainsi expédions.

« Je vous embrasse.

« Ecrivez-moi tout de suite et dites-moi ce qu'il faut que je fasse pour vous et pour moi : les quatre mille de Mantoue resteront pour nos affaires du moment (2). »

Augereau avait repris Vérone. Kilmaine conservait ses quartiers à Brescia. C'est de là que le 30 août il adressait à Landrieux l'espion Nicolini, porteur de la lettre suivante :

Brescia, 13 fructidor, l'an IV de la République (30 août 1796).

« Je vous envoie, mon cher Landrieux, Nicolini qui vous donnera tous les renseignements nécessaires et qui vous ac-

---

1. Le récit de la maladie de Landrieux chez le duc de Parme est un des plus curieux des fragments annexés aux *Mémoires*.
2. Mss. B, folio 193.

compagnera à Casal-Moro et à Carpenedoli. Je le charge de m'apporter à Vérone ce qui me regarde : il faut aussi satisfaire son camarade et lui.

« Kilmaine.

« Je vous embrasse et vous souhaite du bonheur.
« Mille pour vous, de même pour moi et le reste au chef (¹).

Bonaparte voulait, en effet, jouer un tour à son lieutenant Masséna, en faisant enlever par Landrieux les trésors déposés par ce général à Casalmoro et Carpenedoli. Berthier lui en avait expédié l'ordre, trop explicite au gré de Landrieux, qui préférait agir de son chef et avoir l'apparence de rechercher un trésor sans propriétaire. Il s'agissait de 316.077 francs récoltés en Piémont par Masséna.

Le 10 septembre, Kilmaine donnait à Landrieux le commandement de Vérone où venaient le trouver les remerciements de Pol Franceschi dont il avait facilité la fuite (²). A

---

1. Mss. B, folio 202.
2. Voici la curieuse lettre de P.-Pol Franceschi tirée du Mss. B, folio 207 :

« Goito, le 25 fructidor an IV de la République.

« Citoyen commandant,

« Je suis en sûreté, enfin je suis libre. Je sais bien que je dois tout à votre humanité, dont je m'en rappellerai à jamais. L'aristocratie doit pâlir à l'aspect d'un Landrieux et tous ses efforts pour poursuivre les bons patriotes retomberont sur elle-même : du moins ce doit être le vœu de tous les honnêtes gens. Vous pardonnerez, citoyen, si j'ai conduit l'ordonnance jusqu'ici ; l'envie de vous remettre d'abord le cheval m'a fait prendre ce parti-là. Sur la route de Vérone à Goito j'ai demandé du quartier général, et personne n'en sait rien de sûr. Je compte pourtant de m'arrêter ici, en attendant le cheval que mon frère vous aura fourni, et à son arrivée, j'irai joindre ou le général en chef ou le citoyen Chasseloup, chef de brigade du génie. Ayez la bonté de faire remettre promptement cette lettre à l'ami Mauber, dans laquelle il y en a une autre pour mon frère. Enfin, agréez que je vous renouvelle les sentiments de mon éternelle reconnaissance, avec laquelle je suis tout à vous. Salut et fraternité, très affectionné.

« Pierre-Pol Franceschi. »

On lit dans une lettre de Talleyrand au citoyen Testi, ministre

peine installé, il eut à déployer la plus grande énergie pour réduire le gouvernement vénitien. Armant quatre cents convalescents qui faisaient la boulangerie au fort Saint-Félix, il tint bon avec 148 hussards contre une division autrichienne qui pensait enlever la ville tandis qu'on se battait à Anguillari. Il mourut 87 hommes dans le corps à corps, mais Bonaparte fit féliciter Landrieux par le général Gauthier. « Vous avez défendu la ville avec trop de courage et de succès pour qu'il puisse vous remplacer de sitôt : il m'a chargé aussi de vous demander les noms des commandants et autres officiers des 400 hommes avec lesquels vous avez eu l'audace de tenir tête aux 7.000 Tudesques qui ont escaladé Vérone. Wurmser, quoique enfermé dans Mantoue, est encore redoutable ([1]). »

Berthier lui écrivit également, mais pour lui donner encore une mission scabreuse. Bonaparte n'oubliait pas qu'Augereau avait vaincu malgré lui à Castiglione. Qu'adviendrait-il si le glorieux et vaniteux soudard jasait à son habitude ? Il fallait pouvoir le contraindre à brider sa langue. Bonaparte, instruit par un rapport du bureau secret, en l'absence de Landrieux, que son lieutenant avait fait argent de quelques 160 chevaux pris sur l'ennemi, fit procéder à une enquête tapageuse dans laquelle douze témoins furent interrogés ([2]).

Le 19 novembre, Landrieux fut autorisé à reprendre le commandement des dépôts du Mantouan, Bonaparte, dont le quartier général était à Roverbella, tenant à l'avoir sous sa main, car la campagne d'hiver semblait d'une haute importance pour l'avenir de l'occupation française. On était

---

des relations extérieures de la République cisalpine (30 brumaire an VI), cette chaude recommandation en faveur de P.-Pol Franceschi : « Le citoyen Pol Franceschi, ex-député de Bassano, se réfugie dans la République cisalpine. Ce citoyen vous paraîtra mériter, par ses sacrifices et son zèle, une part distinguée dans la protection et dans les secours que trouveront sur votre territoire les Vénitiens réfugiés. Le gouvernement français, citoyen ministre, apprendra avec intérêt l'accueil favorable qu'aura reçu le citoyen Pol Franceschi. » (Affaires étrangères. Venise, corresp., vol. 253, p. 274, fol. 507).

1. Mss B, folio 211.
2. M. Eugène Trolard, qui a mis en lumière la haute valeur des *Mémoires de Landrieux*, une des sources les plus neuves

au lendemain de Saint-Georges et d'Arcole et il fallait songer à préparer l'avenir. Saliceti vivait à Venise où il passa l'hiver en plein travail d'organisation du parti jacobin (1). Après avoir quitté ses fonctions de représentant du peuple en mission à l'armée d'Italie, il s'était rendu dans cette ville, peut-être à l'instigation de Bonaparte lui-même, et n'avait pas tardé à se mettre en relations avec les membres de la *Loggia de Liberi Muratori*. La franc-maçonnerie s'était introduite à Venise où elle avait ouvert cette loge en 1785 ; c'est là, comme dans beaucoup d'autres villes d'Italie, que la Révolution française avait trouvé ses adeptes les plus ardents et les plus zélés propangandistes de ses principes, en même temps que les armées de la République française recrutaient parmi les membres de ces sociétés secrètes des auxiliaires dévoués et militants qui préparaient le terrain aux conquêtes de Bonaparte (2).

L'œuvre de Saliceti fut reprise par Landrieux au cours d'un voyage qu'il fit secrètement, en brumaire, à Venise, avec Salvatori, membre très actif au *Comité* dit *de police de la Lombardie* (3). Il y resta une décade, s'occupant d'affilier, en une association ou club, les partisans des idées nouvelles, afin de préparer les esprits, par leur propagande, à un changement de gouvernement (4).

---

et les plus piquantes auxquelles il ait puisé les récits de son très curieux ouvrage *De Montenotte au Pont d'Arcole*, a soigneusement relevé tout ce qui, dans ces *Mémoires*, a trait aux exactions des généraux français en Italie. (Voir notamment p. 160).

1. Laporte, *Souvenir d'un émigré*, p. 19.
2. *Raccolta cronologico ragionata*, p. 14 et 15.
3. Salvatori était un des personnages les plus influents du Comité de police de la Lombardie, rédacteur de *l'Amico delle legge*, organe des jacobins milanais. C'est à lui que fut confiée la fabrication de la fausse proclamation de Battaglia ; il avait une réputation très douteuse et un agent secret qui, de Gênes, renseignait le ministre des Affaires étrangères, le qualifie de « coquin connu en Italie et en France par mille voleries infâmes longtemps avant la Révolution et qui, sous le règne du terrorisme, s'était couvert de sang. » (Affaires étrangères, Gênes, vol. CLXX, pièce 173 fol. 301.) Salvatori fut disgracié plus tard, et, selon Botta, poussé par la misère, il se noya dans la Seine « terminant par le désespoir une vie écoulée sans honneur. » (Botta *Histoire d'Italie*, II, p. 356.)
4. *Mémoires*, I, p. 214. — Mss B, folio 512 : *Copie du procès-*

Les travaux du bureaux secret ne dispensaient pas Landrieux de ses devoirs de chef des dépôts du Mantouan. Le 26 novembre, il écrivait à Kilmaine :

« Lahoz, arrivé ce matin avec un ordre du général en chef, m'a demandé ce que j'avais fait des *chaloupes canonnières*. Comme il y a mis un ton peu convenable, je lui ai répondu que je n'avais d'interpellation à recevoir sur mon service que de mon supérieur immédiat : il est devenu plus poli, et dans le fond, c'est un bon Allemand (¹).

« Il m'a prévenu que, sur une lettre de Beaumont qui disait ne les avoir pas vues hier, on avait fait un tapage infernal et que Murat avait même demandé l'ordre de venir m'arrêter. Quant à celui-là, je le crois volontiers. Cet homme ne peut croire que je lui aie pardonné toutes les sottises du Nord.

« Peste ! Comme on est leste à l'état-major général ! C'est inouï. Le général en chef n'est pourtant pas ce qu'on appelle un *bonhomme* ; il s'en faut.

« Et où Beaumont, votre subordonné, a-t-il appris qu'il devait écrire sur le service à d'autres qu'à vous ? Quelle pétaudière que tout cela ! Jamais je n'ai vu servir de cette manière. Si cela dure, je vais demander à servir dans une autre armée.

« Je ne fais pas attention, mon général, que je vous insulte presque, j'aurais dû dire, mon général, que vous seul me consolez d'être le camarade de tous ces gens-là (²). »

---

*verbal de la séance du Comité diplomatique et de police générale de la Lombardie et des pays conquis, 13 ventôse, an V.*

1. Lahoz n'était ni Allemand comme le dit Landrieux, ni Milanais, comme l'affirme M. Trolard (*De Rivoli à Solferino*, I, p. 53.) Il était Suisse comme Laharpe auprès de qui il fit ses débuts. « C'était alors dans ces deux généraux, dit Botta, le même amour pour la liberté, la même horreur pour le pillage. » Plus tard, Lahoz se tourna contre la France, indigné à la vue des rapines et des excès commis en Italie par ses prétendus libérateurs. Chassé de son commandement du Rubicon où Hulin avait reçu l'ordre de l'arrêter, il passa au service de l'Autriche et fut blessé à mort au siège d'Ancône, dans des conditions qui font peu d'honneur à son ancien camarade Pino. (Botta, *Histoire d'Italie*, IV, p. 225.)

2. Mss. B, folio 235.

Ces gens-là, ce n'était pas seulement Murat, c'était Chabot, si ignorant de l'orthographe qu'il écrivait « *la dige* » et le « *Minciaux.* » Chabran, l'ex-frère ignorantin qui fut retraité lieutenant-général en 1829 (¹), Serviez qui lui dut sa réforme (²), Couthaud qu'il traite volontiers de bandit et auquel il vit avec bonheur fendre l'oreille. Il n'a d'indul-

---

1. Joseph Chabran, né en 1763 à Cavaillon (Vaucluse), fut protégé par Ricard et Robespierre. Dans ses *Mémoires* Landrieux dit à tort qu'il était prêtre défroqué ; en réalité il n'était qu'instituteur public, doctrinaire, non prêtre, ainsi qu'il le dit lui-même sur la notice individuelle réclamée par le ministre de la Guerre et dans laquelle on lit : « J'ai professé huit ans dans les collèges nationaux sous la dénomination de doctrinaire. Quoique revêtu du *restitu* ridicule de prêtre, je n'ai jamais imaginé de le devenir, pas même à me faire tonsurer, ayant toujours envisagé par principe la profession sacerdotale comme le comble de l'absurdité. La Révolution naissante, je l'embrassai avec ardeur ; je devins soldat, etc. » Malgré ses goûts de pillage, Bonaparte semble avoir fait assez de cas de Chabran. On lit dans les registres de Berthier, 15 vendémiaire an VI : « Vous ferez connaître au général Masséna qu'il m'est impossible de donner l'ordre au général Chabran de se rendre à sa division. J'ai besoin de répandre un peu dans chaque division un excellent esprit et la bravoure des anciens officiers de l'armée d'Italie. » Le rapport que Clarke adressait le 30 frimaire an V au Directoire, comprend un tableau des officiers généraux de l'armée d'Italie avec des notes fournies par le général en chef, et Chabran est un de ceux qui sont mentionnés « comme aimant beaucoup l'argent. »
2. Emmanuel Serviez, né à Saint-Gervais (Tarn), le 27 février 1755, appartenait à l'ancienne armée, où il servit comme sous-lieutenant, lieutenant et capitaine. Il fit, en 1792-1793, les campagnes de Belgique et de Hollande. Général de brigade le 29 août 1793, à l'armée du Rhin, suspendu lors du blocus de Landau, réintégré après un an de suspension, il fut envoyé à l'armée d'Italie où il assista à plusieurs affaires dans les Etats vénitiens, enleva Gardone à l'ennemi, commanda la retraite des Trente sous Joubert et rentra sans pertes dans les lignes de Castelnovo. Réformé en ventôse an V, il devint, en l'an IX, préfet des Basses-Pyrénées et député du corps législatif en l'an X. Le rapport de Clarke ne lui est pas favorable. Il constate, d'après les notes de Bonaparte, que ce général ne veut pas se battre, qu'il veut rester sur les derrières, qu'il est peu zélé mais avide, qu'il a des correspondances avec des journalistes de Paris, opposés à la Révolution. (Archives nationales, AF III, 291.)

gence que pour Beaurevoir, Barthélemy Schwansteger de Fachenhofen, Vedel et Lahoz à qui il semble avoir voué une affection réelle, malgré les violences de leur caractère respectif.

Son véritable, son seul ami, c'était Kilmaine. D'un caractère difficile et froid à l'excès, ce général avait été conquis par la souplesse et la gaité de Landrieux. Il était maladif et paresseux ; son attaché, sans jamais s'en prévaloir, expédiait toute la besogne, veillait à ce que rien dans le service ne souffrit des incommodités du chef. Cette situation était connue à l'état-major du général en chef où l'on ne les séparait point l'un de l'autre.

Il put de la sorte se rendre indispensable durant l'hiver de 1796-1797, pendant lequel Kilmaine fut contraint à un service actif, auquel sa santé ruinée le rendait peu propre. Malgré les fièvres qu'il domptait avec force prises du précieux quinquina du duc de Parme, Landrieux le seconda de son mieux, et, quand le général en chef se décida à marcher sur Vienne, au début de mars 1797, Landrieux et Kilmaine étaient tout indiqués pour des postes sédentaires (¹).

Depuis dix mois, le bureau secret apportait un soin spécial à réunir en un faisceau solide de preuves tous les griefs de l'armée contre Venise.

Il reprochait aux Vénitiens, d'une part, les assassinats des soldats isolés dans les campagnes, d'autre part, les exactions commises dans les villages par de prétendus soldats français qui n'étaient autres que des sujets de Venise déguisés en hussards (²).

---

1. Les dépôts de Lombardie, et surtout ceux du Mantouan, étaient pleins de fiévreux qui n'arrivaient point à se rétablir. Un rapport du 7 mai 1796 explique ainsi ces épidémies : « Les campagnes de guerre en Italie enlèvent ordinairement par les maladies une prodigieuse quantité d'hommes dans les armées françaises. En parcourant à dessein et dans plusieurs sens le Piémont et la Lombardie, j'ai souvent fait cette réflexion. J'ai vu que la culture du riz et les amas d'eaux croupissantes destinées à l'irrigation des prairies artificielles infestaient tellement l'atmosphère que les habitants du pays étaient presque toujours attaqués chaque année de fièvres opiniâtres qui ne cessaient ordinairement qu'après les récoltes du riz et lorsqu'on rendait à l'eau la liberté de son cours. (Archives de la guerre. Correspondance générale. Armée d'Italie.)

2. *Mémoires*, I, chap. v.

Depuis l'entrée de Beaulieu à Peschiera, Bonaparte, que Thiers juge à tort avoir toujours été sincère vis-à-vis de Venise (1), n'avait eu qu'un souci : tirer de la convention de Sainte-Euphémie les plus grands avantages possibles. Cet arrangement stipulait que « le cas arrivant que l'une des puissances belligérantes se soit emparée d'une place de guerre quelconque, les Vénitiens ouvriraient sur-le-champ toutes les autres places de Terre-Ferme à l'autre puissance qui pourrait y mettre garnison. »

La ruse de Beaulieu permettait à Bonaparte, le traité à la main, d'introduire ses soldats dans toutes les places. Il n'en proposait pas moins, le 7 juin 1796, au Directoire, de « tirer cinq ou six millions de Venise en indemnité du combat de Borghetto, » livré pour reprendre Peschiera, et il ajoutait : « Si vous avez des intentions plus prononcées, je crois qu'il faudrait continuer ce sujet de brouillerie, m'instruire de ce que vous voulez faire, et attendre le moment favorable, que je saisirai suivant les circonstances, car il ne faut pas avoir à faire à tout le monde à la fois (2). »

Le Directoire acceptait volontiers la pensée « d'emprunter », mais recommandait de ne pas « avancer » la rupture. Cependant, à diverses reprises, il pressa Bonaparte « d'entamer les opérations politiques concernant Venise, »... « de frapper Venise des mesures dont une sage circonspection avait fait différer l'exécution. »

Après Castiglione, on avait cru toucher au but. « L'on ne fera rien de tous ces gens-là si Mantoue n'est pas pris », écrivait le général en chef. Le Directoire, acceptant cette

---

1. A. Thiers, *Histoire de la Révolution française*, t. IX, p. 73. M. Bonnal de Ganges, dans son livre *Chute d'une République-Venise* (qui semblerait être une traduction, tant les idées émises sont empreintes d'un patriotisme vénitien très accentué), a parfaitement saisi l'invariable politique de Bonaparte. On aura maintes fois à citer cet ouvrage pour en discuter les appréciations et en rectifier certaines assertions. M. Bonnal a complètement renversé tout le système de Thiers, fidèlement emprunté par cet historien au comte Daru (*Histoire de la République de Venise*).

2. Malgré son désir de nier la duplicité de la politique de Bonaparte, sinon celle du Directoire, le comte Daru est obligé de confesser qu'il y a là une « préméditation d'hostilités. » (*Histoire de la République de Venise*, IX. Observations du comte Tiepolo et réponses, p. 554.)

opinion, mandait à son tour, qu'il est « utile de réserver jusqu'à la prise de Mantoue le traitement que l'inimitié de Venise mérite de notre part. »

A la fin de février 1797, en refusant de conclure avec la France une alliance offensive et défensive qui eut sans doute amené sa chute sous une autre forme, Venise facilitait contre elle tous les complots ([1]). Bonaparte avait depuis deux mois confié le commandement de la Lombardie à Kilmaine et les travaux du bureau secret avaient pour centre Milan, future capitale de la Cisalpine, qui donnait à toute l'Italie le signal du réveil des idées d'unité nationale.

Landrieux affirme, — et c'est là la thèse de ses longs *Mémoires*, — que le bureau secret fut chargé de préparer, de concert avec les comités de Milan, l'insurrection des villes de Terre-Ferme. Il n'allègue, sur ce point, aucun autre document formel que la délibération du 9 mars 1797 ([2]), mais toutes les vraisemblances se rallient autour de la version, en apparence romanesque, qu'il donne de l'effondrement de la puissance vénitienne. *Les Trophées des armées françaises depuis 1792 jusqu'en 1815* ont admis cette mission, telle que Landrieux l'expose ([3]) : « On a pu remarquer dans le cours de cet ouvrage, lit-on dans cette célèbre publication, que le Sénat de Venise eut toujours la secrète intention de seconder les efforts de l'Autriche contre la France. Parmi les moyens employés par Bonaparte pour déjouer ses projets, celui de susciter une insurrection contre le gou-

---

1. C'est le 20 février que Querini écrivait au Directoire : « De faux rapports dictés sans doute par la plus coupable malveillance avaient fait naître au général en chef Bonaparte des soupçons et des doutes sur les intentions des Bergamasques envers les troupes françaises. D'après cette opinion sinistre et peu méritée, on s'est conduit vis-à-vis de la ville de Bergame et ses habitants au moment que les mêmes troupes y sont entrées comme s'il s'agissait des ennemis de la République française. » (Archives nationales AF III, 89, dos. 382). — En réalité ce n'était pas les Bergamasques qui se plaignaient, c'étaient les autorités vénitiennes qui n'étaient plus maîtresses chez elles.

2. *Mémoires* I, p. 201.

3. *Les trophées des armées françaises, depuis 1792 jusqu'en 1815.* Paris, 1819-1820, p. 191. D'après Quéard, cet ouvrage aurait été rédigé par P.-V. Tissot, membre de l'Académie française, qui en a tout au moins écrit l'introduction.

vernement aristocratique, fut reconnu pour le plus infaillible et prouva qu'il l'était en effet. Non seulement il ôtait au Sénat la possibilité de secourir nos ennemis, mais encore il le mettait lui-même dans la nécessité de veiller à sa propre conservation. Les opérations insurrectionnelles furent confiées à l'adjudant-général Andrieux, militaire intrépide et négociateur habile ([1]). Il sut profiter adroitement de la division des esprits, et se les attacher par le prestige de la gloire et l'enthousiasme de la liberté. Bergame fut choisi pour être le foyer de la révolte ([1]). » Une brochure, publiée à Milan en 1797, sous l'inspiration de Bonaparte, avec ce titre significatif : *Lettre d'un Français, qui voyage en Italie, à un de ses amis, à Paris, sur les affaires de Venise et sur la motion d'ordre faite par Dumolard au Conseil des Cinq-Cents, le 5 messidor* ([2]), et que l'on doit considérer comme un document officieux, nous fournit des données certaines sur la *combinazione* du général en chef.

Bergame et Brescia, y lit-on, y fabriquaient les fausses nouvelles signées *Nota manus, Bona manus*, destinées à faire circuler en Italie, en Allemagne et en Suisse le détail des prétendus revers des Français. Tous les podestats de Terre-Ferme s'employaient à armer les paysans prêts à égorger les conquérants s'ils battaient en retraite ([3]). Quant à l'attitude du Sénat et de Bonaparte, le récit de la conversation qui eut lieu à Goritz, entre Pesaro, envoyé vers le général en chef au lendemain du soulèvement de Bergame, et Bonaparte, est des plus curieux :

« Il était aisé de voir, y raconte-t-on, que M. Pesaro

---

1. C'est encore une fois le nom de Landrieux estropié. Celui-ci en conçut une mauvaise humeur qui s'est plusieurs fois épanché dans ses *Mémoires*. « Cet éloge ronflant, dit-il, n'a été mis là que pour orner la période. L'art des négociations n'exclut pas l'intrépidité sans doute ; mais ces qualités ne sont pas toujours réunies : La seconde n'est pas nécessaire à la première et comme elle n'y ajoute rien et que même elle peut lui nuire, je la regarde ici comme une véritable cheville. »

2. A Milan, chez Louis Veradini, rue Sainte-Radegonde, 1 vol. in-12 de 32 pages. (Exemplaire des Archives des Affaires étrangères. Venise, Corresp. reg. 255.)

3. *Lettre d'un Français*, p. 7.

était venu pour ne rien conclure, et qu'en provoquant, surtout par la nature de ses demandes, des refus inévitables, il voulait réserver à son Sénat des prétextes de ne reculer ni sur les armements ni sur les hostilités. C'est alors que Bonaparte, le saisissant par le bras, lui dit ces paroles remarquables : « Il n'y a plus de milieu désormais : si vous prenez le parti des armes, la république de Venise, ou l'armée d'Italie est perdue. Ainsi songez bien au parti que vous allez prendre ; n'exposez pas le lion valétudinaire de Saint-Marc contre la fortune d'une armée *qui trouverait même dans ses dépôts, et parmi ses blessés, de quoi traverser vos lagunes* ([1]). »

Cette phrase est la reconnaissance et l'aveu de « l'Entreprise des Convalescents » imaginée par Landrieux qui n'a probablement pas eu connaissance de cette curieuse brochure qu'il aurait infailliblement citée. Sans prendre cette phrase à la lettre, sans croire que l'organisation de l'armée d'opération recrutée dans les dépôts fut un plan de Bonaparte, il faut admettre que les instructions de Landrieux pouvaient tendre à soulever la Terre-Ferme, car cette mesure s'imposait politiquement avant toute paix avec l'Au-

---

1. *Lettre d'un Français*, p. 16. Dans la réalité, Bonaparte n'eut point ces visions prophétiques, faciles à formuler en belles phrases une fois les événements accomplis. S'il en faut croire sa lettre au Directoire du 24 mars, il se montra excessivement prudent. « J'ai dit à M. Pesaro que le Directoire exécutif n'oubliait pas que la République de Venise était l'ancienne alliée de la France ; que nous avions un désir bien formé de la protéger de tout notre pouvoir ; j'ai demandé seulement d'éviter l'effusion du sang et de ne pas faire un crime aux citoyens vénitiens qui avaient plus d'inclination pour l'armée française que pour l'armée impériale ; que nous ne soutenions pas les insurgés, qu'au contraire je favoriserais les démarches que ferait le gouvernement ; mais que je croyais que, comme ils avaient envoyé un courrier au Directoire exécutif, il serait bon peut-être d'en attendre le retour parce que je croyais que la seule intervention de la France dans ces affaires pourrait ramener les esprits sans avoir besoin de recourir aux armes. Nous nous sommes quittés bons amis ; il m'a paru fort content. *Le grand point dans tout ceci est de gagner du temps.* Je vous prie pour ma règle de me donner une instruction détaillée. »

C'était inviter le Directoire à participer à la responsabilité d'une décision.

triche. La République française, ne cédant jamais par traité les territoires qu'elle avait conquis, ne pouvait rien conclure avec l'Empereur qui réclamait les Pays-Bas, sans lui offrir une compensation. Prendre cette compensation en Italie dans les provinces où flottait notre drapeau, c'était aliéner nos conquêtes. Il fallait donc signer la paix au détriment du seul voisin qui eut négligé de contracter alliance avec la République française. L'historien Botta, qui suivait alors l'armée en qualité de médecin, a accueilli cette version [1]; mais Landrieux va plus loin. Il prétend, en reconnaissant toutefois que Berthier ne lui en a jamais fait l'aveu, qu'au moment où Bonaparte s'enfonçait dans le Tyrol, l'accord était déjà conclu entre le général en chef de l'armée d'Italie et le cabinet autrichien au détriment de l'existence de la République de Venise. Il expose ce système, qu'il emprunte, d'ailleurs, à un ouvrage anonyme, publié en Italie à la fin de l'an V, et l'appuie de raisons stratégiques tirées de l'attitude des généraux Kerpen et Laudhon qui ne se préoccupèrent point d'entraver les communications de Bonaparte avec l'Italie, alors qu'ils auraient pu l'enfermer complètement dans le Tyrol.

Cela ne nuit pas à cette autre démonstration qui lui est non moins chère, que Venise tramait les plus noirs complots contre l'armée française, dont l'esprit conquérant et démocratisant, pour employer l'expression du comte Tiepolo, épouvantait le Sénat et les inquisiteurs [2]. Bref, il y eut dans les deux camps français et vénitiens le désir très marqué de se débarrasser de l'autre parti. Venise se cachait derrière ses paysans valériens et ses généraux indépendants, comme l'armée française derrière les clubs jacobins et les loges maçonniques.

---

1. Botta, *Histoire d'Italie*, II, p. 344. — « Buonaparte, dit Botta, avait créé à Milan un comité secret composé, en grande partie, des républicains italiens de cette époque, et dont le but était d'exciter des révolutions dans la Terre-Ferme vénitienne. Plusieurs Français en faisaient partie dans la même intention. On remarquait parmi eux un certain Landrieux, chef d'état-major de la cavalerie. Il avait été choisi par le comité pour agent principal des soulèvements à opérer dans l'Etat de Venise » (II, p. 329).

2. Daru, *Histoire de la République de Venise*, t. IX. — Observations du comte Tiepolo et réponses, p. 450.

En lisant attentivement les *Mémoires* de Landrieux et en les rapprochant des documents qui seront donnés au cours de cette étude, on pourra se former une opinion sur la véritable conduite de Bonaparte. On jugera alors si le général en chef a simplement mis à profit la conquête de la Terre-Ferme exécutée par les convalescents à la suite d'intrigues ourdies à son insu par Landrieux, ou si c'est à lui qu'appartient l'impulsion première et cette machiavélique préparation de la chute de la République de Venise (¹). Ce qui demeurera indiscutable, c'est l'extrême habileté avec laquelle Bonaparte se garda de toute immixtion ostensible, qui, en cas d'insuccès, eut pu le perdre aux yeux du Directoire.

Pour cela, il lui fallait, comme le disent les *Trophées*, un homme habile, d'un caractère particulier, dans une situation spéciale ; il crut le rencontrer en Landrieux, qui se

---

1. M. Bonnal de Ganges, dans *Chute d'une République*, bien qu'il n'ait pas connu les *Mémoires de Landrieux*, est très affirmatif sur cette deuxième hypothèse. « Maître d'agir en Italie à sa volonté, dit-il en parlant de Bonaparte, malgré les instructions de Carnot et grâce à son projet de transporter là où il commandait le sort et les destinées de la France, Bonaparte se tourna contre Venise pendant l'armistice de Judenburg. Ses émissaires politiques et militaires ayant préparé les esprits depuis dix mois, il ordonna les révolutions de Bergame, Brescia et Créma. Malgré les protestations du Sénat, il imposa à ses généraux de leur prêter appui, méritant ainsi que les provéditeurs signalassent au pays *la sua esecranda e turpe perfidia*... L'auteur de cette belle conception diplomatique (les dédommagements à offrir à l'Autriche) c'est Bonaparte seul. » p. VI. VII. — Graham, *Histoire des campagnes d'Allemagne, d'Italie, etc., pendant les années 1796-1797*, trad. française, t. II, p. 69, édition de 1817, attribue au contraire cette conception au Directoire. Le comte Tiepolo (op. cit.) invoque dans le même sens ce passage d'une lettre du ministre des relations extérieures à Clarke (4 novembre 1796) : « Vous connaissez les torts réels et graves de Venise à notre égard. Des personnes qui connaissent le pays prétendent que tous les Etats de Terre Ferme, principalement les Brescians, les Bergamasques et les Véronais, sont révoltés de l'orgueil des nobles vénitiens et disposés à s'armer pour la liberté. Admis dans la République lombarde ou devenus ses alliés, ils lui donneraient une force nouvelle. Je vous demande vos observations sur les obstacles ou les facilités que peut présenter l'exécution de ce projet. »

trouvait suffisamment couvert par sa position auprès de Kilmaine pour pouvoir prendre, sans ordres trop explicites, les initiatives que commanderaient les circonstances.

Landrieux, attaché à l'état-major de Kilmaine, avait suivi ce général à Milan, où il logeait au palais Borromée. Bonaparte envoya, le 6 mars, Berthier pour sonder ces deux officiers et les amener à entrer dans ses vues. Ceux-ci comprirent tout de suite ce qu'on voulait d'eux et l'entente fut bientôt faite. C'était sur Landrieux que Berthier comptait le plus, non seulement pour l'intelligence de la situation, mais aussi pour stimuler le tempérament un peu morbide de son chef et marcher de sa propre initiative. Avant de le quitter le chef d'état-major général de l'armée d'Italie signa cette nomination d'une forme assez bizarre et rédigée par Landrieux lui-même.

*Sur la demande du général divisionnaire Kilmaine, commandant en chef la cavalerie de l'armée,*
*De l'ordre du général en chef.*

Le chef de brigade Landrieux est autorisé à continuer provisoirement les fonctions de chef de l'état-major de la cavalerie de l'armée en attendant que le ministre de la Guerre ait confirmé sa nomination ; il choisira deux officiers surnuméraires pour faire auprès de lui les fonctions d'adjoints et soumettra son choix à l'approbation du général en chef.

*Le général divisionaire, chef de l'état-major de l'armée,*
         Alex. BERTHIER ([1]).
Quartier général de Milan, 17 ventôse an V.

Mais ce que Landrieux attendait du ministre de la Guerre, c'était moins la confirmation de ses fonctions de chef d'état-major et du titre d'adjudant-général que le grade de général de brigade que Kilmaine demandait pour lui directement à Paris sans passer par le général en chef de l'armée d'Italie. C'était peut-être là l'exécution d'une convention dont la lettre de Berthier serait un des indices.

---

1. Mss. B, folio

Voici la lettre de Kilmaine :

> Au quartier général de Milan, le 14 ventôse, 5ᵉ année de la République française une et indivisible.
>
> *Kilmaine, général divisionnaire, commandant la Lombardie et la cavalerie de l'armée,*
>
> *Au Directoire exécutif.*
>
> Citoyens Directeurs,
>
> Le chef de brigade Landrieux, chef de l'état-major de la cavalerie de l'armée, vous demande à être nommé adjudant-général. Moins modeste que ce bon officier, je vous demanderais pour lui le grade de général de brigade dû à son ancienneté et à ses talents, si je ne craignais que la cavalerie ne fut privée du meilleur chef d'état-major que j'aie pu encore trouver. Cette considération ne m'arrêterait cependant pas, si je ne savais qu'il refuserait ce grade.
>
> Je désire, citoyens, que le peu que je viens de vous dire de ce républicain vous détermine à lui accorder un titre qui est entièrement au-dessous de sa capacité.
>
> Salut et respect ([1]).

Landrieux ne se trouvait pas encore suffisamment couvert et il avait promis à Berthier que l'on n'écrirait rien qui pût compromettre le général en chef et révéler ses ordres secrets. Après conversation avec Kilmaine, il fut entendu entre eux que Landrieux lui écrirait pour lui proposer l'entreprise, comme de sa propre initiative, et que, lui, Kilmaine, l'approuverait. Avant de se coucher, Landrieux rédigea la lettre suivante :

« Quand je vous quittai hier, mon accès commençait ; il dure à peu près encore, ainsi que vous allez le voir ; je n'ai cependant pas perdu mon temps sur ma chaise longue, si toutefois ce n'est pas le tuer que de faire un rêve, si beau qu'il soit.

---

1. Archives nationales AF III, 192, doss. 888. — Mention de cette lettre est inscrite au *Répertoire de la correspondance du ministère de la Guerre, 29 ventôse an V*, p. 103. — Archives nationales AF III, reg. 239. « Le général Kilmaine, y lit-on, demande que Landrieux, chef d'état-major de la cavalerie, soit promu au grade de général de brigade. »

« Ecoutez d'abord ce petit préliminaire :

« Tout compté, vos petits profits sur les cocons vendus à Gênes et vos économies ne peuvent guère s'élever qu'à environ 50,000 livres ; si toutefois vous n'avez rien perdu au jeu, ainsi que vous me le disiez avant-hier. Pardon, si je remue ainsi le fond du sac. Je suis sûr que vous n'avez plus que 36,000 livres environ, y compris ce que vous avez envoyé par Auzou à madame Kilmaine.

« Moi qui ne joue pas et qui ne donne rien aux femmes, j'ai en tout 13,500 livres en or, provenant de mes appointements et de ma petite part dans le tran-tran des cocons. Je n'ai que cela au monde. Je l'ai même montré à Murat qui ne me croyait pas si riche ! Je lui ai même offert de lui en prêter, car j'ai oublié son ancienne ingratitude. Vignolles répondit pour lui qu'il n'en avait pas besoin, ayant eu pour sa part 63,000 livres à Livourne. Vous savez que Legoult m'a fait banqueroute.

« Vous seriez plus à votre aise, sans doute, ainsi que moi, après avoir risqué mille fois notre vie au Nord et ici devant l'ennemi, et après avoir passé si souvent tout près de la guillotine, si vous n'aviez essuyé votre longue détention révolutionnaire à Paris, comme moi à Amiens, et si les bureaux de la Guerre ne m'avaient fait le tort le plus injuste de 90,000 livres, ainsi que vous le savez.

« On s'est bien battu jusqu'à présent en Italie, parce que toutes les armées de France nous ont été envoyées les unes après les autres, et j'attribue cet entêtement du Directoire à tout envoyer se fondre entre nos mains, aux sottises que le parti opposé ne cesse de répandre sur nous et aux pronostics sinistres et usagers de Paris sur les armées. Mais il ne reste au Directoire que l'armée de Moreau et quelque chose au Nord et sur les côtes.

« Ce que nous avons ici en hommes sera bientôt dissipé par le mauvais air, les combats et les assassinats, et, avec l'insuffisance du Directoire, nous n'avons pas six mois à tenir ce pays-ci.

« Vous et moi, général, serons obligés de nous faire décroter à la porte du Luxembourg, à côté des brillantes voitures de ceux qui ont fait fortune ici. Nous passerons pour des imbéciles ; eux auront seuls de l'esprit, ils seront réemployés comme des gens en crédit, et nous, point ; fort heureux même si, dans les grands diners qu'ils seront en état de donner, ils ne nous accusent pas d'avoir pillé plus qu'eux et de n'avoir su garder nos richesses.

« J'écrirais tout autrement à tout autre qui connaîtrait moins son monde que vous.

« Vous restez commandant des pays conquis; vous êtes le maître : quoique vous n'ayez presque pas de troupes, vous pouvez beaucoup, car malgré la malveillance générale qui entoure les Français, nous pouvons rassembler bon nombre d'amis. Je dis amis, ce mot est impropre, puisque j'y comprends tous les mauvais sujets prétendus patriotes et autres qu'on a placés dans les administrations du pays, qui seraient tous pendus si nous étions chassés de l'Italie, et qui prendront tous l'arme au bras pour nous y maintenir.

« Comment faire pour frapper quelque grand coup, amener quelque grande aventure, rendre quelque grand service à l'Etat, et peut-être à l'armée, et sortir de notre détresse civile, militaire et pécuniaire.

« Voici mon rêve :

« J'imaginais qu'en vous rappelant toutes les preuves que je vous ai données, lors de mon premier et mon second commandement du Mantouan, les assassinats commis par le Salodians et autres montagnards de Saint-Marc, sur les soldats français, aux environs de Castiglione, de Carpenedolo et d'Azzola, en vous remettant sous les yeux la méchanceté de Priuli à Vérone, le jour de l'affaire d'Anguillari; en vous faisant relire les divers rapports secrets de ce mois sur ce qui paraît couver dans ces vallées, et surtout celui que je vous remis hier, vous restiez convaincu comme moi que s'il arrivait quelque méchef à notre armée de la Brenta, de la Piave et du Tagliamento, les paysans qu'on nomme Valériens inonderaient l'Italie et s'arrangeraient de manière à ce que nul de nous ne put apporter en France la nouvelle du massacre général des Français. Vous ne vous rendiez, cependant, à la force de mes raisons qu'après m'avoir plusieurs fois qualifié d'alarmiste, ancien nom que vous me donnâtes au Nord, nom que j'aime parce qu'il prouve que je veille ; et puis, il vaut mieux voir sombre que ne pas voir du tout.

« Voici l'arrangement que nous faisions pour nous tirer de là.

« J'envoyais des espions à Bergame et à Brescia, à Salo et

à Vérone, à Vicence et à Padoue, pour savoir s'il s'y trouvait assez de gens de tête pour se soulever contre un gouvernement détestable et généralement détesté dans toute la Terre-Ferme et les y pousser.

« Vous me disiez sur cet article que le soulèvement aurait lieu au premier signal à cause de la pesanteur du gouvernement olygarchique, mais que le Sénat, renommé par son ancienne finesse, ne manquerait pas de le tourner à son avantage, en y mêlant sur-le-champ quantité d'affidés : qu'il aurait un prétexte plausible pour armer, qu'on accuserait d'avoir fomenté la rébellion ; qu'on ferait pendre les insurgés de bonne foi, ou qu'ils seraient mis en défaveur ou égorgés par les affidés et que le reste se réunirait à l'armement pour nous tomber sur les bras, et qu'alors j'aurais accéléré notre malheur, en voulant l'éviter.

« Mais je vous répliquai qu'au moyen de la princesse Albani, mon hôtesse, jolie femme et rien de plus, je ferais croire au résident Foscarini, fort amoureux d'elle et à Ottolini, son parent, gouverneur de Bergame, que nous étions dévoués au Sénat, que nous menacerions même hautement les rebelles et les Français, qui par notre ordre secret ou par un dévouement patriotique les auraient secourus, que nous ne cesserions de voir Foscarini jusqu'à ce que nous n'aurions plus besoin de lui, que je l'amuserais par des propositions de médiation, et que, cependant, Porro me fournirait tout ce qui serait nécessaire pour mettre 3 ou 4000 hommes des dépôts de Monza, de Lodi et de Crémone en état de marcher ; que nous avions des armes à Lodi, que j'arriverais à la tête de ces troupes et de la garde milanaise, et des Lombards et des Polonais, à Bergame et à Brescia, justement à l'instant où les insurgés en seraient aux mains avec l'armement vénitien quelconque ; qu'en leur montrant quelques lettres que j'aurais le secret de tirer de Foscarini, je désarmerais les deux partis de gré ou de force, quand même ils seraient soutenus par des Tyroliens comme l'annonçaient les avis secrets, et même par des généraux autrichiens ; que, cependant, je dirais à l'oreille de ceux des insurgés, dont je serais sûr, de se purger des gens suspects et de garder leurs armes, que je me lierais avec eux par des traités secrets ; que je me ferais donner de la même manière le commandement général de toutes leurs forces ; qu'ils me fourniraient l'argent nécessaire, et qu'avec de l'ordre et de l'économie, il nous resterait assez pour vivre tranquilles en France ; qu'il s'agissait seulement de leur faire lever le bouclier de façon qu'ils ne pussent plus reculer, pour en tirer tout ce qui nous serait nécessaire et à nos troupes, que si nous avions du pire, il faudrait que vous eussiez soin, même sans cela, de m'envoyer, soi disant pour m'aider, quelques généraux amis du général en chef, pour endosser avec moi une partie du désaveu, s'il avait lieu, ce qui était impossible, le Sénat d'à présent n'étant qu'un composé de canailles qui n'avaient que de la morgue, de l'insolence et pas le sens commun. Je vous dis, enfin, que vous me connaissiez, que j'étais incapable de vous compromettre ; qu'en dernière analyse je prendrais tout sur moi ; *je vous aurais désobéi*, et je vous promettais, en cas de malheur, de me casser la tête en vous disculpant ; qu'au reste je ne manquerais pas de moyens (dussé-je en inventer si la preuve véritable des crimes du Sénat à notre égard était perdue) pour prouver à l'Europe la justice de notre entreprise.

« Persuadé par la force de mes raisons et surtout par la nécessité urgente de prendre un parti vigoureux, pour détourner le péril pressant, je rêvai encore que vous me donniez carte blanche ; j'en fus si enchanté, général, que ce papier fit subitement cesser ma fièvre. Je me suis retrouvé tout à l'heure sur mon canapé, tout en sueur, haletant comme si j'avais fait dix lieues en plein midi. J'ai cherché ma carte blanche et je vois avec chagrin que ce n'était qu'une illusion. Ma fièvre est revenue. J'en suis là : il n'y a qu'un moyen de la chasser tout à fait, c'est d'approuver mon plan.

« Je suis avec respect votre subordonné.

« LANDRIEUX. »

Landrieux remit cette lettre à Kilmaine sur les midi et obtint de lui que, sur le cahier où avaient été copiés tous les rapports concernant les méfaits des Vénitiens, le général commandant la Lombardie écrivit de sa main l'ordre suivant :

---

1. Mss. B, folio 249.— Le texte cité ici est celui des papiers de Landrieux. La copie fournie dans les *Mémoires* est un peu différente de rédaction.

« M'étant fait représenter tous les rapports qui ont eu lieu sur les Vénitiens, depuis l'entrée de l'armée française sur le territoire de cette république jusqu'à ce jour, ensemble le traité de Sainte-Euphémie, j'ai été convaincu que le gouvernement n'était pas de bonne foi, qu'il nous avait toujours trompés, et notamment aujourd'hui en levant des troupes, malgré les stipulations expresses dudit traité.

« Il est ordonné en conséquence à tous les généraux et autres commandants qui sont sous mes ordres, de redoubler de surveillance, de se regarder comme en état de guerre avec la république de Venise, et de se tenir prêts à exécuter les ordres qui leur seront donnés, soit par moi, soi par mes adjudants-généraux (1). »

Muni de cet ordre adressé aux adjudants-généraux, le chef du bureau secret ne perdit pas son temps. Depuis son arrivée à Milan, il avait été en butte aux obséquieuses politesses de Foscarini, résident de la république de Venise. Chez la princesse Albani, il avait, le 7 pluviôse (26 janvier), déjeuné avec Ottolini, Foscarini, Morandi et autres personnages de la suite du gouverneur de Bergame (2). Madame Albani lui avait fait force caresses, lui disant qu'elle savait qu'il n'était pas riche, que Kilmaine avait besoin d'argent en lui promettant que le Sénat serait reconnaissant. Landrieux ne l'accepterait-il pas « comme caution » pour Kilmaine et pour lui ?

En même temps que Porro, président du comité de police, et Salvatori, rédacteur de l'*Amico delle Lege,* lui assuraient les moyens d'appuyer les soulèvements de la Terre-Ferme, Landrieux feignit de se rendre, enfin, aux avances de la princesse Albani et la pressa de le mettre en rapport avec un confident d'Ottolini. Il avait, disait-il, de sérieuses révélations à faire à ce haut personnage pour qu'il les transmit

---

1. *Mémoires*, I, p. 127.
2. Voir notamment, au chapitre v des *Mémoires*, un rapport à Kilmaine. Il est étrange que M. Trolard qui, dans *De Montenotte au Pont d'Arcole*, avait accepté sans critique toutes les assertions de Landrieux, même quand il ne parle que par ouï-dire, ait si mal lu ce chapitre, que, dans son nouvel ouvrage *De Rivoli à Solferino*, il ait cru devoir s'étonner de relations toutes naturelles, et nettement avouées à plusieurs reprises.

au Sénat de Venise (¹). La princesse donna dans le piège, et voici dans quels termes, le 10 mars 1797, un nommé Stefani, secrétaire du provéditeur Ottolini, lui rendait compte de son voyage à Milan (²) :

« En exécution des ordres dont vous m'avez honoré, à 22 heures du 9 courant, j'arrivai à Milan où, après avoir pris un court repos à l'auberge de San Marco, pourvu d'une cocarde française pour éviter les dangers, j'allai promener dans la rue de la Porta Romana, en demandant, sans affectation de recherche, où était le palais Albani. Aux coups de la vingt-quatrième heure, la porte étant ouverte, j'y entrai, comme un de ses familiers, m'enquérant auprès de quelques domestiques assis en cercle dans une vaste cour

---

1. Landrieux est très net dans ses *Mémoires* sur ce point : « Outre les avis secrets qu'Ottolini avait reçus de divers habitants, dit-il, *je lui en avais fait passer un moi-même par le canal de Madame Albani*. Cela étonnera peut-être. C'était pourtant là le moyen sur lequel je comptais le plus ; il était infaillible. J'avais en même temps fait avertir Faivre par Couthaud de se tenir sur ses gardes et d'empêcher qu'Ottolini n'augmentât ses forces. Je devais donc faire mouvoir Ottolini pour que Faivre prît ses manœuvres inusitées pour des hostilités, pour qu'ils s'attaquassent sans s'entendre, ou tout au moins pour que cette mésintelligence enhardît les conjurés. Et c'est ce qui arriva. Cette prétendue confidence me servit en même temps. Voilà de la diplomatie toute pure : *an dolus an virtus !* » (*Mémoires*, I, 244).

2. M. Trolard, dans *De Rivoli à Marengo et à Solferino*, analyse ce document d'une manière inexacte. Nous noterons seulement ici quelques inexactitudes de nature à modifier la portée du texte : Stefani raconte qu'il s'est rendu au palais Albani *sans affectation de recherche*. M. Trolard écrit que Stefani *se fit conduire* au palais Albani. — M. Trolard paraît confondre Landrieux et Serpieri en un même personnage. Convaincu que Landrieux voulait trahir et se faire payer sa trahison, il donne à la question argent une importance qu'elle n'a absolument pas dans le récit de Stefani. Enfin, alors que Stefani indique parfaitement sa méfiance, son instinctive crainte d'avoir été berné, M. Trolard admet l'accord sincère du prétendu traître et de l'agent d'Ottolini. Tel n'est pas l'avis du compilateur de la *Raccolta cronologico-ragionata* (II, p. 86) : « Ce Landrieux, s'exclame-t-il, qui *feignit* avec le secrétaire d'Ottolini de vouloir éventer la révolte des Etats vénitiens... On voit la foi que méritaient les flatteuses paroles de ce nouveau Sinon. »

de monsieur l'avocat. A peine eus-je prononcé ce nom qu'un d'eux qui, je crois, était prévenu, me conduisit par un escalier secret dans un appartement situé tout en haut du palais. Il me laissa dans une chambre servant de bibliothèque, où du feu et des flambeaux étaient allumés, en m'assurant que la personne demandée arriverait sous peu d'instants. En effet, l'avocat Serpieri ne fut pas un quart-d'heure à paraître. Le fixant rapidement de la tête aux pieds, je trouvai en lui toutes les indications que Votre Excellence m'avait fournies pour éviter une méprise. Lui-même, il me demanda le premier si je venais d'arriver de Bergame. Je lui répondis affirmativement et pleinement assuré que c'était la personne indiquée, je lui déclarai que j'étais commissionné par Son Excellence le représentant de Bergame pour apprendre de l'officier français indiqué, aux termes de ses offres, les machinations préparées pour révolutionner l'Etat Vénitien.

« Après un court dialogue sur ce sujet, que je dirigeai spécialement à rechercher le mobile qui pouvait pousser à une aussi bonne action le Francais, m'étudiant aussi découvrirà quels motifs faisaient agir ce Serpieri, Romain de nation et sans rapport avec notre bienheureux gouvernement vénitien, je ne pus en obtenir que des assurances sur le caractère honnête du Français, la pureté de ses intentions qu'il m'attestait personnellement. Il me laissa cependant entrevoir que l'espérance d'un généreux cadeau n'était pas la dernière raison qui le poussait. Je ne perdis pas l'occasion de le confirmer dans cette voie et de l'encourager dans l'intrigue commencée ([1]). Il me demanda ensuite si j'avais choisi un logement, et apprenant que j'étais descendu à l'auberge de San-Marco, il s'en montra mécontent et s'efforça

---

1. Voici, à titre de curiosité d'*infidélité* d'analyse, la version de M. Trolard :

« Stefani ayant demandé à l'avocat pour quel motif il faisait des révélations aussi graves, Serpieri répondit que *c'était dans l'espoir d'obtenir de la République de Venise une récompense considérable, dont il entendait d'ailleurs être assuré dès à présent.* Le secrétaire d'Ottolini n'ayant point qualité pour prendre des engagements de cette nature, et considérant sa mission *ad referendum* comme suspendue jusqu'à réception d'ordres précis, fit mine de partir. » (*De Rivoli à Solferino*, p. 145-146.)

de me persuader de la quitter sur-le-champ, car il m'avait préparé un logement dans cette maison Albani, une chambre convenable dans l'appartement même où nous nous trouvions et qu'il me montra aussitôt.

« J'hésitai quelque temps, réfléchissant qu'en des temps si sombres et avec la mauvaise foi bien connue des Français, il était dangereux pour moi de me livrer entièrement à eux. Toutefois, l'idée de n'apporter qu'un mince préjudice au service de l'Etat me résolut au sacrifice possible de ma personne.

« Je volai sur-le-champ à l'auberge pour enlever mes bagages que j'y avais laissés et pour prendre congé habilement. Il me fallait surtout éviter, puisqu'à mon arrivée je m'étais inscrit sur les listes de police, les soupçons qui règnent à Milan en maitres si puissants. Je cachai donc mon départ sous le couvert d'une aventure galante qui m'avait attiré dans cette ville.

« Je retournai chez Serpieri, avec les mêmes précautions que précédemment, et, peu d'instants après mon arrivée, se présenta l'officier français Landrieux, chef de l'état-major général de la cavalerie, logé également au palais Albani. La physionomie et l'ensemble de sa personne n'offrait rien de remarquable ni en bien ni en mal ; petit de taille, mince, marqué de la petite vérole, les cheveux noirs, un peu chauve, les yeux vifs mais larmoyants par suite d'une forte inflammation ; il portait deux petites moustaches. Il était revêtu de son uniforme. Il parlait mal l'italien. A peine lui fis-je indiquer par Serpieri l'objet de ma venue, qu'il se mit à m'assurer de l'honnêteté de son caractère, de l'aversion qu'il avait conçue pour les révolutions, se vantant d'en avoir empêché une en Espagne, comme il veut le faire dans les États vénitiens. Son mobile en cette occasion est l'honneur de la nation française foulé aux pieds par le général en chef Bonaparte, le Directoire et les Assemblées, qu'il peint sous les plus noires couleurs, les qualifiant de la manière la plus triviale. C'était le sentiment des bienfaits que l'armée française recevait de l'amitié constante de la république vénitienne ; c'était un sentiment d'humanité et enfin le désir de la paix qu'il calcule faite en un mois avec la maison d'Autriche, quand la révolution sera empêchée dans les États vénitiens, tandis qu'au cas contraire il ne voit plus de limites à l'ambition de Bonaparte trop désireux de la souveraineté de l'Italie et plus de terrain de conciliation avec l'Autriche.

« A ce discours peu favorable à la République française et à son général en chef, j'eus soin de protester qu'il m'était défendu d'écouter des propositions qui pourraient en quelque façon compromettre la bonne harmonie entre Venise et le gouvernement français. Je crus cette protestation nécessaire pour l'arrêter et lui enlever tout espoir de pouvoir me mêler à des intrigues politiques contraire aux instructions de Votre Excellence, à l'intérêt de l'Etat et à ma sécurité personnelle.

« Alors, il me déclara que la révolution des États vénitiens était l'œuvre d'un club révolutionnaire de Milan, dont le chef était le citoyen Porro et les membres de nombreux sujets de Venise dont il m'indiqua les noms comme ci-après, que les Français n'y avaient aucune part directe, mais qu'une fois le mouvement couronné de quelque succès, ils ne s'abstiendraient pas de lui prêter ouvertement secours et que son indication sauvait à la fois Venise de la ruine totale, la France d'un acte infâme et l'Europe de la continuation de la guerre.

« Après avoir loué son zèle et l'honnêteté de ses sentiments, je lui représentai la gloire dont il allait se couvrir, la gratitude de la Sérénissime République et la récompense généreuse qu'il en obtiendrait infailliblement. Il se montra peu sensible à mes avances et me répondit qu'il n'ambitionnait aucune récompense, qu'il faudrait taire son nom jusqu'à ce que l'armée française eut repassé les Alpes pour rentrer en France. Alors les Vénitiens pourraient donner libre cours à leurs sentiments pour lui.

« Par choix du club de Milan, continua Landrieux, je
« dois être le directeur du mouvement révolutionnaire. En
« conséquence toutes les trames ourdies me sont soumises; je
« connais les noms des conjurés, leurs ramifications et leurs
« forces. C'est à Brescia que tout doit éclater pour s'étendre
« ensuite à Bergame et à Crema. Les réunions du club se
« tiennent à deux milles de la ville et la nuit. Il y vient plus
« de deux cents affiliés de toutes les classes de la société. Les
« chefs sont les Lecchi, les Gambara, Becalossi, de Brescia ;
« Alessandri, Caleppio, Adelasio, de Bergame et tant d'autres
« dont je vous fournirai la liste. Chez les paysans des vallées,
« on a envoyé des émissaires semer de l'argent, prêcher le
« soulèvement et propager les idées nouvelles. Ils doivent

« former une armée qui s'assurera tout à coup de la personne
« du gouverneur et qui, bloquant les quartiers garnis de peu
« eu de troupes, rendra l'entreprise immanquable. Les chefs
« et les émissaires sont tous munis d'un certificat qui les qua-
« lifie d'employés au service de l'armée française. En voici un
« exemplaire. Observez qu'en haut de la feuille l'extrémité
« est repliée et qu'il y a un signe qui est la seule différence
« entre les vrais certificats des personnes réellement atta-
« chées à l'armée et ceux des Vénitiens rebelles. Cette pièce
« a pour double but de se reconnaître réciproquement entre
« eux et de se faire respecter si parfois le gouvernement
« tentait quelques arrestations. La trame n'est pas encore
« à terme : dans huit ou dix jours elle le sera, mais avant
« mouvement, il doit y avoir une réunion des chefs dans le
« Brescian. Attendez ici. Je vous fournirai logement, garde,
« certificat comme à une personne appartenant au gou-
« vernement français. Demain vous aurez tous les noms
« des conjurés, leurs desseins les plus cachés, que vous
« communiquerez au jour le jour pour aller plus vite au
« provéditeur vénitien à Brescia par un messager fidèle
« pour éviter les indiscrétions à Milan et à Brescia. En
« attendant il ne faut faire d'arrestations d'aucune sorte, car
« il en pourrait résulter un désaccord de mesures parmi les
« révolutionnaires qui retarderait l'explosion sans en em-
« pêcher l'effet. Je vous avertirai du jour de la réunion gé-
« nérale et c'est à ce moment qu'il faudra les surprendre
« tous avec la force armée et éventer ainsi cette machi-
« nation diabolique. »

« Pour essayer de mieux connaître par moi-même cette affaire et de me faire une opinion personnelle, je fis diverses questions à Landrieux qui me confirma tout ce que j'ai déjà rapporté. Comme je lui demandais quelles étaient les dispositions de Vérone, de Vicence et des autres villes de l'Etat, il m'avoua que les mesures n'y étaient pas encore prises, mais qu'à peine le pays en deçà du Mincio soulevé, le club songerait à révolutionner le reste et que ce serait plus facile. Nulle part les adhérents ne manquent, quoique pas si nombreux et si puissants que ceux d'en deçà du Mincio. Si l'on empêche, croit-il, l'explosion de Brescia, tout péril ultérieur sera conjuré.

« J'en vins ensuite à lui faire remarquer qu'avant de me fixer à Milan, comme il le désirait, j'avais le devoir de rendre compte personnellement à Votre Excellence de ma mission et devais m'entendre avec Elle pour m'assurer au moins deux fidèles piétons qui iraient et viendraient de Brescia à Milan (1). Peut-être pourrait-on donner à une autre personne sûre la charge d'aller à Milan sous le prétexte de l'achat quotidien des chandelles, s'il voulait bien en donner l'autorisation.

« Il se décida avec difficulté à permettre mon prompt départ, mais il voulait à toute force que je fisse retour par Brescia et Bergame pour mettre au courant de tout le provéditeur extraordinaire qui en informerait aussitôt le Sénat.

« Constant dans l'obéissance que je dois à Votre Excellence, je protestai que je ne ferais rien sans retourner prendre vos ordres. Je l'assurai que le provéditeur extraordinaire et les inquisiteurs seraient, sans aucun doute, immédiatement et scrupuleusement avisés de l'affaire. Je lui demandai en outre de me délivrer sur-le-champ un passeport de retour et des ordres pour des chevaux de poste, afin de repartir en toute hâte, dès le jour, pour Bergame.

« L'heure tardive rendait difficile la délivrance de ces pièces, mais il m'accompagna et de fait me les obtint très vite. Chemin faisant, il me prévint que pour cet objet il faudrait qu'il me présentât au général Kilmaine qui étant donnés l'heure et mon empressement à partir, voudrait savoir qui j'étais. Il m'engagea, en pareil cas, à répondre que j'étais marchand de chevaux.

« J'objectai que cette affirmation pourrait m'embarrasser avec le général qui facilement entrerait en conversation avec moi sur des matières que j'ignorais. Il m'assura alors que je n'avais rien à craindre dans sa compagnie et laissa entendre, à certains indices, que Kilmaine était pour quelque chose dans la démarche qu'il faisait pour empêcher la révolution des Etats vénitiens. Nous allâmes ensemble au palais qu'habitait l'archiduc et qu'occupe maintenant le général. Nous ne le vîmes pas, il était au théâtre.

« En revenant au palais Albani, nous eûmes, Landrieux et moi, une conversation sur divers sujets politiques et militaires. Il blâma infiniment la conduite des gouverne-

---

1. Ce sont là sans doute les deux fidèles « soldats à pied » qui, d'après M. Trolard, devaient porter les dépêches de Stefani à Ottolini et *vice versa*. (*Loc. cit.*, p. 149.)

ments, désapprouva le désarmement complet de l'État vénitien et la confiance de notre République dans la nation française, toujours ennemie de la nation italienne. Il observa que la faiblesse de la France, la défiance de Bonaparte vis-à-vis du Directoire, l'ensemble de leurs intérêts exigeaient une prompte paix avec l'Autriche et l'évacuation de l'Italie. Il ajouta que tout dépendait de l'avortement de la criminelle révolution des États vénitiens. Il insista vivement pour que je revinsse promptement à Milan, car il désirait avoir affaire à moi plutôt qu'à d'autres. J'écrivis mon nom sur son calepin et, arrivés au palais Albani, je pris congé de Landrieux et l'avocat de Serpieri. Je me couchai pour quatre heures dans l'appartement qui m'avait été désigné et où je fus servi par un domestique de la maison.

« Je passai le reste de la nuit dans la continuelle défiance de tout ce que j'avais vu et entendu, me demandant si je n'avais pas servi d'instrument ou de victime à quelque criminelle machination, et tourmenté à la pensée des difficultés de la situation de la République. Enfin, au jour, je me mettais en route le plus rapidement possible (1). »

Au moment où Landrieux causait avec tant d'abandon hypocrite avec Stefani, et lui dévoilait le plan d'une conspiration qui devait éclater dans une huitaine à Brescia, pour s'étendre ensuite à Bergame, il faisait travailler l'esprit du peuple de cette dernière ville par un aventurier

---

1. Tel est le document que M. Trolard juge de nature à assurer la condamnation de Landrieux aux yeux de l'Histoire. Le comte Daru, historien, dont la science se doublait de l'expérience de l'homme politique, n'interprétait point de la sorte ce document. Il ne s'y est pas trompé et a peint Stefani, *d'après son rapport même*, comme abouché, non à un traître, mais à un agent fort habile du Comité de police de Milan. « On trompa, répète-t-il dans sa réponse aux observations du comte Tiepolo, on trompa à Milan un espion du podestat de Bergame et on lui donna de faux avis. » (Daru, *Histoire de la République de Venise*, t. IX, p. 252). — Un historien vénitien, Samuel Romanin, dont M. Trolard a consulté l'œuvre écrite d'après les archives, déclare de la manière la plus formelle qu'il est impossible de croire que Landrieux fut sincère vis-à-vis des Vénitiens, qu'il songeât à trahir les intérêts de sa patrie, et il n'hésite pas à qualifier toute sa conduite *d'intrigue perfide*. (*Storia documentata di Venezia*, t. X, p. 12.) M. Trolard ne cite pas d'autres documents que ceux donnés par Samuel Romanin, mais il ne les cite pas tous.

de bas étage que lui avait procuré l'adjudant-général Couthaud. Cet individu, nommé Lhermite, condamné aux galères en France, et que Landrieux eut à poursuivre plus tard pour d'autres délits, provoquait une effervescence, sous prétexte qu'on avait intercepté un courrier porteur d'une lettre d'Ottolini demandant aux inquisiteurs d'Etat l'ordre d'incarcérer une liste très nombreuse de prétendus révoltés. L'émeute éclata à Bergame le 11 mars, et le 12, Ottolini était obligé de fuir. Faivre, qui commandait la garnison française, observa la neutralité qui lui était ordonnée. C'en était assez pour assurer le succès des insurgés ; à Venise, on ne s'y trompa pas, et les premières colères visèrent ce malheureux officier qui n'avait rien compris aux évènements qui s'étaient passés sous ses yeux. Le résident de Venise à Milan, Foscarini, eut au contraire recours à Landrieux pour obtenir « l'ordre de faire rentrer les choses dans l'état où elles étaient avant l'insurrection. » Kilmaine le désarma en enjoignant à son chef d'état-major de se rendre à Bergame pour y informer sur la conduite de la garnison française.

Landrieux montra même à Foscarini une lettre que Kilmaine avait écrite à Faivre, mais qu'on avait eu soin de ne pas lui envoyer et qu'on inséra tout simplement dans la gazette *L'Antica Stafetta di Schaffusa* (¹). Aussi, Botta se demandait-il si cette lettre était authentique ou supposée.

Le rapport de Landrieux à Kilmaine, complaisamment contresigné par la nouvelle municipalité, issue du mouvement insurrectionnel, attestait qu'aucun Français n'avait pris part à cette révolte. Les Bergamasques avaient agi d'eux-mêmes et la garnison française n'avait armé que par ignorance du but auquel tendait l'émeute et par désir de maintenir l'ordre à tout évènement.

---

1. On trouve cette lettre dans le numéro 34 du lundi 20 mars 1797. Foscarini en parle dans une lettre lue au Sénat de Venise le 18 mars. *Raccolta*, etc., t. II, p. 23, notes). —Ce numéro de l'*Antica Stafetta di Schaffusa* se trouve dans le Mss. B. Dans cette lettre, Kilmaine disait au commandant des troupes françaises à Bergame qu'il avait appris indirectement qu'il y avait eu dans sa ville des mouvements dont la direction lui était inconnue, ainsi que leurs causes ; il était surpris de n'en n'avoir reçu aucunes nouvelles par lui, ce qui lui faisait croire que cela n'intéressait pas les Français. Quels que pussent être les événements futurs, il lui

Battaglia ne se montra pas moins naïf que Foscarini. Averti par Ottolini du mouvement qui se préparait, invité à se défier du commandant français à Brescia du concours duquel il se jugeait assuré, c'est à Bonaparte qu'il s'adressa pour lui demander une batterie d'artillerie pour soumettre les rebelles. Bonaparte profita de cette demande pour réitérer au Sénat son désir de vivre en bonne amitié avec lui, mais aussi son intention formelle de ne pas consentir que « sous prétexte de conspiration, l'on jeta sous les plombs du palais de Saint-Marc tous ceux qui ne sont pas ennemis déclarés de l'armée française. » Le 17, au soir, Brescia se soulevait sous la direction du comte Lecchi, grand organisateur des jacobins de la province. Battaglia, effrayé, ordonna aux troupes de rentrer dans leurs quartiers et se livra à la discrétion des insurgés. Parmi les chefs de cette insurection, que rendait difficile le vénitianisme du commandant de la garnison française Girard, se trouvait le capitaine Picot, que la *Correspondance de Napoléon* qualifie d'agent secret du général Bonaparte et qui, en réalité, appartenait au bureau des renseignements du grand état-major. Sans doute, dans le soulèvement de Brescia, il était l'homme de Berthier, le contrôleur désigné par le confident de Bonaparte, comme Lecchi était celui de Kilmaine et par conséquent celui de Landrieux. Aussitôt Nicolini lui adressait la lettre suivante :

« Monsieur le général, notre père : Tout le monde est soulevé dans Brescia ; nous comptons sur vos secours, et

---

défendait sous sa responsabilité capitale d'y prendre aucune part, à moins que ces querelles intestines n'eussent pour but caché d'attaquer le château ou la garnison de la ville. « Si dans les dissensions qui ont eu lieu, concluait-il, vous aviez eu le malheur de faire quelque démarche qui put compromettre la neutralité qui existe entre les deux Républiques, je vous préviens que je vous désavouerai formellement et vous ferai punir, pour avoir agi dans cette circonstance, et contre les intentions du général en chef et contrairement aux instructions que vous avez reçues de moi. Tenez-moi instruit, jour par jour, de ce que l'on dit se passer à Bergame ! » Foscarini fut ravi. Il envoya la lettre, que lui avait montrée l'adjudant de Kilmaine, au Sénat où elle fut lue le 18 mars (*Raccolta cronologico-ragionata*, II, p. 23, notes).

comptez sur nous. Le Comité m'a chargé de vous offrir 550,000 livres dont 300,000 pour le général Kilmaine et 250,000 pour vous. C'est encore très peu de chose d'une fois : on souscrira cet engagement quand vous viendrez de Minghetto avec vos troupes que le général Coulon (Colomb) vous rassemble à présent (1) ».

Crema suivit bientôt l'exemple de Bergame et de Brescia, mais ici l'insurrection fut ouvertement dirigée par les Fran-

---

1. Mss. B., folio 80 : *Note pour l'ambassadeur d'Autriche.* — Ce document est difficilement conciliable avec la pièce suivante :

« Au général Kilmaine,

Je tiens à votre disposition, mon général, la somme de quatre cent mille livres, monnoye de Milan, en un bon de pareille somme signé Nicolini, autorisé par le gouvernement de Brescia qui doit l'acquitter à ma présentation ou en votre quittance. — Milan, le 5 mars, an I<sup>er</sup> de la République italienne (1797).

    « NICOLINI.                       LANDRIEUX.

« Je donne pouvoir au citoyen Landrieux de recevoir pour moi la susdite somme de quatre cent mille livres, monnoye de Milan, ledit m'ayant fourni 200,000 livres monnoye de France pour l'acquit dudit bon de Nicolini. — Nice, ce 13 messidor an V de la République française, une et indivisible.

                        « KILMAINE. »

« A cette date du 5 mars, dit à ce propos M. Trolard, la révolution de Brescia n'était pas encore faite, mais Landrieux avait promis de la soutenir, et le gouvernement *futur* s'obligerait à payer, après le succès, le prix stipulé de cet appui. »

M. Trolard conclut de cette pièce (Mss B, fol. 565), que Kilmaine, sur les 320,000 livres de Brescia, avait touché 200,000 livres et Landrieux 120,000. Il est d'autre part absolument certain que Kilmaine n'était pas, le 13 messidor, à *Nice*, mais à *Gênes*. En outre, si l'on comprend le gouvernement brescian appelant, dès les premières heures du mouvement, Landrieux à son secours, la signature Nicolini, le 5 mars, ne représentait pas une très grande garantie.

Enfin, il résulte de tous les documents, que Brescia n'a jamais payé le premier sol du billet Nicolini, car M. Trolard est seul à affirmer que le bon fut touché vers le 15 messidor. Où ? Par qui ? M. Trolard ne pourrait le dire. Landrieux, s'il en avait fait l'avance à Kilmaine, avec des espèces que l'on ne lui connaît pas au début du soulèvement de la Terre-Ferme, en eut été pour son argent.

çais qui demandèrent au capitaine Contarini à entrer dans la place et lui déclarèrent ensuite ne pouvoir refuser de déférer au vœu de la population.

Venise put protester sans conteste contre la violation de sa neutralité et du droit des gens. Lallement, ministre de France près la sérénissime République, reçut les doléances du Sénat que Querini fut chargé de notifier à Paris. Lallement déclara que les instructions qu'il recevait de son gouvernement étaient absolument contraires aux actes qu'on reprochait à l'armée française et produisit à l'appui de ses affirmations une dépêche intime de Bonaparte, que Pesaro et les inquisiteurs jugèrent rédigée par anticipation en prévision des réclamations que le gouvernement de Venise ne pouvait manquer d'élever.

Lallement, sans perdre de temps, adressait à Paris au ministre des Relations extérieures, Charles Delacroix, le récit suivant :

« Mercredi dernier, M. Ottolini est arrivé à Venise et le même jour le Sénat m'a communiqué officiellement un rapport dont j'ai l'honneur de vous remettre ci-joint la copie.

« Vous y verrez, citoyen, qu'on accuse le commandant français d'avoir forcé les députés de Bergame à signer le prétendu vœu du peuple pour la liberté et chassé le podestat. En conséquence, le Sénat a dépêché sur-le-champ le courrier Nullo à Paris et a dépêché au général en chef M. Pesaro lui-même, accompagné d'un sage de Terre-Ferme et d'un officier qui sont partis hier au soir. J'ai moi-même instruit le général de la démarche du gouvernement et de ses dispositions, et je me suis appliqué à découvrir par la voix publique la vérité d'un fait dont les circonstances me paraissent peu probables. Voici ce que j'ai pu recueillir :

« Les Bergamasques et les Brescians sont depuis longtemps fort mécontents de leur gouvernement ; l'entrée des Français en Lombardie leur a donné l'idée de s'y soustraire ; l'incertitude des évènements les retenait encore. Nos victoires et la prise de Mantoue les ont encouragés : ils ont mis moins d'attention à se cacher. M. Ottolini, anti-français et lâche instrument de la tyrannie des inquisiteurs d'Etat, a commencé à les vexer sur le moindre prétexte d'opinion favorable à nos principes. Des emprisonnements, des arrestations, des disparitions même, des réprimandes publiques pour de simples discours, ont exaspéré les esprits. Il s'est formé un comité révolutionnaire secret. On a expédié à Milan trois députés pour demander secours et réunion à la Lombardie. On dit que le commandant de la province leur a répondu qu'il ne pouvait pas les aider ouvertement : qu'ils aient à bien consulter le vœu général de leurs concitoyens et à agir d'eux-mêmes, sauf à les protéger si les circonstances l'exigent.

« Les députés, revenus à Bergame, y ont tenu diverses assemblées. Ottolini les a découverts. Il a déguisé son valet de chambre en paysan et l'a expédié en courrier à Venise, porter aux inquisiteurs une liste très nombreuse des prétendus révoltés et qui comprenait tous les principaux personnages de la ville. On a été prévenu de cette mesure ; on l'a dénoncée au commandant français comme une nouvelle trahison d'Ottolini ; quatre hussards ont été détachés à la poursuite du courrier et lui ont enlevé ses dépêches. Elles ont été lues au comité. La liste de proscription a indigné. On s'est prononcé ! Les uns voulaient tuer Ottolini, les autres l'envoyer aux fers à Milan : enfin, les plus modérés l'ont emporté. On lui a signifié de sortir de la ville et le Comité s'est emparé de l'administration. On ne dit pas quelle part active le commandant français a prise à ces résolutions. On dit seulement qu'ignorant l'effet de cette explosion et pouvant même supposer qu'elle fut dirigée contre nous, il a pris des mesures militaires de sûreté qui peut-être ont autorisé une partie des rapports d'Ottolini.

« Au reste, citoyen, nous sommes à la veille d'une crise dont peut dépendre le sort de cette République. Brescia et Crema commencent à remuer. Le reste de la Terre-Ferme n'est pas plus tranquille. Une fermentation sourde se manifeste depuis plusieurs jours ici. On est mécontent du gouvernement ; on le méprise et je suis assuré que sous peu j'aurai des choses très intéressantes à vous dire.

« En attendant, comme les évènements peuvent se succéder rapidement, je vous prie, citoyen, de me donner des instructions dans le cas où le feu de la révolte s'approcherait de ma résidence, pour régler ma conduite vis-à-vis du gouvernement [1]. »

---

1. Archives des Affaires étrangères. Venise, Corresp. 1797, vol. 255, pièce 42, folios 91 et suivants.

Tandis que Lallement attendait des ordres du Directoire, Landrieux, par une manœuvre habile, s'était fait nommer général en chef des troupes insurgées de Terre-Ferme et s'était fait agréer par Foscarini, résident de Venise à Milan, comme *Médiateur* entre la République et les villes soulevées. Il eut soin, à tout évènement, d'en informer Augereau qui pouvait être utile à ses projets.

Milan, 30 ventôse an V (20 mars 1797).

« Mon général,

« Les malheureux Vénitiens, écrasés sous le joug du despotisme, n'attendaient que l'arrivée des Français ou la déclaration de l'indépendance de la Lombardie pour s'en débarrasser. Divers bruits de paix les alarmaient, *ils s'adressèrent à moi; je leur donnai des conseils, et ils sont libres*. Ils m'ont nommé général en chef de leurs troupes; leur reconnaissance, plutôt que mes moyens, leur a fait faire cette démarche.

« Ce qu'il y a de singulier dans cet évènement, c'est que le résident de Venise à Milan m'a écrit une lettre de compliments sur cette élection, « persuadé, dit-il, que je suis
« plus capable qu'un autre de m'entendre avec le gouver-
« nement vénitien pour calmer les troubles et faire accor-
« der aux populations ce qu'il y aura de juste dans leurs
« demandes... La connaissance qu'il a de mon caractère
« lui persuade que je serai plutôt le médiateur entre la
« République et les mécontents, que le général des usur-
« pateurs du gouvernement. »

« Le général Bonaparte fera sans doute part de cet évènement au Directoire. Au cas que ma lettre vous parvienne promptement, je vous prie de la communiquer aux Directeurs et de les assurer que les Français ne sont mêlés ni en blanc ni en noir dans cette affaire, quoique les malveillants aient fait circuler sur-le-champ de prétendues proclamations du peuple bergamasque et brescian, dans lesquelles il est dit malicieusement que les Français l'ont aidé.

« Si l'ambassadeur de Venise réclamait à Paris, il faut lui répondre que, s'il y a eu une petite affaire entre les sapeurs de la légion lombarde et la cavalerie de Battaglia, c'est que cette cavalerie les a attaqués. Voici ce fait intéressant qui met le Directoire en état de répondre à tout l'univers sur la prétendue violation de neutralité : par hasard, une centaine de sapeurs de la légion lombarde partirent de Milan, pour se rendre à Peschiera, par la route ordinaire, celle de Brescia. Battaglia était averti par ses espions d'une attaque prochaine des Bergamasques ; il envoya sur-le-champ un détachement de 100 cavaliers vénitiens pour harceler leur avant-garde ; ces cavaliers se trompèrent et prirent les Lombards (qui de leur côté ne savaient rien) pour les Bergamasques ; les Lombards attaqués se défendirent vaillamment et prirent 50 chevaux ; les autres s'enfuirent en désordre à Brescia et y semèrent l'épouvante les patriotes en profitèrent, ainsi que de l'arrivée des Bergamasques par un chemin voisin ; en deux heures tout fut fini.

« Je vous écris à la hâte, le courrier va partir. Je vous embrasse. Arrivez donc : on se bat, on triomphe et vous n'y êtes pas. »

Landrieux s'élève vivement dans ses *Mémoires* contre les récits des *Trophées des armées françaises*. A l'entendre, « les rédacteurs de cet ouvrage ont grossi leur livre avec un ramassis de contes absurdes et dignes de la risée publique. » On lit en effet dans les *Trophées* un récit fantaisiste des événements de Salo, où le comte Lecchi et quelques centaines de compagnons, soldats brescians, milanais, polonais et autres se firent naïvement massacrer et emprisonner par les habitants qui les avaient attirés sous prétexte d'une fête.

Une lettre, adressée de Milan à Paris par le citoyen Certan, et qui fut communiquée au ministre des Relations extérieures, fournit sur cette première affaire de Salo un très curieux commentaire qui vient à l'appui du récit de Landrieux :

« Sans doute, d'une part, le courrier que Venise a fait partir pour Paris vous aura donné la *version* vénitienne des griefs que cette république prétend avoir contre nous afin de se justifier autant que possible de la petite Saint-Barthélemy qui vient de se passer à Salo ; d'une autre part, nos commandants en Lombardie vous auront instruit des griefs

---

1. Cette lettre figure parmi les pièces justificatives des *Mémoires de Masséna*, II, p. 536.

bien plus vrais, d'après lesquels il est notoire que, depuis longtemps, nous étions dupes de la puissance perfide qui vient enfin de lever le masque de la manière la plus atroce. On vous aura, des deux côtés, adressé et le tableau de la conduite de Venise et le manifeste du provéditeur Battaglia, deux pièces qui se lisent aujourd'hui dans le vingt-septième numéro du *Courrier patriotique d'Italie*. Aussi, je croirais faire un double emploi en vous adressant à mon tour ces vigoureux articles. Le fait est que 60 Polonais de la légion de Dombrowsky, environ 100 Milanais, des Français (on varie quant au nombre,) ont été massacrés dans une ville dont on leur avait ouvert fraternellement les portes, 300 prisonniers, c'est-à-dire le reste complet des *visiteurs* de Salo ont été envoyés à Venise. Tirera-t-on vengeance prompte de cette atrocité ? Ou des entreprises de la plus grande importance feront-elles différer la punition des sanguinaires Pantalons de la Brenta ?...

« On pense ici bien juste, ce me semble, quant à l'empereur et aux Autrichiens ; on regarde le premier comme une vitre à travers laquelle passent, sans aucune résistance, les couleurs de Londres et *depuis quelque temps celles de Venise.*

« On commence à soupçonner ici la sage politique de Venise de faire assassiner en route les courriers qui partent de la Lombardie pour nos armées. Le général Bonaparte, dans sa dernière lettre à son épouse, se plaint de n'avoir reçu depuis longtemps aucune nouvelle. Elle a cependant écrit plusieurs fois, elle a aussi chargé de lettres des particuliers qui allaient joindre l'armée. Aucun de ces particuliers n'est arrivé, leur mort jusqu'à présent n'est que conjecturée. Quant aux assassinats, ils sont multipliés à faire frémir. Quantité de Français surpris ou à leur service ou dans le repos ont péri pendant la nuit sous le poignard des Esclavons (invisibles le jour, massacreurs nocturnes) qui étaient à l'affût de nos malheureux soldats. Je doute que dans aucune extrémité l'Autriche usât de moyens semblables [1]. »

Le massacre de Salo fut le signal du soulèvement contre les Français des paysans des vallées que les podestats véni-

---

1. Cet extrait fut communiqué par le ministre des Relations extérieures au Directoire. (Archives des Affaires étrangères. Venise, 1797, vol. 255, pièce 51, folio 106).

tiens armèrent de fusils de la manufacture de Gardone (²) ; leur tourbe s'avança menaçante jusque sous les murs de Bergame terrifiant le chef de la garnison française, Faivre qui, par des estafettes coup sur coup expédiées, appela Landrieux à son aide. Le chef d'état-major de la cavalerie déploya une énergie et une présence d'esprit qui ne se démentirent point. Chassant devant lui les paysans comme un troupeau en déroute, il désarma ces malheureux et les terrorisa par des proclamations féroces, promettant de livrer aux flammes la maison de tout habitant des vallées convaincu de posséder une arme cachée. « J'ai agi avec justice : demain je vais mettre à feu et à sang toute la Val Cavallina qui a osé tirer sur nous. J'ordonne à la Val Gandino d'apporter, dans moins de douze heures, cent trente mille livres pour défrayer l'armée. Ce pays n'a qu'à choisir entre ces conditions ou sa destruction totale (¹). » Un officier d'une fermeté à toute épreuve, le colonel Colomb, fut chargé de la sanction de cette proclamation. A la tête d'une colonne mobile, il parcourut les territoires montagneux du nord du Brescian où les Valériens se croyaient à l'abri de tout châtiment, tandis que Landrieux se promenait à la tête d'une autre colonne dans le Bergamasque. Colomb, usant tour à tour de vigueur et de générosité, dompta en quelques jours les rebelles que Landrieux battit deux fois à Navé, si bien qu'il rassura enfin les timides Bergamasques.

C'est alors qu'un nommé Recuperati, qui occupait le poste extraordinaire de résident de Bergame près la ville de Brescia, vint en cérémonie, avec toute sa légation, les résidents et les municipaux, apporter à Landrieux, au palais Gambaran, un parchemin garni de rubans verts auxquels tenaient deux sceaux de cire rouge. C'étaient les patentes de général en chef, de médiateur et de plénipotentiaire des provinces de Terre-Ferme. Brescia s'était jointe à Bergame pour cet objet, et des députés des républicains de Vérone, de Vicence, de

---

2. *Lettre d'un Français qui voyage en Italie à un de ses amis à Paris*, p. 7 et suivantes. Les *Mémoires* de Landrieux sont pleins de curieux renseignements sur cette contre-insurrection. On y lit l'analyse des pièces officielles très graves trouvées dans les papiers du général Monetti, à Carcina.

1. *Proclamation aux paysans valériens*.

Padoue, du Frioul et de l'Istrie, en qualité de plénipotentiaires, y avaient mis leur adhésion.

« Je ne fus nullement gonflé de cet honneur, dit Landrieux, j'étais cependant bien aise qu'on me mit ainsi, sans que je l'eussse demandé et même insinué, ce qu'enfin j'aurais été obligé de faire, en état de tout conduire sans contradiction. Je reçus donc ces gens-là avec beaucoup de politesse et un grand air de reconnaissance. Je fis serrer très respectueusement le parchemin avec le ton le plus diplomatique possible et la fête se continua, comme partout, par un grand diner au palais du gouvernement et se termina par une assemblée au théâtre où les chansons et les violons ne me furent pas épargnés. Ils m'envoyèrent le lendemain un costume moitié civil, moitié militaire, que je ne voulus jamais endosser, quoiqu'il fût très richement brodé. On se serait moqué de moi J'aurais eu l'air d'un sixième Directeur ! »

Pour mieux convaincre les Bergamasques de leur indépendance, Landrieux leur rédigea une Constitution dont il ne parle pas sans quelque honneur et quelque fierté.

La confection d'une Constitution était devenue, paraît-il, depuis 1789, une chose extrêmement simple, à laquelle n'importe qui se trouvait apte. Le gazetier royaliste, Mallet-Dupan, parle en ces termes de cette manie de l'époque : « Cette épidémie de Constitutions politiques qui a succédé, en France et en Europe, aux pantins et aux aérostats, a résulté des prétentions encore plus que du fanatisme. Pas un commis-marchand formé par la lecture de l'*Héloïse*, point de maître-d'école ayant traduit dix pages de Tite-Live, point d'artiste ayant feuilleté Rollin, pas un bel esprit devenu publiciste en apprenant par cœur les logogriphes du *Contrat social*, qui ne fasse aujourd'hui une Constitution. Vous trouverez de ces ateliers sous la tente de tel adjudant-général, comme dans la boutique d'un tailleur (¹). »

Landrieux, dans sa vieillesse, relira avec plaisir cette Constitution qu'il ne trouvera « pas plus mal qu'une autre, » bien que le temps lui eût manqué pour la méditer et la

---

1. Mallet-Dupan, *Correspondance politique pour servir à l'histoire du républicanisme français*. — Hambourg, imprim. P.-F. Fauche, 1796, in-8°. Introduction, pages xxx et xxxi.

rédiger à son gré, avec tout le soin que comporte un pareil labeur ; sa besogne militaire ne lui en laissa pas le temps.

Le chef de la garnison française à Brescia avait montré, on s'en souvient, peu de dispositions à laisser s'accomplir la révolution qui chassa Battaglia, son intime ami. C'était un certain Girard qui n'avait de commun que le nom avec Marc Girard, l'adjoint de Landrieux (1). Kilmaine chargea d'une enquête sur la conduite de Girard, le colonel Payen, dont Landrieux disait « qu'il ne signifiait pas grand'chose comme militaire, mais qu'il était un roué du Palais-Royal, et bien propre à remplir ce genre de commission. » Le résultat des investigations de Payen fut tel qu'on remplaça en hâte Girard par le capitaine Paimparey de Chambry, l'ancien ami et subordonné de Landrieux à l'armée du Nord et que Kilmaine avait apprécié au camp de César en l'an II (2).

Ne connaissant rien du pays, pas même sa géographie, dans l'impossibilité de monter à cheval, Chambry aurait pu être un merveilleux instrument inconscient entre les mains de Landrieux, s'il n'avait été assez avisé pour vouloir comprendre ce qu'on attendait de lui. Il distingua tout de suite les contradictions qu'il y avait entre les instructions écrites du général Balland, sous les ordres duquel il était directement placé, et les discrètes invitations de Landrieux. Celui-ci dut lui témoigner une confiance spéciale en s'appuyant sur leurs anciennes relations. Balland, bon homme mais étourdi, lui dit-il, n'était pas dans les confidences du général en chef dont on pouvait révéler les secrets à un homme aussi sûr que Chambry, et Landrieux lui exposa le plan du soulèvement de la Terre-Ferme en termes un peu vagues, mais qui suffirent à enthousiasmer ce capitaine : « Ce n'est qu'ici qu'on fait vraiment la guerre, s'écria le futur aide-de-camp du roi Murat, ailleurs on n'apprend qu'à aller au feu, ici on apprend à devenir un vrai général. » Landrieux

---

1. Le rapprochement des deux personnages est une pure erreur de M. Trolard, qui confond ailleurs également l'adjudant-général Pascalis avec l'adjudant Pascal. Le rapport de Clarke disait de Pascalis : *Aime ses aises ; homme de lettres, n'est pas militaire.*

2. Chambry, demeuré en disgrâce jusqu'au 24 messidor an III (12 juillet 1795), venait d'arriver en Italie.

lui prêta six cents francs pour se l'attacher davantage, il eut pu lui remettre une plus forte somme, mais, s'il l'eût fait, Chambry se serait méfié d'une largesse. Dès lors, on trouva en lui un aide tout dévoué et autrement intelligent que le brave Faivre(1). On dut aussi déplacer ce vieux soldat qu'on ne jugeait pas assez délié pour les circonstances, mais, désireux de lui dorer la pilule, Landrieux le convainquit aisément qu'il était indispensable à Como où l'on allait se battre avec l'avant-garde autrichienne. Védel, le futur vaincu de Baylen, fut au contraire appelé de Como et rendit les plus grands services à Bergame pendant toute cette période (2).

Des négociations avec le général Maffei et des pourparlers avec le général Monetti permirent d'attendre des renforts d'autant plus indispensables que Landrieux n'avait que 1,500 hommes en état de porter les armes. Aussi, se préoccupait-il de ne pas rompre avec la princesse Albani et avec Foscarini, estimant, comme Bonaparte, qu'il était de toute urgence de gagner du temps (3). Par ce moyen,

---

1. « Chambry, disait Landrieux dans un de ses rapports à Balland, est un homme de mérite qui fait honneur à votre discernement dans le choix que vous avez fait de lui, et celui-là ne se laissera éblouir ni par les sequins ni par les contes bleus. »

2. Vedel réussit à maintenir le calme dans le Bergamasque, ce qui se compliquait du soin de répandre certaines nouvelles dans Bergame. « Vous y ajouterez, lui écrivait une fois Landrieux, ce que vous croirez nécessaire, mais arrangez-vous cependant de telle manière qu'on ne puisse jamais dire à Bergame que nous avons fait des contes et que nos nouvelles n'étaient pas plus vraies que les bulletins qu'on fabrique à Milan pour les Parisiens. » Et il lui recommandait, en cas d'insuccès, de faire bonne contenance et comme Montluc, malade et délaissé à Sienne, de se pincer les joues pour avoir l'air bien portant et satisfait.

3. Voici une lettre de la princesse Albani, de laquelle il résulte que le 25 germinal (14 avril) les relations entre Kilmaine, Landrieux et Foscarini se continuaient encore :

« Milan, 25 germinal, 7 heures du soir.

« Par M. Girard, j'ai reçu votre lettre à laquelle je ne puis me dispenser de répondre deux mots à la hâte, pour vous remercier du souvenir que vous avez de ma personne, et vous remercier du détail que vous me donnez, sur ce qui vous est arrivé jusqu'à cette heure ; mais je vous assure que les nouvelles que vous me donnez ne sont nullement de mon goût, moi qui aime la paix et la tranil permit à Lahoz et au colonel Augros (¹) de le rejoindre au moment où il allait porter secours au capitaine Cruchet que Monetti avait cerné dans Gardane. On massacra quelques milliers de paysans entre les mains desquels on trouva la fameuse proclamation de Battaglia qui était sans doute passée par les soins de Salvatori dans les bagages de quelqu'un de leurs chefs et qui servit de nouveau motif à griefs.

Durant les journées suivantes, Maffei fut battu comme l'avait été Monetti. Landrieux eut toutefois quelque peine à dégager Lahoz qui s'était jeté comme un fou sur les Vénitiens. La fougue excessive de ce général, qui voulait tout dévaster, tout incendier, qui avait organisé une compagnie de brûleurs polonais, quitte à renvoyer ensuite à Landrieux le soin de payer la facture des torches, inquiétait fort le chef d'état-major de la cavalerie (²). Celui-ci estimait que le

quillité, à un point difficile à vous exprimer ; et par conséquent je crains que toutes ces affaires ne troublent la bonne nouvelle d'une prochaine paix qui redonnerait le calme à l'Europe entière. Je viens d'envoyer votre lettre, mais peut-être que la personne en question (*Foscarini*) saura une partie de ce que vous me demandez, étant que votre lettre est en date du 17, et je sais qu'il a été quelques fois chez le général, etc... J'envoie ma lettre à votre adjudant qui va repartir cette nuit. Je l'ai prié de mes compliments et de l'incluse que vous me renverrez. »

Theresia-Casati Albani.

1. Le colonel Augros, né à Chalon-sur-Saône en 1751, appartenait à l'ancienne armée. Après avoir fait toutes les campagnes d'Italie jusqu'en 1797, il fut réformé en 1800 et retraité en 1815. Il était chevalier de la Légion d'honneur depuis 1804.

2. Voici la lettre d'envoi de cette facture :

Liberté.    *La République ou la mort.*    Egalité.

Brescia, le 23 germinal an V de la R. F. U. I. et an I de la liberté lombarde.

*Teulié, adjudant-général de la légion lombarde,*
*au général Landrieux.*

« Le général La Hoz me charge, citoyen, de vous envoyer le compte de celui qui a fourni les torches dont on s'est servi dans les différentes expéditions. Vous voudrez bien, général, le faire payer.

« Salut et fraternité.    Teulié, adjudant-général. »

La facture des fournitures de Giampietro Borgetti, de Brescia (Mss B, fol. 401-402), est de la même date (12 avril 1797) et s'élève à L. 180,11.

feu ne profite à personne et qu'on punissait bien plus sévèrement les paysans en s'attaquant à leur bourse. En conséquence, il demanda à Kilmaine un général dont la voix put contrebalancer celle de Lahoz au conseil. Il aurait désiré Saint-Hilaire, mais ce général, récemment opéré, ne pouvait monter à cheval, et ce fut Chabran qui se prépara à partir avec un renfort de près de 2,000 hommes.

Chabran, nommé depuis peu général de brigade, était l'homme de confiance de Masséna et de Berthier. En l'envoyant à Landrieux, Kilmaine avait trouvé utile de mêler à une entreprise aussi délicate un homme qu'il avait tout intérêt à mettre de leur côté, mais il n'avait pas prévu les instincts pillards de cet officier et surtout ceux de son entourage ([1]). Le bruit commençait, en effet, à se répandre que, si la besogne était immense, elle avait des compensations, et l'on voyait arriver une quantité de gens comme pour prendre part au butin. L'adjudant-général Couthaud vint entre autres rejoindre Landrieux qui, pour toutes sortes de raisons, se hâta de le congédier. « Je me lave les mains de tout cela, écrivait Landrieux à Kilmaine. Je suis las de ce métier de banquier. Prenez, je vous prie, dans votre sagesse, les moyens de me débarrasser du soin de contenter ces gens à sacs d'argent ([2]). »

---

1. Dès son arrivée à Brescia, Chabran fit sommer la municipalité de lui payer 40,000 livres pour le prêt de sa troupe qui, disait-il, était dû depuis six mois, alors qu'elle était soldée presque à la veille du départ de Milan. Landrieux le prit sur le fait, le menaca de l'incarcérer au fort, puis lui pardonna une fois qu'il eut tout avoué, en ayant soin de prévenir Kilmaine pour qu'il put faire saisir les espèces à leur entrée à Milan où le père de la femme qui vivait avec Chabran les apportait dans une voiture jaune attelée de deux chevaux noirs. « Voilà, disait Landrieux à Kilmaine dans une circonstance analogue, un de nos généraux, qui obéira comme un fantassin, parce qu'il a fait une sottise qui le met hors d'état de faire l'entendu. »

2. *Mémoires*, chapitre xxxi. « Comment, dit encore Landrieux, a-t-on pu nommer cet antique prêtre janséniste et jésuite adjudant-général ? » Couthaud n'avait jamais été prêtre. Son père, conseiller du roi, substitut au parlement de Besançon, le fit engager au sortir du collège en 1761 et il servit tour à tour sans solde dans les grenadiers de Lorraine, dans l'artillerie et dans la légion de Soubise

Il ne s'agissait pas en effet de piller, mais de se battre, et Landrieux se bornait à promettre le sac de Salo, but de l'expédition.

Malgré les difficultés de la marche sur cette ville, difficultés accrues par l'inondation que les paysans avaient provoquée en ouvrant les écluses de la Chiese à Gavardo, la colonne emporta Salo sans coup férir, car la ville, soigneusement pillée par les Vénitiens commandés par le gégéral Fioravanti, était absolument déserte (²). Les Français n'y trouvèrent, en effet, que quelques prisonniers et des religieuses mourant de peur dans leur couvent et que la soldatesque vénitienne avait odieusement maltraitées, la veille, tout comme elle eut fait en pays ennemi.

La lâcheté du général Fioravanti, qui avait disparu en un clin d'œil avec toute son armée, permit à Landrieux de se porter au sud pour venir en aide à Gourgonnier, qu'il avait placé au poste avancé d'Azzola, où celui-ci se défendait comme un lion à la tête d'une poignée d'hommes contre plus de 1,500 paysans révoltés. « Je vous écris, général, disait ce

---

jusqu'au jour où l'insuffisance de ses ressources le contraignit à rentrer en Franche-Comté. A la mort de son père, il se mit à cultiver un petit domaine, adhéra résolument aux idées nouvelles, puis s'engagea comme capitaine dans la légion des Alpes où il servit jusqu'à son départ pour la Corse. Le représentant du peuple Lacombe-Saint-Michel l'envoya en France chercher des secours pour la division d'occupation qui manquait de tout. Il traversa deux fois la flotte anglaise, accomplit sa mission au gré des représentants du peuple, prit part à la discussion de la capitulation de Bastia et fut envoyé servir en Belgique. C'est d'Anvers, qu'invité à fournir des renseignements sur sa personne au ministère, il répondait : « Quelque opinion que je puisse avoir sur mon compte, je ne me sens pas en état de remplir l'accolade « *capacité.* » Je laisse à ceux qui me connaissent le soin de juger ma capacité. Je désire qu'elle soit telle que je puisse rendre à ma patrie les services le plus utiles pour sa prospérité et pour sa gloire. » Au moment où il servait auprès de Kilmaine, il était réformé depuis le 28 ventôse et ne fut remis en activité que le 17 pluviôse an VII.

L'année suivante, on fit de lui un membre du directoire de l'hospice militaire de Liège. Retraité en 1811, il demanda à reprendre du service en 1815. Il ne put obtenir son admission aux Invalides. (Archives de la Guerre, doss. Couthaud).

2. Cela n'empêcha pas les Vénitiens de prétendre que les Français avaient pillé la ville.

doyen des hussards français, écrasé de fatigue et couché sur la paille et vive la France ! J'y périrai plutôt que d'y lâcher pied, des ordres, des ordres et Azzola n'existera plus ! »

Gourgonnier avait alors *soixante-dix ans* (¹). Après trente-huit ans de service dans l'administration des finances, retraité avec une pension de 2,000 livres, il était parti pour l'armée des Pyrénées où sa conduite héroïque lui avait valu le grade de chef d'escadron (²). Sa sobriété, sa vigilance et ses gronderies perpétuelles qui, dit Landrieux, « étaient des leçons pour les gens à belle culotte collée sur la cuisse », lui avaient aliéné les merveilleux du 1ᵉʳ hussards, qui intriguaient auprès de Bonaparte pour le faire mettre à la réforme. Le général en chef, cédant à leurs intrigues, avait enjoint à Berthier de mettre ce brave militaire à la retraite, le 20 vendémiaire an V. Mais Gourgonnier réussit à rester au service jusqu'au 27 germinal an VI. Les éloges de Landrieux vengent cet infatigable soldat de la confusion que la *Correspondance de Bonaparte* semble établir entre lui et « des gens qui n'aimant pas le sabre sont malades à la veille d'une affaire (³). »

Las de tenir tête aux forces bien supérieures de Laudhon sur les frontières du Tyrol, peut-être aussi désireux de guerroyer d'une façon plus lucrative dans une contrée dont on escomptait le butin, le général Chevalier (⁴), et peu après le

---

1. Gourgonnier n'était pourtant pas le doyen des hussards français, comme paraît le croire Landrieux. Le 16 avril 1797, Bonaparte écrivait au Directoire : « Je vous envoie par un capitaine de hussards, qui a *quatre-vingts ans* plusieurs drapeaux pris à l'ennemi. » Le capitaine s'appelait Yantzen. Bien que pensionné pour blessures graves en 1794, il était resté au régiment. Lors de sa mission à Paris, il avait exactement quatre-vingt-cinq ans, soixante ans de service et vingt campagnes. (Abbé Staub, *Histoire de tous les régiments de hussards*, Fontenay-le-Comte, 1867).
2. Archives de la Guerre, doss. Gourgonnier.
3. Archives de la Guerre, registre de Berthier.
4. Le général Chevalier était né à Paris le 9 octobre 1740. Il s'était engagé aux gardes françaises à quinze ans et mourut maréchal-de-camp en 1814. Il avait eu quatre frères tous morts au champ d'honneur sous Louis XV et Louis XVI. Son fils fut tué à la bataille du Mincio à la tête du 31ᵉ chasseurs (Archives de la Guerre, doss. Chevalier).

général Serviez, opéraient une retraite calculée dont Kilmaine s'aperçut à temps pour arrêter le premier avec ses 1,500 hommes à Castel-Novo et lui donner l'ordre de résister aux troupes vénitiennes qui opéraient de ce côté. Chevalier n'eut rien de plus pressé que de désarmer les paysans et de vider la caisse du comte Morandi, chef de ce village, ce qui fut l'objet d'une plainte motivée, mais assez ironique de Landrieux à Kilmaine.

Les événements qui venaient d'éclater à Vérone le 17 avril 1797, le lundi de Pâques, exigèrent la concentration de l'armée d'opérations devant cette place, pour tirer un châtiment éclatant de la félonie de Giovanelli.

Ces événements se trouvent longuement racontés par Landrieux dans ses *Mémoires* ([1]). L'effroyable massacre des Français, le siège et la capitulation de Vérone, ainsi que le châtiment infligé à la ville coupable, sont l'objet de plusieurs chapitres très documentés, selon la louable habitude du narrateur. Ce serait faire double emploi que d'exposer ici les faits, même en les analysant, ce qui non seulement déflorerait l'intérêt qui s'attache à l'œuvre de l'auteur, mais qui, pis est, en donnerait une idée incomplète. Laissant de côté le récit des événements, il importe de s'occuper uniquement du rôle personnel que Landrieux y a joué, de ses allégations à l'égard de Bonaparte et de l'incident grave du mont-de-piété.

Landrieux apprit les événements de Vérone par une lettre de la comtesse Pelegrini qui lui reprochait son indolence et celle de Kilmaine. Le reproche n'était pas très fondé. Landrieux, en effet, avait été prévenu par ses agents de la fermentation sourde qui travaillait la population de cette ville. Prévoyant une catastrophe, il s'était empressé d'avertir le général Balland qui ne tint malheureusement aucun compte de ces avis.

Les opérations du siège une fois commencées, Landrieux n'a qu'un rôle tout à fait secondaire : il n'est plus en effet que le chef d'état-major du général Kilmaine qui commande en chef. Il dut s'effacer même devant le général Balland, gouverneur de Vérone, qui revendiqua l'honneur de commander les troupes reprenant possession de la ville amenée à capituler.

---

1. *Mémoires*, t. II.

Son rôle, au contraire, est important lors des négociations préliminaires de la capitulation, pendant lesquelles il se trouve en contact avec le provéditeur Giovanelli et les diplomates vénitiens (¹). Puis il redevient lui-même, dès l'entrée des troupes, en se voyant chargé de l'enquête spéciale sur les causes de l'insurrection. C'est ce qui donne un intérêt particulier à la thèse que Landrieux prétend établir dans ses *Mémoires*, sur le rôle de Bonaparte dans les évènements de Vérone.

Par des rapprochements terribles, Landrieux en est arrivé, — et il n'était pas le seul à l'armée d'Italie, — à cette conviction, qui fut celle de presque tous les Vénitiens, que Giovanelli était vendu à Bonaparte et que ce fut le général en chef de l'armée d'Italie qui suscita les *Pâques Véronaises* (²). Bonaparte, on le devine, n'avait point l'intention de faire assassiner deux ou trois mille Français pour s'assurer un droit plus positif contre le Sénat de Venise, mais il avait rêvé de faire insulter Balland et sa garnison d'une manière assez forte pour en arguer aux yeux de l'Europe; Giovanelli ne put contenir les quatre-vingt mille paysans qu'il avait ameutés, ou par une odieuse duplicité qui ne serait point chose étonnante chez un Véntien, il aurait voulu jusqu'au bout conserver, à tout événement, le crédit dont il jouissait auprès du Sénat. Cette dernière hypothèse explique la fuite de Giovanelli après la capitulation de

---

1. C'est ce rôle qui lui permit de recevoir un don de 150,000 fr. de la ville de Vérone pour le remercier de l'avoir préservée du pillage. Peu importait qu'il y eut, en effet, devant Vérone six généraux qui lui fussent supérieurs en grade, comme le remarque M. Eugène Trolard (*De Montenotte au Pont d'Arcole*, p. 384) adjudant-général et chef d'état-major de la cavalerie de l'armée, Landrieux avait de plus l'oreille du général en chef Kilmaine. Quant à l'incident Chabran, il résulte des rapports de Landrieux à Kilmaine que ce général était *sous ses ordres* au moment où il aurait tenté de lui enjoindre de marcher. Un adjudant-général, chef d'état-major de la cavalerie, ne pouvait renoncer à ses prérogatives. Landrieux s'estimait l'égal de Chabran.

2. Landrieux prétend que Giovanelli toucha 124,000 francs de Berthier. « Après la prise de Vérone, dit-il, Rocco San Fermo fut enfermé au château Saint-Félix et toute l'armée sut que cet ordre avait été lancé à la demande de Giovanelli, alors tout puissant à l'état-major général. » (*Mémoires*, I, p. 215.)

Vérone pour se mettre à l'abri des premiers effets de la fureur des Français (¹). Landrieux remarque, à l'appui de cette thèse, que la colère de Bonaparte, lors du massacre, ne l'empêcha pas de conférer plus tard à Giovanelli une des plus hautes dignités du royaume d'Italie (²); que les peines prononcées par le conseil de guerre, après un premier acquittement scandaleux, contre Giovanelli, Erizzo et Contarini, ne furent prononcées que par contumace et qu'il n'y eut qu'un très petit nombre d'exécutions, comme si on ne se fut point soucié d'approfondir la question des responsabilités.

Landrieux raconte dans ses *Mémoires* que, pour sa part, il ne se soucia point d'être mêlé à un acte quelconque de répression (³), or, cette discrétion pût paraître à Bonaparte comme l'indice que sa politique secrète avait été devinée; et les papiers de Landrieux contiennent plus d'un document analogue à cette lettre anonyme qu'il reçut le 1er floréal, au point du jour, par un porteur inconnu, et dans laquelle Kilmaine et lui reconnurent la main de Madame Pelegrini :

« *A Monsieur Landrieux,*

« Avouez à présent, monsieur le général, que j'ai été bien mal apprise que de me mêler des affaires des Français avec des chefs aussi indolents que vous et M. Kilmaine. Tout ce que je vais vous dire à présent et bien pour la dernière fois, c'est que vous rendrez compte un jour à la Providence, s'il y en a une pour vous, du crime affreux que vous venez

---

1. « Bonaparte ne nous avait pas confié que ce misérable fut à ses ordres, car ni moi, ni Kilmaine, ni Lucotte ne l'aurions ménagé. » *Mémoires*, I, 103.

2. Dans leur lettre du 12 mai 1797, les représentants des villes de Terre-Ferme se font l'écho de cette nouvelle.

3. « Ce contre-ordre, écrivait-il à Lahoz le 11 floréal (30 avril), me décharge des fonctions terribles d'accusateur public contre les prisonniers d'Etat dont la citadelle et les prisons de la ville sont encombrées. Tu sais que j'étais déjà désigné. *Je ne les aurais pas ménagé, ces assassins*, et je me serais encore fait de nombreux ennemis. » Et, dans un rapport à Balland il exposait que, « pour des raisons particulières, » le général Kilmaine avait jugé à propos « de prendre les ordres précis du général en chef en lui en voyant une liste des juges et des prévenus. » (Rapport du 12 floréal)

de laisser commettre, tandis qu'il était si aisé, à vous ainsi qu'à Bonaparte, à qui j'en ai écrit il y quelques huit jours, par un exprès, qui m'est revenu sans réponse, de prévenir l'indigne meurtre de plus de trois mille Français très innocents. »

Ce qui était d'ailleurs plus grave encore que la lettre de Madame Pelegrini, c'étaient les commentaires qu'y ajoutaient divers rapports de Landrieux à Kilmaine. Le même jour, 1er floréal, quelques heures après avoir envoyé par un courrier ce premier avis anonyme à Kilmaine, Landrieux lui transmettait plusieurs rapports qu'il recevait de Vérone et il ajoutait :

« Je n'ai aucune réflexion à vous présenter sur cet horrible désastre. Général, arrivez ; réunissons les rapports et le conseil militaire jugera les misérables que l'on pourra saisir. De quelle utilité a pu être à Venise cet immense assassinat ? Le provéditeur général Giovanelli le trahirait-il en lui mettant cet égorgement sur le dos ?... Ce malheur avancera nos affaires où je me tromperais fort, et cependant je donnerais un de mes bras pour qu'il ne fut pas arrivé. Giovanelli trahit Venise. Le Sénat n'est pas un composé d'imbéciles et ils savent bien que deux mille Français ne sont pas tous les Français et que ce qui reste doit les chasser sans miséricorde. Le Sénat ne l'a donc pas ordonné. Ce crime n'a été commis que pour rendre le nom de Venise odieux à tout l'univers, parce que ce crime est inutile et ne peut en aucune façon avancer les affaires du Sénat. Mais qui est-ce qui aurait pu engager Giovanelli à le faire commettre ? Ce n'est ni vous, ni moi, qui est-ce donc ? »

Dans le postscriptum de son rapport du soir, six heures, Landrieux rendait compte à Kilmaine d'une querelle entre Balland et Lahoz qui leur avait mis l'épée à la main. Lahoz reprochait en termes insolents à Balland son ineptie, pour ne point dire sa trahison.

« Balland nous a dit tout net qu'il avait vu une lettre de Bonaparte, signée Berthier, entre les mains de Giovanelli, par laquelle il était recommandé à ce Vénitien de bien vivre avec lui, Balland. C'était à la vérité tout ce que le provéditeur général lui avait fait lire de cette lettre et, d'après cela, il n'avait pas dû refuser les invitations à des diners et des conversations.

« Lahoz lui a dit aussitôt qu'il en avait menti, qu'il était impossible que le général en chef, ni le général Berthier eussent correspondance avec un brigand connu de tout le monde pour un forcené et qui se disait hautement l'ennemi juré des Français.

« J'ai été bien étonné, général, de cette assertion de Balland. Je la crois vraie puisqu'il la met en avant : Balland est très borné, mais c'est bien la créature la plus honnête du monde. Je présume que pour l'endormir, ce misérable Giovanelli aura fabriqué cette lettre.

« Cependant, si cette lettre n'était pas supposée ? Qu'en dites-vous, général ? Giovanelli serait-il un agent de Bonaparte ? Qu'aurait-il promis au général en chef ? Se serait-il engagé avec lui à détruire le Sénat, en le montrant à l'Europe comme une bande d'égorgeurs ? Il est possible aussi que le providiteur ait promis une agression pure et simple, une insulte grave, une attaque ordinaire contre les Français qui amènerait leur expulsion de Vérone et qu'ensuite il n'ait pu contenir la populace débridée : qu'en dites-vous, général ? Le stratagème de se faire insulter pour avoir droit de punir n'entre pas dans mon code des ruses de guerre. Cependant cela se voit quelquefois. Nous avons soulevé la Terre-Ferme et nous l'avons soutenue dans sa rébellion, c'est vrai, mais c'était au moment où le Sénat la soulevait lui même contre nous. Notre ruse est bonne. Il n'y a pas de publiciste qui, bien instruit des faits, ne nous donne raison. Mais assassiner de malheureux blessés, dans leur lit, ne peut être que le fait d'une populace soulevée, ivre et qui ne connait plus ni gouvernement, ni loi, ni aucune espèce de subordination, et il m'est impossible, à moi, de croire que Giovanelli, si méchant, si atroce qu'il soit, tel qu'on me l'a dépeint enfin, ait prévu tout ce qui pouvait arriver. »

Non content de cela, dans un rapport daté du milieu de la nuit, il énumérait six pièces de la plus haute importance dont il gardait copie, « crainte, ajoutait Landrieux, qu'elles ne s'égarent chez vous, général, il faudrait les confier au président Porro, qui les fera copier sur-le-champ et les enverra, en nous gardant les originaux, aux journalistes de Bâle, de Schaffouse et de Milan. Nous aurons sans doute d'autres actes à joindre, surtout lorsqu'étant arrivé ici, vous aurez saisi le conseil militaire de cet affreux procès, dont le sujet n'a qu'un exemple dans le passé : les Vépres Siciliennes. Encore celles-ci, quoique bien horribles, avaient-elles un but, celui de purger la Sicile des Français. Dieu veuille, pour l'honneur de la France, qu'on n'en imagine pas un aussi pour ce fait épouvantable. Ce serait une bien faible excuse pour nous, *si nous étions réduits un jour à dire que nous n'étions pas commandés par un Français!* »

Ainsi donc, Landrieux, sous une forme insidieuse dans ses rapports a son chef immédiat, mais beaucoup plus affirmative dans ses *Mémoires*, porte définitivement contre Bonaparte la lourde accusation qu'on vient de lire.

Les historiens français sont muets ou à peu près sur cette page sanglante de l'histoire de l'occupation française en Italie. Les collecteurs de la *Correspondance de Napoléon* ont par oubli, ou par ordre, laissé de côté tout ce qui a rapport aux « Pâques Véronaises », ainsi que l'a constaté M. Bonnal de Ganges (¹). Quant aux historiens italiens et en particulier les rédacteurs de l'*Archivio storico Veronese* que combat M. Eugène Trolard, ils ont professé que Bonaparte était l'instigateur de l'insurrection. M. Eugène Trolard oppose à ce système les arguments suivants : le général en chef n'avait pas d'influence sur le capucin Coloredo, sur les comtes Nogarola, Emilei et les autres patriciens véronais; Bonaparte n'avait pas besoin pour son plan de campagne d'une insurrection à Vérone puisqu'à ce moment même il signait les préliminaires de la paix. Il n'en avait pas besoin davantage pour prendre Venise qui était sacrifiée depuis longtemps dans l'esprit du Directoire. Enfin, si cette insurrection était l'œuvre de Bonaparte, comment aurait-elle eu pour chef les plus hauts représentants de Venise à Vérone (²)? Ces arguments de M. Trolard paraîtront au lecteur attentif et instruit par ce qui a été exposé plus haut absolument insuffisants. Il eut mieux fait par exemple d'expliquer pour quelles raisons Bonaparte, en créant un

---

1. Bonnal de Ganges, *Chute d'une République*, p. 172. « Un capitaine du nom de Pico, écrit M. Bonnal, avait été chargé par Bonaparte d'agir à Vérone à tout prix, » p. 141. M. Bonnal n'indique pas la source de ses renseignements.

2. Eugène Trolard, *De Montenotte au Pont d'Arcole*, p. 378. — Le chapitre *Vérone* est un des plus intéressants et des plus documentés de cet ouvrage.

nouveau Sénat à Venise, Sénat composé de trente membres privilégiés et choisis avec soin, inscrivit le nom de Giovanelli comme l'un des plus influents de la République; pour quelles raisons encore Napoléon, empereur des Français et roi d'Italie, éleva ce même Giovanelli à l'une des plus hautes dignités de ce royaume; pourquoi Erizzo jouit aussi d'une faveur égale.

Enfin, qu'on examine l'importance du châtiment infligé à Vérone, qu'on le compare à celui infligé à d'autres villes moins coupables, à Pavie par exemple, et l'on sera surpris de voir l'inégalité de la justice du vainqueur (1). Ici, point de pillage, point de sac, point de représailles, mais simplement une forte contribution nullement disproportionnée avec les richesses de la ville. Qu'on examine encore la mise en scène (2) du pardon accordé par le général en chef, et l'on sera surpris de voir que tout s'est réduit à quelques exécutions d'agents pour ainsi dire secondaires, pour quatre cents victimes, et à une contribution de un million huit cent mille francs.

Kilmaine nomma, d'abord, une commission pour s'assurer de tous les fonds publics appartenant au gouvernement de Venise et en faire la répartition entre les victimes de l'insurrection et l'armée proportionnellement au dommage subi. Mais cette commission, qui se composait des commissaires des guerres Deltenre et Bouquet, de l'inspecteur d'artillerie Boyer et d'un citoyen Chabran, parent du général de ce nom, fut deux jours après dissoute *parce que ses membres ne méritaient pas tous une entière confiance*. Il fut même assez difficile de faire rendre gorge aux commissaires qui avaient déjà touché de l'argent et notamment au commissaire des guerres Bouquet qui prétendait retenir 24,000 livres pour perte de ses équipages, puis il réduisit ses prétentions

---

1. Le mont-de-piété de Vérone ne fut cependant pas rendu. Le 30 floréal (19 mai 1797), Bonaparte écrivait de Mombello à Berthier :

« J'ai ordonné que tous les monts-de-piété soient restitués aux villes hormis Vérone. J'apprends cependant que cette opération n'est point encore exécutée. Je vous prie de donner l'ordre pour qu'elle n'éprouve point de retard. »

2. Eugène Trolard, *De Montenotte au Pont d'Arcole*, p. 372 et suivantes.

à 4,800 livres et ne céda que devant la menace du conseil de guerre (¹).

Le commissaire des guerres Bouquet joue un rôle assez important dans certaine accusation de Bonaparte contre Landrieux, pour qu'il soit utile de faire connaître brièvement le personnage.

Jean-Charles Bouquet était né à Reims, le 24 juillet 1772; il s'engagea dans le premier bataillon des volontaires de la Marne, en 1791, et fit campagne à l'armée du Nord (²). C'est alors qu'il se distingua en venant, le 15 août 1792, à la barre de l'Assemblée nationale, porter solennellement une dénonciation contre Lafayette : il eut les honneurs de la séance et l'Assemblée ordonna au ministre de la Guerre de le placer avantageusement (³). Quelques jours après, il était en conséquence nommé secrétaire d'état-major (⁴). L'année suivante, on le retrouve en Vendée, tour à tour sous-lieutenant au 109ᵉ régiment et commissaire des guerres pour l'armée de l'Ouest. Il avait été nommé à ce dernier poste par le fameux Carrier, à qui il adressait de Bourgneuf, le 20 ventôse an II (10 mars 1794), cette curieuse lettre.

« Tu l'avais bien dit que les faux patriotes sont aussi lâches qu'insolents, et c'est ce que j'apprends aujourd'hui de la part de quelques aboyeurs nantais : quand tu étais présent, jamais ils ne faisaient quelque chose sans te consulter dans les matières mêmes les plus faciles; aujourd'hui que tu es absent c'est à qui montera sur des échasses pour singer l'austérité républicaine et insulter à ceux qui, comme

---

1. Landrieux réclama énergiquement : « Voulez-vous donc m'obliger à vous faire arrêter ? Qu'est-ce que ce compte de pertes ? A-t-il été approuvé par le général Kilmaine ? La caisse fiscale vous doit-elle quelque chose à cet égard ? Rapportez-y ces 4,800 livres et que cela finisse enfin. Votre avidité trouble tous nos comptes. Je n'ai plus confiance en vous.... »
2. Archives de la Guerre, doss. Bouquet : *Etat de services*. Les parents de Bouquet étaient négociants. En 1791, il travaillait la botanique et les mathématiques.
3. *Moniteur*, séance du soir du 15 août 1792. Bouquet reprochait à Lafayette sa conduite à Grisvelle où il avait failli sacrifier le bataillon de la Côte-d'Or, sa tentative d'enlèvement du trésor, ses propos à Sedan contre les fauteurs du 10 août.
4. La nomination est du 18 septembre 1792.

toi, ont contribué à sauver Nantes du sort bien mérité des villes de Lyon et Toulon.

« Je suis toujours à Bourgneuf où tu m'as envoyé pour ramasser des grains (1), et mes expéditions dans le genre ont beaucoup surpassé mon attente; mais je ne puis pas te dissimuler que toute autre armée me plairait davantage que celle de la Vendée; tu m'as déjà donné, en me nommant commissaire des guerres, quelques témoignages de ton affection; un autre titre te serait acquis à ma reconnaissance sans bornes si, en obtenant pour moi la confirmation du ministre auquel j'ai envoyé toutes mes pièces, tu obtenais mon changement dans une autre armée, soit si tu veux en me rapprochant de toi ou en me recommandant à quelques-uns de tes chauds amis. Quelque soit ta décision sur cet objet, décision que je présume heureuse parce que je te connais, je te demande un mot de réponse. Si je suis fâché de ton éloignement, je m'en console quand je pense que tu vas te montrer *féroce* au milieu de l'orage qui gronde sur la tête de quelques républicains connus; déterre pour ainsi dire toutes les traces criminelles des contre-révolutionnaires, continue de dire la vérité toute entière à la Convention nationale et ne souffre pas que des imbéciles s'endorment en disant qu'il n'y a plus que mille brigands dans la Vendée. Ces imposteurs qui veulent s'établir une réputation factice

---

1. Voici l'ordre donné à Bouquet par Carrier :

« Au nom de la République Française une et indivisible.

« Les Représentants du Peuple à l'armée de l'Ouest,

« Déclarent rebelle à l'autorité nationale tout individu, quelle que soit sa place et quel que soit l'emploi, qui mettra des entraves à l'exécution de l'arrêté du représentant du peuple du 19 frimaire, relatif à l'enlèvement de six mille tonneaux de grains à Bourgneuf, ordonnent à la force armée d'arrêter et de courir sus en cas de résistance, mettent à cet effet la force publique à la réquisition du citoyen Bouquet, commissaire des guerres, ordonnent à celle-ci de lui obéir, requièrent expressément le citoyen Bouquet de donner au représentant du peuple les noms, prénoms, qualités et demeure des individus qui ont résisté à l'exécution dudit arrêté, sous les peines de droit.

« *Le Représentant du Peuple*,
« CARRIER. »

(Archives de la Guerre, doss. Bouquet.)

à l'aide de mensonges méritent d'être punis sévèrement (¹). »

Ce bel enthousiasme pour Carrier ne survécut pas à thermidor. En vendémiaire an III, Merlin de Thionville montait à la tribune de la Convention pour donner lecture d'une lettre que Bouquet venait de lui adresser de Nantes :

« Lis et frémis d'horreur : dis à la Convention nationale que je viens de dénoncer à tes collègues du Comité de Salut public l'adjudant-général Lefaivre, qui a eu la féroce inhumanité de faire noyer de sang-froid *des femmes et des enfants à la mamelle* au mépris d'un arrêté des corps constitués, je t'envoie copie des pièces dont les originaux sont entre mes mains ; ta haine connue pour ces infâmes généraux me persuade que tu ne négligeras rien pour faire arrêter de suite ce cannibale, qui commande à Paimbœuf, et qui revient des eaux de Bourbonne, où il a obtenu de se faire guérir d'une épaule qu'il s'était foulée, non pas au service de la République, comme il l'a peut-être fait accroire, mais en faisant une chute au sortir d'un repas (²). »

Les pièces, qui accompagnaient la dénonciation de Bousquet et desquelles il résultait que Lefaivre avait fait jeter à l'eau six petits enfants de six à huit ans, trois de deux mois, plusieurs femmes et des vieillards infirmes, excitèrent au plus haut point l'indignation de la Convention, et quand Merlin de Thionville exprima le regret qu'on ne put inventer de nouveaux supplices pour « ces cannibales », Goupilleau demanda la mise hors la loi de Lefaivre. Merlin s'opposa à cette proposition. « Croyez, citoyens, s'écria-t-il, qu'un adjudant-général ne se serait pas permis de pareilles atrocités, s'il n'avait eu derrière lui *des hommes puissants qui l'ont fait agir*. Je demande l'arrestation de Lefaivre et sa traduction au tribunal révolutionnaire ; *il fera connaître à quels atroces tyrans on voulait livrer notre patrie.* — Je retire ma proposition, reprit Goupilleau, et j'appuie celle de Merlin (³). »

André Dumont, dont on connaît déjà le caractère, inter-

---

1. Archives de la Guerre, doss. Bouquet.
2. *Moniteur*. Lefaivre fut acquitté parce qu'il avait commis ces crimes sans intention contre-révolutionnaire. (Campardon, *Le Tribunal révolutionnaire de Paris*, II, p. 128.)
3. *Moniteur*, réimpress. XII, p. 226 et suiv.

vint au moment où la Convention venait de décréter que le tribunal révolutionnaire s'occuperait, toute affaire cessante, de juger les membres du comité révolutionnaire de Nantes, prévenus d'être les principaux auteurs des atrocités commises dans le département. Il eut soin de faire porter le poids de l'accusation sur Carrier qu'il désigna en ces termes aux colères de la nation : « Puisque le moment est venu où la Convention veut rendre justice à tout le monde, où tous les coupables sont égaux devant la loi, il faut les frapper tous indistinctement. La Convention n'ignore pas que les premières atrocités commises à Nantes sont l'ouvrage d'individus qui ne sont pas loin d'elle. Il faut que le tribunal révolutionnaire poursuive tous ces assassins, sans exception; il faut que le peuple voie frapper les coupables partout où ils se trouvent; il faut que le tribunal instruise sans délai contre le comité révolutionnaire de Nantes, et qu'il fasse justice de tous les ministres qui ont commandé les crimes qui ont été commis dans ce pays; car il ne faut pas nous le dissimuler, citoyens, *si une autorité supérieure n'avait pas commandé tous ces forfaits, on ne les eût pas commis.*

« Ne souffrons pas que le système de ces hommes se continue plus longtemps, car ce serait assurer à ces ministres, à ces buveurs de sang, l'impunité de leurs crimes. Je demande que le tribunal révolutionnaire poursuive sans délai l'affaire du comité révolutionnaire de Nantes, *ainsi que tous ceux qui se trouveraient impliqués dans la même affaire*, sauf à l'accusateur public à instruire le Comité de sûreté générale des progrès de l'instruction, afin qu'il puisse présenter à la Convention les mesures que la justice exigera ([1]). »

La proposition de Dumont fut immédiatement adoptée.

Le piquant de l'affaire, c'est que les documents produits contre Lefaivre par Bouquet avaient été soigneusement réunis dès nivôse an II, c'est-à-dire deux mois avant la lettre dans laquelle il engageait Carrier à se montrer *féroce* ([2]). Plus tard, dans les notes que Bouquet rédigea pour sa défense sur son passé militaire et administratif, il

---

1. *Moniteur.*
2. L'ordre de Pierre Macé était du 5 nivôse.

écrivait : « A Nantes, ceux qui se disaient patriotes exclusifs et qui ne faisaient leurs preuves que par des assassinats me taxaient du titre de modéré et quelquefois de royaliste parce que je les combattais, parce que j'ai souvent arraché à leur fureur des victimes humaines et des villages entiers condamnés à l'incendie…. Ces travaux n'étaient pas sans danger dans un pays où j'eus longtemps ma tête à défendre des *fureurs* de Carrier, des fusillades de l'ex-général Scévola Sabatier libre, dont je provoquai la destitution, du général Canclaux et du noyeur Lefaivre (1). »

De la Vendée, Bouquet fut envoyé à l'armée d'Italie. Chargé de l'administration générale, lors du blocus de Mantoue, il mérita les éloges de Kilmaine pour son activité comme il avait jadis mérité ceux du général Haxo au camp de Machecoul (2). Ce fut à lui que l'ordonnateur Leroux confia le soin d'approvisionner Mantoue sur le pied de guerre (3). Mais à Vérone, le commissaire des guerres ne se conduisit pas précisément de façon à mériter des éloges, tant s'en faut. On a vu avec quelle âpreté il cherchait à conserver les sommes qu'il avait cru pouvoir s'approprier; dans l'affaire du mont-de-piété, sa conduite ne fut pas moins suspecte (4). Au témoignage de l'émigré Laporte, témoin ocu-

---

1. Archives de la Guerre, doss. Bouquet : *Mémoire justificatif* du 2 floréal an VII.
2. Archives de la Guerre, doss. Bouquet : *Lettre de Kilmaine* du 27 floréal an VII.
3. Archives de la Guerre, doss. Bouquet : *Mémoire justificatif* du 2 floréal an VII.
4. Dans l'*Etude sur la correspondance de Bonaparte*, Landrieux prend dans une certaine mesure la défense de Bouquet : il ignorait que celui-ci s'était joint à ses accusateurs en décembre 1798. Ailleurs il accuse nettement Bouquet et Chabran d'avoir pillé pour environ 20,000 livres d'argenterie dans le mont-de-piété de Vérone le soir du départ de Kilmaine et extorqué 25,000 ducats à la municipalité. Sans Salvatori, il les faisait passer en conseil de guerre. Du moins enveloppa-t-il avec la garde de la ville la maison de Bouquet où il trouva les complices en train de se partager le butin. Il les obligea à faire restituer à la municipalité (Mss B, folio 82 : *Notes générales et particulières.*) — Botta, après avoir constaté qu'on entra au mont-de-piété de Vérone « à coups de hache et les sacs à la main » regrette que Bouquet ait échappé au châtiment qu'il méritait (Op. cit. II, 403-404.)

laire, on voit que « là plus que partout, on avait volé, et on volait sans nulle pudeur. Je me trouvai pendant trois ou quatre jours avec plusieurs employés dont Rochejean, agent des contributions publiques, était un des moins scrupuleux. Je n'oublierai de longtemps à quel point des hommes, probablement nés honnêtes, se montraient familiarisés avec l'esprit de spoliation et d'immoralité. « Ce que « ces malheureux sont condamnés à donner, qu'importe, « disait-on, qu'il en entre un peu plus, un peu moins dans « les coffres du pays! » Je n'entendais parler que d'escroqueries et encore je ne compte pas pour telles les galeries de tableaux mises en réquisition, quoiqu'elles ne fussent nullement des propriétés publiques (¹). »

A l'entrée des troupes, le général Balland avait mis une garde au mont-de-piété, mais comme il avait oublié de porter ce poste sur ses registres, cette garde ne fut pas maintenue. Kilmaine, prévenu de cet état de choses par la municipalité qui redoutait, disait-elle « qu'il ne s'y passa des choses peu honnêtes », visita le mont-de-piété, accompagné de Landrieux et des commissaires des guerres Deltenre et Bouquet, y organisa une garde et décida qu'une commission serait chargée de dresser état des dépôts et de la caisse et de faire en outre remise des gages de peu de valeur aux pauvres, partisans des Français. La municipalité remercia Landrieux des promptes mesures prises pour la sûreté du mont-de-piété. « Il serait difficile de mieux prouver au conseil, disait-elle, combien les généraux français ont à cœur de mettre à l'abri de tout évènement ce qui appartient au pauvre peuple. Les clefs ne nous ont pas encore été remises, aussitôt que nous les aurons, comptez sur nos soins à les bien garder (²). » Les clefs ne furent rendues par la commission après apposition des scellés, que sur une deuxième intervention de Kilmaine, mais alors il ne restait plus au mont-de-piété que les petits dépôts. Les principaux voleurs n'eurent plus qu'un souci : s'éloigner de la ville (³).

---

1. Laporte, *Souvenirs d'un émigré* (1797-1800). Paris, 1843, p. 98.
2. Lettre de la municipalité de Vérone à Landrieux, le 12 floréal an V.
3. Eugène Trolard, *De Montenotte au Pont d'Arcole*, p. 382.

Landrieux tenait Lahoz, en expédition sur Padoue et Vicence, au courant de ce qui se passait à Vérone. « Ici, mon cher ami, chacun veut faire fortune et veut la faire grosse. C'est bien pis qu'à Brescia et je t'avoue que les affaires vont mal. Notre municipalité se dégoûte et ce matin elle m'a proposé sa démission. L'ordonnateur Blanchon, à qui j'ai refusé la gratification, parce qu'il n'y a aucun droit, et une demande extravagante de 400 livres pour indemnité de prétendues pertes, a trouvé le moyen de faire charger le petit Bouquet d'aller inventorier et mettre le scellé sur les monts-de-piété de Vicence, de Padoue et de Legnago ([1]). Il a trompé le général Kilmaine. Nous n'avons aucun droit de nous mêler de ces établissements. Ces perquisitions de notre part sont honteuses. Ces villes n'ont pas été prises d'assaut. Je crains que cet enfant, qui est aussi âpre qu'un homme fait, ne fasse des sottises, pour lui, pour Bianchon, et pour toute l'armée. Il serait désespérant que ces provinces, qui nous montrent tant de bonne volonté, eussent à se plaindre. Tâche de le surveiller et avertis Victor qui sera bientôt à Padoue. Je ne voudrais pas qu'en cas de faute, on en fît trop de bruit, parce que ce bruit fait du mal à tout le monde..... »

Bouquet, que Clarke, dans son rapport au Directoire, représentait comme ayant de l'activité et des talents, mais en ayant soin d'ajouter « on doute de sa probité » ([2]), commit la faute que prévoyait Landrieux et fut dénoncé par le général Victor. Accusé d'avoir volé des bijoux et des effets précieux dans les monts-de-piété de Padoue et de Vicence, Bonaparte donna l'ordre de l'arrêter.

---

1. Bouquet était le camarade de Picton, neveu de Landrieux. Ses fonctions l'avaient rapproché de Landrieux avec qui il logeait au palais des Gouverneurs depuis le 26 avril (Trolard, *De Montenotte au Pont d'Arcole*, p. 359 et 360, d'après le *Diario della revoluzione de 1797*. Mss. de la Bibliothèque municipale de Vérone).

2. Bouquet n'était pas une exception. Dans ce même rapport, sur huit commissaires ordonnateurs il en est cité deux *sans probité* et un *peu délicat;* sur cinquante-quatre commissaires des guerres ou faisant fonctions, vingt et un sont portés comme jouissant d'une *probité nulle ou douteuse*, un est noté comme *fripon* et un autre comme *brocanteur*. (Archives nationales AF III, 72, doss. 291.) Landrieux a consacré un chapitre entier à ses démêlés avec les commissaires et les fournisseurs.

« Je vous préviens, général, écrivait Berthier à Victor, que, d'après le compte que vous avez rendu du vol fait au mont-de-piété par le commissaire des guerres Bouquet, chargé par le général Kilmaine d'y apposer les scellés, le général en chef a donné des ordres pour que ce commissaire des guerres soit arrêté partout où il se trouvera, et traduit devant un conseil de guerre pour y être jugé conformément aux lois et d'après le délit dont il s'est rendu coupable. »

En même temps, Bonaparte écrivait à Berthier, de Mombello, le 13 prairial an V (1er juin 1797) :

« Vous donnerez l'ordre, citoyen général, au général Lanusse, de verser dans la caisse du payeur, à Milan, les 60.000 livres qu'il a prises dans la caisse du payeur à Chiusa, et ordonnerez au général Augereau de faire remettre dans les mains du payeur à Vérone les bijoux et autres objets précieux qui ont été trouvés chez le commissaire des guerres Bouquet ([1]). »

Traduit en Conseil de guerre, Bouquet fit appel à ses protecteurs et à ses amis. Kilmaine, entre autres, prit son parti avec une extrême vigueur. « Soyez persuadé, lui écrivait-il, que je ne négligerai rien pour que votre innocence ait les moyens de se montrer. Des personnes qui vous connaissent particulièrement s'étonnent de ce que parmi les hommes qui vous poursuivent, il y en a à qui on aurait le droit de faire les reproches les mieux fondés de vol et de pillage. Ces mêmes amis sont pourvus de papiers qui prouvent le brigandage de vos persécuteurs ; ils comptent les envoyer au Directoire et, si l'on vous met en jugement, il faudra bien y en mettre beaucoup d'autres ou dire pourquoi, à moins qu'il ne soit prouvé qu'il y ait à cette armée des voleurs privilégiés ([2]). » Bouquet fut néanmoins condamné à cinq ans de fers. Il écrivit de nouveau à Kilmaine pour lui faire part de son désespoir. Celui-ci lui répondit aussitôt le 3 juillet :

« Vous avez bien fait de plaider votre cause par le silence du mépris pour vos soi-disant juges. Ce sont des bourreaux qui vous ont sacrifié.

« Je croirais vous faire injure, mon cher Bouquet, si je

1. *Correspondance inédite, officielle et confidentielle de Napoléon Bonaparte*, III, p. 115 et 116.
2. Archives de la Guerre, doss. Bouquet : *Lettre de Kilmaine* du 27 floréal an V (16 mai 1797).

pensais que vous ayez seulement l'intention d'attenter à vos jours après avoir souffert jusqu'ici avec tant de constance et de résignation, après les avoir exposés tant de fois sous mes yeux lorsque je commandais les hussards de Lauzun.

« Le succès de vos persécuteurs ne sera pas de longue durée; ils rougiront d'avoir employé des moyens aussi affreux pour s'enrichir de votre malheur et mériter l'impunité.

« Je verrai de nouveau le général en chef; il ne peut être plus longtemps sourd à la voix de la vérité, il vous connait particulièrement; il sait que vous n'avez fait qu'exécuter les ordres que je vous ai donnés, il vous rendra justice, je vous en donne d'avance l'assurance positive (1). »

Cette fois, Bonaparte comprit. Le 10 janvier 1798, le conseil de revision de la Lombardie cassait l'arrêt et le 13 août le deuxième conseil de guerre, présidé par le général Fiorella, acquittait Bouquet (2).

Souffrant d'une ophtalmie très rebelle, il se retira à Reims, son pays natal, où le bureau de police déclarait le 18 frimaire an VII que « l'opinion publique est fortement contre lui. A la vérité il a été acquitté, mais on persiste à le croire coupable et à le regarder comme dilapidateur de la fortune publique. Ce qui semble autoriser les soupçons, c'est qu'on assure qu'il n'avait rien avant la Révolution et qu'il possède actuellement des propriétés considérables. » L'émigré Laporte partage absolument l'opinion de la population de Reims et il ajoute : « Comment ne pas gémir de l'impunité d'un des principaux spoliateurs de ce dépôt public (le mont-de-piété de Vérone), homme parfaitement connu pour tel et qui s'était soustrait facilement à la peine de cinq années de fers, qu'on lui avait infligée (3). »

Son congé de santé expiré, Bouquet ne cessa de demander du service, adressant mémoire sur mémoire au ministre, pour sa justification, attribuant à l'animosité politique les préventions de ses concitoyens et invoquant à tout propos les témoignages des généraux Kilmaine, Sérurier, Dallemagne et Dumas. En nivôse an VII (décembre 1798), il im-

---

1. Archives de la Guerre, doss. Bouquet : *Lettre de Kilmaine* du 15 messidor an V (3 juillet 1797).
2. Archives de la Guerre, doss. Bouquet.
3. Laporte, *Souvenirs d'un émigré*, p. 53.

plorait un emploi en Egypte où à l'armée de l'Ouest. « J'ai écrit, disait-il à Bonaparte, que dans mon affaire malheureuse j'avais été poussé par un mouvement puissant et étranger. Kilmaine est mort, je respecte sa mémoire ; je vous ai affirmé que je n'avais cédé qu'à une autorisation supposée de vous. Cette assertion vous a paru douteuse parce que vous hésitez à croire qu'il ait existé à l'armée d'Italie un homme assez audacieux pour contrefaire votre signature. Cette vérité, dont vous pouviez vous convaincre d'un seul mot, est incontestable. Aujourd'hui le ministre de la Guerre fait enfin poursuivre Landrieux pour le crime de faux. Si j'avais une existence assurée ou la force nécessaire à un simple soldat, je ne chercherais pas à fixer votre attention sur des faits passés, je laisserai au temps le soin de me venger en révélant les causes secrètes et honteuses des poursuites et des calomnies dirigées contre moi. Ces causes sont bien clairement exprimées dans ma correspondance avec Kilmaine. Mais j'ai besoin d'une place pour exister et faire exister mon oncle. J'en appelle à Bonaparte, juste et impartial, me croit-il incapable de servir un gouvernement ferme et stable qui ne mettra pas le pillage au nombre de ses premières ressources, qui ne regardera pas comme ses plus fidèles agents ceux qui pour une poignée d'or, aussitôt dissipée qu'acquise, lui sacrifiaient sans pudeur tout ce qu'il y avait d'honnête. Je veux, à tel prix que ce soit, vous faire oublier une grande faute. Serez-vous implacable à mon égard. Ordonnez que je sois envoyé en Egypte ou dans le fond de la Vendée où j'ai nourri au milieu des plus grands dangers, pendant trois années consécutives, une partie de l'armée opposée aux brigands, de manière à mériter les attestations honorables consignées dans les certificats ci-joints ([1]). »

Mis en réforme en l'an VII, à la fin de son congé de convalescence, Bouquet demandait, en 1811, d'être employé à l'armée d'Espagne ([2]) et en 1813 il implorait de nouveau du ministre Lacuée, comte de Cessac, un emploi quelconque, invoquant son titre d'ancien élève de Brienne, condisciple de Sa Majesté ([3]).

1. Archives de la Guerre, doss. Bouquet.
2. Archives de la Guerre, doss. Bouquet : *Lettre du 8 juillet 1811*.
3. En réalité, Bouquet avait eu un oncle professeur à Brienne. Il

« Le général en chef Bonaparte a su dans le temps et les inspecteurs généraux Denniée et Villemanzi savent que, dans l'année la plus pénible de ma vie, où des calomniateurs m'accablèrent de torts apparents dans une affaire qu'on doit regarder comme une affaire d'Etat oubliée, je n'ai jamais eu qu'un seul tort réel, celui d'un dévouement et d'une reconnaissance trop aveugles pour le général Kilmaine qui m'avait servi de père dans son commandement de l'armée du Nord, dont je ne pouvais trahir le secret et qui me retint malgré moi dans les provinces vénitiennes qu'il gouvernait et que je traversai pour me rendre près l'ordonnateur général en chef Villemanzi ([1]). »

Vers le même temps, il écrivait à l'empereur :

« Sire, vous aimiez beaucoup mon oncle à Brienne. Il est mort et avec lui toutes mes ressources. Votre décret du 14 novembre 1810, qui a supprimé le traitement de réforme de ceux qui n'avaient pas les années de service voulues pour la solde de retraite, a achevé mon malheur.

« Telle est la position d'un ancien commissaire des guerres calomnié.

« Sa Majesté, si elle me faisait la grâce de m'admettre un instant en sa présence ou celle de son grand maréchal, verrait que je suis toujours à 42 ans (comme elle m'appelait avec bonté en Italie) un enfant gâté de la révolution, toujours prêt à renouveler à Napoléon les preuves d'activité et de dévouement dont il m'a récompensé à Mantoue et à Peschiera.

« Souffrirez-vous, Sire, que celui qui a été le compagnon chéri de votre enfance, languisse dans l'oisiveté et périsse dans le besoin qui mine à la longue les âmes les plus énergiques.

« Le préfet de mon département, le baron de Jessaint, a demandé pour moi une sous-préfecture ou une place de secrétaire général de préfecture. Daignez me l'accorder ou tout autre emploi ([2]). »

Napoléon ne l'employa pas, mais il lui accorda une pen-

---

eut été très embarrassé de faire preuve des quartiers de noblesse nécessaires pour y être admis.

1. Archives de la Guerre, doss. Bouquet : *Lettre du comte de Cessac*, 1ᵉʳ février 1813.
2. Archives de la Guerre, doss. Bouquet.

sion de 2.400 francs sur sa cassette, pension qui fut de fait supprimée à la Restauration (¹).

Il est donc doublement étonnant que dans le *Mémorial de Sainte-Hélène* on trouve ce passage :

« Lors de la reddition de Vérone, le mont-de-piété de cette ville, riche d'environ sept à huit millions, fut dépouillé. Le commissaire des guerres Bouquet et un colonel de hussards Landrieux, accusés de cette dilapidation, furent arrêtés. Cette dilapidation portait un caractère d'autant plus révoltant qu'elle était accrue par une série de crimes nécessaires pour la cacher, et qu'elle s'exerçait sur la classe des indigents et des pauvres. Tout ce qui put être retrouvé dans les maisons des prévenus fut restitué aux propriétaires, dont la perte néanmoins resta considérable (²). »

En ce qui concerne Bouquet, cette déclaration se concilie mal avec la revision du procès de celui-ci suivie d'un acquittement par ordre et avec la pension due à la magnificence impériale. Quant à l'accusation inattendue et injustifiée portée contre Landrieux, elle peut s'expliquer (³), mais non être excusée, que par le fait d'une rancune *in extremis* en prévision de révélations possibles.

Au moment même, en effet, où Bouquet opérait à Padoue et à Vicence, Lahoz, que Landrieux engageait, le 10 floréal (29 avril), à se tenir prêt à « sauter » dans Venise, l'avisait que Lefèvre lui transmettait l'ordre verbal de Bonaparte de rester où il était. Landrieux éprouva le plus vif mécontentement de cette intervention du général en chef, il ne sut même pas se maîtriser quand Bonhomme de Commeyras, son co-organisateur des comités de Milan (⁴), vint enjoindre à Kilmaine d'en rester là de ses opérations, « Bonaparte entendant faire lui-même le peu qui restait. »

Kilmaine, et surtout son chef d'état-major Landrieux,

---

1. Archives de la Guerre, doss. Bouquet. — Bouquet vivait encore en 1854 et sollicitait de Napoléon III son entrée aux Invalides.
2. *Mémorial de Sainte-Hélène*, édition Barbezat, 1830, IX, 182. — Le texte des *Dictées* est un peu différent et contient moins d'erreurs.
3. Bonhomme de Commeyras, avocat au Parlement de Paris, avait été un des membres du comité de législation établi par Louis XVI, en 1787, pour préparer la réforme des lois pénales. En 1797, il était résident de France chez les Grisons.

avaient donc tiré les marrons du feu pour Bonaparte qui, principalement au début de sa carrière, trouvait très commode de profiter du travail de gens qu'il mettait bientôt à l'écart quand il ne les reléguait pas dans une sorte d'exil, ou ne les rendait pas suspects, voire même coupables, aux yeux de ses courtisans d'abord et du pays ensuite.

Sous l'effet de la colère, Landrieux perdant toute sa présence d'esprit, laissa échapper quelques phrases qui trahissaient les extraordinaires ambitions qu'avaient fait naître en son esprit ses succès de conspirateur, d'organisateur et de général. Tout enflé de ses patentes de général en chef, médiateur et plénipotentiaire des provinces de la Terre-Ferme, du costume richement brodé qu'il n'avait pas encore osé endosser, il pensa qu'il lui était facile de s'établir souverain dans ce pays. Qui l'eût empêché de traiter avec l'Autriche aussi bien que Bonaparte et qu'importait au Directoire qu'il y eut une République cisalpine fondée par la France, ou une Fédération italienne avec un directeur français. Landrieux s'épancha imprudemment peut-être dans le sein de Porro et de Commeyras. « Les principaux généraux français, tels que Augereau, Masséna, Kilmaine, Sérurier, n'aimaient pas Bonaparte. De l'argent à Masséna ([1]), un coup d'encensoir et de l'argent à Augereau ([2]), de bonnes raisons à Kilmaine et Sérurier ainsi qu'à Joubert, un grade de plus à Guyeux, quelques écus à l'aide de camp de Dallemagne, m'eussent attaché ces braves qui, sans me servir peut-être directement, m'auraient au moins laissé faire. Les citadelles de Bergame, Brescia et Peschiera m'auraient répondu des entêtés, à commencer par le général en chef et quelques-uns de son état-major » ([3]).

Les « rêves » de Landrieux furent combattus par ses

---

1. « Masséna aime beaucoup l'argent. » lit-on dans les notes fournies par Bonaparte à Clarke. (*Lettre au Directoire*. Milan, 30 frimaire an V. Archives nationales, AF III, 72. Direct. 291.)

2. « Augereau *aime beaucoup l'argent*, » lit-on dans le document précité. Les autres généraux classés sous cette rubrique sont : Murat, Lannes, Vial et Chabran. Pour Lannes, on lit cette variante : « *et s'en est beaucoup procuré* ; » et pour Vial, cette autre : « *et s'en est procuré par des moyens que la probité ne peut approuver.* » (Archives nationales, AF III, 72, doss. 291.)

3. *Mémoires*, I, p. 367.

confidents qui, il est fort humain de le penser, s'empressèrent de s'assurer les bonnes grâces de Bonaparte, en lui faisant part des extravagantes divagations du colonel de hussards. Ces singulières révélations confirmèrent le général en chef, par tempérament jaloux et soupçonneux, dans l'intention qu'il avait d'éloigner de la Vénétie Landrieux et son chef, le général Kilmaine qui, non seulement, savaient beaucoup trop de choses, mais qui, pis est, se permettaient d'avoir des idées personnelles. Landrieux avait eu, cependant, le soin, au lendemain de l'entrée à Vérone, de renoncer à son généralat de la Terre-Ferme. « L'orgueilleuse Venise, disait-il au peuple bergamasque, est près de sa chute : je puis donc vous annoncer la liberté. » Mais Bonaparte n'ignorait pas probablement que Landrieux redeviendrait facilement généralissime, s'il lui en prenait fantaisie.

Kilmaine, parti de Vérone à réception de l'ordre que lui avait apporté Commeyras, était reçu le 15 floréal (4 mai) par Bonaparte ([1]). « J'ai vu le général en chef, écrivait-il le lendemain à Landrieux ; il est très satisfait de notre besogne dont, dit-il, vous lui donnerez les détails tout à votre aise... Il ajoute qu'il veut amuser les Vénitiens de Venise jusqu'au traité définitif avec l'Autriche. Il va, en attendant, y mettre un gouvernement de sénateurs à lui et chasser ce grand conseil qui s'est déguisé en municipalité. Je lui ai dit qu'il ferait bien de vous laisser cette besogne, dont vous vous tireriez, sans contredit, mieux que lui ; que vous iriez avec Lahoz et sa brigade que vous aviez renforcée dans cette vue. Il paraît qu'il a des raisons spéciales et de finances personnelles pour se charger lui-même de cette façon, et je le crois. Et je n'ai pas insisté... » Kilmaine avait ajouté une menace à mots couverts : « Je lui ai dit que vous vous refusiez net à vous charger de l'instruction contre les détenus de Vérone ([2]). »

Bonaparte fit écrire à Landrieux de préparer les provinces de Terre-Ferme à leur annexion à l'Autriche. Il semble

---

1. Kilmaine était le 14 floréal (3 mai) à Brescia. Avant son départ de Vérone, il avait songé un moment à régler les dettes de Louis XVIII qui ne s'élevaient guère qu'à 200,000 francs. Kilmaine était, au fond, royaliste, et peut-être désireux de ménager l'avenir.
2. Lettre du 16 floréal an V (5 mai).

au contraire, que Landrieux ait travaillé les Véronais dans un sens absolument opposé au désir du général en chef. « Avec Bonaparte, écrivait-il à Kilmaine, il faut toujours être en état de prouver la conduite qu'on a tenue et de justifier ses actions et ses opinions. C'est votre avis et le mien. Soyez parfaitement tranquille sur mes registres. J'ai pourvu non seulement par les faits, mais aussi par l'ordre qui règne dans toutes les parties dont nous avons été chargés, à ce qu'on ne puisse jamais nous assimiler à Masséna, à Augereau, ni nous forcer comme eux à nous taire. La lutte commencera quand on voudra. Je suis prêt. Si l'homme nous eût été moins connu, nous aurions peut-être été pris sur quelque négligence ([1]). »

Deux jours après cette lettre, le 17 mai, Augereau arrivait à Vérone « comme une bombe », et dépêchait l'ordonnateur Aubernon à Landrieux pour lui signifier « qu'il n'avait rien eu *et qu'il fallait lui faire sa part* ». Pour toute réponse, Landrieux confia Aubernon à la garde de quatre hommes. Chauran se chargea d'aller démontrer à Augereau qu'en prenant ce ton il s'exposait à se faire enlever et transporter à la forteresse de Milan, Kilmaine ayant laissé Landrieux en son lieu et place. Augereau se radoucit, reconnut qu'il n'avait point d'ordre de commandement, mais affirma qu'il venait prendre possession des places de Vérone et de Vicence et qu'il attendait incessamment ses lettres de service ([2]).

Landrieux, dès lors, n'avait plus qu'à partir pour Milan, où le rappelait une lettre pressante de Kilmaine réclamant le travail sur la cavalerie qu'avait demandé Bonaparte. Le général en chef se montrait d'autant plus impatient que des mécontents desservaient Landrieux auprès de lui. Le 10 prairial (29 mai) on en trouve la trace dans la correspondance de Bonaparte. « Vous ordonnerez au général Kilmaine de partir sur-le-champ pour prendre le commandement du Bolonais, du Véronais et d'Ancône. Il prendra du général Sahuguet toutes les instructions nécessaires. Comme les affaires de Rome se brouillent tous les jours davantage, je désire que ce général parte dans cinq

---

1. Lettre du 27 floréal.
2. Lettre du 30 floréal.

ou six jours ; vous lui ferez connaître le désir que j'ai de voir le citoyen Landrieux à un régiment de cavalerie ou à un dépôt pour qu'il n'ait pas avec lui cet officier, sur lequel il y a quelques préventions (¹). »

Kilmaine se chargea de dissiper les préventions de Bonaparte et de le forcer à connaître le rôle réel de Landrieux. Aussi, à son arrivée à Milan, le chef d'état-major de la cavalerie fut-il reçu par le général en chef qui lui fit le meilleur accueil, car il avait un service à réclamer de lui. Bernadotte avait arrêté à Trieste le comte d'Antraigues, attaché à la légation de Russie à Venise, mais en réalité un des principaux agents de Louis XVIII (²). Ce personnage

---

1. Voici le début de cette lettre : « J'avais d'abord pensé d'envoyer le général Kilmaine à Marseille, mais le désir qu'il m'a manifesté d'être de l'expédition d'Angleterre si elle avait lieu, joint à celui que j'ai moi-même d'avoir à l'armée un général aussi distingué, si la guerre se renouvelait, m'ont décidé à choisir le général Sahuguet. Vous voudrez bien en prévenir le général Kilmaine et envoyer un courrier au général Sahuguet pour qu'il se prépare à partir sur-le-champ pour Marseille. » M. Trolard, qui n'a certainement pas feuilleté les registres de Berthier, a cru que Kilmaine se rendait à Marseille, lors de son voyage à Nice avec Landrieux. En réalité, ce voyage n'avait d'autre but que la mise en sûreté de ses papiers. Sahuguet avait pris possession de son commandement et Kilmaine ne quitta définitivement Milan qu'après le 21 juillet pour se rendre à Paris (Léonce Pingaud, *Un agent secret sous la Révolution et l'Empire : le comte d'Antraigues*, p. 182).

2. M. Trolard a commis de nombreuses erreurs au sujet de d'Antraigues (*De Rivoli à Marengo et à Solferino*, I, p. 215).

« *Une des clauses de la convention passée avec le gouvernement de Venise*, au moment où les troupes françaises prirent possession de cette ville, était qu'il serait procédé à l'arrestation de d'Antraigues, espion au service des émigrés, dont il a été déjà parlé, à propos du départ de Monsieur, de Vérone. D'Antraigues réussit à s'échapper et *se réfugia à Monza, près Milan*, où il provoqua *des troubles qui furent réprimés avec une extrême énergie par le général Leclerc*, alors en villégiature avec sa jeune femme chez Bonaparte, à Mombello. D'Antraigues vivait à Venise avec la Saint-Huberty, *qu'il faisait passer pour sa femme ;* il habitait sur le grand canal l'hôtel de l'Ecu-de-France (*albergo di Scudo di Francia*), où descendait Monsieur quand il se rendait à Venise.

« *La police saisit chez d'Antraigues de nombreux papiers qu'il*

avait été arrêté sur l'ordre exprès de Bonaparte qui non seulement était parfaitement au courant de ses intrigues, mais qui avait été en outre prévenu par le ministre Lallement que d'Antraigues possédait des papiers fort compromettants, entre autres le compte rendu d'une conversation qu'il aurait eue avec Montgaillard, autre agent des émigrés. Cette conversation roulait sur les entrevues que Montgaillard prétendait avoir eues avec les généraux Pichegru et Bonaparte pour les amener à la cause royaliste. C'était Montgaillard lui-même qui, jouant un double rôle, en avait informé le ministre de France à Venise (¹). Que ce document fût vrai ou non, il importait à Bonaparte de ne pas se laisser compromettre et même, le cas échéant, de porter un coup terrible au général Pichegru qui lui apparaissait comme un rival dangereux. Bonaparte s'était donc fait amener le prisonnier de Trieste à Milan, l'avait gardé une nuit entière à Mombello où il obtint de lui ce qu'il en désirait, c'est-à-dire une rédaction nouvelle de la conversation avec Montgaillard, qu'il put communiquer au Directoire sans danger pour lui et au grand détriment de Pichegru (²).

*avait oubliés sans doute dans la précipitation de sa fuite*, et que Bonaparte fit parvenir au Directoire. On sait que celui-ci y trouva les preuves du complot royaliste préparé par Pichegru, et des menées auxquelles se livrait Monsieur à Vérone, en dépit des assurances contraires qu'il avait données au Sénat de Venise. La police mit aussi la main sur des lettres écrites à d'Antraigues par Mallet du Pan et *dont le sénateur Querini avait fait établir les copies pour les inquisiteurs d'Etat.* Quelques-unes de ces lettres concernaient Boissy d'Anglas et *Carnot*. Bonaparte furieux, de certaines allégations contenues dans cette correspondance et des articles que Mallet du Pan, réfugié à Berne, adressait à *la Quotidienne* à propos de l'abdication du Sénat de Venise, manda près de lui, à Mombello, Haller, administrateur général des finances de l'armée d'Italie, et patricien bernois, et le mit en demeure d'obtenir de ses amis l'expulsion de Mallet. » Il est regrettable que M. Trolard n'indique pas les sources auxquelles il a puisé ce récit fantaisiste dont le livre circonstancié bien qu'insuffisamment documenté de M. Pingaud fait pleinement justice.

1. Léonce Pingaud, *Un agent secret sous la Révolution et l'Empire : le comte d'Antraigues*, p. 151.
2. C'est la version de Fauche Borel (*Mémoires*). M. Pingaud l'a discutée d'une façon qui l'accrédite solidement, au moyen d'un *Mémoire* de l'abbé du Montet.

L'entretien qu'il avait eu avec son prisonnier lui avait prouvé l'urgence de se débarrasser de lui, avant que la nécessité d'une défense ne l'obligeât à parler. C'est dans ces conditions que Bonaparte faisait appel à Landrieux, pour l'aider à jouer la petite comédie suivante : d'Antraigues, ayant composé avec Bonaparte [1], devait simuler le prisonnier d'Etat entêté dans sa résistance, tonnant contre son persécuteur, rôle qu'il joua en effet admirablement et qu'il évoqua dans son rapport au chargé d'affaires Mordwinoff [2]. Bonaparte, de son côté, paraissait céder aux exigences du respect de la légalité, se gardant bien d'envoyer trop tôt au Directoire les pièces du portefeuille de d'Antraigues. Quant à Landrieux, ayant parfaitement compris une partie du service que Bonaparte attendait de lui, il rédigeait le procès-verbal d'un interrogatoire préparé d'avance, innocentant d'Antraigues de tout délit d'émigration, seul point qui put obliger Bonaparte à retenir son prisonnier. Ainsi qu'il le raconte lui-même, Landrieux présenta à la signature de d'Antraigues la pièce suivante [3] :

« L'an cinquième de la République française et le treize prairial, en vertu des ordres du général en chef de l'armée de la République française en Italie, à moi communiqués

---

1. Léonce Pingaud, *Un agent secret*, etc., p. 163.
2. Ce rapport se trouve aux Archives des Affaires étrangères. France. Bourbons. 1790-1802, 47 E. vol. 634 (274 *g*), fol. 126 à 144.
3. Voici le récit de cet interrogatoire par d'Antraigues, emprunté au *Rapport à M. Mordwinoff :* « Le soir même (1er juin), je vis entrer dans mon cachot un adjudant-général de l'état-major, suivi d'un officier ; ils furent introduits par le commandant de la citadelle. Cet adjudant me dit être chargé de me faire un interrogatoire et, cela dit, il renvoya le commandant du fort, s'assied auprès de ma table et son officier se disposa à lui servir de greffier. Je m'attendais que les interrogatoires auraient pour objet la conversation que j'avais eue avec M. Bonaparte et qu'on y parlerait d'un portefeuille, de prétendus papiers qu'on y aurait, disait-on, trouvés, et de la conspiration de M. Pichegru. A mon grand étonnement, cet interrogatoire, plus que superficiel, se borna à ce qui est relaté dans l'extrait qui m'en fut donné. On ne fit aucune objection à mes réponses : on riait en les écrivant et, l'interrogatoire fini, lorsque je voulus parler de mon portefeuille, on me signifia que toutes les questions à me faire étaient faites, qu'on n'avait aucune autre réponse à recevoir, et on se retira. »

par le général Kilmaine, commandant en chef la Lombardie et la cavalerie de l'armée, je, Jean Landrieux, adjudant-général, chef d'état-major de la cavalerie de l'armée, me suis transporté au château de Milan, pour y faire à monsieur Emanuel-Henry-Louis-Alexandre de Launay, comte d'Antraigues, les questions suivantes :

« D. — En quel temps avez-vous quitté la France ?

« R. — En février mil sept cent quatre-vingt-dix, par congé délibéré de l'Assemblée nationale, sous la présidence de l'évêque d'Autun, portant d'une manière illimitée que je pourrais aller en Suisse pour y pourvoir au rétablissement de ma santé.

« D. — Avez-vous eu connaissance des décrets de la Convention ou législature qui annulaient ces sortes de congés ?

« R. — J'ai eu connaissance des décrets qui rappelaient les Français qui avaient quitté leur pays. J'écrivis en 1791 au chancelier pour lui demander une prolongation. Je n'ai pas reçu de réponse.

« D. — A quelles occupations vous êtes-vous livré dans les pays que vous avez choisi pour domicile depuis votre départ de France jusqu'à présent?

« R. — Je me suis occupé en Suisse, canton de Berne, pendant environ un an, à différents ouvrages de morale et de politique qui ont été imprimés. J'ai passé ensuite environ un mois à Turin, où je me suis occupé d'objets de curiosité. J'ai ensuite vécu deux ans et demie dans les bailliages suisses italiens, m'occupant des mêmes travaux qu'à Berne. Depuis, je suis entré au service de l'impératrice de Russie en qualité d'attaché à la légation de Russie auprès de la République de Venise. Je suis parti de cette ville, le 16 mai, à la suite du ministre de Russie avec toute la légation, qui en sortit à l'arrivée des Français, munis d'un passe-port du ministre français à Venise. Nous fûmes respectés jusqu'à Trieste, et nous y passions pour aller à Laubach à cause des mauvais chemins. Nous fûmes arrêtés là par ordre du général Bernadotte qui laissa aller le ministre et me fit conduire au quartier général.

« Après cette réponse, ledit M. d'Antraigues m'a montré un passe-port pour le ministre de Russie à Venise valable pour lui et les personnes attachées à la légation.

« Audit passe-port, signé Villetard pour le ministre de France et pour copie conforme Duchet, commandant de place de Trieste, était annexé un certificat de Monsieur Mordwinoff, ministre plénipotentiaire de Russie à Venise, portant que M. d'Antraigues est attaché à la légation. Ledit certificat est en date du 15 décembre 1795.

« Je lui ai demandé si dans les intervalles de ces occupations dont il a parlé, dans divers cantons de Suisse ou ailleurs, il n'avait pas porté les armes contre la République française ?

« *R.* — Non.

« *D.* — S'il n'a jamais excité par ses écrits ou par ses paroles les Français émigrés à prendre les armes contre la République française ?

« *R.* — Non. J'ai persisté dans les sentiments que j'ai manifestés pendant que j'étais membre de l'Assemblée nationale.

« *D.* — S'il n'a jamais cherché à exciter les Français non émigrés à quitter la France pour s'armer contre elle ?

« *R.* — Non. J'ai persisté dans les principes que j'ai manifestés aux Etats-Généraux.

« *D.* — Enfin, s'il n'a jamais fait partie de rassemblements qui ont lieu en divers endroits sous le nom d'armée de Condé ou autres ?

« *R.* — Non (¹). »

Cet interrogatoire, que les *Mémoires* de Landrieux datent à tort du 20 prairial 8 juin (²), ne suffisant pas à Bonaparte, il fit interroger de nouveau d'Antraigues le 7 juin par l'adjudant-général Couthaud, et le prisonnier fit des réponses tendant à bien mettre en valeur son caractère de diplomate protégé

---

1. Le texte de cet interrogatoire figure parmi les papiers de d'Antraigues. (Archives des Affaires étrangères. France. Bourbons. 1790-1802-47 E, n° 634 (274 *g*), fol. 150-151.)

2. L'analyse qu'en donne Landrieux répondrait plus exactement à l'interrogatoire dirigé par Couthaud, mais l'entretien entre les deux personnages est absolument conforme au caractère du fougueux conspirateur. L'erreur de Landrieux a sans doute pour cause la signature qu'il dut apposer sur la copie de l'interrogatoire fait par Couthaud « en vertu des ordres du général Kilmaine », et consistant dans « les trois questions prescrites par le général en chef conformément à une lettre du même jour du général Berthier. » (Archives nationales, AF III 44, Justice : Conspiration du 18 fructidor.)

par le droit des gens. Mais le 23 juin, un courrier de d'Antraigues fut arrêté à Como, porteur de diverses pièces qui ravivèrent la colère de Bonaparte. Landrieux en essuya le contre coup, car le général en chef ayant vainement réclamé un petit portefeuille saisi sur ce courrier par la police de Porro, s'imagina que Landrieux le dissimulait dans un but hostile et lui fit annoncer, le 26, quinze jours d'arrêts (1). Kilmaine se chargea de tout expliquer, mais la réparation que lui accorda sur-le-champ Bonaparte ne désarma pas Landrieux qui estimait sans doute mériter plus d'égards. Le succès de la révolution qu'il venait d'organiser victorieusement à Gênes, sous la responsabilité de Couthaud, n'était pas fait pour lui donner une petite opinion de ses capacités de roué; le 19 prairial (7 juin) il avait obtenu, ainsi que Kilmaine, une véritable victoire sur Bonaparte en l'obligeant à rétracter son ordre à l'armée et l'ordre subséquent de Berthier de reverser les gratifications et bonnes-mains touchées pendant la campagne de Terre-Ferme (2), à la suite d'une lettre dans laquelle Kilmaine lui faisait savoir qu'on ne rendrait rien. « Je me plains à vous, général, terminait Kilmaine dans

---

1. Bonaparte écrivait à Berthier :
« Vous voudrez bien, citoyen général, vous faire remettre par le chef de brigade Landrieux les lettres interceptées sur un courrier que M. Dantraigues envoyait, dont une était adressée au représentant du peuple Boissy-d'Anglas, et que celui-ci a remise à l'administration de la police de la Lombardie.
« Vous voudrez bien lui donner en outre l'ordre de se rendre en prison pour n'avoir pas fait parvenir sur-le-champ ces papiers ; il les a depuis deux jours. »

2. Voici la lettre de Bonaparte à Berthier :
« Vous voudrez bien, général, vous faire rendre compte de l'argent qui vous a été donné, en forme de gratifications, aux généraux de division, généraux de brigade, aides-de-camp qui se sont trouvés à l'affaire de Vérone.
« Vous ordonnerez et tiendrez la main, sur votre responsabilité, à ce que les généraux et officiers de l'état-major qui auraient reçu en gratifications plus que la paye de quinze jours de traitement, soient tenus de verser le reste sur-le-champ dans la caisse du payeur de la division et de vous en donner le reçu.
« Vous voudrez bien également ordonner qu'il soit accordé quinze jours de traitement pour tous les officiers qui se sont

cette lettre d'une hardiesse vraiment incroyable surtout de la part de l'indolent Kilmaine, si l'on n'avait comme point de comparaison la lettre à Bouquet du 27 floréal (¹), je me plains à vous de ce que vous avez demandé directement à l'adjudant-général Landrieux le compte de ce que son bureau a reçu et dépensé pendant l'expédition qu'il a conduite. Il a obéi et je l'ai mis aux arrêts pour lui rappeler l'ordonnance qui ne permet pas de correspondre avec vous sans mon attache. Je devais le lui ordonner de votre part. La hiérarchie a été méconnue. Je ne la violerai pas, général, en vous priant de faire passer au ministre de la Guerre et au gouvernement le mémoire que je lui adresse avec tout ce que contient ma présente lettre. Permettez, en même temps, que je sollicite mon changement d'armée. »

trouvés à la prise de Verone, et qui n'ont pas touché de gratifications. »

BONAPARTE.

« En conséquence de l'ordre du général en chef ci-dessus :
« Il est ordonné à tous généraux de division, de brigade, adjudants-généraux, aides-de-camp et autres, de rendre compte au chef de l'état-major général, au plus tard dans une décade :
« 1° De l'argent qu'ils ont reçu en forme de gratifications ou de toute autre manière, à l'affaire de Vérone.
« 2° Tout général, officier de l'état-major ou autre, qui après avoir fait sa déclaration, se trouvera avoir reçu plus que la valeur de son traitement de quinze jours, sera tenu de verser l'excédent dans la caisse du payeur de la division, et d'en envoyer le reçu à l'état-major général.
« 3° Tout officier de l'état-major ou autre qui, quoique s'étant trouvé à l'expédition de Vérone, n'aura pas eu de gratification ou perçu d'argent de quelqu'autre manière, aura droit à une gratification de la valeur de son traitement de quinze jours, et, pour en être payé, il sera tenu d'adresser au chef de l'état-major une attestation de son conseil d'administration portant qu'il s'est trouvé réellement à l'affaire de Vérone. Quant aux officiers de l'état-major, il suffira qu'ils produisent un certificat du général qui commandait l'expédition. Ces formalités remplies, il sera donné des ordres pour que les officiers soient payés de cette gratification par les payeurs de leurs divisions. »

ALEXANDRE BERTHIER.

2. On sait que Landrieux était à Vérone quand Kilmaine écrivait cette lettre de Milan.

Le 28 prairial, Landrieux adressait à Berthier, par la voie hiérarchique, le compte détaillé de son bureau, et quarante-huit heures après, le chef de l'état-major général lui en accusait réception dans les termes suivants :

« J'ai reçu, citoyen, avec votre lettre du 28 prairial courant, le compte de ce que votre bureau a reçu et dépensé pendant que vous commandiez la colonne contre les Vénitiens. Je vais les remettre au général en chef ([1]).

Mais, le 1er messidor, il réclamait des pièces justificatives :

« En conséquence des ordres du général en chef, le chef de brigade Landrieux me fera passer de suite les pièces justificatives du compte qu'il m'a remis, l'emploi de l'argent qu'il a reçu, soit à Bergame, Brescia ou Vérone ([2]). »

Landrieux envoya aussitôt 47 pièces : notes, certificats ou quittances avec un état. Il eut la malice d'y joindre, à titre de document historique, l'état des fractions de corps qui avaient pris part aux expéditions en Terre-Ferme, au total, y compris la division Lahoz, les Comasques de Crema et les troupes en garnison : 13,010 hommes.

S'il en faut croire les *Mémoires* et les papiers de Landrieux, il aurait joué un rôle capital, bien qu'occulte, dans les événements de la Révolution de Gênes. A vrai dire, tout ne semble pas également véridique dans son récit de ces événements ([3]), mais il n'en est pas très différemment des récits des autres acteurs qui ont tous essayé de se donner le rôle capital, et la vérité ressortirait seulement de la confrontation réfléchie des diverses narrations ([4]).

---

1. Mss. B, folio 76.
2. Mss. B, folio 592.
3. Landrieux a raconté plusieurs fois, et avec de fortes variantes, les événements de Gênes. Du vivant de Kilmaine, il rédigea un premier récit (Mss. B., folio 532) ; il y faisait remonter son rôle à la fin de floréal, ce qui est inadmissible. Dans les *Mémoires*, ce sont les rôles de Kilmaine et de Bonaparte qui sont exagérés. Le récit du Mss B (folio 532), qu'on trouvera au tome III des *Mémoires*, contient de très curieux détails.
4. Les diverses narrations des événements survenus à Gênes, de mai à juin 1797, sont en première ligne la *correspondance* du ministre Faipoult, résident de France à Gênes, avec le ministre des Relations extérieures qui se trouve aux Archives des Affaires étrangères (*Gênes, correspondance de Faipoult, an V*, vol. CLXXII) et la *Relation de la Révolution de Gênes* (Gênes, 1797... in-18 de

La chute du gouvernement aristocratique, à Gênes pas plus qu'à Venise, ne fut un accident imprévu. Dès le 24 germinal (13 avril 1797), l'agent secret qui de Gênes renseignait le ministre des Affaires étrangères sur les affaires d'Italie, lui écrivait : « L'aristocratie génoise est persuadée que son sort sera décidé en même temps que celui de l'aristocratie vénitienne. Elle est dans la plus grande inquiétude... Ce qui augmente les craintes du gouvernement, ce sont les avis qu'il reçoit de son ministre à Paris. Celui-ci l'a prévenu qu'on a des projets sur Gênes et qu'il est essentiel de prendre des mesures de défense (1). » Un mois plus tard (6 mai), mêmes constatations : « Les aristocrates croient que la République de Gênes est menacée de sa destruction et prétendent que les Français y travaillent assez ouvertement (2). »

Quelques jours après, le mouvement commençait le 29 floréal (18 mai), tandis que Landrieux était encore à Vérone. Les jacobins génois ne purent suivre en aucune façon son impulsion, mais au début de prairial les désordres s'accentuèrent, la rébellion prit davantage d'intensité. Soutenus par beaucoup de Lombards arborant leur cocarde tricolore et quelques Français portant les couleurs nationales, les patriotes parcourent la ville en chantant le *Ça ira* auquel répondaient les cris de : *Viva Maria ! Viva il nostro principe ! morte a i Francesi !* que poussaient les charbonniers et les portefaix du port, armés par les soins du gouvernement (3). Les patriotes durent se réfugier au Môle. C'est au lendemain de cette journée (3 prairial), que Lan-

---

92 pages. Cette brochure est signée à la fin des initiales d'Emile Poussielgue, secrétaire de la légation, et les pièces justificatives ont été visées par le ministre Faipoult. (Il existe à la Bibliothèque nationale K, 994, deux exemplaires de cette brochure, non coupés et qui n'ont par conséquent jamais été lus.)

Enfin viennent les relations des journaux de l'époque et les récits des historiens contemporains comme Botta, *Histoire de l'Italie*, etc.

1. Archives des Affaires étrangères, Gênes, vol. CLXXII, fol. 472.
2. Idem, fol. 483.
3. *Relation de la révolution de Gênes*, par E. Poussielgue, broch. déjà citée. Faipoult, en adressant au ministre Talleyrand un exemplaire de cette brochure, l'informait qu'il l'avait fait rédiger

drieux reçut à Milan, sous les auspices de Porro, la visite des députés de la ville de Gênes qui venaient lui demander de les faire secourir par Bonaparte, à qui il les engagea à s'adresser directement. La situation était très délicate en effet. Clarke, que le Directoire avait envoyé au général en chef pour le surveiller, n'approuvait point toutes les intrigues de nature à grandir l'importance de la Cisalpine et Faipoult montrait à Gênes beaucoup de faiblesse ou de modération maladroite. Bonaparte reçut donc les délégués de très haut. En présence de son état-major et de Clarke, il les traita de perturbateurs et les somma de quitter sous vingt-quatre heures le sol de la Lombardie (1). Le comité de police devenait leur seul refuge. Ils traitèrent avec Landrieux (2) et dès le 6 prairial (24 mai), le bruit courait à Gênes qu'un détachement de la légion lombarde, informé de ce qui se passait, marchait sur cette ville. Il était déjà à Tortone, lorsque Faipoult, qui au lendemain des troubles avait osé réclamer la mise en liberté des Français incarcérés, fit enjoindre au général Goret d'arrêter ces Lombards (3). Ce détachement était sorti de Milan à l'aide d'une signature extorquée à Couthaud par l'adresse de Galdi. Landrieux passa ces quelques journées dans une véritable fièvre. Il jouait sa vie, assuré d'être fusillé s'il échouait et si son intervention était découverte. Il eut même un moment de découragement, envoya sa fille et sa femme chez une amie de Kilmaine (4), y cacha ses papiers et 120,000 livres d'or et se tint prêt avec 40,000 livres d'or sous sa ceinture à passer en Autriche si les circonstances l'imposaient. De Gênes, Faipoult envoyait des lettres désespérées, semant l'alarme au quartier général au moment même où les troupes amassées à Tortone menaçaient l'oligarchie récalcitrante qui « rebelle à nos

et imprimer pour détruire les racontars des journaux *mal renseignés* par leurs correspondants d'Italie et qu'à cet effet il expédiait à Paris un grand nombre d'exemplaires de cette *relation*... officielle.

1. Mss. B, folio 532.
2. Landrieux se fit assurer deux millions outre les frais qu'on rembourserait au Comité de police de Porro.
3. Archives des Affaires Etrangères. Gênes, vol. CLXXII, fol. 153.
4. Mss, B, folio 532. — La fille de Landrieux avait alors quatre mois environ.

représentations pacifiques, obéit encore une fois à la crainte (¹). » Gênes, affranchie de son doge et de ses sénateurs, envoya ses députés traiter avec Bonaparte, et le 26 prairial, devant le ministre de France revenu en triomphateur, on brûla le livre d'or. Landrieux pouvait être fier de son œuvre et il commençait à l'avouer à demi quand bientôt une nouvelle l'atterra. Couthaud venait d'être arrêté pour avoir signé le laissez-passer de la troupe lombarde. Galdi avait subi le même sort. Si la colère de Bonaparte eût été plus qu'une satisfaction donnée à Clarke et à la pusillanimité du Directoire (²), Landrieux eût été bien exposé. Heureusement pour lui, Galdi sut se taire et Couthaud ne pouvait rien dire. Ce fut lui qui fut la vraie victime. Bien que ses états de service n'en parlent pas, il fut destitué (³). Et l'on trouva dans sa maison de campagne 500,000 livres, produit de sa campagne de Terre-Ferme. Quant à Galdi, l'incident n'entrava pas sa carrière : il fut plus tard ambassadeur de la Cisalpine à la Haye.

Le travail sur la cavalerie était enfin terminé et remis à Bonaparte. Il avait pour cause le désir du général en chef de purger les 22 régiments de gens utiles peut-être pendant les campagnes, mais dangereux durant une paix qui pouvait être longue. Landrieux s'était, affirme-t-il, entouré de tous les documents nécessaires. Il s'abstint d'apporter dans son examen des titres des officiers à l'avancement ou à la réforme aucune prévention personnelle. Parmi eux se trouvaient cependant des ennemis à lui, l'un surtout général de brigade de cavalerie. « Plusieurs de ses camarades voulaient qu'il sautât, et le général en chef, qui alors n'avait nul attachement pour lui, le leur avait abandonné. Mais Kilmaine, m'ayant fait remarquer que j'avais eu personnellement à m'en plaindre au Nord, malgré les services que je lui avais

---

1. Archives des Affaires étrangères. Gênes, vol. CLXXII, folios 157-158.
2. Il faut voir les précautions que le rapport au Directoire exécutif en thermidor an V, emploie pour motiver l'intervention de Bonaparte à Gênes. (Archives des Affaires étrangères. Gênes, vol. CLXXII, folios 188-189.)
3. D'après ses *états de services*, Couthaud ne servait plus depuis plusieurs mois.

rendus, je ne pouvais laisser imaginer que je l'avais écrasé par esprit de vengeance et pour le punir de son ingratitude. Je m'abstins de parler de lui. J'eus assurément très grand tort. Cet homme, qui avait été ingrat et perfide à mon égard, fut ingrat et perfide envers Bonaparte qui pourtant ne le regardait que comme une bête et une brute. C'est Murat dont je parle ([1]). » De ce que dit Landrieux de Murat, on peut rapprocher ce passage du rapport que Clarke envoyait au ministre sur les officiers de l'armée d'Italie, d'après les notes du général en chef : « Murat, y est-il dit, est brave, conduit bien un régiment de cavalerie, fait bien une reconnaissance. Léger, a besoin de se former. N'a été brave que deux fois. Aime l'argent, d'après le sentiment de ses camarades et de quelques autres ([2]). »

Quand Landrieux remit à Bonaparte son travail, le général en chef feignit de l'approuver sans le lire, comme pour lui en laisser aux yeux des nombreux assistants la pleine et entière responsabilité ([3]). L'adjudant-général jugea le procédé de fort mauvais goût : ce fut bien pis quand, les imprimés sous les yeux, il constata que Bonaparte annonçait les nominations et que lui, Landrieux, prévenait les officiers réformés que leur démission était acceptée.

---

1. *Mémoires*, chapitre i. 1.
2. Archives nationales. A F III, 72, doss. 291.
3. Le rédacteur de la *Revue du cercle militaire* qui étudia en 1889 les *Mémoires* de Jean Landrieux paraît sceptique à ce récit. « Voilà certes, dit-il, un trait qui ressemble bien peu à Bonaparte. Les historiens nous ont, en effet, transmis le souvenir d'un Napoléon veillant par lui-même, avec une constante sollicitude, aux plus petits détails concernant ses armées, et parfaitement incapable de parapher, sans la lire, une pièce de cette importance. » Il y aurait lieu d'objecter que Bonaparte n'était pas Napoléon et qu'en outre, puisqu'il lui fallait réduire d'un cinquième l'effectif de ses officiers, il avait le plus grand intérêt à ne mécontenter personne et à satisfaire chacun. En approuvant sans le lire le travail de Landrieux, il en laissait la responsabilité à l'officier chargé du bureau secret, en qui on pouvait voir l'instrument d'un autre pouvoir que le sien. Il n'y avait nullement là « un hommage particulièrement délicat rendu à la haute compétence du général Landrieux, » mais un calcul analogue à celui qui avait porté Bonaparte à laisser Augereau prendre la responsabilité du combat de Castiglione. Landrieux l'interpréta ainsi.

« Pas un de ceux qui venaient de recevoir de l'avancement ne s'avisa de venir me remercier. Ils allèrent tous chez le général en chef qui parlait seul dans leur brevet. Ainsi ce travail énorme ne me fit à moi aucun ami et donna environ 900 créatures à Bonaparte. Quant à ceux qui furent gratifiés en mon nom seul du petit format, qui contenait une imposture au premier chef, ils allèrent se plaindre à leurs colonels et à leurs conseils d'administration, en protestant qu'ils n'avaient jamais songé à demander leur démission, que c'était un tour de quelque malveillant, et l'on se garda bien de dire que l'état-major de la cavalerie les avait avec soin consultés et n'avait agi que d'après leurs réponses. Pour s'en défaire, on les renvoyait aux généraux qui, de leur côté, pour faire voir qu'ils étaient bien à la cour de Mombello, ne manquèrent pas de dire qu'ils ne devaient leur disgrâce qu'à moi seul : ils y étaient à dîner quand j'avais présenté le travail et Bonaparte l'avait signé sans le regarder. Quelques-uns, je dois le dire, refusèrent de donner cet éclaircissement déloyal.

« Ce ne fut plus dans toute l'armée qu'un bruit épouvantable contre moi. Je fus obligé de défendre ma vie deux fois dans un jour. A la loge, on s'écartait de moi. Quatre cartels à la main, j'allai chez le général. Kilmaine, que ce misérable machiavélisme rendait muet, m'y accompagna. Je demandai un congé de six mois. Bonaparte me dit que j'étais un enfant de répondre à ces provocations, qu'il ne voulait pas que je quittasse l'armée et qu'il ferait fusiller le premier qui oserait m'insulter ([1]). »

C'est dans ce même entretien que Bonaparte, comme négligemment, réclama l'ordre du jour imprimé du 19 prairial. Cette demande inquiéta fort Kilmaine et Landrieux. Cet ordre du jour accordait une gratification de quinze jours de traitement à tous les officiers qui s'étaient trouvés à la prise de Vérone : c'était donc comme un aveu indirect des opérations de Kilmaine et de Landrieux en Terre-Ferme. Le livrer à Bonaparte, c'était lui donner toute licence de les désavouer quand il lui en prendrait fantaisie; ils se résolurent donc à mettre ce document et d'autres pièces concernant leurs opé-

---

1. *Mémoires*, chap. LI.

rations en sûreté. On les cacha d'abord chez une amie de Kilmaine, la Nimoise qui gardait déjà ses économies, et, plus tard, de Nice, on les expédia à Lavaur chez Guillaume Landrieux : c'est cette dernière destination qui explique comment les papiers de Landrieux renferment une quantité de lettres adressées à Kilmaine et toutes les correspondances échangées entre eux.

Lahoz, qui vint les voir quelques heures après leur conversation avec Bonaparte, leur en donna incidemment l'explication : il leur raconta que Bonaparte avait appris d'Haller qu'un secrétaire de Barras, nommé Botot, était venu de de Paris escompter 600.000 francs de traites avec lesquelles Querini avait payé l'achat de la conscience du Directeur. Bonaparte s'était aussitôt demandé si le Directoire exécutif, acheté par Venise, n'allait pas le désavouer et rétablir la République vénitienne.

Kilmaine se rendit sans délai auprès de Bonaparte pour lui faire savoir qu'il avait vu clair dans son jeu et, qu'en cas de besoin, si le général en chef devenait un jour injuste à son égard ou à celui de Landrieux, les papiers mis en sûreté entre les mains de gens discrets, pourraient être apportés au Directoire et placardés à la première nouvelle de sa conduite à leur égard. Bonaparte prit assez bien la chose, mais la nuit portant conseil, il se résolut d'envoyer Murat à Paris et refusa tout congé à Landrieux. Surpris de ce revirement, l'adjudant adressa ce billet à Kilmaine :

« Je suis bien étonné, général, de ce refus de congé. J'ai eu encore aujourd'hui un accès et tout le monde dit, ainsi que Moscati, que je ne guérirai que dans mon pays natal. Si comme vous me le marquez, le général Berthier vient dîner à votre campagne aujourd'hui, ayez la bonté de lui dire que je ne puis accepter le 3ᵉ de dragons qu'ils m'ont donné. Quoiqu'il soit bien constant, selon le général en chef et selon moi, qu'il vaut mieux être colonel en pied en temps de paix que général de brigade non employé, je n'en veux pas et dans tout autre temps ce serait pour moi une récompense suffisante. Décidément les factions, suivant leur usage, vont profiter de cette paix pour se heurter plus violemment que jamais, et moi qui ai recruté la faction républicaine de tout ce que la Terre-Ferme peut avoir de patriotes, si je suis chef de brigade et si je ne suis que cela, je serai bientôt écrasé. Récompensé par un grade supérieur pour mes actions militaires et politiques, on me respectera.

« Si le général en chef s'est trompé sur ma retenue quand je lui ai dit que j'étais content, ce n'est pas ma faute. Il aurait dû juger que j'ai dû me faire beaucoup d'ennemis parmi les royalistes pour les affaires de Venise et de Gênes et dans l'armée par le travail sur la cavalerie : j'oserais même dire qu'il est impossible qu'il s'y soit trompé, mais que s'il ne fait pas à mon égard ce qui serait convenable, c'est parce qu'il veut voir auparavant ce que deviendra la bouffée qui s'élève en France contre ce que j'ai fait, et si sa bonne volonté et sa satisfaction à mon égard ont paru dans ma nomination au 3ᵉ de dragons, sa politique n'en sau e pas moins aux yeux en n'en faisant pas davantage. Si vous trouvez occasion de dire tout cela au général en chef, je vous en serais bien obligé. Il vous a dit qu'il serait fâché de me voir quitter l'armée, mais à présent que tout est en ordre, je ne suis pas difficile à remplacer et surtout au moment ou sans nul doute l'armée d'Italie va être dissoute, sauf quelques leçons qui restent à donner au bout de la botte. Faute de mieux, je me rabats sur le congé que je demande pour cinq à six mois, et qui même peut entrer dans les vues du général en chef. Je pourrai ne pas lui être inutile en France et surtout dans le Midi, et je le servirai certainement par mes amis à Paris, s'il en est besoin, lorsque ma santé me permettra d'y aller.

« Et, d'un autre côté, puisqu'il ne peut, à ce qu'il paraît, me donner à présent le brevet de général de brigade, je serai, en attendant qu'il le puisse, à couvert dans mon pays et à l'abri de tout ce qui pourra arriver, parce que j'y serai en contact avec la députation des départements méridionaux que j'instruirai et qui ne nous laissera pas faire, ayant cent fois plus d'énergie que toutes les autres [1]. »

Enfin, le 10 messidor ( 28 juin ), l'intervention de Berthier obtint à Landrieux l'autorisation d'aller se soigner à Lavaur, son pays natal.

Deux jours après, ayant rendu sa caisse à l'adjudant-géné-

---

1. Mss. B, folio 596.

ral Boyer qui lui succédait (¹), Landrieux partit pour Gênes avec Kilmaine qui profita de ce voyage pour emmener son fourgon ; « en sorte, dit Landrieux, que j'eus l'air d'un chef de caravane et d'emporter avec moi toutes les dépouilles de l'Italie. J'avais une berline où j'étais avec mon enfant, sa mère, une nourrice, mon neveu et mon secrétaire : elle était attelée de quatre chevaux et me venait, ainsi que les chevaux, de Vérone. L'adjudant Roux, qui avait aussi une permission de convalescence, était à cheval et son domestique conduisait deux chevaux à lui. Mes quatre chevaux de selle étaient menés par mon valet de chambre. Suivait le fourgon du général Kilmaine attelé de quatre chevaux à lui et le vaguemestre de la cavalerie conduisant quatre chevaux de main que le général Kilmaine voulait vendre, ainsi que le fourgon et son attelage, à Gênes. Enfin, venait le général Kilmaine lui-même, dans sa berline à quatre chevaux, un domestique et un aide-de-camp à cheval. Total seize personnes, quatre voitures et vingt-sept chevaux. Tout ce train passait pour être à moi et cela me déplaisait beaucoup (²). »

1. Voici ce que contenait la caisse de Landrieux à cette date :

| | | | |
|---|---|---|---|
| 4865 | Louis de France............ | 25 | 121.625 |
| 556 3/4 | Quatruples de Gênes....... | 75 | 41.750 |
| 575 | Doubles de Parme à....... | 23 | 13.225 |
| 209 | Louis de Piémont à........ | 30 | 6.270 |
| 2436 | Petites pièces d'Espagne à.. | 5.10 | 13.398 |
| 216 | Souverains à............... | 35 | 7.560 |
| 480 | Sequins hongrois à......... | 12 | 5.760 |
| 63 | Sequins de Florence à...... | 9 | 567 |
| 7 | Quatruples de Florence à... | 18 | 126 |
| | Total................. | | 210.281 |

2. Mss. B, folio 532. — Landrieux avait d'avance pris ses précautions contre ce train qui l'ennuyait si fort ainsi qu'en témoigne la lettre adressée au général Kilmaine le 12 messidor :

« Général,

« J'ai ordonné au vaguemestre de la cavalerie de partir demain au soir avec votre fourgon et vos chevaux, au lieu de sortir avec moi de Milan, après demain matin, ainsi que vous l'aviez arrangé. Il nous attendra à Pavie. Il n'est pas nécessaire que je passe pour avoir à moi des équipages qui ne m'appartiennent pas, et c'est déjà beaucoup pour les médisants et les jaloux, que ma petite

A Gênes, il leur fut fait une réception charmante par le président et les municipaux, mais ils ne purent rien tirer de précis de leurs hôtes sur les deux envoyés qui étaient venus proposer à Landrieux de favoriser la révolution de Gênes, lui offrant pour prix de son concours deux millions et un palais. On composa pour une somme de 300,000 livres, mais aucun versement ne fut fait. Le président déclara que les noms de ces envoyés lui étaient totalement inconnus et que l'état des finances de la ville lui permettait tout juste à l'heure actuelle de mettre une felouque à la disposition de son libérateur, encore la leur fit-on payer cinq fois sa valeur.

Avant de quitter Landrieux pour rentrer à Milan, Kilmaine tint à lui remettre un certificat en bonne et due forme de ses services :

« *Kilmaine, général divisionnaire, commandant en*

bastardelle qui sera peut-être convertie en voiture..... mes deux chevaux de main, les deux étalons barbes et les hommes d'escorte qui me suivent.

« Le capitaine Barbier m'a demandé à commander l'escorte pour pouvoir aller s'amuser un jour à Gênes et je le lui ai accordé. Il faudrait partir à trois heures du matin ; je vous attendrai jusqu'à cette heure-là, sinon vous me trouverez à dîner chez le général Guyeux, à Pavie, avec le chef de brigade Mesnard du 22e qui m'y accompagne et y va joindre son corps ; si j'en étais parti, vous me trouverez à Tortone à coucher. Je pense que vous ne désapprouveriez pas ces arrangements.

« J'ai mis l'adjudant-général Boyer au fait de tout ce qui concerne ses futures fonctions auprès de vous. J'ai tiré de lui un reçu au bas de l'état de tous les papiers du bureau. Je lui cède aussi mon logement et il est fort content de moi ; il a l'air aussi brave garçon qu'il est gentil de figure.

« Le commissaire Rossignol m'avait fait une route pour Lyon ; ces gens-là font tout de travers quand on cesse d'être un instant sur leurs épaules ; il y a pourtant six jours que je lui ai fait passer mon autorisation qu'il n'avait probablement pas lue ; tout est rectifié.

« Je vous écris, mon général, parce que je prévois que la quantité de petites affaires que j'ai à arranger et les lettres à écrire à nos amis de la Terre-Ferme pour les prévenir de mon départ et établir une correspondance avec eux jusqu'à mon retour, ne me permettra pas d'aller dîner demain ni après-demain à votre campagne. » (Mss. B, folio 395.)

*chef la Lombardie et la cavalerie de l'armée*, certifie à qui il appartiendra que l'adjudant-général Landrieux a servi sous mes ordres pendant toute la campagne d'Italie, c'est-à-dire depuis germinal an IV jusque à la fin de messidor an V.

« *Qu'ayant été nommé adjudant-général par le général en chef sur ma demande*, il a fait les fonctions de chef de l'état-major général de la cavalerie de l'armée pendant les onze derniers mois, et qu'il s'est acquitté de cet emploi difficile avec toute l'activité et le talent qu'on pouvait désirer.

« Qu'il s'est toujours trouvé à mes côtés dans les batailles ou autres actions d'éclat de l'armée d'Italie, et qu'il s'est principalement distingué à celles de Borghetto et de Castiglione, à la dernière desquelles il commandait l'aile gauche de la cavalerie.

« Je déclare formellement que c'est à lui que je dois l'idée de fortifier Saint-George par derrière, travail qui arrêta le général Proveras et sans lequel Mantoue eût été ravitaillée et ne se fût jamais rendue.

« Je dois dire également, en l'honneur de cet officier général, que c'est à lui seul que nous devons d'avoir déjoué la conspiration des Vénitiens en germinal et prairial an V. Qu'il est le premier qui les a découverts, et qu'ayant été envoyé par moi contre eux avec carte blanche, il a su se faire une armée de neuf mille hommes, avec laquelle il battit l'ennemi en sept rencontres, et qu'enfin, par une marche savante et très adroite, il força Laudhon à rentrer dans le Tyrol, battit les Esclavons à plate couture, assiégea Vérone et la força de se rendre, et ouvrit ainsi les communications de l'armée française enfoncée en Allemagne.

« Je ne saurais trop recommander ce brave militaire, et je pense qu'il serait à désirer qu'il voulut continuer à être employé, ce qui pourrait être sans doute, en lui donnant l'avancement qu'il mérite ([1]). »

Kilmaine remit aussi à Landrieux deux lettres de recommandation, l'une pour Bournonville, ministre de la Guerre, l'autre pour Merlin de Douai, ministre de la Justice, qui avait été déjà le protecteur de Landrieux et à qui il le recommandait en ces termes :

---

1. Mss. B, folio 75.

« Citoyen ministre,

« Les bontés que vous avez eues pour moi m'engagent à vous prier de vouloir bien être utile à l'adjudant-général Landrieux auprès du Directoire ou auprès du ministre de la Guerre. Je m'y décide d'autant plus volontiers que je connais votre attachement pour les républicains utiles, et que, d'un autre côté, je sais que vous l'avez déjà protégé. Le certificat, que je lui ai donné, n'est qu'un faible tableau des services qu'il nous a rendus. C'est un homme capable des plus grands emplois; il est peu de généraux à l'armée d'Italie qui aient son sang-froid, son intrépidité, sa prévoyance et sa justesse de mesures. Sa hardiesse et ses succès contre les Vénitiens lui ont attiré la haine de quelques ennemis de la chose publique qui se trouvent ici, et c'est pour lui en éviter de plus grands que je lui ai conseillé d'aller passer quelque temps en France, parce que le temps porte ordinairement remède à tout : il vous expliquera ce que je veux dire. Je pense que, pour encourager les patriotes qui travaillent ici, malgré des contradictions sans fin, à l'agrandissement de la Cisalpine, il faudrait que Landrieux revînt de Paris avec un grade de plus. Il le mérite plus que tout autre et, d'ailleurs, cela démontrerait au moins que le gouvernement français approuve d'une manière positive tout ce qu'il a fait. Cela serait même nécessaire pour ce qui reste à républicaniser.

« Je suis bien flatté, citoyen ministre, que cette occasion m'ait procuré un moyen sûr de vous renouveler l'assurance de mes sentiments fraternels [1]. »

De Gênes à Nice, le voyage ne s'accomplit pas sans incident. Dans les eaux du Piémont, la felouque fut canonnée

---

1. « Cette lettre, dit M. Trolard (*De Rivoli à Solferino*, I, p. 166), ne fait pas honneur au général Kilmaine ; elle n'eut d'ailleurs aucun succès, soit que Merlin ait refusé de s'occuper de Landrieux, soit que le Directoire ait jugé que les maigres services rendus par Kilmaine à l'armée d'Italie ne lui donnaient pas le droit de se faire le détracteur de Bonaparte, et que ses anciennes opinions royalistes le mettaient en mauvaise posture pour parler de républicaniser, surtout avec l'aide de Landrieux, qui avait été emprisonné à Arras comme conspirateur. »
Ces lignes de M. Trolard contiennent quelques erreurs de fait.

par une tartane piémontaise (¹) et ses passagers hués par la population de Loano. Landrieux ne manqua, après son arrivée à Nice, de s'en plaindre au gouvernement de Gênes dont il reçut la lettre la plus courtoise du monde : ce fut tout ce qu'il tira des Génois, peuple peu large et peu généreux, disent les proverbes, puisqu'un Génois est pire que cent Juifs.

A la fin de juillet, Kilmaine arriva à son tour à Nice et les deux amis se donnèrent, pour trois mois plus tard, rendez-vous à Paris.

Où M. Trolard a-t-il vu que Kilmaine se soit posé en détracteur de Bonaparte dans sa lettre à Merlin ? Kilmaine était, en 1797, un général *arrivé*, qui avait fait les campagnes de la Révolution ; il parlait comme tel, et avec l'autorité de sa situation. Il s'était toujours donné pour républicain, quel que fut le fond de son cœur. Quant à Landrieux, il n'avait pas été emprisonné « comme conspirateur » et il ne fut jamais incarcéré à Arras.

1. Mss. B, folio 597.

## VII

Le 4 août 1797 (17 thermidor an V), le général Merle, commandant le département des Bouches-du-Rhône, ordonnait à toutes les brigades, sur la route d'Aix à Tarascon, de fournir deux cavaliers d'escorte au chef d'état-major général de la cavalerie de l'armée d'Italie, ainsi que l'avaient fait de Nice à Aix, les généraux Grenier et Sahuguet. Cet ordre, qui existe dans les papiers de Landrieux [1], est le seul document relatif à son voyage d'étape en étape de Nice à Lavaur. Il en paraît résulter que Landrieux ne put arriver que vers la mi-août à Castres, et il est fort probable que ces longues chevauchées par les routes poudreuses et ensoleillées du Languedoc avaient encore aggravé la maladie d'yeux dont il souffrait depuis si longtemps. Toutefois, avant de goûter dans son pays natal un repos très mérité, il dut s'arrêter à Castres, alors chef-lieu du département du Tarn, et prendre part à la répression des troubles que causaient les compagnies dites de Jésus.

« Une jeunesse forte et virile, active et courageuse, s'était révélée tout à coup, dit un auteur local [2]. Ses membres touchant de très près soit aux sommités de la bourgeoisie, soit aux restes de l'aristocratie locale, renforcés par des hommes de leur âge, mais d'un rang inférieur, qu'exaltait le patriotisme de cité ou de quartier, étaient parvenus à former une troupe qui ne manqua bientôt ni d'adresse collective, ni de valeur personnelle. Tel fut, à Castres, le noyau de la réaction. Les chefs, que distinguait une *ganse* blan-

---

1. Mss. B, folio 529 : *Ordre du général Merle*.
1. Anacharsis Combes, *Histoire de la ville de Castres et de ses environs pendant la Révolution française*, p. 200 et suiv.

che attachée au chapeau, ne s'épargnèrent rien afin d'inspirer une confiance entière à ceux qui s'attachaient à eux, moins peut-être avec le but d'attaquer le gouvernement que dans l'intention de se défendre contre le retour du terrorisme local. C'est surtout au nom de la religion que ce concours était sollicité. A cet égard, la plupart l'accordèrent sans réserve; d'autres, fortement chauffés par de jeunes prêtres violents et exaltés, donnèrent ainsi cours à un fanatisme irréfléchi, mais qui n'était pas sans puissance. »

Les royalistes de Castres, poursuivant sans relâche leur œuvre contre-révolutionnaire avaient, pour la favoriser, un journal imprimé à Revel. La rédaction audacieuse et violente, ne manquait pas de talent et l'influence se faisait sentir sur toutes les petites localités de la Haute-Garonne et du Tarn et correspondait par cette voie avec le foyer insurrectionnel de l'Ariège. Ils s'étaient emparés de toutes les forces actives de la contrée, en organisant des compagnies de jeunes gens, auxquels les autorités civiles et militaires pouvaient seulement opposer quelques gendarmes mal armés, mal disciplinés, insuffisants d'ailleurs en nombre pour la police des routes infestées de voleurs et d'assassins ([1]).

Ils en vinrent bientôt à conspirer en plein jour, dans tous les endroits publics, au vu et au su des autorités civiles impuissantes. Ils arborèrent partout des insignes séditieux, parlant ouvertement de Louis XVIII, colportant ses proclamations, annonçant son retour, vouant la République au mépris public. Les recrues s'augmentant chaque jour, chantaient partout une chanson contre-révolutionnaire composée par un des chefs et dont voici quelques couplets :

> Nous étions citoyennisés
> Depuis la tête jusqu'aux pieds ;
> Par certaine aventure,
>    Oui bien !
> Nous changeons de nature,
> *Vous m'entendez bien.*
>
> . . . . . . . . . . . .
> . . . . . . . . . . . .

---

1. A. Combes, op. cit., p. 217.

Maintenant, citoyens, ça va,
Et de plus en plus ça ira,
Non comme à l'ordinaire,
 Oui bien !
 Mais d'une autre manière,
*Vous m'entendez bien.*

Le pauvre peuple souverain
Allait bientôt crever de faim ;
Grâce à la Providence,
 Oui bien !
 L'on voit tourner la chance,
*Vous m'entendez bien.*

Conseil des Anciens, les Cinq-Cents,
Directoire, Départements,
Feront la cabriole,
 Oui bien !
 C'est ce qui nous console.
*Vous m'entendez bien.*

Constitution de l'An trois
Et vous surtout, mauvaises lois,
Servirez de matière,
 Oui bien !
 Pour torcher le derrière,
*Vous m'entendez bien.*

Les décadis et germinal,
Fructidor comme prairial,
Frimaire et pluviôse,
 Oui bien !
 S'en iront par ventôse,
*Vous m'entendez bien.*

Après le règne des brigands,
Vient celui des honnêtes gens,
A bas les anarchistes !
 Oui bien !
 Qu'on fasse aux terroristes...
*Vous m'entendez bien.*
. . . . . . . . .

Le 18 fructidor ne fit que rendre à Castres le parti royaliste plus violent et plus audacieux. « Vainement on lui enleva la connivence d'une administration ou faible ou conspiratrice, dont les membres furent tous destitués ; vainement on fit à un petit journal de Revel l'honneur de le comprendre dans la suppression des autres feuilles publiques frappées par une loi d'exception ; il n'en maintint pas moins son organisation tout à fait entière, en l'étendant peu à peu sur toute la contrée (¹). »

Alors, la ville de Castres fut mise en état de siège. Le général Petit-Guillaume, appelé à la commander, y trouva tous les désavantages d'une population hostile, d'une autorité sans point d'appui, d'une force armée manquant d'énergie et de confiance. Le général avait en outre à soutenir, non sans de grandes difficultés, la discipline d'un régiment de hussards et conserver le caractère militaire à cette troupe, sans cesse en collision avec des bourgeois aimant les querelles, recherchant les duels et, dans les moindres rencontres, se sentant énergiquement soutenus.

C'est toujours au chroniqueur de la ville de Castres (²) qu'il faut recourir, pour avoir un tableau exact de la situation de cette ville au moment du retour de Landrieux et le récit des événements auquel il fut mêlé de septembre à novembre 1797. « Plusieurs anciens soldats de la levée en masse, rentrés dans leurs foyers, vivaient ensemble dans le sentiment de cette bonne camaraderie des camps rapportée à Castres, à la suite de la campagne sur Perpignan et de la dispersion de l'armée des Pyrénées-Orientales. D'abord inoffensifs, désireux de n'employer leur courage que pour la sécurité des familles, ils furent bientôt entraînés dans le mouvement contre-révolutionnaire de l'an V. Ils y formèrent plus tard un noyau considérable, surtout par la confiance qu'ils inspiraient aux classes inférieures, confondant ainsi les croyances religieuses de celles-ci avec les prétentions ou les espérances politiques des royalistes. L'action de ces jeunes gens devint bientôt agressive, surtout en présence d'un régiment de hussards et de quelques gendarmes, chargés de maintenir l'ordre dans la ville de Castres, quoique le compromettant souvent par trop de confiance en eux-mêmes et par un caractère de raideur dont

---

1. A. Combes, op. cit., p. 220.
2. A. Combes.

les soldats de cette époque ne savaient pas assez se défendre. De là, des rixes nombreuses entre eux et les bourgeois du pays. De là, de fréquents rendez-vous donnés dans les petits centres circonvoisins, à l'occasion des foires, des marchés, des fêtes votives. »

C'est ainsi qu'une rixe avait déjà eu lieu à Mazamet. Des jeunes gens de Castres, buvant dans un cabaret, prétendirent avoir été troublés dans leur plaisir par des hommes d'un détachement de gendarmerie venu là pour maintenir la tranquillité. Après quelques paroles échangées on en était venu aux mains. L'avantage était resté aux bourgeois qui rentrèrent à Castres en se vantant de cette victoire avec toute la forfanterie de leur âge.

« Les hussards de la garnison se croyant insultés dans la personne de leurs frères d'armes, voulurent en tirer vengeance. Ils se réunirent en grand nombre et profitant d'une occasion ménagée plutôt que fortuite, ils renouvelèrent la scène de Mazamet, certains d'avance de l'emporter sur leurs adversaires. Cela eut lieu, mais l'autorité militaire voulut aller plus loin ; prévenue, elle envoya sur le lieu de la querelle un fort détachement qui s'empara des vaincus et en vertu d'un ordre du général Petit-Guillaume, les interna, sans autre formalité, dans les prisons de la ville.

« Jacques Aussenac, commissaire du Directoire exécutif, momentanément membre unique de l'administration municipale, fut le premier instruit de cet événement. Il écrivit de suite au général pour se plaindre de son intervention. Il signala la mesure prise contre plusieurs de ses administrés, comme illégale et arbitraire. Il réclama, en conséquence, l'élargissement immédiat des prisonniers. Le général se transporta aussitôt à la mairie. Là se trouvait une foule nombreuse protestant par ses cris contre les arrestations qui venaient d'être faites. Aussenac se plaça à sa tête et, sans autre précaution : — Général, dit-il, vous avez attenté à la liberté de mes compatriotes, il faut qu'elle leur soit rendue, et sur l'heure... — Mais, ils troublaient l'ordre. — D'après mes renseignements, cela est faux. Je sais, au contraire, qu'ils avaient été entraînés dans un guet-apens. — Guet-apens ou arrestation régulière, ils sont en prison, ils y resteront. — Et je vous dis, moi, que dans un quart d'heure ils seront sortis. — Eh bien! c'est ce que nous verrons; en attendant, je vais à la caserne faire monter mes hussards à cheval. — Et moi, je vais sonner le tocsin, rassembler tous les gens honnêtes de la cité et je vous donne rendez-vous sur le Pont-Neuf; c'est là que se résoudra la question entre l'autorité militaire, dont vous êtes le représentant, et l'autorité civile, que je personnifie... (1) »

Devant cette déclaration énergique, le général sentit sa faiblesse. Il ne voulut pas tenter l'aventure d'un conflit à main armée. Il se contenta de protester par écrit, et les prisonniers se trouvèrent rendus, sans autres incidents, à leurs familles.

Landrieux ne donne dans ses *Mémoires* aucuns détails sur ces événements, il se contente de dire qu'il « fut assez heureux pour défendre le procureur syndic du département ». Il eut été fort curieux de connaitre l'appréciation de l'ancien colonel du 13e hussards, sur la façon dont le général Petit-Guillaume s'entendait à réprimer les troubles. En revanche, il signale le courant qui commençait à souffler sur les esprits de cette vieille société qui s'était reformée à Castres, comme dans tout le Midi, suivant les habitudes de l'esprit français, esprit frondeur et pétulant, ne cachant nullement la pensée, l'exagérant parfois dans l'expression, ne s'arrêtant jamais devant la portée d'un trait, d'une épigramme, d'un quolibet à l'adresse des puissants du jour.

Il dut bien s'amuser en entendant les uns chanter les chansons qui popularisaient déjà le nom de Bonaparte, le « héros d'Italie » et les autres le dénigrer. Il dut aussi bien rire s'il entendit ce vieux gentilhomme de Castres s'écrier, en montrant une escouade de prisonniers hongrois enfermés à la caserne : « Ne croyez rien de ce qu'on vous annonce; ces hommes, c'est autant de Français déguisés que le Directoire envoie ici pour faire croire aux prétendues victoires de Buonaparte ! »

Enfin, le mouvement insurrectionnel apaisé, Landrieux put se rendre à Lavaur.

Le souvenir de ses équipées amoureuses devait y être complétement oublié; la Révolution avait enseveli dans les archives municipales la dénonciation de Perrette Gazaniol contre le clerc tonsuré. Ses compatriotes ne voyaient en lui que l'officier général, escorté d'un bon renom militaire, frère

---

1. A. Combes, op. cit., p. 224-225.

de Guillaume Landrieux, juge de paix estimé et commerçant honorable. Il avait, en outre, le prestige de tout homme qui a fait fortune, quels que soient les moyens qui lui ont servi pour y parvenir. Il dut lui-même faire étalage de ses écus, car tel est le propre des enrichis, et proclamer à la face du monde qu'il rapportait de ses campagnes une fortune d'au moins deux cent mille livres en monnaie sonnante ([1]). Aussi, les gens à l'affût de capitaux disponibles, les agents d'affaires, les tripoteurs de toute espèce et les commerçants à bout de ressources ou en quête de commandites, s'empressèrent-ils de faire à l'officier fortuné les plus séduisantes offres pour le placement de ses capitaux.

Landrieux se laissa tenter d'abord par la pensée d'un établissement à Toulouse, il visita la propriété d'un certain Martial Chaffort ou Chaffaure, le Castelet, situé non loin de la ville, et s'il en faut croire un brouillon de mémoire qu'il rédigea plus tard pour son avocat, le citoyen Cahié, l'entente était faite dès février 1798 ([2]).

Divers intermédiaires s'étaient mêlés à cette négociation. Des commerçants toulousains originaires du Tarn, Gau et Capelle, chez qui Landrieux avait un fort crédit, lui proposèrent de former une association dans laquelle entrerait aussi Chaffort. En principe, ce projet lui agréa d'autant plus qu'il s'agissait d'une affaire fructueuse pouvant rapporter de très gros intérêts ([3]); mais obligé de partir pour Paris où il

---

1. C'était sa fortune avouée qui se chiffre ainsi :

| | |
|---|---|
| Economies déclarées dans la lettre de ventôse an V...................... | 13.500 livres. |
| Reçu de Brescia..................... | 35.000 — |
| Reçu de Vérone..................... | 150.000 — |
| Total............... | 198.500 livres. |

Evidemment c'est là un minimum, mais il serait difficile d'établir des chiffres plus précis. Landrieux parle cependant, dans son *Compte-rendu de sa conversation avec Clarke*, de 75.000 francs qu'il aurait reçus de Bergame. Cela porterait à 273.500 livres sa fortune lors de son arrivée à Lavaur.

2. Mss. B, folio 43 : *Mémoire pour le citoyen Cahié*.

3. Le mémoire de Landrieux parle de 50 pour 100 d'intérêt pour les 30.000 livres qu'il versait à titre de prêt, mais ce chiffre vraiment usuraire est assez confusément indiqué dans un fragment à peu près lisible, rédigé au verso d'un vieux brevet. (Mss. B, folio 43, pièce citée.)

allait solliciter son remploi. Landrieux remit sa procuration à son frère Guillaume, afin qu'il put signer les actes relatifs à l'achat du Castelet, quand on serait d'accord sur la société en commandite projetée.

Au début de ventôse an VI (mars 1798), Gau rejoignit Landrieux à Paris. Il fut convenu entre eux que, l'achat du Castelet effectué, l'adjudant-général laisserait dans la maison de commerce les soixante mille francs qui restaient à son crédit, savoir : trente mille francs pour une période déterminée, à titre de commandite, et trente mille francs, à titre de prêt. Chaffort mettrait dans l'association une somme de trente mille francs provenant de la vente du Castelet; Capelle verserait vingt mille francs espèces et son industrie; Gau, dont la maison était plus importante, ne ferait apport que de son fonds. Chacun devait toucher un quart des bénéfices, les intérêts des trente mille francs prêtés prélevés avant tout règlement. Gau persuada à Landrieux d'écrire à Chaffort qu'ils étaient d'accord. C'était nécessaire : celui-ci étant d'un caractère changeant et incertain, il pourrait bien, si l'on n'enlevait son adhésion, placer ses fonds ailleurs. Landrieux s'exécuta et Chaffort lui accusa réception de sa lettre par un billet ambigu : « J'ai vu, cher ami, par ta chère lettre du 12, que vous avez terminé au sujet de la société avec l'ami Gau; j'écris à ton frère suivant le dessein de venir passer l'acte de vente quand il voudra; je suis toujours prêt à remplir mes engagements [1]. » Plus tard cet échange de lettres devait fournir matière à discussion. Les aigrefins, avec qui Landrieux se trouvait en contact, réussirent, en effet, à se dérober à tous leurs engagements : Chaffort ne versa rien et Capelle pas davantage. Landrieux se plaignit de ce manque de parole, mais une bourrasque allait l'obliger à négliger quelque temps la défense de ses intérêts.

Dès son arrivée à Paris, Landrieux s'était présenté au ministère de la Guerre, muni des lettres de recommandation que lui avait données Kilmaine; un ami, qu'il avait dans les bureaux, ne lui cacha pas qu'il était plus que mal noté et qu'il ferait bien de se faire recommander aux Directeurs. Landrieux, qui n'avait pas eu à se louer de l'accueil de

---

1. Mss. B, folio 43, pièce citée.

Merlin de Douai, auprès duquel il avait été appuyé par Kilmaine (1), s'adressa maladroitement à Lacombe-Saint-Michel, membre du Conseil des Anciens, qui avait eu jadis des démêlés avec Bonaparte au sujet des affaires de Corse (2). L'accueil ne fut pas plus favorable au ministère de la Justice, et Lacombe-Saint-Michel n'ayant pu s'empêcher de remarquer « que l'air des bureaux n'était pas bon », s'empressa de se renseigner sur les préventions qu'inspirait son protégé. Il ne tarda pas à faire savoir à Landrieux que les plus graves accusations avaient été portées contre lui, et que même l'ordre de l'arrêter avait été lancé et aurait été exécuté, s'il se fût alors trouvé à Paris (3).

L'officier ainsi ballotté et éconduit ne savait, cependant, rien de bien précis au sujet des accusations dont il était la victime. Combe, son ami, chef de la 4e division au ministère de la Guerre, l'avait informé seulement qu'il était venu d'Italie des accusations, que le ministre s'était fait donner les pièces et les gardait dans son cabinet.

Ces accusations, en quelque sorte secrètes, puisqu'elles n'étaient pas communiquées au principal intéressé, ont été révélées par la publication de la *Correspondance de Napoléon*. Bonaparte avait, en effet, écrit au Directoire, du quartier général de Milan, le 14 novembre 1797, au moment où il faisait ses adieux à l'armée d'Italie, une lettre dans laquelle on lit le passage suivant :

« Vous trouverez, ci-joint, une lettre d'Ottolini, gouverneur de Bergame, que l'on a trouvée dans les papiers des inquisiteurs de Venise. Vous y verrez qu'elle compromet

---

1. Merlin de Douai se borna à le renvoyer aux bureaux de la Guerre auxquels il avait transmis la lettre de Kilmaine avec une annotation purement administrative. « Accueil très plat », note Landrieux dans ses *Mémoires*.
2. On trouve dans les papiers de Landrieux un exemplaire du *Rapport sur l'île de Corse, fait à la Convention Nationale, par Lacombe Saint-Michel (1794)*. Les motifs de la querelle de Lacombe Saint-Michel et de Bonaparte sont très clairement exposés dans le livre de M. Iung, *Bonaparte et son temps*, t. II.
3. *Mémoires*, III. — Tout le récit des tribulations de Landrieux est rédigé d'après ses papiers (Mss. B, et ses *Mémoires*.) Son dossier au ministère de la Guerre ne contient à ce sujet que des allusions dans une ou deux de ses lettres.

beaucoup un adjudant-général nommé Landrieux qui, depuis longtemps, a quitté l'armée pour se rendre en France. Ce misérable, à ce qu'il paraît, excitait le Brescian et le Bergamasque à l'insurrection et en tirait de l'argent dans le même temps qu'il prévenait les inquisiteurs : il en tirait aussi de l'argent. Peut-être jugerez-vous à propos de faire un exemple de ce coquin-là ; mais, dans tous les cas, j'ai pensé qu'il fallait que vous fussiez instruits, afin qu'il ne vînt pas demander à être employé.

« J'ai destitué un nommé Girard, chef de brigade, qui a été sept ou huit mois commandant à Brescia ; il paraît, par la correspondance également prise à Venise, qu'il avait, avec le provéditeur ou gouverneur de la République de Venise, des relations d'intimité que l'intérêt de l'armée aurait dû prohiber (1).

« Dans quelques autres lettres trouvées également à Venise, de légers indices de soupçons planent sur des officiers, d'ailleurs, estimables. Ces malheureux inquisiteurs répandaient l'argent partout, et cherchaient, par ce moyen, à connaître et avoir des indices sur tout (2). »

A la même date, il adressait l'ordre suivant au général Vignolle :

« Vu les suspiscions d'espionnage que la conduite de la princesse Albani donne lieu d'avoir et ses intrigues entre des

---

1. Sur ce Girard, que M. Trolard a confondu à tort avec l'adjoint de Landrieux qui n'était pas chef de brigade (*De Rivoli à Solferino*, I, p. 166), voir les *Mémoires* où il est raconté, dans un rapport, comment Kilmaine enleva son commandement à cet officier aussitôt qu'il lui devint suspect (I, p. 153-155).
2. *Correspondance de Napoléon*, t. III, p. 588. — La lettre d'Ottolini semble avoir été mise sous les yeux de Bonaparte par Bassal et Blésimard, commissaires chargés par lui, le 16 prairial (4 juin), de rechercher aux archives de Venise les preuves des trames ourdies contre la France par l'oligarchie. Le 29 juin, Bassal déclarait ne pouvoir être que dix jours après en état de commencer l'analyse de ces documents et de mettre à l'œuvre les copistes pour les pièces les plus importantes. Blésimard, ancien capitaine des hussards-braconniers, était l'ennemi personnel de Landrieux. La commission envoya un rapport le 6 octobre 1797 d'après l'examen des archives de la Secrète.

officiers français et des puissances étrangères, il sera donné l'ordre à ladite princesse Albani de s'éloigner des lieux occupés par l'armée française, cinq jours après signification du présent ordre, sous peine d'être traitée comme complice et convaincue d'espionnage (¹). »

Le lendemain, d'autres suspects partageaient le sort de la princesse Albani :

« Vous voudrez bien, écrivait encore Bonaparte à Vignolle, donner l'ordre, général, de faire conduire jusqu'à la frontière l'avocat Serpieri et le général Kreutzer avec ordre de s'éloigner de tous les pays occupés par l'armée française, sous peine d'être traités comme espions (²).

« Vous ferez mettre dans les journaux :

« 1º La lettre d'Ottolini trouvée à Venise ;

« 2º Son interrogatoire par vous et ses réponses (³). »

Qu'était la lettre d'Ottolini dont parle Bonaparte et que contenait l'interrogatoire qu'avait fait subir Vignolle à ce même Ottolini? Rien autre chose à coup sûr que ce que révélait déjà le rapport de Stefani, rien non plus qui ne soit nettement avoué par Landrieux dans ses *Mémoires* (⁴).

Bonaparte pouvait-il croire à la trahison de Landrieux, alors que celle-ci impliquait forcément celle de Kilmaine ? Le lecteur appréciera, après avoir mûrement examiné la situation. Le général en chef de l'armée d'Italie avait en tous

---

1. *Correspondance de Napoléon*, t. III, 443. — Dans ses *Mémoires* Landrieux donne à l'exil de la princesse Albani des causes d'un ordre privé.

2. M. Trolard n'a, semble-t-il, pas connu ce document qui lui eut permis de distinguer Landrieux de Serpieri, alors que dans son analyse du rapport de Stefani il semble les prendre pour une seule et même personne, malgré les détails très précis fournis par Stefani sur la nationalité de l'avocat.

3. *Correspondance de Napoléon*, t. III. — Il n'existe à la Bibliothèque nationale aucune collection de journaux italiens de 1797 ; il paraît probable néanmoins que l'ordre de Bonaparte a été exécuté.

4. M. Eugène Trolard, qui cite la dépêche d'Ottolini au Sénat, lue dans la séance du 12 mars 1797 et qui paraît l'avoir eue en mains aux Archives de Venise où elle se trouve, dit-il, dans les cartons des provéditeurs extraordinaires, n'en a pas tiré un détail, même infime, qui ne soit conforme au texte de Stefani. Il y a donc tout lieu d'admettre ou que M. Trolard n'a, pas plus que l'auteur de

cas intérêt à paraître croire à cette trahison et à lui donner toutes les vraisemblances dans ses rapports au Directoire. Depuis longtemps, il avait souci de se procurer des armes contre le gouvernement dont il était le représentant et par contre de ne livrer aucune arme contre lui à ce gouvernement. On a vu avec quel soin jaloux il adressait au Directoire le compte rendu de la conversation de Pichegru avec Montgaillard, probablement après suppression, d'accord avec d'Antraigues, des passages de ce document qui pouvaient le compromettre ([1]). On a vu avec quelle colère il réclama à Landrieux la lettre de d'Antraigues adressée au représentant du peuple Boissy-d'Anglas. Bonaparte ne pouvait ignorer que malgré ses protestations de dévouement et ses offres de services, Landrieux était parti de l'armée fort mécontent ; il savait que cet officier possédait tout un arsenal de pièces dont l'usage aurait été dangereux contre lui, Bonaparte; sa politique lui imposait donc de parer par avance les coups que pouvait lui porter ce mécontent chaudement appuyé auprès de Merlin de Douai et de Rewbel.

Le rôle joué par Landrieux dans le soulèvement de la Terre-Ferme l'avait forcément mis à découvert. Bonaparte en profita; il savait très bien à quoi s'en tenir sur les intrigues de Landrieux avec Ottolini ; il connaissait dès le début le rôle que jouait l'adjudant-général et le but qu'il poursuivait, les documents trouvés à Venise ne lui avaient donc rien appris et la preuve en est qu'il ne jugea jamais à propos de faire un exemple de l'ancien chef du bureau secret. Son silence suffisait. Surtout depuis la motion d'ordre faite en juillet, par Dumolard au Conseil des Cinq-Cents, sur la

---

cette introduction, pu lire la dépêche d'Ottolini, ou que cette dépêche est une copie du rapport de Stefani. Or, pour lire le rapport de Stefani, comme les lettres de Battaglia que cite aussi M. Trolard, il n'est pas besoin de faire le voyage de Venise, on n'a qu'à feuilleter à la Bibliothèque nationale la *Raccolta cronologico-ragionata*, qui a inséré *in extenso* tous ces documents et bien d'autres.

1. Cette accusation portée par les mémoires de Fauche-Borel, après Montgaillard, a paru justifiée à M. Pingaud (*Un agent secret sous la Révolution et l'Empire*, p. 167 et suiv.). Comment s'expliquer autrement les mensonges de d'Antraigues prétendant que la *conversation* n'était pas son œuvre, alors que le texte en est de sa main ? (Archives nationales AF III, 44.)

politique de la France à l'égard de Venise. Bonaparte avait doublement senti le besoin de *tenir* les hommes du Directoire ; démontrer que Landrieux s'était fait l'agent d'une politique autre que la sienne, le présenter comme le défenseur des Vénitiens alors qu'il avait été l'instrument de la ruine de la République, c'était vis-à-vis du Directoire une ruse de bonne guerre. Bonaparte avait fait interroger Quérini, ex-ambassadeur de Venise à Paris, par l'adjudant-général Pascalis, au château de Milan, au sujet d'un membre du Directoire qui avait traité avec lui pour sauver Venise au moyen d'un sacrifice de huit cent mille livres d'abord, puis plus tard de six à huit millions([1]). Landrieux, prévenant Ottolini des mouvements en Terre-Ferme, ne pouvait-il pas être un agent de ce Directeur ? En tout cas, puisque Bonaparte le dénonçait, ce ne pouvait être son complice dans l'organisation de la révolte contre Venise. Or, plus que jamais le général en chef tenait à paraître avoir été étranger à la chute de la République vénitienne ; il le faisait proclamer par toute la presse dont il pouvait disposer et les écrivains qu'il subventionnait avaient pour tâche de démontrer cette contre-vérité. « Si les Français, lit-on dans la *Lettre d'un Français voyageant en Italie* ([2]), avaient voulu *révolutionner* l'Etat de Venise, ils l'auraient fait lorsqu'ils l'occupaient tout entier avec leur armée. La révolution alors eut été facile et sans danger ; mais ils n'étaient pas assez dépourvus de raison pour en tenter une, quand toutes leurs forces étaient employées ailleurs, dans une entreprise bien plus importante que celle-là aurait pu ruiner. C'eût été s'exposer à ne réussir ni dans l'une ni dans l'autre et livrer de plus le petit nombre de Français, alors épars dans l'Etat vénitien, aux vengeances d'un Sénat haineux, qui ne savait pas se battre, mais qui savait rassembler dix hommes contre un et assassiner. »

1. Bonnal, *Chute d'une République*, pièce justificative, n° 9. — M. Trolard, qui a mal lu ce document, a vu en Wiscowich un agent de Barras ou de son secrétaire Botot.
2. *Lettre d'un Français voyageant en Italie*, déjà citée, p. 13-14. — C'est à tort que M. Trolard (*De Rivoli à Solferino*, I, p. 12), a daté cette brochure de l'an IV. Elle est de l'an V puisqu'elle est postérieure à la chute de Venise et qu'elle répond à la motion de Dumolard.

Bonaparte n'avait-il pas à répondre aux pamphlets et aux attaques analogues à cet *appelle (sic) du peuple vénitien au peuple français* (¹) où, sous l'épigraphe « *Les crimes n'ont qu'un temps.* » on lui décochait des traits comme ceux-ci : « Nous rendrait-on responsables de l'horrible complot qui fit couler le sang français dans la ville de Vérone ? Voudrait-on nous faire expier, par un esclavage infâme, les crimes de l'atroce gouvernement qui nous tyrannisait, tandis que ses coupables agents ont été épargnés, protégés même (²) ? »

Aussi Bonaparte, en portant, dans un intérêt politique, des accusations qui frappaient par contre-coup un des généraux qui lui étaient les plus hostiles (³), se préoccupait-il peu qu'un châtiment mérité atteignit le prétendu traître. On verra même plus tard Berthier, en son nom et au nom de Bonaparte lui-même, laver Landrieux d'une grave accusation, alors qu'il lui eut été bien facile, en gardant le silence, de punir enfin, sous le couvert d'un crime moins grave, le soi-disant crime de trahison jusque là resté impuni (⁴).

Si l'on examine maintenant la pièce même qui a servi de preuve à l'accusation portée contre Landrieux, on arrive rapidement à constater l'inanité de cette preuve.

En effet, on voit d'abord un officier français soi-disant

---

1. Archives nationales, A F III, 21 A. Papiers Merlin de Douai, doss. 70 j., an VI (1797) *imprimé*, in-18 de 13 p.
2. *Ibid.*, p. 4.
3. Kilmaine était considéré comme l'ennemi de Bonaparte, et d'Antraigues, qui avait pu causer avec cet ex-baron au moment de son départ pour Paris, le 21 juillet 1797, l'indiquait comme royaliste dans l'âme, quoique mal disposé pour Louis XVIII. Un des correspondants de d'Antraigues, Vannelet, lui affirmait, en novembre 1798, qu'il avait dû la vie à Kilmaine. « Bonaparte, sans lui, vous eut mis au conseil de guerre, et ce ne fut qu'à sa résistance à se prêter à ses vues, comme président de ce conseil, que vous avez dû de n'y être pas jugé. » (Pingaud, *Un agent secret sous la Révolution et l'Empire*, p. 150.)
4. A Sainte-Hélène, Napoléon parla une fois de Landrieux : ce fut pour le mêler à une affaire où il n'avait point joué le rôle qu'il lui prêta. Quant à la prétendue trahison, loin d'y faire une allusion quelconque, il fournit sur le soulèvement de Bergame une version qui est en désaccord absolu avec cette hypothèse. « Le 13 mars, lit-on dans le *Mémorial* (IV, p. 35), l'armée française

disposé à faire des révélations à l'ennemi, qui, au lieu de se faire payer d'avance le prix d'un tel service, refuse de fixer un chiffre et, qui pis est, ne veut sa récompense qu'après que l'armée française aura repassé les Alpes, c'est-à-dire à une époque où le débiteur aura toute faculté de ne pas payer et où le créancier sera dans l'impossibilité absolue de réclamer son dû (¹).

En second lieu, le prétendu traître n'agit pas avec tout le mystère que comportent d'ordinaire ces sortes d'affaires : il fait prévenir l'un par une tierce personne et recevoir l'autre par une seconde ; bien plus, Landrieux fait ses confidences en présence de l'avocat Serpieri ; il fallait qu'il fut bien sûr de la discrétion de ce dernier ou qu'il ne s'en souciât guère.

En troisième lieu, ou Landrieux était peu au courant du programme des conjurés, ce qui n'était pas admissible, ou il a sciemment abusé l'envoyé vénitien. En effet, il affirme que la première explosion aura lieu le 21 mars, à Brescia, ce qui ne peut avoir d'autre but que de détourner l'attention de Bergame, véritable foyer de l'insurrection. Il insiste pour qu'on ne prenne aucune mesure préventive de nature à donner l'éveil aux conjurés ; il obtient qu'on attende l'heure de leur dernière réunion parce qu'il sera plus pratique de les prendre d'un seul coup de filet. Il se vante de connaître les moindres détails de la conspiration, mais il se garde bien d'en révéler un seul, et s'il désigne par leurs noms quelques-uns des conspirateurs, ce sont déjà des gens tous connus pour tels par les représentants du gouvernement de Venise : *i quali erano gia noti*, ainsi que le déclarera le provéditeur extraordinaire Battaglia (²).

passa la Piave. Aussitôt que Pesaro en fut instruit, il expédia à Bergame l'ordre de faire arrêter et traduire devant le conseil des Dix quatorze des principaux citoyens de cette ville. C'étaient les chefs du parti patriotique ; mais ceux-ci, prévenus par un commis de Venise, qui était dans leur parti, interceptèrent le courrier porteur de cet ordre, arrêtèrent le provéditeur lui-même et proclamèrent la liberté de Bergame le 14 mars. » Napoléon avait donc oublié la lettre d'Ottolini !

1. Le texte du rapport de Stefani est formel.
2. Dépêche datée de Vérone le 28 mars 1797 (*Raccolta*, II, p. 24 et suiv.). M. Trolard prétend que l'original est aux Archives de Venise, carton des provéditeurs extraordinaires (*De Rivoli à Sol-*

Où sont donc les révélations de Landrieux ?

Après cette entrevue avec le secrétaire d'Ottolini, que fait Landrieux ? Il continue à préparer le soulèvement, il rédige lui-même, en compagnie de Kilmaine, les pièces qui serviront à jouer la comédie propre à abuser le gouvernement vénitien et il fait rédiger par Salvatori cette fausse proclamation signée Battaglia qui soulèvera tant de protestations et d'indignations (1). Il la répand à profusion (2). Il continue à diriger les troupes françaises et lombardes et à les diriger sans faiblesse selon le plan bien arrêté qui devait faire tomber une à une toutes les villes de Terre-Ferme dans la révolte contre Venise et par là dans les mains de Bonaparte.

Après cette entrevue à laquelle assistait Serpieri et qui avait lieu chez la princesse Albani, au vu et au su de bien des gens, Landrieux continua à jouir de l'estime de ses collaborateurs, les membres du Comité de police de la Lombardie, les Porro, les Salvatori et autres qui applaudissaient à ses succès dans lesquels tous avaient une forte part.

Il ne s'élève contre lui qu'un seul cri de rage. C'est chez les Vénitiens, qui lui reprochent unanimement d'avoir attiré sur eux la colère de Bonaparte, d'avoir égaré la religion du Directoire par de faux rapports. Dans l'excès

---

*ferino*, I, p. 147).—M. Bonnal, qui croit à la duplicité de Landrieux, explique sa conduite postérieure par des notes de Bonaparte. Il n'y en a pas eu. Landrieux agit de sa propre initiative.

1. Elle ne compromit guère Battaglia, car Botta observe judicieusement que Bonaparte ne demanda jamais un châtiment contre le provéditeur. « Loin de là, il le combla de caresses et de bienveillance. » (*Histoire d'Italie*, II, p. 360.) Le 3 juillet, il lui écrivait qu'il saisirait l'occasion de faire quelque chose qui lui serait agréable. Bref, on finit par croire en Italie que « ce Vénitien avait favorisé les desseins du général français plus qu'il n'eut fallu pour la liberté et l'indépendance de sa patrie. » (Botta, *Histoire d'Italie*, II, p. 360.)

2. Botta dit en propres termes : « Les patriotes, les chefs de l'armés française, *et surtout Landrieux*, répandirent ce manifeste avec profusion. » (*Histoire d'Italie*, II, p. 359.)

3. Dans ses *Mémoires*, Landrieux, qui présente Lahoz et Baraguey d'Hilliers comme les hommes d'argent de Bonaparte, ne dut pas avoir la prudence de se taire toujours, et il est probable qu'il

de sa fureur, l'un d'eux le qualifie même de nouveau Sinon, comme pour mieux attester que c'est par la ruse que Landrieux a fait tomber les villes de la Terre-Ferme, comme autrefois par la ruse Sinon avait assuré la chute de Troie au moyen du fameux cheval.

Il semblera donc difficile à tout esprit désintéressé de persister à admettre le système qui prêterait à Landrieux l'idée d'une trahison contre l'armée française [1]. Mais ce qui est démontré aujourd'hui ne l'était pas en 1798, et l'accusé lui-même se fut trouvé fort embarrassé pour se défendre, la preuve négative étant toujours la plus difficile de toutes à établir. Il ne connaissait, en effet, ni le rapport de Stefani, ni la lettre de Battaglia, ni la lettre du Sénat de Venise à Bonaparte. Il est même certain qu'il n'eut jamais connaissance de l'ouvrage publié à Milan en 1800, sous le titre de

---

ne sut pas garder longtemps avec tous le ton réservé et même parfois zélé de sa rédaction première de la *Relation sur l'Etat de Gênes en l'an V*. Ne s'y pose-t-il pas en fidèle de Bonaparte. « Si j'avais eu les 600,000 livres des Génois, j'eus tiré un autre parti de fructidor, s'écrie-t-il, mais je n'avais que ce qu'il fallait pour vivre et je ne voulus pas hasarder ma petite fortune. » On trouvera au tome III des *Mémoires* ce fragment écrit antérieurement à la mort de Kilmaine. (Mss B., fol. 582.)

1. Le 8 avril 1797, on lit dans la lettre du Sénat de Venise à Bonaparte :

« Je puis répondre avec assurance de la constante loyauté des sentiments sincères de mon Gouvernement envers la République française, d'après lesquels il sera aisé à Votre Excellence, douée de la plus profonde pénétration, de reconnaître que *les imputations aussi fausses qu'absurdes du général Landrieux ne peuvent avoir pour objet que de répandre des soupçons sur les maximes de loyauté bien connues du Sénat*, de ralentir par ces injustes menaces l'ardeur et la fidélité de nos peuples de faire partager ou rendre commune aux Français la cause des rebelles de Bergame et de Brescia et *de chercher des prétextes pour justifier sa conduite après avoir pris, contre les instructions de son général en chef, une part directe dans les affaires de Bergame*. J'ai une pleine confiance que votre équité saura réprimer promptement ces menées sourdes des commandants français tendantes à troubler l'effet des intentions paisibles et justes des peuples fidèles à leur gouvernement, de même que toute autre disposition dirigée à appuyer les rebelles et à offenser les peuples sincèrement attachés à leur gouvernement légitime. » (Archives nationales, AF III, 89, doss. 382.)

*Raccolta*, et quant à l'*Histoire d'Italie* de Botta, elle ne parut qu'en 1824, à la veille de sa mort.

Le coup porté par la dénonciation de Bonaparte devait se répercuter longtemps dans le milieu gouvernemental, d'autant que Landrieux, malgré toute sa finesse et le soin qu'il prenait de se poser en admirateur du général en chef de l'armée d'Italie, devait, dès cette époque, laisser échapper certains propos malsonnants contre son dénonciateur [1]. C'était exciter contre lui les haines de tous ceux qui déjà travaillaient, peut-être inconsciemment, à faciliter à Bonaparte les voies du pouvoir que celui-ci devait transformer plus tard en souveraineté omnipotente.

Pour résister à tant d'assauts, Landrieux n'avait que l'appui de Kilmaine. Ce général, qui le secondait dans ses solicitations, finit même par obtenir du ministre de la Guerre la promesse de la nomination de Landrieux au poste d'adjudant-général à l'armée d'Angleterre qu'il commandait par intérim [2]. Mais Kilmaine ne fut pas plutôt parti prendre son commandement que les difficultés recommencèrent. Les bureaux prétendaient que les pièces déposées par Landrieux étaient suspectées par celui des Directeurs qui les avait examinées ; Schérer dut, en conséquence, faire procéder à un nouvel examen, et, s'il en faut croire les *Mémoires*, on eut

---

1. Samuel Romanin s'exprime très nettement à ce sujet : « En fait, comment pourrait-on croire que Landrieux fut sincère dans ses révélations ? Comment supposer qu'avec l'intention de favoriser par générosité, par gratitude, comme il le disait, les Vénitiens, il voulut trahir les intérêts de sa patrie et enfin mettre en péril sa propre tête ? Comment supposer loyal le langage qu'il tenait à l'égard de Bonaparte ? Nous avons déjà noté plus haut et sur la déclaration des historiens français, que Landrieux qui était un esprit très sagace avait été chargé par Bonaparte de préparer la révolution. Celle dont il avait fait craindre l'explosion à Brescia, éclata au contraire à Bergame, ville d'où l'attention fut ainsi peut-être détournée par artifice. Toute la conduite successive de Landrieux à l'égard des Vénitiens, pousse enfin à qualifier tout ce manège de pure trame perfide. » — *Storia documentata di Venezia*, t. X, p. 12 et 13.

2. Kilmaine avait quitté Milan à la fin de juillet. Le 23 décembre 1797, il était désigné pour commander la cavalerie d'Angleterre dont il devenait général en chef par intérim le 25 mars 1798. (Archives de la guerre, doss. Kilmaine. *Etats de service*.)

été tout disposé à les trouver parfaites, à la condition que le chef de brigade sut généreusement reconnaître la peine que devait se donner le fonctionnaire chargé de la vérification (1). Impatient d'une solution, Landrieux s'adressa à Kilmaine, qui lui répondit le 7 juin 1798 :

« Vous me surprenez, mon cher Landrieux, en me disant qu'on fait des difficultés pour votre nomination ; le ministre avait pourtant recommandé à son adjoint de recommander de la célérité au chef de division. Vous êtes peut-être un peu impatient. Vous savez à merveille que tout va lentement, et que le ministre, trouvant le Directoire occupé d'affaires générales, garde dans son portefeuille les rapports sur les affaires particulières souvent plus de quinze jours (2)... »

En même temps qu'il lui adressait cette lettre ostensible, Kilmaine ordonnait à « l'adjudant-général Landrieux » de se rendre sur-le-champ au quartier général de Rouen (3). Il désirait évidemment conférer avec lui sur la nature des pièces dont l'authenticité était contestée. Landrieux partit pour Rouen, expliqua au général qu'on taxait de faux, avec sa propre signature à lui, Kilmaine, général en chef de la cavalerie de l'armée d'Italie, la lettre de service que lui avait délivrée Berthier en ventôse an V, ainsi que la copie ou l'original même de l'ordre de Bonaparte. Les allégations des bureaux ne soutenaient pas la discussion. Cette prétendue nécessité de vérifier les pièces ne pouvait que cacher l'intention de retarder une nomination qu'on ne se souciait point, pour de tout autres motifs, de risquer en ce moment. Après ces explications, Kilmaine s'empressa, au bout de trois jours, d'ordonner à Landrieux de retourner à Paris pour conférer avec le ministre de la Guerre (4). Lui-même l'ayant rejoint quelques jours après, alla demanda à Schérer quel était l'impertinent qui s'était permis de ne point reconnaître sa signature ; il se déclara prêt, en même temps, à attester l'authenticité de la signature de Berthier qui avait été donnée en sa présence. Schérer prit excuse sur les nécessités de la politique et ne dissimula pas à Kilmaine que son protégé

---

1. *Mémoires*, I.
2. Mss B., folio 76.
3. Mss B., folio 50.
4. Mss B., folio 50.

n'avait aucune chance d'être réintégré « avant qu'on ne sut ce qu'il en adviendrait de l'homme d'Egypte (¹). » Kilmaine n'eut plus qu'à regagner son quartier général. Quant à Landrieux, qui n'était pas homme à se décourager et qui savait combien de luttes il lui avait fallu soutenir avec les bureaux pour reconquérir le grade de chef de brigade, il ne cessa d'assiéger le ministre de réclamations et, le 11 novembre 1798, il lui adressait la lettre explicative suivante :

« Citoyen ministre,

« Je remis, il y a plusieurs mois, à vos bureaux les titres constatant ma nomination au grade d'adjudant-général. Fort tranquille sur les doutes qui se sont élevés sur une des pièces que j'ai fournies, j'avais pris le parti d'attendre que vous eussiez pris à cet égard les éclaircissements nécessaires.

« Mais le temps s'écoule, et je ne puis rester sans *prononcé* à ce sujet. Je vous dois un historique de ces pièces ; je vous l'ai déjà donné et je vais vous le répéter en peu de mots.

« L'une, non imprimée, m'autorise, *d'après les ordres du général en chef*, à faire les fonctions d'adjudant-général, chef de l'état-major général de la cavalerie de l'armée, en attendant que le ministre ait confirmé cette nomination.

« Cette pièce positive, cette lettre d'avis, a été signée en ma présence et en celle du général Kilmaine par le général Berthier. Ainsi point de doute sur celle-là.

« Quelque temps après, je voulus recevoir mes appointements ; le payeur me demanda la copie ou l'original du général en chef qui avait motivé la pièce ci-dessus que je lui présentais.

« Je m'adressai à un secrétaire de l'état-major général, appelé Morin, dont les bureaux étaient fixés à Milan pendant que le général en chef faisait la guerre vers l'Autriche : huit à dix jours après cet officier m'apporta les pièces sur lesquelles vous avez eu quelques soupçons.

« Ces deux pièces, citoyen ministre, m'ont été remises, — heureusement pour moi — en présence de tout mon état-major et d'autres citoyens attachés à l'armée.

« Deux de ces citoyens se trouvent en ce moment à Paris : l'un, le citoyen Lhermite, inspecteur des subsistances mili-

---

1. *Mémoires*, III, chap. LII.

taires, demeure chez lui, rue Sainte-Appoline, n° 26; l'autre, le citoyen Girard, adjudant-adjoint aux adjudants-généraux, a son domicile rue Nicaise, n° 520.

« Avec quelques recherches, il me serait possible d'en trouver d'autres ; mais cela vous paraîtra inutile.

« Le général Bonaparte ou Berthier pourraient donc seuls prononcer sur la *vérité* de ces deux pièces : mais ils sont loin, et ne reviendront probablement pas de sitôt.

« Cependant, citoyen ministre, il ne vous sera pas difficile de prononcer, si vous voulez bien observer que peu m'importe que ces deux pièces soient les véritables, ou qu'elles aient été supposées à la place des véritables, *qui doivent exister quelque part, suivant l'expression de la lettre d'avis du chef de l'état-major général.*

« Bonaparte lui-même déclarant que ce ne sont pas les vraies, cela ne ferait rien à ma nomination, car : 1° vos bureaux ne peuvent manquer de vous prouver que j'ai été nommé au grade que je réclame : cette preuve doit y exister matériellement ; 2° ils doivent vous prouver que j'en ai exercé les fonctions avec honneur et gloire pendant toute la campagne, dans des circonstances difficiles et où le salut de l'armée était entre mes mains, et s'il vous restait quelques doutes à cet égard, plus de mille pièces, que j'ai réservées pour servir à l'histoire de la conquête de l'Italie, achèveraient de les lever.

« Qu'un secrétaire maladroit ou perfide ait imaginé, par quelques vues d'intérêt, de me donner des pièces de sa fabrique à la place de celles qu'il n'aurait pas trouvées, c'est ce qui ne peut tomber sur moi, *du moment que je prouve que je les tiens de lui, et je vous en administre la preuve incontestable.*

« *Et certes si j'eusse eu le moindre soupçon, j'eusse brûlé ces papiers dont je n'avais nul besoin, car ma lettre d'avis devait me suffire.*

« Cependant, citoyen ministre, je suis à Paris sans état, n'étant ni employé, ni réformé, ni démissionnaire. Je vous prie de prendre un parti à mon égard ([1]). »

Le parti que prit le ministre fut tout différent de celui

---

1. Mss B., folio 542 : *Lettre de Landrieux au ministre de la Guerre.*

que Landrieux était en droit d'attendre. Une véritable cabale, dont il ne connut l'existence que quelques mois plus tard, s'était formée contre lui à l'instigation de ses propres associés commerciaux : Capelle et Gau. Dès le 15 septembre 1798, Capelle écrivait à Gau qui était en tournée d'affaires : « J'ai vu le citoyen Sol de Saverdun..... Vous avez eu sans doute quelque conversation avec cet ami. Il m'a parlé de nos associés Chaffort et Landrieux ; il nous regrette d'être avec de pareils associés ; il pense qu'il nous conviendrait de rompre avec Landrieux à condition qu'il nous laissât ses fonds pendant trois ou quatre ans à 6 ou 7 pour cent par an. Il est assuré que d'après ce que j'ai appris, c'est un homme avec lequel il est dangereux d'être lié d'intérêt ; prends des renseignements, consulte-toi avec un homme d'affaires, vois Frégeville. Cet homme fera ce que tu voudras, si tu sais t'y prendre, car il n'a pas la conscience bien timorée ; c'est à toi, d'après les circonstances, à tirer bon parti de cette affaire qui est toute à notre avantage ; ainsi travaille la marchandise en conséquence (1). »

Député du Tarn au Conseil des Cinq-Cents, intimement lié avec Lucien Bonaparte, le marquis de Frégeville consentit à appuyer de son influence l'intrigue de son parent Gau. Un homme d'affaires, nommé Normand, les mit en rapport avec Lhermite, ancien repris de justice avant la Révolution, employé concussionnaire en Italie, où Landrieux l'avait fait poursuivre (2) et qu'il avait eu la maladresse

---

1. Mss B., folio 530 : *Lettre du citoyen Capelle au citoyen Gau.* (Extrait des minutes du greffe du tribunal correctionnel et des directeurs du jury d'accusation du canton de Paris.)

1. Lhermite, avec l'appui de la signature de Couthaud, extorqua 135,787 livres toscanes à la municipalité de Créma, et 300.000 livres à l'évêque de cette ville dont il avait fait chauffer les pieds pour l'aider à retrouver les clefs de sa caisse. « La plume m'échappe des mains, s'écriait Landrieux dans son rapport à Kilmaine. Il est bien inutile que je travaille comme un forçat à concilier tant d'intérêts et à venir à bout de l'entreprise immense dont je suis chargé, si des misérables, autorisés sans doute par la plus coupable avidité de certains individus en place, viennent m'entraver d'une manière aussi détestable. Je demande formellement à être rappelé, ou l'arrestation de Couthaud, de Rossignol et de Lhermite, et le scellé sur tous leurs effets. Je fais enregistrer et copier mot pour mot ma lettre sur les registres du gouvernement

d'indiquer à Schérer comme un témoin dont il croyait que l'audition serait favorable à ses réclamations. Gau, Capelle, Frégeville, Normand, Lhermite s'entendirent pour porter contre Landrieux plusieurs accusations de faux. Il ne s'agissait plus seulement des pièces suspectées par les bureaux de la Guerre. A les entendre, Landrieux avait contrefait des effets de commerce, avait soustrait et essayé de détruire un titre important. Le ministre de la Guerre se montrait peu soucieux de mettre en mouvement l'action publique ; Normand fut plus heureux avec le juge de paix Bihours, de la division des Ternes, qui, le 11 juin 1799, signa un mandat d'arrêt en vertu duquel Landrieux fut incarcéré à La Force.

Entre temps, Berthier était devenu ministre de la Guerre ; le prisonnier n'hésita pas à lui envoyer un ami dont les explications furent assez circonstanciées pour décider le ministre à reconnaître pour vraies les signatures incriminées par la déclaration suivante :

« Les signatures sont les miennes. D'ailleurs, les objets pour lesquels celles du général Bonaparte et les miennes sont apposées, sont des ordres qui ont été réellement donnés provisoire de Brescia. J'ai fait partir des détachements à la poursuite de ce Lhermite. J'ai envoyé à Lugano ; j'écris à Commeyras et il fera passer une demande en extradition à Parme de ce scélérat ; il ne peut se sauver que là. Je vous prie instamment d'envoyer à Gênes et à Livourne ; quant à Nice ou Chambéry, c'est inutile, il n'ira pas là ; ce que je sais de son histoire me fait connaître la route qu'il prendra. »

Le signalement du personnage contient quelques traits curieux :

« Lhermite, dit de Villeblanche.

« Age environ quarante ans ; cheveux noirs ; yeux noirs, assez grands, ayant un mouvement horizontal ; bouche moyenne ; lèvres épaisses ; dents sales ; visage à peu près rond ; teint brun ; nez gros ; oreilles très grandes et épaisses ; souriant facilement à l'abordage. Parlant correctement italien, mais difficilement ; col très gros et court ; taille, cinq pieds deux pouces et demi ; habitude générale assez monacale ; beaucoup d'esprit ; ayant habituellement avec lui un mignon de douze ans, Milanais, nommé Giovanni. »

Lhermite se réfugia en Espagne, mais il réussit ensuite à se faire recaser dans l'administration. On n'était pas difficile à cette époque.

par nous. Sans préjudice des autres inculpations qu'on peut faire au citoyen Landrieux (1). »

Landrieux ne tarda pas à sortir de prison ; les autres délits qu'on lui imputait étant de la compétence du jury d'accusation du canton de Paris, il obtint, le 11 septembre 1799, après quatre mois de détention préventive, cette ordonnance de relaxation :

« Je soussigné, Antoine-François Gauthier, juge civil, l'un des directeurs du jury d'accusation du canton de Paris, département de la Seine, séant au palais de justice : Vu la déclaration des jurés, étant au bas de l'acte d'accusation à eux par moi présenté aujourd'hui contre Jean Landrieux, âgé de quarante-trois ans, natif de Lavaur, département du Tarn, militaire, demeurant rue Babylone, n° 716 ;

« Prévenu d'avoir commis de complicité du crime de faux en effets de commerce, et d'avoir aussi, par complicité, fait usage sciemment de pièces fausses ; plus, la tentative pour détruire un titre important, lequel titre il avait enlevé par adresse ;

« Détenu à La Force, comme maison d'arrêt du tribunal, par suite du mandat d'arrêt lancé contre lui par le juge de paix de la division des Thernes, le vingt-deux prairial dernier, laquelle déclaration à moi remise par le chef des jurés, en leur présence, porte qu'il n'y a pas lieu à ladite accusation ; ordonne que le citoyen Landrieux sera sur-le-champ relaxé et mis en liberté ; à ce faire tous geôliers, gardiens, concierges, greffiers et guichetiers, seront contraints par toutes voies, s'il n'y est détenu pour d'autres affaires ; et quoi faisant, ils en demeureront bien et valablement déchargés.

« Fait à Paris, au palais de justice, en présence des jurés, en la salle du jury, le 24 fructidor, l'an VIII de la République française une et indivisible (2). »

Landrieux, qui n'était pas d'humeur à se laisser ainsi

---

1. Mss B., folio 76. Ampliation du rapport du 5 nivôse an IX.
2. Mss B., folio 562. L'ordonnance de relaxation porte le n° 17096.

malmener, prit sa revanche et gagna contre Gau et Capelle, ses extraordinaires associés, un procès au civil (¹).

Les tribulations, qui l'assaillaient, n'étaient cependant pas près de finir, et d'autres malheurs lui étaient encore réservés. Le 11 décembre 1799, son ami et protecteur, le général Kilmaine, mourait à Paris, à la suite d'une longue et douloureuse maladie, aggravée encore par des chagrins domestiques (²). Enfin, une mort plus cruelle vint le frapper dans ses plus vives affections : le 11 janvier 1800, à deux heures du matin, sa fille unique, âgée seulement de trente-trois mois, mourait loin de lui, à Lavaur, où il l'avait laissée (³).

Landrieux, qui n'avait point cessé ses réclamations au ministère de la Guerre, n'obtenant point d'être réemployé, demanda tout au moins le payement d'activité affecté au grade d'adjudant-général depuis le 1er germinal an VI (21 mars 1798), date à laquelle il avait cessé de toucher ses appointements. Les bureaux rédigèrent alors un rapport dans lequel on observait d'abord que Landrieux n'avait jamais été breveté dans le grade d'adjudant-général depuis le 1er germinal an VI; qu'il apportait bien, il est vrai, à l'appui de sa réclamation, deux pièces qui constataient qu'il avait été employé dans ce grade à l'armée d'Italie, mais qu'elles étaient signées des généraux de cette armée et ne pouvaient, par conséquent, suffir pour donner un grade tant que le gouvernement ne s'est pas prononcé.

Pour les bureaux, le seul grade dans lequel Landrieux fut légalement connu, était celui de chef de brigade, qui lui avait été définitivement octroyé par arrêté du Directoire exécutif, en date du 25 vendémiaire an IV (17 octobre 1795).

---

1. Mss B., folio 530 : Annotation de la main de Landrieux. — Mss B, folio 43.
2. Kilmaine, malade depuis le début de l'année, mourut à Paris, petite rue Verte, faubourg Saint-Honoré, 1166.
3. Registre des actes de l'état civil de la commune de Lavaur : 22e jour de nivôse an VIII. Décès de Zélie-Constance-Félicité Landrieux. — Cette mort ralentit-elle les relations de Landrieux avec sa famille ? le fait est qu'en mars 1806, Eyssautier, commissaire ordonnateur à Toulouse, écrivait au ministère demandant l'adresse de Landrieux pour sa famille inquiète.

C'était donc dans ce grade, déclarait-on, que cet officier devait être payé, parce que, d'après les règlements en vigueur, les officiers suspendus ou destitués, qui ont obtenu leur réintégration, n'ont droit à un traitement de réforme qu'à compter du 8 nivôse an VIII (29 décembre 1799) seulement conformément à l'arrêté du 2 pluviôse (12 janvier 1800).

Et le rapporteur concluait : « Le citoyen Landrieux, accusé, détenu, doit être considéré comme ayant été suspendu de ses fonctions jusqu'au jour où il a été reconnu qu'il avait été accusé faussement. On propose, en conséquence, au ministre de décider que cet officier sera payé du traitement de réforme (et non d'activité comme le demandait Landrieux), du grade de chef de brigade, depuis le 8 nivôse an VIII (29 décembre 1799) seulement, et jusqu'à ce qu'il soit réemployé (1). »

Le traitement de réforme d'un chef de brigade était alors de 1,500 livres, mais Lacuée ne tarda pas à le réduire à 1,200 livres (2). Ces réductions, et surtout la position de réforme, n'étaient pas du tout du goût de Landrieux, homme actif et aimant quelque peu l'argent. Pour donner cours à son activité et augmenter ses ressources, il prit à bail une assez vaste exploitation agricole, en Seine-et-Oise, où il retrouva l'illusion du commandement (3).

Il n'était pas si loin de la capitale, et surtout de la garnison de Versailles, qu'il ne lui arriva fréquemment de rencontrer quelques-uns de ses anciens compagnons d'armes, tels que Junot, aide-de-camp de Napoléon ; Paimparey de Chambry, aide-de-camp de Murat, et d'autres en activité ou en réforme, comme le fameux Scheweinsteger, plus connu sous le nom de Barthélemy, colonel du 24e chasseurs, à qui Landrieux avait rendu service, tout en risquant la colère de Bonaparte (4). C'est ce Barthélemy qui, s'étant vu refuser, comme beaucoup d'autres très méritants, la croix de la

---

1. Mss B, folio 76 : *Ampliation du rapport du 5 nivôse an IX*.
2. Cette réduction des traitements de réforme fut ordonnée par décret, le 26 décembre 1800.
3. Archives de la guerre, doss. Landrieux : *Note de 1806*.
4. Pendant les événements de Terre-Ferme, Barthélemy avait remplacé Vedel à Bergame.

Légion d'honneur lors des premières promotions, s'imagina de se promener dans le jardin des Tuileries, avec son uniforme percé, à la poitrine et au dos, par le coup de feu qu'il avait reçu au travers du corps, le 23 février 1797, près Trévise. Les deux trous de la veste étaient doublés de rouge, et le vieux colonel les montrait avec orgueil, en disant : « Ça, c'est ma Légion d'honneur, à moi ! ([1]) ».

Les récits de guerre devaient autant l'encourager à demander à reprendre du service que les récriminations, — et l'on sait si elles étaient nombreuses, — qu'il entendait sans cesse contre le nouveau maître de la France et ses créatures ([2]), devaient exciter sa rancune et la changer en haine.

Murat, couvert de gloire et comblé d'argent, Murat, son ancien subordonné, Murat, son persécuteur d'autrefois, était entré à Madrid. Un officier de santé, attaché à la garde

---

1. Barthélemy mourut à Auch en 1810, « par suite des peines et fatigues qu'il s'était données pour l'instruction des gardes d'honneur à cheval formées par ordre de Napoléon Ier, le 24 juillet 1808, et dont il fut commandant. » Dans une lettre à l'empereur, sa veuve rappelait qu'il avait enfin reçu la décoration qu'il enviait : « Votre Majesté daigna exaucer ses vœux les plus chers et embellir les derniers jours de son existence en lui conférant l'aigle d'honneur, la décoration des braves. » — (Archives de la guerre, doss. Scheweinsteger de Fachenhofen : *Lettre du 28 janvier 1811.*)

2. On clabaudait ferme contre les puissants du jour. Ne lit-on pas dans un rapport de la police secrète de Paris, cette curieuse note : « Un citoyen assurait hier dans un groupe des Tuileries que le général Masséna avait un luxe plus grand qu'un ci-devant roi, que sa suite était composée de quarante domestiques, d'une voiture et de douze femmes. Les auditeurs murmurèrent et dirent : « Nous ne sommes entourés que de scélérats et de coquins. Il faut un coup pour les exterminer tous. La déportation est trop douce pour eux. On a fait mourir des milliers de personnes qui ne l'avaient pas tant mérité qu'eux (Archives nationales AF III, 46. Bulletin du 3 messidor an VII). On accusait tout le monde. « Le général Sérurier, lit-on dans un écrit assez curieux, le général Sérurier, envoyé à Paris par Bonaparte et beaucoup vanté par lui, a été volé à Charenton d'une somme de 40.000 livres en écus. Je ne conçois pas comment un homme aussi vertueux que M. Sérurier possédait 40.000 livres ; c'était sans doute un petit cadeau que lui avaient envoyé ses parents. » (Général Danican, *Le fléau des tyrans et des septembriseurs*, p. 177.)

impériale, commandée par le colonel Fiteau, rapporta à Landrieux le récit de la journée du 2 mai et des évènements subséquents[1]; l'idée vint à Landrieux que, peut-être, il pourrait servir en Espagne et il sollicita dans ce but une audience du ministre de la Guerre. Le ministre d'alors — c'était Clarke devenu d'abord comte d'Hunebourg, puis duc de Feltre — Clarke qu'il avait fréquenté en Italie, l'homme du Directoire auprès de Bonaparte; celui qu'il avait plaisanté sur son nom[2]; à la barbe de qui il avait joué la comédie de la Terre-Ferme, et surtout celle de Gênes. Il fut reçu, le 9 septembre, par le ministre, qui se garda bien de lui faire entrevoir la possibilité d'obtenir ce qu'il désirait. Aussitôt après être sorti du ministère, Landrieux rentra chez lui et se mit à rédiger son interview, comme on dirait aujourd'hui. Elle en valait, certes, la peine :

— « Je m'appelle Landrieux. Votre Excellence me reconnaît-elle? Il y a douze ans, j'étais en Italie, major-général de la cavalerie, sous Kilmaine.

— « Oui, oui, je vous reconnais bien.

— « On a fait un appel à tous les militaires, et, malgré mes infirmités, je me rends à mon devoir.

— « Votre dernière affaire d'Italie vous a fait beaucoup de tort.

— « En quoi donc, monseigneur ? Je la regarde pourtant comme une des plus belles actions de ma vie.

— « Il vous fut ordonné de quitter l'armée dans les 24 heures.

— « Votre Excellence a été mal instruite : je suis porteur de la permission qui me fut donnée le 12 messidor an V, de rentrer dans mes foyers, pour solliciter ma retraite. Vous savez que j'étais devenu presque aveugle. Je fus accompagné jusqu'à Nice par le général Kilmaine. Je fus fêté à Gênes et sur toute ma route.

— « Toute votre opération fut désapprouvée et vous compromîtes la sûreté de l'armée [3].

---

1. Ce récit est en tête du Mss B, folio 2. C'est une rédaction de l'écriture de Landrieux, d'après la version orale de l'officier de santé.

2. *Mémoires*, I, 127.

3. Il y a un trait sur cette phrase de Clarke dans le manuscrit.

— « Je sais bien, monseigneur, que mon travail pour la consolidation de la Cisalpine ne vous plaisait pas à vous, mais il plut au général en chef qui m'en donna des témoignages particuliers et publics et par écrit. Je possède l'ordre du jour du 19 prairial an V, portant ordre de gratifier de 15 jours de paye tous ceux qui avaient participé à l'expédition. Cette expédition était complètement terminée le 20 floréal an V. Le général en chef avait tout vu et tout pesé dans sa sagesse, lorsqu'un mois après, il ordonna des récompenses. Je fus invité à dîner à Mombello par le général en chef. Vous y étiez. C'était le 1er messidor an V. Vous fûtes témoin des marques de bienveillance qu'il me donnât, en me faisant place à côté de lui, et il me dit dans son cabinet, en me prenant par la boutonnière de mon habit : *« Eh bien ! gaillard ! vous avez fort bien conduit tout cela !* Êtes-vous content du poste que vous occupez auprès de Kilmaine ? » Dès le 9 messidor, je présentai mon travail sur la cavalerie. Le général en chef raya le nom de Junot, que je proposais pour commander la 3e division de dragons, et de sa main il mit le mien, en me faisant dire que la paix étant faite, il valait mieux être colonel en pied que général sans emploi.

« C'est le 13 que je partis de l'armée : ce serait donc du 9 au 13 que l'ordre dont Votre Excellence me parle aurait été lancé, ce qui n'est ni vraisemblable, — car je n'avais rien fait de nouveau, — ni vrai, car j'allai prendre congé du général en chef, le 12 au soir, et le remerciai de ses bontés pour moi. Il me reçut avec le ton d'affabilité qu'il n'a jamais quitté avec moi. Ce n'est pas à l'affaire contre les Vénitiens que j'attribue l'oubli que j'ai éprouvé depuis. C'est à mon travail sur la cavalerie qui me fut ordonné à plusieurs reprises et dont j'aurais bien voulu me dispenser. J'appelai auprès de moi tous les colonels, les conseils d'administration et les capitaines les plus recommandables.

« Je fis tout ce qu'on peut faire pour être juste. Il y eut 300 officiers renvoyés et autant de nommés à leur place. L'état-major général fit imprimer les lettres de renvoi et les brevets de nomination. Ceux-ci étaient au nom de Bonaparte. Les premiers étaient au mien. Il résulta de là que ceux qui furent avancés, l'attribuèrent à leur mérite et à la faveur seule du général en chef, et tous les autres s'en prirent à moi seul.

— « Non, ce n'est pas à ce travail que vous avez dû votre défaveur. C'est à l'affaire des Vénitiens par laquelle, sans motif et sans profit, vous compromites la sûreté de l'armée, opération qui fut désapprouvée avec raison par tout le monde.

— « Je suis un simple individu de trop peu de poids pour qu'on se soit occupé sérieusement d'approfondir cette importante affaire, quant à ce qui m'est personnel. Au reste, je ne demande ni ne désire qu'on s'en occupe. Cependant, pour vous tirer d'erreur, quant à l'affaire en elle-même, je dirai à Votre Excellence que le général en chef, dès son entrée à Milan, ne voyant pas son armée suffisante pour se maintenir en Italie, révolutionna les pays conquis, c'est-à-dire qu'il mit la Lombardie et le Mantouan en pleine révolte contre son ancien souverain légitime. Que l'échec de thermidor an IV, quoique réparé par les batailles de Castiglione, de Bassano et d'Anguillari, et la prise de Mantoue, avait montré fortement à propos aux Cisalpins, que si l'armée française, dont la faiblesse leur était connue, venait à se retirer, si le général en chef venait à être tué, destitué ou changé d'armée, ils resteraient exposés à toutes les vengeances de la maison d'Autriche, car il était impossible à la Lombardie et au Mantouan, seul fruit de toutes les victoires du général en chef, d'entretenir pendant six mois seulement, sans se ruiner, une armée suffisante pour arrêter l'avant-garde seule des Autrichiens : pour les mettre en état de résister, il était indispensable de leur adjoindre quelques voisins qui pussent faire cause commune.

« Le danger leur parut pressant lors de l'expédition de Léoben. On n'avait aucune nouvelle de l'armée française enfoncée au delà du Tyrol. On parlait de la retraite de Moreau : Laudhon était resté dans le Tyrol et en chassait Serviez et Chevalier, restes de la division Joubert. Les Vénitiens devenaient insolents, et leur mauvaise volonté que nous avions tant de fois éprouvée n'était plus douteuse.

« Les patriotes s'assemblèrent. Ils m'appelèrent. Ils savaient qu'ayant été momentanément chargé de la partie secrète, je devais avoir des observateurs à Venise et dans les principales villes de la Terre-Ferme. Ils avaient confiance en moi, me firent part de leurs chagrins et me prièrent de les secourir. J'en parlai au général Kilmaine.

(D'autres raisons politiques pour la France se joignirent à mes raisons). Je lui proposai des plans, il les approuva. Je m'assurai d'un fort parti dans chaque ville et dans Venise, et l'affaire ne fut entamée que lorsque je fus assuré du succès. Personne n'ignore que je fus encouragé par un agent de l'Autriche elle-même qui espérait aussi en tirer quelque chose par nous. Si ce ne sont pas là des motifs, monseigneur, d'entreprendre une guerre, jamais il n'y en a eu.

« Quant au profit, Votre Excellence serait, je crois, fort embarrassée de me dire comment et avec quoi le général en chef aurait satisfait les Autrichiens à Campo-Formio pour la prise du Mantouan et de la Lombardie, s'il n'eût eu la moitié de la Terre-Ferme de Venise à leur donner, chose qu'ils avaient si bien prévue, que l'officier autrichien chargé de me notifier devant Vérone les préliminaires de Léoben, me dit qu'il ne fallait pas tant étriller des gens qui allaient probablement devenir Kaiserlicks. Ainsi la sûreté de l'armée n'aurait pu être compromise, puisque les Autrichiens eux-mêmes approuvaient et désiraient la dissolution de l'État vénitien.

« Était-ce les Vénitiens qui étaient à craindre ? Avaient-ils un seul soldat ? Ne mis-je pas en déroute tous leurs rassemblements à mesure qu'ils se formaient ? N'aviez-vous pas gagné la plupart de leurs chefs ? Il était temps de frapper. Six mois plus tôt, l'Autriche s'y serait opposée, un mois plus tard, Venise était armée, et d'ailleurs, monseigneur, le général en chef, qui devait savoir mieux que personne si ma brouille avec les Vénitiens devait compromettre la sûreté de son armée, ne s'empressa-t-il pas de leur déclarer la guerre à Judembourg, le 18 floréal, aussitôt que par le retour de Junot, qu'il avait envoyé à Venise, il eut appris ce qui s'était passé entre cette République et moi. N'est-il pas évident qu'il l'eût fait plus tôt s'il eût été plus tôt instruit. Je n'ai donc fait que ce qu'il eut fait à la même époque.

« Quant au désaveu de l'opération, il n'est pas vrai. L'opinion de la faction de fructidor ne faisait pas la loi pour nous, et parce que je viens de dire dans ma précédente réponse, j'ai prouvé à Votre Excellence que le général en chef l'avait approuvée et récompensée ([1]).

---

1. Mss B., folio 539.

— « Vous n'aviez pas le droit de vous ingérer dans ces sortes d'affaires sans l'autorisation du général en chef.

— « Le général en chef était loin de nous. Au reste, j'étais le subordonné immédiat du général divisionnaire Kilmaine, commandant en chef la Lombardie et les pays conquis en l'absence du général en chef. J'ai ses ordres. Ma conduite a été approuvée par lui. J'eusse manqué à toutes les lois militaires si j'eusse osé m'adresser au général en chef de l'armée. J'ai l'honneur de répéter à Votre Excellence que, fort tranquille sur ces affaires, je me retirai en France pour y rétablir ma santé, ou demander ma retraite, si je me trouvais hors d'état de reprendre du service, et cela avec 75,000 livres de Bergame que ces peuples me donnèrent à la fin de tout, parce qu'ils surent que j'étais pauvre, et j'achetai avec cette somme, et quelques épargnes, le bien qui me fait vivre.

— « Et de quel droit osâtes-vous recevoir cette somme ?

— « *Primo*, par le droit naturel, qui me permet de recevoir un présent d'un ami ; *secondo* par l'autorisation du général Kilmaine, mon supérieur, que je crus devoir prendre, quoique je n'en eusse pas besoin.

— « Il n'avait pas le droit de vous donner cette autorisation. C'était au général en chef à vous la donner.

— « Je connais toutes les lois militaires ; j'avais sous les yeux tous les règlements faits par le général en chef. Je n'y vois rien qui donne quelques torts ou le gant au général Kilmaine. Ce n'est pas à moi à le défendre : il n'y a nul doute qu'il n'ait fait tout ce qu'il y avait à faire dans cette occurence. Au reste, cette somme a remplacé en partie une somme de 90,000 livres que le ministre de la Guerre me fit perdre en l'an IV par sa décision, qui se trouve la plus injuste du monde.

— « Enfin, monseigneur, pour terminer une discussion qui ne peut plus avoir de but, je me suis présenté chez vous pour dire que je me rendais à mon devoir et offrir mes services. Voilà mon Mémoire. Vous pouvez vous en faire faire un rapport. Si Sa Majesté me croit utile, je suis prêt à marcher.

« Il n'a rien répondu, et je l'ai quitté ([1]). »

Il ne fut donné aucune suite à son Mémoire. Le ministre lui-même avait décidé que Landrieux ne pouvait être

---

1. Mss B., folio 92.

réemployé avait ordonné, le 24 octobre 1809, que « sa réclamation serait envoyée au dépôt de la Guerre pour y être soigneusement enregistrée et conservée (¹). »

Le même jour, Clarke faisait écrire au ministre de la Police générale « d'enjoindre à Landrieux d'avoir à ne plus se qualifier du titre d'officier général », comme il avait coutume de le faire et comme il venait de le faire imprudemment dans son Mémoire, malgré les décisions antérieures des bureaux.

C'était une vexation de plus à l'égard de « l'officier général » que Clarke avait fort bien connu en Italie et dont il n'ignorait certainement pas l'ancienne situation.

En avril 1810, Landrieux perdit son beau-père. Depuis longtemps, Jean-Baptiste Truet avait cédé son commerce et vendu ses propriétés de Dormans et de Vincelles pour se constituer une rente viagère. Par l'acte de vente de l'*auberge du Louvre*, il s'était réservé, sa vie durant, une chambre pour son logement et c'est là qu'il mourut, le 20 avril. En l'absence des héritiers qui devaient se partager ses hardes, ses montres, ses tabatières, ses lunettes d'argent, quelques titres de rente et des créances, son frère, l'abbé Truet, ex-chartreux, prit soin de faire apposer les scellés au nom de Jean Landrieux et de Rosalie Truet, son épouse, habitant à Paris, 35, rue Saint-André-des-Arts, de Victoire Truet, épouse de Louis-Charles Hacart, contrôleur des contributions et receveur des loteries à Reims, et de Charles-Alexandre Truet, pharmacien demeurant à Paris, 11, rue de Bourgogne (²).

Landrieux avait-il été heureux dans ses entreprises agricoles. On serait porté à le croire, car, au mois de novembre de cette même année 1810, il se qualifiait de cultivateur-propriétaire au Trou-Salé, commune de Toussu-le-Noble, arrondissement de Versailles. Il n'a pas été possible d'établir la valeur des propriétés de Landrieux, mais il était considéré comme gros bonnet, jouissant d'une bonne moralité et de l'estime de tous les habitants de sa commune, ainsi que le constatait, le 31 décembre, le général baron d'Oullembourg, commandant le département de Seine-et-

---

1. Archives de la Guerre, doss. Landrieux : *Annotation de Clarke à un projet de lettre à Landrieux.*
2. Archives de Mᵉ Fénaux, notaire à Dormans.

Oise, chargé de l'inspection des officiers jouissant d'un traitement de réforme de troisième classe (¹).

Cette inspection, passée en vertu d'un décret du 14 novembre 1810, avait pour but principal la réduction des cadres de réforme et la mise définitive à la retraite du plus grand nombre possible d'officiers réformés. Malgré ses réclamations incessantes et les notes favorables du général inspecteur, Landrieux vit, le 6 juin 1811, par décret impérial, son traitement de réforme de 1,200 francs converti en une solde de retraite de 600 francs à compter du 1er avril précédent. Avis lui en fut donné le 13 juin 1811 par une lettre du ministère, sur formule imprimée, l'informant en outre qu'il était autorisé à se faire payer à Versailles (²).

Le ministre de la Guerre, qui avait proposé le décret à la signature impériale, n'était autre que Berthier, l'ancien ami de Kilmaine, Berthier qui mesurait 600 francs de pension à un vieux camarade d'Italie, quand lui-même du fait seul du trésor, touchait chaque année des millions; comme Augereau, devenu duc de Castiglione ; comme Junot, devenu duc d'Abrantès ; comme Clarke, devenu duc de Feltre ; comme Lannes, devenu duc de Montebello et que la mort avait fauché en pleine gloire. Landrieux dut songer avec amertume à un passage de sa lettre à Kilmaine à la veille de l'entreprise de la Terre-Ferme: « Vous et moi, général, serons obligés de nous faire décrotter à la porte du Luxembourg, à côté des brillantes voitures de ceux qui ont fait fortune ici. Nous passerons pour des imbéciles ; eux auront seuls de l'esprit, ils seront réemployés comme des gens en crédit, et nous point ; fort heureux même si, dans les grands dîners qu'ils seront en état de donner, ils ne nous accusent pas d'avoir pillé plus qu'eux et de n'avoir su garder nos richesses. »

1. Archives de la Guerre, doss. Landrieux : *Inspection du 31 décembre 1810.* — Voici les notes de Landrieux : « Bon physique. Bonne moralité. Cet officier supérieur paraît avoir des connaissances civiles et militaires ; l'état de ses services atteste ces dernières ; il est un esprit un peu remuant. Il pourrait être de nouveau employé, jouissant d'une bonne santé et de l'estime des habitants de sa commune. »

2. Mss. B., folio 77 : *Lettre du chef de la 5ᵉ division du ministère de la Guerre à M. Jean Landrieux, colonel réformé de l'état-major général.*

Kilmaine n'était plus. Comme Landrieux l'avait prévu en ventôse an V, il n'était pas réemployé ; bien plus, on lui fendait définitivement l'oreille. C'est alors, un soir de mélancolie, qu'il s'amusa à rédiger ironiquement l'état des avantages retirés par le général Berthier de ses campagnes d'Italie (¹).

La mauvaise humeur de Landrieux était assez légitime. Robuste et bien portant, en état de rendre encore des services en un temps où l'on employait tout le monde, âgé seulement de 54 ans, il était encore apte à fournir une plus longue carrière militaire que celle qu'on lui comptait. Ses services effectifs ne portaient en effet que 8 ans et 108 jours qui, en y ajoutant ses quatre campagnes, ne s'élevaient en tout qu'à 12 ans 3 mois et 18 jours.

C'en était bien fini cette fois. L'avenir militaire de Landrieux était entièrement brisé par cette mesure qui mettait le sceau à la conduite du général en chef de l'armée d'Italie, devenu empereur des Français, envers un officier qu'il avait jadis employé à des missions importantes, jamais avouées, et qu'il n'osait peut-être pas encore reconnaître. L'esprit remuant de Landrieux ne lui convenait certainement point, et il avait jugé l'homme peu propre à servir son ambition, peut-être même dangereux, car il avait été mêlé à des besognes louches, il avait vu trop et trop bien les débuts de celui qui était devenu omnipotent. Ces choses-là ne se pardonnent point.

Bonaparte et Napoléon ne s'était-il pas trompé sur le

---

1. Voici ce curieux document :

« Partagé avec Masséna, la contribution par Livourne, montant à 300,000 francs, ci...................... 150.000

« Partagé avec Masséna, la levée des deniers faite au compte de ce dernier par le Bolonais et le Ferrarais, montant à 293,000 livres, moitié, ci.............. 146.000

« Partagé avec Masséna, les deniers levés dans le Piémont et le Milanais, 34,000 sequins à 12 francs pièce, moitié................................ 204.000

« Versé à Milan pour gratificationre commandée par Bonaparte à l'administrateur de la Lombardie...... 1.500.000

« Total, non compris bijoux, chevaux, voitures, etc. 2.000.000

« Sur quoi, remboursé à Masséna sa part du fourgon enlevé à Borgoforte par l'ennemi, ledit fourgon contenant les 34,000 sequins, ci-dessus............. 204.000

« Reste ............................... 1.796.000

compte de l'adjudant-général ? Landrieux était-il donc incapable de faire un courtisan et de mettre au service de l'empereur les facultés qu'il avait mises au service du général en chef.

Landrieux, en sa retraite, pouvait s'appliquer avec une toute autre portée le *Deus nobis hœc otia fecit* de Virgile.

Les travaux agricoles lui laissaient assez de loisirs pour entreprendre la rédaction de ses Mémoires. Curieux de connaître la façon dont les historiens de l'époque avaient raconté les événements, auxquels il s'était trouvé mêlé si intimement, il avait depuis longtemps collectionné tous les ouvrages ou brochures publiés à Paris sur la campagne d'Italie et sur la chute de la République de Venise tout particulièrement. Ces publications ne formaient, d'ailleurs, qu'une mince bibliothèque. En dehors des pamphlets inspirés par Dumolard et son parti, il n'y avait guère que quelques brochures publiées en l'an V, et que d'anciens compagnons d'armes avaient rapportées à Landrieux. Ses papiers renferment encore la brochure que le général Balland publia sous le titre de *Précis des événements arrivés à Venise le 21 vendémiaire an VI*, qui relatait des faits postérieurs à son départ d'Italie [1]. L'académicien Lemontey, avec qui Landrieux se trouvait en rapport, avait un moment songé à écrire l'histoire des derniers temps de Venise. L'ancien adjudant de Kilmaine lui communiqua même quelques notes et certaines brochures rares, mais soit qu'il fût rebuté par le manque de documents, soit qu'effrayé des difficultés de sa tâche, il se soit découragé, cet écrivain renonça à un travail dont la publication ne lui parut pas, en ce moment, très opportune. Landrieux n'avait donc point de rivaux. Du reste, personne n'était à même comme lui d'écrire cette histoire, et comme il professait « que ce que les souverains (et sans doute les peuples) ont le plus d'intérêt à connaître, c'est l'histoire des causes des révolutions et non les révolutions elles-mêmes qui n'offrent que l'histoire de l'anarchie et de tous ses terribles écarts, » il consacra ses loisirs à la rédaction d'un grand ouvrage ayant pour titre : DÉCADENCE ET CHUTE DE LA RÉPUBLIQUE DE VENISE *ou dernière guerre contre les Vénitiens*. Il lui était fort difficile d'écrire cet ouvrage à la façon ordinaire

---

1. Mss B., folios 568 à 575. — L'exemplaire porte une dédicace.

des historiens : il était trop mêlé aux événements, ou pour mieux dire, les événements étaient trop de son fait pour que cette histoire, rédigée à coups de documents et de récits personnels, ne constitue pas ce qu'on appelle proprement des *Mémoires*.

Verbeux et prolixe comme un avocat, citateur comme un ancien séminariste, Landrieux mit à contribution toute son érudition et toute sa faconde. Au début de son introduction, il reprend de haut l'histoire de Venise, et remonte selon son expression « *aux œufs de Léda* (1). » On trouve chez lui tout ce qu'on s'attend à y trouver et même davantage, car il a entremêlé son récit de beaucoup de hors-d'œuvre qui ne manquent pas de saveur et d'originalité (2).

Ainsi qu'on l'a vu, il avait en sa possession tous les papiers de son chef, le général Kilmaine (3), ce qui constituait pour lui une mine abondante de la plus haute importance. D'ailleurs, en mettant à profit ses richesses, Landrieux ne s'est pas contenté d'établir sa rédaction d'après les rapports et les lettres adressées soit par lui, soit par les autres officiers à son général, il a donné le texte même de ces pièces qui sont des documents officiels, dont on peut contrôler l'authenticité,

---

1. On ne s'étonnera donc pas que quelques fragments aient été supprimés à l'impression. Ils ne vont pas à cinquante pages. Généralement ce sont des passages où sont condensés des souvenirs de lectures historiques sur les campagnes des Français en Italie au seizième siècle. Landrieux a lu quelques mémoires de cette époque, notamment ceux de Montluc.

2. Qui s'attendrait, par exemple, à voir Landrieux compléter l'œuvre des généalogistes des Montmorency ? « On croit, dit-il en parlant des anciens nobles, ceux qui remontent aux croisades, on croit qu'il en existe encore trois ou quatre cents, et je suis loin de vouloir les cautionner tous, comme je répondrais de la famille de nos Montmorency, dont le hasard m'a fourni une preuve bien étonnante, quoiqu'elle soit irrécusable, et que je n'ai pas trouvée dans ses généalogistes. Elle consiste dans les expressions d'un jugement de prud'hommes, entre un roi de Bohême et un Bouchard de Montmorency, mari (dit le titre) de Charlotte Martel, nièce de Charles Martel, duc régnant sur les Français sous Thierry second, en 702. Il s'agissait d'une querelle de fiefs aux environs de Précy. »

3. On n'a pas oublié qu'ils avaient été expédiés de Milan à Lavaur chez le frère de Jean Landrieux.

car il a réuni la plus grande partie des originaux dans un volumineux dossier formé spécialement pour appuyer son récit (1).

Au début de son travail, Landrieux écrit sur un ton sévère, mais relativement modéré. C'est un homme déçu, vexé, mais paraissant encore se contraindre à rentrer dans les limites d'une critique rigoureuse. Peu à peu, à mesure que ses déceptions augmentant aigrissent davantage son esprit irascible, le style s'envenime, les expressions sont plus violentes, et quand, à la fin de sa vie, ruiné, malade, et, par conséquent, plus aigri que jamais, mais toujours capable de raisonner, il pousse les choses au pire, ne ménage plus les expressions, outre les épithètes, la haine qui l'a envahi le pousse à surcharger son récit de notes violentes, d'appréciations exagérées et parfois injurieuses.

Après avoir rédigé son ouvrage, Landrieux le fit transcrire par un copiste, et c'est sur ce texte qu'il ajouta, au cours de différentes lectures et à des époques aussi très différentes, des annotations et des additions qui sont, avec divers feuillets de brouillon, les seules parties autographes qui soient restées de ses *Mémoires* (2). Il avait songé à la publication de son œuvre divisée en quatre tomes, il avait même rédigé la table du premier, mais le libraire, auquel il s'adressa, lui ayant demandé 12,000 francs pour l'imprimer (3), Landrieux dut renoncer à son projet ou tout au moins attendre une occasion meilleure et des conditions moins onéreuses pour ses ressources devenues plus restreintes.

---

1. C'est le Mss B., si souvent cité au cours de ce travail.
2. Les *Mémoires* sont divisés dans cette édition en : 1° *Mémoires* proprement dits allant jusqu'à l'Empire; 2° *Fragments* sur la campagne d'Italie écrits postérieurement aux *Mémoires* auxquels s'adjoignent de longues notes et quelques fragments de récit empruntés au Mss B ; 3° un *chapitre* que Landrieux avait marqué pour être reporté en appendice ou pièces justificatives, sur l'examen des papiers du général Monetti ; 4° diverses *analyses critiques*. Enfin, on a, conformément au désir de Landrieux, imprimé l'*Étude critique sur la correspondance de Napoléon Bonaparte* dont il sera parlé plus loin. Les notes des *Mémoires* sont toutes de Landrieux; on ne s'est permis aucune annotation, aucun commentaire.
3. Mss B, folio 61.

Vers le début de 1814, au moment où on faisait appel à tous les dévouements, Landrieux, que l'âge n'enchaînait pas encore, crut l'occasion favorable pour recommencer ses démarches auprès du ministre de la Guerre, afin d'être réemployé. A cet effet, il rédigea un long mémoire consacré à démontrer que les affaires de Terre-Ferme (1er germinal-1er messidor an V) avaient, par le fait de sa direction et de son administration, rapporté au trésor de l'armée 3,224,860 livres, sans compter la valeur de la nombreuse artillerie, trouvée tant dans les arsenaux que sur les remparts des places fortes de Terre-Ferme (1). Ce mémoire se terminait par ces mots :

« Si l'on veut s'occuper de moi, je réponds sur ma tête de me laver de tout reproche sur quelque objet public ou privé que ce soit. On devrait le faire quand ce ne serait que par curiosité sur les moyens que j'ai employés et les leviers dont je me suis servi dans cette immense affaire. Mais je déclare que je n'écrirai que sur l'ordre exprès de Sa Majesté Impériale (2). »

La situation critique dans laquelle se trouvait la France réveilla la fibre patriotique de Landrieux. Napoléon, vaincu

---

1. Il a été impossible, malgré les complaisantes recherches de M. Gustave Vinot, de la Bibliothèque nationale, de préciser l'époque où les manuscrits de Landrieux sont venus s'adjoindre au dépôt de la rue Richelieu. L'inscription au catalogue est de la main de Champollion-Figeac et la reliure remonte au règne de Louis-Philippe. Signalé par le général Koch, rédacteur des *Mémoires de Masséna* (1848), dans le deuxième volume de cet ouvrage, à peu près supprimé pour des causes ignorées, le manuscrit de Landrieux a été enseveli dans l'oubli jusqu'en 1886, époque où un officier laborieux en prépara l'analyse pour la *Revue du cercle militaire* (14 et 21 août 1887). Cette analyse fut aussitôt vulgarisée par un article de M. Eugène Asse dans le *Moniteur universel* (29 août 1887), mais le véritable apôtre du culte de Landrieux fut à coup sûr M. Eugène Trolard, qui étayait sur ces *Mémoires* les pages les plus intéressantes de son livre *De Montenotte au Pont d'Arcole* (1892) et qui ne leur a certainement réservé ses plus injustes sévérités dans *De Rivoli à Solferino* (1893) que par un sentiment analogue à la jalousie d'un amant pour une maîtresse trop courtisée.

2. Archives de la Guerre, doss. Landrieux : *Pièce jointe à la lettre du 15 mai 1814.*

par la coalition, allait être acculé ; c'est alors que Landrieux faisant taire ses rancunes et ses haines, oubliant tout ce que, depuis l'Italie, le soldat couronné lui avait infligé de cruels déboires, vint offrir spontanément son épée pour la défense de la patrie en danger, comme il l'avait fait en 1792. La similitude de situation lui suggéra l'idée de créer, comme il l'avait fait autrefois, un corps de cavalerie indépendante et c'est à cet effet qu'il proposa au ministre de la Guerre un plan dans lequel se retrouvait tout entier le formateur des hussards-braconniers de l'an I.

Il écrivit de nouveau au ministre de la Guerre une lettre, où, après avoir rappelé ses services à l'armée du Nord, il résumait son rôle en Italie et les persécutions qu'il avait endurées « jusqu'au retour de Bonaparte d'Égypte ». Cette lettre se terminait ainsi :

« Je n'ai pas perdu mon temps, je n'ai jamais cessé d'écrire pour les militaires, *mais les circonstances auraient rendu dangereux pour moi les quatre volumes d'observations morales. Elles seront utiles, surtout dans ce moment,* si j'en crois des camarades sages et expérimentés.

« Je n'ai jamais mérité de perdre mon état, l'injustice et la méfiance me l'ont ôté. Je demande, monseigneur, que mon activité me soit rendue. Mais avant que Votre Excellence prenne à mon égard les ordres de Sa Majesté, je désire qu'elle veuille bien charger un officier général instruit et juste, d'examiner tout ce que j'ai à lui montrer et de lui en rendre compte. J'espère par là, monseigneur, mériter votre protection toute particulière. (¹) »

Cette fois, le ministre consentit à écouter Landrieux ; il lui accorda une audience et désigna le colonel Leclerc pour examiner les papiers dont il était question (²). C'est après cet examen que l'officier retraité écrivait de rechef :

« Je fais à Votre Excellence mes bien sincères remercie-

---

1. Archives de la Guerre, doss. Landrieux : *Rapport à la Commission de l'organisation*.
2. Archives de la Guerre, doss. Landrieux.
3. Le colonel Leclerc, aide-de-camp de Clarke, possédait toute sa confiance. (Baron du Casse, *Les Rois frères de Napoléon Iᵉʳ*, chap. LXVI.

ments de m'avoir adressé M. le colonel Leclerc. Son extrême patience ne s'est pas démentie pendant les huit jours que j'ai eu affaire à lui. Il lui a passé plus de mille pièces sous les yeux ; rien n'égale ma satisfaction d'avoir pu mettre ce militaire, aussi sage qu'intelligent, à portée de me juger à fond et de me faire connaître réellement à Votre Excellence.

« Je pense, Monseigneur, que tant que je ne serai rien, il me sera impossible de rien entreprendre d'utile.

« Votre Excellence pourrait en rendre compte à Sa Majesté, proposer de me remettre en activité, et si vous pensiez, monseigneur, qu'il fût juste de m'augmenter d'un grade, je ne serai que mieux à portée d'activer le plan ci-joint dont j'ai eu l'honneur de dire un mot à Votre Excellence et que je la prie de vouloir bien recommander à M. le comte Daru en l'invitant à m'entendre. J'écris à ce ministre pour lui demander une audience d'un moment.

« Vous jugerez, Monseigneur, qu'il n'y a pas de temps à perdre, surtout pour la levée des chevaux, qu'il ne faut pas laisser à la disposition des partis ennemis.

« Votre Excellence peut compter que si on me laisse faire j'aurai plus de mille hommes à cheval en état de combattre avant quinze jours, non compris les chevaux qui entreront dans les cadres existants. » ([1])

Cette lettre fait allusion au plan proposé par Landrieux, en insistant sur certains points. Oubliant que depuis vingt-trois ans l'organisation administrative avait été totalement renouvelée en France et que ce qui était possible en 1792 était devenu moins praticable en 1814, l'ancien colonel proposait à l'approbation ministérielle le projet suivant :

« J'ai causé avec quantité de mes co-cultivateurs de Seine-et-Oise que j'ai convaincus de cette vérité, qu'il faut mieux défendre ses foyers de loin que de près. Ils m'ont tous assuré que rien de tout ce qui paraîtrait aller directement à ce but, ne leur paraîtrait onéreux.

« D'ailleurs, l'obéissance en général est plus parfaite dans les départements voisins de Paris que dans ceux qui sont plus éloignés de la capitale, le découragement y est moindre,

---

1. Archives de la Guerre, doss. Landrieux.

les sacrifices y sont moins pénibles, parce qu'il y a plus d'aisance.

« Il existe dans le département de Seine-et-Oise seul environ trois mille chevaux à cause de 700 communes environ, dans lesquelles on trouve au moins quatre ou cinq cents grosses fermes, et il n'existe pas une seule ferme, grande ou petite, dans laquelle il n'y ait un bon bidet qui ne sert qu'aux courses à la foire, aux marchés et plus souvent aux parties de plaisir.

« Ce cheval, toujours très vif, solide, fait à la fatigue, d'un bon âge et d'une bonne taille, est presque toujours entier, mais sage, n'ayant jamais couvert, il est souvent amblier. Il n'est pas à vendre et on ne viendra pas l'offrir à moins qu'il n'ait quelque défaut caché, ou de caractère.

« C'est vouloir enrichir la spéculation que de continuer à acheter comme on le fait à Versailles. Je m'en rapporte à MM. les colonels pour savoir si sur vingt chevaux il n'y en a pas quinze qui ne valent presque rien ; je les ai vus, il y en aura sous peu les deux tiers à la réforme.

« Il faut prendre tous les bidets et les payer en quittance sur les impositions de 1815 ou 1816. Ce n'est rien pour le fermier qui aura payé sans se gêner et avec un objet à peu près de luxe.

« Tous les trotteurs seraient envoyés sur-le-champ aux divers dépôts de cavalerie.

« Quant aux ambliers, j'en ferai mon affaire.

« Le décret impérial ne serait pas long, puisqu'il ne s'agit que de dire que tous les chevaux, dits bidets, de tel et tel département (à 50 lieues de rayon de Versailles) sont mis à la disposition du ministre ; puis le mode de payement pour lequel le ministre s'entendra avec le ministre des finances.

« Le ministre chargerait ensuite l'officier général employé aux remontes de diriger ces chevaux vers les dépôts des corps et de s'entendre avec moi pour livrer les ambliers.

« Je serai chargé de former des corps de mille hommes à cheval avec les derniers chevaux : on donnerait à ces corps le nom qu'on voudrait. Les chevaux de cette espèce seraient requis avec leur selle et leur bride, parce que c'est tout fait et qu'il en coûterait plus de moitié moins que si ces objets étaient fournis neufs, qu'ils sont meilleurs et qu'ils sont faits au corps du cheval.

« Quant aux hommes, je ne manquerai pas d'en trouver

à Paris qui auraient déjà servi, ils accourraient en foule au seul nom de partisans à cheval et on débarrasserait la capitale de quantité de gens qui ne savent où aller dîner, et qui n'attendent qu'un moment de trouble pour essayer de faire leur main.

« J'en trouverais aussi dans les campagnes, et si l'on voulait m'en donner de la conscription de l'an 15, j'en trouverais quantité qui ne sont pas étrangers au cheval.

« On pourrait requérir les fusils à deux coups en attendant mieux et je les leur ferais porter à la grenadière (en bandoulière) à cause de la batterie gauche.

« Le gouvernement ne leur fournirait que les bottes, un casque ou schako, un sabre, le fusil ci-dessus et un manteau, plus une paire de fontes et un porte-manteau, l'ennemi me fournirait des pistolets et des carabines ou mousquetons. C'est ainsi que je m'étais arrangé pour former ces hussards-braconniers qui désolèrent le camp de Cysoing en 1793, et qui devinrent ensuite le 21e régiment de chasseurs à cheval.

« En très peu de jours j'aurais appris à cette troupe le peu de manœuvres d'absolue nécessité et que peut comporter l'espèce du cheval.

« Avec deux corps seulement de cette cavalerie, je me charge de corriger les troupes légères de l'ennemi de telle manière qu'elles y regarderaient à deux fois pour faire des pointes. Je ne demande que carte blanche pour me porter où je voudrai et ma responsabilité est là.

« La paye serait la même que celle des autres troupes. Quant aux officiers et sous-officiers, j'en trouverai quelques-uns parmi les officiers en retraite : on m'autoriserait à en prendre dans divers corps qu'on me désignerait et qui en ont plus que de soldats.

« Je présume d'ailleurs que la difficulté de compléter en chevaux tous les régiments de cavalerie engagera le gouvernement à supprimer un certain nombre de cadres, et je pourrai en prendre les sous-officiers et quelques officiers [1]. »

Malheureusement pour Landrieux, les événements se précipitèrent trop rapidement; on n'eut pas le temps de

---

1. Archives de la Guerre, doss. Landrieux.

prendre ses demandes en considération, et c'est en vain qu'il fit étalage de tant de bonne volonté et d'abnégation, peut-être pas tout à fait désintéressées, mais certainement absolument sincères.

Que devint Landrieux pendant la période agitée qui s'étend depuis le départ pour l'île d'Elbe jusqu'au retour des alliés venant remettre cette fois, avec un peu plus de solidité, les Bourbons sur le trône de France ? Il n'a pas été possible de l'établir.

Au début de juillet 1815, les soldats de Blücher s'avancèrent sur la rive gauche de la Seine, envahissant l'arrondissement de Versailles, où, suivant leur coutume, ils se livrèrent au pillage. Avant que le général Excelmans eut eu le temps de leur infliger dans ces parages la sanglante défaite qui coûta la vie à deux régiments allemands, la propriété que Landrieux possédait au Trou-Salé, près de Toussu-le-Noble, fut entièrement dévastée et sa maison pillée à tel point qu'il dut, une fois la bourrasque passée, de demander un duplicata de son brevet de retraite dont l'expédition lui avait été volée par les envahisseurs [1].

Le moyen détourné que Landrieux avait trouvé pour forcer en quelque sorte le ministre à le réemployer avec une situation supérieure n'avait pas abouti, et il ne pouvait plus être question de créer des corps francs en présence des faits qui s'étaient accomplis. Mais toujours inventif, il trouva un nouvel expédient pour attirer encore l'attention sur lui en proposant une organisation de police militaire : il espérait être appelé à en assurer lui-même l'établissement.

Le licenciement et la réorganisation de l'armée avaient fait un grand nombre de mécontents ; les officiers en demi-solde et les partisans du grand exilé, demeurés dans les rangs, ne laissaient pas, par leurs agitations sourdes, que de créer de sérieuses inquiétudes au gouvernement. On commençait à parler des carbonari et de leurs ventes. Landrieux, n'ignorant pas cette situation, que lui faisait connaître chaque jour la fréquentation de ses anciens camarades, adressa un nouveau mémoire au duc de Feltre, devenu ministre du roi Louis XVIII, comme il l'avait été de

---

1. Archives de la Guerre, doss. Landrieux : *Certificat du maire de Toussu-le-Noble en date du 22 octobre 1815.*

l'empereur. Dans ce mémoire, il lui soumettait un plan qui n'a pu être retrouvé, mais que l'on connaît suffisamment d'après la réponse que Clarke s'empressa de lui faire, le 19 décembre 1815, sur un ton tant soit peu plus aimable que celui dont il avait usé sous le précédent souverain :

« J'ai reçu, Monsieur, la lettre que vous m'avez fait l'honneur de m'écrire le 4 de ce mois. Vos observations sur les moyens à prendre pour maintenir la tranquillité publique partent d'un bon sentiment et reposent sur des faits qui ne sont que trop réels ; mais le mal qui arrive vite ne peut se réparer qu'avec lenteur.

« Peu à peu les communes seront administrées par des hommes dévoués au roi et intéressés au bon ordre.

» Peu à peu, l'esprit des soldats dans leurs foyers s'améliorera, les besoins de l'agriculture, les progrès du commerce en occupant un plus grand nombre de bras, détourneront les esprits des pensées turbulentes qu'avait fait naître une trop longue habitude de la vie militaire, et les lois nouvelles arrêteront dans leur source les moindres désordres. La gendarmerie, presque entièrement recréée, ne sera plus l'appui des hommes opposés au gouvernement ; elle redeviendra leur effroi et la sauvegarde des citoyens paisibles.

« Sans doute, l'action de la police militaire est plus efficace que les voies administratives contre d'anciens soldats accoutumés à ne respecter que l'autorité militaire.

« C'est aussi ce qui a porté le gouvernement à proposer le rétablissement des justices prévôtales.

« Cette loi ne peut manquer de produire les meilleurs effets.

« L'idée de charger un officier supérieur, dans chaque division militaire, de correspondre sur les objets de police avec le ministre de la Guerre, pourrait avoir quelque avantage, mais le but est également atteint par les soins qu'apportent les généraux commandant les divisions et les départements, ainsi que les officiers de gendarmerie, à rendre compte au ministre de tout ce qui peut intéresser la sûreté de l'Etat.

« Je vous remercie, Monsieur, de m'avoir communiqué vos idées sur un objet dont je sens toute l'importance ; j'espère que les mesures que dicte chaque jour la sagesse du roi, aidées des heureux effets de sa bonté et la fermeté de son gouvernement, rendront à la fin à la France le calme qui lui est si nécessaire après tant d'orages.

« J'ai l'honneur d'être très parfaitement, Monsieur, votre très humble et très obéissant serviteur.

« LE DUC DE FELTRE (¹). »

Peu habitué à recevoir du ministère de la Guerre des lettres d'un ton aussi courtois, Landrieux crut que l'heure de la réparation était enfin venue pour lui, victime des intrigues politiques et des rancunes inqualifiables d'hommes qu'il avait servis et obligés même. Sans perte de temps, il reprend sa plume et, sur un ton par exemple des plus bref, il écrit le 28 décembre 1815 au duc de Feltre pour lui rappeler en quatre lignes ses services et termine en disant : « Je demande la croix de la Légion d'honneur (²). »

Cette lettre demeura sans réponse (³).

Dès lors Landrieux renonça à l'espérance de rentrer en activité. Louis XVIII avait tant d'émigrés à rétablir dans leurs anciennes fonctions, tant de dévouements à récompenser que ses sollicitations risquaient fort de demeurer vaines. D'ailleurs, pourquoi conserver encore des illusions? L'âge était venu, il avait passé la soixantaine et malgré les brèches faites à sa fortune, l'ancien adjudant-général ne

---

1. Mss B., folio 54.
2. Archives de la Guerre, doss. Landrieux.
3. Landrieux ne paraît pas en avoir beaucoup voulu au duc de Feltre de ce silence. Il a laissé dans ses papiers une note sous ce titre : *Extrait d'un libelle sur le duc de Feltre : points principaux à discuter et réfuter.* Dans une autre note, il s'exprime sur lui en ces termes : « On accusa Clarke d'avoir voulu brûler Paris : il en avait, disait-on, reçu l'ordre. Son gendre fit imprimer à cet égard quelques raisons fort médiocres pour sa défense. Ce jeune homme ignorait que, si son beau-père avait reçu ce commandement, il n'avait pu se dispenser de l'exécuter et que sa négligence ou son refus d'obéir eussent entraîné pour lui la peine capitale. Il eût dû dire en quatre mots : *Mon beau-père n'a pas brûlé Paris, il n'en a donc pas reçu l'ordre.* Brûler ou détruire une ville est une action militaire très fâcheuse pour les habitants, mais nécessaire quelquefois pour empêcher l'ennemi de s'y loger, de s'y fortifier, de s'y nourrir, de s'y enrichir et souvent aussi pour représailler, pour forcer l'ennemi à faire *bonne guerre* (Voir la lettre de Louvois à Turenne sur le Palatinat). Quand on reçoit un officier,

perdait pas l'espoir de compenser la modicité de sa retraite par un travail assidu nécessaire à son incessante activité. Plus que jamais, il s'adonna aux labeurs agricoles, développant son exploitation, améliorant et embellissant son domaine du Trou-Salé, sans songer qu'un jour viendrait où cette propriété lui serait contestée.

Entre temps il s'intéressait à toutes les publications qui se multipliaient sur les guerres de la Révolution et en particulier sur la campagne d'Italie. C'étaient de 1819 à 1822, *Les Trophées des armées françaises depuis 1792 jusqu'en 1815*, puis la *Correspondance officielle, confidentielle et privée de Napoléon Bonaparte* éditée par le général Beauvais chez le libraire Panckouke, l'*Histoire de Venise* du comte Daru et enfin le *Mémorial de Sainte-Hélène*. La lecture de ses ouvrages le transporta d'indignation.

Des *Trophées*, il ne pouvait faire grand cas; c'était une trop visible spéculation de librairie et les phrases pompeuses et romanesques des collaborateurs de l'académicien Tissot ne pouvaient illusionner ce juge difficile.

« S'ils ont parlé, dit Landrieux, avec aussi peu de bon sens des campagnes où je ne me suis pas trouvé qu'ils ont follement écrit celle de Venise, le public a bien mal employé son argent. Avec un peu plus de discernement et de soin, avec un peu plus de modestie de la part des narrateurs de leurs propres exploits, la plupart controuvés, avec un peu moins de charlatanisme dans les titres de ces compositions, on eut pu faire des répertoires utiles, qui n'eussent pas eu besoin de phrases ampoulées, de gravures, de caractères superbes, ni de papier vélin, pour être recommandables et bien vendus ([1]). »

---

la formule qu'on prononce est celle-ci : « Il est enjoint à tous les subordonnés de lui obéir dans tout ce qu'il leur commandera relativement au service ; il est défendu d'offrir des observations à son supérieur avant d'avoir obéi ; un général en chef ordonne les arrêts à un général de division, un capitaine à son lieutenant, un caporal met un soldat à la salle de police. On obéit d'abord et, quand le terme de la punition est arrivé, on réclame si on le juge à propos. » C'est ainsi que s'expriment toutes les ordonnances. Et sans cela, comment ferait-on aller au feu deux ou trois cent mille hommes commandés par un seul ? Et pour cinq sols par jour et une nourriture souvent aussi mauvaise que précaire ! »

1. Fragment supprimé de l'introduction aux *Mémoires*.

L'*Histoire de Venise*, par Daru, avait fortement déçu Landrieux. Il avait espéré beaucoup de l'œuvre de cet ancien ministre, à qui les sources les plus cachées avaient été accessibles, et il le voyait accueillir sans critique jusqu'à des documents frelatés, malgré leur origine officielle (¹).

« M. Daru, après avoir mis sous nos yeux des extraits très élégamment rendus des auteurs qui ont écrit sur Venise depuis son origine, et qui sont en assez grand nombre, paraît embarrassé quand il arrive aux derniers temps de cette République. Son style change; on voit qu'il arrive dans un terrain non cultivé d'avance. Il a fini par nous donner mot pour mot les rapports des états-majors insérés dans tous les journaux du temps, quelques arrêtés du Directoire et certaines pièces du ministère des Affaires étrangères. On sait depuis longtemps que ce n'est pas là que Tite-Live et Tacite eussent été prendre leurs matériaux.

« Il doit paraître singulier que cet auteur ait feint de croire à tous ces contes en l'air, avec lesquels on avait bercé le peuple parisien et qu'il les ait donnés comme des vérités sans la moindre remarque de sa part, lui qui, sous le Directoire et sous Bonaparte, a presque toujours occupé les premiers emplois administratifs de la Guerre. On se demande, après avoir parcouru son volumineux travail, comment M. Daru, qui savait aussi bien que nous tous que le général en chef de l'armée d'Italie, dont le crédit encore assez mince à cette époque et fortement balancé par des envieux très nombreux, ne lui permettait pas encore de se mettre au-dessus de la crainte de se compromettre, a pu s'imaginer que Bonaparte ait osé se jeter à corps perdu dans une entreprise colossale, s'en s'être auparavant assuré d'un appui bien autrement solide que ne pouvait l'être le chétif Directoire français déjà si avili. Ce n'est même pas vraisemblable.

« Non, certes, cet appui, il ne le vint pas chercher au

---

1. « Nul doute, dit quelque part Landrieux, que M. Daru n'ait tiré la copie de la capitulation de Vérone des bureaux des Affaires étrangères et qu'il ne se soit assuré de la fidélité de son copiste. C'est une preuve que cette pièce a été donnée primitivement avec inexactitude à ces bureaux, puisqu'elle n'est pas pareille à l'original que je possède et qui n'est jamais sorti de mon portefeuille. »

palais du Luxembourg, puisqu'il est évident, par les actes mêmes de ce Directoire, qu'on ignora longtemps à Paris, ce qu'on faisait en Italie contre les Vénitiens ([1]).

« Ce défaut de critique, dans les derniers des six volumes que M. Daru a fait imprimer, ne peut influer sur les éloges dus au reste de son ouvrage.

« Peut-être l'avait-il tout écrit avant la chute de Bonaparte, et qu'il n'aura pas voulu se donner la peine d'y faire les corrections qui pourraient y être faites enfin, sans danger pour l'auteur ([2]). »

La *Correspondance de Napoléon*, et en particulier le volume consacré aux affaires de Venise ([3]), devait attirer spécialement son attention. Il avait tant de fois ri de la boursouflure des bulletins et de l'inexactitude des extraits de registres expédiés au Directoire, qu'il reprit sa plume pour combattre — et avec quelle véhémence — les lettres dont il jugeait que le libraire Panckouke eut du supprimer la plupart dans l'intérêt de son héros. Mais cette fois, Landrieux ne sait plus se contenir. Non seulement il critique avec une verve impitoyable, une logique féroce, mais il s'emporte jusqu'aux insultes. Ce n'est plus Napoléon seul qu'il malmène : le roi Joseph devient : « son ignoble frère ». S'il se refuse d'instinct à admettre la légende de Hudson Lowe, geôlier persécuteur à Sainte-Hélène, s'il rappelle que O'Meara raconte que Napoléon jouait à colin-maillard avec les filles de l'île, il détruit toute la force de son argumentation par la partialité visible qui lui fait pousser cette exclamation : « Si ce fait est vrai, Bonaparte n'avait aucun sen-

---

1. Personnellement, Landrieux n'eut pas à se plaindre de la narration du comte Daru. Voici comment est rapporté par l'historien l'incident Stefani : « Le provéditeur envoya son secrétaire (à Milan) avec la mission de pénétrer le mystère de ce plan et le nom du corps qui devait avoir la principale part à son exécution. Cet émissaire, adressé à une personne que le podestat croyait sûre, *ne fut mis en communication qu'avec des agents de la police de Milan et par conséquent ne fut instruit que de ce qu'on voulait qu'il crut*. Il rapporta que l'insurrection devait éclater dans dix jours et commencer par Brescia. *C'était un faux avis.* » (Daru, *Histoire de la République de Venise*, V, 397).

2. Fragment supprimé de l'introduction aux *Mémoires*.

3. C'est le troisième volume.

timent d'honneur ni de courage ! (¹) » Toutefois, il ne faudrait pas déduire du ton exagéré ou trivial de certaines réflexions que Landrieux s'est livré contre la *Correspondance* à une diatribe virulente et sans fondement. Ces réflexions, ses exclamations ne sont en effet lancées que rarement au cours d'un examen approfondi, d'une critique très serrée des actes et des faits qui font l'objet des lettres de Bonaparte.

Ce n'est pourtant ni le ton de Barré ni celui du général Sarrazin. Landrieux s'excuse en ces termes de ses violences : « J'invite ceux qui liront mes notes à considérer que la mauvaise humeur que quelques-unes de ces pièces m'ont causée est loin de la partialité. Je sais ce que l'historien se doit à lui-même et à la postérité. Il est impossible de ne pas s'offenser de la rencontre d'un crime avéré, si l'on se permet la louange lorsqu'une belle action se présente. »

Landrieux discute en homme qui a vu, réfute pièces en main, approuve rarement, mais désapprouve toujours par une argumentation logique qu'il corrobore par les conséquences avec les résultats palpables inhérents ou subséquents (²). Qu'on retranche de son *Examen de la Correspondance de Napoléon* le parti-pris de certaines pages et l'exagération de bon nombre de phrases, Landrieux restera incontestablement l'un des plus importants critiques historiques et militaires des premières campagnes de ce grand homme de guerre que fut Napoléon (³).

---

1. En voici un autre exemple : « Bonaparte, dit Landrieux, avait l'extravagante idée de couper l'isthme et de se donner ainsi un passage par mer pour la Chine ; — il l'aurait tenté si l'on ne lui eût représenté qu'il allait donner à l'océan Indien un versant de plusieurs toises d'élévation dans la Méditerranée et noyer ainsi tout le littoral de part et d'autre jusqu'à Cadix. » Ici les rieurs seront du côté de Bonaparte.

2. Voici une pensée qu'il a jetée un jour sur le papier : « Il ne faut pas toujours chercher l'origine, la source des révoltes qui ont renversé tant de trônes, dans la perversité du cœur humain : on la trouvera bien plus souvent dans le mécontentement et le désespoir que causent les injustices. On se tait tant qu'on craint, mais on n'oublie jamais une injustice, quand même elle ne ferait mal qu'à autrui. »

3. Il est fort possible que, suivant l'expression de l'auteur de l'article de la *Revue du Cercle militaire*, « on trouve en cet écrit plus

Le *Mémorial de Sainte-Hélène*, qui suivit de près la publication de la *Correspondance*, portait contre l'ex-adjudant-général une grave accusation absolument dénuée de fondement et qui ne pouvait être tout au moins qu'une erreur de Napoléon. Las Cases attribuait à Landrieux le pillage du mont-de-piété de Vérone et prétendait qu'il avait été arrêté en même temps que Bouquet (1). L'adjudant-général, profondément vexé, ne manqua pas en maintes pages de ses *Mémoires* et de son *Examen de la correspondance*, de tomber sur l'auteur du *Mémorial* qu'il appelle « le larmoyant Las-Cases », lui reprochant d'aller chercher des documents jusque dans « la garde-robe de son maître » « Las-Cases nous fait des contes à dormir debout, dit-il quelque part », et plus loin : « Je vois avec peine que Las-Cases, sorti des bords de la Garonne, nous donne ses imaginations pour des vérités, en *style haché*, à 8 francs le volume. *A beau mentir qui vient de loin*, disait Rabelais. Au moins, Panckoucke offre des pièces qui ne sont pas du fac-simile, ce qui signifie ici contre-fait mais semblable au possible. Il n'y a rien à dire à cela, il est neutre et n'a point fait de dépenses en phrases emphatiques, douloureuses et sentimentales, à sa courte introduction près. Loin de moi l'idée d'insinuer le moindre blâme sur les braves gens qui ont refusé d'abandonner Bonaparte ! Ils ont été reconnaissants . leur nom vivra dans l'histoire des malheurs que cet homme s'est attiré. L'auteur hermaphrodite du roman de Sainte-Hélène, en leur conservant avec obstination singulière les dénominations désormais inutiles de leurs anciens emplois, n'a fait que prouver que l'ex-empereur avait des droits à leur gratitude et il semble par là avoir diminué de beaucoup, aux yeux du public, la pureté du dévouement qu'ils lui ont montré (2). »

Cette âcreté de critique, Landrieux l'apportait jusque dans les actes de la vie privée.

Tout lui échappait à la fois. Il avait acquis son domaine

---

à laisser qu'à prendre ». Qu'importe ! « les griefs formulés contre Bonaparte n'en sont pas moins curieux à connaître ; de telles plaintes n'amoindrissent aucunement la gloire aujourd'hui légendaire de Bonaparte. »

1. Voir pages 249 à 256 de cette introduction.
2. *Étude sur la correspondance de Napoléon Bonaparte.*

du Trou-Salé d'un sieur Léger, son débiteur, qui avait pu justifier l'origine de propriété par un acte passé en l'étude de Mᵉ Guillaume, notaire à Paris. Il se croyait naturellement possesseur légitime et sans conteste possible de ce domaine, quand les agents de la liste civile lui revendiquèrent une partie et lui intentèrent devant le tribunal de Versailles un procès qui dura des années (¹).

En présence de la diminution de ses revenus, dans l'espoir de réparer ses pertes, le propriétaire du Trou-Salé se lança dans des exploitations et des spéculations malheureuses. Il acheta notamment une propriété dans la commune de Boiscommun, près de Pithiviers, y occupa pendant près d'une année deux cents ouvriers, mais sa gêne devint telle qu'il dut se résigner à vendre. Il ne put toutefois éviter les poursuites que lui intentèrent ses ouvriers devant le juge de paix de Boiscommun et même devant le tribunal de Pithiviers (²). En 1824, il dut se résoudre à vendre Trou-Salé dans les conditions les plus fâcheuses, et malgré le gain de son procès, il ne lui resta plus que des ressources restreintes (³). Une fois encore, il chercha dans son imagination les moyens de suppléer à tout ce qu'il avait perdu. Pourquoi, pensa-t-il, ses anciens amis de Terre-Ferme ne lui verseraient-ils pas les sommes auxquelles il avait généreusement renoncé jadis ? (⁴) Il écrivit donc aux Lecchi, Lapi, Gambara, Becchini et autres Brescians et Bergamasques qui se dispensèrent de lui répondre.

En cette occurrence, se voyant abandonné par ceux sur la reconnaissance desquels il comptait, sans se décourager, il adressa un mémoire à l'ambassadeur d'Autriche pour lui rappeler que la Terre-Ferme, soulevée par ses soins, avait été aussitôt cédée à l'empire avec Venise et lui exposer que

---

1. Mss B., folio 598 : *Lettre au roi*.
2. Mss B., folio 57 : *Lettre au commissaire*.
3. Mss B., folio 598 : Pièce citée.
4. Ce point avait été nettement déterminé par deux lettres échangées entre Golza et Landrieux en ce qui concernait Bergame. (Mss B., folio 593.) — M. Trolard n'en a pas moins prétendu que Landrieux avait reçu des « sommes considérables » tant des Brescianais et des Bergamasques que du Sénat de Venise (*De Rivoli à Solferino*, I, 142.) Pourquoi M. Trolard n'a-t-il pas indiqué le montant de ces sommes considérables ?

ses services n'avaient jamais été récompensés. Il concluait en ces termes :

« Aujourd'hui, M. Landrieux se trouve dans le besoin, et il a écrit plusieurs fois aux personnes qui se sont engagées envers lui, et n'a reçu aucune réponse.

« La révolte de Bergame et de Brescia contre l'infernal gouvernement du Conseil des Dix ne peut porter aucun ombrage à l'Autriche et elle peut permettre que ces deux pays se cotisent pour payer le général Landrieux dont les sentiments sont connus par les actions [1]. »

En même temps, ainsi qu'un homme qui se noie cherche à se raccrocher à toutes les branches, Landrieux, se souvenant d'avoir été au service de Louis XVIII, alors que celui-ci n'était que Monsieur, frère du roi, comte de Provence, rédigea les notices autobiographiques de plus en plus royalistes, dont on trouve les minutes successives dans ses papiers, avec l'intention sans doute d'en joindre une à la supplique suivante :

« Sire,
« C'est à Votre Majesté que j'adresse ma respectueuse réclamation, parce qu'il n'est plus en mon pouvoir de remédier à mes malheurs.

« Je viens de gagner à Versailles même un procès qui en est l'unique source. Le mal que cette procédure m'a fait est incalculable.

« J'avais été payé par un sieur Léger, de sommes qu'il me devait, par la possession du domaine du Trou-Salé, à lui cédé devant Guillaume, notaire à Paris. Une partie de ce domaine fut revendiqué ensuite par divers agents qui me contestèrent au nom de la liste civile la légitimité de ma possession.

« Cette malheureuse prétention dure environ depuis deux années. Une procédure des plus compliquées en a été la conséquence; des expertises nombreuses ont eu lieu, et tous les rapports et expositions des géomètres et conclusions contradictoires, ainsi que la présence de tous mes titres, ont jeté le plus grand jour sur cette affaire et ont prouvé mon bon droit.

---

1. Mss B., folio 80.

« Mais, depuis quelques années, tourmenté par cette procédure, je fus obligé, en 1824, de céder mon domaine à un prix très onéreux, et de plus de garantir les effets futurs de ce procès.

« Ayant cherché par une spéculation à réparer cet échec fait à ma fortune en plusieurs acquisitions auxquelles j'ajoutai des embellissements considérables; mais le sort en décida autrement et les revers ne me permirent plus de suffire à mon obligation durant toujours, et je fus entièrement ruiné.

« Votre Majesté peut se faire assurer de la vérité de mon exposé.

« J'étais anciennement, sous Louis XVI, inspecteur des postes et relais de Monsieur, frère du roi, par arrangement avec M. le baron d'Oigni, sous-intendant des Postes; j'exerçai cet emploi pendant onze années, jusqu'à l'époque de la Révolution, dont l'effet fut de me faire perdre cet emploi; depuis ce temps-là j'ai cessé de l'occuper. Le procès en question m'ayant dépouillé de tout, je suis resté dans le plus déplorable état et je prends la liberté d'exposer à Votre Majesté qu'il m'est impossible de vivre sans un secours de Votre Majesté soit en argent comptant, soit en pension, si modique qu'elle soit; elle me vaudra toujours six cents francs que je tiens du ministre Berthier, à moins qu'elle ne veuille que le ministre des Postes me la fixe relativement à mon emploi originaire, ou bien en qualité d'écuyer inspecteur des relais ([1]). »

La minute de cette pièce est la dernière de la main de Landrieux qui figure dans ses papiers, l'écriture est tremblée, peu lisible. On sent que la mort approche.

Quel jour vint-elle le frapper ? C'est une date qu'il a été impossible de retrouver. Les incendies qui, pendant la Commune, ont consumé le ministère des Finances où était son dossier de pension, et l'Hôtel de Ville où était le registre contenant son acte de décès, ont enlevé tout moyen de recherches. Au ministère de la Guerre, à cette époque, le dossier des officiers était clos le jour de leur mise à la retraite et nulle mention n'y existait du décès des retraités.

Il est, cependant, possible d'établir que la mort de l'adju-

---

1. Mss B., folio 598.

dant-général dut avoir lieu entre le début de 1825 et le milieu de 1826, car, à cette époque, sa femme se qualifie de veuve sur l'acte de vente d'une maison sise à Dormans moyennant une rente viagère de 350 francs (1).

La veuve de Landrieux lui survécut encore seize ans. Après avoir, à défaut d'héritiers directs, donné en dot tout son avoir, meubles et rentes, avec jouissance seulement à son décès, à une fille Flore-Esther Guilliot, sa domestique, le 23 juillet 1834, à l'occasion du mariage de cette fille avec un sieur Duteil, serrurier (2), elle quitta son logement du quai de la Mégisserie, n° 16, et revint en 1837 s'installer définitivement dans son pays natal, où elle vécut de ses revenus composés en majeure partie d'une rente viagère de 350 francs et d'une pension de 286 francs à titre de veuve d'officier.

Le 28 août 1841, Rosalie Truet, veuve de Jean Landrieux, s'éteignait à son tour à Dormans, âgée de 77 ans (3).

LÉONCE GRASILIER.

---

Au cours de notre travail sur Jean Landrieux, nous avons mentionné les noms des aimables correspondants qui ont bien voulu faire, sur notre demande, de minutieuses recherches; c'est pour nous un devoir de remercier ici M. Ad. Bousquet, secrétaire de la mairie de Lavaur; M. l'abbé Z. Perinet, curé-doyen de Dormans; M. C. Auzivier, chargé du dépouillement des archives de Brignoles; M. le maire de Maupertuis-en-Brie, M. Guillibert, ancien bâtonnier de l'ordre des avocats du barreau d'Aix-en-Provence, ainsi que Me Fénaux, notaire à Dormans, qui nous a ouvert ses archives, n'imitant pas en cela un de ses

---

1. Minutes de l'étude de Me Fénaux, notaire à Dormans.
2. Acte passé par devant Me Agasse, notaire à Paris.
3. *Registre des actes de décès de la commune de Dormans*, 1841. — Il ne fut pas fait d'inventaire de la succession.

confrères de Paris qui a invoqué « le secret professionnel » pour nous refuser des renseignements historiques (¹).

Nous adressons l'expression de notre gratitude à Messieurs les Ministres de la Guerre et des Affaires étrangères qui nous ont facilité l'accès de leurs archives. Nous remercions Messieurs les Archivistes de ces Ministères de leur gracieuse obligeance et tout particulièrement M. Hennet, chargé des Archives du Dépôt de la Guerre qui, non seulement nous a fourni avec empressement les documents qui nous étaient nécessaires, mais encore nous a aidé de sa grande érudition en matière d'histoire militaire. Nous ne pouvons oublier M. E. Charavay, l'érudit paléographe, et M. Bouvier, qui prépare une histoire très documentée de l'armée d'Italie.

Enfin, nous saisissons l'occasion de témoigner notre reconnaissance à notre vieil ami, M. Albert Savine, et pour l'honneur qu'il nous a fait en nous confiant le soin d'écrire l'introduction aux *Mémoires de Jean Landrieux*, et pour tous les témoignages de sa bonne amitié.

L. G.

---

1. M. le secrétaire de l'archevêché d'Albi nous ayant informé trop tardivement qu'il ne trouvait aucun renseignement sur l'abbé Le Bosc de Thouzery, oncle de J. Landrieux, la note de la page (15) était déjà imprimée quand sa lettre nous est parvenue. Nous le remercions de sa peine et le prions d'agréer nos excuses.

# AVANT-PROPOS

L'État populaire érigé en France à la place de la monarchie faisait les plus grands efforts pour résister à l'Europe entière. Il entretint douze armées à la fois. La moindre était de 20 à 30,000 hommes, et chaque soldat était un héros. La plaie la plus sensible que les émigrés lui firent fut la Vendée. Que d'hommes généreux périrent à Quiberon, écrasés par la flotte anglaise qui les avait débarqués autant que par le feu des Républicains ! Et ceux-là se montrèrent dignes de leur noblesse et de la France même qu'ils venaient attaquer. Depuis cette époque désastreuse, le soulèvement de cette province de l'Ouest allait en déclinant, et la guerre, qui avait presque cessé en Belgique et qui allait finir sur les frontières de l'Espagne, ne s'entretenait avec vivacité que sur les bords du Rhin, lorsque, pour y faire diversion, le Directoire fortifia les armées des Alpes et d'Italie et y envoya l'*incroyable* Bonaparte.

L'Angleterre avait été la première à combattre, même sans déclaration de guerre, — elle n'eut lieu que peu avant la surprise, ou, si l'on veut, la révolte de Toulon.

Un cerveau brûlé, brutal, sans prévoyance aucune, ignorant le droit des gens comme le plus misérable corsaire, Sidney Smith — et je le nomme pour qu'on ne le confonde pas avec l'esclave d'une courtisane détestée, la Messaline de la mer, l'impudique Hamilton, — forcé de déguerpir à la fin du siège de cette malheureuse ville, mit le feu à tout ce qu'il ne put piller ou emmener et fournit ainsi un droit de représailles à ceux qui, ensuite, arrivèrent à Livourne, à Ancône, à Venise, à Naples, et dévastèrent ces lieux. Il leur donna l'exemple de la mauvaise guerre et l'on croit qu'il ne fut pas désavoué par sa nation. Il abandonna les habitants, qui l'avaient appelé, à toute la rage républicaine. Certes, si quinze vaisseaux de haut-bord, six frégates et une vingtaine d'autres embarcations n'eussent été la proie des flammes qu'alluma ce forban, rien ne l'eût empêché de les charger de quinze ou vingt mille individus qui avaient été trop remarqués. La ville fut pillée d'abord par les Anglais et mitraillée ensuite par les Républicains, forfaits inouïs dont le dernier signala l'entrée de Bonaparte dans la carrière militaire.

L'Angleterre n'était pas innocente des troubles affreux que causèrent en France les nouvelles théories que les intrigants avaient introduites. Elle se vengea trop de la duplicité du ministre Choiseul. Elle fut toujours aux aguets pour saisir et tout emporter dans son île. Elle avait fait entrer une grande partie de ses forces maritimes dans la mer Méditerranée lorsqu'elle s'empara de la Corse, dont elle ne jouit pas longtemps. Elle la possédait encore lorsque l'armée d'Italie entra en Piémont et dans la Lombardie. Elle nous canonna longtemps et fort inutilement dans notre passage sur la corniche de la route de Gênes. L'Empire d'Allemagne avait fait d'abord passer quelques troupes. La Prusse s'avança tout de bon et pénétra jusqu'au cœur de la France. Mais, soit que l'air ou les fruits de la Champagne fussent nuisibles à ses soldats, soit que les armées que la Convention envoya contre elle eussent fait désespérer d'un succès ultérieur, soit enfin que le roi de Prusse ait été gagné par l'argent, qu'on trouva moyen de lui faire tenir en mettant en gage une partie des diamants de la Couronne, — ce que je suis loin de pouvoir affirmer, quoique des gens très véridiques me l'aient certifié (M. l'académicien......,) — ce souverain abandonna l'entreprise et se retira avec son armée passablement délabrée. Il laissa le prince de Cobourg avec les Autrichiens et quelques Anglais dans les plaines de la Belgique d'où ils chassèrent Dumouriez qui se laissa battre à Nerwinde. On a prétendu que ce général avait trahi son pays. Je n'en crois rien. Sa conduite, du reste, est restée un problème qu'il importe fort peu de résoudre aujourd'hui. Je pense qu'il fut dégoûté du service de la France par des avis qui lui étaient venus de Paris où l'on se disposait à lui faire un mauvais parti pour ne pas s'être maintenu à Bruxelles.

Ce qui me porte à admettre cette version, c'est que j'ai vu le général Dampierre dans le même cas, et prêt à partir aussi de Valenciennes où il fut tué le lendemain : le sort du général de Custine, troisième général en chef de cette même armée du Nord, et celui de son successeur La Marlière, de Houchard et de Kilmaine, qui fut emprisonné huit mois au Luxembourg, à Paris, ne sont pas faits pour me dissuader de mon opinion. C'était un service bien dangereux, dans ce temps là, que celui de la République. Elle était encore plus jalouse que les républiques grecques et romaines et même celle de Venise, ne l'avaient jamais été, et je remarque que cette jalousie, qui est le plus ferme soutien de ces sortes de gouvernement, ayant cessé sous le règne du Directoire, ce régime ne tarda pas à s'écrouler.

Au reste, les coalisés ne purent entamer autrement les frontières de France que par la prise de Valenciennes. On les arrêta là et avec d'autant plus de facilité que les pays qui se trouvaient derrière eux étaient imbus de l'esprit de nouveauté et que les factions de Vandernoott, Vandercupen, Vandermersch, Vandermeulen, etc., n'étaient pas éteintes. Elles y régnaient même au point que de nombreux bataillons belges, qui avaient embrassé notre parti, refusèrent de s'engager aux alliés et nous avaient accompagnés en France après la bataille de Nerwinde; ces bataillons, avec autant de courage et au moins avec autant d'activité que les troupes françaises, quand ils ont servi six mois, avaient l'avantage inappréciable de connaître parfaitement le pays. L'infanterie belge est une excellente troupe légère, elle se corrige bientôt de sa lenteur naturelle.

Au midi, le roi de Sardaigne n'était pas resté oisif. Preux et franc chevalier jusqu'à un certain point, il disait tout haut qu'il attaquerait la France. Il croyait véritablement que ses belles troupes n'avaient qu'à se présenter pour tout conquérir, surtout contre des Jacobins, disait-il, semblable à beaucoup de souverains, c'est-à-dire instruit par ses ministres seuls et quelques courtisans. Il était loin de se douter du danger qu'il y avait à quereller un peuple en furie, un peuple qui trouve rarement son égal en vaillance, en esprit et en vivacité, et qui, malgré tout, s'endormira peut-être bien pour un moment, mais ne changera jamais de caractère, et malheur à ceux qui se trouveront devant lui à son réveil si l'on n'y pourvoit !

Ce preux et franc chevalier n'avait pas une loyauté très pure. Le traité de Valenciennes, signé le 23 mars 1794, témoigne qu'au lieu d'agir pour Stanislas-Xavier de Bourbon, légitime héritier de Louis XVI et de Louis XVII, et son propre beau-frère, il s'alliait à l'Autriche pour conquérir les provinces françaises et les partager sans façon avec l'Empereur, ou les garder même en entier en indemnisant l'Empire du côté du Milanais. Est-ce là ce qu'il promettait aux émigrés qui encombraient ses Etats, y dépensaient leurs écus et ne cessaient de le solliciter d'aller guerroyer en France, qui promettaient de l'aider et qui, pour cela, achevaient de se ruiner en correspondances secrètes pour procurer quelques soulèvements qui favorisassent les les armes de ce roi ? Que seraient donc devenus les Bourbons ? Que voulait-on donc en faire ?

Dès le commencement de la révolution, Victor-Amédée, ambitieux comme tous les princes à petits États, avait pensé lui-même que le Lyonnais, le Dauphiné, la Provence et peut-être même le Languedoc, pourraient très convenablement être ajoutés à son petit royaume de Sardaigne, et qu'avec cette puissance qui pour lors n'aurait pas été mince, il eût bien fallu qu'un jour Gênes et son territoire vinssent le prier à genoux de daigner les gouverner et augmenter par leurs contributions le trésor de Turin qui n'était ni large ni profond. De là, à bien peu de frais, aidé par ses demi-Africains de l'île de Sardaigne, il allait soumettre les demi-Africains de la Corse... Quand il ne s'agit que de souhaiter, on peut aller loin.

Un réveil terrible l'avait forcé d'ajourner ce beau rêve. Très malheureusement pour lui, dès 1792, le brave général Montesquiou avait appris à Victor-Amédée que ses généraux, ses officiers et ses beaux soldats étaient loin de valoir ces *méprisables* Français. En un clin d'œil, il lui enleva toute la Savoie, et en même temps il faisait envahir le comté de Nice. L'amiral Truguet, lui, brûla Oneille qui, semblable à son souverain, croyait qu'il ne pouvait y avoir un droit des gens avec nous et avait assassiné nos parlementaires.

On dit que le roi des Sardes essaya de cacher, pour quelques moments, ce furieux échec à l'Autriche, qu'il fit prier instamment de lui faire passer de très prompts secours, le traité fort ridicule dans une telle circonstance de Valenciennes à la main. L'Empereur envoya Dewins, Wallis et autres généraux avec de bonnes troupes, à l'aide desquelles il rentra dans une partie de la Savoie et dans le comté de Nice, et on ne sait où il se serait arrêté s'il n'eût été complètement battu au pont du Var.

Cependant Lyon et Marseille furent soulevées et Kellermann, en septembre 1793 — ayant refoulé les Piémontais sur la cîme des Alpes, ils ne purent secourir les habitants de Lyon qui furent mitraillés. Néanmoins, l'arrivée des flottes anglaises dans la Méditerranée fit révolter la Corse. Truguet fut repoussé à Cagliari et Toulon reçut les Anglais. Ces trois échecs avaient remonté les espérances de Vienne et de Turin. A force d'emprunts de toutes les espèces, le roi de Sardaigne, déjà épuisé, avait remis quelques troupes sur pied, et telle était alors sa pénurie en officiers qu'il suffisait de se présenter pour obtenir des sous-lieutenances. Naples envoya des secours assez médiocres. Le pape donna de l'argent : il levait des soldats. Gênes, Florence et Venise refusèrent de se mêler des nouvelles hostilités. Elles n'avaient pas participé aux premières. Les Anglais, contre toute espèce de droit des gens, vinrent détruire la frégate française la *Modeste* jusque sous le canon de Gênes, qui ne put ou n'osa s'y opposer, et ils déployèrent la plus grande insolence envers ces trois Etats. C'est ce que ces insulaires ne manquent jamais de faire, lorsqu'à l'abri dans leurs vaisseaux, en pleine mer, ils ne craignent pas le châtiment dû aux forbans lorsqu'on peut les saisir.

Cette levée de boucliers n'enfanta que des ruines et des massacres. Tout fut dévasté dans la partie du territoire génois qu'on nomme Rivière du Ponant, où se trouva le principal théâtre de la guerre. La famine semblait servir d'excuses aux Français, mais les Piémontais et les Autrichiens surtout, qui ne manquaient de rien, qu'avaient-ils à répondre en ravageant un territoire neutre ? Schérer, qui commandait pour la France, fit fusiller des pillards. Dewins ne tint compte d'aucune espèce de plaintes. Les Français gagnèrent la bataille de Loano. Cette victoire, que l'histoire placera un jour à la tête des plus hauts faits des soldats de la France, fit peu de bruit dans le temps, parce que Schérer, Masséna qui s'y fit un nom immortel de l'aveu même des ennemis ; le vaillant Suchet qui y fit à peu près ses premières armes ; le prudent et courageux Sérurier aimé du soldat ; Augereau avec les troupes qu'il amenait des frontières d'Espagne ; n'ayant aucun Berthier à leur état-major, et loin de connaître l'emphase mensongère des bulletins qu'ils eussent rougi d'employer, savaient à peine rendre compte de leurs belles actions. Tous les généraux, officiers et soldats qui eurent part à cette action mémorable, où l'on avait à vaincre un ennemi très brave, infiniment supérieur en nombre et posté très savamment sur des cimes presque inaccessibles, plongeant avec un feu terrible, actif et soutenu, sur les assaillants, surpassèrent cette fois tout ce qu'on peut imaginer de grand. La gloire qu'ils y acquirent se répandit sur toute l'Italie. La coalition trembla. Jamais Bonaparte n'eut à décrire un fait d'armes pareil qui ne fut mêlé d'aucune faute. Il s'y trouvait, cependant, attaché en sous-ordre à l'artillerie, mais il n'avait que faire des hauts faits d'armes de ses supérieurs et de ses camarades. C'est pendant cette bataille et les actions préparatoires qui la précédèrent et la suivirent qu'il eut la faculté de visiter et de reconnaître les lieux et parties de sentiers qui lui servirent l'année suivante, lorsque Barras l'eut appelé au commandement en chef. Néanmoins, il paraît qu'il en avait oublié quelques-uns, puisqu'il eut besoin de renseignements qu'il demandait à Sérurier, à Ménard, etc.

La République, si elle eut duré, eût fait ériger des statues bien méritées aux héros de Loano. L'homme qui l'a dévorée n'en fit dresser qu'une : ce fut la sienne! Il eut beau s'élever à 300 pieds au-dessus du sol, les alliés en laissèrent faire justice aux Parisiens et à quelques émigrés.

Les suites de cette grande victoire avaient été plus funestes à l'Italie que la perte de vingt combats. Les fautes du roi des Sardes avaient été remarquées par ses propres sujets. Il avait inconsidérément refusé l'alliance de la France, malgré l'exemple que venait de lui donner l'Espagne qui lui offrit même sa médiation. Des émissaires de Paris pénétrèrent en Piémont. On n'osa trop les rechercher. Ils appuyaient sur les torts des rois, et vantaient le régime républicain. La moitié de la population adoptait déjà en secret ces nouvelles maximes, non seulement chez le roi des Sardes, mais dans toute l'Italie. Lorsque l'invasion de ventôse et germinal de l'an IV commença, les esprits s'y trouvèrent disposés de telle sorte qu'il fut très facile d'y rencontrer des traîtres, au point que tout autre général, même très médiocre, y fût entré presque sans résistance, et Bonaparte n'eut perdu aucun homme à Montenotte, à Cossaria, à Voltri, à Dégo et à Millesimo, sans les fautes incontestables qu'il fit dans ces passages, malgré les avis et même la résistance des anciens généraux de l'armée.

Après la victoire de Loano, le général Dewins fut rappelé et remplacé par Beaulieu. La perte de la bataille ne peut lui être imputée. Les deux partis avaient rendu justice à la sagesse de ses dispositions et aux précautions extraordinaires qu'il avait prises pour assurer le succès aux armées de l'Empereur. Lui et le brave Wallis savaient bien qu'ils allaient être attaqués par des hommes d'une rare valeur, mais ils ne se doutaient pas qu'ils dussent avoir affaire à des démons. Peu de souverains savent que le rappel d'un général battu leur est souvent aussi funeste que le contraire leur serait avantageux, surtout lorsque, comme ici, le malheur n'a pas dépendu de la prévoyance du chef, et que tout a dépendu de la valeur ou plutôt de la rage des troupes opposées. D'ailleurs, Dewins était très malade au moment de l'action, mais la sagesse de ses dispositions avait ménagé la retraite honorable dont ses troupes profitèrent.

Beaulieu, son successeur, ne fut guère d'accord avec Colli, général des Piémontais. Celui-ci s'était rallié vers Ceva et dans les langues de Montferrat; il ne songeait qu'à défendre les Etats de son maître. Beaulieu avait, dit-on, l'injonction de l'Empereur de défendre la Lombardie ([1]). Il amenait quelques troupes fraîches qui,

---

1. Il est bien rare que des troupes auxiliaires n'aient quelques

avec ce qui restait de la défaite de Loano et autres actions partielles antérieures, lui formait une armée d'environ 30,000 hommes. Le roi de Sardaigne vint à bout, non sans peine, d'en rassembler encore à peu près autant, y compris ce que Naples envoya. C'est à ces 60,000 combattants, dont 15 à 16,000 soldats du Piémont avaient été distraits pour garder les frontières sur la Savoie et le Dauphiné et ne purent prendre part à la défense principale, que nous eûmes affaire en ventôse et en germinal. On voit, par les dispositions dont je viens de parler, que la droite des alliés se trouva composée de 15,000 soldats restant du roi des Sardes, et que la gauche et le centre se formèrent des 30,000 Autrichiens de Beaulieu. Les Sardes tinrent la droite parce qu'ils y étaient déjà placés naturellement pour protéger leur pays, ce que Colli avait voulu faire et ce qu'il avait réellement fait.

Le roi de Naples avait armé, avec le moins de bruit possible, et sur terre et sur mer. Quelques pilleries des Algériens vers les côtes et la Calabre, quelques séditions assez habituelles dans Naples même, lui avaient servi de prétexte, et, quoique la reine fût à la tête du gouvernement, le secret n'avait été divulgué que par l'envoi des premiers secours en Piémont et par le pillage de notre flotte dans le port de Toulon, auquel les Napolitains avaient pris une part, fort petite à la vérité, car ils n'eurent pour eux que le brick l'*Imbroglio*, mais les Anglais étaient là, et l'on sait comment ils partagent le butin avec leurs associés. Naples, quoique

---

instructions de cette nature, tant la méfiance des princes entre eux est grande : « Conservez d'abord ma chose, a dit à son général le « souverain qui envoie des secours à un autre, et puis voyez à « faire ce que vous pouvez pour mon allié et aux dépens de qui de « droit pour me rembourser mes frais. »

puissance de second ordre, fut néanmoins celle qui donna le plus de peine aux Français, et où ils perdirent le plus de soldats. La reine Caroline, par son grand caractère, valait à elle seule tous les rois de la coalition. Il est vrai que dans ce moment elle ne prit que des demi-mesures, conséquence funeste de la fausse opinion que les émigrés avaient répandue en tous lieux sur le courage de ce qu'ils appelaient des factieux, des carmagnoles, des jacobins et autres dénominations, plus abjectes les unes que les autres, qu'ils donnaient aux soldats de la Révolution. Ce mépris des nobles envers les roturiers était bien ancien, car on se rappelle ce que disait Bayard lui-même, lorsque Maximilien II voulut que les gens d'armes missent pied à terre pour aller à l'assaut de pair avec de simples soldats. On connaissait pourtant, à cette époque, la poudre à canon, et le corps de Bayard lui-même eût sauté en l'air comme celui d'un artisan devenu soldat, mais il eut été déshonorant pour Bayard d'être enfoui sous les débris d'une mine avec un roturier. Ici, il y avait ce vieux mépris, et en outre une grande colère de la confiscation des biens des émigrés.

Observez que ces demi-mesures forment le caractère distinctif de la première et de la deuxième coalition. Naples eut dû faire passer 30,000 hommes à son allié. Est-ce que l'envahissement de la Savoie et du comté de Nice, et enfin la bataille de Loano, n'eussent pas pu faire reconnaître aux princes de l'Europe qu'ils avaient eu tort de s'en rapporter à nos émigrés, guidés par le ressentiment et désireux de rentrer dans leurs biens, et qu'il était plus dangereux qu'on ne l'avait d'abord imaginé d'attaquer des soldats qui avaient toujours été les meilleurs de l'Europe, et qui, avec la *Marseillaise*, étaient devenus des enthousiastes furieux ?

L'empereur Joseph II était mort. Léopold, son successeur, s'occupa très peu des projets de l'Allemagne contre les démagogues de France. Léopold aimait la paix et fit tout pour l'entretenir dans ses Etats. Il s'était ligué avec la Prusse, non pour attaquer, mais pour se maintenir contre ces fous chez lesquels on voyait éclore chaque jour de nouvelles absurdités, contre ce qu'on appelait alors les tyrans de la terre. Cette ligue avait aussi pour motif — c'était même le principal — d'empêcher l'impératrice de Russie de se mêler de trop près des affaires de l'Europe. On connaissait les dessins ambitieux de cette puissance qui ne faisait que d'éclore. On voulait alors se passer des armées de cette souveraine, qui faisait plus de bruit à elle seule pour le rétablissement des Bourbons que toutes les puissances ensemble et l'on soupçonnait cette grande démonstration de peu de sincérité et de cacher quelques motifs d'envahissement.

François II, qui occupa le trône impérial après Léopold, ne donna pas d'abord une forte impulsion aux projets de Joseph II qu'il avait adoptés. La lenteur autrichienne empêcha souvent les troupes de cette puissance d'arriver à temps. On reproche aussi à cette cour d'avoir toujours promis à ses alliés plus qu'elle n'avait intention de donner. Beaulieu, lors de notre entrée en Italie, n'avait, comme on vient de le voir, que 30,000 hommes. Il en eut fallu 100,000, puisque le roi de Sardaigne ne pouvait en mettre sur Céva et Mondovi qu'environ 15,000. On assure aussi que ce fut la faute du roi des Sardes qui, pour engager davantage l'Autriche à marcher, s'était dit plus fort qu'il ne l'était, pour dissimuler le danger qu'auraient à courir les troupes autrichiennes.

Cependant Dewins, de retour à Vienne, dut faire un

rapport et parler de l'extrême détresse de la cour de Turin. M. de Gherardini, ambassadeur de Vienne à Turin, eût pu en dire autant, mais personne alors ne faisait son devoir.

Le pape Pie VI était sur le trône pontifical. Comme souverain spirituel de toute la catholicité, il a, comme on le sait, sa haute police sur tous les ecclésiastiques catholiques de la chrétienté. Il a, pour les réprimer au besoin, les interdits, les excommunications, et autres armes spirituelles du Vatican et puis au besoin la privation du temporel. Si ses prédécesseurs et lui, au lieu de belles controverses sur les Jansénistes et les Molinistes, se fussent servis de ces armes avec la sévérité convenable, non dans des disputes polémiques et méprisées, mais pour ramener certains évêques ou abbés commandataires, divers monastères et autres, tant en France qu'à leur cour même, à des mœurs moins relâchées (1), ou tout au moins à punir la calomnie, ils les eussent rendus plus respectables. La religion n'eût pas cessé d'être sacrée aux yeux des peuples.

Loin de s'acquitter de ce devoir de surveillance, il serait, je crois, difficile de trouver une seule bulle d'investiture canonique de son temps qui ait été précédée de l'examen métropolitain (2). Pourquoi les papes enlevèrent-ils aux synodes l'élection des évêques? Lorsqu'on

---

1. Ce pontife étalait lui-même beaucoup de faste. On le lui a reproché avec raison. Il paraissait tirer quelque vanité de sa prestance et de sa bonne mine.
2. On trouvait bien dans certaines de ces bulles et dans les lettres qui conféraient les ordres, — l'*idoneum et capacem in examine repertum*, — mais ces mots, qui exprimaient une chose exacte dans les anciennes élections synodales, étaient devenus des paroles de simple forme dans les bulles et autres pièces du secrétariat des papes et des évêques; de là tant d'ecclésiastiques, même

veut s'attribuer un droit, il est de règle de s'assujettir aux devoirs que la jouissance de ce droit impose.

C'est cependant cette insouciance des papes sur le relâchement des mœurs et sur l'instruction des ecclésiastiques qui, en France, amena le mépris public, puis l'irréligion, et enfin la spoliation entière des biens du clergé, et ce mépris, n'est-ce pas lui qui a enfanté jadis le protestantisme qui, de dispute en dispute, amena dans une forte partie de l'univers chrétien, l'incrédulité sur les principaux dogmes sur lesquels la catholicité se fonde? Il faudra des persécutions pour y ramener! En viendra-t-on à bout? L'histoire ne servirait donc plus à rien! On ne peut nier que la religion du peuple ne consiste beaucoup plus dans le respect pour la personne du curé que dans les dogmes qu'il enseigne. Une fois ce respect perdu, que reste-t-il au professeur pour contraindre à croire? La férule? Le fouet? mais les punitions n'enseignent rien. Le cardinal Dubois a

---

du premier rang, très nobles à la vérité, mais pleins d'ignorance et de l'orgueil qui en est la suite la plus ordinaire, et dont plusieurs dédaignaient de cacher aux peuples la dissolution de leur conduite et leur peu de respect pour la religion même qui les enrichissait. La Révolution, qui a tout atteint, a tout puni et a forcé chacun à avoir les mœurs de son état, et en cela elle a été utile à la religion. Au reste, les papes ont l'exemple de la réforme de la règle de quantité de couvents, d'ordres religieux, ou plutôt du rétablissement de la règle des fondateurs et toutes ces réformes ont été approuvées par le Saint-Siège, qui a canonisé ces pieux et courageux réformateurs.

On se demande pourquoi le chef de la chrétienté ne chargeait pas ses nonces, ses légats *a latere*, ses ambassadeurs, de s'occuper de ces réformes salutaires, au lieu d'attendre que le hasard présentât un réformateur qui, n'étant pas autorisé d'abord, avait nécessairement beaucoup à souffrir : il fallait y envoyer des missionnaires éprouvés qui eussent attaqué tous les abus, et la Propagande n'eût pas perdu son temps et son argent à envoyer des missionnaires en Chine, au Japon et dans les déserts de l'Afrique.

fait un mal horrible à l'Eglise, mais Laubardemont et, avant lui, François I<sup>er</sup>, lui en avait fait bien davantage (¹).

On assure que Pie VI fut très irrité contre l'Assemblée constituante, quoique, de son côté, celle-ci lui eût écrit des lettres très soumises. Si cela est, elle le trompait. Il fournit quelque argent à la coalition, qui ne voulut pas de ses soldats.

J'observe en passant que ce pape avait fait un voyage à Vienne, en Autriche, pour détourner l'empereur Joseph II de faire dans ses Etats d'Italie certaines suppressions de couvents qu'il croyait inutiles et qu'il regardait comme un obstacle à l'accroissement de la population. Ce voyage ne fit pas plus que l'éloquence du Saint-Père et compromit à certains égards la dignité pontificale. Joseph détruisit quantité d'établissements religieux. Il en vendit les biens et en reçut le prix qu'il employa ailleurs, à la guerre contre les Turcs par exemple. Ces faits sont notoires. N'est-il pas étrange que cet empereur et ses successeurs se soient formalisés dans la suite de ce que l'Assemblée constituante faisait en grand en France ce qu'il avait fait en détail en Italie, et d'autorité impériale. N'avait-elle pas là un exemple et ce qu'on appelle aujourd'hui *un précédent*? Pie VI fut un pontife débonnaire qui ne sut pas empêcher qu'on lui donna des torts graves. Les cardinaux qui composaient son conseil, avec de bonnes intentions, sans doute, le trompèrent. Ils lui firent beaucoup de mal. Ils oublièrent que le vicaire de Jésus-Christ, notre père commun, devait être au moins neutre dans les querelles entre ses enfants si, par ses exhortations, il ne pouvait terminer leur différend. Son extrême

---

1. François I<sup>er</sup> fit brûler beaucoup d'hérétiques.

probité ne lui servait à rien. On lui fit assembler des soldats qu'une mince division française battit à plate couture à Lugo. Après mille tracasseries, il fut réduit à aller mourir en exil, à Vienne, en Dauphiné.

Les ducs de Parme et de Toscane étaient adorés de leurs peuples, et ils le méritaient bien, mais ils n'avaient pas de soldats. La coalition, par divers moyens, leur avait enlevé leurs épargnes et bien malgré eux. Le duc souverain de Modène avait seul thésaurisé en se disant très pauvre, et on verra comment il sut mettre à couvert dès notre arrivée, et par la suite, et ses capitaux et sa personne. Les peuples de ces premiers souverains ne songeaient pas aux nouveautés comme ceux du Piémont qui étaient incommodés par la haute noblesse, le clergé et leurs privilèges.

Les Vénitiens refusaient obstinément de prendre un parti quelconque ; ils étaient riches et avares, et l'esprit politique de leurs ancêtres s'était évanoui dans les airs comme une fumée. En toute chose dans ce monde, l'avarice est une très mauvaise conseillère. D'abord, ils étaient très éloignés de croire que la France pût arriver jusqu'à eux. Ensuite, ils se figuraient que l'orage pourrait éclater aux environs ou hors de leur territoire, sans l'endommager. Certes, s'ils eussent accédé à la ligue des puissances, je crois bien qu'ils eussent succombé comme les autres sous les efforts de l'ouragan qui traversait les Alpes, mais moins facilement que le Piémont qui n'est plus rien, lorsque les Alpes, la Savoie et le comté de Nice sont envahis. Leurs places de Terre Ferme ne signifient rien à la vérité, mais l'inabordable Venise leur serait restée. Venise n'avait-elle pas lutté avec avantage pendant sept à huit siècles, avant qu'elle eût le moindre territoire en terre ferme ? N'avait-elle pas, dans ce temps-là, non seulement résisté, mais fait des conquêtes considérables sur l'épouvantable colosse turc? N'avait-elle pas soutenu les fameuses guerres de Candie et de Chypre? La capitale n'avait jamais été prise, et il était très douteux que Bonaparte eût jamais pu la réduire, lui qui fut arrêté près d'un an devant Mantoue qui ne se rendit que par famine. La famine peut-elle régner à Venise? L'Angleterre n'eut-elle pas balayé en un clin-d'œil le blocus que nous eussions essayé d'établir sur mer? Et puis, comment croire que l'Autriche, avec laquelle Venise eut combattu pour le salut commun, se fût exposée au ressentiment de toutes les puissances de l'Europe, à l'indignation de tous les gens de bien, en détruisant un Etat allié pour s'en emparer. On sait bien que la politique, soit en guerre, soit en paix, n'admet aucune espèce d'amis, et que les plus fortes armées font tout. Ici l'Autriche eut eu à craindre la Prusse qui n'était pas éloignée de s'allier à Venise et elle savait que Querini avait fait des propositions à Paris.

Ainsi, quelque malheur que le sort des armes lui eût fait éprouver, il ne pouvait exister de doute qu'elle n'eût été rétablie entièrement ou convenablement indemnisée au retour général de l'ordre ancien, c'est-à-dire à la chute de Bonaparte ou de ses armées. Du moins devait-elle raisonnablement l'espérer, car la vie de l'homme et sa puissance ne peuvent être éternelles. Ce n'était plus ici l'époque du traité de Cambrai, les Autrichiens n'étaient plus les ennemis de Venise, elle eut l'imbécilité de refuser l'alliance de l'Empire, quand elle n'avait que Bonaparte à craindre.

Si au contraire elle se fût unie à nous, je crois qu'elle n'aurait pu éviter le sort qu'elle a éprouvé. Alliée ou neutre, Bonaparte l'aurait également ravagée, pillée, dépouillée de tout et vendue ensuite à l'Autriche au moindre revers, à la moindre nécessité de compensation. La République de Venise ne sut pas distinguer les effets nécessaires et immanquables de la probité politique de nation à nation d'avec ce qu'elle avait à attendre d'un gouvernement de gens inconnus, nouveaux, tels que les Directeurs de France, et d'un général aussi nouveau que le Directoire, dont la conduite jusque-là ne pouvait rassurer personne, pas même ceux qui l'employaient. Il y avait un précipice sans fond de chaque côté, elle devait se défendre seule et s'y prendre à l'avance.

Pesaro, sage grand, n'était qu'un fou qui voulait que Venise armât seule quand nous étions là, lorsque nous étions déjà maîtres de toutes leurs places; il n'était plus temps (1). Il voulait qu'elle se fît respecter par les énormes armées de France et d'Autriche qui ne pouvaient s'aborder et combattre que sur le territoire de la République ! Où étaient donc les soldats vénitiens suffisants pour reprendre leurs places, réprimer les

---

1. Ce Pesaro fit au Sénat un discours furibond : il criait dans le désert; le parti de Valerezzo et de Calbo l'emporta. Ces avares furent soutenus par quelques traîtres qui aspiraient en secret à la souveraineté ou à profiter de ses dépouilles en se vendant à celle des puissances qui aurait le dessus et qu'ils prévoyaient devoir engloutir l'obstinée Venise. Tels étaient Giovanelli, Erizzo et Pesaro lui-même. Ces trois derniers, Giovanelli surtout, feignirent effrontément soutenir le parti de l'armement, mais avec des extravagances telles qu'ils réussirent complètement à discréditer l'opinion qu'ils avaient l'air d'embrasser. L'ambassadeur de Venise à Bâle, Rocco S. Fermo et Battagia avaient seuls raison. Ils disaient qu'il fallait se réunir à l'une ou l'autre des puissances belligérantes, et ils insinuaient qu'il fallait se livrer corps et biens et promptement à l'Autriche parce qu'elle était voisine. Ils disaient aussi qu'il fallait en même temps et absolument accorder quelques privilèges à la Terre Ferme pour se l'attacher et pour éloigner d'autant les oreilles du peuple des nouvelles doctrines qui formaient l'avant-garde des armées françaises.

insultes et protéger les campagnes? Les deux partis les eussent ruinés tour à tour.

Neutre et non armée! autre extravagance qui eut le sort qu'elle méritait. On attendait quelque grand résultat des Conseils et du Sénat assemblés. L'Europe y était attentive. On n'y fit que ce qu'on vient de voir. Je me trompe, la plupart des sénateurs, sous le nom du banquier Vivanti, s'étaient faits les fournisseurs de l'armée autrichienne et de l'armée française qui dévoraient la Terre Ferme. Le paiement fut ce qu'il devait être, l'envahissement de tout l'Etat et son partage entre ces deux nations.

Nous avons dit que les Anglais avaient envoyé beaucoup de forces maritimes dans la Méditerranée. Ils se rendirent maîtres de la Corse, qui leur fut livrée par le vieux Paoli, — service que le roi Georges paya par beaucoup de méfiance du traître et puis un exil en Angleterre où il mourut avec une médiocre pension. Ils menaçaient de là les petites principautés d'Italie qui ne voulaient pas prendre parti, et ils avaient détruit la frégate française la *Modeste* dans le port même de Gênes. Ils canonnaient nos troupes sur les côtes de l'est et de l'ouest de Gênes quand ils en trouvaient l'occasion. Ils étaient irrités : une espèce d'ouverture de paix que leur agent à Bâle, Wickman, avait fait faire au Directoire, avait été très mal reçue, et à cet égard je m'étonne que certains, qui ont voulu écrire l'histoire, aient donné tort à nos Directeurs d'avoir refusé de suivre ce qu'on appelle les formes diplomatiques qu'ils ne connaissaient pas, et qui au fond ne sont que ce qu'on appelle, en bon français, *assaut préliminaire de tromperie*. Wickman proposait de s'occuper de la paix continentale, et tout en disant qu'il n'avait pas mission pour en traiter il voulait que le Directoire s'expliquât sur les prétentions de la France. On lui répliqua qu'il fallait qu'il se pourvût des pouvoirs nécessaires ou qu'il indiquât tout autre qui en serait muni, et l'on ajouta, — chose que l'on eut à la vérité dû taire pour le moment, — que les décrets de la République ayant rendu la Corse et la Belgique inaliénables, on partirait de cette base qui serait à tout jamais hors de discussion, et qu'il serait défendu aux diplomates français de mettre sur le tapis autre chose que ce qui pourrait avoir été conquis ou pourrait l'être le jour de la signature du traité. Sur cette déclaration, tout fut dit et on arma de part et d'autre avec un redoublement de vigueur. L'Espagne seule fit la paix.

Telle était à peu près l'attitude des puissances de l'Europe. Tels étaient et leur politique et leurs projets divers. La guerre allait se rallumer avec une nouvelle violence, lorsqu'on vit entrer en Italie un homme obscur, dont les premières actions se perdaient dans la multitude des crimes révolutionnaires, et qui en conserva toute sa vie les manières et le ton, de quelque habit qu'il fût venu à bout de s'affubler. Il joignait dans l'ensemble de son caractère, et au suprême degré, la hardiesse du mensonge le plus effronté avec l'avidité extrême des richesses et du pouvoir, ce que l'hypocrisie peut avoir de plus raffiné avec une activité qui n'était égalée que par celle des soldats qui le suivaient. Il fut en politique un nouveau Mahomet, et j'avoue cependant qu'heureusement pour la terre les vices détestables du premier n'étaient pas familiers au grand nombre de milliers de prosélytes qui s'attachèrent à Bonaparte : que serait devenu le monde si tous les soldats français eussent été enclins à la dévastation sous un chef qui pardonnait tous les crimes, pourvu qu'ils ne lui fussent pas nuisibles, et qui considérait toutes les vertus comme la critique tacite de ses défauts ; un chef qui excitait sous main ses généraux au pillage, pour avoir en temps opportun à leur en faire le reproche ou à le leur pardonner et les attacher ainsi invinciblement à son char ? Insensé propagateur des doctrines qu'enfantèrent ces temps infortunés, stupide adorateur d'une fausse gloire, telle que celle qui sort d'une action brillante mais injuste, ses disciples ont vu trop tard qu'ils avaient écrasé les lois régulatrices de leur patrie et que leurs corps sanglants et mutilés n'étaient que les marches du trône que le fourbe usurpait.

Déjà, comme nous l'avons fait entendre, le bruit de la Révolution arrivée en France avait franchi les monts et quantité d'individus parmi lesquels on comptait même de très honnêtes gens, des savants d'un ordre supérieur, tels qu'en renfermaient toutes les universités d'Italie, des nobles de tous les rangs, des prêtres de tous les étages, des moines même de toutes les couleurs, favorisaient en secret les nouvelles doctrines sur le bien public. Les utopistes, plante féconde, indigène des contrées heureuses, renouvelaient dans leurs douces rêveries les beaux temps de l'Arcadie et de l'âge d'or. Ils croyaient déjà tenir les clés de la funeste boîte de Pandore ; ils en retiraient l'espérance et ils y renfermaient à jamais tous les maux ! Il en était venu au devant de nous, jusqu'à Nice. On dut même à quelques-uns de ces innocents de bons détails sur quantité de sentiers inconnus où il semblait que la chèvre seule pût passer. Ils en donnèrent sur les positions diverses de l'ennemi, sur ses forces, ses desseins, et sur ce que valaient les généraux qui nous étaient opposés. Ils ne furent pas même étrangers aux marchés faits avec quelques traîtres qui livrèrent les principaux défilés. Peut-on refuser quelque chose à ceux qui nous apportent le bonheur? Croyaient-ils mal faire? Certainement non. On en a vu aidant les Français à gravir les montagnes, s'arrêter à une chapelle, et, les mains jointes, supplier l'Éternel de faire que leur bon roi pût être pénétré des vérités sublimes qui descendaient du ciel et que nous étions chargés de leur communiquer!

Le Piémont fournissait des gens de cette espèce ; c'est de ce pays et surtout parmi les moines mendiants, qui pénétraient jusque dans les boudoirs et les cabinets les plus reculés, que le bureau secret de l'armée tira ses meilleurs espions. Un capucin s'introduit partout, se glisse partout, et avec d'autant plus de facilité qu'on le regarde en général comme un individu stupide, comme un idiot, — ce qui n'est pourtant pas — et qu'ainsi on est assez éloigné de se méfier de lui (¹).

---

1. Le R. P. Ambroise que, depuis la paix avec la Sardaigne, j'étais venu à bout de faire recevoir au couvent de Goito, où il fut bientôt gardien, était Piémontais. Cet homme, très religieux d'ailleurs, utopiste s'il en fut jamais, était néanmoins très rusé. Il fut envoyé par Bonaparte à Vérone, où il ne fut pas longtemps sans avoir des liaisons intimes avec Giovanelli, Erizzo, les Sacramoso, Iona, Bevilaqua et les frères Miniscalchi, tous ennemis jurés des Français ou qui feignaient de l'être. On sait que Bonaparte voulait faire faire un mauvais coup aux Vénitiens et les porter à insulter les Français. Le P. Ambroise savait que Giovanelli avait été séduit par les promesses de notre général en chef, il feignit de l'ignorer et il fut un de ceux qui excitèrent le plus la populace véronaise à attaquer la garnison, tout en suivant les instructions qu'il avait reçues à notre quartier général. Il se trouvait ainsi d'accord avec Giovanelli, qui ne le soupçonnait pas d'être un agent comme lui. Les conjurés de bonne foi ne le soupçonnèrent pas non plus ; ils le crurent un enragé, victime comme ils l'étaient eux-mêmes. J'ai un discours que ce religieux, monté sur un tonneau, tenait au peuple. Ce discours banal, qu'il débita, suivant les circonstances, ajoutant ou supprimant quelques phrases de dévotion ou de républicanisme, suivant les gens auxquels il parlait, était au fond toujours le même. Quand il était question de faire lever l'étendard

On dira peut être que pour amener les causes de la dissolution de la République de Venise, nous n'avions pas besoin d'entamer nos récits au fameux 13 vendémiaire ou au départ de Nice et que j'ai commencé la

de la liberté, jamais forcené jacobin n'en aurait prononcé de pareil. Dans un autre sens, il pouvait défier tous les prêcheurs des croisades. Souvent il mêlait tout ensemble. C'était lorsqu'il voulait sonder son auditoire, et alors on aurait cherché vainement ailleurs un mélange plus extraordinaire, plus grotesque et plus confus d'idées révolutionnaires et de principes de religion et de fidélité. Dans ces occasions, ces mêmes discours, habillés à sa manière, présentaient le contraste le plus ridicule et souvent le plus plaisant qu'on eût jamais entendu. On avait déjà envoyé cet étrange missionnaire à Bergame, à Brescia, à Créma, où il avait fait des merveilles. Ceux qui avaient le mot se détournaient pour rire et le peuple était en fureur. Celui de Vérone avait été trop poussé : il ne se connaissait plus. Ambroise craignit un moment d'être victime lui-même de sa rage. Il laissa là Erizzo et Giovanelli, après avoir allumé le feu que ces misérables attisèrent et qu'ils ne purent plus éteindre. Il sortit par la citadelle que le général Balland, qui s'y était réfugié lui-même, lui ouvrit ainsi qu'à quelques co-espions qu'il m'adressa comme si je ne les connaissais pas mieux que lui. Il fut envoyé ensuite à Naples, où il fut pendu avec Materat, adjoint aux adjudants-généraux, après une sédition de lazaroni qu'il avait excitée et où le gouvernement fut le plus fort.

L'un des quatre frères Miniscalchi, celui qui est commandeur de Malte, celui de tous ses frères qui avait égorgé le plus de Français à Vérone, se sauva en Autriche, où il répandit un écrit d'une extravagance rare. Il paraît que ce n'était qu'un imbécile vénitien qui ne savait rien des causes des événements qui avaient eu lieu sous ses yeux et qui ne vit même pas tout ce qui se passa dans la rue où il était au moment du massacre. Il dit, entre autres choses controuvées, que le P. Ambroise, qu'il avait vu prêcher, avait été fusillé à Vérone par ordre d'Augereau lorsque ce général vint nous relever. Cela n'est pas vrai. D'autres ont répété cette sottise. Il n'y a eu aucun moine d'exécuté à Vérone. Augereau ne fit juger que quelques-uns des seigneurs véronais que le fourbe Giovanelli avait forcés de se compromettre dans les assassinats qui eurent lieu la deuxième fête de Pâques et qu'il abandonna avec une lâcheté inouïe en s'enfuyant de Vérone avec son complice Erizzo, violant ainsi la capitulation qu'il avait signée, capitulation infiniment douce, ainsi que le reconnaît Rocco S. Fermo, si on la compare aux forfaits horribles qui l'avaient précédée.

guerre de Troie au-delà des œufs de Léda, mais ce n'est pas pour les hommes superficiels qui, dès qu'ils ont la première partie d'un ouvrage, courent à la dernière page voir le dénouement, que nous avons écrit ces Mémoires.

J'avais cherché à éviter ce reproche, mais il m'est tombé sous la main depuis assez peu de temps quelques écrits sur Venise et sur Bonaparte, tellement différents les uns des autres, que cette divergence, dans un temps si rapproché, m'a causé une grande surprise. Où en sommes-nous donc de l'histoire ancienne, si l'engouement ou la colère l'ont dictée comme celle de nos jours? Ce que les uns nous offrent comme une vertu, un acte de haute prudence ou de sagesse, de profonde science militaire ou politique, de connaissance parfaite du cœur humain et de la valeur intrinsèque de chaque homme en particulier, nous est donné par d'autres comme un assemblage heureusement fort rare de misérables et basses tromperies, de crimes abominables, d'actes de la lâcheté la plus méprisable, de l'égoïsme le plus révoltant, de l'ignorance la plus absolue du métier de la guerre, de la saine politique, ou science de l'homme et du grand art de le gouverner. On reproche surtout au *météore* du siècle d'avoir eu le cœur totalement fermé aux qualités morales qui distinguent l'homme de la bête, de n'avoir jamais montré de la prévoyance au-delà d'un jour, d'avoir été sans cesse timide, décontenancé et insolent tour à tour après les revers ou les succès des armées; d'avoir toujours fui sans savoir donner aucun ordre, d'avoir abandonné le reste de ses malheureux soldats à la discrétion de l'ennemi lorsque la victoire les quittait, et de n'avoir songé dans ces occasions qu'au salut de son individu. Ce dernier reproche lui a été adressé par ses plus chauds partisans, même par Chaboulon et

Ségur. Certains, enfin, en font le pendant de l'horrible Septime Sévère dont il choisit lui-même l'arc de triomphe qu'il fit ériger dans la cour des Tuileries par une singulière prédilection, car il y en a de plus beaux.

Et ces écrits se trouvèrent avoir une telle ressemblance, autant par l'enflure du style et la tournure des phrases que par les mensonges que les auteurs des uns et des autres se sont permis de mettre en avant comme des vérités, que j'ai cru pendant quelque temps qu'ils étaient tous sortis de la même plume, ce qui au reste ne serait pas bien surprenant ni bien neuf dans ce siècle fécond en circonstances contraires et en intérêts plus ou moins habilement calculés.

Cette espèce de manie, qui n'aurait pas dû dépasser les limites de l'opinion, l'a impudemment franchie : elle a entamé les faits qui restent altérés de la manière la plus étrange.

Chaque écrivain a des amis à ménager ; quelques-uns ont craint d'offenser des gens puissants ; quelques autres, faméliques, ont attaqué des hommes probes pour ensuite les rançonner. D'autres ont vendu leur plume à de vrais brigands. On a mal parlé de gens morts, ou que l'on a cru tels. On a mis sur leur compte les crimes de ceux qu'on louait pour de l'argent, en sorte qu'on ne sait plus où l'on en est de l'histoire depuis le commencement de la Révolution et surtout depuis 1794. Ce n'est pas ainsi qu'on fait du Tacite, comme on avait l'impertinence de le dire en 1800.

D'un autre côté, les gens à partis, à factions, ceux qui ont été froissés, grands et petits, et ceux qui leur appartiennent, ceux qui se sont trouvés sous la corne d'abondance, lorsqu'elle débordait et qui en ont profité plus ou moins, ceux qui ont senti le besoin de faire oublier et leurs liaisons précédentes et leur conduite passée, ne sont pas nés pour écrire cette histoire. L'enthousiasme fanatique pour ou contre cet homme dont on parlera encore longtemps, sans nul doute, n'atteint jamais la vérité qui reste toujours en arrière. L'histoire ne se laisse jamais saisir par les passions [1].

C'est à leur première source qu'il faut rechercher les conquérants, si l'on veut les connaître. On ne saurait la détailler trop longuement. Le développement de leur commencement et celui des premiers moyens qu'ils ont employés pour s'accréditer, présente cette grande utilité, qu'ils peuvent servir de préservatif aux hommes à venir. Il n'y a rien d'insignifiant dans la marche d'un ambitieux. Quelquefois directe, plus souvent tortueuse, jamais franche, quelle qu'elle paraisse à la tourbe ignare, qui ne la voit qu'à travers un prisme trompeur, il sait bien, lui, qu'elle va droit au but caché qu'il atteindra

---

1. Il faudrait plusieurs gros volumes pour pouvoir inscrire seulement le nom de ceux qui ont changé de parti quatre bonnes fois et qui ont déchiré leur précédent bienfaiteur. Cette bassesse est devenue aussi commune que l'impertinence de ceux qui ont voulu qu'on adorât en tout le règne de l'usurpateur, même dans ses fautes les plus grossières. N'était-il pas bien étrange, par exemple, de voir M. de Ségur, qui a un style si vif, convenir qu'à chaque pas qu'il fit dans la guerre de Russie, Bonaparte se conduisait comme un sot, un fourbe et un entêté, un égoïste atroce, surtout à Mojaïsk, et, à chaque pas, le qualifier d'homme du plus grand génie. Il paraît cependant qu'il a voulu pallier ses contradictions en lui donnant une maladie dont personne n'avait jamais parlé et que ses autres aides de camp avait complètement ignorée. Qu'était donc devenue cette infirmité lors des combats en France, à la Fère, à Château-Thierry, à Champ-Aubert, à Montmirail, à Brienne, à Montereau, etc., où il déploya une activité rare, et où il dut éprouver des fatigues excessives et les plus grands chagrins ? Cette infirmité passe pour incurable : qu'était-elle devenue à Sainte-Hélène ?

Le furet Las Cases, qui cherchait jusque dans les gardes-robes de son grand empereur pour y trouver des pages d'histoire à imprimer, n'en a pas parlé, ni son médecin non plus. Ce silence semble fort extraordinaire.

tôt ou tard. Le peuple est si sot ! Les grands sont si souvent peuple ! Toute la France catholique portait le Balafré au trône : il était l'idole des peuples aux yeux desquels il passait pour le soutien de la religion. Il fit une seule faute, il alla à Blois. Cette faute lui coûta la vie. Que de détours il faut suivre quand on écrit son histoire ? Richelieu n'en fit pas. D'évêque de Luçon, il devint roi, au titre près. L'on croit communément, malgré ce qu'en disent aujourd'hui les partisans du gouvernement féodal, que la réussite des intrigues sans nombre qui le menèrent là fut un bonheur pour l'État. Peut-être la postérité en dirait-elle autant de Bonaparte si l'on écoutait les mensonges de ses partisans et de ses amis.

Nous ne donnerons que très succinctement ce qui s'est passé le 13 vendémiaire an IV jusqu'à l'échauffourée de Lodi et les affaires de Milan jusqu'à l'arrivée de l'armée à Brescia. C'est là que commencent les détails sur Venise. On pourra croire de temps en temps que nous nous écartons du sujet que nous avons eu dessein de traiter. On ne nous fera pas de reproches, quand on se souviendra qu'au départ de Bonaparte de Paris, le Directoire lui avait déclaré, — mais comme une chose éloignée, et à laquelle il ne fallait songer qu'en raison du succès, — qu'il paraissait impossible, quelques victoires qu'on remportât, de faire une bonne paix avec l'Autriche, si l'on n'avait quelques Etats à lui donner en compensation de la Belgique qu'on voulait absolument garder ; qu'on verrait si l'on pourrait l'arranger du Piémont en détruisant la monarchie sarde, ou du territoire vénitien ; qu'on se déciderait suivant les nouvelles qu'il enverrait de ses opérations. On lui fit connaître aussi ce qu'on pourrait bien tirer de la trésorerie de France pour cette guerre, et tout en lui rappelant que cette trésorerie était un gouvernement à part à peu près indépendant du Directoire, il lui fut dit d'essayer de se procurer par les moyens qui dépendraient de lui les sommes nécessaires à l'entretien de l'armée, et même pour leur en envoyer, tant pour eux que pour remplacer au trésor ce qu'on en aurait tiré au commencement. Il n'y avait pas de doute qu'il pût entrer dans ces riches contrées, puisque l'on tenait déjà une partie des hauteurs des Alpes maritimes et de l'Apennin et qu'on avait vaincu les principales difficultés à la bataille de Loano, quoiqu'on eût abandonné depuis quelques positions au-delà de Tende.

Je ne connaissais pas du tout Bonaparte. Le 13 vendémiaire, j'allai demander à Delmas et à Barras un bon pour deux chevaux en remplacement de quatre qu'on m'avait pris à l'armée du Nord, en me destituant comme suspect. Aubry et André Dumont m'avaient fait réintégrer depuis peu, après ma sortie des prisons d'Amiens, et je sollicitais ces chevaux pour pouvoir aller rejoindre le 13me régiment de hussards, dont on m'avait donné le commandement. Je fus très heureux, me dit-on, d'en obtenir un et on m'en signait le bon lorsque le jeune Corse entra au comité. J'étais assis à côté du général Menou (le ridiculissime Abdallah) qui avait l'air très mécontent. Il était environ 9 heures du soir. Bonaparte dit aux représentants qu'il venait, lui-même, de voir quelques sections qui paraissaient vouloir encore s'approcher par les rues de la Féronnerie et de Richelieu et il reçut aussitôt l'ordre d'aller les repousser. Cette assertion était un mensonge. Tous les Parisiens avaient à cette heure là abandonné Danican et autres; chacun s'était réfugié dans sa maison et n'avait plus envie de revenir. Je sortais de la section de la Butte-des-Moulins; il n'y avait plus personne. Bonaparte courut à l'artillerie qui était encore en batterie, au bout de la rue de l'Échelle, à deux pas et en avant de l'hôtel de Brionne. Il la conduisit en face de la rue de Richelieu et la fit braquer sur ces ennemis imaginaires, et, sans autres reconnaissances, il tira jusque vers minuit. Il tua quelques passants dans le lointain. Leurs cadavres trouvés, le lendemain, sans armes à côté d'eux, témoignaient qu'ils avaient ignoré qu'on fût en guerre du côté des Tuileries ou qu'au moins ils ne faisaient pas partie des combattants. Pendant ce temps, le général Menou me disait qu'il était consigné et la curiosité me fit rester là pour voir ce qu'il adviendrait de l'exploit de Bonaparte. Il rentra vers minuit et déclara avec un air de triomphateur qu'il avait repoussé ces obstinés Parisiens, mais avec peine ; mais qu'enfin il les avait si rudement menés qu'ils étaient en pleine déroute ; que les représentants du peuple pouvaient aller se coucher tranquillement ; qu'au reste, il veillerait pendant leur sommeil à leur sûreté et à la tranquillité de la capitale. En somme cette canonnade, outre ces sept à huit individus imprudents assassinés, n'avait servi qu'à briser, par ses ricochets, beaucoup d'auvents de boutique jusqu'au bout de la rue de la Féronnerie, et à endommager la corniche de la fontaine des Innocents, et d'autres coups, pointés par lui-même et avec la plus grande maladresse sur la rue de Richelieu, entamèrent plusieurs colonnes du Théâtre-Français.

Je vis donc, cette nuit, Bonaparte pour la première fois. Menou, à qui j'avais demandé son nom, me l'avait appris et avait ajouté que ce jeune homme sortait des prisons, où il avait été mis pour avoir commandé l'égorgement des habitants de Toulon. Et qui diable se serait imaginé que ce mince individu, si méprisable par les propos qu'il tenait devant moi et qui n'était autre chose qu'un des membres du chétif bataillon des patriotes de 89, renfermait dans sa petite taille tous les moyens de devenir un jour empereur des Français, et qu'on pouvait trouver en lui le germe de tous les crimes et de toutes les hautes qualités nécessaires pour arriver au rang suprême. Je ne pense pas qu'il l'imagina lui-même, car il savait qu'il avait devant lui les Hoche, les Jourdan, les Moreau, qui avaient alors beaucoup plus de droit que lui à l'avancement le plus colossal. Il ne manquait à cet homme que la prudence qu'il eût dû opposer à son ambition.

Je partis. Après une route de cent quatre-vingts lieues, pleine de désagréments, tant à cause des réactions sans cesse renaissantes dans chaque village où l'on était forcé de changer de cocarde à chaque pas, qu'à cause des assignats dont, depuis Fontainebleau, on ne voulut nulle part, si bien que je fus très souvent obligé, pour ne pas mourir de faim, de prendre en argent la moitié de l'étape de mes chevaux, j'arrivai enfin à Aix, où je trouvai le 13e régiment de hussards, dit des Alpes. Ce corps, tout neuf et qui n'en valait pas mieux, avait été composé d'abord de jeunes gens qui s'étaient sauvés de Lyon au moment du désastre. Il s'y était joint des Dauphinois, des Marseillais, des Gascons, etc. Le général Walter avait organisé ensemble ces éléments de discorde. Les deux partis s'attaquaient à chaque heure du jour. Le quartier-maître, l'officier d'habillement, le conseil prétendu d'administration, en général tous les officiers et une partie des sous-officiers étaient comme de raison fort à leur aise. Les hussards se trouvaient dans la plus affreuse misère, couverts de haillons et n'avaient du hussard que la moustache. Les chevaux, dont une partie avait disparu sans procès-verbaux, étaient tous galeux. Enfin je trouvai ce corps hors d'état d'entrer en campagne de fort longtemps. J'appris que cette troupe avait un soi-disant colonel qui s'éclipsa à mon arrivée. Il fit bien, je l'aurais fait passer en conseil de guerre. Il aurait été fusillé pour avoir pris le commandement d'un corps sans en avoir le droit, pour avoir participé aux désordres de la comptabilité, en avoir sans doute profité et n'avoir fait donner aucune instruction aux hussards qui montaient à cheval comme des garçons meuniers, alors que, cependant, bon nombre d'officiers savaient très bien leur métier. C'était, disait-on, le fils d'un huissier d'un village de Normandie dont il avait pris le nom. Je ne l'ai jamais vu. Je ne le nommerai pas. Il est quelque chose aujourd'hui dans l'état militaire; il a même obtenu une dignité de baron, pendant le ministère de Clarke, sous Louis XVIII. Apparemment que l'effroi que lui causèrent et mon apparition et ma réputation de sévérité lui fut utile et qu'il prit le parti de s'instruire dans l'état auquel il s'était destiné, à moins que son avancement n'ait été le fruit de quelque intrigue de parti, ce qui pourrait bien être. Il y a, d'ailleurs, tant de gens qui depuis dix ans ont passé dans la foule! On disait dans Aix qu'il était un des mignons de Stengel.

Après quelques efforts pour pallier tous ces maux, je reçus l'ordre, en ventôse an IV, de conduire ce régiment à Nice, rendez-vous général des armées dites des Alpes et d'Italie, qu'on avait renforcées et qui devaient disait-on, pénétrer en Piémont. On en avait donné le commandement à Bonaparte, duquel on vient de voir que je devais avoir une opinion assez médiocre et qui tout au moins n'avait pas la réputation de Montesquiou qui s'était si bien conduit, de Kellermann qui ne fut plus général en chef, et moins encore des Sérurier, Masséna, Augereau et autres vainqueurs de Loano, sans compter ceux qui s'étaient distingués, tant sur les Alpes supérieures que dans les défilés, depuis Genève jusqu'au col de Tende, depuis le pont du Var jusqu'à Gênes.

Depuis brumaire jusqu'à ventôse et malgré les querelles sans fin entre les hussards et les habitants de ces contrées, presque toutes à demi-insurgées, j'avais fait guérir tous mes chevaux, et la plus grande partie de mes hommes avait des habits et des armes. Je les avais fait passablement exercer. Le corps s'était recruté. Beaucoup d'enfants de famille y étaient entrés dans l'espérance qu'un corps aussi délabré ne marcherait pas de longtemps et qu'ils éviteraient ainsi pour le moment la conscription qui les eût envoyés sur-le-champ aux armées actives et ne leur eût peut-être pas permis de choisir des corps qui leur eussent convenu comme celui-là. Cette assertion, bien extraordinaire sans doute lorsqu'il s'agit de soldats français, n'est pas une calomnie. Tous les brouillons attachés à quelque faction que ce soit ne sont bons qu'à faire du bruit à l'intérieur. Ils n'aiment pas les balles. J'avais en six escadrons dix-huit cents hommes, tant à pied qu'à cheval, aux revues passées à Castres et à Pézénas, et après le passage du pont du Var, il ne s'en trouva plus que quatre cent cinquante. Il me manqua aussi beaucoup d'officiers. Je ne courus pas après; mieux valait qu'ils fussent partis ainsi de bonne heure que d'avoir ou reculé ou déserté devant l'ennemi.

Je demandai le licenciement de tout cela au Directoire, qui me l'accorda, avec ordre à Bonaparte de m'attacher à l'état-major général en attendant mieux. Cet ordre nous parvint en Italie le jour même de l'affaire de Lodi. Je fus chargé de l'opération du casernement, non faute d'officiers généraux de cavalerie qui s'y entendissent, mais ils étaient ou blessés ou à la poursuite des troupes de Beaulieu vers le Mantouan. Je regrettai de n'avoir pas avec moi Marc Beaumont, officier général très entendu et alors républicain passable.

A Nice j'avais trouvé un ancien ami, le général Kilmaine, qui, de général en chef de l'armée du Nord, après l'assassinat de Custine, avait passé, comme bien d'autres, et assez promptement, dans les prisons du Luxembourg à Paris, d'où il ne faisait que de sortir. C'est lui qui me raconta que Barras, en mariant la veuve Beauharnais au jeune homme qui venait nous commander, s'était engagé, en lui imposant cette femme, à lui donner un commandement. Les autres Directeurs s'y étaient d'abord opposés à cause de l'immoralité du fait. Enfin, à force de sollicitations, tant de la part du jeune homme que de la femme et de Barras lui-même, aidé par tous les Corses, ses compères, on en était venu à bout. Certains Directeurs avaient considéré aussi que cette armée éloignée était remplie de royalistes et de brouillons, qui s'y trouvaient plus en sûreté qu'ailleurs, tant à cause de la distance de Paris que parce que l'esprit de cette partie orientale du Midi n'était pas « trop bon », suivant le langage du temps [1]. Cette puissante raison avait déterminé le gouvernement à envoyer cet épouvantail de Toulon, afin que chacun prît garde à soi avec ce petit enragé qui ne parlait que de fusiller les aristocrates [2].

---

1. V. la lettre de Bonaparte au Directoire allobroge, 29 germinal an IV.
2. On a vu combien les Directeurs se trompaient sur cet individu.

Kilmaine ajoutait que Bonaparte avait reçu en partant l'ordre de faire l'impossible pour entrer en Piémont, révolutionner ce pays ainsi que Gênes et tous les lieux où il pourrait atteindre, faire mains basses sur toutes les richesses pour les envoyer à Paris et entretenir aussi son armée. On lui recommanda surtout de suivre, quant aux opérations, les conseils des généraux qui se trouvaient déjà à cette armée dans laquelle, depuis la conquête de la Savoie et de Nice, on s'était tant battu et avec tant de gloire, quoiqu'on n'eût fait autre chose que de se maintenir sur quelques pitons élevés plongeant sur la Méditerranée et où l'on n'avait plus ni pain, ni habits, ni argent. Il en trouverait à Gênes, ajoutait-on, en caressant d'abord cette ville.

Bonaparte, en effet, n'avait pas reçu d'argent, et la plupart des traites qu'on lui avait fournies, celles surtout venant d'Espagne, n'étaient pas acquittées, mais tout ce qu'il y avait de Corses à Paris se remuait dans tous les sens pour ne laisser manquer de rien cette armée commandée par un de leurs compatriotes, — ce qui devait honorer leur pays demi-africain d'où jusqu'alors il n'était sorti que des brigands, tels que les Bastelica, les Paoli, etc. Il était presque certain qu'à force de travail ils réveilleraient ce piètre Directoire, et qu'on nous mettrait en état d'aller en avant, veuille Dieu, veuille Diable.

Kilmaine finit par me demander si, dans le cas où mon régiment serait licencié, comme je l'avais demandé, je voudrais me charger de la partie secrète de l'armée. Je lui dis que je verrais, et qu'il ne me proposât pas encore au général en chef, parce que ceux auxquels il la confierait à présent ne réussiraient à rien faute d'argent et que j'aurais par là l'avantage de succéder à des gens qui auraient mal fait la commission. C'était aussi la pensée de Kilmaine qui connaissait son monde. Il me promit de se charger du portrait caractéristique et moral de tous les généraux et autres officiers supérieurs de l'armée et de m'en rendre bon compte pour mon bureau, si le cas échéait.

Stengel, qui commandait alors la cavalerie en chef et qui ne connaissait pas l'intrigue du mariage, éprouvait une certaine colère jalouse de ce que nos Directeurs, pour leur coup d'essai, paraissaient n'avoir pas trouvé en France de généraux français capables de commander cette armée, puisqu'ils y avaient envoyé un Corse et un enfant.

Masséna, en état de vaincre sur ces rochers escarpés, partageait les sentiments de Stengel. Il écrivit pourtant à Bonaparte, mais par pure politesse. On trouvait peu de généraux qui ne fussent de même humeur. « Voyons, dirent-ils enfin, si, par son Barras et sa femme, il aura le crédit de nous procurer des appointements en argent, du pain et des habits pour nos soldats. » Dans cette espérance, qui fut en partie confirmée par quelques envois de vivres et par la réunion de 40,000 hommes, ces premiers généraux du monde se déterminèrent à obéir, en se chargeant toutefois de l'éducation militaire du nouveau venu.

Il faut avouer aussi que l'idée des généraux sur les secours que porteraient à Bonaparte tous ses compatriotes n'était pas sans fondement et sans probabilités. La nation corse est aussi adroite et fine qu'elle est ardente. Dans leur île, les habitants sont rarement d'accord entre eux, mais dehors il n'est pas de services qu'ils ne se rendent mutuellement. Ici, comme le remarquait Kilmaine, et très judicieusement, l'orgueil national se joignait peut-être aussi à quelque autre motif d'intérêt public ou privé auquel je suis loin de trouver à dire. Les Corses devaient donc naturellement entourer Bonaparte devenu général en chef d'une armée française, et l'affaire isolée d'Aréna qui, au reste, n'est pas bien claire, ne prouve rien contre ce que je viens de dire.

Après le 13 vendémiaire, les Directeurs s'étaient pressés d'employer de quelque manière que ce fût et hors Paris, les individus qui avaient composé un bataillon dont la Convention s'était servie contre les attaques des sections de Paris. Ce bataillon s'était formé spontanément, le 12, de quantité d'officiers généraux et autres qui, dans une espèce de réaction qu'avait subie la Convention, il y avait quelques mois, avaient, pour la plupart, été destitués et mis en prison, taxés d'opinions et même de quelques actions exagérées. Bonaparte avait été de ce nombre. Il y avait dans ce corps des gens de tous les états; on y voyait un prince de Hesse, un Rohan, des comédiens de Paris, etc. Ce corps impromptu fut dissous le 14, et les individus qui l'avaient composé furent, sous prétexte d'emplois militaires ou civils, tous dispersés, placés le plus loin qu'on put de la capitale. Les gens sensés de la Convention indiquèrent cette mesure, sans laquelle cette assemblée, si funeste par ce qu'elle a fait de bien et de mal, n'eût jamais pu se séparer sans bruit et sans quelque nouveau désordre.

Un de ces gens là, nommé Hulin, qui se qualifiait du titre prétendu magnifique de vainqueur de la Bastille, et qui prouvait qu'il pouvait se vanter d'avoir concouru avec mille autres à la destruction de cette vieille prison défendue par le plus sot des concierges, quelques invalides et des porte-clefs, avait été envoyé à Nice où il commandait cette place démantelée. Nous l'avions trouvé là et, à notre grand étonnement, certes — cet individu ne pouvant être qu'un suppôt de police. Il procura à Salicetti et à Bonaparte quelques espions pris parmi les Sardes et les Autrichiens prisonniers de guerre. Ces hommes, à qui on donna quelque argent et des promesses, se chargèrent non seulement de nous servir d'observateurs, mais même d'engager quelques officiers du premier rang à ne pas nous présenter trop d'obstacles dans les défilés dont nous allions tenter le passage. Ils nous avaient dit que le roi des Sardes avait environ 30,000 hommes, dont 15,000, sous le duc d'Aoste, gardaient le pays vers la Tarentaise, les autres 15,000 nous étaient opposés, et avaient à leur tête ce pitoyable général Colli, qu'on a vu depuis aller prendre le généralat des troupes du Pape, où il acheva de se couvrir de ridicule. Il y avait aussi un certain chevalier ou comte de la Tour qui fut fusillé depuis à Turin, avec un chevalier de Saint-Amour et un autre, pour nous avoir livré sans combat la forteresse de Saorgio et tous les passages qui en dépendent.

Une armée auxiliaire d'Impériaux était jointe à celle de Sardaigne. Beaulieu la commandait, il remplaçait Dewins. Il avait sous lui d'Argenteau, Roccavina, Provera, etc. Ils étaient en tout 30,000 hommes. Ainsi nous avions 45,000 hommes devant nous, plus environ 3,000 cavaliers napolitains.

Salicetti, l'un des hommes les plus fins que la Corse ait jamais produits, avait été donné par Barras pour Mentor au jeune Télémaque. Il servait en qualité d'intendant général à l'armée et de commissaire du Directoire et, comme on l'a vu dans la suite, cette espèce d'alliance produisit, en abondance et de très bonne heure, tous les fruits qu'on devait en attendre. L'adresse du précepteur ne fut cependant pas suffisante pour l'empêcher d'être attrapé et très vigoureusement par le duc de Modène, ainsi qu'on le verra sous peu. Il n'est pas d'homme si fin qu'il soit qui ne trouve plus fin que lui.

Il n'avait pas été difficile de trouver des gens à séduire dans les armées ennemies. Les généraux, officiers et soldats, étaient presque tous aussi malheureux sur le revers oriental des Alpes que les Français l'étaient en deçà. Le roi de Sardaigne n'avait plus d'argent, ses armées n'étaient plus connues que sous le nom d'armées de la famine. Les soldats autrichiens étaient moins mal, à cause de la Lombardie.

Le Directoire, tout en donnant à Bonaparte les instructions dont nous avons parlé, n'avait pas la ferme croyance qu'on pût pénétrer en Italie. Il en avait, cependant, augmenté l'armée, de manière à la faire monter à 40,000 hommes, et il avait jugé ce nombre d'hommes suffisant pour tenir l'ennemi en bride sur cette frontière et l'inquiéter même, mais surtout pour le forcer à dégarnir les rives du Rhin, où le prince Charles, le maréchal de Warensen, avec une force considérable, fatiguaient beaucoup Jourdan et Moreau. Cette première disposition, connue à Vienne, eut un résultat différent de celui qu'en attendait le gouvernement français. L'Autriche n'envoya pas à Beaulieu les renforts qu'elle lui avait promis. Cette cour fit aussi la faute de laisser d'Argenteau avec Beaulieu. Ces généraux ne s'aimaient pas; le premier était un misérable poltron. Elle fit passer plusieurs corps sur le Rhin et ce fut un bonheur pour l'armée française d'Italie qui eut d'autant moins d'ennemis à combattre.

Salicetti et Bonaparte, de leur côté, sollicitaient sans cesse des renforts. Ils eurent l'adresse de faire agrandir d'une manière colossale l'arrondissement de leur armée dans le Midi : à Carcassonne, à Toulouse même, on était dans l'armée des Alpes. Ils dépouillèrent ces contrées de soldats. Ils poussèrent jusque dans le Tarn, puisqu'ils y prirent mon régiment. Il ne serait pas resté un seul soldat dans les départements méridionaux pour y contenir les factions, si Villate, à Marseille, et Châteauneuf-Randon, à Montpellier, n'avaient opposé une vive résistance aux ordres imprudents qui leur venaient des Alpes, ordres dont le Directoire ne connaissait pas encore le danger [1]. L'emploi de ces moyens porta l'armée à 67,000 hommes, présents à Nice et aux environs ; car, depuis la bataille de Loano, la misère, le dénuement de tout, nous avait forcés d'abandonner beaucoup d'excellentes positions dont l'ennemi avait profité. On ne fut pas longtemps à attendre les effets de la corruption, tant dans les armées ennemies qu'à Gênes même, qui, avec un caporal et quatre hommes, eût pu arrêter sans risques toutes nos troupes dans certains défilés qui dépendaient d'eux. On hasarda la marche par le sentier qui porte le nom de Corniche de la Riviera de Gênes, et cette marche ne fut nullement interrompue jusqu'au pied de la Bochetta, haute montagne, mais très abordable, qui domine Gênes au nord-ouest. Cervoni et la Harpe, avec un corps de 5,500 hommes, passèrent sur cette corniche et poussèrent jusqu'à Voltri sans trouver un seul soldat ennemi. Beaulieu ne fut averti de cette pointe, aussi audacieuse qu'elle était imprudente, que par des voyageurs ! Il était donc complètement trahi. Il partit tout aussitôt d'Acqui où était son quartier général et avec 10,000 hommes il arriva sur Voltri qu'il écrasa. Cervoni

---

1. Il ne le connut que lors des révoltes de vendémiaire an V, qui troublèrent tout le Midi. Alors Villate et Châteauneuf-Randon traités de conspirateurs, avaient obéi.

n'avait pas encore fait la guerre. Le courage seul ne suffit pas quand on commande. Il perdit tout, à 7 ou 800 hommes près, qui se sauvèrent dans les rochers. Beaulieu l'avait surpris dans le dernier désordre.

Dans ce même instant, la cavalerie française marchait sur cette horrible corniche. Nous étions 6.000 sous le général Stengel, le général Kilmaine et le général Marc Beaumont. 4.000 hommes, d'après les états de ce dernier, étaient de l'ancienne armée et les 2.000 autres étaient venus avec Bonaparte. Chacun était obligé de tenir son cheval par le bout des rênes. Nous suivimes, de Nice à Oneille, cet épouvantable chemin. Qu'on se figure des chevaux marchant à la queue les uns des autres sur une des galeries du clocher de Notre-Dame de Paris, sur un espace tantôt glissant, tantôt raboteux et de deux pieds et demi de large, sans parapets d'aucune sorte, sans pouvoir nous écarter à gauche à cause des rochers d'une élévation immense qui frottaient nos épaules et la hanche des chevaux et dominaient presque partout cet affreux passage. A droite, la mer, presque toujours orageuse, battait avec furie le pied de ces rochers à pic, à deux ou trois cents pieds au-dessous de nous et ne cessait pas de les creuser depuis le commencement du monde. Comment ces masses incommensurables sur l'extrême bord desquelles nous avancions en frémissant, se soutiennent-elles ainsi suspendues? D'espace en espace, le sentier détruit à la longue par des orages ou des suintements perpétuels d'eaux supérieures, était réparé par de vieux madriers branlants, qu'il fallait replacer très périlleusement à chaque instant et qu'on voyait avec effroi ployer sous les pieds des chevaux. Ces animaux, ordinairement si fiers quand ils sont par troupes, terrifiés par le danger, marchaient d'eux-mêmes avec précaution, la tête baissée, cherchant à placer leurs pieds avec sûreté. Ce défilé durait ainsi pendant quinze milles et à plusieurs reprises.

On y trouve de temps en temps de petites plates-formes, ou naturelles ou grossièrement élargies dans le roc, d'environ trente à quarante pieds d'étendue, sur lesquels les Génois ont hissé au moyen de leurs galères, et depuis très longtemps, quelques gros canons, pour balayer au loin en mer et écarter de la côte les brigantins barbaresques. Au delà de chacune de ces plates-formes, ainsi que pour y arriver, il faut passer un pont-levis étroit entrant dans une tourelle ou lanterne, en forte maçonnerie. Le pont-levis offrait aux yeux effrayés les abîmes de la mer en guise de fossé. Ces ponts-levis très vieux, assez mal assurés, craquaient sous nous et paraissaient prêts à se rompre. Ils ressemblaient parfaitement, mais plus hardis et plus affreux encore, à la communication établie au sixième étage et au dehors entre les deux tours du midi du donjon de Vincennes qui a au moins un garde-fou. Le plus petit coup de vent eût enlevé et précipité dans la mer toute l'avant-garde de l'armée, après l'avoir mise en pièces sur les rochers saillants qu'elle eût rencontrés dans sa chûte. Ces portes et ces ponts étaient partie aux Piémontais et partie aux Génois. Qu'étaient donc devenus les gardiens de ces terribles passages ?

A Oneille, partie de la cavalerie reçut l'ordre de gravir à gauche et de suivre le cours d'un petit torrent que nous quittâmes après avoir grimpé bien des cascades ou marches irrégulières. On trouva ensuite quantité de petits escaliers dans des rocailles, lesquels cent fois montés, descendus et remontés encore, nous firent arriver, exténués de fatigue et à la nuit au hameau misérable de Piéva, à une hauteur prodigieuse, au milieu des neiges des sommets des Alpes. Les hommes et les chevaux furent presque tous éclopés dans cette pénible traversée.

Beaulieu avait détruit le corps de Cervoni, et s'il lui eût été possible de pousser sa pointe et de profiter de cet immense avantage, il arrivait à Oneille, ., suivant la côte de Gênes, il poussait jusqu'à Nice dont il s'emparait, car il n'y avait plus personne, toute l'armée française ayant passé. Il nous enfermait tous sans vivres dans ces rochers inhabités, entre ses divisions et ses places fortes du centre et lui, et la campagne était finie. Le corps de Cervoni eût dû être de 2,000 hommes et avec la Harpe seul. Première faute très grave.

Le premier bruit de la résistance de Rampon à Montenotte vint heureusement distraire Beaulieu de la poursuite.

Bonaparte, sans dessein formé, voulait franchir les Alpes à l'endroit qui lui semblait le plus facile, et puis attaquer l'ennemi à l'endroit où il l'aurait trouvé. Il était avec son centre à Savone, et Masséna et Augereau étaient à ses côtés, l'un dans les langues de Montferrat, l'autre sur Orméa. Un corps nombreux de braves avait été envoyé sur Montenotte. Rampon s'y empara de cinq anciennes redoutes; il en répara trois et s'y établit. Sérurier eut ordre de pénétrer par Orméa vers Céva. Pourquoi Bonaparte ne marcha-t-il pas en même temps que Rampon, ainsi que le voulaient Masséna et Augereau ? Voulait-il conserver sa retraite en cas de malheur ? Mais là où il était déjà, il n'y avait plus de retraite. Il fallait, comme à Loano, vaincre ou mourir, ou ne pas avoir quitté Nice. Rampon fut aussitôt attaqué par Roccavina, Provera et Argenteau, ce n'est pas sans raison que j'ai nommé celui-ci le dernier.

C'est le bruit de cette attaque qui fit rétrograder Beaulieu de Voltri. Ce général crut comprendre que les Français attaquaient son centre, et supposant qu'ils allaient le séparer de Colli, il courut à Acqui, d'où il envoya des renforts à Roccavina, qui se battait contre Rampon. Ces premières explications, que nul que je sache n'a données encore, feront, je l'espère, entendre cette affaire, qui jusqu'à présent n'a dû être claire pour personne.

Je raconterai ce fait d'armes de Montenotte, que la plume des compilateurs de Bulletins, en voulant l'embellir, avait vraiment sali. Ce trait digne des premiers héros de la Grèce doit marcher *seul* à l'immortalité.

Rampon achevait de mettre ses trois principales redoutes en état et il n'avait pas eu le temps d'éclairer les bouquets de bois et de grandes ronces qui couvraient sa droite en montant, lorsque Roccavina parut. D'Argenteau était encore à Dégo. Il venait sans doute aussi, mais la lenteur de sa marche décelait son peu de courage ou sa trahison. Les six mille hommes, conduits par Roccavina et Provera, traversèrent rapidement ces broussailles, se précipitèrent sur les redoutes avec une furie sans exemple et presque aussitôt on se battit sur les retranchements ; cette première attaque dura près de six heures. Malgré l'artillerie française qui tirait à bout portant, vingt fois les grenadiers autrichiens entrèrent dans les redoutes ; autant de fois, la valeur française les repoussa jusqu'au delà des fossés. Dans les intervalles, l'artillerie autrichienne mettait en pièces ces retranchements mal assurés. Roccavina, aussi brave qu'excellent général, ralliait ses soldats rebutés. Il chargea lui-même à leur tête pendant que Provera, homme de cœur et de moyens, et qui ne le cédait en rien à Roccavina que par son caractère froid, déborda les redoutes et chercha à profiter des buissons pour s'approcher avec moins de pertes. L'action recommençait avec plus de vivacité que jamais. Une balle atteignit Roccavina à la cuisse ; on l'emporta et son attaque en souffrait, lorsque Provera, arrivant sur les derrières, entra dans toutes les redoutes, excepté celle où commandait Rampon.

Ce succès, quoique payé très cher [1], anima d'une nouvelle ardeur les troupes impériales qui marchèrent avec la plus grande intrépidité sur la dernière redoute. Rampon voit tomber à ses côtés ses meilleurs soldats. Il rassemble ce qui lui reste : « Jurons, dit-il, sur cette pièce de mourir pour sa défense ». Ses compagnons jurent avec lui ; ils s'élancent sur les Autrichiens, en font un massacre horrible. La nuit survient, la redoute est sauvée. Honneur à Rampon et à ses valeureux soldats !

Roccavina blessé avait fait dire à d'Argenteau que tous les efforts de la journée seraient en pure perte, s'il n'emportait pas ce dernier refuge des Français avant le jour qui, sans nul doute, amènerait à Rampon un secours qui, dans l'ordre naturel, aurait dû lui arriver douze heures plus tôt. Le lâche d'Argenteau se contenta de tirer quelques coups de canon très insignifiants pendant le reste de la nuit, et apercevant, au point du jour, quelques troupes françaises qui commençaient à paraître sur les sommités des rochers, il s'enfuit avec 6,000 hommes jusqu'à Pareto, en laissant ces redoutes qui avaient coûté tant de sang à reconquérir, et sa retraite se fit avec tant de désordre qu'il n'eut pas le soin de faire enlever de Dégo, forteresse à côté de laquelle il passa et qu'il laissa en arrière, le brave Roccavina gisant dans son lit. Et ce

---

1. La journée avait coûté 3,500 hommes aux Autrichiens.

guerrier y eût été fait prisonnier si Bonaparte eût su profiter de ce désarroi. Tous les généraux français et étrangers se demandèrent ce que faisait notre petit général. Cette faute lui a été vivement reprochée, ainsi que celle d'avoir laissé Rampon sans secours pendant près de trente heures. Sans le dévouement de ce héros, l'armée française était perdue. Les mesures du vieux et expérimenté Beaulieu étaient bonnes. Devait-il compter sur la poltronnerie de d'Argenteau ?

Bonaparte ne se décida à quitter le littoral de Mantoue et Savone que lorsqu'il n'entendit presque plus rien à Montenotte. Était-ce inexpérience dans le commandement en chef ou l'effet d'un courage mal affermi, car ce n'était plus à la populace de Paris ou à celle de Toulon à qui il avait à faire. Enfin, poussé par tous les généraux, il se mit en marche à la nuit. Arrivé au point du jour à Montenotte, il vit d'Argenteau évacuant les redoutes prises et opérant sa retraite, et il s'arrêta encore. Ces étranges hésitations lui valurent quelques éclats de mauvaise humeur de la part de Masséna, Kilmaine et Augereau, qui lui dirent qu'il méritait que Beaulieu, qui venait de détruire son avant-garde à Voltri, lui jouât le tour d'envoyer Colli avec ses Piémontais dans les langues de Montferrat et lui coupât toute retraite. Cette marche fut conseillée par Beaulieu à Colli. Heureusement pour nous l'accord entre ces généraux n'était pas parfait. Colli refusa net sous prétexte qu'il avait à défendre la plaine du Piémont et que les Français n'avaient plus que Dégo et Migliari à forcer pour y pénétrer. Bonaparte disait qu'il avait compté sur la valeur de Rampon, excuse ridicule de l'ignorance ou d'un courage bien mince! Ce brave n'aurait-il pas pu être emporté par un coup de canon? Un général ne doit compter que sur ses dispositions générales et jamais sur des actes isolés de dévouement qui ne se présentent que de siècle en siècle. Nous perdîmes 3,000 hommes à la défense des redoutes. Rampon gravement blessé n'avait plus que 50 hommes quand on arriva à lui ! Il est reconnu que l'armée eût été coupée en deux si Montenotte eût entièrement succombé. Que serait devenue alors la partie orientale de l'armée sur le littoral et dans les roches, exposée à toutes les horreurs de la famine et au canon des flottes anglaises ? Beaulieu, posté à Migliari, se jetait, à défaut de Colli, dans les langues de Montferrat et alors tout était fini pour nous.

Bonaparte n'avait aucun plan de formé. Lorsqu'après avoir fait tuer, ainsi qu'on le verra, 15,000 de ses soldats, nos généraux furent enfin parvenus à se placer entre les Autrichiens et les Piémontais, il vint déclarer avec emphase que tel avait été son dessein ; mais il n'avait rien fait pour cela. Que faisait-il à Savone et aux environs ? Pourquoi n'avait-il pas marché sur Montenotte, Dégo et Millésimo, à la suite de Rampon qu'il eût poussé en avant ? Qu'attendait-il sur le bord de la mer ? L'armée impériale était concentrée à l'entour de Sacello : là il eût trouvé facilité pour le déploiement et il eût profité de l'avantage du nombre, il eût engagé une action générale, infiniment moins meurtrière que ne le sont les actions partielles. Il n'y avait personne à Montenotte quand Rampon y arriva, personne à Dégo, personne à Pareto, personne à Migliari, ni à Millésimo. Il n'eût pas perdu un seul soldat jusqu'à Sacello.

Les dispositions de Beaulieu étaient savantes. Son dessein de couper l'armée française en deux était clair, et quoiqu'il lui fût impossible de deviner ce que voulait faire un général ennemi, qui n'avait pas de plan arrêté et qui marchait processionnellement, il vit seulement que les Français se portaient vers la Bochetta et menaçait la Lombardie. Comment eût-il deviné un plan qui n'existait pas? Parfaitement placé à Acqui, ayant toute son armée sous sa main à Sacello, il envoya aussitôt 10 à 12,000 hommes, dont 4,000 Piémontais pour nous arrêter à Montenotte, et nous rejeter jusque dans Oneille, et il ne dut pas plus s'attendre à la lâcheté de d'Argenteau que Bonaparte n'avait à compter sur l'acte extraordinaire de Rampon.

Nous disons qu'après l'abandon des redoutes de Montenotte par l'ennemi, Bonaparte laissa de nouveau reposer l'armée, qui n'avait pas encore combattu. Beaulieu mit à profit cette troisième faute. Pendant ce second et inutile délai, en 48 heures, Dégo, position excellente, fut mise en défense et on construisit les redoutes de Magliani et de Millésimo.

Ce fut assurément bien mal à propos que Bonaparte, après la reprise des redoutes, s'arrêta deux jours à Montenotte. Ses troupes n'avaient encore rien fait et il n'y avait encore eu d'engagés que Cervoni et Rampon. Il attendait, disait-il, les derniers détachements. Tout y arriva effectivement, excepté Sérurier qui était déjà entre Céva et Mondovi, excepté nous aussi, avec la cavalerie de l'armée, qui étions derrière Sérurier, excepté Cervoni, avec le peu qu'il lui restait qu'il ralliait de son mieux, pendant qu'on le croyait sain et sauf à Voltri ([1]).

On dit que Bonaparte n'avait envoyé Cervoni que pour forcer Beaulieu à affaiblir son centre qu'il avait dessein de couper, mais comment pouvait-il se figurer

---

1. Nous n'avions eu au centre ni à la gauche aucune nouvelle jusqu'à Montenotte le 11.

que l'envoi de 5,000 hommes effrayerait Beaulieu pour sa Lombardie? Est-ce que Tortone n'était pas là? Est-ce avec 5,000 hommes qu'on prend Tortone? N'affaiblissait-il pas son centre lui-même, en envoyant Cervoni aussi loin à droite? Pouvait-il prendre ailleurs que sur son centre les troupes nécessaires pour garnir l'intervalle que l'éloignement de 5,000 hommes allait laisser vacant, et, d'autre part, comptait-il que Rampon seul séparerait les deux armées ennemies avec les 3,000 hommes qu'il avait avec lui? Combien n'ai-je pas vu de combinaisons, de projets, de desseins, prêtés gratuitement, après des affaires de pur hasard, à des généraux qui avaient songé à toute autre chose ([1]) ou qui n'avaient songé à rien! Les brigades, qui s'étaient trouvé engagées dans les postes de Montenotte pendant toute la journée de la veille, avaient presque toutes péri ou avaient été faites prisonnières de guerre, puisqu'à la nuit il restait tout au plus 50 hommes avec Rampon. C'est donc ceux qui arrivaient à leur secours qu'on laissa reposer. On n'avait donc pas encore senti que c'était déjà une quatrième faute de n'avoir envoyé Rampon et ses braves qu'à Montenotte et qu'il eut fallu l'envoyer et le suivre de près jusqu'après Dégo, jusqu'au delà de Millésimo, dernier rempart des langues de Montferrat, qui put nous empêcher de livrer bataille à l'entrée des fertiles plaines du Piémont! Tous les généraux, qui avaient fait la guerre dans ce pays, voulaient qu'on marchât au point du jour du 10. Bonaparte résista, tout en hésitant cependant, même à Masséna qui nous dit que « notre général était un idiot », et il en résulta qu'il fallut combattre à Dégo, où nous aurions

[1]. Voyez l'affaire de Castiglione.

passé ce jour là, 10, sans coup férir, et où, par une fatalité attachée aux Français, comme on va le voir, il fallut combattre deux fois.

On y arriva donc le 12 avril, au soir. On y trouva 4,700 hommes, et il fut constaté que huit heures auparavant, et grâce encore à la lenteur d'Argenteau, il n'y avait que 800 Piémontais que Roccavina y avait placés pendant qu'il attaquait nos redoutes de Montenotte. Les 4,700 hommes se composaient : 1° des 800 Piémontais et d'un renfort de 3,400 Autrichiens; 2° de 500 artilleurs. Le chef de l'armée française ne savait pas qu'il existait un fort à Dégo. Il refusa obstinément d'en croire Masséna. Il n'en parut convaincu que le 12, à midi, par le retour de quelques courriers à la tête desquels se trouvait le capitaine Rodrigue, du 13ᵉ hussards dont j'étais colonel. Cet officier connaissait les lieux; il était allé à Dégo, l'année précédente, en parlementaire, du temps de Schérer, auprès du général Wallis, qui nous avait repoussés de ce poste. Rodrigue ajouta que toutes les redoutes avaient été réparées et garnies d'environ vingt pièces de canon.

On canonna d'abord, et Bonaparte, arrivé sur son petit mulet, ordonna qu'on marchât à l'assaut. Il n'y avait encore nulle apparence de brèche, ni au fort, ni aux trois redoutes qui le flanquaient en forme de contregardes! Comme de raison nous y fûmes repoussés; après une heure d'efforts, de désordre et de ralliements successifs, on marcha encore, et on fut encore chassé loin de ces redoutes inabordables et du fort, et, le crépuscule s'étant éteint tout à fait, on recommença la canonnade à boulet perdu, ce qui continua toute la nuit, sans se faire grand mal de part et d'autre, mais on ne put ramasser les blessés ni les morts. Ces deux assauts nous avaient déjà coûté 4,000 hommes, dont 1,950 blessés.

Dans la soirée et toute la nuit, il arriva successivement trois renforts aux assiégés, et ils trouvèrent tous moyen de s'introduire dans la place et dans les redoutes que nous n'avions pu encore cerner bien exactement, surtout du côté des taillis, vers Spigno. Boyer alla se porter près de ce village pour arrêter d'autres renforts qu'on disait devoir être considérables. Il attaqua ou fut attaqué, je ne sais lequel des deux; il se battit enfin contre un corps de 2,000 hommes, qu'amenait aussi à Dégo un major Zwister, de Tournai en Flandre. Boyer crut dans l'obscurité avoir affaire à toute l'armée austro-sarde, et quoiqu'il n'eût que 4,000 hommes avec lui, il n'en fut pas déconcerté. Le jour naissant lui fit voir les troupes qu'il avait en face et il les fit sommer de se rendre. Une très vive fusillade fut leur réponse.

Ils se battaient en enragés et firent retraite en emportant Zwister blessé. Ils perdirent, dans l'action et en se retirant, environ 1,000 hommes. Boyer en avait perdu à peu près autant. Cet intrépide adjudant-général avait chargé trois fois à la baïonnette. Le terrain montant auprès de Spigno n'était pas favorable et il pleuvait.

Au point du jour (le 13), on avait essayé de monter à l'assaut à Dégo. Ce fut inutile, et les généraux, ayant querellé Bonaparte toute la nuit et lui ayant répété à six heures du matin que toute l'armée y périrait s'il continuait à s'entêter à vouloir faire faire l'impossible, on commença à canonner. On avait fait des sommations au commandant : on lui proposa des capitulations. Il refusa tout. Enfin, le 14, troisième jour de nos malheureuses attaques, cet officier, qui n'était qu'un simple major d'infanterie, dont je regrette d'avoir oublié le nom, n'ayant plus de vivres, et n'espérant plus être secouru, battit tout d'un coup la chamade et arbora le drapeau blanc. Bonaparte, furieux d'avoir encore perdu ce jour-là et la veille 1,430 hommes, voulut que la garnison, réduite à 1,500 hommes, avec 11 chefs de bataillons, fût prisonnière de guerre. On l'envoya à Nice. Nous reprîmes ainsi toute l'artillerie qu'on nous avait enlevée à Montenotte, lorsque les Impériaux avaient pris les quatre premières redoutes et qu'ils avaient emmenée en évacuant à l'arrivée de notre armée. Elle consistait en 6 pièces de 17 et leurs caissons. Il s'y trouva 14 autres pièces de divers calibres.

Un corps de 3 à 4,000 Croates, commandés par Oukasowich, qui avait reçu ordre de Beaulieu [1] d'aller aussi renforcer Dégo, parti trop tard du quartier général d'Acqui, ne put arriver que le lendemain de la reddition de Dégo. Nos soldats étaient déjà presque tous dispersés dans les environs, ainsi qu'il arrive toujours aux Français après une victoire, quand l'état-major n'est pas accoutumé à y mettre bon ordre. Oukasowich les surprit et les écrasa dans les villages voisins, et surtout à Spigno. Il nous tua 2,800 hommes, ne fit pas de prisonniers qui l'eussent embarrassé, suivit rapidement sa pointe et rentra dans Dégo avec nos hussards. On cria que nous étions trahis. C'est l'ordinaire quand on est surpris hors des limites du devoir. Personne n'était à son poste, ni soldats, ni généraux, pas plus Bonaparte qu'un autre. Il était retourné à Montenotte. L'intrépide Croate, homme de tête s'il en fut, envoya sur-le-champ à Beaulieu, à Acqui, 15 pièces

---

1. D'autres ont dit que ce brave fut envoyé par Argenteau qui, écrivant vers minuit, s'était trompé de date.

de canon qu'il avait prises au parc hors du fort, fit rentrer le reste avec une célérité incroyable, se mit en défense et, sans vivres, tint le poste pendant trente-six heures. Il espérait être secouru par Argenteau qui, au lieu de marcher à lui, se retira encore plus loin(1).

Le courageux Oukasowich, que nous attaquâmes presque aussitôt et toute la journée pour réparer cet affront, qu'on s'est bien gardé de mettre dans les bulletins, nous mit 2,000 hommes hors de combat et tua le général Causse, en repoussant les trois assauts qu'on donna à ce poste funeste. Ne pouvant plus tenir, il quitta la place en colère, se rua à travers nos bataillons, étonnés de cette audacieuse sortie, les traversa et arriva à Acqui. Il perdit, dans cet acte de vigueur, qu'on ne retrouve pas souvent dans l'histoire et qu'on peut comparer à l'action héroïque de Rampon, les trois quarts de sa colonne. Mais, enfin, il réussit, et nous n'eûmes pas à nous féliciter d'avoir voulu nous opposer à son passage. Nous ramassâmes 1,500 blessés et 150 morts.

Le général Provera s'était dégagé de Montenotte et puis des environs de Dégo, avant que le premier commandant n'eût battu la chamade. Il n'avait pu y entrer avec Oukasowich, il était sur un autre point. Attaqué par Augereau, il s'était retiré sur une hauteur dans les défilés de Millésimo, où se trouve le vieux château de Cossaria, presque ruiné, mais auquel on avait depuis peu préparé quelques fortifications qui n'étaient pas terminées. Il les acheva promptement avec des décom-

---

1. D'Argenteau fut arrêté par ordre de Beaulieu et conduit à Milan où le conseil de guerre le déclara incapable de commander. A Vienne, on pensa différemment ; il fut employé au conseil aulique. Toutes les cours se ressemblent.

bres et s'y enferma avec 1.800 hommes du régiment de Belgiojoso et environ 500 soldats piémontais et 5 pièces de 7. Il avait essayé de faire sa jonction avec l'armée de Colli, mais il avait été arrêté par Augereau, sur les bords de la Bormida, grossie par les pluies. Cet obstacle arrêta aussi Augereau qui, néanmoins, étant venu à bout de passer ce torrent, alla tout aussitôt avec ses 9,000 hommes attaquer Provera dans ses ruines. Ce général, assailli de quatre côtés à la fois, se défendit comme un lion et cela n'étonna pas de ce guerrier, l'un de ceux qui se distinguèrent le plus dans cette guerre. Il tua 2,700 hommes à Augereau, qui en frémissait de rage et qui, dans sa colère, lui refusa de l'eau pour ses blessés. Ce refus inhumain fut puni. C'est là que périrent le général de brigade Banel et l'adjudant-général Quintin. Joubert lui-même y reçut une balle au front qui le renversa. Après deux jours et deux nuits d'une résistance au-dessus de tout éloge et d'attaques pleines de fureur, le général autrichien, sans pain, sans eau, ne voyant paraître de secours d'aucun côté, voulut faire une trouée. Elle ne lui réussit pas. Il fut arrêté par Mesnard et Boyer qui se trouvaient de ce côté, et le forcèrent à rester dans ses décombres. Cet essai lui avait coûté 600 braves. Il fit enfin une capitulation très honorable, qu'Augereau s'empressa de lui offrir, car on n'en venait pas à bout.

On se battit au même moment et avec la même ténacité à Magliani, au-dessus de Millésimo, d'où l'ennemi fut chassé, et où nous ne perdîmes que 350 fantassins, plus 280 hommes de cavalerie avec Stengel ([1]).

---

1. Récapitulons :
Perdu à Voltri...................................... 4.000 hommes
          presque tous prisonniers.

On voit que toutes ces actions étaient loin d'avoir l'ensemble convenable. Bonaparte, très peu considéré, méprisé même pour ses premières fautes, s'occupait de bulletins emphatiques et cherchait à s'attacher les généraux en les élevant aux nues; car il n'y avait pas encore d'argent à distribuer ou à laisser prendre. Au reste, nulle discipline dans l'armée, chacun faisait ce qu'il voulait. Je fus témoin de crimes horribles à Orméa.

Sérurier, au centre, qui était devenu la droite par la défaite de Cervoni, perdait son temps à observer Beaulieu, qui ne bougeait pas de son quartier général d'Acqui, à menacer la garnison de Céva qui, de son observatoire, nous regardait passer et repasser, et nous envoyait de temps en temps quelques boulets, et à contenir la gauche des Piémontais qui envoyait des reconnaissances jusqu'à Saint-Michel-sous-Céva.

Masséna et Augereau ne réussissaient pas dans cette guerre de partisans. On voit que dans les gorges ou langues de Montferrat, à Montenotte, à Dégo, à Millé-

| | |
|---|---|
| A Montenotte dans les redoutes............... | 2.700 hommes presque tous tués. |
| A Dégo, première affaire.................... | 4.000 hommes |
| Boyer contre Zwister....................... | 900 hommes |
| Attaque de Dégo, le 13 au point du jour...... | 500 hommes hors de combat, tous blessés. |
| Surprise par les Croates.................... | 2.800 hommes |
| Seconde attaque de Dégo.................... | 2.000 hommes |
| Sortie d'Oukasowich........................ | 1.800 hommes tant tués que blessés. |
| Attaque de Cossaria....................... | 2.700 hommes |
| Magliani, dit Millésimo par quelques-uns.... | 600 hommes |
| Causse, Guelin, Banel et Stengel tués, Joubert blessé, 16 pièces de canon enlevées par l'ennemi. | |
| Total des pertes............................ | 22.030 hommes |

L'armée restait à 44,000 ou 45,000 hommes sur 67.000 hommes

simo et à Cossaria, ils avaient combattu à leur guise : loin de s'aider, ils ne se consultaient même pas, et, Bonaparte, très inférieur à eux, n'était pas plus écouté.

Le peu d'accord entre Colli, qui ne voulait défendre que le Piémont, et Beaulieu, qui ne songeait qu'à la Lombardie, nous conduisit, après un faible engagement, qu'on a décoré du nom de bataille, jusqu'à Mondovi et Ourasco. Colli amena son armée presque entière sous les murs de Turin. Alors l'armée française put se déployer. Alors les généraux purent montrer ce qu'ils savaient faire et rien ne devait tenir devant nous. Bonaparte, confondant tous les grades, ignorant toutes les règles, toutes les convenances, donnait des ordres très souvent ridicules. Il avait aperçu, pendant l'attaque de la redoute de Migliani ou Millésimo, un gros corps de cavalerie ennemie fort de 3,500 hommes. Il envoya tout aussitôt l'ordre au général divisionnaire Stengel, qui commandait toute la cavalerie de l'armée, de charger avec ce qu'il avait d'hommes avec lui. Ce général, dont la bravoure ne pouvait être suspectée, donna ordre à plusieurs escadrons de venir le joindre, ne pouvant rien tenter d'utile avec les 300 hommes qui lui servaient d'escorte. Bonaparte, irrité qu'on le fît attendre avec sa lunette sur un rocher éloigné des coups, lui envoie, coup sur coup, deux autres ordres, et lui enjoint sévèrement d'attaquer avec ce qu'il a. Il voulait se régaler du spectacle d'une charge de cavalerie. C'était la première qu'il eût vue. Il fut satisfait. Stengel passa au travers de la ligne ennemie. Il avait reçu vingt-deux coups de sabre. Il ne revint que 10 hommes avec le chef d'escadron Roise, de cette extravagante charge. Stengel, déposé dans un village par l'ennemi lui-même qui respecta la valeur malheureuse, disait en mourant au général Beaumont et à

Roise : « Prenez garde à la haine de ce misérable petit Corse, mes amis. Il a voulu me faire périr, il y a réussi. » Peut-être le malheur le rendait injuste. On sait, cependant, qu'il avait eu d'assez vives querelles avec Bonaparte au sujet de l'usage qu'on pouvait faire de la cavalerie et de sa presque nullité dans ces âpres montagnes, et le dernier ne pouvait rien y connaître.

Chiérasco se rendit sans coup férir. Un certain Haller, qui avait fait faillite en Suisse, était venu chercher fortune à l'armée française ainsi que beaucoup d'autres. Ce particulier rendit un grand service en allant parler au commandant de Chiérasco, son compatriote. Pour cela il fut nommé trésorier de l'armée, ce qui toutefois n'était pas alors un office bien considérable. Il n'y avait pas un sou chez les payeurs. Après que Haller eut gagné ce gouverneur, on y envoya le général d'artillerie Dujard, celui qui fut dans la suite assassiné par les Barbets. Lui et l'aide-de-camp Marmont tirèrent pour la forme quelques coups de canon, auxquels le gouverneur riposta pour avertir qu'il évacuait la place. C'était ainsi convenu. La trahison, dont il fut dressé procès-verbal au camp de Beaulieu, était d'autant plus intime qu'il fut trouvé dans les magasins des vivres pour un an et 28 pièces de canon approvisionnées à plus de 1,200 coups et que l'armée de Colli n'était qu'à une journée au-delà de la ville.

Enfin, le roi de Sardaigne, nous voyant dans le cœur du Piémont, où notre armée se dédommageait avec usure, aux dépens des habitants, de ses privations passées, finit par craindre pour sa capitale et le reste de ses Etats. La paix fût proposée à l'insu de Beaulieu, et en vertu des préliminaires qui la précédèrent, nous entrâmes dans Tortone, Céva, Coni, etc. La paix fut ensuite signée telle quelle par un souverain qui ne savait plus à qui se fier.

M. de Ghérardini (¹), ambassadeur d'Autriche à Turin, qu'on n'avait pas appelé aux conseils qui décidèrent le roi à la paix, et dans lesquels l'archevêque de Turin, ennemi de l'Autriche, à cause des entreprises de Joseph II sur les biens de l'Église, tenait le haut bout, (²) — M. de Ghérardini, dis-je, ne put envoyer qu'un courrier au général Beaulieu pour qu'il mit à l'abri le reste de l'armée autrichienne. Cette nouvelle fut un coup de foudre pour cette armée qui, réduite à 24,000 hommes par les pertes qu'elle venait d'essuyer dans les gorges de Montferrat, pouvait à peine continuer à tenir campagne. Elle n'avait rien de mieux à faire que d'évacuer les États de Sardaigne et se mettre sur la défensive sur le Tessin et le Pô. Il restait en

---

1. Beaulieu fut averti par M. de Ghérardini, mais trop tard. Il essaya de s'assurer d'Alexandrie, de Tortone et de Valencia. Les commandants piémontais, prévenus par Salicetti, lui refusèrent leurs portes, sous prétexte de rendre service à leur roi qu'ils achevèrent d'écraser par ce refus. Je tiens ce fait du comte de Solar lui-même, commandant à Alexandrie, qui, en l'an VI, voulait vendre à Paris tout ce qu'il avait de biens en Piémont. Il se vantait à moi qui connaissais tout cela aussi bien que lui, et même sa conduite envers Sémonville qui avait rendu un grand service à l'armée française, « et un très mauvais à votre prince, » lui dis-je très sèchement. Il n'osait plus retourner dans son pays ; Je ne serais pas étonné de le trouver aujourd'hui dans les bonnes grâces de ses souverains revenus. Il aura pu prendre des leçons en France où tant d'autres ont fait pire que lui et n'en sont pas moins rentrés à la cour où ils n'ont pas les derniers emplois.

2. Le voisinage de la France fut bien funeste au roi de Sardaigne. Nos théories de gouvernement y avaient pénétré. Il fit d'abord fusiller beaucoup de gens. Il ignorait, ainsi que ses ministres, que c'est un moyen immanquable d'accroître le nombre de ces sortes de coupables, parce que l'homme ne veut pas être gêné dans son opinion, soit politique, soit religieuse.

On a dit dans le temps à Turin que l'archevêque lui-même était imbu de l'esprit qu'on appelait *de novita*.

outre à l'Autriche la garnison de Pavie, 3,000 hommes, à Milan autant, et Pizzighitone, 1,500 ; total 7,500 hommes dont on ne pouvait disposer pour les combats. Il n'y avait alors personne à Mantoue.

Le roi de Sardaigne, quelque tentative qu'on fît au quartier général et au Directoire, ne put rien donner en argent. On vit enfin que c'était impossible et on cessa de le tourmenter à cet égard. Privé de la Savoie depuis quelques années, contraint d'entretenir une armée bien au-dessus de ses moyens, ne retirant rien du comté de Nice, petitement secouru par Vienne et Naples, il n'avait plus rien dans ses coffres et aucune espèce de crédit. Ses nobles, son clergé ne firent rien pour lui. Ils calculèrent aussi mal que ces deux ordres l'avaient fait en France, car lorsque, quelques années après, Bonaparte se fut rendu maître de tout, il les anéantit, les força de quitter leur pays et finit par y établir ses camps d'invalides, auquel il donna, comme Auguste l'avait fait autrefois, des maisons et des champs en guise de pensions.

L'armée française, forte encore de 40,000 hommes ([1]),

---

1. Si j'éprouvais quelque doute sur la destruction des 22,000 hommes perdus dans les divers combats qui eurent lieu dans les Alpes, tant par l'inexpérience de Bonaparte que par les maladies et autres pertes ordinaires aux armées, on n'a qu'à lire le rapport de Bonaparte lui-même au Directoire, daté du quartier général de Chiérasco, le 9 floréal an IV. « Il faut, dit-il, qu'on lui envoie promptement 15,000 hommes, ce qui fera une armée de 45,000 hommes ». Il n'avait donc plus que 30,000 hommes. Il était parti de Nice avec 67,000 hommes. A ce compte il en aurait perdu 37,000 au lieu de 24,000, que j'ai comptés d'après les rapports d'état-major. Au reste, on doit croire plutôt nos calculs que les siens par la raison que pour obtenir plus promptement des secours, qu'il demandait à tout bout de champ, il faisait son armée plus petite qu'elle ne l'était, et que, pour une autre raison compréhensible, il augmentait les forces de l'armée qu'il avait à combattre ou qu'il avait combattue.

dont 5,600 environ de cavalerie, se mit à la poursuite de Beaulieu, qui n'avait plus qu'environ 25 à 30,000 hommes de troupes impériales, non compris les garnisons, et 3,000 hommes de cavalerie napolitaine. Nous étions sans solde, et l'équipement et l'habillement, tant des officiers que des soldats, se trouvait dans l'état le plus délabré. On n'avait presque plus de baïonnettes, les soldats s'en étaient servis pour s'aider à gravir les cimes. Le Piémont était déjà ruiné. L'armistice n'avait pu le mettre à l'abri de quelques contributions générales et d'une quantité inconcevable d'exactions affreuses et de pilleries particulières. C'est dans le Piémont que s'établit le commencement de la réputation des fourgons de Masséna, d'Augereau, etc., passés en proverbe à l'armée.

Beaulieu se tint sur la rive gauche du Pô, que nous eussions pu passer facilement, dans les Etats de Sardaigne et Milan : l'opulente ville de Milan s'offrait à nous en perspective. Mais Bonaparte craignit d'être attaqué au passage, et le croira-t-on? malgré tous les espionnages possibles, qu'on n'avait pas encore régularisés, on ignorait ce qui restait, et à beaucoup près, de troupes à l'armée impériale : on lui croyait 55 à 60,000 hommes.

D'autre part, pour aller pressurer le duc de Parme qu'on croyait infiniment plus riche qu'il ne l'était, il n'y avait aucun danger à courir. Il fallait seulement empêcher Beaulieu de repasser le Pô et le Tanaro, qui depuis le Piémont et Plaisance assuraient notre retraite jusqu'en France.

On se mit donc en route, le 26 avril, des environs de Tortone, pour Voghera, Casteggio, Stradelle, Castel San Giovanni. Il y eut dans ces trois derniers bourgs quelques engagements avec quelques troupes légères.

autrichiennes et napolitaines que Beaulieu avait laissées à dessein sur la rive droite. Ces troupes, courant devant nous, rendaient compte de notre direction à leur général, lequel, sur la rive opposée, marchait comme de conserve avec nous. Il présumait que nous cherchions un passage, et paraissait vouloir nous le disputer.

L'armée resta sept à huit jours à Plaisance. Les Autrichiens auraient dû prendre, ce semble, de sérieuses précautions pour nous barrer le passage à cet endroit si aisé à défendre; mais il paraît que, ne se sentant pas assez forts, ils désespérèrent de conserver le Milanais et se contentèrent de faire une guerre de postes, pour se donner le temps d'évacuer les magasins considérables amassés sur divers points de la Lombardie pour l'armée impériale et les faire transporter dans les autres Etats héréditaires, plus éloignés, vers le nord de la presqu'île qui forme le nord de l'Italie.

Les 7, 8 et 9 mai, nous passâmes le Pô sans difficulté. On eut seulement quelque peine à rassembler des barques jumelles qui nous portèrent sur l'autre rive. Beaulieu retrancha 6,000 hommes à Fombio. Lannes les délogea de là. Il leur tua 80 hommes, en blessa 200 et fit 700 prisonniers; mais il les avait abordés si maladroitement qu'il eut 300 blessés à la première charge et 150 hommes tués. Lannes est connu, c'est l'homme le plus brave de l'armée, mais il eût bien fait de rester grenadier. L'excès de la vaillance est dans un chef très grand malheur pour les troupes qu'il commande. Il faut les recruter sans cesse. Les conquêtes et les actions brillantes coûtent très cher, et si cet homme brave est tué, il faut dire adieu au reste des combinaisons qui lui avaient été ordonnées : tout est manqué.

Je fus envoyé avec mon régiment à Malleo et Codogno, où La Harpe, Boyer et Mesnard contenaient en deça de l'Adda la garnison de Pizzighitone. Lannes marcha en remontant la gauche du Pô et toute l'armée prit de ce côté pour se porter à Lodi, d'où Beaulieu observait nos mouvements, tout en protégeant son évacuation des magasins impériaux sur le Tyrol. C'est là seulement qu'on connut au vrai ce qu'il avait de forces. Elles s'élevaient à 22,000 hommes.

L'armée française avait encore été diminuée dans le trajet de Tortone à Plaisance. Le climat, la nourriture différente, le repos après d'excessives fatigues, dans ces lieux où la température variait souvent de zéro à 30 degrés et plusieurs fois dans le courant du jour, suivant qu'on descendait dans des vallées plus ou moins profondes, plus ou moins abritées, avaient causé beaucoup de maladies. Nous laissâmes 6,000 hommes dans divers hôpitaux à Chiérasco, à Béné, à Alba et à Plaisance. Les paysans en assommèrent beaucoup. Il y avait si peu d'ordre dans les marches que j'ai vu des brigades entières éparpillées, dont les officiers seuls suivaient la route. Je passai la nuit en avant de Bené pour rallier les pillards. Il y en eut qui firent feu sur mon régiment. Il y en eut de sabrés. Rien ne se faisait en règle. Croira-t-on que dans un pays aussi abondant les distributions manquèrent quelquefois le soir! Les vivriers prenaient les contributions en argent, et on n'en punit aucun (1).

1. C'est en ce temps là que Bonaparte faisait un si grand éloge de la compagnie d'achat. Elle lui paya en une seule fois, à Castel San Giovanni, une somme de 58,000 francs en or. Jamais le nouveau général n'en avait tant vu : 2,500 louis! Lorsque des généraux, surtout dans le commandement en chef, s'avisent de prendre cette charge là, on doit être bien certain qu'il y aura de grosses

Les violences furent portées à un tel point que La Harpe et Sérurier déclarèrent, à Béné, au général en chef, qu'ils allaient quitter l'armée si l'on n'établissait sur-le-champ un conseil militaire dans chaque division, et si l'état-major général se dispensait encore de marcher sur les flancs de l'armée. Marc Beaumont, profondément irrité, fit fusiller deux hussards sans procès. Cet acte illégal de sévérité bien excusable fut mal vu. Il résulta de toutes ces causes que l'armée devant Lodi ne se trouva que de 33 à 34,000 hommes. Elle en avait donc encore perdu 8 à 9,000 depuis Tortone.

J'en resterai là de la marche générale de l'armée. Je n'ai pas entrepris le récit de la campagne d'Italie. Je n'ai, cependant, pas cru devoir me dispenser de mettre sous les yeux du public les principales actions de cette armée immortelle qui fut si souvent obligée de réparer les fautes de l'enfance ou de l'entêtement aussi déplorable que ridicule du chef dont Barras s'était débarrassé en nous l'envoyant, et que, quelque temps après, les vues intéressées de quelques-uns des autres Directeurs le forcèrent de confirmer, bien malgré lui, à ce qu'on a dit.

Je laisserai donc là pour quelques moments ce combat du pont de Lodi, où nous perdîmes 3,700 hommes, pour parler des affaires des Vénitiens qui commencèrent dès notre arrivée à Milan, où se trouva presque aussitôt que nous un résident de Venise, chargé d'observer ce qui pourrait avoir quelque rapport avec

---

sottises de faites dans la partie administrative et dans l'entourage du quartier général qui est venu là, non pour combattre, mais pour faire fortune, et que le peuple conquérant payera au moins autant que le peuple conquis. Voyez les rapports sur la guerre d'Espagne en 1823 et 1824.

sa république et faire part des moyens pris par le Sénat pour renvoyer le comte de Lille de Vérone où il s'était retiré, renvoi que le Directoire exigeait ([1]).

A cette époque, Bonaparte, ayant enfin reconnu la nécessité d'avoir un bureau chargé spécialement des affaires secrètes, je fus commis à ce poste, et les généraux qui, jusque là, s'en étaient tirés tant bien que mal, m'envoyèrent leurs agents, et quelques-uns ce qui leur restait d'argent pour cet objet. Kilmaine me fit nommer en même temps chef de l'état-major général de la cavalerie de l'armée. Je me rendis à Lodi où se trouvaient presque tous nos régiments, et, avec mes deux adjoints, je passai les revues convenables, et j'établis le point central de la correspondance pour tout ce qui aurait rapport à l'armée. Je rentrai à Milan, j'allai à l'hôtel du Faucon où j'avais déjà logé. Une cinquantaine d'officiers et quantité de soldats s'étaient emparés de l'auberge et y faisaient le diable; tout y avait été pillé et les meubles emportés par les soldats avaient été vendus au marché, à des Juifs. Je courus à l'état-major et ne pus parler au général Lespinois, occupé d'une fête patriotique. On me conseilla d'aller à la municipalité de-

---

1. Un résident est un homme de marque, ordinairement envoyé par un souverain auprès d'un autre souverain ou d'un Etat pour y surveiller habituellement les affaires de celui qui l'envoie et l'entretient. Quoique cette qualité ne soit pas aussi relevée que celle d'ambassadeur, il fait très souvent les fonctions de ce dernier, et je le crois même plus utile, parce qu'il peut fréquenter des sociétés et voir des gens qui ne peuvent aborder l'ambassadeur, et qui souvent peuvent l'instruire de certaines choses ignorées par ceux qui approchent d'un diplomate en chef. D'après cette définition, il semble que Venise n'aurait pas dû envoyer un résident à Milan, puisque cette ville dépendait de l'Autriche et que Bonaparte n'avait aucun droit d'avoir des diplomates étrangers, résidant auprès de lui. La Sardaigne en envoya un aussi. Les autres Etats s'en dispensèrent.

mander un logement plus convenable qu'une auberge. Il me fut donné un billet pour le palais Greppi. Le majordome ou concierge me dit en me montrant un drapeau tricolore que le palais était plein d'administrations françaises qui y couchaient provisoirement sur la paille, attendu que Son Excellence le général Masséna, y ayant logé, avait tout emporté et fait vendre aux Juifs ; que c'était ce général qui avait autorisé le placement de ce drapeau, « pour garantir les meubles, disait amèrement le concierge, contre les pillards ». J'envoyai chercher un autre billet à la municipalité ! Elle m'adressa au palais Borromée où j'aperçus un autre drapeau. Le portier me dit que le général Masséna était logé là et que je ne pouvais entrer. Impatienté, j'entrai de force, je parcourus le logement très vaste où Masséna n'était pas, puisqu'il n'y avait pas un seul lit, pas une table, pas une chaise, pas un rideau, et cet homme, — c'était un Français — que je questionnai, me régala de la même réponse que le majordome du palais Greppi m'avait déjà faite. Il ajouta que cette spoliation était un petit malheur pour son maître qui était très riche, quoique la canonisation de Charles lui eût coûté des sommes immenses, qu'il pouvait m'en parler savamment, puisque lui était maître d'hôtel et attaché à la famille par sa femme depuis plusieurs générations.

Ce qu'il y avait de plus fâcheux dans ce pillage, que toutes les grandes maisons avaient subi, c'était que les maîtres s'étaient fâchés tout de bon et avaient fait tomber leur colère sur leurs nombreux domestiques qu'ils avaient tous congédiés, de façon que lui était, par grâce spéciale, devenu simple portier ; et on disait que le gouvernement nouveau, irrité de cette mesure qui réduisait plus de 10,000 individus à la mendicité, avait ordonné aux maîtres de payer les gages aux gens renvoyés pour qu'ils puissent avoir du pain, jusqu'à ce qu'ils eussent pu en gagner d'une autre manière.

Quelque pressé que je fusse de me loger, j'écoutai cet homme qui parlait très bien, et j'étais dans un singulier étonnement de cette conduite des Français, auxquels je savais qu'on avait payé, le soir même de l'entrée, 21 millions en espèces, et j'en étais bien sûr puisque j'avais assisté à la pesée et que j'avais été l'un des signataires du procès-verbal. La conduite des maîtres envers leurs gens me surprenait aussi beaucoup, mais moins. Je quittai tout pensif ce maître d'hôtel, et je me rendis, suivant son indication, à l'auberge de Saint-Pierre-Martyr, où je fus reçu, mais comment? L'aubergiste, homme rude, me demanda si j'avais de l'argent et ne me laissa entrer que lorsque je lui eus fait un signe affirmatif. Je n'avais avec moi que Cavaillé, de Castres, mon secrétaire, et mon hussard d'habitude nommé Motta. A peine eus-je mis pied à terre que le maître m'apostropha en me demandant si j'étais de ceux qui avaient conduit les diamants du mont-de-piété de Milan et les trésors des familles bourgeoises à Gênes? Je lui répliquai que je venais de Lodi et que je ne savais ce qu'il voulait me dire. Un très médiocre souper, une petite chambre très malpropre et pleine de vermine, un grenier pour Cavaillé et l'écurie pour mes chevaux et Motta furent tout ce que j'eus dans cette hôtellerie. Mon hussard avait manqué être assommé par des Milanais qui lui avaient cherché querelle, comme il allait au fourrage.

Au point du jour, Cavaillé vint me dire que l'aubergiste et cinq à six mauvais sujets venaient de lui dire d'évacuer l'auberge avec moi, et de payer 300 francs si je voulais avoir nos chevaux. Ils me répétèrent la même chose à moi-même, et me dirent que, s'ils n'avaient pas été convaincus que je n'étais pas de l'escorte des voleurs du mont-de-piété, je n'aurais pas revu le jour; que j'eusse à payer sur-le-champ et aller me faire égorger ailleurs; que cependant on me conseillait de reprendre la route de Lodi. Au milieu de six à sept assassins armés, je payai sans mot dire, je montai à cheval et je courus prévenir le général Lespinois.

Un bruit considérable, et qui augmentait à mesure que j'avançais, m'avertit que Milan était en révolte. Je ne fus pas longtemps sans être rencontré par une populace immense qui fuyait de mon côté et qui se sauvait dans toutes les maisons. Je fus poussé moi-même dans une porte-cochère, séparé de Cavaillé et de Motta. A mesure que le torrent s'écoulait, le bruit devenait plus considérable ainsi que la rapidité des fuyards. Enfin un escadron du 7e et quelques chasseurs du 22e, poursuivant avec violence et sabrant ceux qu'ils atteignaient, me tirèrent de cette terrible position. J'abordai le général Lespinois qui suivait avec quelques dragons du 5e et lui demandai s'il avait des ordres à me donner. Il était si préoccupé qu'il me dit de gagner la porte de Pavie et que je trouverais par là des généraux et des troupes. Nous passâmes en ce moment devant Saint-Pierre-Martyr : j'y rentrai. L'aubergiste et ses drôles avaient disparu. La femme se jeta à genoux. Je lui demandai mes cent écus. Elle me les rendit sur-le-champ. Je lui donnai 18 francs et je partis.

Arrivé sur la route de Pavie, le canon que j'entendais tirer en avant me fit aller avec rapidité. Je rencontrai environ 500 soldats qui marchaient au pas redoublé. A un quart de lieue de là, je trouvai une vingtaine de cadavres français tués depuis un ou deux jours, et pendant deux milles encore, j'en trouvai à peu près autant dispersés sur la route et dans les fossés. Il y en avait dans les champs. Quelques volontaires, qui suivaient le même chemin que moi, me dirent qu'il y en avait bien davantage dans la Chartreuse, devant laquelle j'allais passer après Binasco. On commençait à entendre une fusillade très vive et le canon ronflait toujours. Je rencontrai encore 500 hommes qui allaient en avant, et un peu plus loin le 7e de hussards, le 23e et le 24e de chasseurs à cheval, et à leur tête les généraux Kilmaine, Dallemagne et Guyeux, et les colonels Barthélemy et Knock qui étaient venus en grande hâte de Lodi.

Nous arrivons à Binasco. Ce gros bourg brûlait en entier, et on faisait feu sur ce qui restait d'habitants qui cherchaient à s'échapper dans les campagnes à droite vers Montenotte.

Kilmaine me dit qu'une compagnie entière de canonniers avait été assassinée la veille dans la Grande Chartreuse — la Certosa — par les habitants de Pavie. Binasco, depuis deux ou trois jours, avait égorgé plus de deux cents volontaires de passage, venant de France par Tortone, et tout cela avait été causé par le pillage détestable du mont-de-piété de Milan et l'enlèvement de l'argent déposé par les habitants dans divers lieux publics de la ville. Pavie était en pleine révolte et avait fermé ses portes. Il y avait à craindre que la garnison très petite, à la vérité, puisqu'elle n'allait pas à 250 hommes, n'eût été passée au fil de l'épée ; on avait entendu tirer toute la journée d'hier, et aujourd'hui on n'entendait plus rien, ce qui donnait lieu à de terribles soupçons sur le sort de ces pauvres camarades, bien innocents de toutes les infamies qui avaient eu lieu à Milan. Il était bien décidé, quant à lui, d'écrire ce qui se passait en Italie au général Beurnonville, afin qu'il fit imprimer sa lettre, si le Directoire ne faisait pas enlever et fusiller l'odieux pillard qu'il nous avait donné comme chef, lequel ne savait que faire périr des soldats, rédiger des proclamations mensongères et ravager le pays ; presque tous les généraux et lui surtout lui avaient dit que s'il touchait au mont-de-piété de Milan, après avoir perçu la totalité de la contribution de guerre, ils retourneraient tous en France et emmèneraient la majorité des officiers et soldats qui détestaient cette affreuse conduite et qu'on verrait par là que l'armée française n'était pas complice de ces brigandages déshonorants qui révolteraient des voleurs même de grand chemin.

Il en était là lorsque Bonaparte passa en voiture avec Berthier. Ils avaient avec eux Mgr Visconti, l'archevêque de Milan, et un grand vicaire. Nous étions déjà à moitié chemin de Binasco à Pavie. Il mit pied à terre avec Berthier, et l'archevêque continua sa route vers la ville. Nous approchâmes jusqu'à vue des remparts de la ville et beaucoup d'autres troupes nous joignirent avec de l'artillerie, ce qui fit en tout un parc de dix-neuf pièces de tous calibres, y compris cinq obusiers et environ 12,000 hommes.

Deux heures après, l'archevêque revint fort triste [1]

---

1. J'ai appris que le bon archevêque, que Bonaparte avait forcé de venir avec lui, était entré en ville et qu'il avait exhorté les habitants à se soumettre. Il avait si peu réussi qu'on l'avait maltraité lui-même et chassé de la ville en le qualifiant de Jacobin et de souteneur des voleurs. Beaucoup de personnes, dignes de foi, m'ont certifié ce fait. L'archevêque m'a dit plusieurs fois à moi-même que Bonaparte lui avait dit que, dans ces spoliations des monts-de-piété, il avait eu la main forcée par le Directoire, ce qui est peu croyable. C'était à mon avis une bien pitoyable excuse que celle-là.

Il est douteux que le Directoire connût l'existence des monts-deet Bonaparte ordonna d'avancer. Pavie fut aussitôt enveloppée depuis la porte Sainte-Marie, à côté de la citadelle, jusqu'au bastion de la Darsena sur la rive gauche du Tessin, auprès duquel se trouve la porte Sainte-Justine qui conduit à Lodi. Les habitants, mêlés avec beaucoup de paysans venus de tous côtés depuis deux jours au bruit du tocsin, tirèrent quelques coups de fusil sur nous du haut d'une vieille fortification. Ils osèrent ensuite faire une sortie, mais ils furent aussitôt refoulés vers la ville par nos soldats qui entrèrent pêle-mêle avec eux. L'artillerie brisa la porte barricadée de Sainte-Marie et l'infanterie se précipita la baïonnette en avant. Elle était suivie par le 22e et le 34e de chasseurs qui se mirent à sabrer. Les paysans, au nombre de plus de 20,000, s'enfuirent tous par le pont du Tessin et par la Porte-Neuve et abandonnèrent seuls les habitants qui s'enfermèrent dans leurs maisons.

Bonaparte était retourné à la *Certosa*, d'où il donna l'ordre de saccager Pavie pendant six heures. Je m'étais porté, avec les généraux et officiers que j'ai nommés, sur la place qui est devant la grande église où nous arrivèrent les soldats de la garnison, que le peuple avait mis en prison la veille et qu'on avait relâchés au moment où le canon brisait les portes de la ville. Arriva aussi le vieux général Haquin, que les magistrats avaient sauvé en le cachant au peuple. Ce général, ancien bibliothécaire de l'école militaire de Paris, avait de grands torts. Il était arrivé depuis peu, et déjà il s'était emparé de six chevaux appartenant à

---

piété d'Italie, surtout leur richesse et le genre de leur institution. Au reste, quelle trace avons-nous de ce qu'il advint de la dépouille de ces dépôts. Arrivèrent-ils en France ?

des bourgeois. Il avait reçu un coup de bâton qui l'avait renversé.

Pour ne pas être témoin du spectacle affreux du sac de cette malheureuse cité, nous nous retirâmes au château qui est situé à la partie supérieure du nord de Pavie, et nous fûmes assez heureux pour sauver du dernier outrage environ deux cents femmes ou jeunes filles que les soldats poursuivaient et qu'ils n'auraient pas ménagées. Un seul escadron du 7e de hussards, commandé par l'honnête et courageux Knocq, refusa de prendre part à cette action détestable permise par ce qu'on appelle le droit de la guerre. Il se joignit à nous environ deux cents officiers, sous-officiers et soldats, que les cris de douleur qu'on entendait de toutes parts chagrinaient autant que nous et qui nous avaient amené ces femmes dont je viens de parler. Vint ensuite Murat, qui demanda à Kilmaine une compagnie d'infanterie et quelques hussards pour porter les uns à l'Université (¹), et marcher avec quelques hussards au mont-de-piété, de l'ordre du général en chef. Dans ces horribles désastres, les soldats, furieux des assassinats de Binasco, faisaient voler les meubles par les fenêtres et assommaient les habitants. Ils n'y firent pourtant pas fortune. Un seul soldat se trouva avoir 7,000 francs.

La plupart des officiers et sous-officiers avaient refusé de prendre part à ce pillage et quantité de soldats sauvèrent beaucoup d'autres femmes de la lubricité de leurs compagnons. Il y en eut de tués

---

1. Celle-ci n'avait pas besoin d'être protégée, Kilmaine y avait envoyé Dallemagne, et ce bon Allobroge, quoique très peu lettré, y avait couru de bon cœur, et avait sauvé l'abbé Spallanzani et quelques autres savants, ainsi que les précieux dépôts des connaissances humaines dont ils étaient les gardiens.

dans les maisons par leurs camarades. On le reconnaissait aux coups de baïonnettes dans le dos. Néanmoins le mal fut très considérable. Le lendemain, quand on battit la générale, les pillards étaient tellement saoûls qu'ils ne pouvaient marcher. On ne put tout rassembler qu'à midi. Il y en eut de moins pris de vin que les autres qui pillèrent le butin dont s'étaient chargé ceux qui, complètement ivres, s'étaient endormis dans les rues. Quelques objets furent rendus. Le soldat se charge comme un mulet ; puis, quand la fatigue vient, il jette tout à terre ou le rend si les réclamants se trouvent là.

A une heure, le 26, on fit sortir les troupes de la ville. Bonaparte et Salicetti arrivèrent, se portèrent au mont-de-piété, et tout ce qu'il contenait fut chargé dans une vingtaine de voitures bourgeoises qui prirent la route de Gênes par Voghera et Tortone. L'adjoint Matterat, le même qui fut chargé avec l'adjudant-général Boyer d'enlever les caisses publiques en messidor suivant, commandait l'escorte ; le banquier Balbi, à qui tout fut remis, en fit une note détaillée, ce qui dura trois jours, attendu qu'à Pavie on avait tout jeté pêle-mêle, comme qui vole, dans des barils défoncés d'un bout qu'on avait ensuite placés dans les fourgons ou voitures bourgeoises, sans les fermer autrement. Balbi en donna le reçu qui portait l'évaluation faite par deux orfèvres à deux millions de livres de France. Quant aux diamants, perles, bijoux, vaisselle plate, 1,465,000 francs en argent monnayé, ducats royaux de Naples, livres de Gênes et Bologne, piastres de Livourne, séquins de Florence, etc.; total 3,465,000 francs qui allèrent rejoindre le mont-de-piété de Milan. Bonaparte écrivait au Directoire que la maison Flachat ne voulait donner de toutes ces richesses que quatre millions, et cependant on y avait ajouté alors le mont-de-piété de Bologne, celui de Vérone, la Madone de Lorette et le trésor de Saint-Marc.

On trouvera l'évaluation de ces objets chacun en son lieu.

Après ces malheureuses affaires, l'armée se mit en marche pour aller chercher l'ennemi. Nous étions alors au 5 prairial. Beaulieu, après l'affaire de Lodi et l'évacuation complète de tous les magasins impériaux de la Lombardie, avait rallié son armée aux environs de Peschiera, place vénitienne. Elle consistait alors en 22,000 hommes d'infanterie, 800 hommes de cavalerie autrichienne et 2,000 Napolitains à cheval.

On a vu qu'il nous restait à nous 39,300 hommes d'infanterie et cavalerie sur 43,000, dont 3,700 avaient péri à Lodi. Sur ces 39,300 hommes, 3,000 étaient restés à Milan et 1,500 tenaient garnison à Pizzighitone. On avait laissé 800 hommes à Pavie, 100 hommes à Tortone, 100 hommes à Gavi, autant à Plaisance et autant à divers postes depuis Tortone jusqu'au duché de Parme, pour protéger les soldats isolés venant de France rejoindre leur corps ou sortant des hôpitaux : total détaché, 5,700 hommes. L'armée combattante était encore de 33,600 hommes, moitié juste à peu près de ce qu'elle était à sa sortie de Nice.

Le 6, elle se trouva toute réunie à Foncino, d'où le lendemain au soir elle arriva devant Brescia.

J'avais vu assez souvent chez le général Kilmaine, à Milan, M. Foscarini, résident de Venise, de la classe des secrétaires, qui, ainsi que je l'ai dit, avait été envoyé par le Sénat pour y faire l'honnête métier d'espion. Il n'avait pas deviné le secret de l'armée, que Bonaparte gardait assez bien quand il n'était pas en colère ou qu'il n'avait pas quelque grand sujet de joie, car dans ces deux cas il làchait tout, et souvent très mal à propos. Le résident croyait que nous n'oserions pas nous jeter sur le territoire vénitien sans en avoir prévenu le Sénat et avoir obtenu son consentement. Il s'était figuré que nous passerions par Crémone pour aller attaquer Beaulieu dans le Mantouan, par Pontevico, Marcaria et Bozzolo.

Aussitôt qu'il eut appris que nous étions à Soncino, il accourut pour protester contre notre invasion ; cette ville était la première de la Terre-Ferme du côté du Milanais. Il y trouva deux députés envoyés par le provéditeur Cocaglio de Vérone [1] et qui ne purent, pas plus que lui, être reçus au quartier général. Ils furent même accueillis très brutalement, parce qu'on venait d'apprendre que le général Beaulieu était entré dans Peschiera, ville forte de l'État de Venise sur le lac de Garde et il était à supposer que les Vénitiens lui avaient ouvert les portes, ce qui cependant ne se trouva pas vrai, ainsi qu'on le verra par la suite.

Dans notre supposition, il nous paraissait très impertinent de venir réclamer contre notre passage dans les Etats vénitiens, quand on introduisait nos ennemis dans les places fortes. A Brescia, dont on nous refusa d'abord l'entrée, les choses s'expliquèrent ; mais Bonaparte, quoique bien instruit enfin que Beaulieu ne s'était emparé de Peschiera que par ruse, ne laissa pas de crier à tue-tête contre les Vénitiens. J'en expliquerai la cause en son lieu. On commençait à savoir que j'étais chargé de la partie secrète de l'armée, et ces députés

---

1. Les historiens de Bonaparte ont placé à cette époque un autre Foscarini, sénateur, provéditeur à Vérone avec M. Rocco San Fermo. Cela n'est pas vrai, ce fut d'abord Priuli, puis Cocaglio, ensuite Battagia et enfin Giovanelli et Erizzo.

vinrent me trouver pour leur répondre dans le sens qu'on vient de voir. Foscarini s'en retourna à Milan, et je reçus l'ordre d'amener les deux autres au quartier général.

Après quelques bouffées un peu rudes de Bonaparte, ces députés s'expliquèrent sur Peschiera et dirent au général qu'ils étaient si éloignés de vouloir mal vivre avec les Français qu'ils venaient lui offrir un traité de la part du provéditeur Cogaglio. Ce traité fut examiné, presque tous les articles furent rayés ou refondus, et il s'en suivit l'arrangement suivant, sous le nom de traité de Sainte-Euphémie, du couvent où il fut arrêté et signé entre les parties :

### TRAITÉ DE SAINTE-EUPHÉMIE

8 prairial an IV.

Article premier. — La République de Venise sera neutre et non armée pendant tout le temps que l'Italie sera le théâtre de la guerre entre la République française et l'Empire d'Allemagne, et en conséquence les troupes françaises n'éprouveront aucun obstacle de la part du gouvernement vénitien dans ceux de leurs mouvements qui pourront avoir lieu dans la Terre-Ferme.

Article 2. — Les places fortes seulement seront fermées aux puissances belligérantes, à moins que l'une de ces puissances ne vienne à s'emparer par quelque moyen hostile que ce soit de l'une de ces places, auquel cas le siège qui en serait fait par l'autre puissance ne pourrait être considéré comme acte hostile contre la République de Venise.

Article 3. — Le cas arrivant que l'une de ces puissances se soit emparée d'une place de guerre ou fort quelconque, les Vénitiens ouvriront sur-le-champ toutes les autres places de Terre-Ferme à l'autre puissance qui pourra y mettre garnison, laquelle garnison fera le service des remparts et des ouvrages extérieurs, tandis que la garnison vénitienne occupera l'intérieur de la place pour l'ordre et la police seulement. Et les gouvernements vénitiens s'entendront à ce sujet avec le commandant des troupes introduites. Les garnisons vénitiennes ne devront, dans ce cas, prendre aucune part aux opérations de défense. Elles pourront même évacuer lesdites places ainsi occupées, d'après les ordres qui leur en seraient donnés par leurs EE. les provéditeurs extraordinaires en Terre-Ferme.

Article 4. — En cas de l'occupation bénévole dont il est parlé en l'article précédent, il sera fait inventaire de tout le matériel d'artillerie et subsistances qui se trouveront dans la place. Le commandant de l'occupation s'en servira pour la défense et pour la nourriture des troupes des Etats, et à cet égard il sera tenu un compte entre les parties prenantes des deux nations avec les formes ordinaires.

Article 5. — L'armée payera à fin de guerre, si plus tôt ne se peut, et à des termes qui ne pourront dépasser trois ans après la signature de la paix, une somme de trois millions de francs d'indemnité pour les dégâts inséparables de la présence de l'armée dans les pays vénitiens, à quoi ils sont évalués par aperçu et irrévocablement fixés à forfait. Elle fera en outre rétablir à ses frais, et suivant les plans existants, les détails des inventaires et les états des lieux, les fortifications qui ont été détruites, elle étant assiégeante.

Article 6. — Il demeure bien entendu que l'ordre et la discipline dans les troupes seront tels que les soldats ne puissent molester en aucune manière les sujets de la République de Venise ([1]).

---

1. On ne doit pas être étonné de voir Venise, quoique république, parler de sujets. C'est qu'elle avait la prétention de regarder la ville de Venise comme composant la république. Elle soutenait que les provinces n'en faisaient pas partie *intégrante*, et cela pour que les peuples foulés n'eussent aucun droit d'invoquer les lois républicaines, dont le principe général est l'égalité en droits. Lorsque, peu de temps après tout ceci, les peuples se révoltèrent, ils retorquèrent cette prétention contre le Sénat lui-même qui la mettait en avant. Ils dirent que puisqu'ils ne faisaient pas partie intégrante d'une république, et une république ne devant pas, par sa propre essence, avoir des sujets, les provinces étaient restées libres du jour où le décret de non intégralité avait été rendu. Ce raisonnement était juste, mais il fallait du canon pour le faire comprendre. Ainsi fit-on.

ARTICLE 7. — Le général Baraguey d'Hilliers (¹) est nommé pour faire dresser contradictoirement avec les gouverneurs des places ou forts vénitiens, tous les états ou inventaires dont il est parlé ci-dessus, pour reconnaitre les revues des troupes vénitiennes, afin qu'il ne pût, sous aucun prétexte, être apporté à leur nombre aucun changement en plus; régler les prix des munitions de guerre et de bouche emmagasinées, et arrêter avec le signor Vivanti, banquier de Venise, le prix des denrées nécessaires à l'armée française et qui seront en partie livrées par icelui aux agents des di-

---

A Rome, on accordait le droit de cité aux peuples conquis, lorsqu'on voulait se les attacher, car alors ils pouvaient braver la puissance proconsulaire en adressant leurs plaintes directement au Sénat. Sparte, il est vrai, avait des ilotes, mais on sait ce qui en advint. L'Espagne, tombée sous la domination des Goths, des Vandales, n'avait plus de droits. Ensuite les Maures avaient établi un régime à moitié religieux qui annonçait une certaine égalité. Les descendants de Pélage, jusqu'à ces derniers temps, accordaient le droit de cité aux villes qui leur témoignaient de l'attachement Dans le commencement, ce droit était semblable à celui que Rome donnait autrefois; mais comme tout se gâte à la longue, ce droit finit par ressembler à une confrérie. Les villes méridionales de la France conservèrent jusqu'à l'invasion de Bonaparte le droit qui leur venait des Sarrazins de nommer leurs consuls, juges, mages, etc... On ne conçoit pas d'où Venise pouvait tirer des exemples pour établir la non-intégrance et combiner ou faire cadrer cette idée avec le refus aux villes de nommer leurs magistrats.
1. Baraguey était l'homme aux finances personnelles de Bonaparte, qui l'avait fait venir exprès de France en le demandant au Directoire. Il y avait un article additionnel à ces conventions qui portait 1,500,000 francs pour habillement prétendu des troupes qui venaient de l'être complètement à Milan. Cette somme fut payée à Vérone, où Masséna se trouva quelques jours après. C'est pour cela que Bonaparte ne parle qu'en l'air de ses arrangements avec le Provéditeur. Cette fourniture de vivres, s'élevant déjà à 3,000,000 de francs, ne se fit pas sans quelque traité. Pourquoi n'en a-t-il jamais été question? Je viens de le dire. C'est à cette époque que Bonaparte, tracassé par l'idée du Directoire d'avoir deux généraux en chef en Italie, disait à Kilmaine qu'il donnerait sa démission, qu'il irait vivre dans un ermitage pour lequel il était en marché en Bourgogne et à l'acquisition duquel il comptait mettre dix-sept cents à dix-huit cent mille francs. Il devait être vaste, cet ermitage!

vers services, sans qu'ils puissent s'en fournir ailleurs. Il est stipulé que les états seront réglés à chaque mois de quarante-cinq jours, et payés comptant le plus possible à la satisfaction dudit signor Vivanti..... Signé d'une part : Bonaparte, Salicetti et Berthier, chef de l'état-major général ; d'autre part, Rocco San Fermo et Benedetti Del Bene, pour l'excellentissime provéditeur extraordinaire en Terre-Ferme, munis de pleins pouvoirs *ad hoc*.

Article 8. — Les articles 1, 2, 3, 4, 5 et 6 du traité présent, seront notifiés à la cour de Vienne à la diligence de son E. Mgr le provéditeur extraordinaire en Terre-Ferme avec invitation d'y adhérer, et nonobstant refus, le présent traité n'en n'aura pas moins son entière exécution entre les parties contractantes.

Cet article est complémentaire et n'est signé que de Bonaparte et Rocco San Fermo, secrétaire d'État de la sérénissime République.

Je reconduisis mes députés à l'auberge où je les avais pris, et je ne pus m'empêcher de plaisanter sur ce qu'ils venaient de signer. Ils relurent leur acte en descendant, et s'étant aperçu de l'erreur de leur sottise, ils voulaient revenir au quartier et y faire faire des changements.

Je leur dis que Bonaparte était parti, ce qui était vrai. Il en avait ricané jusqu'à Binasco où il le montra à Kilmaine qui, reconnaissant mon écriture, demanda au chef si c'était moi qui l'avait dicté. Bonaparte lui répondit que non et lui demanda s'il ne le croyait pas assez grand garçon pour l'avoir fait lui-même. « Je me prosterne, dit Kilmaine, devant votre génie. »

On garda le silence sur ce traité, pour éviter que les sarcasmes de toute l'armée ne révoltassent les Vénitiens un peu trop tôt.

Les Autrichiens étant entrés dans la forteresse de Peschiera, par l'incurie, la lâcheté, la complaisance ou la trahison du gouverneur vénitien, et peut-être par tous ces motifs ensemble, auxquels on pourrait peut-être ajouter, et sans trop d'invraisemblance, l'intérêt pécuniaire si fort en usage à Venise, et l'armée française ayant été obligée, suivant Bonaparte, d'en faire le siège, ce général, le traité à la main, introduisit tout aussitôt ses soldats dans toutes les places. Je dis *introduisit*, car pour y parvenir il fut obligé d'employer la force et la ruse presque partout, les Vénitiens ayant essayé d'éluder cet article du traité (1).

Ce qu'il y avait de fâcheux, c'est que nous n'avions pas assez de troupes pour tout occuper ; de là vint qu'on chercha à faire valoir comme une modération de notre part l'impossibilité où nous étions de mettre de fortes garnisons partout. On ne put mettre dans beaucoup de villes et forts qu'un officier français qu'on décora du titre de commandant de place, auquel on ne put fournir d'abord que ce qu'il lui fallait de soldats pour se faire respecter, tant par les autorités que par les garnisons vénitiennes.

Mais tout homme investi d'un petit pouvoir cherche toujours à l'augmenter. Ces officiers retenaient à la sourdine tout ce qu'ils pouvaient ramasser de soldats

---

1. Quand il fut question de mettre des troupes françaises au fort de Bergame, le gouverneur vénitien, qui avait des ordres secrets du Sénat, vint dire à Baraguey d'Hilliers que la garnison s'était révoltée et que, s'étant réunie à des brigands des montagnes, elle lui faisait la loi. Il refusa de laisser entrer les Français et il s'en retourna dans sa citadelle, croyant que tout était dit. Baraguey attaqua le fort le soir même, l'emporta, fit jeter le commandant dans les fossés, où l'on dit qu'il était tombé par mégarde, fit fusiller une centaine d'officiers, sous-officiers et soldats mutins, établit garnison française au fort et défendit au gouverneur vice-podestat de la ville d'avoir plus de vingt soldats avec lui. On verra par la suite que c'est là ce que le bon Faivre, commandant français de la ville et fort de Bergame, appelle les conventions du Sénat avec Baraguey d'Hilliers.

de passage. La plupart firent si bien qu'ils eurent des garnisons assez fortes pour faire la loi à la ville où ils étaient et aux campagnes voisines, qu'ils firent contribuer, tant pour leur entretien que pour leur pécule, et ils trouvèrent toujours quelque général qui, se mettant de moitié avec eux, les autorisait à conserver ces forces pour des raisons presque toujours très superficielles.

Bonaparte, ne pouvant faire mieux d'abord, avait chargé ces officiers de veiller à la discipline des régiments de passage, à ce qu'ils n'exigeassent rien de plus que ce qui leur revenait suivant la loi, et par des instructions secrètes, il leur avait ordonné de s'arranger de manière à empêcher les Vénitiens de fermer leurs portes aux troupes françaises, en cas de besoin d'un grand passage et, à cet égard, et sur les avis de ces petits commandants, on avait soin de leur envoyer quelques renforts d'avance, lorsqu'on prévoyait en avoir bientôt besoin.

# MÉMOIRES DE LANDRIEUX

## CHAPITRE PREMIER

Coup d'œil rapide sur ce qui s'était passé en Italie depuis l'entrée de l'armée française jusqu'à l'arrivée du prince Charles au au commandement.

Le très médiocre général Beaulieu avec les mauvaises troupes qu'on lui avait données, l'armée piémontaise dont les restes allèrent renforcer les barbets-niçards, celles de l'excellent général Wurmser, malheureusement trop vieux, celles d'Alvinzi, surnommé le Rodomont et le Maladroit par ses propres troupes, avaient déjà disparus devant les soldats de la France, mais ces armées avaient été plutôt dispersées que vaincues. La puissante Autriche, avec quelques troupes fraîches, les remettait sur pied dans le Tyrol, d'où elles descendaient bientôt en Italie avec un autre général et quelques bataillons ou escadrons de plus. Le ministère autrichien, en effet, employa, pendant quelque temps, un étrange moyen pour réparer ses pertes en soldats. Il entretenait des agents dans la partie méridionale du Bergamasque, d'autres à Lugano et sur les bords de tous les lacs qui sont au nord du Milanais et du Piémont, à peu de distance des lieux où passaient les prisonniers qu'on envoyait en France. Des barques étaient préparées sur ces lacs pour recevoir ceux d'entre eux qu'on pouvait embaucher. Les espions les débarquaient dans la Valteline, d'où, par le pays des Grisons, ils se rendaient facilement, avec quelque argent qu'on leur donnait, sur les frontières du Tyrol et rejoignaient leurs régiments respectifs. On était étonné en France de ne pas recevoir le quart des prisonniers annoncés dans les bulletins, qui à la vérité en mettaient toujours au moins trois ou quatre fois plus qu'il n'y en avait.

L'un de ces agents, nommé, je crois, Andréo, se laissa surprendre à Bergame par le chef d'escadron Etrée, que j'y avais envoyé pour avoir la preuve, par ses papiers, de cette sorte de recrutement et de cette violation des droits de la guerre. Il fut fusillé, le soir même de son arrivée à Milan, et nous prîmes note des noms des personnages qui, le lendemain, ne le sachant pas exécuté, venaient parler en sa faveur. Le résident de Venise à Milan, Foscarini, fut du nombre. Le président du conseil militaire, colonel Lucotte, acquit la preuve que la Suisse, sur le territoire de laquelle tout ceci se passait, fermait les yeux sur ces manœuvres, en sorte que le général Kilmaine se crut autorisé et avec raison à armer des barques canonnières sur les lacs. Par ce moyen on mit la main sur beaucoup de ces fuyards qui furent très maltraités et ce tripotage cessa. Mais les *magnifiques* Seigneurs (1) se fâchèrent tout de bon. Ils prétendaient que nous avions violé leur *territoire*. Nous fîmes dîner copieusement leurs deux gros ambassadeurs, après quoi Kilmaine leur dit très gravement qu'il n'y avait pas de territoire sur l'eau et qu'en conséquence il n'y avait pas eu violation de territoire. Ils partirent avec cette réponse, et on n'en entendit plus parler. Il faut dire aussi qu'on en écrivit à M. Barthé-

---

1. Titre que se donnent les autorités en Suisse. Les descendants de Guillaume Tell !

lemy, ambassadeur de France en Suisse, et que probablement il fit entendre raison à cet égard.

Jusqu'alors (février 1797), la guerre n'avait été qu'un jeu d'enfant à cause de l'incapacité morale et politique et du peu de réputation des généraux que l'Autriche avait employés (¹). Ses soldats, depuis le Rhin jusqu'à Belgrade, étaient sans contredit tout ce qu'il y avait de meilleur en Europe, mais la masse des officiers était détestable et ils évitaient de perdre des hommes qu'ils achetaient et équipaient à leurs frais. L'arrivée de l'Archiduc, avec le poids énorme de la plus haute réputation militaire, causa une telle alarme au quartier général de Milan que Bonaparte quitta tout sur-le-champ; il se rendit vers la Piave, dans les marches trévisanes où se trouvait une forte partie de l'armée, et y dirigea tout ce qu'il avait de troupes éparses dans la Lombardie, le Mantouan et les pays vénitiens. Il hâta la marche de Bernadotte qui traversait les Alpes et ne laissa dans cette Lombardie et ce Mantouan, seul fruit — et fruit très précieux des batailles de Lodi, de Rivoli, d'Arcole, de Castiglione et de mille autres combats meurtriers — que ses dépôts de blessés établis à Crémone, à Cassano, à Lodi, à Monza, à Desenzano, et les malades des hôpitaux de Milan.

1. Que fit l'Autriche depuis la cessation des opérations militaires sur le Rhin jusqu'au moment où le prince Charles passa la Brenta ? Beaucoup de personnes se sont posé cette question, sans pouvoir, disent-elles, la résoudre. C'est que ces personnes n'ont jamais connu les Autrichiens. Leur cabinet n'a jamais eu la vivacité française. Il fallait d'abord qu'il se décida et ce n'était pas très prompt. Il fallait faire marcher des troupes des bords du Rhin en Italie, et celles-là ne vont pas en poste. Dix mois s'écoulèrent ainsi. Dans ces dix mois, il n'y eut que Waronpel et Alvinzi d'envoyés. Ce qui était bien quelque chose, mais trop peu, quand on pouvait envoyer à la fois des armées de cent mille hommes, s'il le fallait.

Arrivé à Vicence, il prit d'abord des positions sur la rive droite de la Brenta. Il les quitta aussitôt que ses divisions furent arrivées, et se porta en avant sur la Piave vers Trévise.

Il y eut là des pourpalers : l'adroit Comeyras, envoyé de France près les Ligues grises, homme très instruit, très entreprenant, y fut employé. L'Archiduc se replia sur le Tagliamento, sans autres engagements que quelques escarmouches dans l'une desquelles le colonel Barthélemy, du 24e chasseurs, eut la poitrine traversée d'une balle, blessure dont, cependant, il guérit.

L'armée française ne savait pas trop ce que signifiaient ces fréquentes allées et venues d'émissaires de part et d'autre. Elle imagina d'abord qu'il s'agissait d'échange de prisonniers, ce qui ne pouvait être puisqu'on ne s'était presque pas battu. On pensa ensuite que le général en chef avait trouvé quelques moyens d'amuser l'ennemi en attendant que toutes ses troupes parvinssent à leur destination, ce qui, cependant, ne pouvait lui donner en tout qu'une armée d'environ trente-huit à quarante mille hommes. L'armée impériale n'en n'avait pas autant devant nous, mais elle en attendait beaucoup plus du double en 2e et en 3e lignes et qui s'y rendait à grandes journées avec le général Kerpen et autres à travers la Carinthie, le Tyrol et autres Etats héréditaires de l'Empereur.

## CHAPITRE II (¹)

Projets de Bonaparte sur Venise : Ordres secrets à cet égard. — Diplomates. — Ecrits publiés et désavoués. — Politique de Venise dans l'insurrection de la Terre-Ferme. — Affaire curieuse du duc de Modène. — Bureau secret. — Armistice du 14 avril. — Réflexions sur les dates des combats livrés par le général Joubert dans les Alpes Rhœtiennes et Noriques. — Sur des conventions secrètes avec l'Autriche et sur l'égorgement des Français à la seconde fête de Pâques à Vérone.

Le 16 ventôse, au moment où nous nous mettions à table, le général Berthier est arrivé à Milan. Il revient de la Brenta et de la Piave, où se rassemble l'armée à opposer au prince Charles. Ce prompt retour nous a tous surpris. Il disait très haut, en dînant avec nous, qu'il avait oublié des ordres importants pour les bataillons venant de France et qui étaient arrivés à Vigerano (Piémont), qu'il avait aussi à s'en entendre avec les chefs des divers services. Kilmaine et moi, nous n'avons rien répondu; il y avait beaucoup de monde. Après le café, Kilmaine lui a dit : « — Ces ordres dont vous parlez, vous me les avez tous donnés. Vous venez pour autre chose. Nos derniers rapports n'y sont pas pour rien. »

Il nous a emmenés dans le grand cabinet et m'a ordonné de faire placer à la porte le factionnaire de la

---

1. Ecrit pour *memento* le 18 ventôse an V.

salle d'armes. Lorsque je suis rentré j'ai trouvé qu'il disait :

« Ces coquins de Vénitiens se conduisent bien mal. Nous avons reçu toutes vos dépêches. Ces gens ne sont plus habiles, ils ne sont que fins. Ils n'ont pas réussi à Vienne non plus. On y est furieux contre eux, et nous aussi : ils vont être payés de leur duplicité (1). Quelques agents autrichiens ont mis en avant (car on parlemente toujours) que si nous étions les maîtres de disposer des États vénitiens, on pourrait bien nous arranger de la Lombardie et du Mantouan, et peut-être même de la Belgique, mais qu'il faudrait que l'on pût faire taire l'Europe sur un pareil traité, qui ne pourrait avoir lieu que dans le cas où Venise nous aurait donné à nous des motifs suffisants pour renverser son gouvernement et envahir tous ses États. C'est à Comeyras que ceci a été dit. On a envoyé sur-le-champ Clarke à la découverte auprès de l'Archiduc et en

---

1. Nous savions qu'ils avaient fait beaucoup de tentatives pour traiter offensivement et défensivement contre nous. L'Autriche les amusa tant qu'il fut nécessaire de tirer des subsistances de la Terre-Ferme, mais du moment que nous nous trouvâmes en état de porter la guerre dans les pays héréditaires, Vienne n'eut plus besoin d'eux et méprisa des voisins qui n'avaient ni argent ni soldat, ni places fortes de quelque valeur.

Dans cette association, l'Autriche eût tout mis et Venise rien. Les Vénitiens n'avaient à offrir que leur besace, dans le fond de laquelle on ne voyait d'autres munitions que des ruses, de la perfidie, des trahisons, des assassinats.

Ils attaquèrent la flottille française sur l'Adriatique, pour se faire valoir auprès de l'empereur d'Allemagne et firent échapper un convoi autrichien parti de Trieste. Ils firent insulter le consul de France à Zante et brûlèrent sa maison. Ces avances ne réussirent pas mieux que leurs propositions, et elles parurent d'autant plus ridicules à Vienne qu'on y était instruit que l'état-major français en savait plus que le Sénat en fait de véritables ruses de guerre et qu'on était convaincu dans le cabinet autrichien que Venise était notre dupe depuis plus d'un an.

attendant il faut culbuter cette soi-disant république, ce qui, vous le savez, n'est pas difficile, le Sénat n'ayant pas d'autre argent que celui que nous lui devons, et il arrivera de deux choses l'une : ou l'Autriche acceptera ces États, ou elle les refusera. Nous sommes assurés du premier point, d'abord par ce qui en a été dit, et ensuite parce que le cabinet de Vienne est enfin plus éclairé sur ses véritables intérêts et qu'il connaît sa position. Ce n'est plus à deux généraux jaloux l'un de l'autre que l'Autriche a affaire ici. Elle voit une armée dont tous les chefs sont parfaitement d'accord, une armée solide, éloignée des intrigues de Paris, et qui au besoin enverrait promener le Directoire lui-même qui ne peut presque plus rien sur nous. Elle nous voit prêts à entrer dans ses États héréditaires, ce qui ne sera pas long si le prince Charles continue à avancer son aile gauche que nous écraserons à coup sûr, si Hohenlohe ne se replie promptement et avant l'arrivée des divisions Masséna et Augereau que l'on dirige sur lui sans qu'il s'en doute.

« Le littoral seul de Venise vaut mille fois plus pour l'Autriche, qui n'a que Trieste, que tout son Milanais avec le Mantouan, qui ne produisent que du foin et les plus mauvais soldats du monde. Si les diplomates s'avisaient de refuser de les prendre en compensation, hé bien ! nous les garderions. Que les souverains de l'Europe fassent, s'ils le veulent, une troisième coalition, nous saurons leur faire passer la fantaisie. La France n'a pas besoin d'acheter ses soldats. Néanmoins, comme il est d'une certaine importance d'empêcher l'Europe, c'est-à-dire l'Angleterre, la Prusse et la Russie de s'opposer à ces agissements, et surtout de vouloir en avoir quelque chose, nous agirons avec la prudence convenable, et nous aurons soin de doubler, de tripler les torts des Vénitiens. Je ne sais si l'Archiduc sait quelque chose de ces vues et si, les connaissant, il voudra s'en ouvrir à Clarke, l'homme du monde le moins fait pour cette négociation à cause de ses sentiments royalistes, mais nous avons envoyé en même temps à Vienne un agent très délié.

« Voici ce qu'il faut que vous fassiez vous tous qui restez ici avec vos fièvres. D'après ce que nous savons, et tes anciens rapports surtout, il faudra peu de choses pour pousser les Vénitiens de la Terre-Ferme à un soulèvement contre les Pantalons. Il faut, dès aujourd'hui tout faire pour parvenir à ce résultat, sans vous compromettre. Venise, incapable de fournir une armée contre l'insurrection, exhortera ses Valériens à prendre sa défense, et voilà toute la Terre-Ferme en feu.

« Alors, vous demanderez *naïvement* aux chefs de ces paysans de mettre bas les armes, en vertu du traité de Sainte-Euphémie. Ils refuseront ; vous attaquerez. C'est à vous à ne pas attendre qu'ils soient complètement organisés et vous aurez l'air surtout d'agir de votre chef. Vous direz tout bas aux insurgés que vous êtes pour eux et leur défendrez de le publier. Ils se municipaliseront, ils armeront, et vous prendrez garde seulement qu'ils ne se rendent trop forts. Venise, qu'on berce d'un traité à Vienne, fera l'insolente ; elle maltraitera nos derrières. Ainsi que vous nous l'avez marqué, elle recrute déjà. Vous autres, vous vous plaindrez, les premiers, de la violation de la neutralité et surtout des infractions au traité de Sainte-Euphémie, vous vous fâcherez, vous aurez le ton de la colère, de la vengeance. Il faut que toute l'Europe entende vos cris. N'écoutez aucun ordre du général en chef ni de moi. D'ailleurs, nous ne vous écrirons pas sur ces affaires, et si nous jugions qu'il faille suspendre vos démarches, l'ordre vous en arrivera de vive voix. En attendant et sans perdre de temps, révoltez tout, écrasez tout ; prudence, adresse, ruse, force, il faut que tout marche à la fois et surtout n'ayez pas besoin de nous. Nous ne pouvons, et nous ne devons rien détacher de l'armée active jusqu'à ce qu'il y ait un parti pris sur ce que je viens de vous dire. Moquez-vous qu'on vous dise que la Révolution française et nos babillards de soldats ont causé la révolution à Venise. *La faute en fut aux Dieux qui la firent si belle,* dit-il en éclatant de rire.

« Au fond, mes amis, nous avons bien besoin que cette affaire devienne présentable, sans elle, bonsoir et bonne nuit. Il faudra aller coucher en France, sans avoir rien fait ici que perdre du monde. On nous menace de 2 à 300,000 Autrichiens ([1]), et le Directoire dit qu'il ne peut plus rien nous envoyer.

« Écrivez peu, mais qu'on puisse à tout bout de champ montrer à cette engeance de Paris, qui veut gouverner, malgré tout le monde, avec des vieilleries, avec les plus sottes théories de l'univers ([2]). Surtout n'ayons pas le moindre tort apparent.

---

1. Ce n'était pas encore positif, mais le désordre qui régnait dans nos armées d'Allemagne, la malheureuse vanité de Moreau, qui croyait au-dessous de lui d'agir de concert avec l'honnête Jourdan, qui valait mieux que lui, et qui pensait que la plus belle retraite du monde ne faisait pas coucher sur le champ de bataille, faisaient présumer que le prince Charles allait bientôt avoir 300,000 hommes sous ses ordres.
2. Berthier parlait évidemment du Directoire et des diplomates de Paris et étrangers. Bonaparte ne les traitait pas mieux (voir sa correspondance imprimée chez Panckoucke), Comeyras, quoique membre de la diplomatie française, riait souvent de bien bon cœur des gens à notes officielles et non officielles et de la langue énigmatique et mystérieuse du métier. On lui disait que ces em-

« Au reste, le général en chef compte plus sur la faiblesse morale et physique et les fautes des Vénitiens, sur votre adresse à les mettre à profit, que sur les forces que nous pouvons vous laisser. Sibille prépare une flotille pour bloquer Trieste où s'est retiré le duc de Modène avec les millions qu'il a emportés (¹). Il est chargé de l'enlever quand nous arriverons par terre. C'est une affaire à part. Mais en même temps, il agacera la marine vénitienne qui à coup sûr lui courra sus et voilà une sottise qui demandera sa punition. Vous avez les dépôts d'infanterie et de cavalerie, vous avez plus d'artillerie qu'il ne vous en faut; Mantoue en a en cas de besoin : vous avez toutes les places vénitiennes de Terre-Ferme, excepté Créma et Palma-Nova. Quant à ce qui regarde le littoral oriental de l'Adriatique, Landrieux connaît ce qu'il faut faire dire à

---

ployés des ministres des affaires étrangères étaient utiles en cela qu'ils avaient étudié les traités anciens et modernes. L'envoyé de Coïre répondit qu'en guerre on était toujours vainqueur ou vaincu, et que si les anciennes conventions n'étaient absolument rien pour le premier, le second n'en pouvait tirer aucun parti. Quant aux autres fonctions dont les diplomates devaient être chargés aussi comme espionnage, il prétendait qu'on devait prendre tous ces gens plutôt au ministère de la police qu'aux affaires étrangères.

1. Peu de jours après notre entrée à Milan, j'étais chez Salicetti, casa Greppi. J'attendais pour lui parler qu'il eût fini quelques affaires, lorsqu'un officier de la plus haute taille, jeune encore, en uniforme blanc, et la grande croix de Malte, entra et vint me demander à parler à M. l'intendant général de l'armée. En ce moment, Salicetti, débarrassé, me pria d'entrer et je lui annonçai cet officier qui s'était présenté sous le nom de commandant d'Este, frère du duc régnant de Modène. Salicetti, sans me congédier, le fit entrer avec empressement. Le commandant lui dit qu'il était venu à Milan sur le passeport que S. A. S. son frère avait obtenu pour lui, qu'il venait pour traiter et il lui présenta des lettres de créance. Salicetti demanda douze millions pour, disait-il, faire oublier à l'armée que le duc de Modène s'était fourré dans toutes les coalitions de l'Europe contre nous.

Le commandant se défendit longtemps sur l'extrême malaise

*l'homme barbu* (¹) qui nous attend. Dimodtéphanopoli est ici. Il l'enverra à Janina quand il faudra jeter les garnisons vénitiennes dans le golfe, si elles en valent la peine. Il a la griffe et le cachet.

« Point de confidence surtout. Ce que nous laissons de généraux ne doit rien savoir. S'ils demandent des ordres du général en chef, donnez-leur de l'argent et ils obéiront à un caporal. Concertez-vous avec le comité de police, il en fournira, mais il faut le tromper lui-même et ne lui laisser entrevoir que son avantage particulier, sa Cisalpine... est-ce entendu ? »

Kilmaine a répondu.

— J'entends.

— Cela suffit, a dit Berthier, je pars demain et je laisserai à Landrieux son ordre de service de chef d'état-major général de la cavalerie qu'il devrait avoir depuis longtemps et que j'ai toujours oublié de lui faire passer.

Et il s'est retiré.

causé à son frère par ces mêmes coalitions qui l'avaient ruiné, ainsi que tous les autres petits princes d'Italie qui n'avaient pu fournir des soldats. Enfin, il se rendit, mais il eut soin d'expliquer que cela ne pourrait se faire qu'au moyen d'une contribution sur les gens les plus riches de ses Etats, contribution qui ne serait pas payée, à moins que le général en chef ne détachât une division vers le Modénois et la Mirandole pour effrayer les récalcitrants. Tout cela fut convenu. On fit partir Vaubois avec sa division, et il se porta sur la frontière vers Reggio modénèse. Hercule III imposa 24 millions; il les toucha, les fit emballer avec tous ses autres trésors qu'on assurait s'élever à plus de 35 millions et disparut. Nous étions alors loin de Venise où il alla débarquer. Bonaparte prétendait que le duc avait emporté plus de 60 millions et il le traitait comme débiteur de cette somme envers la République modénoise. Il crut longtemps qu'Hercule III avait déposé cette somme en banque à Venise et il la demandait aux Vénitiens, qui lui avaient fait une forte saignée de 150,000 séquins, dit-on. (*Correspondance*, édition Panckoucke, page 337).

1. Ali Pacha, *affaires des Mainotes*.

Le 17 ventôse, à 7 heures du matin, le général Berthier est venu dans ma chambre. Il m'a éveillé et m'a interrogé :

— Que dit Kilmaine ?

— Il ne dit rien, ai-je répondu.

— C'est excellent, a répliqué Berthier, ne le quitte pas au moins, toi, et tiens-le éveillé. Le général en chef est singulièrement satisfait de tes services : il ne te laissera pas là et compte sur nous en cas d'événement. Je quitte les chefs du comité de police. Je leur ai parlé dans le sens que tu connais. Ils sont prévenus que tu les verras. Voilà ton ordre de service : tu as bien fait de m'en envoyer la forme. Je n'ai pas retrouvé l'autre.

Et, sans attendre ma réponse, il est parti.

Voilà l'exacte vérité. Il n'y eut rien de plus dans cette conférence.

Berthier ne nous dit peut être pas tout et c'est ce dont je n'ai jamais voulu m'inquiéter. Son secret était à lui. Je conviens qu'autant valait qu'il nous confiât que l'Autriche et la France étaient d'accord sur tous les points du traité de Campo-Formio ou du moins sur la destruction et le partage de Venise. Quoiqu'il en soit, je dois aux lecteurs la copie de deux écrits imprimés à Venise les 5 et 13 messidor chez Giovanni Zatta. Un prétendu témoin des événements qui eurent lieu à cette époque me fait écrire à Salfi, collaborateur de Salvatori, journaliste de Milan, ce qui suit :

« Les Vénitiens, que la présence des troupes françaises incommodait beaucoup, tant par leurs principes révolutionnaires que par le peu d'égards qu'ils avaient pour la Terre-Ferme, qu'ils traitaient en vrai pays conquis et surtout ne pouvant venir à bout de faire payer la quantité énorme de fournitures qu'ils avaient faites depuis notre entrée sur leur territoire et qui s'élevait déjà à près de 15 millions, témoignaient, de temps en temps, beaucoup d'humeur.

« Le caractère fin et subtil de Bonaparte et de Salicetti, qui ne ressemblait en rien à celui des généraux et administrateurs français, leur fut bientôt connu. A peine avaient-il signé le traité de Sainte-Euphémie qu'ils s'en repentirent et il était dangereux de reculer. Ils cherchèrent à leur mode, c'est-à-dire avec leur défaut de franchise et de loyauté ordinaire, à s'accommoder avec l'armée de l'Autriche dont ils étaient moins mécontents et dont le cabinet avait une parole assez sûre pour qu'on pût y compter tant que de trop grands intérêts contraires ne le forçaient pas à rompre un traité. Leurs podestats ou gouverneurs de Terre-Ferme reçurent l'ordre de se dispenser, autant que possible, d'être utiles aux Français, et même d'essayer de leur nuire autant qu'ils le pourraient, sans cependant compromettre ni eux ni leur gouvernement. Bonaparte savait bien que des gens, qu'on ne payait pas et qu'on pillait souvent et toujours avec impunité, ne pouvaient être ses amis, et le bureau secret de l'armée eut l'ordre de les surveiller de près.

« J'en fus chargé dès notre arrivée à Desenzano, à la poursuite de Beaulieu, et Kilmaine me donna 12,000 francs pour établir ce service et l'ajouter aux autres branches de correspondances secrètes dont j'étais chargé depuis le licenciement de mon régiment (13e de hussards), d'une partie duquel on fit des corps de guides.

« On a vu dans la suite que le général en chef ne manqua pas de preuves de la mauvaise volonté du Sénat et de sa prédilection pour les Autrichiens. L'admission des troupes impériales dans sa forteresse de Peschiera, malgré les termes du traité dont j'ai parlé; les assassinats impunis à Castiglione, à Azzola, à Carpenedoli, sur toute la frontière vénitienne du Mantouan, le refus obstiné du provéditeur Priuli de laisser prendre ses barques pour porter des vivres à la division Masséna en ce moment aux prises à Ronco avec l'armée de Wurmser — si bien que je fus obligé d'enlever de force le cordon d'espions établis sur la rive depuis Pescantina jusqu'à Pégnago pour empêcher le général en chef de savoir des nouvelles de l'ennemi qui le surprit à Vérone, l'avant-veille de la bataille de Castiglione, pendant que des Vénitiens rusés et des femmes l'entretenaient avec la plus grande perfidie dans une sécurité telle qu'il refusa obstinément de croire aux rapports du bureau sur l'approche de l'ennemi, — et mille autres traits de cette nature, l'avaient convaincu de la nécessité où il se trouvait de prendre garde à lui de ce côté.

« Je n'eus jamais besoin de sociétés secrètes. Il était même impossible qu'il y en eût dans un pays où chacun se méfiait de son voisin, tant étaient grandes et atroces les punitions infligées par les inquisiteurs d'Etat qui ne ménageaient rien pour encourager les délateurs. Je tirais mes agents du Mantouan. Ils sont presque tous adroits et assez vrais, pas chers surtout. Sous prétexte de commerce, ils allaient partout et j'en avais inondé toutes les villes vénitiennes, autrichiennes, sardes, etc.... J'en avais même à Vienne, dans l'armée autrichienne et dans la nôtre, à Rome, Naples, Gênes, Trente et même à Paris.

« Les habitants de Bergame et de Brescia, se révoltèrent du matin au soir et sans avoir rien comploté d'avance. Tout le monde y était mécontent et il ne fallut qu'une étincelle pour tout embraser. Les Vénitiens s'étonnèrent beaucoup de l'insurrection de Bergame, de la fidélité de laquelle, disaient-ils, ils étaient assurés, plus que de toute autre province, parce que dans le xv$^e$ siècle Bergame avait chassé les Français de ses murs, mais alors Bergame n'avait pas un brigand comme Ottolini pour gouverneur. C'est à ce misérable que le Sénat dut la perte de cette province et non aux Français, puisqu'il est notoire que les bourgeois de Bergame savaient très bien que le commandant français de leur ville était d'une incapacité absolue pour pousser et soutenir un soulèvement. On peut en dire autant des Brescians qui, de leur côté, n'ignoraient pas que l'officier français qui commandait à Brescia était directement opposé à leur révolution et l'ami particulier du directeur Mocénigo.

« Je serais porté à croire que les Vénitiens protégeaient d'abord sous main ces révoltés, soit pour avoir le droit de mettre de belles phrases dans leur manifeste futur contre les Français dans le cas où le cabinet de Vienne se serait déterminé à traiter avec le Sénat, soit pour battre monnaie sur les plus riches des insurgés, et cette idée n'est pas déraisonnable.

« Bonaparte, à l'arrivée du prince Charles, ne put lui opposer tout ce qu'il avait de forces. Les mauvaises dispositions de Venise à son égard le forcèrent à laisser à Kilmaine 7 à 8,000 hommes et le commandement en chef des pays conquis. Victor Perrin fut laissé aussi avec 3,000 hommes vers les Polesmes pour garder ce côté et veiller sur les Etats du Pape qui, surtout vers Sinigaglia, n'étaient pas tranquilles, malgré le traité de Tolentino.

« Heureusement, l'Archiduc fit une faute terrible. Ce prince, qu'on aurait eu tort d'accuser dans aucune circonstance d'imprudence ou de trop d'activité, au lieu de s'arrêter dans les gorges inexpugnables du Trentin et du Frioul et de se retrancher derrière les défilés, en mettant ensemble, ou de manière à pouvoir les réunir au premier signal, les divisions qui composaient son armée, en attendant les renforts qui lui arrivaient de la rive droite du Rhin et les recrues de la Bohême et de la Hongrie, divisa à son arrivée ses troupes en trois corps principaux dont les communications étaient très difficiles dans ces régions escarpées. Sa droite fut placée aux confins du Tyrol, le centre ou le corps d'armée occupa les pays situés entre Alla et le Tagliamento, et il jeta sa gauche en avant, sous la forme d'avant-garde, jusque et en deçà même de la Piave en face des principales divisions françaises. Cette avant-garde fut aussitôt attaquée, aussitôt culbutée qu'aperçue et le prince de Hohenlohe, qui la commandait, n'eut rien de mieux à faire que de reculer, avec ce qui lui restait de troupes, vers les gorges que le centre occupait, et y fut vivement attaqué par Bonaparte lui-même, tandis que Masséna, profitant de la retraite de Hohenlohe, se glissa le long du littoral et se porta rapidement sur les flancs et sur les derrières de l'Archiduc qui fut obligé de se retirer avec une grande perte. Le général en chef poussa sa pointe et, de succès en succès, il arriva sur la Drave.

« Il en fut autrement à la droite du prince, commandée par Kerpen et Laudhon. Joubert sépara ces deux généraux à la vérité, mais se portant ensuite en avant, il alla rejoindre Bonaparte sur la Drave. On se demande, et avec raison, comment Bonaparte put laisser oublier à Joubert qu'il laissait Kerpen et Laudhon derrière lui avec des forces imposantes? Kerpen se maintint sur la gauche de l'armée française, et Laudhon, n'étant plus inquiété, s'établit au midi du

Monte-Baldo. Il y recueillit tous les Tyroliens qui vinrent le joindre et menaça les derrières de Bonaparte, à qui il fut désormais presque impossible de faire passer une ordonnance en Italie et d'en recevoir.

« Il trouva moyen cependant d'envoyer son aide de camp Junot à Venise, pour savoir au vrai où nous en étions, et, pendant ce temps, il demanda la paix à l'Archiduc, qui la refusa. Nous vinmes à bout de lui faire passer de nos nouvelles. Comme elles n'étaient nullement d'accord avec les rapports de Junot, il envoya l'adjudant Leclerc. Celui-ci lui confirma ce que nous lui avions appris. Nous étions devant Vérone. Le château Saint-Félix, le fort de Saint-Pierre et le Château-Vieux étaient déjà dans nos mains, et tout était révolté et municipalisé derrière nous. Bien assuré de la certitude de tous ces détails, Bonaparte envoya un courrier à son agent de Vienne. Il ne s'adressa plus à l'Archiduc qui lui parut n'être instruit de rien par sa cour et les préliminaires de Léoben furent signés. »

Voilà la lettre qu'on avait mise sous mon nom, après mon départ de l'armée. Je déclare n'avoir jamais écrit à Salfi.

A peu près vers le même temps parut un petit ouvrage, également en italien, dont l'auteur dit savoir parfaitement ce qu'il avance. On y trouve une prétendue lettre de moi au prince Albani, à Sinigaglia. On m'y fait dire ceci :

« Le 16 ventôse, le général Berthier est arrivé à Milan. Après dîner, il s'est enfermé avec nous et nous a donné l'ordre d'attaquer Venise, attendu qu'il était décidé et arrêté entre les puissances belligérantes qu'elles se partageraient cet Etat. »

Je déclare n'avoir jamais écrit au prince Albani ni à qui que ce soit sur ces affaires. C'était le secret de l'armée et il ne fut jamais violé.

L'auteur du petit ouvrage continue ainsi :

« Les événements ont prouvé sans réplique le concert entre l'Autriche et Bonaparte, et s'il ne l'était pas, et irrésistiblement, par la lettre du général Landrieux au prince Albani, il le serait par l'écrit publié après la prise de Vérone, et sans avoir été contredit par personne, par S. E. M. le comte Rocco de San Fermo, ex-ambassadeur en Angleterre, à Turin, à Naples et à Bâle, et alors secrétaire d'Etat de la République de Venise, tenant la plume sous les provéditeurs en Terre-Ferme Battaja, Giovanelli, Erizzo et le gouverneur Contarini, lequel nous apprend que, dans le compte que ce ministre rend à son souverain (Venise) de sa conduite diplomatique et de ses opinions politiques, il explique, positivement et sans nul détour, qu'il a découvert par un ambassadeur, à Bâle, que Venise va être envahie et partagée entre ses puissants voisins, si elle ne prend le parti de la vigueur et de la loyauté ([1]), c'est-à-dire ce qu'elle ne pouvait plus faire, en supposant qu'il fût temps encore de suivre ce conseil.

« Et ne pourrait-on pas voir aussi, dans ce projet plus ancien qu'on ne le pense dans le cabinet de Vienne, la cause de la faiblesse des efforts de l'Autriche pour résister à l'invasion française de l'Italie en 1796 et de la préméditation secrète, d'accord ou non, de nous laisser le moyen de subjuguer les Etats vénitiens qu'on présumait, et avec grande raison, ne pouvoir être longtemps gardés par nous, tant à cause de leur extrême éloignement du cœur de la France qu'à cause des frais énormes qu'il nous en eût coûté pour défendre et gouverner un Etat que nous n'aurions pas gardé longtemps, dis-je, aussi, à cause de la jalousie de l'Angleterre, de la Russie, et de la Prusse et même du Divan, qui ne pouvait voir d'un bien bon œil le voisinage extrême de gens aussi turbulents et aussi forts que les Français, et il résultait de là qu'il serait facile à l'Autriche, en nous cédant

---

1. L'auteur de la prétendue lettre se trompe ou il est de mauvaise foi. M. Rocco San Fermo dit qu'il a appris d'un ministre plénipotentiaire que Venise va être disloquée et donnée en compensation, si elle n'entre pas dans les affaires. Ce n'est pas du tout la même chose.

le Milanais, objet de tant d'anciennes querelles, d'obtenir en compensation les Etats vénitiens, si voisins de ses provinces héréditaires, et qui valaient cent fois plus que le foin et le riz de la Lombardie et le mauvais air du Mantouan (1).

« Et, en effet, continue le publiciste, ce n'est pas sans quelque étonnement que nous avons vu l'empereur d'Allemagne envoyer des armées de 50 à 60.000 hommes, et certaines même, infiniment moindres, quand il pouvait, avec un certain effort, nous accabler tout d'un coup avant que Bonaparte apprît à faire la guerre avec 200,000 hommes à la fois, et qu'il avait alors sous les armes, ainsi qu'on l'a vu lorsqu'il accompagna Souwarow. Dira-t-on que l'Autriche avait une frontière trop étendue à défendre? Mais elle n'avait, dans le commencement, que le littoral de Gênes et les défilés des Alpes à garnir de quelques bonnes troupes à joindre aux Piémontais, et elle y mit qui? Beaulieu et des hommes sans nom et sans crédit. Exceptez-en Wurmser et le prince Charles : y en eut-il un seul connu des soldats ? (2).

« On doit ajouter à ces réflexions l'excuse importante que la connivence fournit à Bonaparte pour s'être imprudemment engagé dans les gorges illyriennes, en laissant très sciemment derrière lui, et sur toute sa gauche, dans le Frioul, le Feltrin, le Bellunois, le Tyrol, et enfin jusqu'au fond du lac de Garde, et à la portée du canon de Peschiera, les généraux autrichiens Kerpen et Laudhon, dont le devoir était de lui fermer, avec 100 hommes, à chaque défilé ou précipice, tout

---

1. En partageant également les Etats vénitiens, l'Autriche, tout en abandonnant la Lombardie et le Mantouan, se trouvait infiniment plus avantagée que la France, à cause du voisinage, à cause de la propriété de l'Adriatique. Aussi, quand on en vint aux explications définitives, Bonaparte ne voulut donner que la moitié à peu près de la Terre-Ferme. Il se réserva aussi quelques îles. Il demanda et obtint la cession garantie des droits impériaux sur la Belgique et les obtint sur-le-champ et sans discussion. Il fit reconnaître la Cisalpine, etc. L'empereur d'Allemagne aurait cédé tout au monde, tant il se trouvait bien accommodé par l'acquisition de ces nouveaux Etats. *(Note de l'auteur de la prétendue lettre au prince Albani.)*

2. Oui, il y en eut un, l'honnête et très brave Provera, qui se défendit si bien dans les Alpes Ligures. Il y eut aussi l'intrépide Roccavina.

espoir de retraite en Italie, de lui couper les vivres et de le séparer des derniers secours que la France aurait pu lui envoyer. Personne ne s'avisera, je pense, de contester cette énorme faute, cette marche extravagante qui, s'il n'y eut nul accord avec l'Autriche, devrait être considérée comme une trahison insigne de la part d'un homme qu'il était impossible de suspecter d'aliénation mentale.

On objectera peut-être, d'après les journaux et les bulletins, que Joubert ayant battu complètement et détruit de fond en comble les armées des généraux Kerpen et Laudhon, du 1er au 26 germinal (23 mars au 17 avril), il n'y avait point d'imprudence à s'avancer dans les Etats héréditaires de la maison d'Autriche, puisque, par les grandes victoires de Joubert à Cembra, Newmarck, Closen, Mülbach et Inspruck, il ne restait plus d'ennemis, ni sur nos derrières, ni sur nos flancs. Mais, qu'importe à l'Histoire une objection qui n'a que l'enthousiasme et des faits controversés pour base ?

« Joubert poussa, ou du moins crut pousser l'ennemi qui se retirait ou qui se jouait devant lui, mais il est si faux qu'il ait détruit, qu'il ait même fait un mal sensible aux armées de Kerpen et de Laudhon, que le 22 germinal (14 avril) ces généraux commandaient encore leurs armées, soi-disant détruites, dans le Tyrol, la Carinthie et même le Frioul, et y occupaient Saxembourg, Ermagor, Solmezzo, Sapada, Bellune, Feltri, Primolano, la rive gauche de la Brenta et la rive droite de la Ferrine jusqu'à Trente, ligne de milles de long, sur les flancs et les derrières de notre armée, et où s'arrêtèrent les actions hostiles, ligne fixée en *statu quo* et arrêtée irrévocablement par l'armistice et sa notification dudit 22 germinal (14 avril) à tous les corps des armées respectives.....

« Nous soussignés, Joubert, général de division, commandant les troupes françaises dans la Carinthie ; Baraguay d'Hilliers, commandant les troupes françaises dans le Frioul ;

« Et MM. Folkmont, capitaine de l'état-major général ; Frossard, capitaine de dragons de l'archiduc Jean, envoyés par M. le général Kerpen pour régler les articles de l'armistice qui existe déjà entre les armées françaises et autrichiennes, sommes convenus de ce qui suit :

« ARTICLE 1er. — L'armistice entre les troupes françaises

et autrichiennes, dans le Tyrol, la Carinthie et le Frioul, commencera le 23 germinal (15 avril), et aura lieu jusqu'au 29 dudit mois (21 avril).

« ARTICLE 2. — Les troupes françaises dans la Carinthie occuperont Spital, Willach et Malborgette.

« Dans le Frioul, elles occuperont Ponteba, Butrento, jusqu'à Lexico, et de Lexico jusqu'à Cagliano, sur la rive gauche de l'Adige.

« ARTICLE 3. — Les troupes impériales occuperont dans la Carinthie, Saxembourg, Ermagor, et dans le Frioul, Tolmezo, Sapada, Bellune, Feltri, Primolano, la rive gauche de la Brenta et la rive droite de la Ferrine jusqu'à Trente, etc.

« *Signés :* .....

« Pour copie conforme notifiée au camp de la Croix-Blanche :

« *Signé :* BARAGUEY D'HILLIERS. »

« Willach, 14 avril.

« Il n'y a, je pense, point de répliques à des preuves de cette nature.

« On observe, en passant, que le général Laudhon se trouvait campé entre Garda et Peschiera, au moment où ce même armistice lui fut notifié par le général Landrieux. Il fut obligé de s'y conformer et de rétrograder jusqu'à Trente.

« Il est donc vrai qu'à l'époque où Bonaparte fit au prince Charles, ou spontanément, ou d'accord, la demande de la paix qui lui fut refusée aussi, ou tout de bon, ou d'accord, l'armée française était enveloppée de tous les côtés (¹).

« Et l'immobilité de ce général Laudhon, perché pendant plus de quinze jours, avec ses sept à huit mille hommes sur la crête des Alpes Rhœtiennes et s'étendant jusqu'à Peschiera,

---

1. Je n'ai pas besoin de dire ici que l'armée française avait sa tête à Léoben et ses masses dans la Styrie, qu'il ne s'agissait dans les conventions de Villach que d'une partie de l'arrière-garde, qui ne pouvait elle-même rentrer en Italie que par Padoue, où était la division Victor, laquelle était à peine de trois mille hommes, et manquant d'un tiers des fusils nécessaires, n'eût pu se mettre en bataille contre Laudhon, s'il eut plu à ce dernier de quitter son camp de Peschiera et de se rendre à Padoue, et alors tout était absolument fermé par là, comme ce l'était plus haut, dans les gorges, à Bellune, Feltri, Primolano, etc...

fut-elle l'effet d'une imbécilité ou d'un ordre secret? Un seul jour lui suffisait pour marcher sans obstacles jusqu'à Victor. L'artillerie et le courage ne peuvent rien dans les revers méridionaux de Monte-Baldo. Toute l'armée française, depuis là jusque dans la haute Styrie, eût péri de faim. On se souvient du désastre de 1708. Pourquoi Laudhon est-il resté tranquille spectateur de l'impertinence du général Landrieux qui, avec huit à neuf mille éclopés, alla assiéger Vérone sous ses yeux, Vérone qui lui demandait du secours, Vérone qui lui avait pris de ses propres soldats.

« Ou il faut croire que tout se faisait d'accord, ou que les généraux Kerpen et Laudhon n'étaient que des traitres, et à Dieu ne plaise qu'on puisse jamais avoir cette opinion de ces gens d'honneur. Mais on voit par l'armistice, qu'ils ont signé, les positions qu'ils occupaient. Laudhon s'était contenté, il y avait cinq ou six jours, de pousser jusqu'à Castel-Novo, et sans leur faire aucun mal, deux généraux de brigade français, de la division Joubert, Serviez et Chevalier, avec moins de 1,500 hommes qu'ils commandaient auprès de Trente. Il sembla bon de les envoyer à Landrieux pour l'aider contre Vérone et on l'a toujours cru ainsi. Landrieux, avec la dernière audace, passe en plein jour sous son canon : ses hussards boivent avec les Tyroliens. Laudhon laisse faire toutes les dispositions pour le siège dont on assure qu'il lisait, pour s'amuser, le bulletin journalier. Ses troupes légères poussaient tous les jours des reconnaissances jusqu'à Pescantina et en demandaient des nouvelles en riant, et on douterait un instant que Laudhon ne sût que c'était pour son maître que les Français étaient là?

« Je ne parle pas des plaisanteries auxquelles se livraient sur les Vénitiens les officiers chargés de notifier l'armistice pendant le dîner qu'on leur offrit au camp de la Croix-Blanche et où se trouvaient aussi Lahoz, Chabran, Serviez et Chevalier, et les aides de camp de la Croix-Blanche et adjoints de l'armée du siège. Ils avaient passé comme neutres au travers de Vérone assiégée et avaient visité Giovanelli et Erizzo, qui ne connaissant pas encore l'objet de leur mission les prièrent de dire à M. le général Laudhon, qu'il pouvait s'emparer de Peschiera, par tel ou tel moyen, et à cet effet, ils leur donnèrent une lettre pour le gouverneur vénitien de Peschiera (il y en avait encore un, mais gardé à vue) et ils devaient eux, de leur côté, favoriser la tentative par des sorties. C'est d'eux que Landrieux apprit que Nogarola dirigeait la fabrique des batteries roulantes contre le Castel Vecchio. Cette gaité, ces confidences ne disent-elles rien? Cependant, comme en guerre il faut se méfier de tout, on eut soin de faire passer ces messieurs, (avec le colonel Payen qui leur servait de guide pour aller chez Laudhon) par les lieux indiqués par les Provéditeurs pour qu'ils vissent qu'on y était aussi bien gardé qu'ailleurs et que les Français y étaient à couvert, ainsi que Peschiera, au cas où, l'armistice venant à être rompu, le général Landhon voulût leur jouer quelques mauvais tours. La précaution devint inutile puisque l'armistice dura jusqu'au traité de paix définitif.

Ici finissent les raisonnements de l'ouvrage italien. Je ne puis m'empêcher de mettre ici quelques observations auxquelles les ouvrages nouveaux de France m'ont fait penser.

Joubert bat Kerpen et Laudhon, il les sépare et jette ce dernier dans le Tyrol; il le laisse là. Quant à Kerpen, les faiseurs de nouvelles ne disent pas ce qu'il en fit, mais on trouve dans les conventions signées par lui, Joubert, que Kerpen est précisément et même beaucoup en deçà d'où il l'a, dit-on, chassé la veille, et où il a exterminé ses troupes, même après la date de l'armistice!

Laudhon se recrute, dit-on, dans le Tyrol et remet à son aise son armée sur pied. Quant à Joubert, il part, et comme si 8,000 ennemis, occupant les gorges derrière lui, ne méritaient pas quelque attention, on le fait voyager et joindre tranquillement Bonaparte dans la Styrie, sur la route de Vienne.

Il faut qu'on convienne, ou que tout était concerté, ou qu'ils étaient tous fous. Et que signifie encore cette demande de la paix, refusée d'abord très froidement par l'Archiduc, et acceptée subitement peu de jours après, sous le prétexte d'une perte de près de douze cents hommes à Dirnsteim?

Il fallait sans doute par ces manœuvres simulées faire croire aux Vénitiens que nous étions perdus, puisque Bonaparte était réduit à demander la paix, afin de les enhardir à faire des fautes assez grandes pour mériter aux yeux de l'Europe le châtiment convenu.

Et, en effet, on voit ce Sénat insensé croire aveuglément ce qu'il désirait tant et ordonner tout aussitôt l'affreux égorgement de la deuxième fête de Pâques. Peut-être fut-il poussé dans le précipice par quelqu'un des siens (1)! Quoiqu'il en soit, les futurs copartageants trouvèrent pour le coup que c'était suffisant et les préliminaires furent signés.

1. Il a semblé probable à l'armée qui, ainsi que presque tous les Vénitiens, a considéré le Provéditeur général Giovanelli comme vendu à Bonaparte, que l'intention du général en chef n'était pas de faire assassiner deux ou trois mille Français pour avoir un droit plus positif contre le Sénat, mais de faire insulter Balland et sa garnison d'une manière assez forte pour en faire un grief considérable et que le misérable qu'il y employa ne put retenir les quatre-vingt mille paysans qu'il avait ameutés; ou bien il voulut conserver à toute fin, par cette odieuse boucherie, le crédit dont il jouissait à Venise, et cette atroce duplicité n'est pas une chose étonnante dans un Vénitien. Il est bien certain que Bonaparte ne fut pas mécontent de cet horrible service puisqu'il eut soin de conférer à ce brigand une des plus hautes dignités du royaume éphémère d'Italie.
Giovanelli avait signé la capitulation de Vérone et consenti à demeurer en ôtage entre les mains des Français. Il est vrai que, quelques heures après, entraîné par son confrère Erizzo, il prit la fuite. Sur quelle protection comptait-il quand il signa? Il fallait qu'elle fût forte pour éviter les effets de notre furie contre lui. Bonaparte ne nous avait pas confié que ce misérable fût à ses ordres et ni moi, ni Kilmaine, ni Lucotte, ne l'aurions ménagé.

Les gens sensés remarquaient à ces époques que Bonaparte, n'ayant conquis en deux années, et après avoir épuisé la France de soldats, que la Lombardie et le Mantouan, n'avait aucun moyen raisonnable de traiter de la paix avec l'Allemagne, puisqu'il fallait de toute nécessité abandonner les minces conquêtes, qui avaient coûté si cher, et se retirer honteusement en France, ou battre toutes les armées autrichiennes qui allaient tomber sur nous, car elles pouvaient alors se dédoubler sur la Moselle et sur le Rhin, puisqu'alors elles y étaient victorieuses, Jourdan et Moreau ayant été contraints de rentrer. Pour que Bonaparte pût se mesurer avec ces nouvelles troupes, il eut fallu que le Directoire lui eût envoyé des renforts et tout le monde sait qu'à cette époque il ne pouvait y avoir rien de disponible pour l'armée d'Italie, que les restes de nos armées du Rhin et de la Moselle étaient hors d'état de rentrer en campagne, tant par l'excessive fatigue que par le dénuement le plus complet d'habillement et d'équipement, et principalement parce que le gouvernement menacé dans Paris par la faction monarchique, et par celle non moins dangereuse pour lui qu'on appelait la queue de Robespierre, et dans les départements par divers mouvements insurrectionnels, agité enfin lui-même par des querelles intestines, ne pouvait se démunir du peu de bons soldats qui lui restait.

Qu'on nous dise donc quel fut à cette époque le puissant motif qui détermina tout d'un coup un empire colossal, la triple couronne de Vienne, qui avait refusé la veille si nettement d'accepter la paix, à consentir à cette paix, à céder tous ses droits même sur la Belgique, et enfin à la chose la pire de toutes les concessions, à consentir à l'établissement d'une république en Italie, c'est-à-dire à l'introduction dans ce pays voisin de tous les principes révolutionnaires ?

Et certes, cet accord avec l'Autriche est le plus grand coup de tête qui soit sorti de l'état-major français, et lui fait infiniment plus d'honneur que toutes les prétendues petites victoires qu'on lui attribue depuis l'arrivée du prince Charles sur le Tagliamento jusqu'à l'armistice et les préliminaires de Léoben. Combien on trouve de gens qui déprisent leur parti en voulant trop le louer !

Otez à Bonaparte ce coup de politique, et ce ne sera plus qu'un général très ordinaire, un extravagant qui expose témérairement sa dernière ressource dans des gorges et sur des rochers affreux ; qui, au moment où il se voit absolument perdu, hasarde une demande de paix qu'il accompagne de quelques phrases bien ampoulées, qu'on lui refuse d'abord et qu'on paraît ne lui accorder, quelques jours après, que parce que l'ennemi apprend que tout à coup et par hasard, si l'on ne ne convient pas qu'il y ait concert, deux officiers généraux de son armée, restés en arrière, se sont avisés de l'exposer à augmenter ses embarras en attaquant de leur chef avec des hôpitaux ambulants, et sans aucune espèce d'autorisation, un État neutre très considérable ([1]) et ont réparé, par des espérances de partage, que l'ennemi conçoit à l'instant (ni plus tôt, ni plus tard), l'étourderie de leur général en chef. Le temps des paladins et des anciens romanciers est passé.

---

1. Nous avons dit, et M. Daru l'a confirmé, que Venise avait en troupes esclavonnes trente mille paysans armés dans le Bergamasque sous Ottolini, plus de cinquante mille autres paysans armés dans les autres provinces de Terre-Ferme ; des places fortes, Corfou, l'imprenable Venise, Palme-Novo, Vérone, Crema, Kilmaine et Landrieux n'avaient pas tout à fait dix mille convalescents pour conquérir cet Etat et renverser son gouvernement ! Sont-ce ces forces ridicules qui ont décidé l'Autriche à signer les préliminaires ?

Il semble, enfin, que l'Autriche devait avoir le plus grand intérêt à empêcher l'envahissement de la République de Venise, s'il n'eût pas été convenu d'avance qu'elle en aurait la moitié et que, si le projet n'en eût été arrêté entre les deux puissances, elle aurait détruit avec la plus grande facilité *l'entreprise des convalescents* ([1]), et l'on a vu par la position des troupes, détaillée dans l'armistice, combien c'était aisé, puisque les troupes de l'Empire, loin d'avoir été détruites par Joubert à ne pouvoir tenir la campagne, avaient presque, au moment de l'armistice, repoussé Serviez et Chevalier jusqu'à Castel-Novo, entre Peschiera et Vérone, à dix milles en deçà de Rivoli.

1. C'est ainsi qu'on appelait alors l'affaire contre les Vénitiens.

## CHAPITRE III

Détails sur le genre de travail du bureau secret. — Opinions sur les révolutionnaires italiens en général. — Causes de la propagation de l'esprit insurrectionnel en Italie.

Personne n'ignore que j'étais chargé de la partie secrète de l'armée, et cela dès notre entrée en Italie. Je devais cette haute marque de confiance, cette importante occupation à une lettre écrite à Salicetti par Pellissier, commissaire du Directoire dans les Bouches-du-Rhône, auquel j'avais rendu dans ce département un service considérable et relatif au bien public. Quant à Bonaparte, on a vu que je ne le connaissais presque pas.

Kilmaine avait aussi parlé de moi au général en chef et lui avait détaillé comment, pendant qu'il était général en chef de l'armée du Nord, j'étais venu à bout de rallier toute l'armée à Gaverelle avec mon seul régiment (le 21ᵉ de chasseurs à cheval), ce qui m'avait fait confier la défense du poste célèbre de Pont-à-Marque, où j'avais résisté pendant cinq mois, avec moins de huit mille hommes, à toutes les attaques de l'armée impériale campée à Cysoing et commandée par le prince de Cobourg en personne. Bonaparte me demanda une note de tout ce qui s'était passé à ce poste difficile et me dit, après l'avoir lue, qu'il me ferait récompenser de mes bons services et de mon attachement à mon pays et me ferait rembourser les 90,000 francs qui me restaient dus sur les frais de formation de mon régiment, mais qu'il fallait avant m'attacher à lui et qu'il fallait me mettre en situation d'employer mes moyens militaires et civils (1).

A Milan, il me remit lui-même 834 sequins (environ 10,000 francs) pour fonder un bureau des affaires secrètes et établir des correspondances sûres, non seulement dans l'armée ennemie et dans la nôtre, mais aussi à Naples, à Rome, à Florence, à Turin, à Venise et à Vienne, et même à Paris. Il m'en avait déjà remis 12,000. J'en touchai beaucoup plus par Kilmaine. C'était pour Vienne, qui n'entre pas en compte pour des raisons majeures. Vienne coûta toujours 12,000 francs par mois depuis la paix avec le roi de Sardaigne. La première année coûta 150,000 francs et la seconde 149,000.

Les travaux de ce bureau secret n'avaient aucune espèce de rapport (Paris excepté) avec les opinions républicaines ou avec les opinions royalistes. Il fallait seulement savoir ce qui se passait autour du Directoire à cet égard, à quel parti tenaient les officiers et les chefs de corps que les Directeurs, à chaque mouvement de bascule, nous envoyaient à Milan. Nous les connaissions tous avant leur arrivée et comme le gouvernement changeait souvent d'allure, et quelquefois même très précipitamment, il arrivait que, pendant que certains faisaient le voyage, Bonaparte, instruit d'avance, faisait employer ou mettait de côté les arrivants par étapes, suivant que le parti auquel ils appartenaient avait cessé d'être plus ou moins favorisé dans la capitale. Cette servilité du général en chef

---

1. Rien de tout cela ne fut fait: il me fit adjudant-général et major-général de sa cavalerie, et voilà tout.

mécontentait tout le monde et avait établi dans l'armée une mauvaise humeur qui nuisait à la discipline et me donnait une telle besogne que je ne pouvais y suffire. Enfin devenant le plus fort, il n'écouta plus le Directoire et n'en fit plus qu'à sa tête.

On a cru, on a même imprimé qu'il y avait des sociétés secrètes en Italie, et que j'étais chargé de leur direction. Ce n'est pas ma faute s'il y a des milliers de gens qui croient avoir de l'esprit et du jugement et se figurent qu'on ne peut soulever un pays sans avoir de sociétés secrètes. On s'est trompé, cela ne nous était pas nécessaire, comme cela peut l'être dans les lieux où il n'y a pas d'armée pour protéger une insurrection. Je n'ai pas besoin de dire que, pour peu qu'il y eût des intrigants dans une ville, ils venaient tous au-devant de nos généraux et de nos soldats; et que chacun de nous croyait bien servir la chose publique en protégeant ces gens qui étaient pour nous les ennemis de nos ennemis, et qui, au fond, ne cherchaient qu'à obtenir des emplois et à gagner de l'argent, et qui, pour y parvenir, s'affublaient avec la dernière effronterie du bonnet de Guillaume-Tell, persuadés qu'ils seraient soutenus. J'ai vu, dans tout cela, bien peu d'honnêtes gens et de gens de bonne foi; ils donnèrent aux Français de bien mauvaises leçons à cet égard. Kilmaine nous disait assez plaisamment que nous avions fait en Italie trois conquêtes, celle du pays, celle des capitaux immenses dont nous l'avions dépouillée, et celle de la corruption et du *coquinisme* italien.

Aussi — ce qu'on n'a jamais vu dans aucune guerre avant la Révolution, — à mesure que nous avancions, l'ancien gouvernement et les lois du pays étaient remplacés par des municipalités et autres magistratures nouvelles à la française.

On n'avait donc nullement besoin d'ourdir des conspirations, des complots, etc...; et je répète qu'il n'y avait nulle société secrète dans l'Italie. Je n'en ai connu aucune, mais, ainsi que je viens de le dire, on n'y manquait pas de gens qui désiraient changer de gouvernement : les uns, comme l'universalité de la Terre-Ferme de Venise, parce que leur gouvernement était devenu intolérable et il leur paraissait tel même avant notre Révolution. Comment eût-on pu se rassembler en secret dans les Etats de Venise ? A la seconde réunion, tout eût été enlevé et entassé sous les plombs de Saint-Marc, tant étaient considérables les récompenses allouées aux Tigellins : le père se méfiait du fils, le fils du père, le mari de l'épouse, etc... Les autres, comme les Lombards, les Génois, les Piémontais, les Mantouans, les sujets du Pape, du duc de Modène et du roi de Naples, ne s'inquiétaient guère si leur gouvernement était bon ou mauvais et si celui qu'on leur offrait était meilleur ou pire; ils espéraient tous, et chacun en particulier, qu'un changement leur ferait gagner quelque chose. Il n'y eut jamais ombre de patriotisme dans les pays que je viens de citer. Murat, qui n'y connaissait rien, l'éprouva bien depuis et à son dommage. De toute l'Italie, les Etats seuls de Parme restèrent inviolablement attachés à leur souverain qu'ils chérissaient et qui les rendait heureux.

J'eus ordre, il est vrai, de ne rien ménager pour flatter les passions particulières, mais de telle manière, que si l'on ne pouvait venir à bout de porter les Italiens à quelques explosions qui fussent utiles à l'armée, les peuples nous sussent gré du moins d'avoir protégé des gens tracassés par leurs gouvernements pour opinions, soit politiques, soit religieuses — crime qu'on n'a jamais regardé comme tel qu'en diplomatie et en théologie — et d'avoir essayé de rendre leurs gouvernements plus justes et plus doux. Tous les rois, tous les conquérants, tous les généraux, depuis le commencement du monde, ayant usé plus ou moins des moyens que Bonaparte m'ordonnait d'employer, je m'étais mis sans scrupule à l'ouvrage et ce travail, qui donnait souvent plusieurs rapports par jour, et dont le général en chef s'occupait beaucoup lui-même, à l'insu de presque tout son quartier général, était devenu immense. Kilmaine surveillait seul ma marche, mais il ne signait rien ni moi non plus.

Une armée peut-elle se passer d'un bureau secret ? Quel est le bon général qui n'en a pas eu ? Faut-il appeler autour de soi des agents de la police civile? Ils n'y entendraient presque rien. On les connaîtrait sur-le-champ, et par là ils seraient bientôt inutiles. Un militaire doit être chargé de cette partie, et il doit, autant que possible, n'y employer que des militaires. Combien de fois n'ai-je pas encouragé certains d'entre eux, et des plus adroits et instruits, à se laisser faire prisonniers. Je ne les faisais échanger que lorsqu'ils me priaient de ne pas les oublier sur les cartels, c'était le mot. J'étais sûr alors qu'ils avaient quelque chose d'important à me communiquer.

## CHAPITRE IV

Caractère du général Kilmaine. — Ses observations sur les propositions ou ordres de Bonaparte relatifs à Venise. — Sa mauvaise humeur à cet égard. — Son opinion sur Bonaparte et autres généraux. — Il se décide enfin à obéir et pourquoi. — Conduite particulière de Bonaparte envers les autres généraux. — Lettre de convention à Kilmaine pour entamer l'affaire de Venise dans le sens des ordres reçus.

Le général Kilmaine était Irlandais et pourtant très taciturne, très brave, universellement respecté pour ses mœurs et ses autres qualités personnelles. Il était le seul en qui Bonaparte eût une entière confiance en affaires. Il était capable des plus grandes choses. Son génie militaire était plus profond que celui du général en chef; mais il n'avait pas sa vivacité, et il se serait fait un crime d'avoir ses vues. Il s'en fallait de beaucoup que dans une bataille ce fût un brûlot sans raison. Il avait des ruses à lui; elles étaient bonnes. Kilmaine avait de l'humanité, de la probité, peu ou point d'égoïsme. Il n'était pas ambitieux. La cavalerie qu'il commandait en chef l'aimait beaucoup, parce qu'il ne l'avait jamais exposée mal à propos, et qu'il connaissait le parti qu'on pouvait tirer d'un homme et d'un cheval sans les détruire. Froid à l'excès, on le jugeait mal au premier abord. Bonaparte, qui n'avait pas eu le temps de le connaître à son arrivée, fut quelque temps à s'accommoder du flegme de cet homme à grande stature. Il était maladif et un peu paresseux.

J'étais, hiérarchiquement parlant, au-dessous de lui. Dans l'intérieur, j'étais devenu son égal, car en travaillant à sa place, en faisant sa besogne, sans jamais m'en prévaloir, j'étais venu à bout de cet homme singulier et difficile, et le service ne souffrait pas de ses fréquentes boutades et de ses incommodités. Quand Bonaparte voulait lui faire faire quelque chose qui demandait de la promptitude, on s'adressait à lui pour la hiérarchie et à moi pour l'exécution.

Il me vit le 17 ventôse, à midi, et me demanda si j'avais quelques moyens de satisfaire le général en chef.

Je lui dis que je n'y avais pas encore songé. Je voulais qu'il me proposât ses idées le premier.

Le soir, au théâtre, il me fit la même question. Je lui répondis dans le même but, et assez rondement, que ces affaires n'étant pas purement militaires, il fallait pour nous y livrer qu'elles nous offrissent quelque avantage personnel. Sans cette perspective, et bien assurée, je ne m'en mêlerais pas du tout. Bonaparte et Berthier, gens extrêmement rusés, nous laisseraient peut-être dans l'embarras et il fallait d'abord nous procurer de quoi vivre, et dans un pays étranger au besoin. Il me répondit assez gaîment qu'il voyait comme moi, et que nous irions chez lui à Dublin en cas de non réussite. Puis il me dit de lui dire ce que je pensais sérieusement de ces querelles qu'on nous proposait de faire à un pays neutre, et dont, quelque tort qu'eût Venise, il n'avait pas du tout envie de se mêler, à moins d'une déclaration de guerre.

— Et si ce petit Bonaparte, qui tranche ici du gouvernement, disait-il, vient à faire une étourderie et se sauve en Corse? chez les Anglais? Et s'il se fait destituer par ce Directoire mi-partie, avant que tout ne soit fini? Que deviendrons-nous, nous, avec des pouvoirs verbaux?

Sur ces paroles, nous réfléchîmes longtemps, sans nous rien dire. Enfin, je lui répliquai que je n'avais guère plus de confiance que lui dans ces deux chefs, que la vérité et des contes en l'air pouvaient également et sans difficulté sortir de leur bouche; que les mouvements de la conscience étaient toujours inconnus à un général d'armée; que le sacrifice de notre réputation, de nos vies mêmes, était sans contredit leur moindre souci, que ce qui augmentait singulièrement ma méfiance, c'était de les voir s'adresser à nous plutôt qu'à Masséna, Augereau, Baraguey d'Hilliers et autres, dont ils avaient accrédité les noms, de préférence aux nôtres, que je ne voyais d'autre raison pour nous en avoir chargés que la connaissance du secret de l'armée que nous avons, ce qui ne devait pas empêcher qu'on se servît des hommes que je venais de nommer.

— Baraguey, dit Kilmaine, aurait pu en être chargé, mais ce n'est pas là son génie d'affaires. Il est trop formaliste et trop diplomate. Les deux autres! Non. Ils sont trop au-dessous de la commission et puis il ne se fiait pas à eux. Ne voyez-vous pas qu'il change à chaque instant les demi-brigades de leurs divisions, crainte qu'ils ne se les approprient, comme il a fait, lui, de toute l'armée à l'égard du Directoire qu'on n'écoute plus ici? Vous souvient-il du rapport du bureau entre les Masséna et les Augereau à Anguillara? (1) Il est pour-

---

1. Ce rapport du bureau donnait connaissance au général en chef que la division Masséna avait prié ce général de ne pas permettre davantage que les corps qui la composaient passassent ainsi continuellement dans d'autres divisions, attendu qu'elle n'était nul-

tant très vrai que c'est à cause de ce rapport qu'il fit manquer à Masséna la prise de Wurmser sur la route de Mantoue, ce qui, joint à la faute de Sahuguet, qui n'avait pas coupé le pont, fit périr Legal, Chertou et toute sa troupe.

— Il y a encore Brune, dis-je.

— Trop connu, répliqua-t-il. Ses liaisons populaires de Paris, dont il parle tant, lui feraient du tort et l'empêcheraient de réussir. Au reste, je ne trouve pas étrange qu'il se soit adressé à nous, à qui, comme vous le dites, les autres opérations secrètes de l'armée

lement disposée à céder la gloire qu'elle s'était acquise à des demi-brigades qui n'auraient pas été présentes aux actions qui avaient immortalisé le nom de Masséna qu'elle portait. Masséna, à qui ce dévouement ne déplaisait pas, n'en avait pas rendu compte au général en chef. La division Augereau eut, à cause d'un de ces changements, une querelle assez vive à Anguillara avec la division Masséna et ce dernier avait soutenu sa division. Il parla un peu haut des services qu'il avait rendus.

On disait à l'armée que les guides que Bonaparte donna à Masséna pour joindre Wurmser et lui couper sa retraite sur Mantoue l'avaient égaré par ordre et que le général en chef comptait que, pour cela, le général autrichien ne devait pas lui échapper à cause des ordres donnés à Sahuguet de couper le pont de Naviglio.

Depuis cette querelle d'Anguillara, Bonaparte ne fut plus l'ami de Masséna. C'est ce qui lui fit si fort élever Augereau et Lannes. C'est ce qui lui fit préférer Augereau, tout incapable qu'il était, à Masséna dans l'envoi qu'il fit d'un général à Paris pour soutenir Barras contre quelques-uns de ses collègues, en fructidor. C'est, enfin, ce qui faisait accueillir avec tant d'avidité par Bonaparte les plaintes auxquelles Masséna donnait lieu si souvent par ses rapines.

Au reste, Bonaparte, tout en élevant les hommes, avait soin de se procurer des armes contre eux à l'aide desquelles il put les perdre à la moindre marque d'ingratitude ou de désir d'indépendance de leur part. Il fit savoir à Augereau qu'il avait la preuve d'un vol considérable de chevaux dont ce général s'était rendu coupable. Il avait fait pis à Masséna. Il avait fait enlever une somme de 310,077 francs que Masséna avait cachée chez des curés aux environs du Mantouan.

ont été confiées et qui savons tout... Mais qu'est-ce donc que ce Bonaparte, reprit-il avec feu, pour que de vieux soldats comme nous, allions, tête baissée, et sur sa parole seule, harceler un Etat tel que Venise sans guerre déclarée ! Il sort de nourrice, il fait ici son apprentissage aux dépens de la vie de nos soldats et de la nôtre, il ne doute de rien ; il n'a fait jusqu'ici que des écoles. Que serait-il devenu à Lodi sans ma cavalerie et notre conseil pour le gué ? A Arcole, sans Gagneux, Masséna et Augereau ? A Castiglione, sans Augereau, vous et moi ? Est-ce par ses ordres, est-ce par ses *savantes combinaisons* (¹) que tout cela s'est arrangé ? Est-ce par hasard ? Avait-il seulement pensé à la circonvallation de Saint-Georges qu'il vous doit et qu'il a donné à Sanson ? Je ne sais comment Berthier, qui était un homme honnête, ne rougit pas de prostituer ainsi sa plume à toutes ces impertinences qui nous font rire de pitié à leur retour en Italie sur les journaux démagogogue... Et ces 19,000 prisonniers à Bassano quand il y en avait 1,900 ? Et Lonato ? Et Provera ?... Il ne doute de rien, reprit Kilmaine. Le petit duc de Modène s'est pourtant rudement moqué de lui. Il vient d'être pendant trois mois la dupe de cette vieille Palestine, à Vérone, et nous avons été écrasés par Wurmser et chassés jusqu'à Monte-Chiaro. Les clefs de Mantoue ne nous attendaient-elles pas à Castellachio, en germinal ? Ce fripon de Salicetti l'emmena à Milan pour toucher des écus ; voulut-il nous écouter alors ? Et cependant Mantoue se ravitailla et se mit en défense. Il nous en a coûté un siège d'un an et les 60,000 soldats que l'infection du lac a dévorés. Non, je ne veux pas me mêler

---

1. Expression du bulletin qui fut envoyé à Paris après la bataille de Castiglione et qui nous revint en Italie.

d'une chose qui me répugne d'ailleurs, et où nous nous déshonorerions. Qu'y gagnerions-nous ? Laissez cela là et ne m'en parlez plus...

Je laissai exhaler cette bile un peu jalouse sans doute, mais qui n'était pas tout à fait sans raison. J'étais accoutumé à ces bouffées de vent. Je les désirais même, et souvent je les provoquais. Quand il avait tout dit, il était très essoufflé, il ne savait plus que dire et je restais le maître de la dispute.

Je lui dis enfin :

— En ce cas, je vais écrire au général Berthier qu'il ne doit pas compter sur nous. En attendant qu'il ait pris d'autres mesures et probablement un autre commandant des pays conquis, il faut pourvoir au moins, comme nous le pourrons, avec les moyens que le comité a mis à notre disposition (¹), à la sûreté des derrières de l'armée, infectée par les Salodians, empêcher que nos ordonnances soient encore égorgées et veiller enfin sur la conservation de la Lombardie et du Mantouan que vous commandez, en nous portant vers Peschiera, à cause des Autrichiens qui sont déjà à Alla et à Trente. Je vais revoir les états de situation de mes dépôts de cavalerie et ce que j'en ai dans les garnisons. Donnez ordre à votre adjudant-général de la Lombardie et du Mantouan de me fournir dans cette nuit même les états de vos dépôts d'infanterie et d'artillerie et de ce qu'il y a de vivres de disponibles, afin que demain matin nous puissions faire un travail et donner des ordres pour tout mettre en marche sur-le-champ, sur Brescia, Lonato, Desenzano et Peschiera.

Il fallait avoir l'adresse de lui mettre sous les yeux l'alternative, que je savais être très fâcheuse pour lui,

---

1. On verra bientôt ce que c'était que ces moyens.

de devenir un zéro à l'armée ou d'obéir aveuglément.
Après quoi nous cessâmes tout propos à ce sujet.

Il y a sans doute beaucoup d'hommes qu'il faut laisser dormir sur leur mauvaise humeur. Kilmaine était tout différent. Si je l'eusse laissé là tout à fait jusqu'au lendemain, il aurait pensé qu'il m'avait convaincu et il n'y eut plus eu moyen de remettre l'affaire sur le tapis. Au lieu de me retirer à mon logement, au palais Borromée, je me fis conduire à notre quartier général, au Domo, que Kilmaine occupait et où étaient mes bureaux. Il m'entendit entrer et vint me trouver. Je prétextai quelques ordres à revoir et ceux dont je lui avais parlé pour le mouvement général. Il s'assit tranquillement auprès de moi.

— Allez-vous écrire à Berthier? me dit-il en ôtant de sa bouche son cigare.

— Comme vous voudrez, lui répondis-je.

— Raisonnons encore sur cette chienne d'affaire.

Nous en parlâmes toute la nuit. Il fut enfin convenu qu'elle aurait lieu, mais que nous prendrions des précautions telles que, quels que pussent être les événements, on ne pût jamais nous les imputer. Je ne fus pas fâché de cette résolution et pour plusieurs raisons ! Je ne sais pourquoi la plupart des hommes préfèrent les affaires turbulentes et de grand bruit à leur propre tranquillité et je sais bien aussi que ce n'est pas toujours l'intérêt pécuniaire qui les y porte. Ma situation actuelle, telle qu'elle n'a cessé d'être depuis que j'ai quitté le service, le prouve. J'avais, d'ailleurs, une autre raison de pousser Kilmaine. Berthier et le général en chef étaient convaincus que je faisais de lui à peu près ce que je voulais. Ils auraient attribué ses refus à ma mauvaise volonté; on ne m'aurait cru capable de rien. Enfin j'avouerai que je n'étais pas peu satisfait d'avoir affaire avec des gens qui, depuis mille ans au moins, ne s'étaient occupés que de tromper toute l'Europe ou de dépouiller tous leurs voisins, à cet assemblage de fourbes, d'empoisonneurs publics se moquant des protestations et des serments, dont ils faisaient un usage beaucoup plus habituel que les habitants d'aucune autre contrée de l'Italie, pourtant pays de mensonge.

Ils avaient, dit-on, acquis leurs richesses par le commerce et je crois effectivement qu'ils y avaient beaucoup gagné, surtout en nous rendant nécessaires les épiceries de l'Asie méridionale, dont l'usage enrichit les médecins d'Europe, ce qu'ils ne purent faire qu'en écrasant d'autres corsaires, leurs anciens camarades, tels que les Grecs, les Génois, qui eussent peut-être été plus honnêtes gens qu'eux.

Un autre que moi, qui n'aurait pas lu leur détestable histoire, eût hésité peut-être à se faire l'ennemi de cette infernale association de brigands; mais je ne pouvais les craindre; on m'avait procuré le code horrible de leur inquisition d'Etat et je savais d'avance de quelles précautions il fallait me munir contre les trois scélérats qu'on appelait Inquisiteurs, et bien m'a pris de ne pas avoir accepté le pacte que le condottiere Maffei m'offrit.

Je les connaissais bien et j'étais bien sûr qu'avec 10,000 hommes, et n'ayant que ces brigands en tête, je viendrais à bout de détruire à jamais cet odieux gouvernement, en profitant de tous les hasards qui se présenteraient, et il y en a beaucoup en guerre, car Bonaparte nous a prouvé qu'il ne s'agit que d'être toujours prêt à les saisir. C'est plutôt cette vigilance non interrompue que les grandes batailles qui font réussir en guerre.

Nous arrêtâmes nos démarches et notre conduite,

pour le lendemain. Il fut convenu que j'écrirais à Kilmaine pour lui proposer l'entreprise, comme si l'idée en venait de moi, et qu'il l'approuverait. Je me rendis chez moi et, avant de me livrer au sommeil, je fabriquai la lettre suivante et je la lui portai à midi.

J'en avais imaginé la forme pour l'égayer; je voulais avoir avant tout sa signature que je n'aurais peut être pas eue d'une autre manière et j'étais bien résolu, à cause de sa tergiversation de la veille, de ne rien entreprendre sans être à couvert. Cette pièce, qui ne nous présente que comme des partisans, chez lesquels la patrie ou le bien public ne sont toujours qu'en seconde ligne, avait l'air de ne mettre que nous seuls en avant et rentrait très bien dans les vues actuelles du général en chef et dans son accord vrai ou faux avec l'Autriche. Elle fut la première sur nos registres ostensibles.

Milan, 14 ventôse an V (1).<br>(4 mars 1797.)

Général,

Quand je vous quittai hier, mon accès commençait. Il dure à peu près encore comme vous allez le voir. Je n'ai cependant pas perdu mon temps sur ma chaise longue, si toutefois ce n'est pas le tuer que de faire un rêve, si beau qu'il soit.

Ecoutez d'abord ce préliminaire (2)........... On s'est bien battu jusqu'à présent en Italie, parce que toutes les armées de la France nous ont été envoyées les unes après les autres, et j'attribue cet entêtement du Directoire à tout

---

1. Date mise à dessein : le 14, la consultation avec Berthier n'avait pas encore eu lieu.
2. Je lui parlais de ses affaires et des miennes, il m'a semblé inutile d'en allonger cette lettre. Je ne dirai que deux mots de ce que j'en ai ôté. Je sais bien que, d'après Horace, il est magnifique de faire la guerre sans avoir un sol dans sa poche ni à la maison : *utilem bello tulit et Camillum sana paupertas*, — et qu'en parlant de la valeur des Macédoniens, Charidemus disait à Darius :

envoyer se fondre dans nos mains aux sottises que les partis opposés ne cessent de répandre sur nous et aux pronostics sinistres et usagers des salons de Paris sur les armées (¹).

Il n'y a plus en France que les restes des armées de Jourdan et de Moreau, excessivement fatigués et qui ont besoin de longues garnisons pour se remettre en état de tenir campagne, plus quelque chose au nord sous Beurnonville et sur les côtes sous je ne sais qui. Ce que nous avons ici en hommes sera bientôt consommé par le mauvais air, les combats, les poisons de toutes sortes et les assassinats, et avec l'insuffisance personnelle des Directeurs, nous n'avons plus six mois à tenir encore ce pays-ci.

Vous et moi, général, qu'allons-nous devenir en France, à côté des brillantes voitures de ceux qui ont fait fortune en Italie? Nous passerons pour des imbéciles. Eux, jusqu'aux garde-magasins, auront seuls de l'esprit et seront récompensés comme gens en crédit et nous point. Fort heureux encore si, dans les grands diners qu'ils seront en état de donner, ils ne nous accusent pas d'avoir pillé plus qu'eux et de n'avoir pas su conserver notre butin. J'écrirais tout différemment à tout autre qui connaîtrait moins son monde que vous.

Vous restez commandant en chef des pays conquis, vous êtes le maître absolu; quoique vous n'ayez presque pas de troupes et qu'en général on ne nous voie pas d'un bien bon œil ici, vous pouvez beaucoup, puisque nous pouvons rassembler un bon nombre d'amis; je dis *amis*, le mot est impropre, puisque j'y comprends tous les mauvais sujets,

---

« Ils n'ont appris cette discipline qu'à l'école de la pauvreté et encore aujourd'hui ils ne se maintiennent que par elle (*Quinte-Curce*, livre III). »

Mais ces anciens ne parlaient qu'à des gens nés dans l'opulence et dont la noblesse, qui en est la suite inséparable, les rendait incapable d'aucune action guerrière.

Mais nous, qui n'avons jamais rien eu, ce n'est pas ce que nous gagnerons pour soutenir un jour notre vieillesse qui pourra dès aujourd'hui nous rendre mauvais soldats, etc...

1. Il y avait bien une autre cause de cette prédilection du Directoire pour Bonaparte, et celle-là rendra fameux tous les généraux en chef qui sauront l'employer.

prétendus patriotes et autres, dont quelques-uns sont sortis des galères, qu'on a placés dans les administrations de la Lombardie, qui seraient tous pendus sans miséricorde si nous étions chassés de ce pays, et qui prendraient tous l'arme au bras pour nous y maintenir.

Il ne faut que savoir en tirer parti, je m'en charge. Je connais celle de leurs oreilles à laquelle il faut parler.

Comment faire, général, pour frapper quelque grand coup, pour amener quelque grande aventure, rendre quelque grand service à l'Etat, et sortir chemin faisant de cette inquiétude sur nos minces fortunes, sur notre avenir personnel ? Voici ce qui me passait par la tête.

J'imaginai qu'en vous rappelant toutes les preuves que je vous ai données, ainsi qu'au général en chef, lors de mon premier et de mon second commandement du Mantouan, des assassinats commis par les Salodians et autres montagnards de Saint-Marc, sur les soldats français, aux environs de Carpenedoli, de Castiglione et d'Azzola, en vous remettant sous les yeux l'hypocrite méchanceté de Priuli, provéditeur de Vérone, le jour de l'affaire d'Anguillara, en vous faisant relire les divers rapports secrets de ventôse et de pluviôse sur la perfide astuce de Foscarini, et surtout celui que je vous ai remis ces jours passés, ainsi que le contenu de ma dernière correspondance avec Venturi, Pico et Pol Francheschi, etc... vous restiez convaincu que s'il arrivait quelque chose à notre armée de la Brenta, les paysans, qu'on nomme Valériens, inonderaient aussitôt toute l'Italie et s'arrangeraient de manière à ce que nul de nous ne pût rapporter en France la nouvelle du massacre des Français. Vous ne vous rendiez cependant à la force de mes raisons qu'après m'avoir plusieurs fois traité d'*alarmiste*, ancien nom que vous me donnâtes au Nord, nom que j'aime, parce qu'il prouve que je veille ; et puis il vaut mieux voir sombre que de ne pas voir du tout.

Pour nous tirer de là, voici les arrangements que je vous proposais et qu'il faut que nous prenions :

Nous mettons d'abord dans notre tête l'absolue nécessité de susciter une révolte dans les quatorze provinces de la Terre-Ferme. J'envoie des agents à Bergame et à Brescia, à Salo et à Vérone, à Vicence et à Padoue, pour savoir s'il s'y trouverait assez de gens de tête pour se soulever contre un gouvernement détestable et abhorré dans toute la Terre-Ferme et pour y pousser les autres.

Vous me disiez sur cet article que le soulèvement aurait lieu au premier signal à cause de la pesanteur du gouvernement, mais que le Sénat, renommé par son ancienne finesse, ne manquerait pas de dextérité pour le tourner à son avantage, en y mêlant sur-le-champ quantité d'affidés. Que c'était ainsi qu'il s'était conduit envers tous les peuples qu'il avait envahis, quand ils se soulevaient, parce qu'il ne leur tenait pas ses promesses. Qu'une révolte, si mince qu'elle fût, donnerait à ce Sénat un prétexte pour armer; qu'on nous accuserait d'avoir fomenté la rébellion, qu'on ferait noyer les insurgés de bonne foi, ou qu'ils seraient discrédités, mis en défaveur, empoisonnés ou poignardés par des affidés qui sèmeraient la défiance entre les meilleurs conjurés, que le reste se réunirait aux troupes vénitiennes pour nous tomber sur les bras et qu'alors j'aurais accéléré notre perte, nos malheurs, en voulant les éviter.

Mais je vous répliquai que le Sénat n'était plus le Sénat du temps de Bédemar; que ce prétendu conspirateur, n'ayant plus un seul soldat sous ses ordres, étant obligé d'en solliciter l'envoi auprès du gouverneur de Naples qui ne voyait l'affaire que sur des lettres, et par conséquent très mal, avait mille chances contre lui et devait être culbuté à la moindre indiscrétion d'un seul des innombrables agents auxquels il était forcé de se fier; que Bédemar avait trop d'esprit et de jugement pour concevoir un pareil plan; qu'il savait bien lui-même, aussi bien que moi, que cette conspiration n'avait jamais existé et qu'il aurait fallu que le Sénat ordonnât d'assassiner pour étouffer cette affaire horrible que les Inquisiteurs avaient eu la barbarie d'entamer sans autres preuves que les aveux de quelques malheureux appliqués à la torture après une seule dénonciation. Au lieu que nous, n'ayant que des ordres à donner et aucune confidence à faire, nous aurions en cas de non réussite l'excuse banale du salut public que nous aurions cru exposé. Et nous avons déjà assez de pièces pour prouver l'existence du danger : qu'au moyen de la princesse Albani, mon ancienne hôtesse, jolie boiteuse et rien de plus, nous ferions accroire au résident Foscarini, fort amoureux d'elle, depuis que Bonaparte l'avait mise en crédit par deux ou trois visites nocturnes, et à Ottolini, gouverneur vénitien de Bergame, son parent, que vous et moi sommes totalement dévoués au Sénat, ce qu'ils croient un peu déjà. Que pour les en convaincre tout à fait, nous menacerions le plus hautement possible les rebelles et les Français mêmes qui, par nos ordres secrets ou par un dévouement quelconque, les auraient secourus. Que nous caresserions Foscarini jusqu'au moment où, n'ayant plus besoin de dissimulation, nous le chasserions de Milan et l'enverrions porter ses intrigues diplomatiques et sa honte auprès des Prineca, des Acton, etc., etc. Qu'en attendant je l'amuserais par des propositions de médiation, etc.... Que cependant le président Porro me fournirait ce qui me serait nécessaire pour mettre sur pied 3 ou 4,000 hommes de nos dépôts de Monza, de Cassano, de Lodi; que j'arriverais à la tête de ces troupes et de la garde nationale milanaise, des Lombards, des Polonais à Bergame et à Brescia, justement à l'instant où les insurgés en seraient aux mains avec l'armement vénitien quelconque envoyé contre eux. Qu'en leur montrant quelques lettres que j'aurais le secret de tirer de Foscarini, je désarmerais les deux partis de gré ou de force, quand même Venise serait soutenue par les Tyroliens, comme nous l'ont annoncé nos avis secrets et même par des généraux autrichiens qui ne sont pas le diable [1]. Que cependant on dirait à l'oreille de ceux des insurgés, que l'on croirait sûrs, de se purger des gens suspects qu'on leur indiquerait et de garder leurs armes; que je me lierais avec eux par des traités particuliers; que je finirais par trouver un prétexte plausible pour me faire donner ou prendre le commandement de toutes leurs forces; qu'ils nous fourniraient tout l'argent nécessaire, non seulement pour rembourser tout ce que Porro nous avait fourni de Milan [2], et les frais de toute l'expédition,

---

1. Ces mots de Tyroliens et d'Autrichiens rendaient la lettre ostensible et dégageaient la cour de Vienne de toute accusation de connivence, comme l'avait conçu Berthier.
2. On verra tout à l'heure que, dès avant le retour de Berthier à Milan, dès pluviôse an V, Kilmaine, en qualité de commandant en chef des pays conquis, avait pris des arrangements avec les

mais même pour aller vivre tranquilles, vous et moi, en France ou ailleurs et pour envoyer promener toutes les révolutions qui, comme vous le savez, ne sont pas plus de mon goût que du vôtre.

Qu'il s'agissait seulement de faire lever le bouclier à une masse considérable, et de manière qu'elle ne pût reculer, pour en tirer tout ce qui serait nécessaire à nos troupes et à nous; qu'en cas de déboires même, ajoutai-je en souriant, nous pourrions allonger les affaires jusqu'à ce que les nôtres fussent faites, ainsi que le conseillait le maréchal de Broglie à son fils, paroles qui, si elles sont vraies, ne sont pas d'un très bon exemple.

Je vous disais aussi que si, par impossible, le général en chef s'avisait de feindre de trouver mauvaise une entreprise qui ne pouvait que lui être infiniment utile, il faudrait lui opposer des gens qui lui eussent rendu quelqu'un de ces services qu'on ne peut avouer, pour endosser avec nous une partie du désaveu, lequel serait d'autant moindre dans les effets, qu'il aurait de l'éloignement à mécontenter cette espèce d'agents (¹). Que je vous répétais, enfin, qu'un désaveu était impossible à moins d'un front d'airain. Que quand même il serait commandé à Bonaparte à la suite de quelques intrigues de Paris, ce désaveu arriverait trop tard, l'attaque que je méditais devant être si vive que le Sénat serait culbuté sans ressource, tous les sénateurs pendus ou jetés à l'eau et remplacés par quelque espèce de gouvernement républicain, avant l'arrivée d'un contre ordre de la part du Directoire : qu'enfin je ne manquerais pas de

comités de Milan pour parer autant que possible, et à ce qui pourrait arriver de fâcheux à notre armée sur le Tagliamento, et à la malveillance vénitienne dont les preuves s'accumulaient tous les jours.

1. C'est pour cela qu'on verra circuler dans ces affaires Chabran, **Lahoz**, Couthaud, Salfi et Salvatori. Ce conseil parut à Kilmaine de la plus haute importance. Aussi ne l'oublia-t-il pas. Sans cela qu'aurions-nous eu à faire de ces gens-là. Lahoz, il est vrai, n'avait rendu au général en chef ni à Berthier aucun service du genre de ceux dont je parle, mais Bonaparte l'aimait beaucoup et lui confiait tout ce qui lui était personnel. C'était par Lahoz et sous son nom qu'on avait placé des capitaux chez les banquiers de Bâle, de Francfort et de Vienne. Il y en avait aussi à

moyens, dussé-je en inventer à l'imitation de notre chef (¹) pour prouver la justice de notre coup, et parmi ces moyens, je comptais, comme lui, sur l'envoi de quelque argent au Luxembourg, lequel serait sans nul doute jugé d'aussi bon aloi que celui que Bonaparte y faisait passer de temps à autre et avec lequel nos raisons deviendraient les meilleures du monde.

Persuadé par la force de mon discours et par toutes ces *honnêtes* considérations, et surtout par l'absolue nécessité de prendre un parti vigoureux contre le péril commun, bien démontré aussi par les rapports de mon bureau, vous me donniez carte blanche. J'en fus si enchanté, général, que cette imagination fit cesser ou augmenta ma fièvre, je ne sais lequel : ce qu'il y a de certain, c'est que je m'éveillai tout en sueur. Voulez-vous calmer cet état, c'est d'approuver mon plan.

Kilmaine fut si content de cette plaisanterie, qu'il appelait cet écrit le bréviaire des honnêtes gens du siècle. Il en envoya un extrait au général en chef en ajoutant que « j'étais aussi grec que lui » (²).

Livourne où il éprouva une faillite : *inde iræ*. Les trois premiers placements ne s'élevaient, quoiqu'on en ait dit, qu'à 3 millions et à 3 pour 100. A Livourne, il y avait déjà 1,300,000 francs placés placés chez divers négociants à 7 pour 100. Trois maisons anglaises, ayant cessé leurs paiements, causèrent la faillite d'une maison de Livourne, et Lahoz, *audit nom*, perdit 700,000 francs qu'on rattrappa en pillant le commerce anglais de cette ville.
1. Voir l'affaire de la prise de Peschiera.
2. Ce mot grec n'a aucun rapport avec l'expression proverbiale populaire relative aux fins . uriers. J'avais dit un jour de grande gaîté (ce qui m'arrivait fréquemment) et en parlant de généalogistes, que lui, Kilmaine, descendait sans nul doute de quelque roi grec : que d'après Eustache ou Zenadote, ou quelque autre commentateur bysantin dont le nom ne me revenait pas sur l'heure et qui avait beaucoup écrit sur l'*Iliade* et l'*Odyssée*, un prince nommé *Kildemenès* avait régné sur les Paphlagoniens et qu'il avait été tué au siège de Troie ; qu'à la vérité Homère l'appelait Pylamenès, mais qu'il ne fallait pas faire attention à cette petite différence, puisque le commentateur n'était pas bien d'accord à ce sujet : que

Ainsi, nous voilà bien résolus à agir en ménageant toutefois, autant que possible, notre responsabilité. Tout ce qu'on va lire au chapitre suivant fut rédigé sur un cahier, à la fin duquel Kilmaine écrivit l'ordre suivant :

M'étant fait représenter tous les rapports qui ont eu lieu sur les Vénitiens depuis l'entrée de l'armée française sur le territoire de cette République jusqu'à ce jour, ensemble le traité de Sainte-Euphémie, j'ai été convaincu que le gouvernement n'était pas de bonne foi, qu'il nous avait toujours trompés, et notamment aujourd'hui en levant des troupes, malgré les stipulations expresses dudit traité.

Il est ordonné, en conséquence, à tous les généraux et autres commandants qui sont sous mes ordres, de redoubler de surveillance, de se regarder comme en état de guerre avec la République de Venise et de se tenir prêts à exécuter les ordres qui leur seront donnés, soit par moi, soit par mes adjudants-généraux.

Kilmaine.

d'ailleurs ce guerrier étant mort dans le treizième siècle de la création de Moïse, il y avait trois mille ans et plus que cet ancêtre vivait ; qu'il n'y avait pas généalogie au monde qui n'eût éprouvé des variantes et que, pour venir du siège de Troie jusqu'à ce jour, il était bien étonnant que ce nom de Kildemenès n'eût pas changé davantage en route : que celui du général Clarke, par exemple, qui venait, disait-on, de Pantaglark, avait abandonné en chemin huit lettres et en avait accroché trois.

Voilà pourquoi Kilmaine m'appelait souvent le Grec, surtout lors de quelque combinaison de la politique actuellement en usage, qui laisse si souvent Machiavel en arrière et n'en fait plus qu'un petit garçon.

Cette boutade me brouilla tout à fait avec Clarke, parce que ce propos de table avait été tenu devant le général en chef.

## CHAPITRE V

Ordre militaire et politique du commandement de la partie du Mantouan à la droite du Mincio. — Assassinat de soldats français sur la frontière du Mantouan par les agents des Vénitiens et mise de Castiglione en état de siège. — Faux réquisitionnaires armés par les Vénitiens. — Conseil de guerre. — Acommodement qui en change les dispositions. — Lettre au général en chef sur les savants enfermés dans Mantoue pendant le siège. — Maison Gambara de San Giulio. — Le Sénat commence à faire des levées. — Avis secret. — Amas d'armées. — On tracasse les amis des Français. — Mesures prises à Milan. — Rectifiées. — Foscarini, résident de Venise, entre en scène. — M^me Albani. — Causes de haine invétérée de Bonaparte contre cette maison.

Je suis fâché d'interrompre ma narration et de forcer le public à lire les documents dont il est parlé jusqu'ici.

Il faut cependant démontrer que ce partisan n'était pas un malhonnête homme, pas même un ministre de la police de l'armée, et que les Vénitiens méritaient le tour sanglant qu'on lui commandait de leur jouer (du moins il avait dû le croire, et quand ils ne l'eussent pas mérité, c'était à lui d'obéir). Je n'y ai introduit que ce qui m'a paru lié nécessairement au sujet.

## Correspondance et faits antérieurs à la guerre contre Venise

DIVISION DU QUARTIER GÉNÉRAL
### ARMÉE D'ITALIE
*De l'ordre du général en chef*

Il est ordonné au commandant Landrieux, chef de brigade de cavalerie, attaché à l'état-major général de la cavalerie de l'armée, de se rendre sur-le-champ à Goito, capitale provisoire du Mantouan, d'en prendre le commandement, ainsi que de tout le Mantouan, en deçà et au delà du Pô, excepté la partie située sur la rive gauche du Mincio, et les arrondissements des divisions du siège occupant tout le Séraglio et commençant inclusivement à Santa Maria delle Grazie, en suivant une ligne droite jusqu'à Borgoforte, place non comprise dans le présent commandement. La première division du siège lui fournira des hommes à pied, et il demandera au quartier administratif de Roverbella des suppléments de forces en cas de nécessité.

Aussitôt que l'état de sa blessure le lui permettra, il visitera deux fois par décade les principales villes et communes du Mantouan, pour surveiller avec soin l'esprit public, déjouer tout complot, étouffer tout mouvement séditieux et inspirer à tous de l'attachement pour l'armée française et son chef, en faisant rendre la justice plus exacte et en punissant militairement les pillards, et avec la plus grande sévérité, et à cet égard, en raison de la connaissance que le général en chef a de ses moyens personnels et de sa confiance en lui, lui est donné plein pouvoir.

Il surveillera les réquisitionnaires et les porteurs d'ordres de contributions et procurera la prompte rentrée d'icelles. Il fera garder avec soin les magasins de munitions de guerre et de bouche qui vont être établis à Goito et la conduite des manutentionnaires et de leurs supérieurs quelconques. Il mettra Goito à l'abri d'un coup de main. Les communes du Mantouan fourniront la main-d'œuvre et payeront les terrassiers (¹).

Il continuera ses opérations pour le bureau secret. Il fera venir autour de Goito tous les dépôts de cavalerie : il les commandera, il pourvoira au rééquipement et ne laissera jamais auxdits dépôts ni un officier, ni un cavalier, chasseur, dragon ou hussard, en état de joindre le corps.

Il correspondra, pour les objets relatifs au service, avec le général Sérurier, établi à la Favorite; et quant à la partie politique (finances, police générale et particulière), et à tous les détails relatifs au gouvernement important qui lui est confié, il continuera à entretenir les relations les plus intimes et les plus exactes avec le général divisionnaire Kilmaine, commandant en chef la cavalerie de l'armée et le quartier général de Roverbella.

Roverbella, 12 prairial an IV.
(31 mai 1796.)

KILMAINE.

*Au général Kilmaine.*

« Goito, 5 messidor an IV (23 juin 1796).

« Général,

« Les nommés Auger de la 32e, Bertrand de la 11e, et Léger, brigadier du ci-devant 13e de hussards, incorporé au 1er, ont été trouvés hier sur la route de Carpenedoli à Castiglione, tués à coups de stylet. Leurs corps étaient en putréfaction. Ils n'avaient pas été dépouillés; chacun avait son ordre de route, sortant de l'hôpital de Crémone.

« Le dépôt du 1er de hussards venant de Pizzighitone, et passant là pour aller à Castiglione, les a fait ramasser et enterrer. On a dit dans le pays qu'ils avaient été égorgés par la bande de Salodians (Vénitiens des vallées) qui font dans ce pays la contrebande du tabac et

---

1. Cette disposition fut révoquée à cause du peu d'ouvriers qu'on trouvait dans le pays pour les travaux du siège de Mantoue.

comme ces brigands infestent sans cesse toutes les routes, les habitants n'ont pas osé, depuis cinq jours, disent-ils, aller lever ces corps morts pour leur donner la sépulture, parce que, ayant déjà rendu ces devoirs à cinq autres soldats français assassinés sur la même route, ils avaient été menacés eux-mêmes par ces bandits du feu à leurs maisons. Ils veulent, disent-ils, tellement effrayer les Français isolés, qu'ils soient forcés à prendre d'autres routes, afin de ne pas être gênés dans leur commerce clandestin. Vous trouverez tout ceci en détail dans le rapport du capitaine Brandeau, commandant le dépôt. Mes rapports particuliers marquent qu'un sieur Desensani, Vénitien, habitant de Castiglione, et un sieur Alcco, curé du lieu, protègent ces contrebandiers, desquels ils tirent quelque chose. On dit qu'ils correspondent fréquemment avec le gouverneur Mocenigo de Brescia, chez lequel ils vont souvent dîner.

« Ces brigands n'ont qu'un pas à faire pour se sauver sur le territoire brescian, sur lequel je n'ai aucun droit. Autorisez-moi, général, à prendre ces drôles où je pourrai et à les punir avec la sévérité convenable, et je réponds que quoique je souffre beaucoup de ma cuisse, nous n'entendrons plus parler de cela. »

Goito, 8 messidor an IV (26 juin 1796).

« Encore un soldat trouvé mort sur la route d'Azzola à Castel-Goffredo. Il est percé de trois coups de stylet, deux dans le dos, et le troisième au milieu du ventre. Notre marchand d'eau-de-vie me fit le rapport hier au soir. Je vous l'adresse. J'ai fait relever le corps. Le chirurgien de la place de Goito déclare que le coup au ventre décèle un stylet salodian, attendu qu'ils ont vingt pouces de lame et trois de largeur auprès du manche, tandis que le stylet mantouan n'a jamais que six pouces de long sur un pouce au plus de large, ce que j'ai reconnu véritable par tout ce qui m'est arrivé d'armes au désarment. C'est le dixième meurtre sur nos soldats, dont nous avons connaissance depuis quelques jours et dont vous avez les rapports.

« Veuillez, général, signer l'ordre ci-joint, pour ne pas être obligé de montrer mon ordre général, je vous réponds que tout cela finira sous peu de jours, et que nous saurons si c'est une simple affaire de maltotiers, ou si cela vient de plus haut. J'ai déjà quelques notions à cet égard et je suis à la piste. Vous aurez encore un rapport de moi aujourd'hui, pour affaire d'une autre espèce et non moins grave. Je vais à Bozzolo, d'où j'espère être de retour ce soir ou demain au plus tard. »

## ORDRE

Il est ordonné au général de brigade Landrieux de se rendre dans le plus court délai dans les communes de son arrondissement et principalement dans celles qui avoisinent le territoire vénitien, telles que Médoli, Castiglione, Castel-Goffredo, Caneto et autres, pour y prendre connaissance des causes des fréquents assassinats qui s'y commettent sur les soldats français et autres individus attachés à l'armée française, prendre tous les moyens qui sont en son pouvoir pour arrêter ces excès et livrer au conseil de guerre les coupables qu'il pourra faire arrêter.

KILMAINE.

9 messidor an IV (27 juin 1796).

Je suis obligé de suivre cette affaire, pour ne pas l'embrouiller par celle de Bozzolo, qui eut lieu dans le même temps et que j'annonce à Kilmaine dans ma lettre du 8.

## PROCLAMATION

Castiglione della Stiviera, 11 messidor an IV<br>(29 juin 1796).

J'ai été envoyé pour punir les coupables de ces assassinats qui se commettent journellement sur les Français dans ce pays et aux environs.

J'ai cru que je trouverais chez les magistrats des mesures prises pour arrêter ces meurtres odieux, ou tout au moins des indications sûres pour faire trouver les coupables.

On ne me donne ici que de frivoles protestations d'un faux dévouement accompagné de la plus criminelle réticence, sur les noms des assassins que je sais être connus ici, ce qui me dévoile la complicité des magistrats avec les Vénitiens prétendus contrebandiers.

Il y en avait hier dans la ville à mon arrivée et loin de m'avertir on les a fait évader.

Je ne me dissimule cependant pas qu'il existe d'honnêtes gens dans Castiglione et les avis salutaires que j'ai reçus, quoique non signés, en sont une preuve.

Je passe donc sur la conviction que j'ai acquise de la mauvaise volonté des magistrats et la preuve de l'existence de quelques gens probes dans Castiglione m'empêche d'envelopper pour le moment toute la ville dans une exécution militaire générale et d'y mettre le feu. Mais voulant empêcher la continuation du mal et y apporter un remède efficace, j'ordonne ce qui suit :

### CASTIGLIONE EST EN ÉTAT DE SIÈGE

Il est défendu à tous ceux qui jusqu'à présent se sont dits magistrats de Castiglione de faire dorénavant aucune fonction de leur office, sous peine d'être jugés militairement comme rebelles et fusillés.

Tous les députés ([1]) rendront compte de leur gestion au commandant que je vais établir dans la ville. Ce compte sera rendu dans trois jours.

Le syndic est conservé. Il prendra les ordres du commandant Régnier, lieutenant de hussards, que je nomme

---

1. Conseillers de ville.

commandant de Castiglione. Le syndic aura les sbires sous ses ordres et il fera remplir incessamment toutes les réquisitions adressées jusqu'à ce jour par les autorités de l'armée et fera pourvoir surtout aux magasins de Castiglione pour la subsistance des dépôts du 1er et du 7e régiment qui forment la garnison.

J'ai fait arrêter, pour être conduits à la tour de Goito, les nommés Caligario Carlo, Desensani, Franco Alcco, pastore et Vicenzo Manfredi, pour être fusillés sans procès au premier assassinat commis dans la ville ou les environs à quatre milles à la ronde.

LANDRIEUX.

## INSTRUCTIONS AU COMMANDANT DE LA PLACE

Vous allez publier et afficher l'ordre suivant :

12 messidor an IV (30 juin 1796).

Tout individu qui, à l'avenir, sortira de Castiglione sans une permission signée du commandant et de quatre bourgeois de la ville, caution de sa conduite, sera arrêté et conduit à la tour de Goito pour y être détenu six mois.

Tout étranger, trouvé dans la ville, dans une maison ou dans une église, et qui n'aura pas reçu un permis de passer ou de séjourner de la part du commandant de la place, sera envoyé sur-le-champ aux travaux de la forteresse de Peschiera, de quelque qualité et condition qu'il soit, et cela pendant trois mois.

Tout individu qui sera trouvé par les patrouilles sur les grands chemins, dans les champs ou maisons et auberges qui n'aura pas un permis des chefs de son pays [1] pour voyager, et qui ne l'aura pas fait viser à chaque village où il aura passé par l'autorité du lieu, sera arrêté et mis un mois dans la prison de Castiglione, sans préjudice des punitions qu'il pourra avoir encourues après information.

Tout sujet de la république de Venise, voyageant avec passeport ou sans passeport sans la permission du commandant Landrieux, sera arrêté et conduit à la tour de

---

1. Mantouan.

Goito, pour être pris à son égard par le commandant, telles mesures qu'il jugera convenables.

Il est enjoint à chacun des députés et magistrats destitués de recevoir en garnison chez lui un hussard qui lui sera envoyé par le commandant de la place, lequel hussard le gardera à vue. Tout individu qui désobéira à cet ordre sera arrêté et conduit à la tour de Goito.

« Vous êtes autorisé à lire toutes les lettres de la poste, mais vous seul.

« *Pour vous seul*. Le syndic s'arrangera avec les principaux habitants pour votre table qui ne doit pas dépasser un sequin par jour et pour payer vos frais de bureau sur lesquels vous vous conduirez avec l'économie convenable. Les frais de nourriture des gens arrêtés et ceux d'escorte seront payés par les gens arrêtés eux-mêmes ou, à leur défaut, par le syndic qui les divisera sur les principaux habitants.

« Cet état de siège, qui vous autorise à exercer les fonctions civiles de la ville, la judicature provisoire et celle du commandement militaire, ont besoin de tous vos soins. Vous êtes intelligent et sage. Je vous enverrai sous peu le capitaine Brousse pour vous aider et même vous relever si vous le désirez.

« LANDRIEUX. »

Roverbella, 18 messidor an IV (6 juillet 1796).

*Au commandant Landrieux.*

« ... J'approuve les mesures que vous avez prises envers la municipalité de Castiglione. On va également prendre des mesures pour que la République de Venise s'exécute à l'égard des brigands connus sous le nom de contrebandiers, sur lesquels les députés et la municipalité de Castiglione veulent jeter l'odieux des meurtres.

« KILMAINE. »

## AFFAIRE DE BOZZOLO

Bozzolo, 8 messidor an IV
(26 juin 1796.)

« Général,

« Les Vénitiens ne se contentent pas de nous faire assassiner. Ils veulent aussi nous faire mourir de faim et vous vous souvenez de ce qui nous est arrivé à notre entrée dans ce pays-ci.

« Certains d'entre eux se disant hardiment attachés aux administrations de l'armée française se promènent dans mon commandement avec une audace sans exemple. Quelques-uns de ces commissaires se font escorter par d'autres Vénitiens montés, armés et équipés en hussards français. Ils frappent des réquisitions de grains, de vins, d'argent, etc..., et les emportent.

« A sept heures du matin, j'en ai eu la première nouvelle ; je suis parti sur-le-champ pour me rendre à Bozzolo, et en arrivant à onze heures, j'ai reçu les trois rapports ci-joints.

« L'un de ces effrontés pillards, dont parle le dernier rapport signé du municipaliste ou prêteur Marchesi de Bozzolo, eut l'impudence de frapper et tirer sur Bozzolo même trente mille livres de Milan. Arrivé à 7 heures, son affaire était finie à 9 et il était parti.

« Ces gens-là sont instruits des lieux où je n'ai point de troupes et ils y courent. Marchesi vient de m'annoncer que le prétendu commissaire, qui a levé l'argent sous peine de feu, n'est pas Français; qu'il l'a bien reconnu pour l'avoir vu chirurgien à Vérone, qu'il est de

Soave véronèse et qu'il se nomme Ruggeri, qu'il l'a parfaitement remis quand il s'en retournait avec ses dix hussards aux portes de la ville où lui, Marchesi, entrait en arrivant de sa campagne.

« Les autres deux rapports sur des réquisitions frappées à Marcaria et à Caneto disent que le soi-disant commissaire qui s'y est présenté, accompagné ou escorté de même, leur a paru brescian avec sa troupe et qu'il a dit que les administrations françaises les employaient, parce qu'elles ne connaissaient ni le pays ni la langue.

« Un seul de ces rapports dit que ces gens prennent la route d'Azzola, petite place forte vénitienne, avec ce qu'ils ont enlevé et qu'on les a vus sur le point d'y arriver.

« Il résulte de ces premiers renseignements que ce n'est pas un pur vol ; habiller, monter et équiper trente hussards est un objet d'environ trente mille livres de France. Ce ne peut être le fait d'un simple voleur. Le but de ceux qui envoient ces gens-là me paraît être de jeter sur les administrations de l'armée l'odieux de ces réquisitions sans ordre ni mesure et en même temps de mettre du désordre dans nos propres réquisitions, et, chemin faisant, de nous gêner d'autant pour les vivres. Voici ce que j'ai fait afficher.»

### PROCLAMATION

8 messidor an IV (26 juin 1796).

Le commandant de la province ordonne à tous les magistrats du Mantouan et à leurs sbires sous leur responsabilité capitale :

De faire arrêter et conduire à la tour de Goito, soigneusement garottés et escortés soit par des sbires soit par des habitants, lesquels seront payés à Goito à raison de six livres de France par journée et auront une récompense d'un port d'armes pour un an :

Tout individu, Français ou étranger, porteur d'une réquisition quelconque, laquelle n'aura pas le visa et la signature dudit commandant; celle du citoyen Cavaillé, maréchal des logis de dragons, son secrétaire, celui de la justice de Goito et les cachets en cire rouge de la République française, du 7ᵉ de hussards, du 15ᵉ de dragons, avec le paraphe du juge, et enfin qui ne portera pas la marque secrète dont il va être sur-le-champ donné connaissance, à tous les podestats du Mantouan par une lettre close(1).

Toute ville, bourg ou village, château ou maison rurale, qui aura payé soit en denrées soit en argent une réquisition quelconque et n'aura pas eu l'autorisation par écrit du podestat du lieu, ou le plus voisin, et n'aura pas demandé du secours pour résister à des ordres menaçants, perdra la valeur des fournitures et argent qu'il aura versés.

En cas de résistance de la part des réquisitionnaires, il est ordonné de faire feu sur eux comme sur des voleurs attroupés, et, à cet effet, il sera confié des fusils à chaque podestat, qui les gardera chez lui, pour les présenter à toute heure aux autorités militaires françaises.

La moindre négligence de la part des magistrats, le moindre refus de marcher sous leurs ordres dans le cas précité sera puni comme complicité avec les voleurs faux réquisitionnaires.

« Veuillez bien, général, faire connaître cet ordre aux administrations de l'armée avec injonction de votre part

---

1. J'envoyai, en effet, une lettre à chaque podestat, mais il n'y avait que du papier blanc sous l'enveloppe. Ils vinrent tous à Goito pour savoir ce que cela voulait dire. Je leur soutins qu'ils avaient reçu la marque et je les renvoyai très étonnés. Je me servais de cette ruse pour faire croire au public qu'il y avait, en effet, une marque secrète et que les podestats, en niant qu'ils en eussent connaissance, à leurs amis, à leurs femmes, etc., parussent s'excuser ainsi de leur refus d'en confier le secret. Si j'eusse eu assez peu de finesse pour mettre réellement aux passeports et réquisitions une marque secrète, elle aurait été bientôt divulguée. Connaissais-je tous ces podestats?

de s'y conformer strictement, crainte qu'il n'arrive quelque accident à leurs agents véritables.

« Elles seraient certes bien ridicules, si elles refusaient de faire prendre par leurs commis l'attache du commandant et d'aller chez le podestat du canton avant que d'opérer. Je ne leur rappelle là que l'usage de toutes les armées.

« **De cette manière aussi, elles seront difficilement trompées de leur côté par leurs propres employés**, ce qui, comme vous le savez, leur arrive tous les jours; et comme mes bureaux tiendront des registres de ces réquisitions, on n'aura pas besoin de commis aux retraits ([1]), **car la présence véritable des denrées reçues sera là.** »

Bozzolo, le 8 messidor, à minuit<br>(26 juin 1796.)

« Général,

« On vient d'arrêter les réquisitionnaires de Bozzolo. Un avis, qui m'est parvenu quelques moments après

armés jusqu'aux dents, dans le même costume que les premiers, et que ces brigands ainsi réunis au nombre de trente ou trente-cinq, ainsi que le bruit public me l'avait annoncé ce matin, non compris trois hommes en uniforme d'officiers français, qui sont probablement les commissaires, après avoir conféré un quart d'heure ensemble sur la route, se sont rabattus tous sur Redoldesco où les premiers venaient de passer: que de là ils ont gagné Marcaria qu'ils n'ont fait que traverser. Que *lui*, l'auteur du rapport, n'a pu les suivre de loin en loin que jusque-là, son cheval qui n'est pas fort n'en pouvant plus; qu'il a raconté tout cela au signor Giustachini de Castiglione, qu'il sait être ami de son maître et qu'il a rencontré, bien monté, auprès du pont de Marcaria. Que ce signor l'a chargé de dire qu'on ne s'inquiéta pas à Bozzolo de ce que deviendraient ces brigands, qu'il allait les suivre lui-même et que sous peu d'heures il en donnerait des nouvelles au signor Marchesi.

« C'est Bartholomeo Canti, domestique de Marchesi, envoyé le matin à la découverte, qui a rapporté tout ceci et je lui ai donné trois sequins.

« Marchesi m'a assuré que je pouvais compter sur la véracité de Canti et sur le dévouement de Giustachini qui avait déjà été volé lui-même par des coquins de cette sorte à Carpenedoli (¹).

« Une heure après, Giustachini a envoyé un exprès de Gazzolo, avertissant que les bandits étaient dans une métairie à demi-lieue de là, qu'ils y avaient requis tout ce qu'il leur fallait pour leur dîner et celui de leurs chevaux, ce qui lui faisait juger qu'ils allaient pousser

---

1. J'ai quelque part les témoignages de Giustachini, à qui je vins à bout de faire retrouver ses 4,500 francs.

jusqu'à Torre d'Oglio et y faire quelques mauvais coups, puisqu'ils n'avaient pas passé l'Oglio qu'ils avaient toujours laissé sur leur droite; qu'au reste il ne les quittait pas et qu'il en rendrait bon compte.

« Je suis parti tout aussitôt avec les 36 hussards que j'avais amenés et j'ai franchi en deux heures les dix milles qu'il y a de Bozzolo à Torre d'Oglio, ayant le fleuve à ma gauche. J'ai fait halte aux maisons qui sont en deçà du pont que je n'ai pas voulu passer. J'ai mandé le podestat à qui j'ai demandé s'il était arrivé quelques troupes chez lui depuis peu d'heures. Il m'a dit que non. Je l'ai bientôt mis au fait. Aussitôt ce brave homme m'a dit qu'il n'avait pas besoin de ma troupe, et avec une rapidité presque burlesque il a ajouté que sous dix minutes il allait avoir cent gaillards déterminés, tant pêcheurs que bourgeois, qu'il les embusquerait et me ferait avertir quand les brigands seraient assommés.

« J'ai eu l'air d'accepter son offre mais, après son départ, j'ai fait passer le pont à deux hussards, tenant leurs chevaux par la bride, pour observer et m'avertir. Ils avaient l'air de chercher leur logement.

« Le podestat nous a envoyé des vivres et des fourrages. On n'a débridé que la moitié des chevaux.

« Une heure après, — j'étais dans l'impatience, — un particulier à cheval m'a abordé et s'est nommé; c'était Giustachini; il avait dépassé nos drôles qui venaient au pas et qui entraient à ce moment à Torre d'Oglio. J'ai fait monter à cheval et pendant ce temps Giustachini, qui avait couru chez le podestat pour l'avertir, y avait appris que j'étais là et que je venais de Bozzolo.

« A peine avait-il fini que deux hommes arrivèrent à toutes jambes me prier de venir promptement; je trouve une multitude armée de bâtons, je la fais ranger et j'arrive au moment où le podestat sur sa porte répondait qu'il ne pouvait faire retirer ces gens qui ne l'écoutaient plus. Il disait cela à Ruggeri, qui le sommait au nom de l'armée française de faire dissiper toute cette canaille, que ses hussards tenaient en respect le pistolet à la main.

« Mon trompette est allé ordonner à cet homme de faire mettre pied à terre à ses hussards et le podestat est aussitôt rentré chez lui et a fermé sa porte. J'ai commandé à mes hussards de charger et je n'ai eu que la peine de crier aux habitants d'empêcher qu'aucun d'eux n'échappât. Sept ont été tués à coups de pointe, seize ont reçu des blessures graves, les autres renversés de leurs chevaux ont été liés ainsi que Ruggeri et ses deux camarades.

« Huit d'entre eux avaient fait feu de leurs pistolets, mais si gauchement qu'il n'y avait eu qu'un cheval blessé.

« Ces gueux-là ne maniaient pas le pistolet comme le stylet. Les habitants voulaient tout assommer. Il a été impossible de leur en arracher un qui était blessé au visage et qu'ils ont achevé. J'ai chargé le podestat, à qui j'ai promis la protection de l'armée française, — et il faudra le mettre à l'ordre — de faire enterrer les morts et de m'envoyer les procès-verbaux. J'ai requis neuf voitures où j'ai fait lier tous ces coquins. Leurs chevaux restent à Torre d'Oglio et me seront amenés demain ou après demain à Goito par les soins du podestat. J'ai mis vingt hussards autour des charrettes, avec ordre de tout hacher à la moindre tentative qu'ils feraient de s'échapper. Je les attends à six heures du matin et je suis rentré ici bien mal en point à dix heures sonnées; il a fallu m'aider pour descendre de cheval et je vous écris pendant qu'on panse mon genou.

Je serai néanmoins demain à Goito de bonne heure. On m'a promis une mauvaise sédiole. »

Goito, 10 messidor an IV (28 juin 1796).

« Général,

« Le capitaine La Roche aura fini son instruction demain de bonne heure. Les prévenus et les témoins sont ici.

« Le commandant du dépôt du 7e hussards m'envoie quatre volontaires arrêtés à Caneto. Il serait convenable et très exemplaire, si la loi ne s'y oppose pas, de faire juger ces pillards par le même conseil militaire qui prononcera sur l'affaire des bandits vénitiens. Si la loi s'y opposait, il faudra en faire deux causes. Envoyez m'en l'ordre ; je verrai ce qui pourra se faire à cet égard en combinant le droit de police du général en chef avec la loi. »

Roverbella, 11 messidor an IV (29 juin 1796),<br>à 10 heures du soir.

*Kilmaine, général divisionnaire commandant au quartier général.*

« Je vous envoie, mon cher Landrieux, l'ordre de faire juger les nommés Ruggeri, Calvi et Cami, prévenus de concussion et de vol à main armée dans votre arrondissement. Le conseil militaire s'assemblera à cet effet, ainsi que pour juger les quatre volontaires prévenus de pillage.

« L'ordre a été donné à tous les autres régiments de faire venir à Goito leurs dépôts de Pizzighitone ; je vous envoie un brigadier et six dragons du 8e régiment pour être employés dans la tournée à faire afin d'arrêter les assassins dans votre arrondissement et particulièrement dans le voisinage de Castiglione (1).

« Salut et amitiés.

« KILMAINE. »

À sept heures du matin, le général Kilmaine arriva à Goito avec MM. Priuli, gouverneur et vice-podestat de Vérone, Mocenigo, gouverneur et vice-podestat de Brescia, deux conseillers à eux et Junot, aide de camp du général en chef.

Kilmaine m'expliqua que la République de Venise s'était engagée par l'organe de S. E. Battaja, provéditeur extraordinaire en Terre-Ferme, à prendre les mesures les plus promptes et les plus efficaces pour empêcher les Salodians et autres sujets de Saint-Marc de reparaître tant dans le Mantouan que dans toute autre partie de l'Italie occupée par l'armée française ou ses détachements. Il avait en outre promis de punir sévèrement les hussards qu'on allait lui livrer à cet effet, avait payé au quartier-général 10,000 livres de France pour les frais de mon expédition contre eux, les frais de procédures faites et le cheval blessé, et avait enfin consenti que les chevaux, buffleteries, harnachements, équipements et armes prise à Torre d'Oglio restassent confisqués et transportés aux dépôts de la cavalerie française, satisfaction dont le général en chef avait été content au nom de la République française, ainsi que venait de le lui annoncer le citoyen Junot, accompagné de MM. les gouverneurs présents. Il ne s'agissait plus que de la tournure à donner au procès commencé, et

---

1. Ils arrivaient trop tard. C'était fini de la veille et j'en arrivais ; je les renvoyai avec mon rapport que le général approuva le 18, ainsi qu'on l'a vu.

qui devait être jugé aujourd'hui, afin de ne pas donner lieu à compromettre les liens qui unissaient les deux Républiques.

En conséquence, il ne pouvait y être question ni des Vénitiens, ni des hussards postiches, ni de la manière dont je les avais étrillés, ni des 30,000 livres qui déjà avaient été rendues par les coupables à la ville de Bozzolo.

Ce n'était pas aisé. Le capitaine La Roche, du 7ᵉ régiment de hussards, rapporteur, avait passé la nuit à finir son travail. Les interrogatoires avaient été longs; le conseil devait s'assembler à midi dans l'Église de Goito et il y avait déjà près de 30,000 curieux, venus de toutes parts, que le bruit de ce procès avait attirés. J'étais président.

Il fallait mettre tout le travail de La Roche de côté et en faire un autre. Je mis mes idées par écrit, on les approuva et il en résulta le jugement suivant, à la suite duquel les hussards emprisonnés furent remis à une garde envoyée le lendemain de Vérone. Le capitaine La Roche fut gratifié de 50 louis qu'il ne voulait pas recevoir et qu'il ne prit que lorsque Kilmaine lui eût fait signe de les accepter et que Junot lui eût dit à sa manière qu'il était un nigaud.

### JUGEMENT

« L'an IV de la République française, le 12 messidor, le conseil militaire s'est assemblé à Goito en vertu de l'ordre du général divisionnaire Kilmaine, pour juger les nommés Ruggeri, chirurgien à Soave, accusé de concussion et de vol à main armée, ainsi que les nommés Calvi dit Cabri, député à Soave, et Cami, syndic à Marmiculo, prévenus de complicité avec le dit Ruggeri.

« Le conseil est composé du citoyen Landrieux Jean, chef de brigade au 7ᵉ régiment de hussards, commandant les dépôts de cavalerie à l'armée d'Italie et la place de Goito ; Nicolas Brandeau, capitaine au 1er régiment de hussards, commandant le dépôt dudit régiment à Palazina ; Michel Drapier, sous-lieutenant au 1er bataillon de la 69e demi-brigade ; Jean-Baptiste Rosel, sergent au 2e bataillon de la 51e demi-brigade ; Marc Meureville, caporal au 1er bataillon de la 29e demi-brigade d'infanterie légère ; Ambroise des Brossards, brigadier au 8e régiment de dragons ; Joseph Sangbœuf, soldat au 1er bataillon de la 75e demi-brigade ; Pierre Delluzenche, soldat au 1er bataillon de la 45e demi-brigade ; et François Patry, dragon au 8e régiment.

« Le conseil, après avoir entendu les défenseurs officieux des accusés, ci-dessus nommés, à la suite de l'accusation prononcée contre eux par le citoyen Pierre-Victor La Roche, capitaine au 7e régiment de hussards, rapporteur du conseil militaire ;

« Après avoir vu et examiné toutes les pièces du procès, a déclaré qu'il était reconnu :

« 1º Que le nommé Cami, syndic à Marmiculo, avait cherché à tromper le commissaire des guerres Courtès, employé à la troisième division militaire de l'armée d'Italie et l'avait effectivement trompé, en lui faisant donner son visa de confiance à un passeport dont les expressions étaient ambiguës et couvraient le mauvais dessein de pouvoir faire des friponneries, et en mettant dans les interlignes de ce passeport le nom du nommé Ruggeri, qui n'y existait pas, lorsque ledit commissaire Courtès avait mis son visa, ce qui a convaincu ledit conseil de la complicité dudit Cami avec Ruggeri ;

« 2º Que le nommé Calvi était coupable d'avoir pour le passeport prêté la main audit Ruggeri pour serrer et faire serrer le produit de ses concussions, d'avoir enfin dilapidé la fortune des particuliers sur lesquels Ruggeri avait commis des exactions, en délivrant à plusieurs individus non susceptibles de donner des reçus valables en administration, les vins, grains, etc.... qui avaient été enlevés par ledit Ruggeri et entassés dans les maisons de plusieurs particuliers de Soave ;

« 3º Que le nommé Ruggeri était coupable d'avoir, avec ledit passeport qu'il faisait passer pour un ordre de faire des réquisitions, enlevé à main armée quatre sacs de blé au propriétaire du Moulin-Novo, cinq charriots de vin et vingt sacs de blé de Turquie à la maison dite Mazzolina, et six sacs de blé et trente-trois portates de vin à la maison du sieur Natale Grezi ;

« D'avoir fait ces réquisitions avec menaces et violences ; d'avoir pris faussement le titre de commissaire français, d'avoir expédié un passeport sous ce titre, d'avoir enfin escroqué huit cents livres de Milan au nommé Bozzelli, fermier de la Motte, pour lui faire la grâce de ne pas lui enlever sa jument ;

« 4º Qu'il était convaincu que ces trois individus susdits avaient fait leur profit desdites denrées et argent, puisqu'ils n'avaient pu présenter au conseil que des reçus d'une faible partie des objets enlevés, encore ces reçus n'étaient d'aucune personne fondée à en donner par l'administration des vivres ([1]).

« En conséquence de quoi le conseil, s'autorisant de la loi du 2º complémentaire, qui permet de commuer les peines au lieu de suivre à la rigueur les ordres du général en chef, et l'article de loi qui porte peine de mort contre tout vol fait avec attroupements et armes, et voulant d'ailleurs user d'indulgence envers des individus appartenant au pays conquis, condamne le nommé Ruggeri, se disant faussement commissaire français, et Dominique Cami, à un an de prison et de travail à la forteresse de Peschiera, ou tout autre travail public pour la République française, et le nommé Joseph Calvi à six mois de prison.

« Ordonne au prêteur Ferrari, de Goito, de faire saisir les biens des condamnés, solidairement l'un pour l'autre, pour procurer l'entier paiement des individus susnommés, qui ont souffert des concussions énoncées au présent jugement.

---

1. Il était prouvé au procès que ces individus qu'on ne nomme pas étaient tous des gens attachés au gouvernement du vice-podestat d'Azzola ; il fallut taire cette circonstance principale. On voit par cette espèce de jugement, plein d'inexactitude, d'incohérence et de négligences, combien on fut gêné pour sa rédaction qu'il fallut créer, proposer et rédiger en deux heures de temps au gré de ceux qui commandaient. Il fut révisé et approuvé et le général en chef le garda par devers lui. Le général Guillaume commandant à Peschiera eût ordre de donner aux condamnés les moyens de s'évader.

« Ordonne l'affiche au nombre de deux cents exemplaires, en italien et en français, aux frais des condamnés.

« Fait et jugé à Goito, en la salle du conseil, les jour et an que dessus.

Quartier général de Roverbella, 14 messidor an IV<br>(2 juillet 1796).

« En vertu de la loi du 9 germinal an IV, il est ordonné aux citoyens Franceschi et Defresne, adjudants-généraux; Payen, chef de brigade, Gauthrin, chef d'escadron, Brousse, capitaine, et Cavalier, maréchal-des-logis secrétaire, de s'assembler en tribunal militaire de cassation, pour reviser le jugement rendu le 12 messidor an IV par le conseil militaire de Goito, contre les nommés Dominico Cami, syndic de Marmiculo, Calvi, syndic de Soave, et Ruggeri, chirurgien, à Soave. Toutes les pièces du procès leur seront remises à cet effet de manière que ledit tribunal puisse prononcer incessament.

Le général divisionnaire, commandant<br>la cavalerie de l'armée,<br>KILMAINE.

J'avais d'abord opposé quelque résistance à faire ce qu'on exigeait de moi et je ne me décidai que, parce que Junot m'observa qu'un jugement, tel qu'il devait être, d'après des crimes aussi avérés, et surtout d'après les dépositions de deux hussards prisonniers, qui accusaient, avec des circonstances étonnantes, le gouverneur d'Azzola de les avoir montés, armés, équipés et commissionnés, causerait une rupture entre la France et Venise, — ce dont nous n'avions pas besoin dans ce moment.

Si cette affaire eût fait moins de bruit, on aurait pu l'étouffer tout à fait, mais c'était impossible le jour du jugement: il fallait juger pour faire taire le public. On se contenta donc de mettre en avant les délits dont il est parlé au procès.

Mais Mocenigo et Priuli, irrités de mes observations, essayèrent de me nuire auprès du général en chef, dont, avec leurs 10,000 livres, ils croyaient avoir fait la conquête. Il se mit en colère et dicta, en leur présence, la confirmation de mon commandement qu'il signa lui-même. Elle est ainsi conçue :

« Il est ordonné au citoyen Landrieux, chef de brigade au 7e régiment de hussards, établi par le général divisionnaire Kilmaine commandant temporaire de Goito et arrondissement et des dépôts généraux de la cavalerie de l'armée, de continuer à Goito ces différentes fonctions jusqu'à nouvel ordre. Il lui est également ordonné d'établir à Goito un officier pour y surveiller le passage des militaires, conformément à l'ordre du jour du 30 prairial.

*Le général en chef de l'armée d'Italie.*
« BONAPARTE. »

Quartier général de Roverbella, 17 messidor an IV de la République (5 juillet 1796).

Le général en chef était certes bien éloigné de donner la moindre attention aux propos hypocrites de ces gens vindicatifs qui s'en allèrent avec leur courte honte. C'était précisément l'époque des affaires de Livourne, Modène et Naples et il n'était assurément pas disposé à se passer d'un homme qui l'avait aidé à monter tout cela. Il savait que je l'aimais beaucoup alors, ainsi que tous mes camarades. Nous étions à cent lieues de nous douter qu'il ne travaillerait que pour lui seul. Je saisissais toutes les occasions d'où il pouvait résulter pour lui une augmentation de réputation et de crédit. Telle était, par exemple, la proposition que je lui adressai immédiatement après l'investissement de la ville de Mantoue et avant que le canon et les mortiers fussent en batterie.

*Landrieux, chef de brigade, etc...
au citoyen Bonaparte, général en chef.*

« Mon général,

« La protection que la République française a promise aux sciences me donne à espérer que ce que j'ai à vous proposer sera favorablement accueilli. Je vous le présente sous les auspices du général Kilmaine, mon supérieur immédiat dans la partie politique de l'armée.

« Il existe dans Mantoue des hommes d'un mérite rare ; je sais que plusieurs d'entre eux n'ont pas attendu l'arrivée des Français pour exprimer leur manière de penser sur la liberté. Ils l'ont consignée dans leurs écrits. Je sais que plusieurs gémissent de se voir entre les mains toutes matérielles des Tudesques commandés par un Espagnol et qu'ils seraient bien aise d'en être délivrés. Vous savez, mon général, que j'en ai la preuve.

« Vous pouvez immortaliser vos lauriers en les délivrant. Ce ne sont pas les hommes du commun qui feront passer votre nom à la postérité. Les barbares qui tiennent la ville vous livreront ces pierres précieuses dont le prix leur est inconnu dans la seule et misérable vue d'économiser quelques rations de pain de munition.

« Pensez, général, que votre demande seule, fût-elle suivie d'un refus brutal, sera consignée dans l'histoire des guerres d'Italie et dans celle des arts. Et, celle-ci ne connaît point d'oubli. Des actes de cette nature ne se présentent point tous les jours. Il vous est bien permis d'ambitionner tous les genres de gloire, et comme je viens de le dire, celle-ci ne se détruit jamais, tandis que l'autre a tant d'interprètes différents !

« Envoyez-moi à ce général qui commande la place. Je lui demanderai les hommes de lettres de Mantoue, ces hommes que toutes les nations ont un droit égal de protéger. Je promettrai de votre part une sauvegarde inviolable et des secours à ceux qui ne voudront pas s'ensevelir sous les ruines de cette ville malheureuse que nous allons brûler. Je lui demanderai de mettre à couvert les bibliothèques, les cabinets d'histoire naturelle et de physique, et en général tous les monuments, qui font honneur à l'entendement humain. Le célèbre théatrino de Bibiani, le palais de Thé, enrichi des travaux de l'illustre Palladio, ne seront pas oubliés. Je demanderai, je réclamerai publiquement et avec bruit, les Lactantio, Pinazzo, Casti, Buganza, Zaneti, Codi, Cataneo de Mommo, Petrosanni, Volta, Portagialio, Tonni, Betinelli, Morari, Mathéo, Borza, Prandi, Tamburini, Baroni Ghelmetti, Figliazzi, Veltori, Bella-Vita Ferri, Mari, Bozoli, Casali Muti, Bondi, Campi, Nicolini, Paganini, Orlandi de Torlandini, Bonacinia, Bonali, etc... Quelle moisson si je pouvais les ramener tous.

« Parmi ces savants, il existe un franciscain ou bernardin [1]. C'est le Père Mari ; il est l'élève du célèbre mathématicien Oliva. Son génie est si connu, qu'on lui a donné la direction de l'artillerie de la place. Cet homme vous est nuisible, inscrivons-le en *grosses lettres* sur la liste de vos protégés. Si ce moyen ne le fait pas rentrer dans son cloître, du moins avons-nous à espérer que son amour-propre satisfait et sa reconnaissance envers l'un des premiers capitaines du grand peuple l'engageront à ne plus servir ou à servir médiocrement les Autrichiens, ou tout au moins à ne pas

---

1. Il a été bénédictin de l'abbaye de Polirone (Bas-Mantouan).

faire tout le mal qu'il pourrait, et encore mettons-nous en avant la chaîne de la jalousie et même de la méfiance envers ce moine, du soupçonneux et inquiet Cauto d'Yrlès que nous allons mettre en jeu.

« Je ne puis croire que ce Père Mari soit, comme on a voulu me le faire entendre, le savant abbé Mary, mon ancien professeur de mathématiques aux Quatre-Nations (l'homme au calcul binaire) qui a, dit-on, émigré. On m'a assuré depuis qu'il était mort à Mittaw !

« Je me trouverai heureux, général, si vous pensez qu'il me soit venu une idée utile à la République et à vous.

« Salut et respect.

« LANDRIEUX. »

Le général en chef vint le lendemain à Goito. J'eus un entretien avec lui au sujet de cette lettre. Mais il me trouva si fatigué de mes courses à Bozzolo et à Castiglione, du travail assidu et des chaleurs excessives qui avaient fait empirer ma blessure, qu'il chargea de cette commission l'adjoint Materat auquel le gouverneur espagnol fit répondre, sans se montrer à lui, que quant aux gens écrits sur la liste il en avait besoin, parce qu'il fallait que tout le monde mit la main à l'œuvre, et quant aux monuments, il avait assez de maçons et de peintres pour réparer le dommage qui ne serait pas si grand que nous voulions le faire croire. Nous n'avions qu'à tirer : il s'en inquiétait fort peu [1].

Depuis l'échec de Torre d'Oglio et ses suites, les Vénitiens cachèrent mieux leur malveillance. On décou-

---

1. La réponse de Cauto d'Yrlès, toute espagnole qu'elle était, n'en fit pas moins songer à Bonaparte que la protection accordée aux arts pouvait être aussi utile à sa renommée que le triste renom d'une victoire qui a couvert le champ de bataille de morts

vrit peu de chose. J'ai parlé de la mauvaise volonté de Priuli à Vérone. Le troisième jour après la bataille de Castiglione, l'armée autrichienne, en pleine déroute, passa à Vérone. Les Français y arrivèrent aussitôt, et ce gouverneur fit fermer les portes pour donner le temps à nos ennemis de s'éloigner et leur faire gagner une marche sur nous.

Cette infraction au traité de Sainte-Euphémie n'eut pourtant aucun succès. Bonaparte ordonna au général d'artillerie Dommartin de briser les portes à coup de canon et on atteignit les derrières de cette armée en désordre au dernier pont de Vérone. Toute réflexion faite, je reste de l'avis de Priuli : quant à la levée des ponts et la fermeture des portes, il ne voulait pas qu'on se battit dans sa ville et il avait raison.

On verra par quelques détails que je me propose de donner sur cette bataille de Castiglione que ce ne fut pas la faute des Vénitiens si nous ne fûmes pas tous détruits par l'armée impériale et que la surprise de Vérone du 15 thermidor fut autant leur ouvrage que celle de la négligence et de l'étrange enlètement du général en chef.

Mais après cette bataille, et surtout vers le temps de l'arrivée du prince Charles, toutes leurs intrigues recommencèrent et la correspondance du bureau secret ou politique donne les pièces suivantes :

Milan, 2 pluviôse an V (21 janvier 1797).

« Général,
« Sur les rapports assez embrouillés et assez insigni-

---

et de blessés (encore ne va-t-elle pas toujours sans quelques contestations). Peu de jours après, il écrivit à l'astronome Oriani à Milan et quelques temps après au mathématicien Garruchio à Vérone.

fiants de quelques agents en sous ordres, j'avais envoyé Venturi à Brescia. Il en revint et m'a remis la note suivante écrite de sa main :

« Il a été ordonné d'armer et équiper mille hommes dans la Val-Trompia. Le résident Morandi en est chargé. L'assemblée primaire s'y est refusée.

Le gouvernement a envoyé d'itératives lettres ducales et des menaces pour l'exécution des mesures arrêtées. Mais le conseil a décidé d'attendre l'arrivée de ce Morandi et d'essayer de pénétrer dans les relations secrètes de cet envoyé et du gouvernement avec les généraux autrichiens.

On a pris des mesures pour avoir un armement considérable dans cette province. Il y a déjà un grand amas d'armes dont une partie est déposée à l'hôtel Gambara de Saint-Jules (1). La garde vénitienne qu'on vient d'envoyer au fort de Brescia est chargée d'examiner ceux qui y viennent fréquenter les Français et de rendre compte en même temps des préparatifs qu'y font ces derniers ; on craint qu'ils ne soient les victimes de quelque coup de main.

Soyez averti qu'on entretiendra Milan d'espions chargés d'observer quels sont les patriotes qui ont des correspondances avec des citoyens de cette ville de Brescia. On travaille ici les gens crédules et on leur insinue l'assassinat des Français. Depuis peu de jours il en a péri quatre de cette manière.

Le commandant français de la place (Girard) se laisse solder par Venise, et il ferme les yeux sur ces meurtres. Il dit que les Français se sont battus entre eux, etc....

---

1. L'ancienne maison Gambara en Terre-Ferme était divisée de temps immémorial en deux branches principales, et fort opulentes.
L'aînée n'avait pu obtenir son inscription au Livre d'Or, à cause de l'attachement d'un de ses ancêtres au parti de la France du temps de Gaston de Foix, et tous comme le Sénat avaient conservé cette vieille rancune : ceux de cette branche était toujours nos amis. La branche cadette, était au contraire toute sénatoriale ; elle haïssait l'aînée, parce qu'elle ne pouvait être inscrite non plus, l'aînée ne l'étant pas. Elle espérait pourtant l'obtenir un jour, malgré l'usage, et elle restait dévouée à Venise. — On l'appelait Gambara San Giulio ou Saint-Jules.

« Je me rappelle très bien, général, les affaires de Castiglione et les assassinats commis à notre entrée dans le Mantouan et nous pensions alors que Venise n'avait que le courage du crime commis dans l'ombre. Leur bassesse dans l'affaire de Bozzolo nous avait confirmés dans cette opinion. C'est aujourd'hui la première fois que j'entends dire que le Sénat ose prendre une contenance guerrière. Qu'est-ce que cela signifie ? Est-ce bien vrai ? Je voudrais le voir pour y croire. On oserait prêcher hautement dans la Val Trompia l'assassinat des Français ! Un amas d'armes chez les Gambara Saint-Jules ! Voilà certes du nouveau. Dans trois jours je le saurai et positivement.

« A tous événements, il faut faire remplacer Girard. Le soupçon suffit. Écrivez au général Balland de vous l'envoyer et vous le placerez jusqu'après examen de sa conduite sur la frontière du Piémont, où vous le ferez observer et où vous le trouverez pour lui faire subir la punition des traîtres s'il l'a méritée ou pour le placer plus convenablement s'il n'y a rien de criminel dans son fait.

« J'ai renvoyé à Brescia des hommes sûrs. Venturi ne précise pas assez les faits. Il me sera rendu bon compte de ce résident Morandi et de tout ce qui se passe au nord de cette ville.

Marignano, 4 pluviôse, an V (23 janvier 1797).

« Général,

« Au retour de la revue du dépôt du 7ᵉ de hussards, dont le procès-verbal est ci-joint, j'ai trouvé Nicolini à mon auberge. Il est vêtu en séminariste. Il lui a fallu ce déguisement pour sortir de Brescia. Hier Lavocato a été poignardé sur la place du marché. Il est mort sur le coup. C'est un excellent espion que nous perdons. Il lui est dû deux mois. A qui les paierai-je, ces six cents marcs ? Nicolini confirme tout ce que je vous ai dit dans mon rapport d'avant-hier au soir et il ajoute que les habitants de Brescia, connus par leur goût pour la société des Français, n'osent plus sortir dans les rues, crainte d'être salués indiscrètement par quelques-uns d'entre eux, ce qui les ferait arrêter sur-le-champ et conduire à Venise ou au moins à Vérone où se trouve en ce moment un renfort du provéditeur. Les rues et les cafés sont remplis d'espions. Le gouverneur Mocenigo a fait annoncer aux habitants, qui ne logent ordinairement qu'en temps de guerre, de se préparer à recevoir deux et même trois officiers ou soldats d'une troupe qui, dit-il, va arriver et séjourner jusqu'à nouvel ordre. Il est enjoint à chacun des logeurs de se pourvoir de subsistances pour nourrir ces militaires pendant un mois. Cette mesure doit être regardée comme une punition ou correction paternelle de la part du gouvernement parce qu'il a été donné à connaître au Sénat, ajoute le gouverneur, que la *cittadinanza* de Brescia (¹) avait un très mauvais esprit et osait lever des yeux sacrilèges sur les formes antiques très paternelles et très respectables du gouvernement de Saint-Marc.

« Plusieurs Français, soit officiers ou soldats, soit agents des vivres, ont été insultés dans les rues. Lui, Nicolini, en a accompagné plusieurs, comme témoin, chez le commandant français qui, par un ordre du jour du 27 nivôse, leur avait défendu, sous peine de prison, de riposter aux insultes.

---

1. La *cittadinanza* ne signifie pas la population. Ce mot s'entend en italien de ce qu'on nomme citadins ou bourgeois aisés, mais non nobles.

« Ce Girard leur a dit devant lui de rester à leurs casernes et qu'ils n'avaient que faire d'aller se promener. On lui a observé qu'il n'avait pas encore défendu la promenade. Il s'est mis en colère et les a mis à la porte en disant que les Vénitiens avaient raison, que l'armée française les ruinait et que la paix des ménages était détruite.

« Nicolini a vu de votre part M^me Oggeri. Elle lui a dit de vous presser de venir vous-même à Brescia, mais bien accompagné. Elle a les choses les plus étranges à vous faire connaitre. Il ne faut pas que vous alliez loger chez elle. Vous pourriez aller à sa campagne, près Soncino ; elle va y envoyer Giovanni pour vous y attendre et il sera chargé de l'avertir à votre arrivée ; elle s'y rendra tout aussitôt, *incognito*, pour vous dire des choses qu'il faut que vous sachiez absolument.

« Il faut y aller, général, malgré vos incommodités, ou m'y envoyer (la comtesse me dira tout). Je serai ce soir à Milan.

« Si, cependant, vous vouliez partir à lettre vue, prenez les vingt-cinq hommes du 22^e de chasseurs, j'en amènerai ce soir trente-deux que j'ai trouvés en état. Ils remplaceront les vingt-cinq pour le service de la place.

« *P. S.* — La sœur de Nicolini, maîtresse de l'auberge del Gambara, à Brescia, et filleule du comte Gambara de Pral-Bouino, a su par un valet de chambre de la comtesse Gambara de Saint-Jules qu'il y a jusqu'à présent trois mille cinq cents fusils de la manufacture de Gardone, avec leurs baïonnettes, dans des caisses, sous la première remise à droite, dans la grande cour Saint-Jules. On y attend encore un fort envoi de la même manufacture. »

Milan, 6 pluviôse an V (25 janvier 1797).

« Général,

« Votre ordre au comité de police pour l'expulsion de Milan de tous les sujets de la république de Venise, y compris le résident, n'a pu être exécuté sur-le-champ, ainsi que vous l'aviez ordonné.

« Je me suis chargé, de la part du comité, de vous observer qu'il y a en tout cent neuf familles vénitiennes ici, y compris celle de Vincent Foscarini, résident, ce qui forme un total de sept cents individus, maîtres, valets, femmes et enfants ; qu'il y en a sur ce nombre cinq cent soixante-dix-neuf qui sont établis à Milan, longtemps avant l'arrivée de l'armée française et dont plus de moitié a acquis des propriétés à Milan même et dans les environs, après avoir obtenu des lettres de naturalisation ou l'équivalent, je ne me souviens plus du mot qu'ils m'ont dit au comité et qui signifie cela ; que les cent vingt-un arrivés depuis sont logés dans des hôtels garnis, excepté deux qui sont chez la princesse Albani et qu'elle traite de parents ; que quatorze sur les cent vingt-un ont été dénoncés aux autorités milanaises par le résident lui-même, comme mauvais sujets chassés de leur pays pour leurs opinions turbulentes et qu'on n'avait pas punis en Terre-Ferme à cause de leurs familles (1), et que les cent sept autres étaient avoués par le diplomate ; ces cent sept sont l'objet de la surveillance la plus exacte, précisément parce que le résident a eu la gaucherie de les avouer.

« Ces quatorze, général, dénommés par Foscarini, sont précisément ceux que le comité nous avait désignés sous le titre de mécontents et qui ont offert de nous

---

1. Ce qui me paraît un mensonge de Foscarini, les Inquisiteurs d'Etat n'étant pas gens à écouter des considérations et ne connaissant autre chose que les plombs, la corde et le sac à l'eau.

servir au besoin. Voici leurs noms : quatre frères, Jacques, Joseph, Bernardin et Théodore Lecchi; ils sont de Brescia et se font fort de ne rien laisser ignorer de ce qui se passe dans le conseil du gouverneur Mocenigo. Ils sont d'une bonne famille du pays et aisés, mais d'une probité fort mince, m'a-t-on dit. La Negri ou Negrini, cette maîtresse bavarde de Murat, que vous avez vue au théâtre de Brescia, est leur sœur. Salvatori, cependant, m'assure qu'on pourra se fier à leurs rapports, parce qu'ils sont très irrités [1].

« Bazzoni, du comité de police, me les a amenés et avec eux Antonio Tadini, Pietro et Carlo Arici, Pietro Duco, Pietro Foresti, Hyacinto Zano, Giambatista Bianchi et Joachimo Colombo ; j'ai oublié et ne puis lire le nom des deux autres.

« Bazzoni m'avait déjà demandé pour eux des passe-ports dans lesquels je leur aurais donné la qualité de soldats français et je les avais refusés. Mais le président Porro s'étant joint à Salvatori pour m'assurer que les derniers surtout n'étaient pas gens à en abuser, que la plupart étaient gentilshommes brescians, tous fort en colère contre le gouvernement vénitien, qui les a maltraités et des mains duquel ils ont eu le bonheur d'échapper et enfin que leur espionnage ne nous coûterait rien, j'ai accordé leur demande et j'ai fait signer par Couthaud.

« Ainsi, soit par les uns, soit par les autres, nous ne manquerons pas d'avis, et nous les jugerons ici d'après leur conformité ou leurs variantes.

« Je vous représente que si votre ordre s'exécute, vous nous ôtez un moyen bien sûr d'avoir des preuves écrites,

---

1. Salvatori se trompe. La colère dit quelquefois la vérité, mais elle voit toujours mal, ainsi que toutes les passions impétueuses.

et qu'il semble bien plus convenable d'autoriser le comité : 1º à ouvrir toutes les lettres sans exception. Cette mesure contre laquelle tant de gens ont crié, depuis qu'il y a des lettres, prouve que les criards n'étaient pas des hommes d'État et que la sûreté publique ne les intéressait guère. Ne peut-on pas trouver pour l'exécution de ce moyen des hommes discrets par caractère et par serment, comme doivent l'être les prêtres destinés à entendre toutes nos sottises et auxquels il est défendu même de nous rire au nez au sortir du confessionnal ? 2º de ne permettre à personne de sortir de Milan sans passeport cautionné par quelques bourgeois et visé par le comité, qui mettra une marque secrète quelconque aux passeports donnés aux individus qu'il soupçonnera être chargés de dépêches ; 3º de mettre une garde de vingt-cinq hommes au pont de Pizzighitone, une pareille à la porte orientale de Crémone, une autre au pont de Lodi, une autre à la traille de Vaprio, sur la route de Bergame, et une autre enfin à Plaisance, prises sur les garnisons de ces endroits : avec chacune de ces gardes, qu'on peut mettre moins forte de moitié, serait un secrétaire affidé du comité de police et deux observateurs, le comité se chargera de cette dépense.

« On examinera là tous les passeports des entrants et des sortants surtout. Tous ceux dont les passeports auront la marque convenue, seront fouillés jusque dans leurs chaussures. Quant aux entrants, on visera leurs passeports après avoir fouillé ceux suspectés de porter des dépêches sous prétexte d'empêcher la contrebande des dentelles de Venise. Bien entendu que ces perquisitions ne seront faites qu'après avoir suscité une rixe populaire quelconque, qui motivera cette précaution inusitée et lui servira d'excuse.

« Je me charge pour Plaisance d'en prévenir M. le duc de Parme et j'ose me flatter que ma lettre lui fera approuver cette mesure dans ses États.

« Nous connaissons les courriers du résident, du ministre Princca de Turin, du Pape, du roi de Naples, de Gênes et de Venise. Leurs maîtres sont trop fins pour faire sortir leurs courriers de Milan ou y entrer avec des papiers importants. Ils les leur feront remettre par quelques bourgeois hors la ville, quand il s'agira de sortir, et par quelques paysans, quand il s'agira de rentrer. Et à cet égard, général, je ne puis m'empêcher de faire une remarque, de celles que vous aimez dans mes rapports: Je veux vous parler de ce qu'il a plu aux souverains et aux républiques d'appeler *le droit des gens*, quant aux courriers d'ambassades, ainsi qu'aux ambassadeurs eux-mêmes. Comment se fait-il qu'un prince, dans les États duquel des étrangers conspirent contre lui ou qui a des soupçons d'une trame qui lui amènera la guerre et peut-être la perte de son trône, et des malheurs incalculables à ses sujets, ne puisse pas faire arrêter et fouiller un courrier sans faire crier à la violation du droit des gens, à l'insulte, parce que ce courrier porte un habit appartenant à un ambassadeur, et des dépêches d'un ambassadeur? Je crois que si l'on poussait des recherches sur l'origine de cette partie du droit des *perfides*, plutôt que du droit des gens, on finirait par découvrir que la méfiance des têtes couronnées entre elles entra pour beaucoup dans cette étrange convention entre ces prétendus frères ou cousins. Nous qui ne sommes pas souverains, mais simples plébéiens, c'est-à-dire gens plus rapprochés de la nature, nous suivons cet instinct pur et simple, qui nous indique le moyen d'empêcher notre ennemi de nous nuire, nous faisons feu sur un voleur de grand chemin et, si nous pouvons, avant même qu'il eût eu le temps de lever le bras pour nous frapper.

« Nous sommes prévenus que Foscarini, par exemple, a soif de notre sang, nous savons qu'il écrit à ses complices. Notre sûreté exige que nous fassions l'impossible pour lire dans ses lettres le jour, l'heure et les moyens qu'il prend pour nous assassiner. Les diplomates diront ce qu'il leur plaira, bien peu nous importe, leurs hauts raisonnements ne peuvent être mis en balance avec notre salut ; ne faisons-nous pas fusiller un espion ? Est-ce parce qu'il n'a ni train, ni livrée ? Je ne vois pas plus de mal à lire des lettres qui peuvent nous apprendre ce qui se fait contre nous qu'il n'y en a à écouter derrière un paravent ou une porte une conversation qui nous intéresse, pas plus qu'un juge n'en trouve à écouter les délations d'un homme qu'il a placé dans la prison d'un accusé, ce qu'en France (style de police ou de prisons) on appelle un mouton. Encore ne sont-ce là que des indications, tandis qu'une lettre est bien plus positive.

« Si les moyens proposés par le comité vous conviennent autant qu'à moi, je vous prie, général, d'en faire l'ordre et de m'envoyer la révocation du premier. »

Milan, 6 pluviôse, à midi (25 janvier 1797).

*Au général Kilmaine, à Pizzighitone.*

« M. Foscarini s'est présenté deux fois pour nous voir aujourd'hui, la première fois seul, et la deuxième avec M. le résident de la Sardaigne. Il est venu une troisième fois seul, il est monté dans mes bureaux et il a demandé à me parler. Visite d'abord de politesse. Il m'a dit qu'il avait entendu faire l'éloge de ma personne par M<sup>me</sup> la princesse Albani, où j'ai logé et où il va très souvent, et, qu'en conséquence dans le détail qu'il avait à faire à son souverain (le Sénat), des officiers de marque de l'armée française, il m'avait mis des premiers (langage diplomatique). Il m'a beaucoup parlé du général Clarke, il y revenait toujours. Il est, dit-il, son ami ; il est étonné qu'on le laisse sans commandement. (Un commandement de général divisionnaire à Clarke ! Et où ce général impromptu avait-il appris à faire la guerre ? Où avait-il servi ?) Ce n'est pas fort adroit de la part de M. Foscarini, est-ce qu'il veut nous inspirer de la méfiance envers ce général ? Il m'a beaucoup remercié, au nom du corps diplomatique, d'avoir si habilement et si promptement pourvu à la sûreté de la personne et de l'hôtel du résident de Sardaigne [1] et d'avoir fait punir les assassins.

« Il m'a demandé si je connaissais quelqu'un à Venise, et, sans attendre ma réponse qu'il s'est aperçu que j'hésitais à lui faire, il a battu la berloque assez maladroitement, ce qui m'a fait comprendre qu'il voyait que sa question me paraissait plus qu'indiscrète [2]. Il m'a offert de me lier avec M. Ottolini, provéditeur, gouverneur et vice-podestat de Bergame, et de faire une paix

---

1. Brune, en traversant le Piémont pour venir à l'armée d'Italie avait répandu les maximes républicaines. Quelques individus s'en engouèrent et M. de Princca les fit exiler. Ils étaient deux cents à Milan. Ils attaquèrent le résident de Sardaigne en pleine rue. Il eut assez de peine à se sauver à son hôtel que les mécontents assiégèrent.
J'étais à dîner avec le colonel Dupuis de la 32ᵐᵉ demi-brigade qui commandait à Milan, parce qu'il était blessé. Il ne put y courir. J'y allai à sa place avec tous les postes que je trouvai en mon chemin, et la garde du Domo.
J'écartai les assassins à coups de baïonnettes, et il y en eût de pris qui furent fusillés le soir même. C'est de cela que Foscarini veut me parler.
2. Il y avait eu depuis peu une sédition à Venise même pour

avec monsignor Mocenigo, provéditeur, gouverneur et vice-podestat de Brescia, et monsignor Priuli, à Vérone, avec lesquels il avait ouï dire que j'avais eu d'assez fortes altercations relatives au service. Ces seigneurs avaient entendu très avantageusement parler de moi, d'ailleurs, à cause du bien que j'avais fait dans mon gouvernement du Mantouan et il ne concevait pas comment nous avions pu ne pas être toujours d'accord; ils désiraient bien vivement nouer avec moi et avec le très honnête et très estimable général Kilmaine, mon ami, une connaissance qui, quoique indépendante des affaires, pourrait cependant nous être extrêmement utile aux uns et aux autres et il a répété de suite ces mots en appuyant beaucoup. L'excellentissime monsignor Battaja nous connaissait de réputation tous deux par M$^{me}$ la comtesse Oggeri, de Brescia, et M$^{me}$ la comtesse Pellégrini, de Vérone. S. Exc. se disposait à nous faire beaucoup d'amitiés à la première rencontre et viendrait nous chercher si l'occasion s'en présentait. Pour le coup, général, j'ai admiré la sotte impertinence de M. le résident Battaja. Voir M$^{me}$ Oggeri! Mon diplomate est loin de se douter de mes lumières sur la fronde de Brescia. M$^{me}$ Oggeri, chez laquelle a toujours été, depuis notre arrivée en Italie, le quartier général des mécontents, et qui serait depuis longtemps sous les plombs si Bonaparte n'avait pas logé un jour chez elle et ne lui avait marqué beaucoup de considération. Je lui ai dit très froidement que ces dames avaient sans doute une perspi-

---

le sel. Quoiqu'il n'y eut rien de politique dans cette émeute qu'on termina suivant l'usage de Venise, en jetant à la mer, liés dans des sacs, les principaux brouillons, Foscarini craignit, sans doute, que sa question ne me fît venir cette affaire dans la tête et que je ne crusse qu'il nous soupçonnait d'y avoir eu part.

cacité infinie, mais qu'il fallait qu'elle dépassât toutes les mesures connues pour avoir parlé de nous, qui ne les avons vues qu'en passant, et pas assez longtemps pour qu'elles puissent nous juger et encore moins établir avec nous un commerce suivi ; qu'il devait savoir que la politesse française était aussi légère qu'insignifiante envers les dames, et que c'était tout au plus si on y pensait encore le lendemain.

« Vous voyez, général, que j'ai senti que Foscarini voulait connaître nos liaisons et leur genre avec ces dames, et que le tigre a mal à propos et fort inutilement allongé ses griffes.

« Vous pensez comme moi, général, que la visite de cet homme, jusqu'à présent solitaire et circonspect au point que sa figure m'était presque inconnue, n'est pas sans quelque vue cachée. Je ne lui ai pas épargné les salamalecs ; je lui ai promis de voir tout ce monde dont il m'a parlé et de chercher à en faire naître les occasions. Je crois qu'il ne tardera pas à se déboutonner. Il ne pouvait croire que vous fussiez absent. Je lui ai dit que je vous attendais d'un instant à l'autre ; que vous êtes fort occupé de dédoubler les garnisons de cavalerie pour en envoyer le plus possible au-devant du prince Charles qui arrivait, ainsi qu'il devait le savoir, avec une armée colossale ; que nous nous étions partagé le travail et que j'avais fini avant vous. Il m'a dit à l'oreille et avec l'air d'un homme qui voulait nous obliger que l'armée du prince n'était pas à beaucoup près aussi forte que la nôtre. Je le savais aussi bien que lui.

« Il est sorti à dix heures un quart et à onze heures je reçois un mot de M$^{me}$ Albani qui m'invite à déjeuner pour demain matin. Elle me dit que M. Foscarini, enchanté de ma personne et qui est présent quand elle m'écrit, a demandé à en être. J'irai. Comptez, général, que si cette jolie boiteuse veut me faire faire un faux pas, ni elle, ni Foscarini n'auront à s'en réjouir. La France avant tout (1) !

« Le comité me prévient qu'il est arrivé au point du jour deux sédioles et une berline, avec sept voyageurs, qui sont descendus chez le résident de Venise, qu'ils se nommaient Ottolini, Stefani, Morandi, Vlastelinowich et trois domestiques. Voilà du renfort. C'est peut-être la cause de la visite. Le portier-consigne de la Porta-Romana en fait aussi mention. Nous allons voir tout cela. »

---

1. Cette pauvre M<sup>me</sup> Albani paya cher les deux visites que Bonaparte lui avait faites et qu'elle avait reçues plutôt par vanité que pour tout autre motif, puisqu'il était connu en Italie que le *vainqueur d'Arcole* n'aurait pu faire autrement que de recevoir de Ninon le compliment qu'elle fit au prince de Condé. Si des Brugnières a laissé dans son cabinet le registre des cures qu'il a opérées en Italie, nul doute que quelque nouveau Brantôme ne nous les communique un jour. Il y a à cet égard deux généalogies, l'une commençant par M<sup>me</sup> Lamberti, puis un certain Charles, aide de camp, que Bonaparte chassa par instinct, disant comme Jules César que la femme ne devait pas être suspectée. Je figurais moi-même dans l'autre avant M<sup>me</sup> Albani ; ce qui était une imposture pendable. M<sup>me</sup> Albani était innocente de tout cela. Elle n'en fut pas moins exilée en Suisse et le Cupidon blessé étendit sa rancune contre toute la famille. Il maltraita les domaines du mari à Urbino et à Sinigaglia. Il recommanda au Directoire de donner l'exclusion au cardinal Albani, dans un moment où le pape Pie VI malade faisait espérer un conclave très prochain. Une autre chose digne de remarque, c'est que Bonaparte, général d'une armée républicaine n'appartenant à aucune religion, puisque la République les avait adoptées toutes et n'en professait aucune et, par dessus le marché, en guerre avec le trône pontifical, se soit figuré que le Directoire avait pu conserver le droit à l'exclusion d'un cardinal à la papauté. Je crois que Comeyras accoucha de cette idée tout en riant et que Bonaparte la vit sérieuse. Il y eut aussi une autre cause des persécutions exercées contre le prince d'Albani. On savait que c'était lui qui avait proposé de s'adresser au grand Turc contre la nation française.

## CHAPITRE VI

Troupes laissées dans le pays conquis à la disposition du général Kilmaine (pluviôse an V). — Statistique militaire et financière de Venise. — Mesures prises à Milan avec les comités cisalpins contre les tentatives du Sénat de Venise. — Tentatives de Foscarini pour gagner les généraux français; propositions captieuses. — Arrangements divers relatifs au traité de Sainte-Euphémie. — Comment on trouve moyen d'établir insensiblement des garnisons françaises dans toutes les villes de la Terre-Ferme.

« Général,

« Galdi m'apporte la situation générale du pays conquis. Il en résulte qu'après le départ de l'infanterie qui se rend à Vicence pour joindre la grande armée, il restera sous vos ordres :

| | |
|---|---|
| 1º Malades ou convalescents, ci. . . . | 3,600 h. |
| Il y en a 300 qui seront plus de six mois à guérir, ci . . . . . . . . . . . | 300 |
| En outre 170 désespérés ou à amputer, ci. . . . . . . . . . . . . . . . | 170 |
| | 470 ci.   470 |
| Reste ci. . . . | 3,130 h. |

« Lequel restant pourra marcher dans huit à dix jours au plus tôt; mais il faut les habiller, chausser et armer à neuf et leur payer cinq mois de solde arriérée avec laquelle ils pourront se donner les choses nécessaires pour affermir leur convalescence.

|  |  |
|---|---|
| Report. | 3,130 h. |
| Après ce que vous avez fait partir, il reste encore dans les diverses garnisons 6,000 hommes en état de combattre, ci. . | 6,000 h. |
| Total de l'infanterie disponible pour votre commmandement, ci. . . . . . | 9,130 h. |

« Au besoin, vous pouvez vous servir des régiments lombards et polonais en formation. Leurs états de situation les élèvent jusqu'à ce jour à 3,700 recrues que Lahoz exerce avec activité; les comités ne perdent pas de temps à les habiller et armer. Ils seront prêts sous un mois et demi. La moitié pourrait marcher aujourd'hui. Le général en chef ne peut les demander et c'est ce que j'ai été obligé de dire au général Dombrowski, qui paraît fâché de ce que Lahoz commande la légion polonaise. Il prétend qu'elle est à lui parce qu'il en a donné l'idée et qu'il a fait venir de Pologne presque tous les officiers. Je lui ai observé que cette légion prétendue polonaise n'était, à l'exception des officiers qu'il a fait venir, qu'un ramassis de déserteurs et de prisonniers allemands embauchés et qu'ils seraient pendus s'ils étaient pris en guerre contre l'Autriche; qu'on pourrait en dire autant des Lombards, sujets de l'Empereur, puisqu'une conquête n'est réellement acquise que par l'effet d'un traité de paix; qu'ainsi il ne devait pas compter marcher de si tôt, ni lui, ni Lahoz, à moins qu'on ne les envoyât contre le roi de Naples et les autres roitelets de la droite du Pô et qu'ainsi ils avaient le temps de faire décider la question du commandement.

« Je pense donc, général, que ces 3,700 hommes, ainsi que tout ce qu'on recrutera pour compléter ces deux légions à six mille hommes chacune, vous resteront pour remplacer les garnisons ; prévenez le général Berthier de mon observation afin qu'il ne dispose pas de ces hommes.

|  |  |
|---|---:|
| Report. | 9,130 h. |
| Canonniers dans diverses places fortes, 950, officiers compris, ci. . . . . . . | 950 |
| Infanterie, effectif . . . . | 10.080 |

|  |  |  |
|---|---|---|
| Artillerie à cheval bien montée. | 240 hom. | 247 chev. |
| Cavalerie de divers régiments dans les places, ci . . . . . . | 860 — | 860 — |
| Dépôts de cavalerie, chasseurs sous Dubois-du-Bay. . . . . . | 888 — | 480 — |
| Dépôts de hussards sous Gourgonnier . . . . . . . . . . . | 337 — | 257 — |
| Dépôts de cavalerie et dragons sous Ledée . . . . . . . . . | 289 — | 112 — |
|  | 2,621 hom. | 1,956 chev. |

« Il nous manque donc 665 chevaux et nous n'avons réellement pour le service qu'environ 1,200 hommes bien montés, le reste est trop éclopé pour servir avant deux mois.

« Vous avez donc, général, 10.080 hommes d'infanterie sous les armes, y compris 950 canonniers et 1,900 hommes à cheval, y compris 247 artilleurs, mais le tout assez mal en point en habits, armes et équipements, excepté les artilleurs, le général Lespinasse ayant toujours eu le plus grand soin de son arme.

|  |  |
|---|---:|
| Couthaud dit qu'il faut 40,000 francs de solde arriérée à l'infanterie, ci . . . . . . . . . . . . . . . | 40,000 fr. |
| Je dis qu'il en faut 24.250 francs à la cavalerie pour le même objet, ci . . . . . . . . | 24,250 — |
| Le général Beaurevoir demande pour acheter des chevaux 200,000 francs, et pour l'équipement et harnachement 50,000 francs . . . . | 250,000 — |

« Pour faire sentir à Beaurevoir une partie de l'inconvenance des propos qu'il tient sur notre prétendue négligence à cet égard, je lui ai proposé d'aller lui-même dans le Limousin et en Normandie, d'où il serait de retour avec ses remontes quand la paix sera faite ou quand nous serons tous morts.

« Contentons-nous, puisqu'il le faut, de ce que nous avons à présent, et tirons-en le meilleur parti possible.

« Je ne crois pas que vous soyiez disposé à faire passer cet état, de sitôt au moins, au général en chef qui pourrait bien trouver que nous sommes trop forts et nous en ôter une partie. Si j'en crois des gens peut-être plus alarmistes que moi, tels que Berruyer, etc... nous aurons besoin sous peu de tout ce qui nous reste.

« Haller, que j'ai vu suivant vos ordres, dit qu'il pourra disposer de 100,000 livres pour l'habillement et qu'outre cela il complètera la solde sous quinze jours.

« Toutes ces forces-là, général, seraient bien insuffisantes, si votre commandement était attaqué par la République de Venise même, Naples et Rome, où les affaires ne vont pas à notre avantage, pendant que l'Autriche tiendrait tête au général en chef. Vous avez plus de cent lieues de pays à garder, intérieur et frontières.

« *P.-S.* — Ci-joint un état aussi exact qu'il m'a été possible de l'obtenir de tout l'Etat de Venise.

| PROVINCES | HABITANTS | Soldats que pourraient fournir ces provinces dans un besoin très pressant | MATELOTS |
|---|---|---|---|
| Bergame............ | 140.000 | 10.000 | |
| Crema............. | 18.000 | 4.000 | |
| Brescia............ | 415.200 | 20.000 | |
| Vérone............ | 350.000 | 15.000 | |
| Rovigo et Comachio... | 70.000 | 8.000 | |
| Vicence............ | 130.000 | 10.000 | |
| Padoue............ | 200.000 | 12.000 | |
| Trévise............ | 100.000 | 4.000 | |
| Feltri............. | 20.000 | 500 | |
| Bellune............ | 30.000 | 500 | |
| Cadore............ | 15.000 | 500 | |
| Frioul............. | 20.000 | 500 | |
| Istrie............. | 150.000 | 6.000 | |
| Le Dogat .......... | 600.000 | 10.000 | 6.000 |
| Partie de la Dalmatie. | 15.000 | 1.500 | » |
| *Iles dans la mer de Grèce.* | | | |
| Corfou............. | 25.000 | 1.000 | 2.000 |
| Saint-Maure........ | 6.000 | 500 | 800 |
| Céphalonie......... | 13.000 | 600 | 1.200 |
| Zante............. | 5.000 | 500 | 400 |
| Cérigo............. | 3.000 | 500 | 200 |
| Totaux...... | 2.325.200 | 105.600 | 10.600 |

« C'est Pol Francheschi, que j'avais chargé de cette recherche, qui m'a remis cet état ; c'est à lui à le garantir. Je crois cependant qu'il ne s'écarte guère de la vérité, d'autant plus qu'il me dit qu'il n'y avait là ni enfants, ni femmes, ni vieillards au-dessus de soixante ans, ni prêtres séculiers, ni moines, ce qui fait au moins un nombre de deux tiers en sus du tableau. La République n'a aujourd'hui qu'environ 10,000 soldats en activité dans diverses garnisons et 4,000 marins.

« Je trouve seulement qu'il porte un peu haut le nombre des soldats que le Sénat pourrait lever, s'il avait de l'argent, et il faudrait près de quatre-vingt millions pour soutenir cet état de guerre pendant un an, non compté presque autant pour la première mise.

« Il prétend que le revenu de l'État s'élève aujourd'hui à dix millions argent de France et que les charges surpassent cette somme. Je le croirais assez. Si je gouvernais Venise, je voudrais que tous les podestats payassent chacun dix mille livres par an, l'un dans l'autre, au trésor de l'État, au lieu d'avoir des appointements. Les peuples n'en seraient ni plus ni moins foulés.

« Il y a peu ou point de chevaux dans l'État de Venise : ce que j'en ai vu n'est propre qu'au moulin. Elle en tirait autrefois du Comenotitari (Thrace et Macédoine). C'étaient ces stradiots qui ont eu quelque renom, mais le temps passé n'est plus. Les Turcs sont là et je ne sais où cette République en prendrait aujourd'hui pour avoir quelque cavalerie : quoiqu'il y ait quelque chose dans l'Albanie, à peine en trouverait-elle assez pour traîner l'artillerie nécessaire. Elle y mettrait des bœufs qui sont très nombreux dans les provinces qui avoisinent le plus l'Italie ; quant aux subsistances, la Piamoce (pays de plaine) pourrait en fournir, mais alors les montagnes mourraient de faim, puisque ne produisant à peu près que des matières minérales [1], et un peu de bois, elles sont obligées de tirer leurs vivres de la plaine, qui a assez de peine à leur fournir l'absolu nécessaire ; une année où la plaine récolterait pour deux ans, serait un vrai phénomène.

---

1. On y trouve d'assez bon acier, qu'on trempe très bien dans le Brescian, pour batteries de fusils et diverses quincailleries.

« La viande, comme je l'ai, dit ne manquerait pas, les montagnes étant pleines de troupeaux.

« J'aurais pu entrer dans les détails les plus minutieux et sur les moyens du Sénat et sur ce qu'il peut au besoin tirer de ces provinces (1). J'ai pensé que ce que je viens de vous en dire doit être suffisant pour aujourd'hui. »

1. Cette République vénitienne jouissait d'un assez grand revenu. A qui était-il donné ? A cinq ou six cents familles de corsaires heureux qui en jouirent pendant douze cents ans environ. Cette disposition avait été établie avant que Venise n'eût une Terre-Ferme et alors la féodalité couvrait de ses ombres toute l'Europe. Mais enfin ce régime disparut peu à peu. Les habitants de Terre-Ferme se demandèrent tout bas ce qu'avaient fait ces six cents rois pour mériter de dévorer leur fortune. Cette question était immanquable quand leurs voisins acquéraient des privilèges tous les jours et qu'on supprimait peu à peu tous ceux qu'on leur avait accordés au moment de la conquête ou autres moyens que Venise avait imaginés pour se rendre maître de leur pays. Le moins qui dût arriver de leur première question, à laquelle il était difficile de répondre, c'était une diminution d'attachement de ces provinces à leur prétendue capitale. Cet attachement, on le sait, était encore dans toute sa vigueur sous Louis XII. Mais les pétitions n'eussent plus trouvé les habitants de Brescia, Bergame, etc., disposés à attaquer les Français en 1794. Il fallait que les Vénitiens de ces derniers temps fussent dépourvus de bon sens pour croire que leurs sujets se sacrifieraient pour soutenir un régime aussi ridicule, aussi injuste qu'il était vieux et hors de saison. Pesaro avait sans doute raison quand il voulait qu'on repoussât la force par la force pour soutenir l'Etat contre Bonaparte. Mais où l'aurait-il trouvée, cette force ? Nulle part ! Personne de leurs sujets ne se souciait d'eux. Il eût fallu qu'il commençât par rendre citoyens les habitants de la Terre-Ferme. Alors ils eussent marché, non pour soutenir leur adorable prince, c'est-à-dire six cents faquins, mais pour conserver leur état de citoyens et leurs droits, ce qui constitue la patrie. Or, voyez la belle patrie qu'on voulait qu'ils défendissent, un tas de discoureurs paresseux qui mangeaient depuis si longtemps et à leur aise les revenus de l'Etat et des cachots pour ceux qui ne payaient pas exactement ce qu'il fallait pour ces secrétaires canailles.

Du même jour, 6 pluviôse, à minuit.
(26 janvier 1797.)

« Général,

« Je crois votre présence nécessaire ici pour presser l'équipement et armement de ce que nous avons de troupes, pour faire amasser des vivres et des fourrages, et établir des magasins sur les routes probables.

« Et à cet égard, votre première ressource consiste dans la bonne volonté (vous m'entendez, général) des membres du comité de Milan. Ils ont, m'ont-ils dit, cinq cent mille écus en réserve et une assez grande quantité de ce qu'on appelle petit équipement. Ils nous offrent tout, ils disent qu'ils se serviront de leur crédit pour continuer la levée des troupes lombardes et polonaises. Je les trouve singulièrement alarmés depuis avant-hier. Un agent leur a écrit de Vienne que toute la Hongrie se levait en masse. On ne me marque pas cela, mais je n'ai que faire de les tranquilliser. Ils sentent profondément que si l'orage qui gronde à Naples, à Rome et à Venise venait à crever sur nous, leur plus court parti à eux tous, serait de fuir à toutes jambes en France, pour y mourir de faim comme les colons de Saint-Domingue, et ils m'avouaient que c'est bien à regret qu'ils ont obéi à Bonaparte dans la publication de ces belles proclamations au sujet de Binasco, de Pavie et de Lugo. Ces écrits magnifiques, disent-ils, dans l'intérêt de l'armée française, vont être traités de séditieux par l'Autriche qui accuse déjà le peuple milanais de l'avoir trahie. Vous savez tout cela.

« En attendant vos ordres au sujet de leurs offres et de l'argent qu'il nous faut absolument, je vais me faire donner un état exact de ce qu'ils ont et leur ferai mettre le tout à votre disposition. Si vous acceptez, ce dont je suis très fort d'avis, ce sera autant d'avancé. »

Milan, 7 pluviôse an V (27 janvier 1797).

« Général,

« J'ai reçu votre réponse à 7 heures du matin. Oui, sans doute une contribution générale sur la Lombardie et le Mantouan nous mettrait en état de faire bien des choses. Je sais bien que si vous vous décidez à cette haute mesure, on pourra négocier le tout dans Milan même, et au besoin à Plaisance, et que les banquiers de Turin et de la Suisse même s'empresseraient d'en prendre. Si vous négociez, vous aurez encaissé avant quinze jours, mais à moitié perte, à cause de notre position actuelle, et soit dit en passant, vous conviendrez, général, que ceux qu'on appelle capitalistes sont une espèce d'hommes bien inconséquente et bien sotte. Ils ne veulent pas d'un emprunt à cinq pour cent, parce qu'il y a des chances à courir, et ces chances ne doivent pas être mises au pluriel, il n'y en a qu'une : c'est la banqueroute à la perte de la première bataille qui nous renverra par de là les monts ! Et ils le prennent à 50 pour cent ! Cette excessive usure le rend-elle plus solide ? Celui qui aura pour un million de notre papier, lequel ne lui aura coûté que 500,000 francs, perdrait-il moins ces 500,000 francs que si le papier lui avait coûté 950,000 francs ?

« Nous avons vu, en germinal dernier, des Génois acheter des assignats à 90 pour 100 de perte, dans l'espérance à cette époque qu'ils reviendraient un jour sur l'eau ! Ils n'ont donc pas lu l'histoire financière des États-Unis d'Amérique.

« Une contribution extraordinaire comme celle dont vous parlez, général, devra être payée, indépendamment de l'impôt ordinaire. Je ne crois pas que vous puissiez la fixer au-dessus de la moitié de cet impôt, qui est, je crois, de douze millions en tout pour la Lombardie et le Mantouan.

« Sur les six millions bruts, vous perdrez selon moi trois millions, non compris les frais de négociation, de perception et de transports, qui vont à 6 pour 100, ce qui réduit la recette à 2,520,000 francs, et pour cette misère, vous aurez arraché le dernier morceau de pain à ce peuple déjà si épuisé. Il sera horriblement foulé et se soulèvera sur tous les points.

« Je vous ai tant d'obligations, mon général, et j'hésiterais un seul instant à vous présenter la vérité toute nue! Cette contribution causerait un bruit effroyable, elle ferait lever la crête à tous les ennemis des Français et l'emploi de ce moyen malheureux donnerait à croire à tout le monde que nous nous considérons comme perdus et que nous allons faire sonner la retraite avec ce viatique, et adieu tout crédit; personne n'oserait plus être notre ami.

« J'aimerais mieux, si la nécessité la plus impérieuse nous y contraignait, emprunter à la sourdine à divers banquiers sur des lettres de change de chaque municipalité à un an de terme, ce qui ne ferait qu'une anticipation sur l'impôt ordinaire, et ce serait bien plus prompt et infiniment plus économique, puisque nous pourrions employer une forte partie de ces traites comme comptant chez tous les fournisseurs à l'escompte de 5 pour 100.

« En prenant ainsi la moitié de l'impôt de l'année prochaine (6 millions) vous en emploierez quatre environ avec les fournisseurs et vous ne perdriez sur cette partie que 200,000 francs.

« Les deux millions restant seraient pris par une ou deux maisons de Milan à 10 pour 100 (et à leur défaut par les primes de 10 pour 100). Ce papier serait reconnu bon par tous les membres de chaque municipalité, qui seraient tous contraignables par corps. Ce papier serait sûr, car quelque changement de gouvernement qu'une catastrophe pût amener, les municipaux, se trouvant personnellement engagés, auraient soin de faire payer par les contribuables malgré tout. Et quel souverain préférerait en annulant le papier de guerre altérer son propre crédit et les engagements qu'il pourrait être obligé quelque jour de prendre lui-même de la même manière? Belle espèce pour un *conquérant!* Et cela en ruinant des milliers de familles qui auraient de ce papier passé en banque! Non, il ferait payer l'impôt comme à l'ordinaire, et voilà tout!

« Au reste qu'avons-nous besoin de tant d'argent. Pourquoi faire donc? Pour recruter des hommes? des Italiens, des déserteurs, qui nous montreraient leurs talons au premier coup de feu? Si c'était des Français, à la bonne heure!

« Tenons-nous en, général, aux offres du comité; ses 750,000 livres, monnaie de France, ses 450,000 francs environ en équipements militaires, et son magasin de vivres, où se trouve ce qu'il faut pour nourrir dix mille hommes pendant six mois, doivent nous suffire avec ce que le trésorier de l'armée fera et dont je vous ai parlé. Les magasins français ont, ainsi que vous le savez, un dépôt de farines suffisant pour le même nombre d'hommes pour trois mois. Le comité offre, en outre, de remplir le Lazaris de fourrages et de fromentons. Je vous assure, général, que les comités tremblent si fort qu'ils donneront jusqu'à leur chemise pour nous soutenir. Et qu'avons-nous besoin de tant de moyens?

« Un vieux proverbe, auquel depuis six ans les armées françaises ont donné cent démentis, dit que l'argent est le nerf de la guerre. C'est bien dit, très bien, mais on y ajoute qu'on peut y suppléer par un peu d'habileté. Hé bien! essayons d'abord d'être habiles et nous aurons la satisfaction de ne pouvoir être désapprouvés par personne. Nous verrons quelle tournure prendra d'abord cette affaire et nous nous y rangerons, s'il le faut. La planche des proclamations ou manifestes est là.

« C'est une autre affaire, si vous avez des ordres du général en chef pour la contribution sur laquelle vous me demandez mon avis, et alors cet avis serait certes bien oiseux; nous savons parfaitement qu'il n'a pas d'argent. Tecnien vous l'a dit et à moi aussi, et nos appointements arriérés nous le disent encore mieux. Mais si cela est ainsi qu'a-t-il besoin de se servir de nous pour cette contribution? Est-ce pour que nous endossions la partie odieuse de l'opération? Voyez, général, si cela ne pourrait pas être ainsi.

« Faites tout ce qui vous paraîtra bon et utile, général; dans tous les cas, faites attention à mon observation sur la manière.

« Pourquoi ne demande-t-il pas des écus à toutes ces villes modénoises et papales qu'on a soulevées et qui dépensent leur argent en banquets, en ivrogneries et en mauvais soldats? Ces pays en regorgent. J'aimerais mieux cela. J'irais s'il le faut. Je suis aussi adroit que Haller ; je lui aurai bientôt rassemblé quelques millions et je suis sûr de faire passer cette pilule sans forte grimace. On a bien pu vouloir tirer un million du malheureux bourg de Casalmaggiore (1).

1. Voici quelques détails à ce sujet :

« Favorita, 25 messidor an IV (13 juillet 1796).
« *Le général de division Sérurier au chef de brigade Landrieux.*
« J'ai donné ordre qu'il vous soit envoyé douze hussards, ainsi

« Mon adjoint Noël Girard m'annonce de votre part que vous venez d'arriver. Il y a une heure que le frisson d'accès m'a fait cesser d'écrire. Je vous envoie ceci et dans trois ou quatre heures, je serai au Domo. »

Milan, 8 pluviôse an V (à 5 h. du matin)<br>(27 janvier 1797).

« Général,

« Vous êtes bien bon d'avoir envoyé votre aide de camp. Le quinquina du duc de Parme a fait son effet ordinaire. J'étais débarrassé de la fièvre à neuf heures du soir. Ne pouvant dormir, je vous ai écrit ce qui

que vous le demandez; je présume que le soi-disant envoyé par le général Lepinois n'est qu'un aventurier qui a besoin de faire quelque réquisition et que nous ferons très bien de le faire arrêter s'il n'exhibe ses titres. J'approuve tout ce que vous avez fait relativement aux barigels et aux sbires.

« SÉRURIER. »

Le général Lepinois ou Lepinoy, commandant alors à Milan, avait envoyé un nommé Martin, officier de l'état-major de la Lombardie, jusqu'à Casalmaggiore pour lever une contribution. Cet homme se conduisit si mal que les habitants se révoltèrent. Il se sauva dans un bateau à moitié plein d'eau avec lequel il essaya de passer le Pô. L'embarcation étant sans rames, il fut noyé. On ne le retrouva pas. Sur le rapport du général Lepinois, le général en chef voulut faire punir ces habitants. Je vins à bout de l'en empêcher.

« Brescia, 3 fructidor an IV<br>(20 août 1796).

« Murat est parti hier pour punir les habitants des environs de Casalmaggiore. Il a, je crois, des ordres exterminateurs et l'ordre très lucratif de faire payer un million de contributions extraordinaires.

« KILMAINE. »

Ce Martin, se disant commandant à Casalmaggiore, avait ordonné à tous les nobles du pays d'apporter leurs titres. Il menaça ensuite de les jeter au feu si on ne les rachetait. Il avait défendu d'aller à la messe, disant que c'était un prétexte pour se rassembler, etc... Le général Lepinois avait bien mal placé sa confiance, si toutefois cet homme venait de lui.

suit que j'ai fait copier, parce que ma main tremble à ne pouvoir lire mon écriture.

« Vos ordres, quant aux lettres et aux précautions envers les porteurs de dépêches, sont en vigueur d'hier matin au point du jour. J'ai beaucoup à me louer de l'activité des comités à cet égard ; tout est monté et bien monté.

« Ci-joint l'état des armes et parties d'équipement. Comme on n'y a pas inscrits les habits et bonnets de police qui ne sont pas de l'uniforme français et dont aucun de nos soldats ne voudrait être habillé parce qu'ils sont vert-pré et qu'en outre j'ai refusé les fusils dont nous ne manquons pas, l'état estimatif ne s'élève qu'à 377,000 francs, monnaie de France, au lieu de 450,000 francs dont il était question hier.

« Bazzoni tient les fonds à votre disposition jusqu'à concurrence de 750,000 francs de France, ainsi que les parties d'armement et d'équipement portées sur l'état ci-joint signé de lui et du président du comité.

« Ainsi c'est une affaire faite et je vous en fais mon compliment.

« Parlons du déjeuner que je vous avais annoncé. Foscarini, qui s'était fait superbe, amenait, avec un air de vanité et de satisfaction, M. Ottolini en personne, avec son secrétaire *factotum* Stéfani, un capitaine vénitien, Vlastelinowich, dalmate ou albanais à son accent, et le signor résident Morandi, dont je vous ai parlé d'après Pol Francheschi.

« Je m'attendais à être flagorné et je n'ai été nullement décontenancé par les marques ridicules de considération et de révérence et les mouvements de respect avec lesquels j'ai été accueilli. Tout ce que je disais était écouté et applaudi comme les paroles de la Pythie de Delphes, même avant d'avoir fini mes très courtes phrases. Plusieurs femmes qui étaient là se sont retirées après le déjeuner, et il n'est resté que ceux que je viens de nommer, plus M^me Albani qui n'a pas quitté sa bergère, d'où elle donnait très libéralement sa main à baiser à tout propos, quoiqu'elle ait pris d'abord un air de conséquence que je ne lui avais jamais vu.

« Foscarini a dit d'abord d'un ton de ministre que sur la connaissance intime qu'il avait, ainsi que toutes les personnes présentes, de votre loyauté, général, ainsi que de la mienne, il avait engagé cette réunion (alors les fauteuils se sont rapprochés) à laquelle on eut bien désiré qu'il eût été possible de vous avoir, mais que, puisqu'on n'avait pu se procurer cet honneur, il allait me communiquer une décision de son souverain (Venise) *acte fort important par lui-même*, a-t-il dit, et dont cependant on désirait que nous eussions connaissance sans *note officielle*, puisqu'il n'était relatif qu'au régime intérieur de la sérénissime république, et sur lequel, cependant, on serait flatté de savoir notre façon de penser; ce qui prouve, avec la dernière évidence, la haute estime dont nous jouissons auprès de son gouvernement.

« Il s'en rapportera, a-t-il ajouté, à ce que je lui en dirai et croira mon avis suffisant pour en faire part au Sénat, plein, dit-il, d'un respect religieux pour la neutralité et d'un tendre intérêt pour les Français et qui serait désespéré de faire quelque chose qui puisse leur donner la moindre inquiétude.

« Le gouvernement s'était aperçu et avait reconnu avec beaucoup de peine qu'il s'était introduit dans l'armée française des individus qui n'en faisaient pas partie et qui, à l'insu des chefs, cherchaient à insinuer aux peuples de la Terre-Ferme des sentiments opposés à la soumission qui lui était due : qu'ils excitaient même à la révolte et qu'ils avaient eu l'audace aussi de promettre la protection et l'assistance de l'armée française; que le Sénat, pour pouvoir prévenir et avoir une plus grande facilité de calmer tout trouble qui pourrait être faussement attribué par des méchants à l'armée française, lequel trouble serait peut-être dans le cas de rompre momentanément la bonne intelligence qui n'a cessé jusqu'à présent d'exister entre les deux gouvernements, avait pris le parti d'ordonner que quelques troupes de plus seraient envoyées dans les villes et vallées de Terre-Ferme pour empêcher l'accroissement de l'esprit insurrectionnel; que le nombre actuel des garnisons vénitiennes qui se trouvent dans la Pianure et les montagnes, étant connu des Français, il lui avait été ordonné de nous faire part qu'il allait y avoir de l'augmentation à cause de ces circonstances inattendues et de nous engager à ne pas en prendre ombrage; que, suivant le plus ou moins de réussite de ce moyen, on pourrait se décider à organiser quelque petite garde franche des montagnes (des Valériens) de 100,000 hommes, si cela se pouvait, il y en avait déjà 30,000 dans le Bergamasque, d'après les rapports d'Ottolini au Conseil des Dix), autant et plus même pour empêcher les Français isolés de recevoir aucune insulte que pour la sûreté du pays contre des vagabonds dont la guerre avait accru le nombre et l'audace, qui font contribuer les maisons isolées des bourgeois et des paysans, et enfin pour comprimer tout désordre intestin, ou le calmer sur-le-champ dès sa naissance.

« A ce discours que je vous abrège, j'ai dit qu'il ne pouvait se dispenser de vous écrire tout cela, qu'on en instruirait le général en chef, auquel le Sénat aurait dû s'adresser plutôt qu'à nous. Il m'a répondu qu'il y avait apparence qu'on l'aurait fait, mais qu'il était possible que la chose étant d'un très petit intérêt et dérivant d'ailleurs du droit de souveraineté qui devait être exercé sans avis étranger, il n'y aurait rien d'étonnant qu'on se fût contenté d'abord d'en faire part aux commandants français restés en Terre-Ferme; qu'au reste, il ne croyait pas que pour une chose aussi innocente, aussi naturelle, il fut nécessaire d'aller *disturber* l'excellentissime général Bonaparte, sans doute occupé d'affaires bien plus importantes en ce moment-ci; que le résident avait seulement l'ordre de nous en prévenir de vive voix.

« J'ai répliqué que vous seriez aussi prévenu du nombre exact des troupes qui devaient arriver, afin d'envoyer dans les lieux où elles devaient être cantonnées, le même nombre de Français pour éviter toute suprise.

« Vous ne sauriez croire, général, le changement qui s'est fait sur toutes les figures, à ce mot, *pour éviter toute surprise*. Le mot était franc et loyal, et, par conséquent, rien moins que diplomatique. M$^{me}$ Albani s'est impatientée et m'a dit avec une certaine aigreur :

« — A votre compte, Messieurs, les Vénitiens ne sont pas les maîtres chez eux !

« Foscarini a paru aussi chagrin de cette incartade que de ce que j'avais dit. Son front s'est pourtant remis tout aussitôt et il m'a dit qu'il croyait que l'augmentation française, dont je parlais, serait plus nuisible qu'utile; qu'il semblerait que les deux Etats se soupçonnassent mutuellement d'arrière-pensée, ce qui serait pire qu'un état de guerre décidé. Il pensait au contraire que, loin d'augmenter nos forces dans les lieux infectés de l'esprit de nouveauté où il allait arriver des troupes vénitiennes, nous devrions plutôt diminuer ou retirer celles que nous y avions, et cela pour ôter tout espoir aux gens turbulents et leur prouver que ce que des factieux leur ont annoncé sur la prétendue protection de l'armée française se trouve sans aucun fondement.

« Au surplus, il allait demander à son souverain l'autorisation de faire un travail dans lequel il désignerait les lieux où les nouvelles troupes arriveront, s'il plait à son gouvernement de lui en faire passer les états.

« J'ai dit que nous attendrions ces notes, bien décidé à vous engager à prendre des mesures d'avance, si toutefois les régiments vénitiens ne sont pas déjà arrivés.

« Là-dessus on a pris congé et je suis resté seul avec M$^{me}$ Albani qui m'a retenu, m'a fait beaucoup de caresses et a voulu m'arracher ma parole de tâcher de vous ôter toute méfiance des Vénitiens et de vous pousser à faire tout ce qu'ils désirent. Elle a fini par me dire qu'elle savait que vous n'étiez pas riche et que le Sénat serait reconnaissant. Elle m'a parlé de moi aussi et m'a demandé deux fois, d'un air plus qu'amical, si je ne l'accepterais pas bien pour caution pour vous et pour moi. Comme je ne savais quoi répondre à cette impertinente pointe, à laquelle je ne m'attendais pas du tout, je me suis mis à rire aux éclats comme un comédien, c'est-à-dire sans en avoir la moindre envie, et remettant mon ceinturon, j'ai pris mon chapeau et je suis parti.

« Tout ceci devient très grave, général. J'aurais pu, en rabrouant vigoureusement M$^{me}$ Albani, rompre sans retour. J'ai pensé qu'il ne le fallait pas encore. Cette dame ne s'en tiendra pas là et nous en saurons davantage. Je crois qu'elle est un peu dupe de Foscarini, et qu'elle ne croit pas tout à fait à de mauvaises intentions contre nous... Elle est un peu sotte...

« Vous savez bien, général, que ce n'est pas après une connaissance de six mois qu'un militaire est exposé à trahir son pays pour deux beaux yeux. Depuis Turenne, personne n'a plus fait cette faute. Cela n'empêche pas les femmes d'espérer. Je vous prie de dire à Couthaud qu'il soit tranquille à cet égard sur mon compte. »

Milan, 11 pluviôse (30 janvier 1797).

*Au général Kilmaine, à Lodi.*

« Il n'y a nul doute, général, que le résident de Venise n'ait attendu et fait guetter votre départ pour revenir chez moi. N'eût-il pas pu hier soir me donner devant vous ou à vous-même la note qu'il vient de me remettre après souper ? Il s'éclipsa comme un furet et il vient me dire ce matin qu'il sort de chez vous et qu'il est surpris d'apprendre votre départ !...

« Il m'a d'abord dit qu'il craignait que l'extrême réserve avec laquelle vous lui avez parlé ne fût un signe de mauvaise volonté envers sa république, et sur les questions assez pressées qu'il m'a faites à cet égard, j'ai dit qu'en général vous parliez très peu et que, quelquefois même, vous ne répondiez pas du tout parce que, occupé de quelque autre affaire, vous n'aviez pas entendu ce qu'on vous disait. Il a bien fallu qu'il se contente de ce fagot.

« Il a sorti un papier de sa poche et me l'a lu...

« Le Sénat demande : — 1º Que vous placiez vers Castiglione ou Monerbio un détachement de 50 hommes, qui est à présent posté à Pisogno sur le lac d'Isco (Val-Camonica) et commandé par un lieutenant de la 64ᵉ demi-brigade, nommé Pellegrin qui est là fort inutilement, dit-il, depuis le 1ᵉʳ janvier et qui a entêté tout le pays de sa Révolution française ; — 2º de rappeler de Gavardo un poste de pareille force, tiré du dépôt des convalescents de Desenzano, Gavarno étant d'ailleurs un lieu humide et malsain pour des hommes dont la santé est encore convalescente, et d'envoyer ce poste à Goito dans le Mantouan (¹).

« 3° Que vous me permettiez que les troupes vénitiennes occupent seules les forts de Brescia; retirer M. Clément pour lui donner un commandement dans la Lombardie. Ce militaire, très honnête et très brave, passe pour être un des plus zélés propagandistes qu'il y ait d'opinions qu'il ne faut pas répandre chez les Vénitiens. Cette imputation est peut-être injuste, mais on sait que cet officier est répandu dans beaucoup de maisons fréquentées par d'autres Français brouillons qui y sont accueillis, mais plus secrètement, il est vrai, depuis que les Inquisiteurs d'État ont fait dire aux maîtres de ces maisons d'être plus circonspects; et si ces chefs de famille, quoique des plus distingués de Brescia, n'ont pas été enlevés depuis longtemps, ce n'est que par égard pour les officiers français qui les fréquentent, et aussi parce qu'on peut surveiller moins difficilement les conspirations, dont on connaît le foyer, où l'on a le droit de pénétrer, que si les complots avaient lieu dans les casernes françaises.

« La garnison française de la ville de Brescia est peu de chose. Elle est d'ailleurs commandée par un officier de mérite, qui ne se prêterait à rien qui put commettre les deux nations. Elle peut donc y rester puisque le Sénat ne demande pas son éloignement.

« 4° Il est fort inutile à l'armée française d'avoir des troupes à Bergame, ville éloignée de toutes routes à tenir par les armées belligérantes, ces troupes vous ser-

---

1. M. le résident nous la baille belle avec sa raison de santé: Goito est le lieu le plus malsain de tout le Mantouan.

viront mieux à l'armée combattante et sur la frontière des États du Pape où il y a beaucoup de rumeur. Le Sénat demande que cette ville et le fort surtout soient évacués très promptement.

« 5° De ne pas trouver mauvais que des troupes vénitiennes viennent occuper immédiatement le fort Saint-Félix et le fort Saint-Pierre de Vérone où il n'y a que la boulangerie de l'armée française et la fabrique de cartouches ; que le général Balland, qui commande les Français qui sont à Vérone et sous vos ordres, pourrait placer le tout bien plus commodément au château vieux.

« 6° De souffrir que la garnison vénitienne de Peschiera soit renforcée de manière à ce qu'elle soit égale en nombre à celle que les Français y entretiennent et de convenir que le service de la place, tant intérieur qu'extérieur, sera alterné de jour en jour entre les deux garnisons.

« 7° D'ordonner à tous les généraux et autres chefs, qui pourraient être détachés par la suite des derrières de l'armée, ou qui viendraient de France avec des troupes, de prendre leurs cantonnements sur les rives du Pô, depuis Plaisance jusque dans le Ferrarais, ou même dans les Polésines de Rovigo, ou le Comacchio, pays très fertile où les subsistances sont abondantes et à bon compte, et cela afin de cesser de fouler et de ruiner les peuples des provinces du Nord et du milieu de la Terre-Ferme vénitienne.

« Enfin on a eu l'audace de vous proposer, à vous qu'on croit séduire par la promesse d'hier, d'évacuer aussi tout le territoire vénitien et de trahir la France, en dégarnissant, en abandonnant les derrières immédiats de notre armée.

« Toute cette longue note est parsemée de raisonnements connus sur la neutralité *mezzo violata*, dit-il, par notre occupation, tandis qu'elle est rigoureusement observée, ajoute-t-il, par les Autrichiens.

« J'ai pris tout cela au crayon à mesure qu'il dictait.

« J'aurais pu lui répondre sur-le-champ et lui fermer la bouche avec les articles 5 et 8 du traité de Sainte-Euphémie, du 8 prairial dernier, et le faire ressouvenir des accords entre le général Baraguey d'Hilliers et le Sénat, lesquels furent les conséquences de ce traité ; mais j'étais trop curieux et trop attentif à lui voir débiter toute son affaire, pour me permettre de l'en détourner, en entreprenant dans cet instant le moindre ergotage avec lui.

« Quand il eût fini, je lui demandai comment il avait pu avoir des nouvelles de Venise à ce sujet, puisque nous n'en avions parlé pour la première fois qu'au déjeûner du 7, ce qui ne ferait que quatre jours pleins pour parcourir en allant et venant près de 400 milles (plus de cent lieues) — et puis le temps de consulter et de rédiger les dépêches ; à Venise l'on n'est pas prompt à délibérer.

« Il me dit qu'il n'avait envoyé son courrier qu'à Vérone et que M. Battaja lui avait répondu.

« Il faut, général, que les Vénitiens aient plus que des probabilités des catastrophes qui nous menacent, comme il arriva avant la bataille de Castiglione. Nul doute qu'ils ne regardent notre armée comme perdue dans les gorges de la Carinthie et de la Carniole où, à ce qu'il paraît, elle va s'enfoncer, et que nous considérant, vous et moi, comme des buses ou des misérables dont ils viendront à bout pour quelque argent, ils essayent de se mettre en état de nous couper toute retraite, avec le moins de risque possible pour eux. Concevez-vous qu'on ait osé me parler si clairement et avec cette audacieuse assurance ? Une effronterie de cette force de la part d'un diplomate, et, qui plus est, d'un Vénitien, me rendait muet.

« Et c'est là la raison, je n'en doute pas, qui lui a fait attendre votre départ. Il a réfléchi qu'il fallait d'abord s'ouvrir à moi, qu'il fallait me tâter avant d'aller à vous, car je crois que dans votre colère vous l'eussiez fait conduire au château. Il l'a peut-être craint!...

« Si vous saviez, général, quelle foule de considérations roulait dans ma tête sans pouvoir se classer! Impossible à moi de trouver une parole convenable.

« Inquiet de mon silence, il s'est levé, il est venu me prendre familièrement la main.

« — Eh bien! général, vous êtes sans doute d'avis de concourir à faire rendre justice à cette République de Venise dans laquelle le général Kilmaine et vous vous jouissez d'une considération si bien méritée?

« Pressé aussi vivement et peu accoutumé aux phrases dilatoires que je cherchais vainement et qui ne se présentaient pas à mon esprit, je lui dis, plus sérieusement que je ne le voulais, que les mouvements proposés, quelques justes qu'ils lui parussent, demandaient des réflexions profondes et qu'il me semblait d'abord que puisque l'armée française maintenait tous ses postes à la place qu'ils occupaient, elle prenait quelque intérêt à ce qu'ils fussent conservés; Bonaparte ne faisait rien sans dessein; il était hors de doute qu'il en avait besoin là où il les avait mis, puisqu'il n'en augmentait pas son armée combattante dans ce moment qui paraissait si critique à bien des gens; si un déplacement quelconque ayant un motif tout autre que l'intérêt de notre armée venait à contrarier ses vues, si en même temps la fortune, contre son habitude, venait à passer au camp autrichien, le général en chef ne se ferait pas le moindre scrupule de nous attribuer son malheur et de nous attaquer comme des traitres, quand même le mouvement que nous aurions ordonné n'aurait eu lieu qu'aux antipodes de lui.

« Je me félicitais d'avoir trouvé cette riposte, mais j'ai vu qu'il en était atterré et pour ne pas rompre tout à fait sans avoir reçu vos ordres, j'ai ajouté qu'au reste nous examinerions tout cela, tête à tête avec vous, à votre retour, et je l'ai prié de croire que nous ferions, pour lui personnellement et pour la sérénissime république, tout ce qui se pourrait sans nous compromettre ni le salut de l'armée.

« M$^{me}$ Albani, qui était venue pendant la lecture des sept propositions et s'était assise sans mot dire, s'est levée, et s'est retirée tout aussitôt, en me disant que tout ce que je disais ne valait rien et que je n'avais plus d'esprit.

« Ainsi, jusqu'à présent, je n'ai rien tiré de ces gens-là, quant à leurs moyens, à leurs troupes, à leur intelligence avec les ennemis. Toujours est-il constant qu'ils ont des soldats pour occuper les places de Terre-Ferme, et il leur en faut au moins vingt mille de plus que ce qu'ils ont à présent. Enfin, c'est quelque chose que cet accouchement de Foscarini, mais je suis là et cela ne fera qu'une fausse couche.

« Je suis extrêmement fatigué, général ; la fièvre et le travail, celui de nuit surtout, me troublent le cerveau et vous trouverez du décousu dans tout ceci. Je ne puis, cependant, aller me reposer sans vous faire passer copie des rapports qui suivent.

« L'ingénieur vénitien Pierre Pol Franceschi, dont je vous ai parlé souvent (c'est l'aîné, celui à qui, à la recommandation du chef de bataillon de génie Maubert, je prêtai quelque argent et un cheval à Vérone pour échapper aux poursuites des Inquisiteurs, est de retour à Milan. Il est arrivé droit chez moi et je vais continuer à l'employer il ne coûte que 600 francs : par mois.

« Il m'a dit que notre armée se formait avec rapidité ; qu'elle était de moitié moins nombreuse que celle de l'Autriche ([1]), mais que nos soldats n'en n'étaient pas moins gais et qu'ils marchaient en chantant ; que le prince Charles avait, disait-on, éprouvé quelques désagréments à sa cour et qu'il semblait avoir des ordres de ne pas trop s'avancer ; que l'avant-garde de son armée était immobile sur le Tagliamento, quand elle aurait pu s'avancer sans obstacle jusque dans le Véronais, que les Autrichiens n'avaient de vivres que ce qu'ils en avaient apportés, sans autres magasins que ceux de Gorizzia, et le peu que les Vénitiens, qui n'avaient plus d'argent, leur en apportaient par Trieste et la gorge de l'Istrie, et que ce moyen allait leur manquer aussi, si Bonaparte faisait un pas en avant.

« En venant de Lombardie, il avait évité le territoire vénitien où il est toujours proscrit, et avait dirigé sa route par le Tyrol occidental, les Ligues grises et Lugano. Il était resté trois jours à Coïre pour y attendre Comeyras, résident de France chez les Grisons, et inutilement, puisqu'il est en ce moment auprès du général en chef. Il avait été très surpris de trouver le général Laudhon entre Trente et Inspruck avec 7 à 8,000 hommes qui avait l'air de vouloir se jeter sur l'Italie, soit par Alla, soit par Rocca d'Anfo et Santosseto, comme avait fait Wurmser. Nous n'avions près d'Alla que deux généraux de brigade fort médiocres, de la division Joubert, nommés Serviez et

---

1. Il se trompait : notre armée était en ce moment d'un cinquième plus forte que celle de l'archiduc Charles.

Chevalier, avec environ 2,000 hommes. A Trente, il avait causé avec deux chefs de transports militaires à bœufs, monténégrins ou vénitiens au service de l'armée d'Autriche, nommés l'un Capréoli et l'autre Zambusto, très médiocrement attachés au gouvernement des Lagunes, parce qu'ils ne sont nullement protégés contre les rapines du Pacha de Janina, pour lequel les frontières vénitiennes sont comme non-existantes, et qui sont bien las de s'entendre dire perpétuellement à Venise qu'on en avait écrit au Bayle (¹), et jamais d'autre réponse. Ces gens-là lui avaient dit que l'opinion générale dans tout le littoral et dans leurs montagnes était que les Vénitiens allaient enfin profiter de la présence de cette cinquième armée autrichienne et du grand nom si bien mérité de l'archiduc Charles pour se débarrasser pour toujours des Français; que ce qui avait fait naître et accréditer ce bruit était l'ordre donné par le Sénat de lever promptement 8 à 10,000 Morlaques, Monténégrins et Dalmates, autrement dit Albanais, Arnautes ou Turcs ; que, quant à eux, ils ne pouvaient croire à cet effort généreux de la part d'un gouvernement aussi plat et aussi corrompu et qui n'avait pas un séquin, tous les revenus de l'État étant la proie des administrateurs ou d'une infinité de pensionnaires fainéants et consommés par les frais de quatorze ambassadeurs, de plus de trente résidents, et de deux cent quarante-quatre consuls et vice-consuls chargés d'affaires en pays étrangers, etc., à moins cependant que le Sénat n'eût le bon esprit et l'adresse de faire un traité défensif avec la maison d'Autriche; qu'ils croyaient bien que s'il n'y avait pas encore d'arrange-

---

1. Titre que les provinciaux donnent encore à l'ambassadeur de la République à Constantinople.

ment à cet égard, ce ne devait pas être la faute de Venise mais plutôt sa nullité ; car on ne signe pas des accords pareils avec des gens qui n'ont ni argent ni soldats ; que cependant il était probable que le Sénat faisait son possible pour y parvenir, puisque depuis que l'Archiduc était arrivé, son quartier ne désemplissait pas de nobles vénitiens, de provéditeurs, de grands-sages et autres (¹). Depuis quelques jours le condottiere Fioravanti ne quittait pas le quartier du général Laudhon. Ils doutaient cependant que celui-là put venir à bout de quelque chose, à cause de sa mauvaise réputation qui le faisait traiter sans la moindre considération. Ils en savaient quelque chose par l'aide de camp de M. Laudhon, chez lequel ils entretenaient cinq fourgons attelés.

« Si le Sénat commettait quelque imprudence envers les Français et restait seul dans sa cause, il n'y aurait pas de doute que le peu qu'il avait de soldats et de ressources ne fût dévoré en une demi-journée par ces diaboliques Français et qu'après cela, adieu, et plus de République vénitienne !

« Il est vrai, ajoute Paul Francheschi de lui-même, que les Monténégrins, les Morlaques et les Dalmates, autrement dit Albanais ou Arnautes, sont les meilleurs soldats du monde et valent, à leur férocité près, les Croates et les Hongrois leurs voisins et que depuis la guerre avec les Génois et la prise d'Ebriozza, on n'a entendu parler d'un pareil armement de la part des Vénitiens.

---

1. Il y a trois sortes de sages dans cet Etat : Grands sages, ce sont ceux de Venise, moyens, ceux de Terre-Ferme, petits, je ne sais où on les prend. J'en ai entendu quelquefois appeler sages de mer ceux chargés spécialement des vaisseaux, armement et équipement, etc.

« Il faut que les Excellentissimes aient pris le rude parti d'oublier leur sordide avarice, leur misérable cupidité et de se cotiser entre eux, car il est notoire que les caisses de l'État sont vides et que le très renommé Trésor de Saint-Marc, dilapidé en cent manières, ne consiste plus qu'en quelques reliquaires et quelques manuscrits insignifiants à présent, aussi illisibles par leur vétusté, l'humidité et le peu de soin que le prétendu Évangile de Saint-Marc (1).

« Paul Francheschi ajoute qu'il est constant qu'il y a eu quelques enrôlements pour Venise dans le Tyrol et que d'abord le général Laudhon n'a pas fait semblant de s'en apercevoir. C'est peu de chose et le tout ne va guère qu'à 280 ou 300 hommes qui sont descendus dans les vallées vénitiennes; mais que, depuis peu de jours, le général Laudhon a publié une ordonnance pour défendre la continuation de ces recrutements sous peine de la potence pour les embaucheurs et les embauchés.

« On dit même qu'il a notifié depuis peu à M. Battaja

---

1. Les Vénitiens prétendent posséder le corps et l'Evangile de Saint-Marc, écrit de la main de cet apôtre. Cela se peut, mais l'abbé Richard, dont l'opinion n'est pas suspecte, dit que le lieu où les restes du saint ont été déposés est inconnu à tout le monde; que le secret, à force d'être recommandé, s'est perdu comme celui du Masque de Fer en France. Les Vénitiens regardaient ces reliques comme leur *Palladium* et Venise était censée impérissable tant qu'on conserverait dans ses murs ces restes précieux. Il n'y a pas de doute que quelque Ulysse, quelque Diomède nouveau, ne les leur ait enlevés, puisque le gouvernement a péri.
Quant à l'Evangile, Pol Francheschi, qui l'a vu, dit qu'il est tellement impossible de le lire et d'en distinguer une seule lettre, qu'il lui serait difficile de distinguer si c'est de l'hébreu, du grec ou du latin, et qu'il ne peut affirmer si c'est l'Iliade, la Genèse ou Hérodote ou l'Evangile.
L'abbé Richard a dit à peu près la même chose.

l'intention où il est de ravoir ces 300 Tyroliens et de les incorporer dans ses régiments.

« Ces 300 hommes sont dans la val Sabbia et sont exercés, mêlés avec des Valériens par MM. Filiberi, Monetti et Vlastelinowich.

« Enfin Pol Francheschi, après m'avoir consigné les notes que je viens d'extraire, m'a remis la lettre ci-incluse de M$^{me}$ la comtesse Pellegrini, adressée à vous. Il a toujours correspondu avec cette dame, notre ancienne hôtesse de Vérone, qui aime les Prigadi comme elle chérit son fou de mari. Elle prie Pol Francheschi et lui ordonne même de courir après vous pour vous dire que tout est perdu pour les Français, s'ils ne viennent à bout de rompre les mesures des Vénitiens, qui sont au moins aussi capables que le pape Alexandre VI de se coaliser même avec le Turc contre nous. Il faut marcher sur-le-champ à Vérone et se saisir de toutes les autorités vénitiennes, soit du gouvernement, soit de la ville; alors on ne manquera pas de preuves du complot le plus lâche et le plus odieux du monde.

« Pol Francheschi dit encore que le général Laudhon qui occupe de très fortes positions dans le Tyrol méridional, attend pour faire un mouvement sa jonction avec le général Kerpen, qui commande de 15 à 18,000 hommes. Voilà tout ce que j'ai tiré des notes et des dires de cet espion.

« Vous savez, général, qu'on ne peut compter sur les rapports des agents secrets qu'autant qu'on sait qu'aucune passion ne les fait parler et je vous répète que celui-ci est dans une étrange colère contre les Inquisiteurs d'Etat qui l'ont forcé d'abandonner sa maison et sa famille. Vous verrez dans votre sagesse le degré de confiance que nous devons avoir dans ses rapports. Je crois que vous trouverez comme moi, par exemple, qu'il fait parler ses bouviers arnautes comme des ministres d'État.

« Nicolini et Venturi m'arrivent en même temps, chacun de son côté. Vous savez que ces gens-là ne se connaissent nullement. Leurs rapports sont à peu près les mêmes que ceux de l'ingénieur. Comme ils sont d'une classe moins relevée que ce dernier, ce qu'ils disent ne traite que du matériel. Les prêtres, disent-ils, proclament en chaire dans les montagnes de Saint-Marc et dans les Pianures qu'il faut espérer que quelque jour la république de Venise sera relevée de l'état de malheur où elle se trouve et qu'elle ne peut tarder à se délivrer de ses oppresseurs ; qu'il faut se préparer à soutenir son patriotisme et marcher quand elle en donnera le signal, c'est-à-dire à l'époque où le salut public l'exigera.

« Si vous arrivez demain au soir, général, vous aurez quelques autres détails de Nicolini sur Brescia et de Venturi sur la Pianure. J'ai passé depuis dix heures jusqu'à trois heures à vous écrire et je n'y vois plus clair. Je suis bien curieux de savoir ce que M$^{me}$ Uggeri vous a appris et ce que M$^{me}$ Pellegrini vous a écrit.

« *P.-S.* — Vous trouverez, près de Soncino, Girard avec le chef d'escadron d'Etrées, que j'envoie au-devant de vous avec 100 hussards du 7$^e$ régiment, qui m'arrivent du dépôt. Je suis fâché que vous ayez congédié votre escorte. Vous trouverez les copies de tous ces rapports prêtes à être envoyées au général en chef. Vous y corrigerez peut-être quelques mots qui lui sont relatifs. Il n'y manque que votre lettre d'envoi.

« Comeyras entre. Il arrive et trouve chez lui une lettre de l'ambassadeur de France en Suisse, le citoyen Barthélemy, pour le général en chef, et, à son défaut, pour le commandant du pays conquis. Il en reçoit aussi une de

Paris pour lui. On lui dit que Querini, ambassadeur de Venise à Paris, travaille de toutes ses forces pour faire remplacer Bonaparte, soit par vous, soit par Clarke, soit par Joubert. On ne parle, à cet égard, ni de Masséna ni d'Augereau. Il dit que si vous n'êtes pas ici demain il part pour retourner sur la Brenta ! Je ne sais pourquoi il en est revenu. Il serait mauvais évêque, il aime à courir et la résidence ne serait pas son fait. »

Du même jour, 11 pluviôse an V
(30 janvier 1797).

« Général,
« Cette ordonnance-ci, qui vous rencontrera probablement en route, ne reviendra pas et doit se réunir à l'escorte que je vous ai envoyée. Je vais au Corione, chez le comte Gambara. Il faut que je lui parle. Je vous fais passer une lettre de ce comte. Vous y verrez qu'à Azzola, et surtout à Orci-Novi, dépôt général de l'artillerie de Venise, en Terre-Ferme, des ouvriers de l'arsenal de Venise sont arrivés, et en grande quantité, pour mettre les pièces de campagne sur des affûts neufs. Je serai trois jours en route. Je veux aller à Orci-Novi et voir moi-même, tant je trouve l'avis incroyable. Il me marque aussi que nous devons prendre des précautions sur les routes, attendu que les pillards de la Val Calépio sont descendus en nombre avec leur tabac. Je m'applaudis donc de vous avoir envoyé du monde et je vous invite à ne pas dépasser l'escorte ; vous arriverez une demi-journée plus tard et voilà tout. »

Du 11 pluviôse au 6 ventôse, c'est-à-dire pendant trente-cinq jours, il n'y eut rien de nouveau, quant aux

Vénitiens, si ce n'est un coup de filet à Goito, dont le commandant enleva seize contrebandiers, qui furent jugés et fusillés le lendemain, ce qui causa beaucoup d'humeur à M. Foscarini et mit beaucoup de froid pendant quelques jours dans nos rapports. Enfin cela s'oublia. On parla encore des sept propositions; on l'amusa. Je fis une course à Vérone pour voir ce que voulait nous dire M^me Pellegrini, qui m'assura que le recrutement allait grand train en Albanie; qu'on pressait extraordinairement la manufacture de Gardone et qu'on envoyait jour par jour les fusils et les pistolets fabriqués à l'hôtel Gambara S. Jules à Brescia... Nous savions tout cela.

Elle m'apprit en riant qu'après des essais on avait trouvé que tout ce qu'il y avait d'armes entassées depuis des siècles dans le fameux arsenal de Venise ne valait plus rien : ni armes, ni bois de construction, ni chanvres, etc.; qu'on y faisait seulement des cartouches et des gargousses ; que tous les vaisseaux, — c'est-à-dire deux de 50 et deux de 70 pièces de canon, — avaient été mis à la mer et qu'on avait désarmé et mis en flotte les autres pour le transport d'hommes recrutés et de la garnison de Corfou, ces vaisseaux au nombre de 12 ne pouvant plus servir qu'à cela.

La citation de tous ces rapports qui, ainsi qu'on l'a vu, sont antérieurs au retour du général Berthier à Milan, — qui furent sans doute cause qu'on s'adressa à nous qui rendions si bon compte des desseins des Vénitiens, plutôt qu'à tout autre qui eût été moins au courant de toutes ces affaires, — m'a écarté de mon récit. Je vais le reprendre où j'en suis resté.

## CHAPITRE VII

Assemblée nocturne. — Ce que c'était à Milan. — Le Président Porro fait à ses collègues le tableau le plus piquant et le plus vrai des affaires républicaines et de l'opinion en Italie. — Discours de Salvatori. — Tous les moyens du comité sont mis à la disposition des généraux français restés en Lombardie. — Conspiration à Venise d'un genre nouveau. — Envoi d'un espion à Bergame pour le soulèvement de cette ville. — Sa maladresse extrême.

Étant enfin d'accord avec Kilmaine, ainsi qu'on l'a vu, je commençai immédiatement à agir après le départ de Berthier, auquel nous avions rendu compte par nos rapports antérieurs à son voyage des moyens dont on a vu les détails.

J'ai dit que Kilmaine avait commencé par faire enregistrer un ordre général sur les Vénitiens et sur le vu de tous ces rapports. Cet ordre général me mettait à l'abri de tout.

Il fallut d'abord convoquer l'assemblée nocturne. C'est ainsi qu'on nommait un conseil particulier de haute police. Il était composé des membres les plus influents, les plus dévoués et les plus adroits des comités de police ordinaire, de vigilance, des finances et politique, ou des affaires extérieures établis par Bonaparte à Milan pour les affaires secrètes de la Lombardie. Pour ne pas être interrompu, il ne s'assemblait que dans la nuit, au sortir de l'Opéra, heure à laquelle les généraux, qu'on jugeait à propos d'y appeler, étaient libres. Salicetti l'avait longtemps présidé et Porro lui avait succédé. Cet homme du plus grand mérite, démagogue renforcé, et qui plus est de bonne foi, — ce qui n'est pas commun,— avait été mandé par Kilmaine, qui lui avait développé les instructions convenables, dont il n'avait reçu de Berthier que les intitulés. Kilmaine eut soin, ainsi que c'était convenu, de ne lui parler du renversement de Venise que dans l'intérêt de la future Cisalpine, et moi à qui Kilmaine le renvoya, je ne lui parlai que de l'intérêt de tous les membres du comité, et de leurs adhérents, et je lui fis voir où nous en étions restés avec Foscarini.

Porro, qui ne savait presque rien de tout cela, en fût tellement animé qu'il convoqua une assemblée extraordinaire, de laquelle devaient nous venir par la suite, et quand on en aurait besoin, l'approbation populaire, la première et la principale d'alors pour les comités surtout qui comptaient s'en faire un rempart, et nos principales facultés, c'est-à-dire des hommes et de l'argent. Il y prononça le discours suivant avec la véhémence de Démosthènes.

Cette pièce, quoique assez longue, est trop importante pour n'en donner que des extraits. C'est d'ailleurs un morceau d'une forte éloquence qui ne sent pas la lampe ([1]), quoiqu'il ait été fait dans la nuit, et qui mérite d'être connu.

---

1. Un Athénien qui n'aimait pas Démosthènes lui disait que ses discours sentaient la lampe.

*Copie du procès-verbal de la séance de nuit des Comités diplomatique, de police générale et de finance réunis de la Lombardie et autres pays conquis, du 19 ventôse an V de la République française (9 mars 1797).*

Le citoyen Porro a pris la parole et a dit :

« Citoyens amis,

« Les nouvelles particulières que nous recevons d'hier au soir de l'armée française par notre fidèle voisin et ami Fenaroli de Brescia, qui continue à suivre le quartier général de l'armée, sont singulières. Elles nous apprennent que Bonaparte, après avoir repoussé les avant-postes de l'archiduc Charles, ainsi qu'il nous l'a déjà communiqué, croit devoir poursuivre l'ennemi jusqu'à son entière destruction et qu'il est décidé, si la continuation des succès le lui permet, à le pousser jusqu'au delà, dans les provinces dites héréditaires.

« Fenaroli, ainsi que vous le savez, citoyens, vous a déjà fait part de ses vives inquiétudes sur ce dessein hardi de Bonaparte et des soupçons qu'il avait que l'espèce de fuite de l'Archiduc, surtout après les succès obtenus par Kerpen et Laudhon sur sa droite, ne fût un piège pour attirer les Français dans un pays inconnu, entrecoupé de torrents et de hautes montagnes, d'où ils pourraient difficilement sortir à cause de la difficulté des chemins, et où ils ne pourraient se nourrir longtemps à cause de l'extrême pauvreté du pays et l'impossibilité de s'y faire suivre par les transports de vivres et l'artillerie ; que les premières retraites du prince Charles étaient si étonnantes devant une armée moins forte que la sienne [1], qu'il y avait nécessairement ou une ruse de guerre, ou quelque échec que les Impériaux avaient éprouvé sur le Danube ou ailleurs et dont on n'a pas encore connaissance : qu'il y avait des troupes autrichiennes

---

1. Fenaroli comptait sans doute les troupes considérables qui étaient en marche pour joindre le Prince, car au moment où son aile gauche fit sa marche rétrograde, de la Piave au-delà du Tagliamento, il avait sur toute sa ligne près de 15,000 hommes de moins. Toute son armée, alors présente devant nous, n'était qu'une grande avant-garde, relativement à ce qu'il attendait de la

dans le haut Tyrol : qu'elles ne faisaient aucune marche qui parût devoir les rallier au prince Charles et qu'elles ne manqueraient pas de venir inquiéter les pays conquis, si l'armée française s'enfournait de manière à ne plus pouvoir venir les couper; que les Vénitiens devenaient insolents, et qu'il s'en faut de beaucoup que Bonaparte en soit content, eux qui étaient si soumis pendant les succès de l'armée française !

« D'autre part, les rapports particuliers de nos émissaires de la grande police nous apprennent qu'ici même à Milan et dans toute la Lombardie les anciens nobles, nos ennemis directs, ces enfants des Goths, et les gens connus pour avoir été attachés, soit par leurs emplois, soit par des grâces reçues, au souverain d'Autriche, voient de nouveau en secret et plus fréquemment qu'à l'ordinaire les envoyés des puissances voisines, résidant à Milan, et principalement celui de la cour de Sardaigne, qui a été si gravement insulté ces jours passés par les exilés piémontais et quelques brouillons de Milan ; que sans l'activité et les prompts secours portés à son hôtel par le général Landrieux, d'après les ordres du général Kilmaine, cet officier diplomatique eût été massacré.

« Et ils savaient bien, ces exilés, que les affaires de guerre devenant douteuses, ils ne pouvaient attribuer la crise qui nous menace qu'aux intrigues ourdies par tous ces envoyés des cours.

« Ces mêmes rapports nous apprennent que la faction royaliste de France envoie des espions à Milan pour avoir des notes sur les principaux démocrates et observer les actions de Bonaparte lui-même. Ces espions, dont certains, comme Clarke, ont le titre de généraux, sont chargés de correspondre avec les Faypoult, les Miot, les Laplace, les Jacob, les Barthélemy, tous agents de France vendus aux monarchistes et que nous avons déjà signalés au général

---

Hongrie et du Rhin. Alors il n'y avait rien d'étonnant qu'il se fût retiré devant les Français, sur l'activité et la promptitude à se rassembler desquels il n'avait pas compté. Ce qui dut étonner, ce furent les retraites qui suivirent, quand une forte quantité de ses troupes eut fait sa jonction avec lui et lorsque Bonaparte se fût entièrement engagé dans les défilés et les montagnes.

en chef comme ses ennemis personnels. On les voit sans cesse, eux ou leurs courriers, sur les chemins de Turin, de Gênes, de Florence et de Naples. Ils voient en ce moment et avec plus de précautions que jamais l'espion Foscarini, résident de Venise ici. Et que vient de faire Clarke à Vérone, où il n'a vu que Battaja et n'a pas même fait savoir au général divisionnaire Balland, qui y commande, qu'il était en ville ?

« Ce n'est pas que ces gens soient très dangereux pour la chose publique ; des observateurs attentifs que nous avons placés autour d'eux nous assurent qu'à la vérité ils trompent Bonaparte, mais qu'ils ne songent guère qu'à leur profit particulier. Qu'ils sont toujours du parti le plus fort et que toute leur finesse et tout leur travail ne consiste qu'à chercher à deviner d'avance et à prévoir lequel des deux côtés aura le dessus pour n'être pas les derniers à se ranger au parti victorieux. Ils ne feront jamais rien ; la vertu ne peut accompagner ces âmes de boue ; ce ne sont que des malheureux sycophantes sans moyens.

« Cependant les mouvements inusités de cette fourmillière de parasites royalistes qui, tout en venant ici pour nous nuire, ont la bassesse d'y vivre à nos dépens, nous donnent à songer qu'ils ont aussi des doutes sur la réussite des projets de Bonaparte ; leur conduite est, en général, le thermomètre de ce qui se passe au dehors. J'ai plusieurs fois entretenu le comité de leurs assemblées dans lesquelles il ne peut se tramer rien de bon pour nous, et à cet égard je dois vous jurer que la cause des vieux Gaulois, celle de la République, triomphera par les mesures que nous avons prises. Quant à tous ces individus, à l'approche du moindre danger pour la liberté, ils auront cessé de vivre, et les Parques n'auront plus le dégoût de filer leur sale cordon, ni à Paris, ni à Rome, ni à Milan, ni à Naples, ni à Venise, ni à Turin. Ils ne viendront pas insulter à nos ossements quand nous aurons péri. Nos corps sans vie pèseront sur leurs cadavres ensanglantés.

« Les nouvelles politiques de ce qui s'agite chez nos voisins sont plus inquiétantes que tout ce que peuvent faire les prétendus royalistes dont je viens de vous entretenir.

« Un rapport d'un républicain brescian, à moi communiqué par le major-général de la cavalerie française, du digne descendant du protecteur de l'armée française au xiv$^e$ siècle, de l'illustre Gambara de Pralbonino (¹), nous fait savoir qu'il se forme sourdement, par ordre du Sénat, une conspiration contre nous et l'armée française, dans les vallées de la Terre-Ferme que Venise arme de toutes parts et en secret, et qu'elle est d'accord avec les Autrichiens !

« Les réfugiés de la Terre-Ferme à Milan, — et vous les connaissez tous, — nous ont répété ce matin (en revenant de Brescia où ils avaient été envoyés avec des ordres de route français), nous ont répété et confirmé les mêmes choses et avec des détails étonnants. Ils ont confirmé aussi la vérité du rapport du vigilant Gambara ; ils ont ajouté que Foscarini expédie depuis quinze jours quantité de courriers doubles. Qu'à Padoue, à Vicence, à Vérone, à Brescia, à Bergame, on répand avec affectation et surtout dans les maisons connues par leur dévouement au Sénat, que l'armée française est perdue et que Bonaparte est prisonnier. Ces contes extravagants circulent dans toute la Terre-Ferme, et les soldats français voyageant isolés sont assassinés ou disparaissent. Des ordres sont expédiés de Venise en Dalmatie et à Corfou pour en ramener les garnisons esclavonnes et les jeter en Italie.

« Il serait sans doute bien ridicule de croire que les affaires des Français soient désespérées, puisque Bonaparte existe encore et qu'il est tout près de nous. Les ressources de son génie nous répondent de tout. Mais les exagérations de nos ennemis semblent prouver que nos affaires pourraient être meilleures (²). Mais ce général peut être atteint d'un boulet de canon. Il existe beaucoup de jaloux de sa gloire, même dans son armée. Un léger échec, grossi par les ennemis, une victoire même traduite en défaite par les calomniateurs de Paris, peuvent le faire destituer par ce Directoire de France, que nous savons être *mi-parti* (³). Il

---

1. Gambara, mal à propos nommé Zambara par certains, est celui dont parle l'histoire qui a seul refusé de prêter serment aux Vénitiens, lors de la destruction de la liberté à Brescia par ces derniers en 14....
2. Les affaires militaires dans le Tyrol.
3. Impossible de traduire autrement mezzo-bimafrodito ; à demi-hermaphrodite n'est pas français.

peut être envoyé pour commander sur un autre point. Et qui nous répond que son successeur sera animé des mêmes sentiments pour nous ? qu'il voudra remplir les engagements de Bonaparte à notre égard ? qu'il aura le même talent militaire pour vaincre, pour résister même non pas avec des armées ridiculement inférieures, ainsi que l'a toujours fait notre Bonaparte, mais même avec des armées supérieures aux forces de l'Autriche ?...

« Quatre armées formidables, envoyées pour défendre ou reconquérir deux chétives provinces, telles que la Lombardie et le Mantouan et qui ont toujours plus coûté à l'Autriche qu'elles n'ont valu ou rapporté, nous font présager les efforts que ferait l'Empereur pour nous asservir de nouveau, si Bonaparte n'existait plus pour nous. Et, certes, quoiqu'on en dise, le soldat autrichien n'est pas à mépriser. Il ne fallait pas moins que l'élite des Français en généraux et soldats et un chef tel que Bonaparte pour les repousser. Qui nous répond enfin que les compagnons du général en chef, les amis que nous nous sommes faits dans son armée et qui nous soutiendraient au besoin, ne seront pas dispersés par un nouveau chef, ayant des créatures à lui, et des agents pénétrés d'un esprit tout royaliste ? Citoyens ! le Comité n'ignore pas que cette faction a, dans ce moment-ci, quelque puissance en France. Depuis quelque temps, on n'envoie plus que des officiers soi-disant royalistes faire fortune en Italie. (Je dis soi-disant, car je n'ai jamais regardé comme vrais royalistes que ceux qui ont suivi la fortune du roi détrôné), et je vous cacherais bien inutilement que l'opinion publique est tellement maîtrisée en France, qu'elle n'est plus favorable à notre général, ni dans le Directoire, ni dans les Conseils, ni dans les Assemblées particulières. Les républicains, il est vrai, y sont assez fermement unis, et pendant que le royaliste, craintif et indécis, délibère, leurs baïonnettes forment un rempart imposant. Ce rempart est, sans doute, tout pour le républicain Bonaparte, mais tout cela peut changer à notre désavantage, parce que tout ce qui tient à la fantaisie des hommes est incertain.

« Dans ces circonstances, et avant de vous proposer ce que je crois convenable de faire, je dois mettre sous les yeux des membres du Comité, qui ont été nommés depuis peu, que lorsque le général Bonaparte et l'intendant de l'armé... Salicetti vinrent municipaliser Milan et établir le régime républicain dans cette ville et dans toute la Lombardie. Ils ne nous cachèrent pas qu'ils espéraient tirer leur principale force contre les Autrichiens de notre union aux principes transalpins et ils nous promirent de nous fonder en République indépendante, aussitôt qu'on aurait chassé nos anciens maîtres de l'Italie et d'exiger avant tout dans les traités de paix, qui pourraient s'ensuivre, que notre liberté fût reconnue. Sur la foi de cette parole solennelle, nous osâmes lever l'étendard de la révolte contre notre souverain légitime. (Je dis légitime, citoyens, car vous n'ignorez pas plus que moi que c'est ainsi entendu entre ceux qui, soutenus par la force et une longue jouissance, se sont rendus les maîtres des peuples.) L'arbre de la liberté fut planté. Une excuse nous resterait pourtant, nous pourrions alléguer que l'adhésion au régime républicain a été exigée par le vainqueur, tout comme il a exigé des contributions. Mais cette excuse serait-elle reçue par l'Autriche irritée ? Et que devient l'allégation la plus juste devant un juge nommé par celui qui veut se rassasier de notre sang.

« Depuis ce temps, l'activité infatigable de Bonaparte et le courage véritablement étonnant et presque surnaturel des généraux et des troupes nous ont toujours maintenus dans l'idée du gouvernement promis et de sa consolidation tant par les traités que par la réunion aux conquêtes qu'il sera possible de nous adjoindre. La Lombardie et le Mantouan vont être sous peu régis comme la France ; Ferrare et Bologne et quelques autres parties de l'Etat du Pape font cause commune avec nous et Modène, abandonnée par son souverain, n'a pas cru pouvoir mieux faire que de suivre l'impulsion donnée à tous les peuples du nord de l'Italie.

« Il advint un moment critique.

« Endormi par les artifices de quelques traîtres vénitiens à Vérone, Bonaparte fut surpris par Wurmser en thermidor, et le trouble cruel qu'apporta dans son esprit cet événement inattendu n'est pas sorti de votre mémoire. Chacun de nous, privé de toutes ressources et de tout espoir, passa dans un instant du sein de l'assurance et de la tranquillité à l'affreuse perspective d'une prompte fuite pour aller loin de nos foyers avec nos familles traîner une existence pénible et malheureuse.

« La victoire inconcevable de Castiglione et plusieurs coups rapides et successifs de la fortune la plus inouïe à Lonato et à Bassano rétablirent les affaires de nos protecteurs et relevèrent nos espérances. Néanmoins cette violente secousse engagea le comité à présenter une note à Bonaparte sur la situation des républicains d'Italie. Il était sans doute dans l'impossibilité de la rendre meilleure ou plus solide dans ce moment. Il nous répéta qu'il était prêt à saisir toutes les occasions qui se présenteraient d'assurer notre Etat, et pour rendre notre position moins inquiétante et pour avoir aussi lui-même quelques troupes de plus à sa disposition, il nous donna son propre aide de camp Lahoz pour lever parmi nous une forte légion avec laquelle nous puissions obtenir quelque composition de la part des Autrichiens en cas de malheur ou qui put tout au moins protéger notre retraite vers la France; pour achever de nous prouver la sincérité de son attachement il donna au même général Lahoz le commandement de la légion polonaise pour concourir au même but.

« Notre légion est en pleine levée, mais les hommes sont rares; l'existence de deux partis en Italie ne nous permet pas d'admettre indistinctement tous ceux qui se présentent dans l'appréhension bien fondée de mettre les armes à la main de nos propres ennemis.

« Cette troupe, si elle était complète, jointe à la garde nationale milanaise, commandée par le patriote Trivulzi, jointe encore à quelques compagnies ferraraises nouvellement sur pied et enfin aux Polonais, nous mettrait sans doute en état de présenter quelque résistance, surtout en y ajoutant ce que nous pourrions recueillir et sauver de soldats français dans une déroute, et nous donnerait la facilité de *moyenner* (moneggiare) quelque traité qui pût conserver nos vies et peut-être aussi nos fortunes.

« Mais qu'est-ce pour nous qu'une ressource dont le plus grand avantage ne peut nous produire qu'un pardon insolent et ignominieux et qui courberait le reste de notre vie sous une surveillance inquisitoriale et désespérante ? Peut-être même que l'intérêt personnel de certains d'entre nous (et dussé-je périr plutôt que d'avoir le moindre soupçon sur aucun des membres du Comité), se réveillant au moment du danger, ils chercheraient, en nous accusant, à rendre leur condition moins mauvaise.

« Cette ressource malheureuse ne peut nous suffire, et puisque toutes les victoires de Bonaparte n'ont pu aboutir qu'à la conquête précaire de la Lombardie et du Mantouan, provinces incapables par elles-mêmes de maintenir l'insurrection qui fût son ouvrage, ce guerrier ne peut qu'applaudir à nos efforts pour l'aider à remplir sa promesse. Il faut absolument tout tenter pour nous agrandir et c'est l'opinion des principaux chefs de l'armée qui sont en ce moment en Lombardie. L'occasion se présente, il faut la saisir avec la promptitude de l'éclair. Nous n'avons pas le temps d'aller consulter Bonaparte à cent milles d'ici. Il ne peut d'ailleurs qu'avouer ce que nous ferons pour assurer sa conquête.

« Il serait peut-être très oiseux et même très dangereux de vous raconter comment et par qui cette occasion favorable, ménagée depuis plus d'un an, de concert avec quelques-uns d'entre nous, par un ami déterminé de la chose publique, arrive précisément dans cette circonstance et comment on a travaillé avec autant de persévérance que de succès pendant tout ce temps à recueillir tous les torts des Vénitiens et à en rassembler les preuves pour venir au but où nous touchons. Je ne suis pas le maître de ce grand secret. Je me contenterai de vous dire que plus tôt l'entreprise eût été impossible et que plus tard l'occasion sera manquée. Il s'agit de réunir à nous tous les Etats de Venise, en deçà et au-delà de l'Adriatique. L'opération paraît colossale au premier abord, mais en deux mots vous en concevrez la possibilité, la facilité, et j'ose ajouter aussi, et même la justice.

« Le Sénat de Venise tant renommé dans les annales du mensonge, que la politique appelle sagesse profonde, commit dès l'entrée des Français la plus insigne des fautes. Nous croyons qu'il fut entraîné par la plus folle avarice et peut-être le rusé Bonaparte appuya-t-il cette extravagante et déplorable cupidité dans la première conférence qu'il eut avec les députés vénitiens, le 8 prairial, au couvent de Sainte-Euphémie de Brescia. Le plus cruel de leurs ennemis eût pu difficilement leur donner un plus mauvais conseil. Venise imagina pouvoir rester neutre et non armée entre deux puissances qui allaient se battre sur son territoire ! Dans cette prétendue République, l'Etat est pauvre et les nobles possèdent tout. On a assuré que les Vénitiens furent amorcés par l'espoir de faire faire, sous le nom du banquier Vivanti, les principales fournitures aux armées belligérantes, de faire valoir dans cette société en commandite les sommes énormes qu'il eût fallu tirer de leurs coffres pour armer la patrie et la faire respecter et de gagner ainsi des sommes colossales sur les Grecs et les Troyens. Qu'était-ce donc que ce misérable gouvernement ? Et les peuples qu'allaient-ils devenir ? Mieux vaut sans doute mille et mille fois le despote le plus absolu, le plus barbare! Au moins regarde-t-il quelquefois les peuples qui le soutiennent comme ses enfants. Mais que peut-on attendre d'un gouvernement de marchands ? Ils se firent illusion sur les dangers de l'envahissement de la part du premier venu. Il arriva de cet aveugle calcul que Bonaparte, sous prétexte de placer des surveillants pour prévenir et arrêter les désordres que pourraient causer dans le pays vénitien les fréquents passages de troupes et de militaires isolés, qui pourraient, disait-on, porter quelque atteinte à la neutralité ou exiger des fournitures plus considérables que celles qui leur seraient dues, s'empressa de mettre dans les principales villes de la Terre-Ferme des officiers auxquels il ne donna d'abord que le nombre de soldats nécessaires pour faire respecter leur autorité; mais il eut soin depuis de les augmenter insensiblement et peu à peu, en sorte qu'aujourd'hui ces officiers sont de véritables gouverneurs et leurs soldats de bonnes garnisons suffisantes pour chasser au premier mot les commandants vénitiens qui s'y trouvent et qui y sont sans force et sans considération, tout comme ils sont sans aucune espèce de moyens personnels. Ils n'ont jamais fait la guerre, ne s'y entendent pas et ne s'occupent dans leur gouvernement qu'à s'enrichir en épuisant les peuples par mille concussions révoltantes, et le Sénat ne les changera pas pour y mettre des hommes de guerre, parce que parmi ses nobles il n'y en a aucun.

J'aurais dû vous parler des conditions du traité qu'ils signèrent à Sainte-Euphémie, desquelles conditions ce détestable état de choses a déroulé; j'ai cru que c'était inutile et je ne vous entretiens que de ce qui est aujourd'hui.

« Le comité sait que les officiers républicains, placés par Bonaparte dans les villes vénitiennes, ont propagé plus ou

moins, suivant leur plus ou moins d'instruction et d'intelli
gence, cet esprit de liberté qui arrive partout où parvient l
réputation de la Révolution française, et certes, avec ce
grand bruit venant de delà les Alpes, ils n'ont pas eu grand
peine à faire des prosélytes au milieu d'un gouvernement
qui, sous le nom sacré de république, n'est au fond qu'un
despotisme aussi vil qu'il est atroce ; et, s'il est vrai que
l'homme, dans l'origine des sociétés, ait choisi l'individu le
plus robuste et lui ait proposé de le nourrir, de le vêtir e
de l'entretenir, pour que de son côté l'homme fort s'occupe
de le protéger contre la violence injuste ou les attentas
intérieurs ou extérieurs, pendant qu'il travaillerait aux
champs et aux arts nécessaires de la vie ; quelle ressemblance peut avoir, avec ce pacte raisonnable, le gouverne
ment escroc(¹) de quelques misérables aigrefins dénués de
toute espèce de nerf moral et physique, et qui n'ont d'autres prétextes pour se dire souverains, que ceux d'être des
espèces d'albinos, sortis de quelques pirates qui ont gouverné avant eux.

« Je ne dis rien de la mortelle influence de ce régime dé-
pravé sur tous les états de la vie, sur les arts, sur le commerce, sur le caractère et la moralité des sujets. Vous
connaissez l'état de dépérissement et de misère de nos infortunés voisins. Ils sont infiniment plus misérables qu'ils ne
le furent au temps terrible d'Attila. Au moins alors osèrent-
ils fuir la servitude et purent-ils exécuter ce noble dessein
avec un certain courage.

« Et, cependant, toute énergie n'est pas éteinte dans leur
cœur. Beaucoup d'entre eux désirent ardemment voir finir
cet état de choses, cette agonie perpétuelle. Mais l'idée horrible des plombs et des souterrains de Saint-Marc, incul-
qués dans les esprits de l'enfance, comprime en eux toute
volonté. Ils soupirent en secret vers la liberté, mais ils n'o-
sent rien tenter pour elle. Quelques exilés m'en ont parlé en
tremblant, nul doute que leur élan ne soit épouvantable,
si l'on promet des secours ; la plus légère étincelle embrasera

---

1. La langue italienne souffre des expressions pareilles dans des pièces de la plus haute éloquence. Galdi, qui ne sait pas que ce n'est pas reçu en France, a cru pouvoir s'en servir, parce qu'il les a trouvées dans son dictionnaire.

tout cet État, qui ne demande qu'à s'unir à nous, et je dois vous dire aussi que Gênes n'en est pas éloignée, et par les mêmes motifs. L'officier général, dont je vous ai parlé, est assuré de faire battre la moitié de la ville de Venise contre l'autre moitié, au moment où l'arbre de la liberté aura été planté dans la Terre-Ferme. Ainsi, il n'y aura qu'à se présenter au moment opportun, pour faire triompher le parti des patriotes. Nous sommes certains de ceci. Salvatori, que voilà, fut envoyé, il y a neuf mois à Venise, par Kilmaine et Landrieux. Il va mettre sous vos yeux les preuves de la correspondance qu'il a établie dans la ville des Lagunes avec le parti que nous y avons, et qui nous instruit de tout.

« Parmi les habitants de Terre-Ferme qui ont pris goût au régime des Français se trouvent beaucoup de grands propriétaires fort riches, titrés même, et qui, principalement pour cette dernière raison, souffrent plus impatiemment que les classes moins élevées de se voir réduits à la misérable condition des Ilotes de Lacédémone, et par des gens qui ne les valent pas ; car vous savez, citoyens, que l'imprudente Venise prétend le plus insolemment du monde qu'il n'y a de nobles que ceux inscrits au Livre d'Or ; quoi qu'il soit notoire que beaucoup d'individus du plus bas aloi ont été admis en différents temps à s'y faire inscrire, moyennant de l'argent, non compris ceux qu'on admit lorsque la guerre eut moissonné une forte partie des anciennes maisons, quelque temps après l'établissement du Dogado.

« Venise soutient, en outre, que la capitale seule constitue la République sérénissime et que la Terre-Ferme est sa sujette ; elle ne lui a jamais donné le droit de cité. Aussi, par suite de cette étrange et impolitique prétention, l'appelle-t-elle insolemment : *Il Dominio veneto*, et ce mot malhonnête qui sanctionne l'esclavage de la Terre-Ferme [1], est sans doute bien fait pour déplaire universellement.

Venise ne peut être sans inquiétude sur l'état de choses dont je viens de vous présenter le tableau. Nous savons qu'elle n'a pas osé faire des représentations bien vives à

---

1. Je crois que l'orateur se trompe ici. Il croit que ce qu'il nomme *il Dominio Veneto* proprement dit ne s'étendait pas sur les province maritimes, qu'on appelait aussi *il Dogado*. Mais sa réflexion n'en est pas moins juste.

Bonaparte sur la puissance de ses commandants de place et sur la nullité réelle dans laquelle ces commandants ont eu le soin de tenir le gouvernement vénitien. Elle semble craindre de trop faire connaître à ce général qu'il est en son pouvoir de la retrancher quand il lui plaira, du nombre des autres puissances de l'Europe. Elle a toujours espéré que les Autrichiens la débarrasseraient de ces étrangers et en attendant l'ambassadeur Querini se joint aux ennemis de Bonaparte à Paris pour essayer de le faire rappeler à Paris. Cependant, soit encore par avarice, soit dans la croyance, que sa perfide hypocrisie, ses mauvais desseins pourraient être cachés à ses yeux clairvoyants, ce gouvernement, faux par excellence, s'était assujetti à mille souplesses envers lui et ses principaux compagnons.

» Mais, depuis très peu de temps, les Vénitiens changent de manière d'agir. Ils font des préparatifs, ils deviennent insolents. Je soupçonne, avec le vénérable Gambara, entre la Sérénissime et les Autrichiens quelque traité secret contre les Français et nous, par lequel la cour de Vienne garantirait les États vénitiens. Eh ! qui aurait rendu ces Oligarques tout à coup si téméraires, que d'oser armer sans la permission de Bonaparte et malgré leurs conventions avec lui, si ce n'est quelque arrangement de cette nature, ne fût-il encore qu'en promesse, eux qu'on a vu si humbles et si lâches jusqu'à présent ?

« Au reste, je ne crois pas le cabinet de Vienne de meilleure foi qu'un autre à leur égard. Leur avilissement extrême les a fait sortir de la balance de l'Europe.

« Avant qu'ils en soient matériellement sortis, il est impossible que sous peu quelques voisins ne les réunissent à ses États. Certainement l'Autriche le tentera. Et pourquoi ne les prendrions-nous pas, nous ?

« Nous fondons notre État, citoyens, nous aurons pour nous, indirectement sans doute, mais très réellement et très efficacement dans l'effet, la force morale de l'armée française, cette force de réputation, bien plus irrésistible que la force physique. Soyons les premiers, soyons les plus hardis. Et cependant essayons de ne pas nous couvrir, dès notre origine, du tort politique d'avoir violé le droit des nations. Notre république naissante doit conserver son honneur il y aurait trop de risques à le perdre. Ne compromettons pas non plus l'armée française. Entamons par un travail de cabinet cette haute entreprise. Nous avons pour associés les hommes qui nous en ont donné les premières ouvertures et qui nous ont même guidés dans le discours que nous venons de prononcer. Leurs conseils éclairés, ce qu'ils ont déjà fait pour l'entreprise, leur activité, leur patriotisme pur et les pouvoirs dont ils sont investis mettent toutes les chances de notre côté.

« Je vous le répète, citoyens, il est impossible que Bonaparte n'approuve nos efforts pour l'aider à remplir complètement sa promesse envers nous. »

Après ce discours, le citoyen Salvatori se lève et dit :

« Le citoyen Landrieux, actuellement major-général de la cavalerie de l'armée française, avait été chargé par le général en chef et sous l'inspection du général Kilmaine, du bureau secret de l'armée, c'est-à-dire de savoir, pour lui en rendre compte, tout ce qui se passait dans les cours étrangères voisines de l'armée, dans les armées qui lui étaient opposées, dans son armée propre et dans les pays conquis.

Il était alors à Goito, commandant le Mantouan en deçà du Mincio et par conséquent entouré à l'est, au nord et à l'ouest par les Vénitiens. Il ne fut pas longtemps sans découvrir toute la mauvaise volonté du Sénat à l'égard des Français et il fut même obligé de punir très sévèrement quelques Mantouans qu'il reconnut être leurs très chauds partisans et nous savons que ce ne fut qu'en emprisonnant des otages tirés de Castiglione della Stiviera qu'il vint à bout de faire cesser les assassinats qui se commettaient tous les jours sur des Français isolés par des Valériens envoyés sur le territoire mantouan sous prétexte de commerce de tabac.

« Cette conviction de la culpabilité du gouvernement vénitien, l'engagea à s'assurer d'une correspondance à Venise même. Je lui offris d'aller l'établir et c'est par mon moyen, et avec une misérable somme de 500 sequins qu'il me compta, que je vins à bout d'acheter un noble de la classe des secrétaires, qui me parut suffisant pour instruire mon commettant de ce qui pouvait intéresser les Français. L'ambassadeur de France, Lallement, était trop remarqué pour pouvoir être utile, car, suivant l'usage, on se méfiait de lui à Venise. Le noble dont je parle est secrètement lié avec un agent de la légation russe, ennemie des Français (¹) et c'est de là, plutôt que de son propre gouvernement, qu'il tire les avis qui peuvent nous intéresser. Depuis je n'ai pas cessé de correspondre avec lui et c'est encore par la voie du commerce des juifs.

« Jusque là, c'est-à-dire jusqu'au moment où le citoyen Landrieux quitta le gouvernement du Mantouan pour venir prendre entièrement le poste de major-général de la cavalerie, à l'époque où les cicatrices de ses blessures lui permirent de monter tous les jours à cheval, il ne fut question que de connaître à peu près ce qui se passait au Sénat, entre ce dernier et les puissances étrangères, et cette correspondance ne produisit pas grand'chose. Mais en brumaire, le général Landrieux jugea à propos de faire lui-même un voyage avec moi à Venise, un voyage secret. Il paraît qu'il avait des ordres particuliers du général en chef. Je ne puis cependant l'assurer. Ce qui me porte à le croire, c'est que pendant ce séjour d'une décade il ne s'occupa que d'attacher, comme en effet il lia avec une dextérité singulière, tous les fils d'un soulèvement général dans cette capitale contre les assassins des Français (²). Et ce mouvement aura lieu lorsqu'il lui plaira d'en donner le signal. Il laissa à Venise deux Florentins qui, tous les jours, grossissent la liste des ligueurs et travaillent jour et nuit : ils correspondent avec leur compatriote Galdi, ici présent. Il n'y a ni rassemblement ni société cachée ; cette étrange manœuvre ne peut être découverte et encore moins prouvée, et, si elle l'était, Venise n'en serait pas plus en sûreté (³).

---

1. Cet agent de la légation russe était Français. C'était M. le comte d'Antragues qui, sans s'en douter, nous découvrait tout ce qui se passait parmi les nobles Vénitiens.

1. Je n'avais pas fait confidence à Salvatori du début de la brouillerie que je m'étais mis en état d'exciter dans Venise. Celui qu'il m'attribue partait de son imagination seule. Je voulais être en état de faire plutôt plus que moins, suivant que les circonstances l'exigeraient. A l'époque où Salvatori parlait, il s'agissait de renverser totalement l'État vénitien, ce qui était bien plus que la vengeance à tirer des assassinats de Castiglione et de nos ordonnances.

3. Comme ce ne peut plus être un secret, je puis dire aujour-

« Il y a trois semaines je fis un troisième voyage par ordre du citoyen Landrieux, pour m'assurer par moi-même de l'exactitude des Florentins que Galdi avait donnés. Les chefs des ligueurs vinrent me trouver à Maestro et ils sont dans de telles dispositions qu'ils m'ont chargé de rembourser au général les dépenses qu'il a faites pour l'entretien des Florentins duquel ils se sont chargés pour l'avenir, ne trouvant pas juste que la France fasse des frais pour une affaire qui ne *touche qu'eux*. Lorsque les troupes nécessaires seront arrivées à Maestro sous prétexte d'aller joindre la grande armée, après avoir passé par Brescia et Vérone sans y faire rien d'extraordinaire, je me charge de les conduire moi-même dans Venise et je réponds de tout. Voilà l'explication que j'avais à vous donner à cet égard, le citoyen président n'ayant touché que très succcinctement cet article.

d'hui en quoi consistait ce fameux complot dont on a tant parlé, et dont personne n'a deviné la forme ni les moyens. J'étais venu à bout de découvrir deux partis dans le Sénat, qui paraissait si uni et qui l'était effectivement, lorsqu'il était question de se maintenir contre les Français. Les uns voulaient que l'on s'attachât plus particulièrement la Terre-Ferme, en appelant les fortes familles au Sénat à mesure des extinctions de la noblesse sénatoriale et en adoucissant le régime auquel cette Terre-Ferme était soumise. Le comte Rocco San Fermo était à la tête de ce parti. Les autres refusaient tout et ils avaient mis à leur tête un misérable nommé Giovanelli que Bonaparte soldait (¹) et qui, par des criailleries et des actes de fureur simulés, était venu à bout, comme il arrive dans toutes les républiques, de se faire regarder comme le plus dévoué des sénateurs du parti de la vieille méthode. Rocco San Fermo était l'ennemi juré de Giovanelli. On a cru longtemps que ce zélé partisan des concessions était payé par nous. C'était un homme sans tache qui servait fidèlement son pays. Il est vrai que la diversion que lui et son parti causèrent dans le Sénat nous était utile sans qu'il s'en doutât et qu'il paralysa ainsi les moyens de répression. Après la prise de Vérone, il nous vint un ordre de Bonaparte de l'enfermer au château Saint-Félix et toute l'armée sut que cet ordre avait été lancé à la demande de Giovanelli, alors tout puissant à l'état-major général, malgré tout l'odieux de Vérone. Giovanelli culbutta Battaja, homme de moyens, mais

---

1. Berthier payait les grands traitres. C'est lui qui fit remettre 100,000 francs au général d'Argenteau, 50,000 francs à Lauer, et 124,000 francs à Giovanelli.

« Laissez-moi ajouter quelques mots, citoyens, à ce que le citoyen Porro vous a détaillé sur le fond de cette grande affaire. Nous devons vous dire, qu'avant qu'il en fût question, les nouvelles ambiguës de l'armée nous avaient alarmés et regardant nous-mêmes Bonaparte comme trop hardi nous avions pourvu à notre sûreté commune en donnant au général Kilmaine, resté commandant des pays conquis, tous nos moyens de réserve, pour qu'il pût, en s'en aidant lui-même, nous protéger efficacement.

« Ces moyens de réserve consistent en 1,500,000 francs et ce que nous avons de munitions de guerre et de bouche à nous rassemblés avec l'autorisation du général en chef, plus une certaine quantité d'objets d'équipement dont il a besoin pour les soldats français qui lui ont été laissés pour la défense du pays, sauf à nous à nous en procurer d'autres pour nos légions et à cet égard nous avons du temps de reste.

plus doux et moins intrigant que lui. Il trouva moyen de mettre Rocco San Fermo sous ses ordres et le força de lui obéir. Bonaparte avait promis à Giovanelli de le faire seul gouverneur de Venise si par son moyen il pouvait s'en rendre maître. Pour cela, il fallait des motifs. Jamais Bonaparte ni Rocco San Fermo n'eussent commandé l'égorgement de la deuxième fête de Pâques. Giovanelli l'ordonna et marcha lui-même à la tête des assassins. Bonaparte n'osa pas le mettre à la tête du Sénat postiche qu'il créa ; il ne pouvait braver ainsi toute l'armée qui aurait fusillé le cannibale, et même devant lui, mais il le récompensa lors de l'érection du royaume éphémère d'Italie [1]. Il en fit un des principaux dignitaires et cacha sous d'énormes cordons le sang français qui couvrait les habits et tout le corps de ce monstre. Tous mes ligueurs tenaient pour Rocco San Fermo et son parti. On devait se présenter en foule et demander l'affranchissement de la Terre-Ferme et des îles et en cas de refus on appelait les Français pour soutenir cette demande. Eux arrivés, on aurait vu autre chose. Ainsi l'on peut dire que cette espèce de conjuration est d'un genre nouveau, — puisque aucun conjuré ne savait qu'il était un conspirateur, — découverte ; elle ne pouvait être considérée comme un crime. Mais alors je ne savais pas que Giovanelli était gagné et le général en chef, avec son air de confiance, ne disait jamais tout, pas même à Berthier.

1. Ce n'était plus la même armée : il y avait longtemps qu'il n'en restait plus rien que quelques généraux.

« Ces moyens vont être employés dans la grande affaire, et nous serons remboursés.

« Quant à l'approbation à obtenir du général en chef, voici nos motifs d'y croire. Nous serions bien trompés, ou la caisse de l'armée française qui doit 11 millions à Gênes, quoiqu'elle n'ait fait que passer dans ce pays, doit beaucoup plus à Vivanti et C$^e$, fournisseurs vénitiens, et peut-être même aussi à divers agents de Venise. Certes si les Provinces et Venise sont un jour à nous, il ne sera plus question de cette dette en vertu de l'axiome qui dit que le premier coup de canon paye tout et la nation française ne pourra que nous savoir gré de ce service plus important peut-être qu'on ne le pense.

« Quant à l'idée d'un traité de Venise avec les Autrichiens, je ne puis m'y arrêter, dans l'opinion que j'ai que Vienne ne traiterait que pour s'emparer de la Terre-Ferme qui lui convient si bien pour se rembourser des frais qu'elle aurait faits pour soutenir la République. Le Sénat, à moins qu'il n'ait absolument perdu l'esprit, ne fera pas cette faute. Au reste, il est à présumer que l'Autriche nous aiderait plutôt que de nous entraver par la raison que, nous regardant éternellement comme des échappés à sa domination quelques traités qu'elle fasse par la suite avec la France, elle conservera *in petto et altamente* l'intention de nous attaquer au premier moment favorable, nous, et tout ce qui composera alors notre Etat, et qu'elle considérera que la conquête de la Terre-Ferme de Venise faite par elle sur nous comme étant alors partie intégrante de la République Italienne, fera moins crier l'Europe que si elle était faite par envahissement de l'Autriche elle-même sur Venise elle-même, et il ne serait, je crois, pas difficile de faire entendre au conseil de l'Empereur cette singulière raison de ce que les souverains appellent le droit public ([1])

« Je propose, avant tout autre chose, d'envoyer inviter le général Kilmaine et le major-général Landrieux de se rendre au Comité. »

---

1. Chose étrange, Salvatori se trouvait là sur la même route que nous, et sans deviner que nous avions un but et des moyens communs ! C'est que cet arrangement était naturel — en diplomatie s'entend, — et on doit présumer que l'Angleterre, la Prusse et la

Le citoyen Comeyras se lève et dit :

« Je me charge de tout expliquer au général en chef et ensuite au Directoire et d'en rapporter les approbations nécessaires. »

A une heure après minuit, le citoyen Landrieux, présent au Comité, a dit que le général Kilmaine était absent. Je lui ai donné lecture de tout le procès-verbal, dont il a demandé copie. Il a dit ensuite que dans le cas où le général en chef et le général Kilmaine approuveraient les desseins du Comité, il faudrait d'abord donner une extension considérable au bureau secret de l'armée et lui en donner les moyens; qu'ensuite il faudrait se tenir prêts à soutenir le soulèvement en quelque endroit qu'il éclata d'abord et que pour tout cela il suffirait d'autoriser le général Kilmaine à faire l'emploi des fonds qu'on avait mis à sa disposition de la manière qu'il jugerait convenable et sans s'expliquer davantage. Alors Kilmaine et lui se chargeraient de tout. Le Comité, ayant déclaré être assez instruit, a arrêté : 1º Que l'arrêté qui mettait à la disposition du général Kilmaine la somme de 1,500,000 francs serait biffé à la diligence du président; 2º que ces fonds seraient remis au général Kilmaine sur sa demande verbale et sans donner de *récépissé*; 3º qu'en employant dès aujourd'hui tous les moyens possibles pour attirer et soutenir le soulèvement de la Terre-Ferme, il serait agi de manière qu'il parût aux yeux de toute l'Europe qu'elle se serait soulevée d'elle-même; 4º qu'on fournirait au général Landrieux tous les agents qu'il demanderait et dont on lui répondrait, soldés par la caisse particulière du Comité...; 5º que la garde nationale de Milan est à sa disposition jusqu'à concurrence de 600 hommes.

Le général Trivulzi présent dit qu'il se charge de ne donner au général Landrieux que des hommes de tête et de main, discrets et braves, choisis dans toute la garde qu'il

---

Russie en eussent fait autant si les localités le leur eussent permis. Tant est vraie la maxime que tout Etat qui n'a pas de troupes, ou qui n'en a que de mauvaises, est à la merci de tous ses voisins, même les plus petits. L'argent seul ne suffit pas; il nuit même quand on n'a pas d'armée. C'est un appât pour les puissances voisines, comme la charogne l'est pour les vautours.

commande, et qu'il s'empressera de prendre dans toutes les circonstances les ordres du général Landrieux à cet égard. Il observe seulement que pour faire sortir ces hommes de Milan, avec prudence et sans bruit, il faudra qu'il soit prévenu six heures d'avance. Il dit au Comité que tous les hommes qu'il emploiera ayant des métiers et des familles à nourrir, il faudrait leur donner au moins dix sols de France par jour, quand ils seront en expédition pour leur ôter l'idée du pillage. Bien entendu qu'ils auraient en outre la nourriture du soldat et que ceux qui auraient usé leurs uniformes seraient à leur retour habillés par le Comité.

Le Comité trouve ces observations justes et arrête qu'il pourvoira à ces dépenses.

Chargé depuis longtemps du bureau secret, je ne manquais pas d'espions, mais, dans cette circonstance, pas un d'eux ne voulait aller à Bergame par où je voulais commencer. A la vérité, rien n'y était encore préparé. On savait seulement que quantité des plus notables n'attendaient que l'envoi d'un homme assez audacieux pour prêcher l'insurrection sur les places publiques et pour affronter ainsi les plus grands dangers, car Ottolini était homme à l'envoyer tuer dans les rues en plein jour. Il s'agissait donc d'exciter une rumeur parmi le peuple et aussitôt des gens considérés devaient, disait-on, se mêler de la querelle et répéter et faire répéter les cris de *Vive la Liberté* par des ouvriers à eux, et en assez bon nombre pour tenir ferme malgré la garnison vénitienne, qui n'était que d'environ trente hommes [1], forcer les prisons au cas qu'il y eût quel-

---

1. Il n'y avait pour le moment que trente hommes dans la ville ; mais il existait dans les provinces un corps de miliciens, vivant chez eux et sans solde à moins qu'ils ne fussent appelés à un service actif. Ottolini pouvait les appeler d'un moment à l'autre dans un cas pressant. Ce corps pouvait lui fournir de 34 à 35,000 hommes : les sbires de la ville et de la province étaient obligés de marcher aussi, et de se monter à leurs frais. Il y en avait environ deux cents.

qu'un d'eux d'arrêté, mettre enfin en pratique tout le protocole des soulèvements populaires.....

Quoique les Français ne fussent pas novices dans ce métier, le colonel Faivre, commandant la garnison française, n'était pas capable de ces actions qui, toutes turbulentes et vives qu'elles paraissent, demandent un sang-froid inouï et de fortes combinaisons pour tirer parti sur-le-champ de toutes les occurences qui se présentent et sans pouvoir être prévues dans ces occasions. Il ne fallait pas d'ailleurs que les Français parussent s'en mêler d'abord.

Les agents dont le Comité m'offrit les services ne voulurent pas plus s'en charger que ceux que j'avais. Un espion n'est accoutumé à se servir que de ses yeux et de ses oreilles, et il fallait là quelque chose de plus .... Enfin Couthaud, alors adjudant-général de la Lombardie, et, auparavant, commandant à Bergame, me donna un brigand du plus bas aloi, fuyard de France à cause d'une condamnation aux galères pour avoir volé et s'être dit prêtre sans l'avoir été ni l'être, et qui connaissait beaucoup de bas peuple à Bergame, où il avait fait pendant plusieurs années le commerce des pierres fausses, dans lequel il n'avait gagné que du pain. Couthaud avait placé cet homme dans un magasin de vivres à Milan ; ce misérable ne fit aucune difficulté, pour de l'argent, de s'exposer à la potence en allant à Bergame travailler l'esprit public, dans cette ville, qui

---

Ottolini avait préparé ces forces si considérables, dès son entrée en Italie. Ainsi, il avait plus de 50,000 hommes à sa disposition. Il l'avait écrit au Sénat et aux inquisiteurs. L'avarice du gouvernement ne permit pas à Ottolini de mettre ces masses sur pieds, et dans la révolte de Bergame Ottolini crut que le mouvement populaire n'avait lieu que par ordre des inquisiteurs. Plus fin que lui y eût été trompé.

avait toujours été protégée par le Sénat à cause de son ancienne fidélité et dans laquelle le gouvernement vénitien devait avoir de chauds partisans.

Ordinairement, cette espèce de gens déterminés et accoutumés au crime sert beaucoup mieux dans de pareilles œuvres qu'un homme honnête.

Mes observateurs de campagne ou *mouchards*, car il faut trancher le mot, se croyaient des gens d'une probité rare en se comparant à Lhermite.

Quel labyrinthe que la tête humaine! Un espion double, et ce sont les meilleurs, ne mérite-t-il pas d'être pendu à chaque instant du jour. J'employai donc cet homme, faute d'en trouver un moins taré.

## CHAPITRE VIII

Fautes énormes des Vénitiens. — Leur position dans la balance européenne. — Remarque sur le Gouvernement suranné qu'ils s'obstinaient à conserver. — Usure. — Notes sur le comte Carlotti. — Bassesse de sa conduite envers Louis XVIII. — Friponnerie d'un gouverneur de Corfou. — Le Sénat tente de corrompre le Directoire de France. — Vivanti le fournisseur.

Il faut que je répète ici, et le plus rapidement que je le pourrai, qu'aussitôt après la municipalisation de Milan et l'établissement dans cette ville des administrations de l'armée, Bonaparte et Salicetti, qui commençaient à sentir la faute capitale qu'ils avaient faite de négliger Mantoue après l'affaire de Lodi, se portèrent vers Castiglione della Stiviera, où un faux rapport leur avait dit que Beaulieu avait rallié les restes de son armée. Il fallait le battre encore avant de songer au siège de Mantoue dont les préparatifs de défense avançaient avec rapidité. On se battit effectivement à Lonato et à Desenzano et surtout à Borghetto. On alla même jusqu'à Rivoli où je fus blessé et à Polo.

Mais pour arriver d'abord à Castiglione, où l'on ne trouva pas l'ennemi, il fallait mettre le pied sur le territoire brescian. Des commissaires, envoyés de Vérone, s'étaient présentés à Soncino; on ne les reçut pas.

Le lendemain, 8 prairial, l'armée était devant Brescia où, après quelques façons, le gouverneur Mocenigo nous laissa entrer, un peu malgré lui, mais à condition que Bonaparte recevrait les commissaires et je fus chargé de les lui amener. C'est là qu'eût lieu le traité de Sainte-Euphémie que j'ai rapporté et il n'est pas inutile de faire remarquer ici, encore une fois, l'extrême stupidité du Sénat et d'entrer dans des détails sur lesquels le président Porro n'a dit que quelques mots.

La découverte du Nouveau-Monde avait ruiné le cabotage de Venise dans les Échelles du Levant, dont on ne parla plus aussitôt qu'on eût vu l'Amérique et ses immenses productions. Environ dans le même temps, Vasco de Gama et Albuquerque prirent par la route du cap de Bonne-Espérance un chemin plus facile que celui des caravanes de Bagdad et de Mossoul et achevèrent de détruire le commerce vénitien dans les régions orientales, en enlevant, dans leur source, les richesses que des chameaux avaient apportées jusqu'à cette époque et à travers des déserts immenses du fond de l'Asie sur les bords de la Méditerranée et de la mer Noire. Les guerres de Venise avec les Turcs, les rois de France, les querelles avec le Saint-Siége et divers autres Etats de la chrétienté, avaient réglé le rang qu'elle devait tenir parmi les puissances de l'Europe. Les Génois avaient montré, par la paix de Chiozza, que ces prétendus républicains pouvaient être conquis. Vers le temps de la guerre de Candie, elle était encore puissance de premier rang, mais l'égoïsme mal entendu des nobles et une certaine routine vers l'Orient les ayant détournés des grandes entreprises maritimes et occidentales où il ne faut qu'un honnête et franc négociant, au lieu d'un corsaire blasonné, l'état abject, l'asservissement cruel où elle tenait ses sujets, auxquels elle refusait avec hauteur le titre de citoyen, ôtant à ces derniers toute idée et tout moyen d'aller s'établir à l'instar des autres nations au-delà de l'océan Atlantique et dans la mer des Indes (¹), cette république tomba insensiblement du premier au deuxième et enfin au dernier rang entre les Etats de l'ancien continent. Bientôt il ne resta plus à Venise que le revenu de ses provinces. Un entêtement déplorable à vouloir soutenir les familles nobles que le luxe, le jeu et d'autres défauts ou vices, pires peut-être encore (²), avaient ruinées, conduisait le Sénat à faire gouverner ces provinces par ces individus dont il voulait maintenir le nom et rétablir la fortune. Les exactions de tous genres, que ces mauvais sujets se permettaient et qui n'étaient jamais punies, en remplissant leurs coffres, ruinaient les peuples et avaient tellement diminué les revenus de l'Etat qu'à notre arrivée en Italie il n'y avait rien au Trésor (en argent s'entend), tandis que presque tous les nobles

---

1. Le manufacturier Becalossi me disait un jour que son père avait été sollicité plusieurs fois, d'envoyer des fusils aux Etats-Unis, et qu'il était bien certain qu'il en aurait rapporté des millions en retour de ses marchandises, mais que ce qui l'en avait détourné était la crainte du despo.. me du gouvernement de Brescia, qui se conduisait comme les sultans africains envers les gens riches et même envers les corsaires aisés.

2. Lisez Bembo, *Histoire de Venise*, édition de 1567, livre VII. Tout le monde sait que Bembo était cardinal et évêque d'Insubio et de Bergame et qu'il avait été secrétaire intime de Léon X. Par respect pour les oreilles chastes, je ne parlerai pas non plus de l'ordonnance de marine qui défendait d'admettre des femmes sur les vaisseaux de la République et qui permettait autre chose, excès de turpitude ! — J'ai été admis à des orgies chez le gouverneur de Brescia. Elles coûtaient plus de 30,000 francs. La lubricité des empereurs romains les plus dissolus n'a jamais approché ce qu'on voyait dans ces assemblées nocturnes. J'en fus dégoûté. Qu'on se figure des vases d'albâtre de six pieds de haut remplis de vin, luisants, tournant lentement sur leur axes et mis en mouvement par des enfants de dix ans tout nus; des femmes essayant d'imiter les Grâces par leur nudité, en dansant tout autour de ces vases, tenant des propos lascifs et sans le moindre esprit.

étaient dans l'opulence. A peine pouvait-on entretenir quelques vieux vaisseaux mal construits pour protéger les îles qu'ils tenaient dans l'Archipel et les convois de sel qu'ils tiraient de Corfou et que par le monopole le plus criant ils vendaient au peuple au prix de ses sueurs (1).

Il eut fallu à la mort de chaque gouverneur se servir du sage expédient du clergé de France au décès d'un abbé commandataire ou d'un évêque, qui n'avaient rien entretenu ; il eut fallu mettre la province en économats.

Un provéditeur, qui avait gouverné Corfou, fut accusé de concussions révoltantes. Il vint rendre compte de sa conduite et, nouveau Verrès, il évita le dernier supplice et se tira d'affaire avec quelque argent. Sûr des juges qu'il avait payés, il eut l'effronterie de leur répondre que des vaisseaux, dont il avait vendu l'artillerie et les agrès, avaient été mangés par les rats. Ce vautour fut absous (2).

Le Livre d'Or crut entrevoir un beau moyen de gagner de l'argent dans la guerre qui allait se faire sur son territoire. Il prit ainsi qu'on l'a vu le banquier Vivanti pour prête-nom (3), il retira ses capitaux aux courtiers de l'usure et les livra pour le monopole nou-

---

1. Les vaisseaux trouvés en construction sur les chantiers de l'arsenal étaient commencés depuis quarante ans ; la présence d'une escadre russe dans les eaux de l'Archipel en avait fait ordonner la construction en 1742.
2. Voyez le voyage de l'abbé Richard.
3. Nous avions ordre de bien recevoir ce maltôtier quand il venait totaliser, car outre les fournitures aux magasins généraux, il y avait quelques comptes particuliers des commandants de place. Aussi lui faisait-on fête partout. Je le régalai de mon mieux à Goito ; il y eut même de la musique. Après le café, je lui fis servir de sa propre eau-de-vie. Il cria comme un enragé qu'il était empoisonné.

veau. L'aveugle avidité fit oublier la patrie et pour comble de déraison, de scandale et d'absurdité, les Vénitiens traitèrent en même temps avec les Autrichiens pour leurs fournitures, comme si dans toutes les guerres il n'y avait pas de toute nécessité un vainqueur et un vaincu qui s'enfuit et ne paie pas. Ce qu'on prévoyait en France et à Vienne, ce que les Vénitiens n'imaginèrent jamais pouvoir arriver, arriva. La première amorce brûlée contre eux acquitta tout, même les dix millions prêtés, disait-on, à Henri IV sur son épée (¹).

Un médiocre corps d'armée et quelques bonnes garnisons eussent protégé le pays. Il fallait, il est vrai,

---

1. Le comte Carlotti, de Vérone, dont la maison (*casa Canossa*) avait été endommagée par une bombe du fort Saint-Félix pendant le siège, vint me trouver lorsque nous fûmes les maîtres de la ville. Il me demandait une indemnité pour le dommage, le traité de Sainte-Euphémie à la main, comme si c'eût été contre les Autrichiens que nous eussions combattu. Il fut mal reçu : la suite apprendra pourquoi je le fis chasser du quartier général. A quelque temps de là, il revint à la charge. Il eut l'effronterie de faire valoir la bassesse avec laquelle il avait traité Louis XVIII, auquel il aurait ôté, disait-il, jusqu'à l'habit qu'il avait sur le corps, si le Sénat l'en avait crû, pour le paiement non pas des dix millions prêtés à Henri IV, mais pour les dettes que ce prince et sa suite avait contractées à Vérone. Kilmaine, qui était en ce moment dans ma chambre, ne put se contenir. Il prit cet homme par son habit, et le poussa violemment sur les escaliers. Ensuite, il réfléchit longtemps avec moi sur les moyens qu'on pourrait employer pour payer les dettes criardes que le comte Emili nous avait déjà dit, ainsi que M^me Pellegrini, ne s'élever guère qu'à 200,000 francs, et cela par honneur pour la France. Kilmaine était vertueux et capable de cette belle action; mais nous étions encore sans le sol et sans beaucoup de crédit. Ce qui attendrissait ce jour-là ce général plus qu'à l'ordinaire, c'est qu'on m'avait donné pour chambre à coucher la même salle où Louis XVIII avait été reconnu roi, après le décès du dauphin. On y voyait encore le dais et les fleurs de lys de cuivre doré incrustés sur le chambranle de marbre noir de la cheminée. Il y avait pensé toute la nuit et ce tableau fâcheux des vicissitudes humaines l'avait vivement ému.

aussi près de dix millions de réparations aux places de guerre, mais on aurait eu le temps de payer cette dépense, en s'arrangeant avec les entrepreneurs, en leur donnant en acompte quelque vieille artillerie, ainsi que l'a fait depuis Bonaparte pour avoir quelque argent pour son expédition d'Égypte. Mais aucun noble ne voulut y entendre, ils craignirent qu'une fois entrainés dans l'armement, il ne fallut établir d'abord et fournir ensuite une contribution entre eux. Et notez bien que ces précautions, loin de nuire aux marchés de fournitures, en auraient protégé les stipulations et que par là même ils eussent assuré les rentrées et par conséquent les bénéfices, qui auraient pû surpasser de beaucoup les frais de leur armée et de leurs fortifications.

Ils voulurent enfin délier les cordons de leur bourse, mais il n'était plus temps. Ils essayèrent, à la fin de tout, de corrompre quelques membres du Directoire dont quelques-uns reçurent leur argent et se moquèrent ensuite de Querini ([1]). A cette époque les Vénitiens étaient déjà donnés en compensation (*dati in compenso* ([2]).

Le rusé Salicetti et l'un de nos meilleurs ordonnateurs en chef, Lambert, avaient, dit-on, fait entrevoir à Bonaparte que le traité de Sainte-Euphémie lui soumettait tout le pays vénitien parce qu'il était impossible que les généraux autrichiens, poussés déjà hors de la Lombardie, au moment du traité, pussent se

---

1. Le notaire Mathieu, à Paris, fut chargé de proposer 600,000 francs à chacun des Directeurs pour faire ordonner à Bonaparte de rétablir la République de Venise et faire punir ceux qui avaient concouru à sa destruction. Il y en eut même qui reçurent cet argent et je ne les nommerai pas. Mais je citerai avec plaisir le Directeur Rewbel qui, aux premiers mots, chassa le notaire et lui ôta sa clientèle. Je dirai ailleurs ce qui s'ensuivit.
2. V. le mémoire de Rocco San Fermo.

maintenir sur les États de Venise, sans y avoir quelque place pour appui et qu'ils ne tarderaient pas à en prendre quelqu'une de gré ou de force, tandis que cette nécessité ne pouvait se faire sentir à nous qui tenions la Lombardie, et qu'ainsi à la première ville vénitienne prise par les Impériaux, nous allions en vertu du traité entrer dans toutes les autres. Il fallait que la soif de l'or fut bien grande pour avoir ôté toute intelligence aux députés de Vérone. Il est vrai qu'on ne leur donna pas trop de temps pour y réfléchir. Ils arrivèrent vers midi au couvent de Sainte-Euphémie et à trois heures le traité était signé. En qualité de chevalier d'honneur, je reconduisis ces diplomates à leur auberge. Les plaisanteries que je ne fus pas le maître de retenir leur firent sortir leur papier de leur poche et pendant qu'ils le relisaient, je les plantai là. Bonaparte s'était empressé de partir. Ils vinrent le soir proposer quelques changements à Salicetti, qui répondit comme Pilate.

Le surlendemain, Vivanti vint me trouver à Desenzano pour m'engager à prier le général Kilmaine de lui communiquer les états de situation de la cavalerie, afin de savoir, disait-il, jusqu'à quel point il pourrait étendre les achats de fourrages. Kilmaine dit qu'il ne donnerait point d'états à un marchand qui fournissait aussi l'ennemi et qui passerait probablement dix fois par jour de notre camp dans celui des Autrichiens. Il s'en alla et les réquisitions sur le pays vénitien y suppléèrent. On donna les bons aux podestats.

## CHAPITRE IX

Maladresse de Couthaud, adjudant-général de la Lombardie. — Rapports des événements passés à Bergame, tant par les autorités constituées que par le bureau secret. — Par quelle espèce de gens fut commencée l'insurrection à Bergame. — Giovanelli vendu à Bonaparte. — Preuves du concours du Sénat à la Révolte. — Proclamations prématurées et intempestives de Bergame. — Plainte de Foscarini. — Il se laisse amuser. — Rapport du chef de l'état-major de la cavalerie sur les évènements de Bergame. — Raisons particulières aux généraux pour ménager le Sénat dans le commencement. — Officiers et soldats. — Ce qu'ils font dans certains gouvernements. — Fuite ridicule d'Ottolini. — Lettre insérée dans la *Gazette de Schaffouse*. — Réflexions sur l'emploi de Lhermite

L'adjudant-général Couthaud qui, certes, n'était pas dans tout notre secret, avait je ne sais par quel motif vaniteux donné des instructions à ce Lhermite dont j'ai parlé. Couthaud savait seulement que l'on voulait révolter Bergame contre le Sénat. Il eut l'extrême maladresse de dire à l'espion qu'il pouvait se servir du nom des Français auprès des Bergamasques, — ce que je lui avais expressément défendu, — et ce qui ne devait pas manquer de découvrir à Foscarini qu'il était joué; et, en effet, cette inconcevable étourderie, dont on voit le détail dans le rapport du commandant Faivre, nous brouilla pour un moment avec l'agent diplomatique et cette contrariété nous mit dans un certain embarras. L'explosion avait été si prompte à Bergame que je n'avais encore malgré mon activité rien de tout à fait prêt pour profiter du mouvement. Elle eut lieu le 21...

Couthaud avait dit aussi à Lhermite de correspondre avec lui et il avait écrit dans ce sens au colonel Faivre. J'avais d'autres agents à Bergame, mais simples observateurs, qui m'instruisaient le 22 de ce qui s'était passé le 21. Comme nous ne pouvions et ne devions agir que d'après des rapports officiels, nous attendions avec impatience celui qu'il était du devoir du commandant de la place de nous faire passer. Il n'arrivait pas, et je fis écrire le 23 par Kilmaine à Faivre une lettre dont voici la réponse :

« Mon général,

« Je m'empresse de répondre à votre lettre du présent jour pour vous dire que si je ne vous ai pas rendu compte des évènements qui se sont passés à Bergame, depuis trois jours, c'est que j'ai pensé qu'il suffisait de correspondre à cet égard avec l'adjudant-général Couthaud [1], qui, par sa lettre du 19 courant, m'a adressé le citoyen Lhermite, venant à Bergame pour affaires très importantes et m'a prié de le servir en tout ce qu'il pourrait avoir besoin, persuadé que l'objet dont il est chargé ne peut qu'être utile et avantageux à la République française.

« Ceci est la copie exacte de ce que m'écrit Couthaud. D'après cette lettre de l'adjudant-général, et celle beaucoup plus détaillée que m'a montrée le citoyen Lhermite, j'ai dû, tranquille spectateur des opérations de cet envoyé, ne faire aucun mouvement tant que les Vénitiens n'en ont fait eux-mêmes aucun contre les troupes françaises et contre leurs conventions avec le général

---

1. Couthaud était allé dès la veille à Lodi pour affaires relatives au service.

Baraguey d'Hilliers. Mais, le 22 courant, le provéditeur ayant doublé toutes ses gardes et introduit 450 hommes de troupes dans la ville où il ne devait avoir que 24 hommes de garde, et ayant fait publiquement distribuer des cartouches à sa troupe, tenu sa cavalerie sous les armes, j'ai eu lieu de croire que ces préparatifs tendaient à rompre la neutralité et à machiner une attaque contre les troupes françaises.

« Je n'ai pris d'autres mesures contre ces espèce d'hostilités que de faire conduire sur la place de Bergame deux pièces de trois, soutenues par un piquet de 50 hommes. J'ai ensuite écrit au provéditeur pour me plaindre de l'infraction qu'il faisait au traité de neutralité fait entre la République française et celle de Venise et pour l'inviter à faire cesser les manœuvres de ses troupes. Pas une amorce n'a été brûlée, pas le moindre trouble : tout est rentré dans l'ordre.

« Sur ces entrefaites, le citoyen Lhermite, fidèle à sa mission de faire expliquer catégoriquement les Bergamasques sur leurs dispositions à se gouverner par eux-mêmes, a reçu par écrit le vœu de tout le peuple pour la Liberté.

« Le provéditeur s'est retiré vers Venise. Les soldats vénitiens sont presque tous partis; une municipalité a été formée sans trouble et sans violence; la première opération a été de s'unir à la république cispadane (1); la seconde d'accorder un don gratuit de cinq millions de livres, monnaie du pays, pour engager les Français et les Lombards à leur assurer leur liberté conquise par leurs seules forces.

« Lhermite m'a dit qu'il enverrait demain toutes

1. On verra pourquoi il fut question d'une république cispadane, véritable hors d'œuvre dans nos affaires.

pièces justificatives de ce que j'avance à l'adjudant-général Couthaud. Dans toutes les opérations de Lhermite, je n'ai pris d'autre part que celle de l'intérêt tranquille que tout républicain français prend aux efforts d'un peuple généreux qui veut recouvrer sa liberté, et si c'est un crime, ce sera le premier reproche que j'aurai mérité et essuyé depuis 26 ans que j'ai commencé à servir.

« Salut et respect,
« FAIVRE. »

J'ai dit que mes espions m'avaient écrit le 22. Voici leur rapport dressé par Marchesi, l'un d'eux, un notable bergamasque.

« Hier, mon général, l'affaire a eu lieu. Les bourgeois nobles ou non vinrent depuis cinq heures du matin signer chez moi, au nombre de plus de 700, leur adhésion à l'expulsion de nos tyrans et à la formation d'une municipalité dont les membres seront pris dans toute la province. Le nommé Lhermite s'est donné les soins nécessaires pour avertir tout le monde. J'avais chez moi les dix-sept que vous savez; nous étions armés jusqu'aux dents pour nous défendre contre les soldats d'Ottolini et les sbires, en cas d'attaque. Personne ne s'est présenté pour cela. Cependant Ottolini a été averti, car il y a toujours des traîtres partout. Nous savons qu'il avait envoyé des courriers dans tout le Bergamasque pour faire accourir ici en toute hâte les soldats provinciaux [1]. A neuf heures, nous avons

---

1. Espèce de milice semblable aux troupes connues sous ce nom en France avant la Révolution. Elle n'avait de solde que lorsqu'elle était employée, comme la Sainte-Hermandad d'Espagne qui n'a rien quand elle n'est pas requise soit par le cri public, soit par les magistrats. Elle était sans obligation pour la guerre.

envoyé Lhermite sur la place pour crier : « Vive la Liberté ! » Il était accompagné d'une centaine d'ouvriers et de domestiques à nous.

« Il a fait le diable. Presque tous les cabaretiers de la ville ont été invités en même temps par les plus riches d'entre nous à donner à boire pour rien tout le vin qu'on demanderait sur notre caution. On avait eu soin de prévenir les domestiques de cette mesure et ils ont fait boire les premiers de la populace qui se sont présentés pour savoir ce que c'était. On allait ainsi de cabaret en cabaret. Lhermite disait que c'était de la part des Français. Tous ceux qui avaient signé sont sortis de leur maison comme par curiosité et disaient au peuple que, puisque les Français le voulaient, il fallait bien le vouloir aussi. A midi, voyant qu'il ne venait plus personne pour signer, nous sommes aussi sortis et nous avons passé chez tous les boulangers et nous avons répondu de tout le pain qu'on prendrait chez eux. A cette heure, toute la population de la ville et des faubourgs courait dans les rues. Il y avait quantité de violons et on dansait en criant: « Vive la Liberté ! » et « Au diable le Sénat ! » A trois heures, on ne voyait que des gens ivres, dont quantité dormaient dans les rues.

« Demain, la fête recommencera et nous ferons sortir les dames de chez elles pour y venir. On se moque des soldats. Il y en a beaucoup qui dansent avec nous. On a arrêté dans le tumulte que, demain, chacun doit se rendre ici armé pour chasser l'*Incendiaire* (1), former une municipalité provisoire et nommer une députation pour aller chez le commandant français le prier de

---

1. Ottolini qui avait brûlé le théâtre, lieu de réunion des Bergamasques avec les Français.

nous donner un coup d'épaule en cas de besoin contre les troupes provinciales arrivées déjà au nombre d'environ 300 hommes avec les Sbires à cheval et qui cependant, à ce que l'on croit, ne prendraient pas le parti du Sénat.

« Bergame, 22 ventôse (12 mars 1797), à 23 heures.

« Salut et respect,
« MARCHESI. »

J'eus tant d'ordres à expédier pour les troupes, les vivres et les munitions que j'avais à rassembler pour me trouver en mesure tant à Bergame qu'à Brescia et pour tirer parti des intelligences que j'avais dans cette dernière ville, afin qu'elle se soulevât en même temps; j'eus tant d'instructions à donner à quantité d'envoyés et surtout à Nicolini, bâtard de Gambara, que la réponse de Kilmaine à Faivre en fut un peu retardée. Inquiet à son tour, le colonel nous écrivit le 26 ce qui suit :

*Au général Kilmaine.*

« Général,

« Craignant que vous n'ayez pas reçu ma lettre du 24 de ce mois, dans laquelle je vous faisais part des évènements de Bergame, je vous adresse un écrit détaillé de ce qui s'est passé depuis le 22 (1) jusqu'à

---

1. Faivre se trompe d'un jour, à moins qu'il n'ait pas compté le jour du premier rassemblemet, ce qui paraît être ainsi, puisque depuis sa lettre du 22, il parle de l'arrivée de 450 hommes, qui n'étaient pas arrivés le 21, jour de la première émeute dont parle Marchesi.

aujourd'hui 26 (¹). Vous verrez par ce récit que la plus exacte neutralité a été observée par les Français et j'ai laissé agir, seul, le peuple de Bergame qui s'est mis en liberté.

« Je joins également à cette lettre copie des pièces où le vœu des Bergamasques est exprimé et copie de l'offre d'un don gratuit de 5 millions présenté à la République française comme preuve d'amitié et en invoquant son alliance.

« Salut et respect,<br>« FAIVRE. »

Au lieu d'insérer cet écrit détaillé qu'il annonce et les pièces dont il parle, Faivre avait tellement perdu la tête qu'il ne mit dans son paquet qu'une pièce qu'il n'annonce pas et qui vaut mieux que ce qu'il oublie d'y mettre et que nous connaissions mieux que lui. La voici :

*Rapport du sergent de piquet pour la garde des canons au commandant de la place.*

27 ventôse (17 mars 1797).

« Je vous préviens, commandant, qu'une troupe innombrable de citoyens de cette place se sont portés en foule à mon poste, environ vers 9 heures du soir et se sont emparés malgré la résistance que je leur ai opposée avec ma troupe de deux pièces de canon qui étaient à cette porte, se sont emparés des clefs que le caporal de garde portait avec deux fusilliers chez l'adjudant de place et sont sortis des postes avec les

---

1. Encore une erreur de date. Ce devait être le 27. Comment sans cela aurait-il pu mettre dans sa dépêche le rapport sur les canons, qui ne lui fut remis que le 27 ?

dites pièces d'artillerie, qu'ils ont emmenées je ne sais où.

« Je me suis empressé dès que cette troupe a été partie de me transporter à votre logement pour vous rendre compte de cet évènement et n'ayant pu vous rencontrer, je me suis retiré à mon poste où j'ai fait le présent rapport que le caporal de garde a signé avec moi.

« Signé: LAY, sergent de piquet,
et PARISO, caporal.

« Pour copie conforme:
« FAIVRE. »

Ne comptant pas beaucoup sur ce commandant, incapable de suivre une intrigue d'État, j'avais fait venir à Milan le capitaine Boussion, adjudant de place, officier très intelligent, auquel j'avais dit que les Français pouvaient se mêler de cette affaire, mais qu'il ne fallait pas qu'on pût le leur prouver. Je lui ordonnai de me rendre compte jour par jour et de laisser faire Faivre à qui j'avais écrit, dès les sept propositions, qu'étant instruit que les Vénitiens préparaient quelques machinations contre les Français, il eut à se tenir sur ses gardes et à ne pas permettre que la garnison vénitienne fut augmentée, encore moins à se laisser insulter. Boussion devait m'avertir et sur-le-champ en cas qu'il s'aperçût que Faivre s'écartât de ses instructions.

Boussion m'avait écrit que c'était lui-même qui avait conseillé aux Bergamasques de s'emparer des canons et qu'il s'était entendu à cet effet avec le sergent de piquet et le caporal de garde de la porte de la ville; qu'il avait rédigé le rapport de ces deux sous-officiers et qu'il avait fait partir aussitôt un Bergamasque adroit pour Brescia, afin d'avertir les habitants qui, disait-on, ne se soulevaient qu'en partie et y allaient nonchalamment et avec quelque crainte, que Bergame faisait partir à l'instant même dix mille hommes armés et de l'artillerie pour les aider et les défendre. Qu'en exécutant cette partie des ordres secrets que je lui avais confiés, il avait vivement recommandé au citoyen Solza (¹) de ne mettre la nation française en avant qu'à la dernière extrémité. Il me prévenait enfin que les premiers chefs de la mutinerie à Brescia n'étaient que de la canaille et que cela faisait tort à la chose; qu'il me conseillait d'envoyer quelqu'un pour faire prendre au soulèvement un autre caractère, un ton plus relevé, plus positif et plus grave. Ce qui amusait le plus Kilmaine dans cette lettre de Boussion, c'est qu'il paraissait fort en colère de ce que ce gouvernement nouveau hantait les tavernes et de ce que la plupart de ses membres étaient ivres du matin jusqu'au soir.

C'est assurément la preuve la plus complète que l'on puisse donner ou qu'il y avait une division dans le Sénat qui l'empêchait d'agir, ce que je suis bien loin de nier, puisqu'il restera éternellement évident que Bonaparte avait gagné Giovanelli, ou que ce gouvernement était si faible qu'il ne put, pendant tout le temps qu'il me fallut pour être prêt à marcher sur Brescia, et qui, comme on va le voir, ne laissa pas d'être un peu long, ne put, dis-je, envoyer cent hommes qui étaient plus qu'il n'en fallait pour aller arrêter et pendre une trentaine d'ivrognes qui faisaient tout ce bruit.

On m'a dit, depuis, que le Sénat fut atterré à cette nouvelle, qu'il crut que l'armée de Bonaparte allait fondre sur Venise elle-même et qu'on y fut dans une

---

1. Le Bergamasque qu'il avait envoyé en poste.

telle consternation pendant plus de huit jours que ne sachant quel parti prendre on n'y fit rien du tout. Et, effectivement, on ne voit pas sur les registres qu'ils aient fait autre chose que nommer Giovanelli à la place de Battaja et M. le comte Rocco san Fermo déclare au sujet de cette nomination que ce fut cet acte qui perdit tout (1).

Les bourgeois de Bergame furent si fiers de la fuite d'Ottolini, si enflés de se voir décorés de l'écharpe municipale qu'ils se crurent des Césars et des Licurgues. Boussion eut beau leur dire de m'attendre et de se contenter jusqu'à ce moment de faire la police de la ville ; ils ne l'écoutaient plus. Leur tête travailla et ils enfantèrent la proclamation suivante qu'ils affichèrent dans Bergame et dans toute la province.

Citoyens de la ville et de la province!

Soyez prévenus que les habitants de Bergame viennent de chasser Ottolini, comme tyran, concussionnaire et incendiaire. Il a irrité les Français en brûlant le théâtre de Saint-Léonard. Le Sénat n'est plus rien pour nous et nous avons la promesse d'être secourus par la France à laquelle nous allons être incorporés. Le commandant de la place nous a déjà fait présent de deux pièces de canon avec caissons et

---

1. Ferai-je ici le prophète et dirai-je que j'avais prévu que le Sénat, perdant la tramontane, délibérerait si longuement que j'aurais le temps d'arriver! J'avoue très humblement que je n'avais pas prévu ce défaut de courage et de tête. Je savais, comme on l'a vu, que Venise armait et j'avais 10,000 hommes et les insurgés à lui opposer. Il était indubitable que dans le désordre d'une rébellion et des efforts du Sénat pour la comprimer, il y aurait quelques Français de froissés. Nous aurions pris sur-le-champ leur parti et quand même le mouvement révolutionnaire aurait été étouffé par les troupes du Sénat, Venise n'en était pas moins perdue, puisque au pis-aller j'aurais marché droit à Venise et j'aurais tout détruit ; et qui m'aurait arrêté ? Ses recrues ? Les Valériens ! On va voir comme je les arrangeai.

artilleurs, et nous sommes partis au nombre de dix à douze mille pour aller aider nos frères de Brescia, qui en font autant et cause commune avec nous. Hâtez-vous d'envoyer vos syndics et autres notables pour avoir part au gouvernement paternel qui va être assis sur des bases justes et raisonnables.

Foscarini fut averti tout aussitôt de ce qui se passait; nous nous y attendions et sa colère nous touchait peu, mais il fallut l'empêcher d'engager le Sénat à porter un trop prompt remède à l'insurrection en lui faisant croire que nous allions y mettre ordre. Ce n'est pas, comme je l'ai dit, que ses soldats nous donnassent de l'inquiétude, mais il valait mieux qu'ils n'arrivassent pas avant nous, Foscarini aimait à se faire valoir et nous ne nous trompions point en jugeant qu'il écrirait à Venise ce que nous allions lui insinuer. Au moyen de ses liaisons personnelles avec Kilmaine et moi, il se vanta de pouvoir étouffer les mouvements de Bergame et de Brescia et affirma qu'on n'avait qu'à le laisser faire.

Au premier moment, il nous écrivit; je transcris son mauvais français :

Monsieur le général,

Une proclamation qui a paru hier à Bergame n'est qu'une nouvelle évidente preuve[1] que les Français ont causé les troubles qui ont eu lieu dans ce pays-là, comme dans l'autre de Brescia, selon les avis qu'on a reçus ce matin.

Votre probité bien connue, Monsieur le général, la connaissance que vous avez du droit des nations et de nos

---

1. Ce mot *nouvelle* a rapport aux plaintes que le résident m'avait adressées et qu'il avait répétées dans la rédaction des sept propositions.

traités avec la France (¹) prouve suffisamment à la République de Venise que c'est sans votre aveu, contre vos ordres et à votre insçu, que de telles machinations ont eu lieu.

Cependant la neutralité a été violée par les Français; avant que de penser à tout autre chose, je m'adresse à vous, Monsieur le général, et je vous demande d'ordonner de faire rentrer les choses dans l'état où elles étaient avant l'arrivée des Français (²) dans ces pays avec les moyens que vous croiriez à propos pour cela. Je dois en avertir bientôt mon gouvernement et comme à cause de tant de troubles et de tant de factieux épars, qui cherchent surtout à surprendre toute correspondance, je vous prie de m'accorder ce que vous trouverez nécessaire pour la sûreté de l'un de mes domestiques que j'enverrai avec mes papiers. Je suis avec la plus parfaite considération de vous, Monsieur, le très dévoué et très obédient.

Jean-Vincenti Foscarini,<br>résident de Venise.

Nous adressâmes, comme de raison, à Foscarini un désaveu formel, et deux heures après je passai chez lui pour lui communiquer deux ordres que je m'étais fait donner par Kilmaine. Le premier était ainsi conçu :

Il est ordonné au chef de l'état-major général de la cavalerie de l'armée d'Italie de se rendre sur-le-champ à Bergame, d'y examiner la cause des troubles des 21, 22, 23 et 24 de ce mois, de prendre des informations sûres sur la

---

1. Serait-ce par hasard les lignes dans lesquelles depuis plus de 500 ans les Vénitiens étaient entrés contre nous dont voulait parler M. le demi-ambassadeur? Kilmaine ne fut pas lui-même sans quelque inquiétude sur ce qui pourrait arriver aux Bergamasques, qui allaient probablement être attaqués par Venise, avant que je fusse en état de les défendre. Il écrivit au général en chef pour lui témoigner ses craintes et c'est pour cela que Bonaparte écrivit à Pesaro et à Battaja les lettres où il les prie de ménager les rebelles qui n'ont, dit-il, péché que par une grande amitié pour les Français.

2. Encore les sept propositions.

conduite qu'ont tenue les troupes françaises et en garnison dans cette ville, ainsi que leur commandant, et de m'en rendre compte tout aussitôt.

Signé : KILMAINE.

Le deuxième portait :

Kilmaine, général de division, commandant en chef la Lombardie et la cavalerie de l'armée, ordonne au chef de l'état-major général de la cavalerie de l'armée de se rendre sur-le-champ à Bergame par Lodi et Créma. Il prendra sur sa route tout ce qu'il trouvera de forces pour les porter à Bergame et y soutenir la garnison si elle est attaquée par des brigands.

KILMAINE.

En donnant copie de ces deux ordres à Foscarini, je lui dis que Kilmaine lui donnait à lui-même, pour preuve de notre attachement au Sénat, à choisir lequel des deux ordres il préférait qu'on exécutât (ils le furent tous les deux), que le général et moi étions résolus à ne rien faire dans ces circonstances que de concert avec lui.

Après m'avoir témoigné une vive satisfaction de tant de déférence, il me dit que le premier ordre lui convenait infiniment parce qu'il entrait très convenablement dans la marche diplomatique qui consistait à ne rien faire que d'après des rapports externes sur les faits. Il aurait bien voulu qu'on y ajoutât ces mots, et *d'ordonner à la garnison française de rentrer à Milan*. C'était une des sept propositions. Je lui dis qu'il fallait prendre patience. Quant au second ordre, il me dit qu'il ne voyait pas en quoi il serait utile aux Vénitiens dans la circonstance ; qu'on n'y disait pas sur qui tombait la qualification de brigands, dont chaque parti régalait ordinairement ses adversaires, que, d'ailleurs, il était loin de se croire autorisé à nous laisser entrer dans

Créma, etc... (¹). Enfin je le quittai, paraissant très satisfait de nous, et je partis pour Bergame avec deux cents chevaux (²).

Arrivé dans cette place, je fis l'enquête la plus bruyante possible. J'entendis plus de trois cents témoins et tous les notables de la ville sans distinction de parti et je fis passer au général Kilmaine le rapport suivant :

« Général,

« D'après vos ordres, je me suis transporté à Bergame, et voici le récit exact des faits qui ont eu lieu.

« Le peuple de Bergame cherchait depuis longtemps à se soustraire à la domination de la ville de Venise ou du moins à obtenir d'en alléger le fardeau. Les récits pompeux que les troupes françaises ont fait en Italie

---

1. Foscarini, en rejetant le deuxième ordre, évita par instinct plutôt que par méfiance le tour que j'avais résolu de lui jouer. J'étais bien décidé, s'il m'avait autorisé à passer par Créma, à n'en sortir qu'après en avoir chassé la garnison et le gouverneur. C'était la seule place forte où nous n'eussions personne. Les Vénitiens avaient toujours refusé de nous y admettre. On verra comment je m'en emparai peu de temps après.

2. Je crois avoir oublié de dire en son lieu une des principales raisons qui nous engagèrent à tant ménager dans les premiers moments le Sénat et ses agents. Je dois à la franchise dont j'ai toujours fait profession, hors le cas où des ordres positifs ou le bien de mon pays exigeaient des tournures diplomatiques, de déclarer que tant que le gouvernement sénatorial existait, il pouvait nous dénoncer à Paris et nous faire destituer, surtout en appuyant ses intrigues de l'argument irrésistible. On a vu que, sans Rewbel, Bonaparte lui-même courait des risques. Qu'eût-ce été de nous, subordonnés, pauvres et sans amis ? Avec un peu de politique nous nous tirâmes d'affaire. Ce ne fut pas sans quelques transes et sans quelques mauvais mots. J'en avais de cruelles attaques de nerfs. J'étais en outre forcé de chercher à donner à Kilmaine un calme dont je ne jouissais pas moi-même ; nous étions, tous deux, ainsi que s'exprime le peuple, entre le marteau et l'enclume.

de la liberté de la France, les droits de l'homme expliqués avec emphase par le plus simple soldat, redoublèrent leurs désirs. Ils s'assemblèrent en secret et résolurent de renvoyer le noble qui les gouvernait.

« Ottolini fut averti de ce qui se passait. Il doubla sur-le-champ ses gardes, fit charger publiquement les fusils de ses soldats, ordonna de fréquentes patrouilles, mais il oublia l'essentiel, l'arrestation des conjurés.

« Une seconde maladresse le perdit ; il négligea de faire avertir le commandant français établi à Bergame que ces mesures extraordinaires ne le regardaient pas.

« Celui-ci, ne sachant ce que voulait dire cette levée de boucliers, se tint sur ses gardes, prit les mesures nécessaires pour ne pas être surpris et, entre autres dispositions, il fit mettre deux pièces de canon sur la place.

« La troupe vénitienne ne connaissant ni la cause de ses propres mouvements [1], ni celle de ceux des Français, se crut au moment d'être canonnée, étant d'ailleurs très peu aguerrie et fort poltronne, elle montra de la lâcheté.

« Les conjurés bergamasques, qui s'étaient d'abord cru découverts et perdus et qui, en conséquence, cherchaient déjà à se soustraire par une prompte fuite à la colère d'Ottolini, ne furent pas des derniers à s'apercevoir de l'incertitude des Vénitiens.

---

1. Le soldat en général, et à Venise surtout, n'est qu'une machine à fusil. Il ne pensait pas beaucoup plus que le canon et la crosse de son arme. Jamais ou du moins très rarement on n'expliquait à un officier, même supérieur, les motifs d'un ordre. On a vu les Vénitiens prendre les généraux à loyer et leur donner un provéditeur extraordinaire pour leur intimer des ordres, comme faisaient en France les représentants en mission ; c'est fort bon en thèse générale, quoique dans le particulier ce soit absurde et ridicule. On s'en est quelquefois très mal trouvé.

« Ils s'assemblèrent dans toutes les rues, se portèrent en tumulte au palais du gouverneur et lui ordonnèrent de s'en aller.

« Les soldats vénitiens les avaient laissés entrer, parce qu'ils crurent que le peuple ne s'était assemblé que pour lui prêter secours contre les Français. Ottolini, après quelques petites façons, obéit (1). Les chefs de sa garde furent désarmés. On les congédia ainsi que leurs soldats. Ce qu'il y eut de singulier dans cet événement, c'est qu'il n'y eut personne de maltraité et que les soldats firent leurs affaires tranquillement dans la ville pendant deux jours ; après quoi ils partirent. On ne prit pas même les chevaux de la cavalerie.

1. Il devait y avoir ce jour-là un grand dîner au palais. Ottolini avait déjà endossé son habit de gala et il avait l'air de braver ou de mépriser les avis que ses affidés lui donnaient. Une lettre qu'il avait reçue de sa parente, M<sup>me</sup> Albani, lui faisait croire qu'il n'avait qu'un mot à dire pour être secouru et il pensait que Faivre n'avait pas encore reçu nos ordres. Outre les avis secrets qu'Ottolini avait reçus de divers habitants, je lui en avais fait passer un moi-même par le canal de M<sup>me</sup> Albani. Cela étonnera peut-être. C'était pourtant-là le moyen sur lequel je comptais le plus ; il était infaillible. J'avais en même temps fait avertir Faivre par Couthaud de se tenir sur ses gardes et d'empêcher qu'Ottolini n'augmentât ses forces. Je devais donc faire mouvoir Ottolini, pour que Faivre prît ses manœuvres inusitées pour des hostilités, pour qu'ils s'attaquassent sans s'entendre ou tout au moins pour que cette mésintelligence enhardît les conjurés. Et c'est ce qui arriva. Cette prétendue confidence me servit en même temps. Voilà de la diplomatie toute pure, *an dolus an virtus*. Les bourgeois de Bergame, en intimant à Ottolini l'ordre suffisamment brutal d'évacuer la ville et sur-le-champ, ne lui permirent pas même de changer d'habit et il n'eut que le temps de fermer son cabinet où il ne put rentrer et de prendre son chapeau à plumes blanches. Quelques huées l'accompagnèrent jusqu'au faubourg de Saint-Léonard, d'où il gagna à pied, seul, avec ce costume, des bas de soie et des talons rouges, le village de Palazzuolo, à quinze milles de Bergame. Il s'y arrêta deux ou trois jours à cause de ses pieds écorchés, attendant aussi que les amis qu'il croyait avoir à Bergame lui donnassent des nouvelles. Personne ne lui écrivit. Les ex-gouverneurs, comme les ex-ministres et les

« Une fausse nouvelle causa un incident. On répandit dans Bergame que Vérone avait envoyé des secours à Brescia pour contenir le peuple, qui, disait-on, voulait s'insurger aussi.

« Sur-le-champ, une population immense partit pour aller attaquer les Vénitiens à Brescia et emmena deux canons de Faivre (1)

« On rencontra en route quelques cavaliers de la garnison d'Ottolini qui s'en allaient paisiblement, et les chefs des Bergamasques, ne croyant pas prudent de les laisser aller renforcer leurs ennemis, les arrêtèrent et les consignèrent à une cohorte ferraraise cantonnée à Bergame et qui faisait sur le grand chemin une promenade de police. Ils prièrent le chef de cette cohorte de

ex-empereurs, n'ont plus d'amis. Enfin, ne recevant pas non plus de réponse de Brescia, où il apprit que le gouverneur Mocénigo avait reçu le même compliment que lui et qu'on le croyait à Vérone, où s'était rendu en grande hâte le provéditeur extraordinaire en Terre-Ferme, Battaja, Ottolini fit le tour de la ville en dehors et poussa jusqu'à ses terres près de Vérone, n'osant pas aller se montrer au provéditeur dans la crainte d'être arrêté et envoyé aux inquisiteurs d'Etat qui ne l'eussent pas marchandé. Ils ne firent cependant aucun mal à M. Mocénigo. Il est vrai que ce dernier ne passait que pour un libertin imbécile. Ottolini, homme méchant et plein d'esprit, qui s'était vanté si souvent au Sénat, peu avant encore, d'avoir 30,000 hommes à ses ordres, était bien plus coupable qu'un sot d'avoir si peu connu et traité si légèrement ce qui se passait chez lui et surtout d'avoir abandonné son poste sans tirer l'épée. Il devait se faire tuer devant son cabinet. Mais trouvez-moi un méchant qui ne soit point un lâche.

1. Faivre les avait empruntés depuis longtemps ou plutôt il les avait pris avec leurs caissons garnis au gouverneur de Bergame même, et c'est pour cela qu'on va voir tout à l'heure les Bergamasques dire que ces pièces étaient leur propriété. Ce peuple, d'un enthousiasme soi-disant immense, fut bientôt las de courir. C'est un ramassis d'ouvriers ou de gens du bas peuple dont le défaut de pain et la fatigue eurent promptement affaissé l'enthousiasme. Ils étaient environ 5,000. Ils s'en retournèrent presque tous le lendemain et ramenèrent les pièces. 2 à 300 d'entre eux poussèrent jusqu'à Brescia avec Recuperati.

pousser jusqu'à la nouvelle municipalité de Brescia et de lui remettre ces hommes et ces chevaux. Celui-ci crut devoir s'en charger. Pour être plus fort, il se joignit à une troupe de sapeurs lombards qui allaient à Peschiera. Ils marchèrent ensemble et remirent le tout au nouveau gouvernement brescian, lequel, tout en confusion, ne sachant à qui entendre dans le moment de son installation et comprenant encore moins ce qu'on voulait lui dire avec ces prisonniers et ces chevaux, dit au chef des sapeurs lombards et aux Ferrarais qu'ils pouvaient se partager ces chevaux et leurs équipages et qu'on leur en faisait don. Quant aux prisonniers on les conduisit à la citadelle.

« Voilà jusqu'à ce moment les faits dans toute leur réalité. Je m'en suis assuré par une déclaration de la municipalité de Bergame, par les registres du commandant français, par un écrit du chef de la cohorte ferraraise, attesté par deux représentants de la province de Brescia.

« Vous devez voir par ces détails, général, que le hasard seul et la maladresse extrême d'Ottolini ont tout fait, et qu'il est impossible d'accuser les Français d'y avoir concouru. »

A la suite de cette pièce il y a sur mes registres une note ainsi conçue :

« Voilà pour montrer à Foscarini, général ; il l'enverra s'il veut à son Sénat avec la lettre de désaveu que vous avez soi-disant écrite à Faivre sur *l'Estafette de Schaffouse*. Je parle de celle qui n'a point été remise à ce commandant (1). Invitez le diplomate à dîner et n'ou-

---

1. J'ai oublié, lorsque j'ai dit que nous envoyâmes au résident un désaveu formel, d'ajouter que cette lettre soi-disant adressée à

bliez pas sa femme et ses enfants. Envoyez dire, je vous prie, à Madame Albani que tout va bien et qu'il n'est pas arrivé de mal à son parent.

« Avez-vous rien vu de plus imbécile que l'espion de Couthaud ? Si je ne puis faire changer par Faivre son rapport quant à la mission dont Lhermite (c'est le nom de cet espion) a dit avoir été chargé par les Français, j'enverrai ce Faivre à Como et je donnerai Bergame à un homme plus intelligent. Je vous prie de m'envoyer l'ordre. J'arrangerai cela de manière que Faivre ne se doute pas du motif, car c'est un brave homme que je ne voudrais pas chagriner. Au reste, je vais faire dire tout le contraire par la municipalité de ce que l'espion a avancé.

« Y a-t-il rien de ridicule et de mal avisé comme cette offre de 5.000.000! Et où diable Bergame les prendrait-elle? Dites, je vous supplie, à Couthaud qu'il me laisse

Faivre et que nous nous gardâmes bien de lui faire passer, nous la fîmes mettre sur tous les journaux. On la trouvera en entier dans le journal intitulé *l'Antique Estaffette de Schaffouse*. n° 34, du lundi 20 mars 1797, page 196. C'est cette lettre qui fut communiquée à Foscarini et à laquelle nous donnâmes le titre de *désaveu formel*. Kilmaine y disait au commandant des troupes françaises à Bergame, qu'il avait appris indirectement qu'il y avait eu dans sa ville des mouvements dont la direction lui était inconnue ainsi que leurs causes; il était surpris de n'en n'avoir reçu aucunes nouvelles par lui, ce qui lui faisait croire que cela n'intéressait pas les Français. Quels que pussent être les événements futurs, il lui défendait sous sa responsabilité capitale d'y prendre aucune part, à moins que ces querelles intestines n'eussent pour but caché d'attaquer le château ou la garnison de la ville. « Si dans les dissensions qui ont eu lieu, lui disait-il, vous aviez eu le malheur de faire quelque démarche qui put compromettre la neutralité qui existe entre les deux Républiques, je vous préviens que je vous désavouerai formellement et vous ferai punir pour avoir agi dans cette circonstance, et contre les intentions du général en chef et contrairement aux instructions que vous avez reçues de moi. Tenez-moi instruit, jour par jour, de ce que l'on dit se passer à Bergame! »

faire, qu'il rappelle ce Lhermite qui a vécu longtemps ici et qui y a la réputation d'un escroc. Cet homme ne peut être qu'espion et jamais agent. Je l'ai désavoué ici. Il faut que les Bergamasques aient en moi la plus grande confiance et nous ne pouvons être les associés d'un fripon.

« *P. S.* — Vous n'avez sans doute pas, général, négligé de faire arrêter le domestique de Foscarini, avec ses dépêches pour le Sénat. Tôt ou tard quelques Français, peu au fait des ruses de guerre, croiraient que nous étions d'accord avec les Vénitiens. Ce n'est pas que je croie que ce domestique soit porteur de grands secrets, puisque Foscarini vous a demandé une escorte pour lui. Ce n'est donc pas à cet homme qu'il donnera ses principales lettres, dans la supposition bien fondée en politique que vous ne manquerez pas de le faire fouiller. Néanmoins, comme il peut avoir plus de confiance en nous que nous le croyons, il n'y a pas de mal à voir ce que ce courrier porte.

## CHAPITRE X

Exilés de Brescia. — Journalistes. — Pièce diplomatique insérée sur *l'Ami des lois*. — Procurateurs de Saint-Marc. — Broglio de Venise. — Fautes reprochées au Sénat et motifs secrets de l'armement. — Lecchi. — Proclamations intempestives des Bergamasques. — Ils nomment pour médiateur le chef de l'état-major général de la cavalerie française. — Utilité de cette nomination. — Leurres du résident Foscarini. — Réflexions politiques. — Procès contre Ottolini. — Considérations sur l'obéissance passive militaire. — Constitution bergamasque.

Avant de me rendre à Bergame j'avais, ainsi que je l'ai dit, donné des passeports à quelques bannis. Ils furent aussi prompts mais plus adroits que l'agent de Couthaud à Bergame. Brescia se souleva deux jours après cette dernière ville, et il n'y fut nullement question des Français.

Le 2 germinal, *l'Ami des lois* (¹) d'Italie, me parvint à Bergame. On y lisait un article intitulé : *Aux gens instruits d'Italie et de tous les pays* et ainsi conçu :

Un citoyen, qui observe de près ce qui se passe à Bergame et à Brescia, a fait les réflexions suivantes qu'il nous a communiquées.

Avec un œil un peu attentif, on croit communément que Venise, cet ancien gouffre souterrain de l'infernale politique

---

1. *L'Amico delle leggi.*

de Machiavel et de Fra-Paolo, a commis, par *pure incapacité*, l'inconcevable faute de n'avoir pas armé sa neutralité, et que, n'ayant pour ainsi dire pas un soldat à sa disposition, elle s'est exposée à être méprisée et foulée tour à tour par les puissances belligérantes.

Cette idée vient de ce qu'on ignore que, le 14 mars, avant l'arrivée des Français à Ceva (Piémont), il y eut un long débat à Venise et que l'opinion penchait, les premiers jours, au Broglio, pour l'armement (1).

Mais on manda le troisième jour le procurateur de Saint-Marc (2), et il répondit que les fonds étaient presque nuls; que, sans une contribution très forte, établie sur les plus riches, on ne viendrait pas à bout d'avoir un armement respectable. En effet, on sait que cette république, autrefois si opulente, est aujourd'hui sous un gouvernement tel que l'Etat est dans la misère et que la richesse se trouve chez les gouvernants seuls. L'avarice, ce péché si honteux et si bas, ce vice le plus mauvais conseiller du monde, surtout en affaires d'Etat, prévalut au Broglio et au Sénat. Personne ne voulut se cotiser et il fut décidé qu'on aurait une neutralité non armée. On arrêta d'envoyer des gens adroits pour négocier avec les vainqueurs quelconques, et le six *pratile*, ils traitèrent avec Bonaparte, à Brescia, au couvent de Sainte-Euphémie, où s'était déjà logé ce général, presque malgré le gouverneur.

On sait comment Bonaparte d'un côté et les généraux autrichiens de l'autre ont écouté ces gens prétendus adroits, argumentant sans cesse de cette neutralité et la réclamant tous les jours du matin au soir. Leurs villes sont devenues de véritables caravansérails. Jusque-là ce n'était pas grand'-

---

1. Il est défendu à Venise aux nobles de s'entretenir des affaires de l'Etat ailleurs qu'en plein Sénat ou au Broglio ou galerie de Saint-Marc, lieu public où les nobles seuls ont le droit de se promener et où souvent on prépare les décrets à proposer au Sénat.

2. Officier très considérable à vie, chargé du trésor de Saint-Marc, de mettre la main sur les biens des intestats, sur ceux des orphelins dont il est le tuteur né, etc. La République, dans des occasions extraordinaires et où quelques grands périls menaçaient l'Etat, faisait des emprunts forcés à ce Trésor, et tant pis pour les orphelins qu'on mettait ensuite en religion.

chose, car le peuple y gagnait par le débit des denrées qu'il avait pu soustraire à la rapacité des uhlans et des hussards ou des garde-magasins, et personne n'ignore que les nobles fournissaient au banquier Vivanti, moitié juif, moitié vénitien, les fonds nécessaires pour faire trouver aux administrations vivrières des Français et des Autrichiens les masses générales des subsistances, avec l'intérêt de la grosse aventure, c'est-à-dire 50 pour 100 par campagne. Ce n'est donc pas par bêtise qu'ils se conduisirent ainsi.

Ce n'a été que vers le commencement du siège de Mantoue qu'ils ont compris toute l'étendue de leur faute. Les Français et, l'on pense aussi, les Autrichiens, étaient d'une libéralité peu commune envers ce Vivanti, mais en compliments seulement, point d'argent. On sentit enfin à Venise que toutes les avances faites à l'enfant d'Israël étaient à peu près perdues ; et, en se résumant quant au reste, les sénateurs comprirent que leur intérêt politique les attachait au sort de la maison d'Autriche dont le peuple était paisible, et non encore entiché d'idées révolutionnaires. Les Excellences virent même que, maître pour maître, l'Empereur était un moindre mal pour eux que Bonaparte qui, avec ses idées libérales, remplissait tout de confusion et d'anarchie. C'est du moins ainsi que ces calomniateurs appellent l'esprit propagateur de la liberté qui, semblable à un tourbillon, marche avec l'avant-garde de ce brave général. Ce n'est donc pas pendant le siège de Mantoue qu'ils se sont repentis et qu'ils ont songé aux moyens d'armer et en attendant de nuire autant que possible à l'armée française.

Mais comment prendre une nouvelle attitude sans donner de l'ombrage ? Car, quant aux ruses, pour diminuer les forces des Français, ces ruses scélérates ne leur manquèrent pas. Les assassinats vers Castiglione, les nouveaux encouragements donnés aux barbets niçards, et principalement l'inertie dans laquelle ils eurent l'adresse d'entretenir Bonaparte à Vérone (1), lors des préparatifs de l'attaque du maréchal Wurmser, en sont d'évidentes preuves.

---

1. Je raconterai ailleurs les choses véritablement extraordinaires qui précédèrent et amenèrent la bataille de Castiglione qui aurait dû avoir lieu à Vicence et même au delà.

Enfin, pour armer avec quelque raison spécieuse, ils consultèrent Machiavel, Battaja et leur Fra-Paolo. Ils trouvèrent qu'il fallait momentanément lâcher la bride aux nombreux mécontents de leur unique gouvernement ; ils eurent même l'abominable soin d'envoyer des gens à eux, tels que les Iona, etc..., pour les provoquer et les pousser au soulèvement. Ils fermèrent un instant, et à demi, leurs yeux de tigre sur les assemblées des *Amis de la Patrie* à Bergame et à Brescia ([1]), et au lieu de continuer les fréquentes arrestations qui, en désolant la Terre-Ferme, la contenaient dans une terreur silencieuse, ils accordèrent des grâces inusitées. On dit qu'ils envoyèrent à Lecchi l'absolution de ses fautes passées, s'il pouvait se faire nommer chef des rebelles à Brescia ([2]), et tout le monde sait que l'évêque de Bergame, leur avoué, est à la tête des révoltés de cette ville ([3]).

Le feu éclata à la fois dans presque toute la Terre-Ferme, et il est vrai que le Sénat ne sait plus à qui se fier dans ce pays immense, inquiétude qu'il mérite bien par toutes sortes de raisons ; il est vrai aussi qu'il est impossible

---

1. Ces assemblées n'eurent lieu que la veille et le jour même du soulèvement dans les deux villes.

2. Lecchi n'eut jamais l'absolution. Les insurgés de Brescia n'eurent garde de lui parler de sa conduite passée, parce qu'en général ce serait fort mal avisé au commencement d'une révolution où les plus mauvais sujets, n'ayant plus rien à ménager, se jettent toujours à corps perdu et celui-ci jouait très bien le rôle de républicain et de rebelle. On eût, au contraire, la bonne politique de le faire général de brigade avec un certain Fantucci et l'honnête Gambara fils, et leur premier exploit fut de s'aller faire prendre le surlendemain à Salo, le plus sottement du monde, et ils allaient tous être pendus à Venise, lorsque je les réclamai à cause du dernier. Je ne conçois pas de quelle utilité eût pu être pour Venise un général sans troupes, qui n'avait jamais servi et encore moins étudié. Pourquoi faire auraient-ils absous un homme aussi inutile ?

Brescia qui nommait des généraux, n'eut quelques compagnies réglées de garnison qu'après la prise de Vérone. Je n'eusse pas souffert un recrutement plus considérable.

3. L'évêque de Bergame, *leur avoué !* Rien de faux comme cette assertion. Ce prélat n'était pas notre ami, mais il était un des ennemis les plus acharnés du Sénat. Salvatori avait ajouté cela de son chef, ainsi que tout le dernier paragraphe.

que les officiers français, établis dans chacune des villes vénitiennes pour la surveillance, n'aient point eu quelque petite part à ces troubles légers. Leur sûreté personnelle et celle de leurs troupes l'ont presque exigé. On épiera leur conduite. On la calomniera. On prétendra qu'ils soutiennent les factieux. On armera avec promptitude. On exaspérera l'esprit des Valériens et leurs hordes innombrables et sauvages se jetteront avec fureur sur les Français et voudront les massacrer.

Mais le génie de la Liberté, l'Ulysse de l'armée, sous la forme du sage Kilmaine, est là et il n'est pas seul. Dans peu nous verrons arriver les catastrophes les moins prévues. Tout échappe en ce moment aux yeux les moins exercés. Que chacun soit attentif et prêt à donner le coup de main qu'on exigera de lui! Nous emboucherons sous peu la trompette guerrière.

Je fus obligé d'en écrire au résident pour désavouer cet article. La vérité est que je l'avais approuvé, mais avec ordre d'attendre au moins quinze jours avant de l'insérer. Ce journaliste nous servait trop bien et le bien n'a pas de pire ennemi que le désir de faire mieux ou le zèle inconsidéré. Les journalistes se ressemblent tous. C'est le plus souvent le manque de matériaux pour remplir leurs quatre pages qui les force à admettre des pièces qui ne sont pas au point de maturité convenable. J'écrivis au général Kilmaine pour qu'il essayât de calmer encore Foscarini et lui conseillai, s'il n'en pouvait venir à bout autrement, de l'accuser en parfait roué d'avoir lui-même fait l'article pour en accuser les Français.

Kilmaine n'eut pas la peine d'employer ce moyen.

Cette pièce et ses incohérences ne doivent étonner personne. Il était dans le sens voulu par le général en chef. On doit cependant dire que les Vénitiens firent l'impossible pour s'emparer de l'insurrection et se l'approprier, ce qui valait mieux que de l'avoir suscitée. Aussi le général en chef, connaissant leur adresse et la quantité de gens à eux qu'ils avaient envoyés se fourrer parmi les insurgés, leur répondit à Goritzia que s'ils n'étaient pas des fourbes ils n'avaient qu'à accepter l'offre qu'il leur faisait de calmer toute l'insurrection avec un caporal et quatre hommes, mais à condition qu'ils reprendraient la neutralité non armée. A cette époque ils essayèrent de traiter en secret avec l'Autriche qui les amusait et ils comptaient en venir à bout. C'est pour cela qu'ils refusèrent. A la vérité, des gens instruits assurèrent dans le temps que Bonaparte n'aurait pas fait cette proposition si contraire à ses projets s'il n'eût été assuré que Giovanelli la ferait rejeter. Que de choses il faut pour écrire l'histoire ! Que de replis dans le cœur humain !

Et puis, s'ils eussent accepté, les agents de Venise, arrêtés avec les véritables conjurés, eussent dévoilé aux conseils militaires qu'ils étaient soldés par le Sénat plutôt que de se laisser fusiller sans mot dire et tout eut été découvert. Voilà la principale raison qui fit que Bonaparte proposa et que Pesaro refusa.

Les Bergamasques prirent tous les arrêtés qui purent me convenir pour calmer le premier bruit qui est ordinairement le plus grand. Voici le principal de ces arrêtés :

LIBERTÉ — ÉGALITÉ

2 germinal an V (22 mars 1797).

Le Conseil municipal étant assemblé, le citoyen Faivre, commandant les troupes françaises stationnées à Bergame, se présente et dit qu'il vient d'arriver ici un officier général, chargé par le général Kilmaine d'examiner qu'elle a été sa conduite dans le moment où le peuple de Bergame a recouvré sa liberté.

Le Conseil, tout vu et tout considéré, déclare qu'il n'a aucune obligation au citoyen Faivre.

Que la vérité est que le jour où Ottolini apprit par un espion qu'il allait être attaqué par le peuple, le gouverneur fit faire des mouvements inaccoutumés à sa troupe.

Que le citoyen Faivre, étonné de cette nouveauté, se mit sur la défensive.

Qu'Ottolini parut effrayé de l'attitude des Français et que les républicains de Bergame profitèrent de ce moment de crainte pour le désarmer et le congédier lui et sa troupe.

Nous déclarons en outre que sur un bruit qui courut que Brescia était attaquée par une armée vénitienne, les citoyens de Bergame formèrent aussitôt un bataillon et s'emparèrent de deux canons qui étaient sur la place, malgré la résistance des canonniers français et les menèrent à Brescia (¹).

Comme nous ne connaissons pas encore les raisons politiques qui ont pu mettre ces pièces qui nous appartiennent à la disposition des Français et désirant conserver avec l'armée française les mêmes rapports qui existaient entre elle et nos défunts patrons, nous avons fait revenir cette artillerie et l'avons laissée comme ci-devant à la disposition du susdit commandant.

Nous déclarons enfin qu'il n'appartient qu'à une scélératesse sans exemple et à une intrigue machiavélique d'avoir publié que le peuple de Bergame, notre respectable évêque et quelques citoyens de cette ville, ont mis en avant des écrits tendant à insinuer que l'armée française nous a aidés dans nos efforts. Ces écrits qu'on a fait courir en notre nom n'ont d'autre but que de donner moyen de réclamation aux pouvoirs qui existent encore à Venise, en faisant croire que les Français ont rompu la neutralité et pour engager ces mêmes Français à faire taire ces réclamations, ce qui ne pourrait avoir lieu efficacement de leur part,

---

1. C'est par vanité que les Bergamasques mettent ici qu'ils allèrent jusqu'à Brescia. Ces nouveaux soldats avaient presque tous leurs escarpins usés et leurs pieds écorchés en arrivant à Palazzuolo. Si ces poltrons étaient allés jusqu'à Brescia qu'auraient-ils eu besoin de confier les prisonniers qu'ils avaient faits en route à ces sapeurs lombards dont on a parlé et qui tenaient la même route qu'eux?

qu'en nous attaquant pour nous forcer à rentrer sous le despotisme vénitien. Nous avons donc dressé l'historique des faits ci-dessus, afin qu'il soit adressé au général en chef de l'armée française et au général de division Kilmaine.
*Suivent les signatures.*

J'ai cru qu'il était nécessaire de transcrire quelques-unes des pièces principales ou arrêtés émanés du gouvernement nouveau et qu'il fallait les mettre dans le texte plutôt que dans des notes que souvent on ne lit pas. Je crois que celle-ci doit suffire; je ne ferais que grossir inutilement cet ouvrage en donnant les copies de beaucoup d'autres, arrangées dans le même but et qui n'en disent pas plus. Les curieux les trouveront dans mon portefeuille, s'ils ont envie de les voir. Foscarini y crut ou fit semblant d'y croire; mais ce qui nous fut utile, c'est que l'Europe entière déclara que les Vénitiens avaient tort. J'avais donc bien exécuté les ordres que j'avais reçus.

La pièce qui suit est essentielle, c'est celle qui me mettait en état de chicaner non seulement avec Foscarini, mais même avec les provéditeurs généraux en Terre-Ferme et avec le Sénat lui-même. En la lisant on en sentira toute l'importance. On verra ensuite le moyen que j'eus soin d'employer pour que les pouvoirs dont il était question ne pussent être révoqués et que les insurgés ne pussent plus faire un pas sans moi. C'était absolument nécessaire avec des gens aussi neufs, aussi changeants et surtout aussi pusillanimes.

Le Conseil municipal de Bergame, vu l'urgence, décrète :
Que le citoyen Landrieux, chef de l'état-major général de la cavalerie de l'armée française, venu à Bergame pour examiner la conduite tenue par le commandant des troupes françaises stationnées à Bergame, dans le moment où le peuple bergamasque secouait le joug sous lequel il gémissait,

Sera invité à vouloir être notre médiateur entre les pouvoirs qui sont encore à Venise et le peuple de Bergame.

S'il accepte cette commission fatigante, il est prié de se conformer dans les traités qu'il pourra faire aux intentions du peuple exprimées dans l'acte du gouvernement provisoire qui a été décrété aujourd'hui.

Et à cet égard il lui est donné plein pouvoir.

Il voudra bien faire connaître au citoyen chargé de la partie diplomatique le progrès des négociations.

L'impartialité et les sentiments républicains dont cet officier nous a donné des marques dans le travail qu'il a fait ici sur les évenements qui ont eu lieu, nous a décidés à faire choix de sa personne pour cette mission aussi importante que difficile; nous y avons été déterminés d'ailleurs par la nécessité de nous servir d'un citoyen qui appartint à une puissance neutre.

*Suivent les signatures.*

Pour le coup, me voilà devenu le supérieur de notre petit résident; il n'était pas comme moi *plénipotentiaire*. Aussi baissa-t-il sur-le-champ pavillon et voici ce qu'il m'écrivit aussitôt que je lui eus fait connaître ma nouvelle dignité. Ce qu'il y eut de meilleur, c'est que cet acte fut reconnu par lui comme une bonne ruse de ma part pour ramener tous ces gens-là sans coup férir dans le giron de sa république.

Monsieur,

Je suis fort content, Monsieur, que vous ayez achevé votre commission à Bergame d'après les ordres du général Kilmaine. J'en attendrai le rapport que vous lui en avez fait, s'il lui plaît de m'en fournir ([1]). J'apprends aussi que ce nouveau Conseil municipal vous a élu en médiateur entre Venise et Bergame et que vous avez accepté la commission

---

1. Il prétendait que la copie que je lui avais fournie n'était pas assez officielle et qu'elle devait lui venir du commandant en chef des pays conquis. Et qu'on s'étonne, d'après ce trait, que nous ayons battu ces formalistes !

pour le louable objet de mettre fin aux troubles qui ont eu lieu dans ce pays.

Je ne puis vous taire que dans mon particulier j'aimerais beaucoup que tout pourrait tranquillement se remettre dans l'ordre, auquel objet je trouverais très adapté le moyen de votre personne.

Comme je ne suis pas autorisé de traiter sur cet objet, je ferai du tout un prompt et exact rapport à mon gouvernement, et je ne manquerai pas d'y joindre celui de la parfaite connaissance que j'ai de votre probité et honnêteté et de vos amis sentiments pour ma République.

Je me presserai ensuite de vous rendre informé de la réponse d'abord que je l'aurai reçue.

J'ai l'honneur avec les *ingenus* (¹) sentiments de ma distinguée considération..... de vous, Monsieur, très dévoué et très obédient.

FOSCARINI.

Je ne l'avais pas prié d'en écrire au Sénat et surtout d'avoir son avis sur la médiation, et si Venise était loin de penser à un accommodement au moment où elle refusait les offres de Bonaparte, ainsi qu'on l'a vu, j'étais bien loin aussi, de mon côté, de penser à me servir de cette médiation envers Venise ; mais Foscarini n'était pas homme à laisser échapper l'occasion de se faire charger par sa République de quelque chose de considérable. On voit qu'il n'est pas question de cela. Cependant, il lui était impossible de se dissimuler que nous l'avions joué et, ce qu'il y avait de piquant personnellement pour lui, c'est qu'il s'était adressé à des gens évidemment plus adroits qu'il ne l'était, qu'il avait été deviné et devancé par nous.

En rigoureux diplomate, il dissimula sa mauvaise humeur et aussi égoïste qu'aucun d'eux puisse jamais

---

1. On voit dans les historiens de Venise que ce mot *ingénu* est toujours dans quelques phrases de fourberie.

l'être, il s'attacha avec avidité à la nouvelle thèse que je lui présentais, de la discussion de laquelle il ne douta point qu'il ne dût être chargé par le Sénat et d'où devait rejaillir sur lui une nouvelle importance ; et il oublia sur-le-champ toute sa furie contre les moteurs véritables de la révolte de Bergame et de Brescia, car je veux bien supposer encore que son Sénat ne l'avait pas instruit de ce qu'il avait fait de son côté pour soulever ces peuples.

L'acte de médiation dont je viens de parler, et qui fut voté par acclamation, me prouvait cependant que ces bons Bergamasques n'avaient pas tout à fait perdu dans leur enthousiasme la crainte secrète qu'ils avaient dans le fond du cœur de ces pouvoirs existant encore à Venise et qu'ils s'efforçaient d'avoir l'air de mépriser. On voit qu'ils cherchaient à établir une contestation diplomatique, à *civiliser* leur affaire et que, pour un rien, ils auraient volontiers demandé pardon au Sénat, les mains jointes et à deux genoux.

C'est pour leur ôter la facilité de faire des bassesses, qui les auraient tous menés sous les plombs de Saint-Marc, malgré toutes les amnisties possibles, et pour les empêcher de traiter sans moi, — j'eusse été désespéré qu'il fut arrivé le moindre mal à ces gens que nous avions soulevés, — que je me fis proposer et que j'acceptai le commandement absolu, la dictature dont je parlerai dans quelques moments ; et, certes, on aurait grand tort de nous blâmer d'avoir opposé les maximes précises de la politique italienne à des ennemis qui nous attaquaient depuis longtemps avec ces mêmes maximes. Machiavel dit, en parlant des premiers qui se sont donnés pour chefs aux hommes, que les législateurs, les fondateurs d'empires ou de religions (et il eût pu y ajouter ceux qui entreprennent de changer la forme des gouvernements), doivent user de violence et contraindre les peuples, sans quoi ils échouent toujours, car l'esprit des peuples est changeant ; il est aisé de leur persuader une chose d'abord, mais il est difficile de les entretenir longtemps dans cette persuasion si la chose n'est pas bien claire en elle-même et si elle nuit à quelqu'un, car celui-ci finit par résister. Il faut donc y mettre si bon ordre que lorsqu'ils ne croient plus, on puisse les faire croire par force, et il cite à cet égard Moïse, Cyrus, Thésée et Romulus (il oublie Mahomet et les inquisiteurs d'Espagne et de Venise) qui n'eussent jamais pu faire longtemps observer leurs lois s'ils n'eussent été soutenus par de bons bataillons..... On connaît le fameux *compelle intrare* qui, du temps très ridicule des querelles jansénistes avec les molinistes, fut sur le point de détruire totalement le catholicisme en France ; ce qui fut immanquablement arrivé si le régent et tous les roués qui l'entouraient n'eussent eu, tout en riant, la sagesse suffisante pour se moquer des deux partis, et il n'en est pas moins vrai, soit dit en passant, qu'il en résulta un esprit d'irréligion qui gagna tout, les grands d'abord et puis le peuple, et donna tant de moyens d'audace et de crédit à Voltaire et aux athées, ses collaborateurs. La destruction de ce frein livra passage à l'esprit révolutionnaire.

On voit donc qu'il y a beaucoup d'exceptions pour un homme d'Etat à ce qu'on appelle moyens de force, soit pour convertir à une religion, soit pour dissiper un parti. La force, quand même elle serait bien appliquée, ne peut être que momentanée ; conduite par des mains inhabiles, elle est toujours dangereuse, et souvent très nuisible. Les supplices firent triompher le christianisme. L'homme est bien singulier.

On sait combien Venise fut toujours inexorable en fait de rébellion ; les Bergamasques ne l'ignoraient pas, et l'intérêt des Français était de persuader aux insurgés qu'il n'y avait nulle apparence qu'ils puissent obtenir un pardon pur et simple. Je leur disais qu'en conséquence il fallait achever de ruiner Venise dans l'opinion publique pour en venir à traiter avec elle de puissance à puissance, qu'il était évident qu'on y arriverait en soulevant les autres provinces. Car, ajoutai-je, Venise n'est rien sans le revenu de la Terre-Ferme, et le cas arrivé, ce sera à elle à courir après la médiation, puisqu'elle ne peut se soutenir toute seule, et pour la faire entièrement déconsidérer et la rendre en même temps irréconciable avec Bergame, je leur conseillai de faire imprimer et publier partout le procès sur l'incendie du théâtre Saint-Léonard et de plus de cent maisons adjacentes. La divulgation de cette pièce couvrit Venise d'infamie aux yeux de tout l'univers et lui fit plus de mal que la rébellion elle-même. Personne ne la plaignit plus. Voici cette pièce.

LIBERTÉ — ÉGALITÉ

Bergame, 23 mars 1797.

*Séance du soir*

Au nom du peuple souverain,
La Municipalité
Décrète que l'extrait du procès qui a eu lieu au sujet de l'incendie du théâtre Riccardi sera imprimé.

(Signatures des secrétaires.)

*Extrait du procès sur l'incendie du théâtre Riccardi au faubourg Saint-Léonard.*

Aussitôt que le feu se manifesta au théâtre du faubourg Saint-Léonard la voix publique en accusa Alexandre Ottolini, ci-devant gouverneur et vice-podestat de Bergame. Son caractère connu, la faculté qu'il avait de pouvoir commettre impunément toutes sortes de crimes, la démolition qu'il avait fait faire depuis peu de l'autre théâtre situé à la citadelle, le genre du spectacle Riccardi et sa position dans le faubourg, donnèrent beaucoup de poids à cette opinion et l'avaient affermie dans les esprits.

Il était bien impossible alors d'informer sur le crime et d'espérer quelques succès pour les informations, puisque l'autorité même qui l'avait fait commettre aurait été chargée elle-même des poursuites nécessaires pour en découvrir l'auteur.

Mais depuis que la province s'est debarrassée de ce tyran, les magistrats du peuple n'ayant pas les mains liées, il ne leur a pas été difficile d'en ressaisir les traces...

Deux chefs des sbires du régiment Ottolino sont en prison, ils ont été arrêtés sur la clameur publique; après avoir essayé d'abord de nier les faits, ils ont enfin déroulé tout le mystère...

Ils ont déposé et unanimement ils affirment au procès que le susdit gouvernement, craignant que le théâtre n'amenât des liaisons trop intimes entre les habitants et les Français, fit venir chez lui ces deux chefs des sbires et que les ayant conduits dans une chambre où ils se trouvèrent seuls avec lui, il les força sous peine de mort à promettre d'exécuter sous trois jours ce forfait exécrable et qu'ils ne s'y engagèrent que pour lui obéir à lui qui était alors leur souverain et pour éviter la punition dont il les menaçait en cas de désobéissance.

Que le hasard leur ayant fait connaître en ce moment un étranger venant de Desenzano et deux Piédimontais (1), ils étaient venus à bout de déterminer ces trois vagadonds à exécuter leurs projets.

Que ces trois misérables, bien assurés de n'être pas connus et d'être libéralement traités, s'introduisirent au théâtre la nuit du 11 janvier dernier, pourvus par les deux chefs de poudre, de soufre et autres matières convenables et mirent le feu à tous les coins. Qu'ensuite ils allèrent rendre compte de l'exécution de leur commission. Que le théâtre ayant été détruit, ils conduisirent ces hommes au chancelier de

---

1. Ce mot ne signifie pas un sujet du roi de Sardaigne, mais un Valérien brescian, d'un canton au nord de Brescia vers Salo, qu'on nomme Piedimonte, pied des montagnes.

préfecture, François Panizzoni, lequel, étant déjà prévenu, compta trois cents livres aux deux Piédimontais et au troisième une somme dont le montant ne leur a pas été connu.

Ils ajoutent enfin que les fréquentes et secrètes conférences qu'avait dans ces circonstances leur ci-devant podestat avec un certain Vlastelinowich, capitaine de cavalerie, leur persuade que cet individu avait été l'un des conseillers et le conducteur de cette entreprise (¹).

Le conseil municipal de Bergame m'avait demandé de lui laisser avant mon départ une forme provisoire de gouvernement. J'en avais tant vu, disaient-ils, que cette matière devait m'être famillière. Quoique cette raison fût la plus mauvaise du monde et qu'on pût même la prendre pour une critique des variations françaises, je leur promis de les satisfaire de mon mieux, et, en effet, quelques heures après, nouveau Moïse, je leur donnai l'espèce de décalogue qu'on va voir. Une constitution quelconque est en général de si peu de durée qu'elle ne doit pas exiger plus de temps à fabriquer.

1. Cette accusation devait conduire le gouverneur Ottolini au bûcher, ainsi que l'Albanais Vlastelinowich, dont depuis je fus vingt fois maître de me saisir. Elle ne manquait pas de preuves et les principales se tiraient de la correspondance du vice-podestat avec les inquisiteurs d'Etat qu'il n'avait pu détruire, les conjurés ne lui ayant pas permis d'entrer dans son cabinet. La maxime qu'on a voulu vainement établir qu'un subordonné doit refuser l'obéissance à son supérieur, lorsqu'il lui commande une action criminelle, n'était pas en vigueur à Bergame. C'était le contraire qui était en vigueur dans les pays vénitiens, de sorte que les sbires, dégagés par les preuves tirées du cabinet d'Ottolini, ne purent être punis et par la même raison Ottolini lui-même et Vlastelinowich ne pouvaient être responsables de l'exécution d'ordres donnés par les inquisiteurs d'Etat, quoiqu'on eût pu prouver au gouverneur vice-podestat qu'il en avait fait la première ouverture aux inquisiteurs. Dans ce cas, il devenait satellite. Kilmaine et moi, pour donner satisfaction à Foscarini et aussi à cette pauvre princesse Albani, que cette procédure criminelle rendit presque folle, nous fîmes étouffer toute cette affaire. Elle avait fait un bruit considérable, et c'est tout ce que nous voulions.

J'en connais même qui ne doivent pas avoir coûté plus d'un quart d'heure. Ils n'eurent à y ajouter que le discours préparatoire qui est infiniment plus long que la loi. Le préambule est un manifeste sanglant que j'approuvai de toutes mes forces, premièrement parce qu'il était vrai au suprême degré et qu'en second lieu en concourant, avec tout ce qu'on a vu, à rendre ces gens de plus en plus irréconciliables avec leurs ennemis, il allait directement à notre but...

Tous les Français connaissent les vices de notre gouvernement directorial. J'avais cherché à les éviter autant que possible ou du moins à les atténuer.

Au reste on doit savoir que ce n'était que pour satisfaire ces bonnes gens que j'endossais pour eux la robe de Lycurgue. J'étais loin de leur confier qu'ils allaient devenir Autrichiens ou Cisalpins, et à cet égard, quelque dût être leur maître futur, ils ne pouvaient pas perdre au change, même en tombant au pouvoir de l'Autriche.

J'ai toujours été d'avis qu'un gouvernement monarchique paternel et qui, suivant sa signification littérale ne régit que d'après les lois fixes et indépendantes de la volonté du souverain, vaut cent fois mieux que la république la mieux organisée. En 1775, j'ai traversé la moitié de la France sans que personne se soit avisée de me demander un passeport. J'étais libre sans pouvoir crier à tue-tête : « Vive la Liberté ! » Depuis j'ai crié comme les autres vive la Liberté et, comme les autres et à cause de cette liberté, j'ai été proscrit et resserré fort longtemps dans une prison d'Amiens et n'ai jamais pu depuis faire le plus petit voyage sans un passeport sur lequel souvent il se trouvait une marque inconnue à moi et qui me rendait l'objet de la surveillance de tous les agents du pouvoir auxquels j'étais forcé de le montrer.

En relisant un jour cette constitution éphémère, que je m'avisais de donner aux meilleurs gens du monde qui, quoique je ne la présentasse pas comme venant de mon Sinaï, ne la regardèrent pas moins comme arrivant du ciel tant était grand leur enthousiasme pour tout ce qui venait d'un Français, en la relisant, dis-je, un jour de pluie à la campagne, je revois qu'elle pourrait s'appliquer à une monarchie moyennant quelques coupures, un peu fortes sans doute, mais l'idée d'un prince souverain qui serait obligé de changer de ministres tous les quatre ou six mois me ferait sourire. Et pourquoi pas ? Chacun aurait espérance de le devenir un jour. Car là il n'est nullement besoin des 300 ni des 1,000 fr. d'impôts. Le souverain n'aurait pas le temps de s'attacher à aucun d'eux, ce qui dans un État est presque toujours un malheur. Car il est impossible que le ministre n'en abuse et c'est dans ce mode qu'on trouverait véritablement, et sans loi particulière, et l'inviolabilité de la personne du monarque, et la responsabilité des agents. Chacun apprendrait de bonne heure ce qu'il faut savoir, non pas pour s'enrichir, car on n'en aurait pas le temps et on ne le pourrait pas impunément, mais ce qu'il faut pour être ministre intègre et irréprochable. Un ministre qui aurait fait à son profit un marché onéreux à l'Etat ou qui aurait placé des gens à prix d'argent, qui aurait partagé leurs rapines, qui aurait mis la main sur quelques parcelles de son budget, qui aurait fait périr quelque innocent, aurait une contenance bien embarrassée devant un successeur qui, pour le même motif peut-être, voudrait casser tous ses marchés, chasserait toutes ses créatures, ferait réviser des jugements iniques, rechercherait l'emploi des fonds, etc., et comme il serait impossible à un monarque de faire faire à ces ministres autre chose que leur devoir, dans la crainte de l'œil clairvoyant d'un, de deux, de quatre, de dix successeurs, je maintiens que la personne du souverain serait inviolable, non seulement par la loi, mais ce qui est bien plus solide, par la nature même d'un gouvernement tout ministériel. On pourra rire tant qu'on voudra de cette idée, mais rire n'est pas répondre, et surtout quand je présente une constitution qui a duré et qui a été exécutée pendant près de six grands mois dans une province très considérable (¹) et qui ne songeait nullement à y rien changer lorsque Bonaparte la réunit à la république cisalpine, et certes bien malgré elle.

Quoique je n'eusse mis aucune différence entre les riches et les pauvres, ce qui ne convient pas à tout le monde, et je ne sais pas trop pourquoi, cette séparation s'y trouvait naturellement puisqu'il est reconnu que le peuple, quand les factions le laissent tranquille, ne donnera jamais sa voix à un homme quelque sage qu'il soit, s'il n'est pas reconnu avoir les moyens de soutenir l'état de député et s'il ne le prouve au moins comme en Angleterre par quelques dépenses de cabaret et quelques distributions de guinées. Il me paraissait trop insultant pour la classe moyenne de faire parler la loi pour les gens opulents seuls, dont souvent la richesse n'a pas une source bien pure. Il y fallait aussi une petite teinte démagogique pour accréditer et conserver la confiance qui nous était d'une absolue nécessité à tous.

Ce petit Etat, en comptant sans son hôte, avait la

---

1. La province de Bergame était composée de la Pianura (plaine qui contient la squadra de Lovèze, où sont les vals ou vallées de Teseoze, Cavalina et Calépio, la squadra de Calcinato, celle di Mezzo, celle de l'Isola, et le commissariat San Martino. Ces quatre squadra et le commissariat formaient six cantons.

perspective bien fondée de devenir bientôt plus puissant par sa réunion avec Brescia et probablement avec toutes les autres puissances de la Terre-Ferme. Les bons Bergamasques me racontaient, comme si je ne le savais pas, que l'Etat de Venise avait soutenu, et souvent seul, pendant plus de cent ans, une lutte tenace contre tout l'empire ottoman, qu'il avait été, avant, le maître de Constantinople, qu'il avait disputé au Turc Candie, Chypre et Negrepont pendant plus de vingt années, qu'il avait tenu toute la Morée, tout l'Archipel, etc... C'était pour cela qu'il leur fallait, disaient-ils, une forte constitution et ils ne s'aperçurent jamais que ce que je leur avais donné n'était bon que pour empêcher les bourgeois de se battre entre eux.

Certes, si j'eusse pensé que les choses eussent pu s'arranger comme ils l'entendaient, j'en aurais fait un Etat tout militaire. Comment sans cela eussent-ils pu en imposer à ces montagnards ingouvernables qui couronnent tout le nord de l'État vénitien?

# CHAPITRE XI

Actes de générosité de la part des Bergamasques. — Réflexions. — Monge, Bertholet, Bassal et Blésimard. — Contradictions entre les Directeurs.

J'ai dit quelque part que les Bergamasques me parlèrent de mes finances. Ils dressèrent un traité en huit articles qu'ils vinrent m'apporter après mon retour à Milan et auquel je refusai d'apposer ma signature. Je le leur rendis en une contre-déclaration, lorsque tout fut fini et cela devait être. On verra en son lieu qu'il y eût quelques discussions et une lutte de générosité de leur part.

Ces peuples étaient si accoutumés à ne rien obtenir des grands qu'à force d'or qu'ils n'avaient aucune espèce d'idée de l'acte généreux qu'en France on appelait autrefois *service gratuit* et qu'on a généralement et depuis longtemps relégué dans les dictionnaires. On trouvera de temps en temps dans ces mémoires des traces de cette manière d'agir.

J'ai déjà fait observer, d'après un article de l'acte de médiation, que les Bergamasques, dans le feu même de la première fougue insurrectionnelle, ne m'avaient pas paru sans crainte des suites de leur révolte et ils crurent m'avoir totalement engagé dans leurs intérêts en m'offrant 250,000 francs que je ne devais toucher qu'en cas de non réussite. Ils ne pensaient pas, ces bonnes gens, qu'un égoïste les eût laissés battre pour avoir leur argent. Ils ne songèrent pas non plus que cette somme était de beaucoup trop faible pour me dédommager de mon état militaire perdu, de mon expatriation et peut-être pis encore, ce qui serait arrivé, si agissant de mon chef seulement, comme ils le croyaient, nous eussions eu du désavantage. Si je me fusse conduit ainsi sans ordre supérieur, — chose dont, certainement, Kilmaine et moi, étions bien incapables par goût et par état, — j'aurais exigé non de vains mandats sans caution, mais un dépôt réel d'argent, non pas 250,000 francs, mais six à huit cent mille francs, pour Kilmaine et pour moi, pour aller loin de ma patrie tenir compagnie aux Paoli, aux Kociusko et autres brouillons fameux.

J'avoue que j'eus tort de ne pas recevoir leur argent, parce qu'on a cru que je l'avais touché et que j'ai été traité en France comme si je l'avais reçu, et à cet égard il a existé dans les cervelles directoriales, et dans le même moment, une singulière contradiction; je n'en dirai qu'un mot.

On se rappelle les expressions de la lettre que le résident Foscarini m'écrivait en germinal an V (1) au sujet de la médiation. Quelque temps après ma rentrée en France, on me dit au Directoire, avec un air de reproche, — ce fut Rewbel — que j'avais été le partisan des Vénitiens et que la commission des arts près l'armée d'Italie, c'est-à-dire Monge, Bertholet, Bassal, un autre que j'avais connu garde marteau à la forêt de Saint-Germain, nommé Blésimard, chargés par Bonaparte de dresser inventaire des papiers de l'inquisition d'Etat, lorsque Venise eût été abattue, y avaient trouvé

1. Voyez page 257.

des lettres de Kilmaine et de moi, très suspectes d'intelligence, d'entente et de concert avec le Sénat (1).

On peut être, je l'avoue, un grand géomètre, un bon physicien et un grand connaisseur en médailles et en tableaux et même en plantes exotiques et avoir l'intelligence très obtuse en affaires et en tournures diplomatiques.

1. Est-il croyable que nous ayons pu amuser 4 ou 500 rois qui composaient toute la souveraineté de Venise, le conseil des Dix et les trois inquisiteurs d'État, un nombre indéterminé de provéditeurs généraux et de podestats, au point de les empêcher, de les détourner de se servir de 14 à 15,000 Esclavons bien dressés, très braves, depuis le jour de la révolte de Bergame jusqu'à la deuxième fête de Pâques, époque à laquelle ils commencèrent à leur manière à défendre leur État ? Et encore cela n'eut pas eu lieu si Bonaparte n'eût pas imaginé d'avoir à lui le fameux Giovanelli qui, par son ineptie, me mit en posture de prendre Vérone et me força ainsi de mettre à nu nos véritables intentions. Comment auraient-ils donc fait ces savants pour faire accroire que tous les Vénitiens pouvaient compter sur nous et que ce que nous faisions concourait à remettre tous les rebelles pieds et poings liés entre leurs mains, seulement en leur faisant connaître les malintentionnés et les abandonnant ensuite. Et qu'eussent dit ces savants, si j'eusse mis en exécution une fantaisie qui m'avait passé par la tête et qui y resta longtemps, malgré Kilmaine qui en riait comme un fou. Je voulais tirer du Sénat ou des provéditeurs l'argent nécessaire pour réparer les places fortes que tenaient les rebelles bergamasques et brescians et je fus sur le point de réussir. Pesaro lui-même, le croirait-on, fut le premier à en parler au Sénat, et il ne s'agissait pas d'une petite somme à donner pour cet usage à ces deux intimes amis du Sénat, car le refus qu'il éprouva le décida à abandonner son pays qui, disait-il, était si anciennement méfiant et avare, que ces deux qualités allaient le faire périr dans un moment où il fallait un noble abandon. Il ne s'agissait que de nous donner un procurateur pour nous surveiller incognito, qui eût été pendu par nos ordres quand, les réparations une fois faites, il eût voulu y mettre des garnisons vénitiennes. Il s'agissait de six millions à nous confier pour ces ouvrages. Nous les eussions employés pour Cremone, Pizzighitone, Goito, Mantoue, Azzota, le fort de Brescia, Salo, Lonato, Borghetto et Bergame, toutes places qui, quelque traité de paix que l'on fît avec l'Autriche, devaient nous rester et qui eussent défié Souvarow de mordre la Cisalpine, car les Russes ne sont pas heureux en sièges.

On m'apprenait aussi en même temps que Bonaparte en était très colère contre nous. Ce qui nous prouvait qu'il ne voulait pas qu'on sut en France qu'il avait tout provoqué, et notre conduite et les fautes ultérieures des Vénitiens. Et, en même temps, Barras me disait qu'il existait un ordre du Directoire de m'arrêter pour me demander compte de ma conduite contre les Vénitiens ! Il paraît que chaque Directeur gouvernait à part et sans consulter *ses camarades*. Je n'avais qu'à montrer l'ordre du jour du 19 prairial, je n'osai en parler à personne, j'aurais été perdu s'il m'eût été arraché.

A cette époque, j'étais obligé de vivre d'emprunts, et il me fut demandé 30.000 francs pour être réemployé.

## CHAPITRE XII

De l'esprit d'insurrection en Italie et ailleurs. — Troupe cispadane à Bergame, — Caprara. — Opinion politique sur le Souverain Pontife et ses Etats. — Serment. — Solza, Calépio, Alesandri, Lupi, gens honnêtes. — Propositions de Caprara écartées. — Galerie Caprara à Bologne. — Modène. — Lettre du prince Albani. — Révolte dans les Etats Romains, (8 ventôse). — Lettre de Madame Albani. — Etat de l'artillerie dont les Français étaient en possession à Bergame.

Cette insurrection de Bergame arrivait dans une circonstance favorable. Ce n'était pas seulement dans le pays vénitien que l'esprit de révolte avait pénétré. Cet esprit, cette manie, cette mode se présentent par tant de bons côtés qu'il n'est nullement surprenant que l'homme sage lui-même s'y laisse entraîner par le peu de temps que cette fougue donne ordinairement pour en examiner attentivement toutes les faces. Les hommes sont alors véritablement égaux. Les grands mots, les phrases ampoulées, des griefs souvent exagérés et quelquefois très vrais sont le torrent qui les emmène tous ensemble dans le précipice où ils tombent presque toujours les uns après les autres. Et où trouver une digue contre le prestige du mieux ? A quel médecin s'adresser, quand toutes les têtes ont tourné ?

Cette maladie avait déjà gagné Ferrare, Bologne, Modène, Reggio. Tout voulait être républicain, tout, jusqu'aux îles de l'Archipel. Les Mainotes même, qu'on appelle avec tant de raison les corsaires ou les Barbaresques de l'Archipel et de la Morée, qui ont l'effronterie de se dire les seuls descendants des Spartiates, nous adressèrent des envoyés, et ce fut en partie cette députation qui, ayant touché à Zante, inquiéta tellement le représentant vénitien qui y commandait qu'il prit le parti de faire brûler la maison du consul de France dans cette île, parce que ces brigands avaient quelque correspondance avec lui. On m'a assuré depuis que cette infernale méthode de gouvernement fut plus fâcheuse à ce podestat que ne l'avait été la destruction du théâtre de Bergame à Ottolini, et que Sérurier, pendant le court commandement qu'il eut à Venise, le fit étrangler sans autre forme que la preuve de l'identité.

Il n'y avait pas de petite ville en Italie, où tout le monde ne trouvât merveilleux d'avoir son petit comité de *Salut public*. J'ai dit ce qui se passa à Reggio du Modénois. J'aurai occasion de parler de Romano et Martinengo, chétives bourgades auprès desquelles Lucques et Saint-Marin sont d'énormes colosses et auxquelles un géographe ne pourrait assigner sur une carte topographique que la place qu'y doit occuper un moulin à vent. Elles affichèrent, cependant, la plus impertinente indépendance et se cantonnèrent comme du temps des matamores soldés par les Guelfes et les Gibelins. On n'eut qu'à souffler et tout disparut. On me verra revenir sur ces ridicules républiques qui se laissèrent détrousser par un voleur effronté.

Quelquefois le marchand forain étonné se trouvait pris en fraude, en contrebande, et ses marchandises confisquées en vertu d'un petit décret de la petite municipalité ou assemblée nationale ou convention même d'un hameau, auprès duquel il avait passé et repassé vingt fois dans sa vie, sans en soupçonner l'existence physique, parce qu'il était placé dans quelque ravin inaperçu de la grande route.

Je fus cependant très surpris en arrivant à Bergame d'y trouver une petite troupe qui disait appartenir à la junte de défense générale de la république cispadane. J'en fis venir le commandant nommé Guidetti. Cet homme me dit que le président de son gouvernement l'avait placé en garnison à Bergame à la demande des habitants et qu'il était arrivé depuis deux jours; il me montra un ordre signé : Caprara.

Je savais bien tout ce qui s'était passé dans le Modénois et dans les États du Pape et nous n'avions pas été étonnés de ce qui était arrivé à Rome. J'avais même eu à cet égard une forte discussion avec le général en chef qui, depuis sa course à Livourne, n'avait pas cessé de concert avec Cacault et ensuite avec Lucien, son frère, de fomenter des troubles dans ce pays. Je prétendais qu'on devait laisser tranquille le Souverain Pontife, qu'il fallait au contraire l'appuyer, le soutenir de toutes nos forces loyalement et franchement et lui offrir même des avantages temporels; que les États du Pape ne valaient rien pour nous, ni en hommes ni en argent, ni en fortifications et encore moins en vivres; que le territoire était de nulle valeur; que, le Pape n'étant riche que des contributions de la chrétienté, nous allions tarir à jamais cette source féconde pour l'Italie en renversant ce trône sacré; qu'il fallait le conserver et que nous ferions taire par cet acte de respect, vrai ou simulé, tout reproche d'irréligion, qui nous faisait tant de tort depuis si longtemps et qui armait tant de séides contre nous. Mes raisons, dont on connut trop tard la solidité, n'eurent alors aucun succès. On me riait au nez lorsque je disais que la République avait plus besoin de religion que la monarchie, à cause de la facilité du glissement, si je puis m'exprimer ainsi, de la liberté à la licence et parce que les lois répressives, véritablement républicaines, ne châtiant presque rien à cause de leurs formes qui étaient autant d'échappatoires pour les scélérats et les gens de mauvaises mœurs, il fallait conserver le frein religieux et le fortifier même pour aider à gouverner; que l'exigence du serment était bien illusoire sans religion et qu'on aurait beau faire pour le rendre purement légal et naturel (1), on n'y parviendrait pas, et que si l'on y arrivait, on aurait encore rien ou pas grand'chose.

Ce Caprara avait été autorisé par Bonaparte à prendre la présidence de toutes les insurrections sur la droite du Pô à condition qu'il serait responsable de toutes les sottises qui s'y feraient et cet homme n'eut pas plutôt appris ce qui se passait à Bergame qu'il y courut avec un détachement. Il ignorait tout à cet égard, motifs et ressorts, tout lui était inconnu et il avait considéré le mouvement comme spontané. Je mandai M. Solza (2), président du Comité militaire et lui demandai ce que cela signifiait. Celui-ci crut m'apprendre que Bologne et Ferrare s'étaient insurgées contre le Pape; que Modène s'était ensuite jointe, avec Reggio, à ces villes qui, d'abord, avaient formé quatre républiques cispadanes; que Bonaparte leur avait commandé

---

1. Le serment ne peut partir que d'un principe religieux. Outre la peine physique qui est attachée à sa violation, l'homme qui n'est pas athée, doit croire que la Divinité l'a entendu et qu'elle se réserve d'en châtier l'infraction ; l'individu sans religion espère échapper par la fuite ou autrement au forfait qu'il a commis en faussant sa parole et l'intérêt étouffe la confiance de la simple nature.

2. Ce M. Solza, homme honnête ainsi que Calépio, Alessandri, Lupi et beaucoup d'autres Bergamasques, s'était empressé de

de se réunir pour n'en faire qu'une seule. Il ajouta ensuite et avec beaucoup de raison qu'on ne savait ce qui avait porté ces villes à cet excès d'ingratitude envers des gouvernements aussi doux que celui du Pape et du duc Hercule III; que ce Caprara, homme perdu de dettes et de réputation, avait intrigué pour devenir président de toute cette extravagance et que Bonaparte lui avait confié ce poste parce qu'il était d'une assez bonne famille, qui pouvait avoir beaucoup de liaisons et de clients; que cet homme mettait à tout cela une activité incroyable ; qu'il était venu en poste, à Bergame, avec sa troupe, sans avoir été demandé; qu'il leur avait dit, qu'en qualité de républicain, il leur amenait des secours contre les Olygarques, qu'il avait ensuite proposé et pressé la municipalité d'accepter une alliance offensive et défensive entre les *deux nouvelles nations* et d'envoyer à Bergame en conséquence du traité proposé trois mille bons soldats et de l'argent; que Bergame n'ayant pas besoin de soldats *dits* du *Pape*, mais de bons grenadiers et ne voulant rien faire sans motif, avait éludé les propositions avec toute la civilité possible en renvoyant à traiter à un temps plus opportun où, par l'adhésion de toute la province, on pourrait présumer quelque stabilité pour le gouvernement nouveau qu'on allait s'occuper d'établir; mais que divers municipaux avaient fait « *passer* » de lui

---

s'emparer de la Révolution pour ne pas laisser tomber le pouvoir dans les mains de la canaille, ainsi que cela était arrivé en France, et une fois le parti pris, il s'y était jeté à plein collier, en protestant toujours que si le gouvernement odieux de Venise consentait à quelques conditions qui le rendissent supportable, il se soumettrait avec franchise. On ne doit donc pas être étonné de lui voir tenir ce langage quant aux Cispadanes et à Caprara. Ce fut lui qui proposa la médiation que j'acceptai, sans lui faire part de mes motifs, bien différents des siens.

demander les 150 hommes qu'il avait amenés pour faire le service de garde de police de la ville jusqu'à ce qu'on eut pu organiser une garde de ce genre, — ce que Caprara avait été fort content d'accorder.

On avait vu, depuis, le chef de cette troupe, Guidetti, mêlé parmi le petit peuple qu'il poussait au pillage des maisons riches; la populace elle-même l'avait arrêté et conduit à Caprara, lequel avait feint de le désapprouver et cependant l'avait renvoyé libre.

Solza ajouta que ce Caprara était encore en ville. Je lui dis de me l'amener. J'étais curieux de voir la figure que ferait devant moi un sujet du Souverain Pontife, d'une famille très honorable, que je savais être très dévouée au trône pontifical, faisant le vil métier de chef de rebelles et filant une intrigue pour se donner des soutiens contre un prince faible et trop bon.

Caprara vint. Il parla beaucoup et dit très peu de choses; il paraissait vouloir me deviner. Je louai beaucoup son dévouement patriotique, tout en lui disant que je laisserais l'ordre au commandant de la place de faire juger et exécuter militairement le nommé Guidetti comme provocateur au pillage dans un lieu où il y avait des troupes françaises. Il changea de ton et voulut me faire comprendre que le général en chef pourrait désapprouver ma conduite, attendu que le *colonel* Guidetti était cispadan. J'envoyai tout aussitôt, et pour toute réponse, l'ordre à Faivre de faire enlever ce colonel et de le conduire dans la prison du fort. Caprara passa dans l'antichambre, y réfléchit quelques moments et rentra, après m'en avoir fait demander la permission. Il me dit qu'il pensait qu'une discussion entre des républicains ne pouvait que nuire à la chose publique, etc... Je le laissai débiter tous les lieux communs et ne m'arrêtai qu'à la promesse qu'il me donna et que j'exigeai par écrit qu'il enverrait relever cet homme par un autre.

D'après les intentions bien connues du général en chef, je ne pouvais me prêter à aucune liaison entre les provinces vénitiennes et les cispadanes ; elles eussent gêné pour le partage de Venise avec l'Autriche qui peut être eût élevé des difficultés sur la division de la masse et eût sans doute exigé une plus forte part, ce qui arriva au commencement des discussions sur le traité de paix.

Caprara, après l'affaire de Guidetti, me pria de me joindre à lui pour le traité de réunion. Je lui dis que c'était impossible parce que je n'avais aucun ordre à cet égard. Il me quitta assez mécontent et je défendis à la municipalité de faire aucun traité avec qui que ce fut sans notre consentement.

Solza vint me dire le soir que Caprara m'avait trouvé fort dur et qu'il offrait d'envoyer gratuitement encore 150 hommes, si je voulais permettre que Guidetti continuât à commander. Je lui dis d'accepter, bien résolu de lui donner le fort à défendre avec quelques 200 Français et de l'y consigner.

J'avais oublié tout cela, lorsqu'à mon second voyage à Bergame je reçus de Caprara la lettre suivante :

LIBERTA EGUAGLIANZA

LA GIUNTA DI DIFESA GENERALE DELLA REPUBLICA CISPADANA UNA E INDIVISIBILE

*Au citoyen Landrieux, chef de l'état-major général de la cavalerie française.*

Bologne, 12 germinal an V (1er avril 1797).

« Citoyen,

« La conduite de la cohorte ferraraise en garnison à Bergame dans les événements arrivés dans les États vénitiens vous est connue. Vous connaissez aussi, citoyen, le tempérament que l'on prit de votre aveu, pour masquer l'inconduite du commandant Guidetti, chef de cette cohorte. Notre collègue Caprara, qui se trouva à Bergame dans ces mêmes circonstances, prescrivit au chef de cohorte les mesures que la prudence dictait; nous-mêmes lui ordonnâmes de s'abstenir de tout acte arbitraire afin de ne pas compromettre notre République. Le citoyen Guidetti vient de nous informer que vous lui aviez enjoint d'écouter le citoyen Hermit (Lhermite) qui prétendait le faire partir pour Brescia avec sa troupe *déguisée*. Le citoyen Guidetti demanda d'avoir un ordre par écrit. Le citoyen Hermit lui livra une invitation. Il ne la crut pas conçue en termes suffisants pour mettre à couvert sa responsabilité et refusa d'après les instructions qu'il avait de nous.

« Nous serions fâchés si vous croyiez, citoyen, d'avoir des raisons de vous plaindre de lui, également si vous pouviez douter de notre patriotisme et de notre zèle pour l'avancement et l'établissement de la liberté en Italie et de l'union de tous les peuples libres. Nous donnons pourtant de nouveaux ordres au citoyen Guidetti. Vous êtes à même de voir ce qui convient le plus et nous sommes persuadés qu'il ne peut y avoir de risques pour lui à suivre vos avis et vos invitations. Notre ministère, qui n'a pour objet que la défense de la République, n'étant que provisoire et borné aux détails de la formation des corps militaires, nous ne pouvons mieux servir la République qu'en nous gardant de la compromettre vis-à-vis de qui que ce soit. Nous sommes persuadés, citoyen, que vous voudrez aisément entrer dans nos raisons et que, forcés à borner les élans de notre zèle, vous ne voudrez pas les trouver mauvaises.

« Pour vous marquer l'empressement que nous avons de vous faire connaître nos sentiments et le désir que nous avons de les unir aux vôtres, nous envoyons la présente par courrier extraordinaire, nous flattant que vous voudrez bien nous faire réponse et nous donner des nouvelles des progrès des affaires dans ce pays-là.

« Acceptez dans le même temps les assurances de notre estime.

| Dalfienne, | C. Caprara, |
|---|---|
| Secrétaire. | Président. |

J'étais dans l'usage d'écrire, soit en marge, soit au dos des lettres que je recevais, la réponse que je voulais que mes bureaux y fissent. Voici ce qu'on lit au bas de la lettre ci-dessus :

« Répondre que ce Lhermite n'est plus ici : que le municipaliste Solza déclare avoir donné à cet homme l'ordre d'aller dire à Guidetti, chargé de la police des rues de la ville et des environs, qu'il ferait plaisir à Bergame d'aller se mettre en embuscade dans les gorges de Palazzuelo sur la route de Brescia, pour y tomber à l'improviste sur une troupe de paysans des vallées qui, dans ces moments de désorganisation, descendent tous les soirs et font le dégât dans la plaine ; que la différence de langage et peut-être aussi beaucoup de poltronnerie de la part du colonel Guidetti ont fait prendre à cet officier de la Junte le mot *de cacher* pour *déguiser ;* que quand même on lui aurait proposé des habits moins remarquables pour surprendre des voleurs, il n'y avait rien là que d'exactement conforme aux fonctions de police, dont Guidetti était uniquement chargé.

« Qu'au reste, je leur renvoie ce brave et prudent

colonel à Ferrare, n'ayant pas besoin d'une troupe qui, pendant qu'on va combattre, a des instructions particulières d'un gouvernement que je ne connais ni ne me soucie de connaître ; que je n'entends avoir ni devant, ni derrière moi, aucune troupe à laquelle je n'aie pas le droit de commander et que je ne veux plus nourrir ces gens-là.

« Qu'il me paraît cependant singulier que des agents d'une junte provisoire, qui conviennent n'avoir d'autre autorisation que d'enrôler et d'habiller des hommes, se soient permis de parler au nom d'une junte et qui plus est d'envoyer 150 hommes à Bergame, à près de cinquante lieues de leurs frontières, où il paraît qu'on ne les demandait pas, et leur aient prescrit une conduite quelconque autre que la police d'une promenade militaire. Pourquoi faire les envoient-ils ?

« Que je mets leur plaisante responsabilité à couvert en leur renvoyant des soldats auxquels ils ont défendu de se compromettre, c'est-à-dire de se battre ! Ordre de route pour ce soir sans étape et leur dire que s'ils pillent comme l'ont fait leurs ambassadeurs en revenant de Modène, ils auront à faire à moi dans Bologne même et dans Ferrare. »

Ils partirent, mais ils n'allèrent pas loin. Caprara avait suivi son courrier de près, il trouva sa troupe à Ponte-Oglio et n'en fut pas plus déconcerté. Il était là dans le Brescian et y arrêta son monde ; il dit à Guidetti qu'il allait raccommoder tout cela et il vint à Bergame. Je ne voulus lui parler qu'à la municipalité. Il y désavoua toutes les expressions peu respectueuses et le fond même de la lettre qu'il dit avoir signée de confiance et me promit une lettre d'excuse de la junte. Je ne voulus pas faire le difficile, ne sachant quels ordres cet homme pouvait avoir reçu du général en chef (¹). Je consentis à ce que ses hommes revinssent, mais doublés en nombre; ils seraient sous mon commandement absolu et sous la discipline française comme troupes auxiliaires; le général Kilmaine serait le maître de les incorporer dans les demi-brigades françaises, s'il lui en prenait fantaisie et jusqu'alors ils seraient soldés par Ferrare qui payerait la nourriture et l'entretien. Cette junte paraissait avoir voulu essayer de me mettre au-dessous d'elle et de se rendre maîtresse du mouvement de Bergame pour arriver à cette réunion dont je ne voulais pas. Elle me trouva plus ferme qu'elle ne le croyait et, loin de découvrir quelle était la nature des ordres que j'avais, elle fut fortement humiliée. Caprara, me dit-on, avait promis à Bologne de savoir ce que je faisais là. Je chargeai Faivre d'exercer vigoureusement ces Italiens, et en peu de jours il en fit des hommes soumis et d'assez bons soldats, à quelques désertions près.

Je quittai Bergame où tout allait passablement bien, à la réserve de quelques cantons récalcitrants, qui appelaient sourdement les Vénitiens à leur secours. Je n'en n'étais pas étonné parce qu'il n'y a pas de tyran si exécrable qu'il soit qui n'ait des partisans, quand il a de l'argent. J'étais instruit de leurs menées. Aussi recommandai-je rigoureusement à la nouvelle autorité de ne pas tracasser ces gens-là, que je ne fusse revenu avec des forces suffisantes pour étouffer tout d'un coup leurs premiers mouvements, s'ils s'avisaient de bouger, car Bergame n'avait presque aucun moyen de défense.

---

1. On a su depuis que Caprara était chef d'une contre-police de Bonaparte. Je ne la connaissais pas. Il ne se fiait donc à personne! On sait que, depuis, à Paris, il ne s'en rapportait pas à celle de Fouché seul, ni à celle de Lannes, ni à celle de la place de Paris.

Faivre avait 400 hommes environ. Les Ferrarois allaient être 350 à 400. La garde nationale commençait à savoir marcher. Il y avait à mon départ 600 hommes sur lesquels on pouvait compter et elle devait s'élever à 10.000 hommes. Ainsi Faivre n'avait encore que 1.350 hommes. En irritant maladroitement les Valériens, ils pourraient fondre tout à coup sur la ville au nombre de plus de 50.000, armés de bâtons, de quelques fusils, etc...

Toutes les pièces en position sur les remparts de Bergame étaient placées en face de meurtrières couvertes et sur des madriers à réparer.

Les ponts-levis communiquant du fort à la ville, et ceux de la ville aux faubourgs, étaient en assez bon état, mais, dans certains endroits escarpés, la ville n'avait qu'une mauvaise chemise.

Les faubourgs avaient eu autrefois une enceinte de hautes murailles, dont la majeure partie était détruite. La partie qui était encore debout était dangereuse en ce qu'elle menaçait de tomber, même plutôt en dedans qu'en dehors, au moindre ébranlement ([1]).

Il n'y avait d'autre eau à Bergame que celle qui lui arrivait par un aqueduc de hauteur en hauteur. Elle pouvait être facilement détournée ou altérée par un assiégeant. Les faubourgs, situés presque en entier au bas de la montagne, où sont bâtis la ville et le château, ne manquaient cependant point d'eau.

Après avoir tout examiné, je trouvai tout cela si misérable qu'il eût fallu plus de six millions pour mettre ces lieux dans un état imposant. Je chargeai le capitaine de génie Fabre de faire quelque chose pour

---

1. Il y avait quelques vestiges d'ouvrages extérieurs, entièrement ruinés. L'emplacement en était occupé par des jardins et autres cultures.

empêcher les troupes légères d'entrer d'emblée dans les faubourgs, mais sans y dépenser plus de 5 à 6,000 francs. Je trouvai ces ouvrages très avancés à mon retour. Ils étaient exécutés avec beaucoup d'intelligence et d'économie. Ils nous furent extrêment utiles, ainsi qu'on le verra.

## CHAPITRE XIII

Suites fâcheuses des proclamations prématurées de Bergame et de Brescia. — Cocarde de Saint-Marc. — Conduite d'un général français à Milan. — Correspondance du colonel Faivre, commandant à Bergame. — Proclamations aux Valériens. — Rapport du capitaine Boussion, adjudant de place. — Méthode antique pour les assemblées du peuple. — Poltronerie des Bergamasques. — Lettre pour intimider le commandant Faivre. — Rapport au général Kilmaine. — Bravoure de Saint-Hilaire et du prince Trivulzi. — Annonce de la prise de la forteresse de Crema. — Marche sur Bergame.

Pendant que je me disposais à Milan à faire mon second voyage à Bergame et que tout se préparait avec la plus grande activité pour le soutien en apparence de la médiation dont j'étais chargé, les Bergamasques, d'un côté, et les Brescians, dont le mouvement avait suivi à un ou deux jours de distance celui des premiers, impatients d'essayer leur souveraineté et de faire adopter leur nouvelle forme de gouvernement à quelques parties de leurs provinces dont le zèle leur paraissait un peu lent, leur envoyèrent deux proclamations, quoique je leur eusse défendu d'aller de l'avant, — non que je crusse que l'insurrection des capitales ne fut suffisante pour faire marcher contre elles les troupes de Venise, mais parce que cette espèce de bravade de leur part devait donner complètement raison aux agents vénitiens qu'on venait de répandre dans ces montagnes. Il était inutile de faire pousser ces paysans à moitié déterminés, qui, ne voyant pas de troupes aux rebelles, se seraient laissés facilement entraîner à faire ce que Venise appelait leur devoir, et ces Valériens, n'ayant besoin pour marcher contre Bergame et Brescia que d'une cloche et un tambour, pourraient arriver dans vingt-quatre heures sur ces villes, tandis qu'il me fallait au moins un mois pour me préparer à recevoir les Albanais que Venise enrôlait. Les gens encore sans parti devaient taxer ces proclamations d'imprudence. Mon intention, que je leur avais bien expliquée, était de faire accompagner ces proclamations, ces farandoles, ces plantations d'arbres de la Liberté par quelques détachements français qui, sous prétexte de faire route, se seraient trouvés là comme par hasard et qui, par quelques acclamations, auraient fait voir au peuple que cela leur plaisait, méthode qui eut suffi pour tout contenir et rendre inutiles toutes les phrases sans argent et sans soldats des Vénitiens. En cas d'insuffisance, j'aurais parlé plus ouvertement, puisqu'enfin il fallait bien un jour en venir là pour entraver et détruire de gré ou de force les moyens de répression que le Sénat allait nécessairement employer. Et je savais qu'il avait 14,000 hommes qui n'étaient pas à la vérité tous arrivés, mais que l'ordre était parti pour les faire venir.

Cette pétulance intempestive eut de très mauvaises suites, et voici ce que m'écrivait le comte Calépio dès le 6 germinal. Nous verrons en son lieu ce que m'écrivaient les Brescians.

*Le Comité de défense générale*
*au général Landrieux.*

Citoyen général,
Le municipaliste Solza vous aura sans doute prévenu qu'il existe des mouvements contre-révolutionnaires dans une de nos vallées, nommée le Val de Imagna. Lorsqu'il

fut parti pour aller vous trouver à Milan, il nous arriva des rapports qui nous annonçaient d'autres mouvements qui ont éclaté dans une autre vallée appelée Val Sériana, à Clusone, chef-lieu de cette dernière. Il y a eu un rassemblement d'*insurgés* de deux ou trois communes qui, par leurs cris et leurs menaces, ont empêché de planter l'arbre de la Liberté qui était tout prêt. On a foulé aux pieds la cocarde nationale. On a crié vive Saint-Marc et on a blasphémé contre le nouveau gouvernement.

Les rebelles d'Imagna sont aussi descendus à leur chef-lieu, y ont abattu l'arbre de la Liberté, y ont déchiré les cocardes nationales et y ont distribué des cocardes de Saint-Marc ([1]). On a rapporté qu'ils avaient deux généraux vénitiens à leur tête et que cette troupe avait quelque discipline. Ils ont porté leurs pas du côté d'une autre vallée et nous craignons infiniment qu'ils ne se dirigent sur Bergame. Au même instant, il se répandait des bruits très sinistres et très alarmants dans la ville et aux faubourgs et l'effervescence était à son comble, — ce qui prouve que les fils de la contre-révolution sont plus étendus qu'on ne le pense. Le peuple et les bons patriotes sont dans les plus grandes inquiétudes, parce que nous n'avons pas assez de troupes pour apaiser ces mouvements qui ont lieu en tant d'endroits.

Nous vous conjurons donc de faire tout votre possible pour nous envoyer des soldats, principalement de la cavalerie, parce qu'elle pourra se porter avec plus de vélocité sur tous les points de l'insurrection. Ce qui nous tranquillise un peu, c'est votre attachement pour nous et nous ne doutons nullement que vous n'ayez le désir de coopérer à maintenir notre indépendance et à la consolider.

A cette lettre passablement alarmante était jointe la note de leur bureau secret qui leur faisait faire ces belles annonces.

---

1. Cette cocarde n'était pas dispendieuse. Elle était le tableau de la lésinerie vénitienne. Qu'on se figure un feuillet arraché de l'almanach de Liège avec une tête, une griffe de lion, tenant un livre ouvert, gravés aussi grossièrement au moins que la figure de Mathieu Laensberg, et voilà la cocarde de Saint-Marc!

Il y a plusieurs sortes de révoltes. Celle où un peuple tyrannisé n'a pour but que d'obtenir quelque allègement à ses maux, après l'avoir longtemps demandé inutilement. Celle-ci s'accommode ordinairement en peu de temps, quelques pendus en font l'affaire et tous rentrent dans l'ordre accoutumé, sauf à être plus maltraités qu'auparavant. Quelques grands interviennent pour certains de leurs vassaux et, moyennant quelque argent, on ne parle plus que de l'amnistie.

Mais une rébellion où l'on s'avise de planter l'arbre de la Liberté est infiniment plus grave. C'est une déclaration de guerre à mort au gouvernement existant dont on ne veut plus, quelque chose qu'il promette et celui-ci ne pouvant s'attendre à aucune espèce d'accommodement avec des principes destructeurs de son essence absolue, il n'y a plus besoin de médiation ni de médiateurs.

Certes, pour le moment, ce n'était pas tout à fait mon compte. Il aurait fallu faire sur-le-champ une guerre ouverte et faire périr beaucoup de monde en renonçant aux ruses qui devaient me servir à déconcerter l'armement vénitien presque sans coup férir. Ce qui serait immanquablement arrivé si le Sénat avait continué à croire qu'il y avait quelque arrangement supportable à espérer. C'est pour ces raisons profondes que j'avais défendu de faire aucune démarche avant mon retour. Ne pouvaient-ils se dispenser d'envoyer planter ces arbres offensants ? Et d'ailleurs a-t-on besoin d'un arbre de la Liberté pour se soulever, pour insurger les autres ?

J'envoyai ordre à Faivre de faire quelques démonstrations hostiles sans dire contre qui, de déplacer et replacer l'artillerie, de faire faire des cartouches assez publiquement, de faire des promenades militaires, d'exiger des passeports et d'inviter à dîner quelques municipaux, les uns après les autres, etc...

Le lecteur a sans doute pris note de la plainte amère du président Porro dans son discours aux membres du Comité nocturne contre les sauterelles qui pleuvaient en Italie, s'y mettaient à table sans façon et conspiraient bassement contre les gens qui les nourrissaient.

*C. L. S.*, général de brigade, venu depuis peu de France après presque toutes les batailles, était remarqué dans Milan comme un de ces parasites d'un tout autre parti que celui de l'armée, quoiqu'il ne fût pas des derniers à courir après ses appointements et ses rations. Pour être quelque chose, — car tous ceux qui arrivaient en foule n'étaient pas toujours employés, — il fit une cour assidue à Kilmaine qui, prévoyant avoir sous peu beaucoup d'affaires sur les bras et le trouvant à toute heure sous sa main, le nomma son lieutenant pour Milan et la Lombardie.

Trois jours après, c'est-à-dire le jour de son installation, il voulut s'immiscer dans l'affaire politique que nous nous étions réservée, affaire que les gens qui courent après les écus (et il y en avait bon nombre à Milan) regardaient comme une mine féconde à exploiter.

Il s'empressa, sans en prévenir Kilmaine, ni moi, ni même l'adjudant-général de la Lombardie, Couthaud, d'envoyer l'ordre au commandant de Bergame de correspondre directement avec lui (¹). Faivre répondit ce qu'on va lire. Je transcris cette lettre parce qu'elle est historique et qu'elle continue mon sujet.

1. Ce qu'il y a de plus surprenant dans l'ordre de ce général à Faivre, c'est que celui-ci ait obéi. C. L. S. ignorait, à ce qu'il paraît que ce n'était pas à lui à apprendre à Faivre qu'il était devenu commandant en second de la Lombardie. Il fallait à Faivre une

Bergame, 10 germinal, à six heures du matin<br>(30 mars 1797.)

*Le chef de brigade, commandant les troupes françaises, la ville et le fort de Bergame.*

Mon général,

« En réponse à votre lettre du 8 courant, par laquelle vous me dites qu'ayant pris le commandement de la Lombardie je dois à l'avenir correspondre avec vous directement, je vous ai écrit hier par le retour de l'ordonnance qui m'avait apporté cette lettre et vous ai fait part de ce qui se passe à Bergame et dans le territoire; mais, comme je crains que ma lettre ne vous soit pas parvenue, puisque je n'ai reçu aucun ordre de vous malgré le détail fidèle et succinct que je vous faisais, je prends le parti de vous rendre compte une seconde fois de ce qui s'est passé.

« Contenu du post-scriptum de ma lettre d'hier.

« Je reçois à l'instant une lettre non signée du peuple de Bergame, datée de la Val d'Imagna, dont je vous envoie la traduction. Je me suis bien gardé d'y répondre de peur de me compromettre. Il me paraît que cette lettre part de quelque homme vendu aux Vénitiens, qui voudrait nous tirer les vers du nez. Voyez, général, ce que je dois faire à ce sujet. En attendant vos ordres et des renforts, je vais me tenir, s'il est possible, sur la défensive.

copie de l'ordre de commandement, signée par le général en chef des pays conquis (Kilmaine) et certifiée par l'adjudant-général de la division. Faivre était d'autant plus fautif, en désobéissant, qu'il n'appartenait pas à la division de Lombardie, mais à celle de Vérone, où le général divisionnaire Balland commandait sous Kilmaine tout ce qui était dans le pays vénitien, et Faivre le savait fort bien puisqu'avant ma première mission à Bergame, Kilmaine avait ordonné à Balland d'écrire à Faivre pour l'en prévenir.

« D'après la lettre des habitants de la vallée d'Imagna, dont je vous ai adressé hier la traduction, j'ai préféré d'envoyer sur les lieux deux officiers intelligents pour rappeler à l'ordre ces gens égarés plutôt que de leur écrire...

« La chose devenant de plus en plus sérieuse, je vous récidive, général, la demande de 25 hommes de cavalerie et un renfort d'infanterie. Je vais continuer, comme je vous l'ai écrit hier, de me tenir sur la défensive, à moins que vous ne m'autorisiez à envoyer des détachements sur les lieux pour dissiper ces rassemblements. Ce serait, je crois, le moyen de ne pas les laisser accroître. Aidez-moi, je vous prie, général, de vos sages conseils, et soyez persuadé que je n'abuserai pas de vos pouvoirs.

« Un renfort d'infanterie et un peu de cavalerie me deviennent d'autant plus indispensables que si je suis attaqué, je ne puis pas compter sur dix Bergamasques, tant ce peuple paraît effrayé de ce rassemblement de paysans. Quand je dis à la municipalité qu'il faut avoir de l'énergie et montrer du caractère, les membres me répondent qu'il ne faut pas que je sois surpris de la crainte qu'ils témoignent, attendu qu'il y a plus de trois cents ans qu'ils n'ont fait la guerre.

« Prompte réponse, je vous prie, général.
         Signé : Faivre.

P.-S. — J'apprends à l'instant que les paysans ne sont qu'à un quart d'heure de la porte Saint-Alexandre. J'ai fait lever les ponts et me battrai en républicain français [1].

A travers tout ce mauvais patois, on reconnaît une

---

1. Belle qualité que se donnait là ce pauvre Faivre devant C. L. S.

chose, c'est qu'avec tout le respect imaginable, avec l'intention de suivre la volonté des Français, les paysans marchent toujours pour mettre leur capitale à la raison et ils vont en avant en demandant à Faivre si cela lui plaît. Faivre fut très sage. Il ne répondit rien : s'il eut dit qu'il protégeait l'insurrection, il compromettait la France ; s'il eut dit le contraire, il faisait égorger les Bergamasques.

*Rapport du capitaine Boussion, adjudant-major de la place, à son commandant.*

9 germinal an V (29 mars 1797).

« Suivant vos instructions, citoyen commandant, je suis monté à cheval, aujourd'hui, 9 du courant, sur les quatre heures après-midi, à l'effet de m'assurer par moi-même si la tranquillité et le bon ordre régnaient autour de la place dont le commandement vous est confié.

« Je me suis posté du côté de Ponte-San-Piétro, escorté de deux cavaliers et accompagné du citoyen Pontavis, commandant le 3e bataillon de la 64e d'infanterie de bataille. Dans ce village, j'ai trouvé le peuple assemblé dans les rues et sur la grande route. M'étant informé du sujet de leur rassemblement, il m'a été répondu que c'était à cause de la prochaine arrivée des habitants des environs, armés pour marcher contre les citoyens de Bergame. Je me suis fait indiquer le lieu où étaient ces paysans armés et, ayant appris qu'ils étaient à Pontilla, j'ai marché de ce côté.

« A moitié chemin, près de Cerchiera, j'ai rencontré une troupe de ces paysans, au nombre d'environ cent hommes, dont une cinquantaine étaient armés de fusils de chasse, et le reste sans armes. Je vous observerai que je n'ai pu m'approcher d'eux qu'après m'être fait reconnaitre Français et leur avoir montré un mouchoir blanc en signe de paix.

« Une fois reconnu, ils m'ont traité avec tous les égards possibles, en m'assurant qu'ils n'en voulaient pas aux Français, qu'ils regardaient au contraire comme des amis, mais qu'ils en voulaient aux citoyens de Bergame pour s'être insurgés contre le gouvernement vénitien et pour avoir formé une république particulière. Ils m'ont dit que, quant à eux, ils n'adopteraient jamais ce système; qu'ils voulaient être, ou de la République de Venise, ou de la République française; que le gouvernement français n'avait qu'à dire qu'il les adoptait et que de suite ils feraient tout ce que les Français voudraient; qu'ils ne demandaient pas mieux que d'être unis aux Français, mais qu'ils ne souffriraient jamais que le peuple de Bergame leur donnât des lois.

« Ils m'ont dit encore que s'ils ne croyaient pas que les Français ne protégeassent point les Bergamasques, ils marcheraient contre pour les mettre à la raison.

« J'ai appris par eux-mêmes et par plusieurs autres personnes venant de Pontilla que le nombre des insurgés se portaient à 3 ou 4,000, armés de pistolets, de sabres, de fusils ou de différentes autres armes.

« Voilà, citoyen commandant, le rapport fidèle de ce que j'ai appris ou vu par moi-même.

Signé : Boussion, capitaine.

*Copie de la lettre de la Val Sériana supérieure*

*Au commandant des troupes françaises cantonnées à Bergame.*

« Voici devant vous, généreux commandant, le peuple de la Val Seriana supérieure.

« L'inaltérable et constante amitié que la République vénitienne a toujours conservé avec la République française nous engage à vous manifester les sentiments qui nous ont été inspirés par le Sénat de Venise, dont nous nous protestons sujets très fidèles.

« Si vous nous voyez armés, nos baïonnettes ne sont destinées qu'à conserver notre constitution et, quoique qu'avec les armes à la main, vous trouverez toujours en nous des frères. De telles dispositions de notre part, vous pouvez assurer et la République française et tous ses alliés.

« Nous avons saisi avec plaisir l'occasion de vous manifester notre sincère et loyale amitié, nous flattant que vous nous favoriserez d'une réponse, ayant l'honneur d'être,
  Le peuple de la Val Sériana supérieure.

Encore une demande de réponse. Il n'y en avait point à faire de la part du *généreux commandant*, puisque ce petit bout de manifeste ne demandait rien à Faivre et qu'on lui expliquait seulement pourquoi on était armé.

Les Vénitiens avaient lu dans leurs anciennes histoires qu'on ne faisait jamais la guerre sans faire aux voisins la politesse de les en prévenir; apparemment ils ne voulurent pas glisser sur cet usage auquel pourtant je trouve qu'ils avaient souvent manqué. Toutes ces lettres n'étaient que des amusettes qui venaient de Venise toutes faites. Des paysans brutaux n'écrivent pas ainsi.

La pièce suivante est très curieuse en ce qu'on y voit le mode suivi pour assembler et prendre l'avis du peuple quand on avait besoin de son bras. Chemin faisant, on remarquera que les Vénitiens allaient rondement en affaires et qu'ils soulevaient tout à la fois.

Il me semble qu'un gouvernement despote, qui s'est fait connaître par tous les vices imaginables, doit avoir abjuré toute vergogne avant d'arriver au point de bassesse de demander des secours à des sujets qu'il n'a cessé de maltraiter.

Nous avons vu la Val d'Imagna et la Val Sériana supérieure, voici la Val Grandino.

Grandino, 29 mars 1797.

Est comparue dans cette salle une quantité de peuple de cette vallée, et avec elle se sont trouvés quelques-uns des anciens de la vallée et des syndics des communes.

Il a été commandé d'écrire ce qui suit :

Tant que cette vallée a cru que l'insurrection de la ville de Bergame, qui a pour but de renverser la République de Venise, était soutenue par la toute-puissance des Français, elle s'est abstenue de toute remontrance à ce sujet.

Mais ayant appris par un imprimé du 22 mars courant (1) que cette nation ne prenait aucune part dans une affaire aussi terrible et voyant que toute la Val Seriana supérieure en mouvement, les armes à la main, l'étendard de saint Marc à la tête et au son du tambour, a pénétré dans cette vallée-ci et est arrivée jusque dans Grandino même, où elle excite cette population à s'unir avec elle pour soutenir l'antique souveraineté et domination vénitiennes, elle s'est déterminée à délibérer et essayer de prendre le plus sage parti.

Sur ce, la population de cette vallée s'est à l'instant enflammée et quantité de gens ayant déployé notre antique bannière de saint Marc ont pris les armes et, au son du tambour, ont fraternisé et se sont coalisés avec les Clusoniens (2) dans le même but.

Dans cette affaire aussi grave et aussi puissante qu'elle était imprévue, les seigneurs anciens et les syndics ont délibéré de créer et d'élire, comme en effet ils créent et élisent par le présent, les députés sous-nommés, pour qu'ils se transportent sur-le-champ auprès du généreux général français demeurant à Bergame pour protester auprès de lui du parfait dévouement de la vallée envers la très puissante nation française, l'assurer qu'il n'a été fait ni ne

---

1. Les Vénitiens avaient porté à ces gens là la déclaration que la municipalité de Bergame avait été obligée de publier à cause des sottises de Lhermite et pour nous aider à faire taire Foscarini.
2. Clusone est le chef-lieu de la Val Seriana supérieure.

sera rien fait contre elle et le supplier de vouloir bien ne pas attaquer les troupes des vallées, lesquelles ne s'écartent jamais du respect et de l'obéissance qu'elles lui doivent à lui et à la très valeureuse République française.

Furent choisis pour députés,. . . . . . . . . . . .
. . . . . qui ont aussi la faculté de s'aboucher avec les municipaux de Bergame pour voir à les réconcilier avec la Seigneurie. Il est aussi ordonné à l'excellent médecin Rotigni et au chirurgien Malduri de suivre la troupe, le tout à bonne fin.

### LETTRE D'ENVOI DU DÉCRET CI-DESSUS

*Au chef de brigade commandant les troupes françaises de Bergame.*

Nous avons l'honneur de vous écrire ces mots à la suite de la décision que vient de prendre la Val Grandino, qui vous donnera à connaître, valeureux commandant, la justice et l'honnêteté des sentiments de cette vallée.

Dans l'obligation où nous nous trouvons de vous ratifier personnellement les expressions respectueuses de cette population et sa protestation de dévouement à la glorieuse nation française, et pour pouvoir sans difficulté ni danger pour nous arriver jusqu'à votre personne pour y traiter aussi et discuter sur l'arrivée de ce peuple, nous désirerions avoir de vous un ordre pour rentrer en ville. Nous croyons devoir vous prévenir que le comte Vincento Spina nous a déjà procuré un passeport de cette municipalité de Bergame pour quatre personnes.

En attendant, nous protestons de toute notre considération à votre égard.

(*Signés*) : FRANÇOIS BONDURI, JACQUES BOZZI, FRANÇOIS GREGORI, QUIRINO BERTECCHI, députés.

30 mars 1797.

Quand les affaires parurent meilleures, c'est-à-dire lorsqu'à mon arrivée l'épouvante cessa, les municipaux nièrent de toutes leurs forces avoir donné ce passeport. En ce cas, ce serait une bonne ruse de la part des chefs de ces paysans, pour mettre de la méfiance entre Faivre et les Bergamasques et il faut dire ici, comme notre bon et malin La Fontaine, que si les municipaux effrayés étaient capables de faire leur traité à part avec Venise, celle-ci pouvait très bien avoir essayé le petit trait de scélératesse que les dénégations des municipaux font soupçonner.

Cette lettre d'envoi et le décret, auquel Faivre donnait peu d'importance, étaient, il faut en convenir, une fort bonne invention. C'était d'abord, comme on le voit, une troisième tentative qu'on faisait pour lui faire rompre le silence et un essai de lui faire baisser les ponts : les gens du faubourg seraient arrivés, prétextant de vouloir entrer dans la ville ; les paysans seraient accourus, les rues auraient été aussitôt inondées de sang et Faivre et la garnison de la ville y eussent été massacrés. Dès le lendemain, ce complot ne fut plus un secret et je ne puis croire que la municipalité l'ait inventé. Je crois tout de la part des Vénitiens. Ils auraient ensuite ou justifié ou désavoué ce massacre, ce qui n'est jamais difficile quand on a eu un succès. Faivre eut encore cette fois-ci une heureuse inspiration. Il ne répondit point et se tint clos et couvert derrière ses vieux remparts.

Enfin on fit tenir à ce commandant — et il ne put savoir comment elle se trouvait sur son bureau — l'adresse suivante aux Bergamasques :

« Citoyens de Bergame,

« Vous aurez sans doute appris qu'il a été écrit aujourd'hui à midi une lettre au général commandant la place de Bergame et qu'on doit en attendre la réponse à l'adresse de Tucala à Ponte San Pietro, où l'on devait attendre aussi quelques commissions de votre part. C'est du moins ce que notre courrier avait rapporté.

« Mais le peuple qui s'est multiplié au nombre de 10,000

hommes ne m'écoute plus. Je ne suis pas suffisant pour le contenir dans le couvent des Pères conventuels de Pontica, où cependant j'ai fait apporter le pain nécessaire pour demain. Il en est parti moitié une heure après leur arrivée et ils se portent avec furie du côté de Ponte San Pietro en menaçant d'entrer en ville, *que vous soyez ou non protégés par les Français.*

« Voyant mes efforts inutiles, j'ai couru au galop pour tâcher de joindre Tucala, mais il était parti : peut être a-t-il craint pour sa propre vie. J'ai seulement trouvé au rendez-vous le signor Manolotti qui m'a dit être envoyé par la municipalité ou quelques-uns de ses membres (¹), pour offrir de faire tout ce que le peuple désire pour qu'il n'arrive pas de mal. Il m'a assuré en même temps que la République française (²) n'avait aucune part dans ces affaires importantes et qu'elle était tout à fait en neutralité avec la République de Venise.

« Sur cette proposition de ce commissaire, je suis parti de Ponte San Pietro pour aller trouver le peuple à Pontica et je l'ai averti que la ville se rendait à Saint-Marc.

« Citoyens frères en Jésus-Christ, mes très chers citoyens, je vous prie de faire en sorte que l'exécution suive très promptement de pareils sentiments si vous voulez éviter la mort et les désastres que je prévois devoir vous arriver dans un instant de la part d'un peuple tout à fait indomptable et qui ne connaît ni patience ni direction, et c'est d'autant plus pressant que je crois que demain il y aura 20,000 hommes, sans ceux du faubourg, quand même les autres vallées ne m'aideraient pas (³).

---

1. Suite de la même ruse du Sénat ou de la poltronnerie des municipaux. Je dois dire cependant que ce signor Manolotti, que je fis chercher avec soin, était absolument inconnu à Bergame.

2. Ceci est extrêmement fin, c'est l'élixir de la fourberie. D'après cette phrase, il n'y a plus lieu de douter que tous les Français n'eussent été égorgés, si Faivre eût ouvert. Convaincu de cette vérité par l'intelligent Boussion, qui lui fit ouvrir les yeux, il ne les appelle plus que les brigands.

3. Il est bien certain qu'il y a ne *m'aideraient* pas. C'est une distraction de M. Fioravanti, qui signe ensuite Deina, comme un particulier qui invite ses frères en J.-C. à se tenir tranquilles.

« Il faut (¹) ordonner absolument qu'on porte du pain et du vin sur le chemin qui conduit aux faubourgs, à la porte Saint-Jacques et à celle de Saint-Augustin, ne sachant quelle route le peuple prendra pour se rendre sur la place nouvelle, au palais du gouverneur. Il faut que le peuple de la ville applaudisse beaucoup au passage et qu'on fasse honneur aux entrants en plaçant des bandes de musiciens aux portes de la ville, lesquels musiciens ne s'étendront, ni trop avant, ni trop arrière du *général*, qui portera l'étendard de notre *prince adoré*. Lequel général, de concert avec les principaux citoyens, devra régler les affaires et les remettre comme elles étaient auparavant. *Je conseille de ne pas se laisser voir*. Je vous promets d'obtenir du prince vénitien une *très sincère* absolution de toutes fautes (²); c'est ce que je désire. A midi demain et peut être avant, la troupe sera dans les faubourgs. *Le peuple veut une réponse très prompte*. Que Dieu nous sauve et il nous sauvera sans doute si on fait comme j'ai dit.

« Pontica, 29 mars 1797.

« Par le peuple de Bergame :
« Francisco Deina.

« Pour copie conforme :
« Faivre. »

On voit que ce n'est qu'une sommation de se rendre à discrétion, mais tournée à la vénitienne ; l'auteur n'était pas un sot. Il jugeait avec raison qu'il fallait entrer d'emblée ou manquer son coup. Il ne pouvait rester 24 heures avec cette multitude en vue de la ville, sans munitions de bouche. Le lendemain, la famine eut tout dispersé et à ne jamais revenir.

Voilà le contenu de toute la dépêche de Faivre au lieutenant de la Lombardie. L'ordonnance la remit

---

1. Ici est écrit par Faivre : « Je n'ai pas le temps d'achever la traduction... Voici l'original, l'ennemi ou plutôt les brigands sont aux portes. »
2. Il y avait donc à Venise l'absolution sincère et l'absolution non sincère ?

comme de raison à l'adjudant-général Couthaud, chef de l'état-major, comme affaire de service ; il ouvrit le paquet et le porta tout aussitôt à Kilmaine et le général-lieutenant fut prié assez sévèrement de se mêler de son commandement seul.

Au bas d'une de ces pièces est écrit :

« Envoyé à *l'Ami des Lois*, pour être inséré, avant la prise de Crema. Salvatori ne négligera pas d'appuyer sur ces protestations si uniformes de ces bandits de paysans, d'obéissance, de dévouement et de respect envers la République française, sur leur malice d'offrir même leur réunion à la France, quoiqu'elles soient soulevées au nom du Sénat et par le Sénat. Et pourquoi toutes ces mauvaises ruses, qui peut-être eussent encore été de quelque valeur au quatorzième siècle, pour leurrer le commandant Faivre et l'engager à ouvrir ses portes, sans essayer auparavant sa mitraille sur eux. Furieux de l'impassibilité de ce colonel, ils marchèrent sur lui et se firent donner une première leçon d'avant-postes, ainsi qu'on va le voir. La preuve que ce n'était qu'un leurre se tire des pièces ci-dessus qui disent positivement que, protégés ou non par les Français, on attaquera les Bergamasques. Le journaliste rappellera aussi le décret du Sénat que je lui ai envoyé et qui porte qu'on battra les insurgés (¹) et *tous ceux qui les soutiendront*, c'est-à-dire qu'enfin il croit avoir une neutralité armée. Il n'oubliera pas que malgré les protestations des envoyés à Faivre, au nom de tous ces Valériens, qu'ils ne bougeront pas qu'ils ne sachent si les Français s'en mêlent ou non, le peuple *indomptable* est aux portes de Bergame. »

Lorsque Faivre écrivait et communiquait ses craintes au général qu'il croyait être son supérieur, je n'étais pas loin de lui et notre calcul était fait pour le secourir à temps.

1. Un décret qui dit qu'on battra est passablement risible. Est-il impossible qu'il soit exécuté en sens inverse de la volonté des décrétants ?

J'étais enfin venu à bout de rassembler deux mille hommes des dépôts de Monza et Cassano. Ils appartenaient à toutes les demi-brigades de l'armée. J'en avais fait des bataillons provisoires. On répandit qu'ils allaient au Tagliamento et pour le faire croire, je les fis marcher vers Lodi, en tournant ainsi le dos à Bergame. Trivulzi me donna 2,500 hommes de la garde nationale milanaise que le Comité de Police se chargea de payer à raison de 15 francs par jour dont 10 francs pour leurs femmes, la plupart ouvrières, et cela jusqu'à ce que je pusse les faire solder par d'autres. C'était une troupe détestable, dont je ne pouvais même pas faire des garnisons. Elle voulut ensuite avoir un écu.

### *Rapport au général Kilmaine*

11 germinal an V (31 mars 1797).

**Général,**
« D'après vos ordres et vos instructions, je me rendis à Lodi. Le général Saint-Hilaire mit la plus grande activité et surtout la meilleure volonté du monde à me remettre les fusils de dragons, les 1,800 hommes en état de marcher et l'artillerie portés dans votre ordre. En sortant de table avec lui, à minuit, je marchai sur Crema. Noël Girard, Pascal et Nicolini étaient à mon avant-garde ; au même moment, le brave Trivulzi m'arriva en poste. « Je n'ai jamais vu le feu, me dit-il, mais le courageux Kilmaine m'ayant dit, ce soir, à neuf heures, que vous alliez vous couvrir de gloire, ou y rester, j'ai pris un bidet de poste et me voilà. Je vous supplie de m'admettre au nombre de vos volontaires. » Sans attendre ma réponse, Saint-Hilaire a dit : « Prince, un volontaire ne va jamais seul et je fais le diable si le général ne me prend aussi pour cette nuit seulement. »

Je les envoyai à l'avant-garde en leur disant que Noël Girard avait mes ordres particuliers. Il serait trop long de vous raconter en ce moment le tour d'adresse qui nous a rendu maîtres de la ville la plus forte des Vénitiens en Terre-Ferme et dans laquelle vous savez que le Sénat n'a jamais voulu souffrir qu'on établit de commandant français. Ce récit fera le sujet d'un rapport particulier que je vous ferai au premier moment de loisir. Enfin c'est fait et si les gens habitués à murmurer de tout trouvent que nous nous sommes trop pressés et qu'il fallait attendre quelque hostilité plus positive, je leur dirai que, lorsque cette époque serait arrivée, il n'aurait plus été temps d'insulter cette place.

« J'y ai pris 300 cavaliers albanais et 400 hommes d'infanterie esclavonne, ces prisonniers vous arriveront demain (c'est aujourd'hui, que je dois dire, car il commence à faire jour). J'emporte les armes de l'infanterie à Bergame. J'envoie 335 chevaux passables au général Beaurevoir chargé des remontes de l'armée, à Mantoue. Tout cela ne vaut pas grand'chose. Noël Girard copie cette première partie de mon rapport d'aujourd'hui pour vous l'envoyer et je le terminerai à Bergame, où je compte être ce soir et me battre en route, s'il le faut, ce que je crois et j'espère. Mes deux compagnons sont repartis contents de leur nuit.

12 germinal (1<sup>er</sup> avril 1797).

Après avoir fait partir ce matin hommes et chevaux, avoir organisé un gouvernement provisoire, avoir vu M<sup>gr</sup> l'évêque, avoir mis le vice-podestat entre les mains du capitaine Besterasse que j'ai établi commandant avec 300 hommes que je lui ai laissés et que le général Saint-Hilaire m'a promis de me remplacer au plus tôt, après avoir fait mettre mes trois pièces de

3 sur les remparts, en face des deux chemins qui arrivent à Créma (vous verrez plus bas qu'il avait été dit à Noël Girard qu'il devait arriver 300 Esclavons de renfort ce soir; c'est pour les accueillir que j'ai placé là cette artillerie), je me suis mis en marche sur Bergame où je ne suis arrivé qu'après minuit. Je m'étais arrangé pour cela et j'avais envoyé des ordres pour illuminer toute la ville afin que cette grande clarté extraordinaire occupât les paysans de la plaine, auprès desquels je devais manœuvrer. Mon envoyé est passé heureusement. Je voulais les surprendre en tombant sur eux de Bergame où ils croyaient n'avoir affaire qu'à 3 ou 400 Français. Il ne fallait pas qu'ils me vissent arriver et ils ne m'ont pas aperçu.

Le résultat de ma revue passée en route ne me donne que 3,500 hommes, non compris les Milanais qu'on ne pouvait mettre en bataille, plus les 600 chasseurs que vous m'avez prêtés. Total : 4,100 hommes.

Le pauvre Faivre se regardait comme perdu. Il y avait eu déjà quelques fortes escarmouches hors des faubourgs, et il avait fait rentrer ce qu'il appelle toujours les brigands. Il prétend qu'ils sont au moins 20,000. Je ne les ai pas encore vus, mais je parie qu'il se trompe au moins de moitié. Comment cette masse virait-elle là depuis trois ou quatre jours q elle y était?

Je vous rappelle que j'avais reçu de lui, à minuit, par un envoyé adroit et courageux, qui avait été me chercher à Milan, le rapport qui suit. »

*Au général Landrieux à Milan*

*Vel ubi ibi*

Si vous n'arrivez pas ce soir ou demain au plus tard, général, tout est perdu ici. J'étais sorti moi-même avec

200 hommes d'infanterie et 130 hommes d'artillerie légère que le citoyen Chatelas, commandant à Lecco, m'a envoyés d'après l'ordre que vous lui en ayez fait donner par l'adjudant-général Couthaud, et il veut les ravoir de suite. Voilà son ordre :

« Place de Lecco.

« Le commandant de la place au citoyen Faivre, commandant les troupes et le fort de Bergame. D'après l'ordre de l'adjudant-général Couthaud, je vous annonce un détachement de canonniers de l'artillerie légère, composé de 100 hommes et 30 pièces, détachement que je commande. Je vous prie, s'il n'y a rien de nouveau, de me les renvoyer le plus tôt possible. Salut et fraternité. »

J'ai envoyé un parlementaire avec un mouchoir blanc; il a été tué raide. J'ai été attaqué à l'instant même avec une furie mais aussi avec un désordre qui n'ont pas d'exemple. Nous avons crié que nous étions Français, qu'il n'y avait pas de Bergamasques parmi nous. J'ai fait déployer et avancer l'étendard français. Je tenais ma troupe serrée. Les coups de fusils continuent. J'ai fait mettre en joue ; rien n'y a fait. On se touchait alors. J'ai commandé feu et fait marcher la baïonnette en avant. Les artilleurs se sont déployés à ma droite et ont chargé.

L'ennemi s'est retiré jusqu'au village d'Almeno où je n'ai pas jugé à propos de suivre cette masse innombrable. Toutes les hauteurs en sont couvertes; il y en a plus de dix mille qui sont établis dans la plaine. Ils reviennent et ils approchent de plus en plus. Je crois leur avoir tué ou estropié plus de 500 hommes.

FAIVRE.

C'est sur ce rapport que je vous envoyai, général, que je n'hésitai plus à exécuter l'ordre que vous m'avez donné pour attaquer Créma et que vous aviez cependant laissé à ma disposition. En guerre les premiers succès sont bien avantageux et j'ai dû la considérer comme déclarée, puisqu'on se battait à Bergame.

La nouvelle de la surprise de Créma m'a devancé de peu d'heures et ces pauvres Bergamasques, qui avant mon arrivée tremblaient comme la feuille, m'ont reçu comme de raison en libérateur. Depuis que je suis ici, les rues ne désemplissent pas de violons, de chanteurs et d'arlequins ([1]). Voilà le peuple de tous les pays. Ils pleureront peut-être demain aussi facilement qu'ils rient aujourd'hui.

Couthaud a, dit-il, besoin de Pascal. Je le lui ai envoyé de bien bon cœur. C'est lui qui vous remettra ma lettre; quoique sans aucune espèce d'instruction, car il sait à peine lire, cet officier a bien quelques moyens, mais il est trop raide ici et ce n'est pas ce qu'il me faut.

1. Tout le monde sait que les arlequins, qui ont eu quelque vogue sur les théâtres de Paris, se disaient tous de Bergame. C'est le masque de caractère (terme de danse) attribué à ce pays. Au carnaval de Venise, chaque province vénitienne avait le sien. Il était défendu à tout individu de prendre le costume de masque d'une autre province que le sien. C'était un moyen de police. Les Bergamasques avaient peint sérieusement un arlequin sur leur drapeau et l'avaient affublé du bonnet de Guillaume-Tell. Plusieurs souverains de quelques petits États d'Italie s'appelaient Scaramouche du XII$^e$ au XIV$^e$ siècle, et même depuis. Ces costumes ne sont pas plus ridicules en Italie que le turban à Constantinople. Ils le sont devenus en France où l'arlequin n'a aucunement le caractère grave, lourd, sentencieux et bête qu'il a en Italie. Il y a là très peu de différence entre l'arlequin et notre Brunet. On lui fait quelquefois faire des tours de force et d'équilibre.

## CHAPITRE XIV

Rapports. — Les Valériens s'avancent en masse. — Epouvante à Bergame. — Ils font feu sur les parlementaires. — L'aqueduc est coupé par eux. — Précautions à cet égard. — Fausse attaque. — On les attire en plaine. — Ils y sont mis en pleine déroute. — Lettre de Boussion sur Faivre. — Ecole des Brescians mêlés avec des Français à Salo où ils sont assassinés. — Lettre de félicitation au nom du Sénat aux assassins de Salo. — Les insurgés proposent de l'argent pour retirer leurs camarades prisonniers qui n'ont pas été assassinés. — Proclamation française. — Imposition sur les paysans au profit des villages qu'ils ont dévastés. — Leur but politique. — Ordres donnés dans la nuit à Bergame.

*Au général Kilmaine, à minuit*

Je vous ai écrit ce matin par Pascal. Après son départ, j'ai envoyé aux paysans le comte Lupi, jeune Bergamasque plein d'activité qui veut, dit-il, s'attacher à moi. Vous verrez par son rapport que, quoique revêtu de l'uniforme français, on a fait feu sur lui ([1]). Je vou-

1. Commandé de faire une découverte, escorté de huit Français à pied et douze chasseurs à cheval, avec le commandant de la cavalerie, je me trouvai à un petit mille de Ranica, lorsque quelques coups de fusils m'avertirent que nos coureurs s'étaient rencontrés avec l'ennemi. Je hâtai la troupe et étant arrivé au second pont du village, des paysans cachés derrière les murs, et dans les premières maisons après le pont, nous tirèrent plusieurs coups de fusils, auxquels les nôtres répondirent avec vivacité. Mon avis aurait été de passer avec la cavalerie en avant et couper ainsi ceux qui étaient cachés dans les maisons, mais le capitaine me dit qu'il

lais tâcher de renvoyer chez eux ces paysans sans les battre. On m'assure que le condottiere Fioravanti est avec eux. Toytot, quoiqu'en parlementaire, a été reçu à coups de fusil (¹). Voyant enfin qu'il ne me restait

n'avait pas ordre de s'engager dans une affaire sérieuse. Au même instant le cheval du commandant fut blessé et il fut contraint de s'en retourner à pied, me laissant à la tête de toute la troupe. Alors je commandai à l'officier de ma compagnie de rester avec moitié de la troupe pour amuser les paysans au pont, tandis qu'avec l'autre moitié je me postai à une maison du village où je savais que je trouverais quatre petites pièces de canon pour m'en emparer. J'arrivai à la porte qui se trouva fermée comme toutes les autres du village. Nous fîmes inutilement tous les efforts possibles pour l'enfoncer lorsqu'une fusillade plus régulière m'avertit que le nombre des paysans augmentait. Je montai sur-le-champ à cheval pour aller reconnaître ce que c'était et je me trouvai coupé de façon que je dus faire un détour avec ma troupe pour me réunir à l'autre. Ensuite les paysans continuèrent à nous suivre jusqu'aux environs de Torre et nous nous retirâmes jusqu'à Bergame. J'ai eu trois hommes et trois chevaux blessés; un chasseur a été blessé aussi. »

Je fus obligé de gronder Lupi pour avoir attaqué ces paysans. Son ordre ne portait que de faire une reconnaissance pour attirer de ce côté là une partie des Valériens. Il avait été forcé à la retraite, et c'était d'un mauvais exemple.

1. *Alcaïni, secrétaire-interprète,
au général chef de l'état-major de la cavalerie française.*

« Le capitaine Toytot, commandant un détachement de cavalerie, ayant reçu l'ordre de se porter à la tête du village de la Ranica, où les paysans rebelles ont leurs avant-postes, pour parlementer avec eux et leur demander le motif de leur armement, je suivis cet officier pour lui servir d'interprète. Arrivé à quelques pas du village, l'officier fit halte et s'avança seul, un mouchoir blanc à la main. Aussitôt nous reçûmes une volée de coups de fusil, dont un tua un hussard français; deux autres coups atteignirent deux autres militaires et blessèrent trois chevaux; le cheval du commandant fut tué. Le commandant s'étant aperçu que les paysans étaient cachés derrière d'assez hautes murailles et dans toutes les maisons du village, prit le parti de se retirer en bon ordre pour ne pas exposer inutilement son escorte. »

Jacques Alcaïni,
*secrétaire-interprète.*

d'autre ressource que de leur donner une leçon, j'ai voulu la leur donner bonne.

« Je suis monté au fort qui domine beaucoup de mamelons environnants et je n'ai pu rien découvrir. On est venu m'avertir que les paysans avaient coupé l'aqueduc et que l'eau ne venait plus. Cela m'a fait penser à défendre d'en boire, si elle reparaissait spontanément.

« Pour leur donner un exemple mémorable de la manière dont les Français irrités traitent leurs ennemis, j'ai employé un moyen pour les attirer dans la plaine, les forcer à s'y réunir et quitter les gorges des mamelons d'alentour où ils se tenaient et d'où il serait malaisé de les débusquer.

« L'échauffourée de Lupi me faisait voir que ces paysans étaient fort irascibles et n'avaient aucune idée des ruses de guerre, puisqu'ils avait quitté leur embuscade pour le poursuivre.

« J'ai envoyé Noël Girard avec quelque infanterie et expressément avec une vingtaine de Bergamasques pour les harceler, les irriter et feindre ensuite de fuir comme Lupi.

« Je suis descendu en même temps de Bergame avec 3,000 hommes, tous Français, y compris la garnison de la ville. J'en ai placé près de 2,000 en embuscade dans les nombreux jardins de la vallée en deçà d'Almeno avec ordre de s'y bien cacher et de laisser passer les

---

Toytot avait fait son devoir et Lupi l'avait outrepasssé. Je payai à Toytot ses chevaux :

*Je soussigné, reconnais avoir reçu du général Landrieux la somme de huit cents francs, monnaie de Milan, pour mes chevaux blessés dangereusement et un tué à l'affaire de la Ranica.*

Signé : Toytot.

Bergame, 16 germinal an V (5 avril 1797).

## CHAPITRE XIV

paysans sans se montrer. Deux pièces de trois enfilaient la route et étaient masquées par des branchages. Elles avaient marché, avec leurs caissons, ainsi couvertes depuis leur sortie du faubourg, afin que les paysans, du haut de leurs montagnes, ne pussent savoir ce que c'était. D'ailleurs, ils avaient déjà de l'occupation et ne songeaient guère à examiner ce qui sortait de Bergame.

Le comte Lupi et l'intelligent Girard, avec une vingtaine de tirailleurs, ont fait feu et ont tué un soldat vénitien et deux paysans. Le reste s'est mis dans une telle colère que tout s'est précipité vers la route. Je n'ai jamais vu un pareil tintamarre. Nous avons jugé qu'ils étaient environ 8,000, tous bien armés et hurlants comme des loups. Les pièces ont commencé la fête. Arrêtés tout à coup, ils ont voulu reculer, mais l'embuscade leur a coupé la retraite. J'avais quelque regret de tuer à si bon marché ces malheureux énergumènes.

Il en a péri 900 dans ce chemin creux. 2,300 se sont rendus et le reste s'est sauvé par des ruelles qui remontent aux collines. Je vous envoie leur drapeau; il est tout neuf. J'ai 3,000 et quelques fusils neufs de la manufacture de Gardone, ainsi que quelques bons pistolets, des épées longues comme d'ici à Rome et dont au besoin on pourrait faire de bonnes et grandes broches de cuisine. Il y a une centaine de fusils à deux coups et trente dont le canon est d'une longueur démesurée. Tout cela n'a pas duré une heure.

Il y avait des ecclésiastiques : ils se sont dits aumoniers. Cela se peut. Cependant les prisonniers n'en conviennent pas franchement. Je n'ai pas voulu approfondir cela. Deux d'entre eux ont demandé à être envoyés à Gandino pour parler de paix et de désarmement. J'ai eu l'air d'avoir confiance en leurs paroles et tout en leur disant que je ne voulais pas de paix, que je voulais brûler tout le pays et tout exterminer, ils sont partis sans regarder derrière eux. J'ai poussé jusqu'à Nembro. Ces paysans sont si ingambes que je n'ai plus vu personne. Dans toute l'affaire, nous n'avons vu ni général ni personne qui eût l'air de commander. Il n'y avait en tout en uniforme que deux soldats vénitiens, dont un tué par les éclaireurs de Girard. Je n'ai perdu personne.

A minuit, ayant appris que nos soldats enfonçaient les portes, sous prétexte de chercher à manger, et ne leur ayant pas fait prendre de vivres à Bergame, ne comptant pas bivouaquer, j'ai jugé à propos, pour ne pas exaspérer ces montagnards que je veux gagner, de revenir à Bergame, où je suis rentré à deux heures du matin, et c'est l'heure à laquelle je vous écris. J'aurai bien de la peine à faire quelque chose de Faivre. C'est toujours un très brave homme, mais il ne comprend rien à ce que je fais, et ses observations sont fort intempestives et souvent ennuyeuses.

*P. S.* — Vous trouverez ci-joint une lettre que le capitaine Boussion a écrite à l'adjudant-général Couthaud. Ce dernier me l'a envoyée pour avoir mon avis. Le même motif me force à vous la faire passer. Boussion a raison....

Bergame, 10 germinal, à 6 heures du matin
(30 mars 1797).

*Boussion, adjudant-major de la place de Bergame,*
*A l'adjudant-général Couthaud,*
*chef de l'état-major de la Lombardie*

La situation de cette place devient d'un moment à l'autre plus critique. Plus de 8,000 paysans armés sont aux portes de la ville. Je fus moi-même reconnaître hier à deux milles d'ici. Je leur parlai mais inutilement. Ils veulent, disent-ils, venir mettre à la raison les habitants de Bergame. Cependant, le citoyen Faivre, commandant de cette place, ne prend aucune mesure pour arrêter leur prochaine arrivée.

Les habitants de cette ville sont dans la plus grande désolation. Ils comptaient sur le secours des Français et ils croient aujourd'hui être sacrifiés. Quant à moi, mon général, vous savez que je ne puis agir que par les ordres du citoyen Faivre qui, au contraire, me défend de me montrer dans la moindre chose. Les habitants de Bergame comptent sur votre attachement pour eux ; ils espèrent que vous ne les abandonnerez pas dans ces circonstances où ils ont le plus besoin de la protection des Français. Vous connaissez leur patriotisme ; il est trop grand pour que les Vénitiens leur pardonnent jamais. Vous serez donc touché de leur état et vous prendrez les mesures les plus propres pour les rassurer. Je me joins à eux pour vous engager à ne point les oublier.

Le citoyen Faivre n'est point du tout propre à commander dans cette place où il faudrait un homme qui osât prendre quelque chose sur lui, même dans les circonstances actuelles. Je vous souhaite le bonjour et suis avec attachement.

Boussion, capitaine.

Le 13, à 7 heures du matin (2 avril 1797).

*Rapport au général Kilmaine.*

Vous devez avoir vu, par la lettre de Faivre au général, combien ce pauvre homme est *indiscret*. Il eut dû, avant de répondre au général qui se disait commandant de la Lombardie, attendre que cette commission lui eût été notifiée par le chef de l'état-major. Et aussi de quoi se mêle le général ? A peine lui avez-vous confié une parcelle de votre autorité qu'il veut fourrer son nez où il n'a que faire. Couthaud a bien fait de retenir cette correspondance : cela vous évite tous les si.... tous les car...., et peut-être même des avis ou lettres aux cliques de Paris, et au Directoire. Je ne connais point ce général. Où a-t-il servi? Il arrive. N'est-ce pas un homme comme certains autres que nous connaissons? Il peut être un très galant homme, mais où diable s'est-il tenu pendant les bivouacs et pendant les batailles pour avoir conservé un teint blanc comme du plâtre? Pourquoi n'est-il pas à l'armée combattante?

« La dépêche de Faivre à ce général vous montre le degré d'épouvante qui régnait à Bergame avant mon arrivée.

« Si, depuis le soulèvement jusqu'à ce jour, Venise eût envoyé seulement 100 Albanais ou Esclavons, tous les Bergamasques eussent demandé pardon à deux genoux les mains jointes et la corde au cou, quoiqu'ils soient ici plus de 10,000 hommes en état de porter les armes.

« J'ai renvoyé les 2,300 prisonniers valériens après leur avoir parlé sur la place.

« J'apprends à l'instant une belle nouvelle! Les Brescians, dans l'enthousiasme du premier moment, reçurent sans en avoir la moindre méfiance une vingtaine de députés de Salo, venus, disaient-ils, pour fraterniser avec eux. Ces députés dansèrent, s'amusèrent et reçurent à Brescia toute sorte de bons traitements. On leur donna de grandes fêtes, etc.... Puis ils repartirent en invitant la jeunesse bresciane à aller à un jour fixé prendre part aux *réjouissances* qui se préparaient à Salo pour célébrer la conquête de la liberté.

Ces imbéciles de Brescians, quoique les plus fins de la Terre-Ferme, s'y rendirent en grand nombre. On croit facilement ce que l'on désire. Ils y menèrent quantité de Français qui comptaient s'y bien amuser.

A peine furent-ils entrés à Salo en dansant, en sautant, parés de rubans comme pour un jour de noces, qu'on ferma les portes de la ville et toutes les maisons, et aussitôt ils furent accueillis dans les rues par une grêle de coups de fusil venant de toutes les fenêtres. Ceux qui n'ont pas été tués ont été faits prisonniers et envoyés garrotés à Vérone.

Ci-joint la liste de ces prisonniers, restés seuls vivants d'une troupe d'environ 600 hommes, gens qui, faute de s'être ressouvenus du *dona ferentes* de Virgile, seront probablement pendus sous peu si je n'y mets ordre.

Leurs parents ou la municipalité de Brescia doivent, dit-on, venir me proposer ici mille sequins, si je leur fais rendre la liberté. Quel pays! On n'y faisait donc rien qu'avec de l'argent! Ou bien ils nous regardent comme des gens aussi avides qu'eux?

Je ne pourrai réclamer ces gens-là que lorsque je serai assuré de tout ce pays-ci et du Brescian, alors je lèverai tout à fait le masque et parlerai en maître. S'ils sont pendus ou noyés avant cette époque, je ne puis qu'y faire. Je vais cependant me hâter et en attendant j'envoie dire aux Brescians de mettre aux fers la garnison vénitienne, officiers et soldats, que Mocenigo, en fuyant de Brescia, a laissés dans la ville, et de proclamer que s'il arrive le moindre mal aux gens pris à Salo, la garnison sera accrochée à des potences sur les remparts du fort. Ce moyen, qui serait immanquable auprès d'un monarque, est cependant fort douteux ici, les inquisiteurs d'État n'ayant point d'entrailles. Il vaudra ce qu'il pourra. Quelle horrible ruse, général, et à quoi cet égorgement d'hommes peut-il servir? J'en ai fait part tout aussitôt à la municipalité de Bergame pour la tenir éveillée. Catano de Brescia arrive à l'instant où je vous écris. Il m'apporte la proclamation suivante qui a été affichée à Salo après l'événement et pour remercier les bons habitants de cette ville de leur aimable conduite. Le massacre a eu lieu le 8, et le 10 la proclamation a été affichée. Il faut en convenir, le Sénat est servi avec promptitude par ses imprimeurs.

La commune de Salo (le conseil de ville) s'empresse de donner à connaitre à ses très fidèles sujets concitoyens armés les nouvelles marques paternelles et pleines d'amour, *d'approbation* et de prédilection de notre sérénissime prince de Venise qui nous ont été transmises par l'organe de l'excellentissime signor François Battaja, provéditeur extraordinaire en Terre-Ferme, lequel, *pleinement satisfait des dernières preuves de fidélité* de notre *sudditanza*, nous a témoigné l'intérêt particulier qu'il prend à nous et nous assure qu'on est décidé à nous soutenir et nous promet d'abord un prompt secours militaire. Courage, fidèles *co-sujets*, continuez à défendre avec vigueur votre souverain commun. Vous vous couvrirez de gloire et vous acquerrez de nouveaux droits à la prédilection de notre souverain qui vous trouve déjà bien dignes assurément de sa protection.

Salo, 30 mars 1797 (10 germinal an V).

Cette date, général, vous fait voir que si le Sénat est bien servi, je le suis aussi, et au moins aussi promptement qu'un inquisiteur d'État. J'ai eu cette pièce ce matin 13.

Catano m'a remis ensuite la pièce dont vous trouverez copie ci-jointe.

LIBERTÉ — COURAGE — ÉGALITÉ

Je soussigné promets au nom du gouvernement provisoire de Brescia, qui m'a autorisé à tout ce qui a rapport à la présente commission, de payer entre les mains du citoyen Moscheni, de cette ville, la somme de 1,000 sequins, si l'on réussit à mettre en liberté, sous *trois jours*, tous les prisonniers brescians faits à Salo et qui se trouvent aujourd'hui dans les prisons de Venise.

Signé : Jacques Lecchi, président du comité des subsistances et de surveillance.

Ensuite ont signé :

Catano, député de Brescia
et Louis Torre, officier municipal.

Comme ils sont lestes! dans trois jours! Il paraît que sous leur défunt régime on traitait avec cette promptitude avec les gouverneurs ou avec les juges en matière criminelle pour sauver des gens à pendre et que la proposition n'en paraissait pas effrontée; l'habitude fait tout. Au reste, je trouve ces Messieurs un peu mesquins. 1,000 sequins valent environ 12,000 francs de France. Il y a 315 individus à arracher au gibet, et parmi eux se trouvent des gens de marque, et tout un état-major! Peste! ce n'est pas cher, ce n'est guère que 38 francs par individu. Au reste, général, ce n'est pas de cet argent qu'il nous faut. J'ai envoyé promener Catano et Torre, et j'ai vigoureusement lavé la tête au municipaliste bergamasque Moscheni pour s'être chargé de ce tripotage. Je lui ai dit très fermement que si nous voulions bien nous prêter à les aider à secouer le joug d'un gouvernement plein d'abus, nous ne consentirions jamais à des traités qui prouveraient que nous savons protéger ces abus quand ils peuvent nous être utiles. D'ailleurs, je leur ai démontré qu'il m'était impossible pour le moment de travailler à la liberté de leurs gens. Si vous lisez avec attention, général, la proclamation de la commune de Salo, vous trouverez bien évident sans doute, — et toute l'Europe le trouvera comme vous et moi, — que le providiteur général en Terre-Ferme Battaja a remercié les Caraïbes de Salo du coup qu'ils ont fait indistinctement contre les

Français et contre les Brescians. Contre ceux-ci passe, mais contre les Français ! Car je mets au nombre des Français les 300 Polonais que les 8 Brescians avaient enmenés avec eux. On a observé qu'il n'y avait que 8 Brescians sur la liste.

Ainsi, quand bien même ils désavoueraient la proclamation dont Salvatori va régaler toutes les cours étrangères et la France entière, que peuvent-ils arguer contre celle-ci qu'ils ont eu cependant l'adresse de faire faire par les échevins de Salo pour pouvoir nier qu'elle vient de Venise ou de Vérone. Ne vous ai-je pas dit qu'ils s'enferraient eux-mêmes? Et que leur avions-nous fait le 8 germinal? Je me trompe en parlant du 8, le coup était médité d'avance, puisque c'était dans ce but qu'ils avaient envoyé des députés à Brescia avant le 1er du mois.

Dites, je vous prie, à Salvatori, d'insérer demain, sans faute, cette proclamation de Salo dans *l'Ami des lois* et d'écrire à Schaffouse, pour que le correspondant la mette sur-le-champ, ainsi que l'ordre du jour qui suit et que je vais faire afficher dans toute la Terre-Ferme en italien et en français.

Quartier général de Bergame, 12 germinal an V<br>(1er avril 1797).

Je suis venu chez vous avec des intentions pacifiques et vous m'avez attaqué. Je vous ai envoyé un parlementaire et au même moment vous m'avez tué des soldats. Ce crime sera puni. Déjà vos bandes ont mis bas les armes devant les invincibles Français. Cela ne me suffit pas. Je défends à tout habitant des vallées d'avoir une arme à feu. Qu'on me les apporte sur-le-champ à Bergame : 20 sequins à celui qui me découvrira une arme cachée et le feu tout aussitôt à la maison de celui qui dans douze heures n'aura pas obéi.

Nèse fit feu avant-hier sur les Français et Nèse a été livrée au pillage par mon ordre. J'ai agi avec justice. J'ai quitté Nembro à minuit. Vos pillards avaient dévasté ce village. Mes soldats n'y trouvaient plus aucune nourriture. Ils allaient enfoncer les portes malgré moi, j'ai préféré les emmener.

Demain je vais mettre à feu et à sang toute la Val Cavallina qui a osé tirer sur nous.

J'ordonne à la Val Gandino d'apporter dans moins de douze heures 130,000 lires (65,000 francs de France) pour défrayer l'armée. Ce pays n'a qu'à choisir entre le pardon à ces conditions ou sa destruction totale.

LANDRIEUX.

Le comte Calépio est nommé receveur.

J'avais oublié de vous parler de cette imposition sur Gandino sur laquelle il n'y a rien pour ma petite armée. C'est de cette vallée qu'étaient sortis presque tous les paysans que j'ai battus. J'ai chargé Calépio de la recette. C'est un signor aisé et que je crois tenir un peu aux Vénitiens. Je lui ai ordonné de faire un état du dégât fait par ces paysans dans Alzano, Nembro et Almeno, qu'ils ont saccagés sans rime ni raison, quoique de leur parti. Je ferai remettre cette somme, (6,000 francs) au commandant de la place pour diverses dépenses imprévues, l'espionnage, etc… Le reste est consacré à indemniser les habitants de ces villages et personne autre n'y touchera. Cet arrêté que j'ai notifié à la municipalité de Bergame a surpris tout le monde et m'a fait combler de bénédictions. Les plus Vénitiens de Bergame sont venus me faire visite et me complimenter sur cet acte de désintéressement et de justice et ils en sont d'autant plus étonnés que ma proclamation porte que cette somme de 65,000 francs est destinée à défrayer l'armée, ce qui n'était qu'une erreur de mes bureaux. Bergame nous paie tout et bien au delà, puisque nous avons deux soldes à la fois : celle de France et celle de Bergame. Je ne mérite donc guère les compliments que me font ces bonnes gens, puisqu'il n'y a rien de si simple que d'être juste et rien de si facile quand il ne nous en coûte rien.

L'évêque, brave homme, mais plutôt l'ennemi du Sénat que notre ami, a fait valoir ce matin cette action en chaire et l'a portée aux nues devant tout son clergé. Il a ajouté de son cru qu'elle était d'autant plus louable et méritoire qu'il savait que j'étais très pauvre..., « comme un rat, » a-t-il dit.

Voyez ce que m'écrit à ce sujet M<sup>me</sup> de Terzi :

> Citoyen général, c'est avec une extrême reconnaissance que j'ai vu l'ordre pour indemniser les trois villages qui ont été pillés. Cette grâce, que vous, général, vous accordez si libéralement, m'est d'autant plus chère, à moi, que je la regarde comme une suite de la protection que vous nous avez promise en tant de rencontres et qui a toujours flatté mon plus grand amour-propre.
> Agréez les respects de toute ma famille.
> Comtesse TERZI-CANALÉ.

Cette dame, très âgée, chez laquelle j'étais logé à Bergame, avait de grandes propriétés dans Almeno, etc. (1). Si je trouve l'occasion de faire cinq ou six actes pareils, toutes les vallées et les villes sont à nous, et adieu Saint-Marc !

Vous trouverez ci-joint, général, copie des ordres que j'ai donnés dans la nuit de mon arrivée à Bergame, ainsi que le lendemain, tant avant qu'après la grande affaire (2).

---

1. C'est chez le comte Terzi, mari de cette dame, que l'archiduc commandant à Milan cacha son argent en quittant la ville, lors de notre entrée. Je connaissais ce fait honorable, et je fus charmé de pouvoir lui rendre le service dont elle me remercie.

2. Kilmaine voulut que cette série d'ordres fut mise à l'ordre du jour de la Lombardie comme une leçon à ceux qui peuvent se trouver à tout bout de champ dans des circonstances aussi difficiles.

## CHAPITRE XV

Le prieur ou curé Agazzi est employé dans un but politique. — Ses qualités. — Détail de la prise de Créma. — État ordinaire des armées au commencement d'une guerre après une longue paix. — Causes et but de l'établissement du bureau secret de l'armée. — Détails particuliers sur l'artillerie prise à Créma. — Négligence des Vénitiens à l'égard de cette place. — L'évêque de Créma.

Un ecclésiastique, nommé Paulo Agazzi, homme aussi respectable pour ses mœurs qu'impartial en affaires politiques, était chargé depuis longtemps de la conduite spirituelle des Valériens de Clusone. Il eut la sagacité de soupçonner notre but. Avec un air tout agreste, il devina ce que les Français voulaient faire et, comprenant très bien que Venise ne pourrait résister longtemps, il avait pris le sage parti d'empêcher, autant qu'il lui avait été possible, la plus forte partie de son troupeau de se mêler des affaires du Sénat et des nôtres. Ses montagnards ne pouvaient, selon lui, que devenir les victimes des promesses illusoires de secours militaires, dont le gouvernement de Venise n'était pas avare et qu'il savait pourtant bien être hors d'état d'effectuer.

Ce bon prêtre, — et on n'en trouve pas toujours de pareils en Italie, — obtint de l'évêque qui le connaissait particulièrement la permission de sortir du palais pour venir me parler. Il me fit des propositions avec beaucoup de candeur.

Ma méfiance ne me permit pas d'abord d'y croire tout à fait ; mais ayant offert caution de sa conduite et cette caution étant le comte Lupi, Calépio et Solza, les deux derniers membres de la municipalité, je l'envoyai vers ses paysans. Il s'y prit avec tant d'adresse qu'il parvint à leur faire entendre raison et à les faire consentir au désarmement, pendant qu'avec de petits partis je battais sévèrement et punissais sans miséricorde sur tous les points de la province les étourdis que les Vénitiens trouvaient moyen de faire lever, car je n'avais pas fini d'un côté qu'il fallait courir de l'autre.

Agazzi pensait avec raison que le peuple non enrégimenté ne peut pas se mêler de la guerre, sans s'exposer à d'affreuses calamités qui ne lui sont comptées pour rien par son souverain, quand la paix est faite, parce qu'il s'est mêlé de ce qui ne le regardait pas, parce que le souverain a des soldats payés pour cela et envers lesquels l'ennemi doit respecter le droit du prince qui les a enrôlés, tandis qu'il peut, en vertu du droit de guerre, traiter de rebelles les bourgeois pris les armes à la main et comment ne les maltraiterait-on pas, quand on a tant de peine à faire quelque grâce aux partisans et aux compagnies franches, quoiqu'ils soient presque toujours avoués.

Il faut enfin que je donne ici les détails que j'ai promis sur la prise de Créma. Les voici tels que je les avais envoyés au général Kilmaine à la fin d'un rapport.

« Voici, général, comment nous avons pris Créma...
« De Lodi, pour se rendre à Bergame, il faut passer par Créma ou revenir à Milan. En traversant Créma amicalement, j'étais sûr que les montagnards seraient

avertis et qu'ils essayeraient de m'attaquer sur la route avec le peu de troupes que j'avais avec moi. Nous apprenions d'ailleurs(1) qu'il y avait lieu de douter que le gouverneur nous y laissât entrer. Il lui était venu des ordres des provéditeurs généraux de Terre-Ferme de se garder militairement envers et contre tous et ce jour-là même on avait levé les ponts à midi.

« Retourner à Milan pour aller à Bergame par Vaprio était trop long. La dépêche de Faivre au général que je vous envoyai à l'instant même, la lettre qu'il m'écrivait à moi, ne me donnaient pas un instant à perdre. J'en causai avec le général Saint-Hilaire, qui fut d'avis avec moi que puisque les Vénitiens commençaient à guerroyer sans autre déclaration, il fallait attaquer aussi, insulter Créma cette nuit même, s'en emparer de gré ou de force et en garder si bien les portes pendant les 24 ou 30 heures qui suivraient la

---

1. Ici je répète qu'on ne doit pas être surpris de me voir si instruit de tout ce qui se passait en Italie. Depuis un an, j'étais chargé du bureau secret que le général en chef avait retiré à tous les généraux de division, parce qu'il y avait beaucoup d'argent mal employé, point d'ensemble et beaucoup de faux renseignements. J'avais formé ce bureau, qui ne coûtait qu'environ 300,000 livres de France, et nous étions avertis de tout ce qui se passait à Vienne, à Naples, à Turin, à Gênes et au Directoire même de Paris ; j'avais établi des agents sûrs dans les villes principales de l'Italie, dans l'armée ennemie et dans la nôtre aussi. J'avais, en outre, des observateurs ambulants, que j'avais pris autant que possible parmi les gens aisés. En payant exactement mon monde, j'étais passablement servi. J'observe qu'il ne fut jamais question dans mon bureau d'affaires de Révolution. Il ne s'agissait que des choses ayant trait à l'armée et j'avais assez de besogne avec celles-là. Il ne fut question de Révolution que d'après les ordres du général en chef à nous transmis par le général Berthier, ainsi qu'on l'a vu, et je créai à cet égard un bureau particulier, dont Galdi, depuis ambassadeur de la Cisalpine à la Haye, fut le chef. Je fus obligé de prendre mes premières notions au bureau de police nocturne, dont Porro était président, et dans

prise que rien n'en put sortir que lorsque j'aurais traversé le pays de Créma à Bergame, et peut-être aussi étrillé les paysans en passant à côté d'eux.

« Il est rare au commencement d'une guerre, et surtout à la suite d'une longue paix, que les ordres des chefs soient aussi ponctuellement exécutés que lorsque les officiers et les soldats sont devenus ce qu'on appelle aguerris. La routine guerrière ne s'acquiert pas vite. Il y a toujours beaucoup de choses négligées, d'autres très mal exécutées, même parmi les plus importantes et tout cela est inévitable dans une première campagne. Chargé à l'armée du Nord en 1793 de la défense du poste de Pont-à-Marque, entre Lille et Douai, j'étais obligé de faire des rondes toutes les nuits, de visiter deux ou trois fois toutes mes grand'-gardes et il était rare que je ne trouvasse pas quelqu'un en faute, ou endormi ou ivre, et souvent des

vingt-quatre heures je fus plus savant à cet égard que tous les membres du comité, qui en général savaient peu de chose. Il me fallut voir les mécontents de toutes les provinces vénitiennes qui s'étaient retirés à Milan. Il me fallut les envoyer, ainsi qu'on l'a vu, se concerter avec leurs amis, et on doit avoir remarqué que pour Bergame on fut obligé de se servir d'un Français. J'avais bien à la vérité, ainsi que le président Porro l'a dit dans son discours, des agents à Venise, mais ils appartenaient au premier bureau, c'est-à-dire qu'ils n'étaient chargés que de découvrir s'il se passait dans le Prégadi ou chez les Inquisiteurs quelque chose de contraire à nos intérêts nationaux ou militaires, et ils étaient avoués par le citoyen Lallement, notre ambassadeur. J'ai expliqué comment, en croyant faire une chose ils en faisaient une autre sans s'en douter. Après les préliminaires de Léoben et la déclaration de guerre du Judenbourg aux Vénitiens, je mêlai les deux bureaux et n'en fis plus qu'un. Ces bureaux, quoique très occupants, avaient reçu une telle organisation qu'ils ne nuisirent jamais aux travaux considérables de l'état-major de la cavalerie, qu'ils ne m'empêchèrent pas de me trouver aux diverses batailles et combats sans nombre qui eurent lieu pendant les deux campagnes de l'an IV et de l'an V, ainsi qu'on le verra par les lettres du général Kilmaine au ministre Merlin, à Beurnonville et autres.

vedettes qui, n'étant pas relevées, avaient abandonné leur poste pour aller dormir auprès du feu avec les autres. S'il n'en n'eût pas été de même chez l'ennemi, il n'y a nul doute que les coalisés fussent venus à Paris vers ces époques là. On se battait tous les jours à ce poste terrible qui empêchait l'ennemi de venir vivre dans l'Artois. Le soldat s'y forma peu à peu et ce lieu devint une pépinière de bons officiers et de généraux.

« Ces idées sur le peu d'instruction que devaient avoir les officiers et soldats vénitiens me donnaient de l'espérance. Saint-Hilaire et moi n'étions d'ailleurs pas exempts de la singularité qu'on a remarquée avec tant de raison dans le caractère national des Français. Jamais il ne nous vint dans l'esprit de songer à ce qui en résulterait pour nous et pour toute l'affaire si j'étais vertement repoussé par la garnison de Créma, dont la supériorité en nombre n'était pas nécessaire derrière de bons remparts.

« Nous emporterons Créma par surprise, disions-nous avec vivacité… cela ne peut manquer… » et nous partons.

« Vous savez au reste, général, que je n'avais aucune intelligence dans la place, où Saint-Hilaire ni moi n'avions même jamais passé à cause des difficultés que faisaient les gouvernements. A neuf heures et demie du soir, on se mit en marche et, après mon passage, le pont de Lodi fut barricadé derrière nous pour qu'aucun indiscret ou traître ne put y passer et nous devancer; ordre cependant de recevoir tout ce qui viendrait de Créma et de retenir pendant 24 heures au violon tout individu qui s'y présenterait pour venir de notre côté.

« Il y a deux lieues et demie de Lodi à Créma et une route magnifique.

« Les adjoints aux adjudants-généraux Noël Girard et Pascal, auxquels se joignirent le prince Trivulzi et Saint-Hilaire, étaient à la tête de l'avant-garde, composée de 500 grenadiers, tous convalescents, mais déterminés comme des Français ; le reste de l'infanterie suivait à deux cents pas et dans l'intervalle étaient cinq charrettes avec des échelles et des outils. Marchaient ensuite l'artillerie et moi à la queue de l'infanterie et à deux cents pas en avant de la cavalerie qui terminait la marche. Le plus grand silence était observé. Le chemin, formé de sable serré, faisait très peu de bruit sous les pieds des chevaux, ainsi que sous les roues de l'artillerie, dont on avait d'ailleurs garni les bandes avec de la paille. On ralentissait la marche, lorsque le sol la rendait un peu bruyante.

« Nicolini et le frère de Lavocato ([1]) arrivèrent les premiers à l'avancée, un fouet de poste à la main, et un portefeuille rouge attaché en bandoulière. Point de factionnaires au dehors : ils ouvrirent la barrière et aussitôt la sentinelle intérieure de l'avancée abandonna la banquette sur laquelle elle sommeillait assise, vint à eux et, en les voyant bien vêtus et en costumes de courriers vénitiens, leur demanda poliment ce qu'ils voulaient à cette heure là. L'effronté Nicolini répondit en allongeant pompeusement les qualités, qu'ils étaient deux courriers de Son Excellence Monsignor Mocénigo, gouverneur et vice-podestat de Brescia, qui était en ce moment à Vérone auprès de Leurs Exc. Messeigneurs les provéditeurs extraordinaires en Terre-Ferme, qu'ils avaient leurs guides et leurs chevaux à deux pas de là, qu'ils les avaient laissés pour ne pas causer d'alerte

---

1. Espion brescian attaché depuis longtemps à mon état-major pour la partie secrète et dont Bonaparte m'avait ordonné de me servir.

inutile, qu'ils avaient non seulement des dépêches à remettre, mais encore des communications verbales très importantes et très pressées à faire à Son Excellence le *rappresante* gouverneur de Créma, d'où il fallait qu'ils allassent en tout hâte et la même nuit porter des ordres très pressés à Monsignor le Gouverneur d'Orci-Novi, qu'ils avaient été expédiés deux ensemble avec les mêmes dépêches chacun, par précaution dans ces temps de troubles. Ils lui dirent enfin qu'il eût à faire baisser le pont de la potence (1). Le soldat lui dit qu'il était déjà arrivé à 23 heures (une heure avant la nuit) un courrier de Vérone qui était reparti de suite et qui avait dit au poste que, demain au soir, il devait arriver 300 Esclavons de renfort à la garnison et que le gouverneur avait de suite fait préparer pour eux la petite caserne qui est près de l'église.

« C'est bon, nous le savons, dirent ces drôles, que le commencement du discours du factionnaire avait un peu décontenancés, fais baisser la poterne ?...

« Le soldat appelle aussitôt un certain Giacomo, factionnaire placé à la lanterne du bastion de gauche défendant la porte, qui dormait sans doute, puisqu'il ne répondit qu'au second appel.

« L'homme de l'avancée lui répéta une partie de ce que les courriers venaient de lui dire. Giacomo répondit qu'ils n'avaient qu'à mettre leurs dépêches dans le panier, ce qui embarrassa d'abord nos coquins ; le frère de Lavocato se remit d'abord le premier et lui dit qu'il avait à parler au gouverneur en personne et qu'il serait responsable du retard.

1. Placée à côté du grand pont et dans l'enceinte de l'avancée. Il y a beaucoup de ces poternes dans les places fortes. Souvent elles sont entre la courtine et les bastions

« Nicolini ajouta qu'il y avait 17 sequins pour la promptitude. Le soldat de l'avancée cria à son camarade qu'il n'avait qu'à aller prendre la clef, qui était dans l'armoire de fer au-dessus du lit de camp du poste de la porte et surtout de ne pas éveiller *les autres* qui voudraient partager la *bona mano*. Giacomo répond : « *Va bene* », et quatre minutes après, le pont de la poterne est abattu. Nicolini saute dessus et ce colosse met le verrou en repoussant Giacomo qui, culbuté, reste interdit. Girard, Pascal et Trivulzi se jettent dans l'avancée et saisissent la sentinelle qu'ils empêchent de crier. Ils sont suivis des leurs ; l'avancée est pleine. Giacomo est assommé (il le méritait bien). On entre en foule dans la place ; le corps de garde est égorgé. On baisse le grand pont et nous voilà dans la ville.

« L'infanterie de la garnison ne s'est pas défendue. Elle a été prise au lit. Il n'y avait que cinq hommes au corps de garde de la caserne. Point de patrouilles en ville.

« La cavalerie fut avertie ; elle se barricada dans le quartier, ainsi que je vous l'ai mandé, je crois. Elle fit feu. Une heure après, elle se rendit par ordre même du gouverneur. Heureusement, Saint-Hilaire était arrivé au fort avant ce tapage de la cavalerie. Pepino (c'est le nom du frère de Lavocato, assassiné à Brescia par ordre de Mocenigo) l'y avait conduit. Il avait trouvé le pont de la poterne baissé ! Le portier-consigne veillait et buvait avec sept à huit soldats et un sergent en attendant qu'il plût à *Monseigneur* le secrétaire du gouverneur, *qui soupait en ville*, de se retirer. Saint-Hilaire mit là quelques soldats et avec environ cent hommes il monta rapidement à l'appartement de *Monsignor* chez lequel des officiers jouaient au pharaon. Il les fit prisonniers et *houspiller* la table et les poches par les soldats. Il vint me raconter tout cela pendant que j'assiégeais la cavalerie dans son quartier, après avoir envoyé cent hommes s'emparer de la porte du Nord, qui mène à Bergame. Il retourna au fort et fit signer au gouverneur l'ordre à cette cavalerie de mettre bas les armes. Elle obéit et nous allâmes bivouaquer sur la place de Créma, à droite de l'Eglise dans laquelle nous mîmes toute la garnison désarmée.

« Au point du jour, Saint-Hilaire s'en retourna en riant et jurant contre ce gouverneur qu'il avait vingt fois eu envie de faire jeter dans le Serio, seule paie, disait-il, qui convint à sa vigilance et à ses bons service. Trivulzi, qui s'en est retourné aussi, a dû vous conter tout cela.

« On assembla, immédiatement après, les principaux habitants que les coups de mousquets du quartier de la cavalerie avaient éveillés. Je leur ordonnai de s'entendre pour élire des magistrats, ce qu'ils firent sur-le-champ et je les laissai sous la surveillance du capitaine Besterasse que je leur donnai pour commandant avec un second. Il avait été blessé à l'attaque du quartier de cavalerie. Je lui laissai assez de forces pour se faire respecter et pour faire escorter les prisonniers jusqu'à Milan. Le gouverneur fut enfermé dans la prison du château où il est encore.

« Saint-Hilaire me promit de faire relever le lendemain le peu de forces que je détachais de ma petite armée par quelques autres convalescents, afin que je ne perdisse pas du nombre déjà assez mince de mes soldats.

« Comme je sus que le courrier venu la veille de Vérone avait promis au gouverneur quelques troupes qui devaient arriver incessamment, je fis garnir les remparts du côté de Bergame de trois pièces de 3. De ce côté la ville n'a que deux portes et le reste est un marais impraticable.

« Je dis à Besterasse de faire feu sur ces troupes et de se défendre douze heures seulement, que j'arriverais au premier bruit.

« Je ne partis pas de Créma sans faire une visite à l'évêque, ancien religieux vêtu de noir (il sortait des Jésuites), homme très honnête et très instruit et aussi peu partisan du Sénat que l'est celui de Bergame. Deux habitants m'en avaient parlé et certes je ne me serais pas dérangé si je l'eusse cru semblable à quantité de ses confrères d'Italie, bons tout au plus à manger leur revenu et très souvent d'avance. Par pure humilité il n'avait jamais voulu quitter l'habit de son ordre. Il portait pour toute distinction sa croix pastorale, quoique ses lumières en physique et ses profondes connaissances en mathématiques, en littérature ancienne et moderne, et surtout son extrême charité eussent pu lui inspirer une vanité à laquelle il était loin de songer. Vous en avez entendu parler, m'a-t-on dit, général, et je crois ce prélat infiniment au-dessus de ce qu'on a pu vous dire. Il n'y a plus de pauvres dans Créma depuis qu'il occupe le siège ; par ses soins et les avances qu'il fait à ceux qui veulent travailler, tout le monde et chacun vit content.

« Pendant le dîner que j'acceptai chez lui et où j'eus le loisir de l'apprécier, il m'assura franchement qu'il profiterait de l'ascendant que son *peu de savoir*, dit-il, lui avait acquis sur les Crémasques et sur ceux de ses confrères, qui viendraient le consulter, pour leur inspirer l'amour du bon ordre, de la tranquillité et le désir de laisser aux gouvernements le soin de s'arranger entre eux. Je crois qu'il en fera plus qu'il n'en promet, puisqu'il promet si peu. Il m'a paru flatté de la déférence avec laquelle je n'ai cessé de le traiter. Un évêque de plus dans nos affaires vaut au moins un bon bataillon. J'espère que vous ne désapprouverez pas ma conduite.

« *P. S.* — Vous souvient-il, général, du bien que nous fit une messe à Templeuve, près Pont-à-Marque, en l'an II de fort dure mémoire ? »

« Il n'y avait rien sur les courtines et les bastions de la ville. Des ouvriers, qui couchaient depuis hier au fort, se présentèrent au point du jour pour y travailler. Ils avaient reçu l'ordre du gouverneur de mettre une partie de cette artillerie en état d'être transportée et placée sur les remparts de la ville. A quoi servait d'avoir fait lever les ponts, puisque rien ne pouvait défendre contre une escalade. Bien nous en prit cependant de nous être hâtés.

« Voyez ce misérable état, général, qui existait là peut-être depuis Louis XII et les Alvianes (1) : 40 boulets pour la pièce de 36, c'est-à-dire pour un quart-d'heure de défense, des obus et point d'obusiers ! 586 fusils et pas une cartouche ! La garnison tout entière n'avait pas six coups à tirer. Six caisses de poudre pesant 250 livres chacune, toutes grumelées, humides et hors d'état de servir. Les autres sept pièces de canon avaient des lumières de deux à trois pouces et pour les enclouer il eût fallu des coins à fendre du bois. Quel détestable gouvernement ! Voilà des sujets bien défendus, bien en sûreté, tout en payant un impôt énorme, doublé, triplé par les concussions les plus révoltantes du monde. C'était à n'en pas douter pour empêcher les

---

1. Un inventaire était joint à ce rapport, certifié véritable par l'adjoint **Pascal**.

Français si curieux, si babillards, de voir et de publier partout l'état de ce misérable arsenal, d'une place de la première importance, qu'on les empêchait avec tant de soins de passer par Créma. On dit qu'à Orci-Novi c'est mieux. C'est ce que nous verrons. »

## CHAPITRE XVI

Le colonel Faivre est envoyé à Como et le chef de bataillon Vedel le remplace. — Réflexions sur Faivre. — Etat de situation des troupes expéditionnaires contre les Vénitiens, appelées l'armée des convalescents.

Le général Kilmaine m'écrivit, le 13, la lettre suivante :

*Au chef de l'état-major de la cavalerie, commandant les troupes françaises dans le Bergamasque, etc.*

Le chef de brigade Faivre pouvant être plus utile à Como où il sera plus tranquille, vous l'y enverrez. Il y relèvera le chef de bataillon Vedel auquel vous ordonnerez de lui donner ses instructions. Vous ordonnerez à Vedel de se rendre sur-le-champ à Bergame pour lui confier le commandement de Faivre, cette place lui convenant mieux à cause de sa jeunesse. Je suis très satisfait des mesures que vous avez prises... J'en fais part au général en chef...

Kilmaine.

Dans les affaires difficiles les mécontentements sont toujours fâcheux. Ce n'est pas que Faivre fut un homme dangereux par caractère; il lui eût été impossible de faire le mal avec intention. D'ailleurs, il ne savait presque rien de nos desseins, à moins que toutes nos contradictions... apparentes ne lui eussent donné quelques soupçons. Néanmoins, je trouvai prudent et même juste de le bien traiter. Je lui fis croire que la frontière de l'Italie était menacée par les Suisses et que l'*importante forteresse* de Como, vieille bicoque, courrait des risques, n'étant commandée que par un jeune homme; que dans la nécessité d'envoyer un homme mûr, ferme et brave, le général Kilmaine avait songé à lui... Je lui montrai l'ordre, qui, cependant, ne disait pas tout cela et quatre mille livres pour ses bons services et ses dépenses secrètes.

Il crut tout; il ne voulait pas de cet argent et se mit à écrire une lettre de remerciement au général, m'embrassa et partit sur-le-champ très satisfait.

Depuis, des méchants, — il y en a partout, même à l'armée, — ouvrirent les yeux à ce brave homme.

J'allai le voir et il eut la générosité d'oublier ce prétendu mauvais tour. J'aurais été fâché de perdre cet excellent camarade.

Général,
Je vous adresse l'état de situation des troupes que j'ai sous mes ordres. Il faut que j'en laisse ici. Que ferai-je dans la province de Brescia avec ce qui me restera? En vérité Couthaud s'endort.

PLACE DE BERGAME A L'ÉPOQUE DU 13 GERMINAL AN V

*Situation des troupes stationnées à Bergame, sous les ordres du général Landrieux.*

| Officiers | Sous-officiers et volontaires | Totaux | Nombre de chevaux | | | Totaux |
|---|---|---|---|---|---|---|
| | | | officiers | d'artillerie cavalerie chasseurs | | |
| 105 | 1978 | 2083 | 28 | 128 | | 156 |

Certifié par moi, secrétaire du commissaire des guerres, faisant pour lui en son absence.

Signé : LELONG.

| | |
|---|---:|
| Report à Bergame . . . . . . . . . . . . . . . | 2.083 |
| J'ai en outre à Ponte-San-Piétro et nourris par le pays, partie de la 28ᵉ demi-brigade, ci . . . . . . . | 432 |
| A la Ranica, les convalescents des dépôts réunis nourris par le pays . . . . . . . . . . . . . . | 900 |
| Avec ces derniers 32 grenadiers détachés . . . . | 32 |
| Avec les premiers 6 chasseurs du 22ᵉ . . . . . . | 6 |
| Enfin 153 hommes de la garnison de Bergame de divers corps. . . . . . . . . . . . . . . . . . . | 153 |
| Total général, ci . . . . . . . | 3.606 |

| | | |
|---|---:|---:|
| Je laisserai à Vedel ses. . . . . . . . . . | 150 | |
| Plus les Ferrarais . . . . . . . . . . . . . | 155 | |
| Plus le détachement de la division Masséna | 401 | |
| Total à laisser à Bergame. . . . . . | 706 | 706 |
| Reste. . . . | | 2.900 |
| Sur lesquels il faut déduire pour huit jours les 400 hommes de la 28ᵉ dont j'ai besoin pour l'expédition dont Boussion vous a parlé, ci . . . . . . . | | 400 |
| Total pour entrer à Brescia . . . . . | | 2.500 |

Il faut que les Milanais partent. Ils m'attendront à Palazzuolo avec les Polonais et la légion lombarde, si vous vous décidez à me les envoyer. J'arriverai en même temps qu'eux. Je compte y trouver le reste des dépôts. Je trouve que Couthaud est bien lent.

## CHAPITRE XVII

État de la révolution à Brescia au 13 germinal an V. — Lettre des comités. — Lettre de Recuperati, résident de Bergame à Brescia. — Lettre du comité de surveillance. — Conventions secrètes. — Envoi des dépôts de chasseurs et dragons et de quelques soldats milanais à Brescia. — Colonne mobile du colonel Colomb dans les hautes montagnes du Nord du Brescian. — Son utilité extrême. — Mesures de Vénitiens tournées contre eux-mêmes. — Rapport au général Kilmaine. — Dernières promenades militaires dans le Bergamasque. — Précautions pour les approvisionnements. — Friponnerie d'un agent. Lettres qui le condamnent. — Couthaud. — Premier vol de l'espion Lhermite dont ce Couthaud prend la défense. — Avis au général Balland. — Réparations aux fortifications de Bergame. — Aisance des habitants de cette ville. — Secours donnés par les comités de Milan.

Les choses devenaient très sérieuses dans le Brescian. Venise, à force d'émissaires, était parvenue à faire lever en masse toute la province, où cependant elle n'avait envoyé que des agents, puis des soi-disant généraux et pas un soldat. Il ne s'y trouvait que la partie échappée de la garnison de Brescia s'élevant à environ 160 hommes. Tous les Valériens, sans autre exception que les vieillards, les femmes et les enfants, étaient en marche sur Brescia et arrivaient aux portes de la ville. Le gouvernement nouveau m'écrivit la lettre suivante en mauvais français, mais qui n'en témoigne pas moins autant d'épouvante qu'il y en avait eu à Bergame avant mon arrivée.

« Citoyen général.

« Il vous sera parvenu, général, que le peuple brescian a chassé ses oppresseurs et réacquis sa liberté et son indépendance naturelles. Les autorités constituées ne manquent pas d'employer les moyens qui sont en leur pouvoir pour maintenir leur indépendance et nous ne craignons pas les tyrans de Venise, mais nous sommes inquiétés par des brigands.

« Pour soumettre ces désorganisateurs de l'esprit public, nous osons vous prier, général, de nous envoyer quelque cavalerie pour en imposer aux perturbateurs et rétablir l'ordre et la tranquillité. Nous pourvoirons à tout ce qui sera nécessaire pour le maintien de la troupe.

« Nous espérons, citoyen général, que nos prières seront exaucées et que vous nous croirez avec la considération la plus distinguée.

« Salut et respect.

« GIACOMO LECCHI, *président*; DOMENICO COLETI, *comitato*; CARLO ANTONICO, *comitato*; GIOVACHI COLOMBO, *secretario del comitato di vigilanza e polizia.* »

Cette première lettre ne m'avait paru bien alarmante, mais le 8, j'en reçus une du municipaliste bergamasque Recuperati, qui avait accompagné en qualité de commissaire la foule du peuple de Bergame, laquelle, après avoir pris les deux canons de Faivre, s'était mise à courir vers Brescia. On a vu que cette fougue n'avait pas été de longue durée. Les bons Bergamasques s'en étaient tous retournés dans leurs maisons, après avoir couru comme des fous jusque vers Palazzuolo. Lui, Recuperati, les avait quittés quand il les avait vus plus tranquilles et décidés à s'en retourner paisiblement et il était allé à Brescia, avec 150 hommes d'escorte, voir ce qui s'y passait et y était resté.

Après ce qu'on va voir, il m'en vint encore une du gouvernement de Brescia et je dus juger qu'il n'y avait pas de temps à perdre.

*Recuperati, municipal de Bergame,
au général Landrieux*

2 avril 1797 (1).

« Je me trouve à Brescia parce que j'avais été chargé de suivre les troupes bergamasques, envoyées par nos concitoyens contre ceux des Brescians ou autres qui ne voulaient pas de la liberté. Je sors du comité de surveillance où j'ai été chargé expressément de vous faire part du péril qui menace cette ville à cause de l'insurrection presque universelle de toute la province contre elle.

« Brescia a fait sa révolution parce qu'elle a compté sur la protection des Français, et si à l'instant même, il ne lui arrive un secours de troupes françaises, tous ces paysans républicains vont absolument être sacrifiés.

« On vous a déjà envoyé plusieurs courriers à ce même effet et jusqu'à présent on n'en a reçu aucune réponse.

« Je dois vous apprendre même que le commandant actuel français de cette place, non seulement nous refuse toute espèce de secours, non seulement ne se mêle de rien de notre révolution qu'il désapprouve loin de la soutenir et de la protéger, mais nous dit positivement qu'il a des instructions contraires à nos demandes.

« Dans ce besoin pressant, ce peuple a recours à vous, afin que vous fassiez avancer des forces suffisantes pour établir et affermir notre liberté.

« Le comité s'engage (et il donnera la caution qu'on voudra) à payer telle somme qu'il vous plaira de demander à cet effet.

« Écrivez-nous et promptement.

« Respect et considération. »

1. La lettre existe en italien dans le manuscrit.

Cette lettre, dont la fin est très hardie et fort impertinente, ne reçut pas de réponse et je déclare que Brescia n'a rien payé ni avant, ni pendant, ni après l'expédition, parce qu'on ne lui a rien demandé, excepté quelques parties de solde qui ne vont pas à 8.000 francs, excepté aussi une somme de 40,000 francs de France, qui lui fût extorquée par un officier général dont je parlerai plus bas. J'avais jugé que Brescia, nourrissant nos troupes et devant être le théâtre de la guerre, serait déjà foulée sans qu'on lui demandât de l'argent.

*Lettre du comité de surveillance de Brescia Au général Landrieux, chef de l'état-major de la cavalerie de l'armée*

LIBERTÉ — ÉGALITÉ — FRATERNITÉ

« Recevez, citoyen général, les sentiments que le plus pur civisme et la plus véritable reconnaissance nous ont inspirés au récit que nous a fait notre frère et concitoyen Pierre Nicolini de tout ce que vous lui avez dit. La certitude de votre protection et des prompts secours de troupes a développé en nous une nouvelle énergie, vraiment républicaine, qui avait d'abord été comprimée par la crainte de nos aquatiques ennemis, nos anciens tyrans.

« Nous vous confirmons tout ce que vous a dit Nicolini pour ce qui vous regarde, ainsi que le général Kilmaine, et cela sous la plus sacrée de nos garanties. Nous engageons notre honneur à exécuter vos ordres et ceux que ledit général nous donnera, et quant à vous surtout, vous pouvez compter sur tout ce que peut dicter la plus vive et la plus sincère reconnaissance de notre part ([1]).

1. La municipalité devait remettre en écus et non en promesses,

« Mais il faudrait, général, que le plus promptement possible vous veniez à notre secours avec le plus de troupes que vous pourrez rassembler. Le péril le plus pressant menace la ville et votre arrivée en personne est indispensable.

« Venez donc, soyez ici notre libérateur et notre bouclier. Notre cause est celle de la liberté. N'est-ce pas tout dire ?

« Aussitôt que nous vous saurons en marche, nous vous enverrons le cheval dont Nicolini vous a parlé. Les soldats, dont il est question dans votre ordre et qui viennent du côté de Bozzolo, n'étant pas encore arrivés, nous avons envoyé cet ordre par un courrier à

---

une somme de 400,000 livres, monnaie de France, entre les mains du comte Gambara de Pralbouino, plus une autre somme de 250,000 livres à la même personne. Ces deux sommes ne devaient sortir de ce dépôt pour nous être remises, la première à Kilmaine, la seconde à moi, que dans le cas où, malgré nos efforts, les Brescians auraient été obligés de se soumettre à Venise et dans le cas où nous aurions couru le risque d'être poursuivis ou destitués.

Si le contraire arrivait, le comte Gambara remettrait le dépôt au gouvernement qui, dans ce cas, devrait nous traiter convenablement et nous prouver sa *très vive* reconnaissance. J'atteste que ni Kilmaine, ni moi, n'avons rien reçu des Brescians (puisque tout a réussi) pas même le cheval dont on parle dans la lettre du 13 germinal et qu'on m'avait volé.

Le dépôt promis ne put avoir lieu puisqu'il n'y avait que peu de chose au trésor et qu'on nous représenta avec raison que ce n'était pas le moment d'imposer le peuple ; que la recette suffirait à peine à entretenir nos troupes et qu'on prévoyait qu'il faudrait les soutenir longtemps, parce que Vérone se fortifiait tous les jours, nous faisait entretenir un siège long et dispendieux et imposait une forte consommation en munitions de toute espèce. On voit par ce court détail que, notre intérêt principal étant de réussir dans notre affaire, les sommes destinées à maintenir nos troupes devaient être sacrées pour nous et que nous eussions été très coupables de l'exposer à être manquée par notre intérêt particulier. On verra par la suite le compte général de Bergame et de Brescia.

l'officier qui commande cette troupe pour en presser la marche et son arrivée ici.

« Dans l'extrême impatience où nous sommes de vous voir parmi nous, nous nous faisons le devoir le plus sacré de vous renouveler les sentiments du plus grand respect et attachement.

« Carlo Arici, *président*, Joseph Becalozzi, Louis Baptiste Savia, Ange Tadini, Jacques Mocini, *tous du comité*, Joachin Colombo, *secrétaire*. »

Brescia, menacée par les paysans des vallées, m'avait député Nicolini que j'y avais envoyé de Bergame et sur son exposé, j'avais expédié l'ordre au chef d'escadron Dubois (frère de Dubois du Bary) commandant particulier des dépôts de chasseurs, dragons et cavaliers, que j'avais placé dans le bas Mantouan, de se rendre sur-le-champ à Brescia et de faire en sorte qu'aucun paysan ne put entrer en ville. Il y avait assez d'hommes démontés pour faire garder les portes. J'envoyai pareil ordre au chef d'escadron Gourgonnier, commandant les dépôts de hussards à Azzola, avec injonction de s'entendre avec Dubois pour ce service.

J'avais fait passer copie de ces ordres au gouvernement de Brescia pour qu'on pourvût au logement et à l'entretien de ces dépôts et au même moment je fis partir avec Pascal un détachement de la garde nationale milanaise, dont on verra la *belle* conduite ci-après.

Ainsi je voyais les Brescians aussi peu courageux que les Bergamasques et, là comme ici, les Vénitiens, sans troupes, exhortant le peuple des campagnes à le défendre et à attaquer les insurgés et sans autres frais de leur part que force compliments à des gens que, sous le moindre soupçon de trois misérables, on jetait à l'eau, enfermés dans un sac, ou qu'on faisait empoisonner par un empoisonneur en charge, ou qu'on faisait éventrer à coup de couteaux dans les rues.

Pas un Esclavon n'avait encore paru ; je savais pourtant qu'on enrôlait à force dans l'Istrie et dans la Dalmatie vénitienne, ainsi que sur tout le littoral albanais du Midi (l'ancienne Epire) ([1]).

Ces troupes ne pouvaient être prêtes de sitôt, et ce que j'envoyais suffisait ([2]). La suite fait voir que je ne m'étais pas trompé.

Restaient les Valériens de la province de Brescia qu'il fallait déconcerter, et au moment de quitter Bergame j'ordonnai au colonel Colomb, chef de la 28e demi-brigade, que Couthaud venait de m'envoyer avec environ 400 hommes, d'aller avec sa troupe inquiéter ces Valériens sur leur derrière, par le nord de la province de Brescia, de passer à la tête des lacs d'Ixo et d'Hydro, de faire le dégât dans les montagnes où probablement il ne trouverait personne, puisqu'ils étaient tous partis en masse pour aller attaquer et piller Brescia, de culbuter tout ce qui se présenterait devant lui, de brûler les habitations désertes, de répandre des proclamations pacifiques dont je le chargeai, de marcher avec la rapidité d'un torrent et de ne s'arrêter que devant Salo où je devais le joindre à un jour fixé.

Cet ordre fut exécuté malgré d'horribles chemins et d'affreux précipices et j'anticiperai encore ici sur les événements pour dire que les paysans n'eurent pas

---

1. Venise y possédait alors Butrinto, Larta et la Preveza, l'Istrie, les environs de Segna dans la Morlaquie et dans la Dalmatie, Zara, Nona, Spalatro, Solone et Catturo.

2. Venise avait bien 13 à 14,000 Esclavons disponibles, ainsi que nous l'avons dit, mais la querelle que j'avais fait élever au milieu du Sénat, au sujet des sacrifices à faire envers la Terre-Ferme et

plutôt appris cette étrange nouvelle qu'ils coururent presque tous au secours de leurs foyers. Il ne resta aux environs de Brescia que quinze ou vingt Morlaques ou Monténégrins de la garnison de Vérone que Battaja avait envoyés à ces paysans, pour les faire marcher en ordre sous les syndics des communes. Il y resta aussi quelques montagnards connus sous le nom de pillards des montagnes ou salodians, qui n'avaient rien de mieux à faire et qui à la fin se trouvèrent excessivement nombreux par leur réunion à tous les vagabonds ou bandits de la plaine dont tout le Brescian est rempli, au point qu'on n'y a jamais voyagé en sûreté sans escorte, — et encore ne suffisait-elle pas toujours.

Ce prompt succès de la course du colonel Colomb, qui demandait toute la vigilance, le courage, l'activité et les talents d'un militaire consommé, me donna une réputation colossale chez ces peuples et fut très fatal aux Vénitiens qui ne s'attendaient pas à une invasion aussi extraordinaire, regardée comme extravagante et impossible. Une chèvre eût passé difficilement où il faisait passer des soldats qui portaient des planches pour franchir les ruisseaux innombrables qu'on rencontre dans ces pays remplis de sources qui, par leur réunion, forment les torrents et les ruisseaux qui descendent dans les lacs, à la sortie desquels on trouve l'Adda, le Sério, le Mincio, etc... Ces gens ne savaient guère ce que c'était que des Français. Cette marche détruisit presque toutes leurs mesures, prépara les

---

les îles, rendirent les troupes nécessaires à Venise sur les rivages où l'on craignait aussi quelques mouvements de la nature de ceux de Bergame, et certes on était loin de priver la capitale de leurs secours. Et puis ces Esclavons n'étaient pas tellement disciplinés, qu'on pût parfaitement compter sur eux. Ils le firent bien voir ; nous en parlerons dans la suite.

avantages que nous ne tardâmes pas à obtenir dans cette grande province et en fut la principale cause.

Ce qu'il y eut d'extrêmement piquant pour le Sénat, c'est que ces Valériens retournés chez eux, irrités de ce que leurs syndics et quelques généraux, au-dessous du médiocre, qu'on leur avait envoyés, leur avaient débité des mensonges sur la prochaine arrivée de troupes de ligne qu'ils ne voyaient pas venir et trouvant dans leurs propres maisons ces Français qu'on leur avait assuré ne devoir prendre aucune part dans leurs affaires, se tournèrent tout à coup vers nous et ne voulurent plus être nos ennemis. C'est ce qu'on verra par la correspondance de Colomb. Des officiers vénitiens leur avaient dit d'avoir provisoirement de l'amitié pour les Français et quand ces officiers eurent été obligés de les abandonner et que ces montagnards virent que les Français restaient les maîtres, ils ne cherchèrent pas les motifs du langage que ces officiers avaient tenu à notre égard, ils suivirent tout de bon l'impulsion donnée par eux et s'attachèrent à nous.

Ce fut principalement sur les Valériens de la Val Camonica, la plus sauvage et la plus dangereuse de toutes et qui contient plus de 50,000 habitants, que l'apparition du colonel Colomb fit le plus d'effet.

J'avais été instruit que c'était sur cette vallée et ses hautes montagnes que les Vénitiens comptaient le plus. Aussi on les verra me menacer souvent de la Val Camonica, même depuis qu'on m'eut appris la colère de ces Valériens contre le Sénat.

*Dernier rapport sur Bergame au général Kilmaine*

« Tout continue à bien aller ici. Il y avait encore quelques troupes de mutins dans le Nord de la province; je suis sorti avant hier avec quatre fortes colonnes. Je les ai pris de tous côtés; ils se sont bien défendus, mais enfin ce qu'il en est resté s'est soumis. Il en a péri beaucoup et c'est bien contre mes intentions, mais ils étaient embusqués partout et ils faisaient un feu très meurtrier. J'ai perdu 95 hommes et j'ai plus de 300 blessés. Les rênes de mon cheval ont été coupées par une balle; dans le même moment une autre a écorné mon chapeau. Mon cheval a reculé et, en me conduisant où je ne voulais pas aller, il m'a sauvé d'une fusillade très vive. A Spino (1) sept de ces forcenés ont été pendus par nos soldats. Je ne vous nommerai pas l'officier qui les a portés à cette exécution, laquelle n'a fait que prévenir un prononcé plus juridique. Ils ont été convaincus, par le témoignage d'autres paysans, d'avoir assommé leur curé, qui les exhortait à rentrer chez eux et à profiter de l'amnistie que promettent mes proclamations. Cet officier, qui s'est ainsi constitué en conseil militaire, est en prison pour un mois à Bergame.

« Comme je m'attends à partir au premier moment pour Brescia et que je présume qu'il faudra assiéger Salo et Vérone, si je ne puis les surprendre, j'ai envoyé l'inspecteur aux fourrages Gras, que Couthaud m'a adressé, pour rassembler le plus de fourrages possible à Brescia, Lonato, Desenzano et Peschiera. J'ai écrit au commissaire des guerres Deltenre à Brescia d'autoriser cet inspecteur par des réquisitions concer-

---

1. Spino est le chef-lieu de la val Cavallina, auprès d'un lac du même nom qui a environ une lieue de long sur un quart de lieue de large, entouré de 14 villages très peuplés et qui ont l'air très heureux. On ne voit rien au monde de plus agréable, de plus riant, et de plus pittoresque que ce beau lieu. Si Pline y eût eu une maison de campagne, cet endroit serait plus célèbre que Como.

tées avec le nouveau gouvernement à en prendre sur le pays vénitien, étant assez fondé à présent pour agir ouvertement contre le Sénat. D'ailleurs, il ne faut rien laisser ou le moins possible aux troupes que Venise se dispose, dit-on, à envoyer contre moi.

« J'apprends que Battaja doit assembler ses recrues à Monte-Chiavo, à Valeggio et à Castel-Novo.

« Je fais aussi rassembler des farines au fort de Brescia, commandé par Clément, homme sûr.

« Ce Gras est un fripon. Je vous envoie copie de la lettre qu'il m'a écrite, et de la note qu'il n'a osé mettre dedans. Il paraît à la rondeur avec laquelle cet homme m'écrit après m'avoir vu une seule fois qu'il est coutumier du fait et qu'apparemment c'est un usage reçu dans les administrations de l'armée [1]; c'est beau!

---

1. Voici la lettre de l'inspecteur aux fourrages Gras :

Desenzano, 10 germinal an V (30 mars 1797).

*Gras, inspecteur des fourrages, au citoyen Landrieux, chef de l'état-major de la cavalerie de l'armée d'Italie.*

Citoyen général,

Je viens vous soumettre une opération que j'ai faite avec la commune de Monzambano. Je me suis transporté hier dans cette commune, en vertu des ordres du commissaire des guerres Deltenre, pour exécuter une réquisition de fourrages ordonnée par lui. Cette commune m'a déclaré qu'elle était dans l'impossibilité d'y satisfaire, n'ayant aucune des denrées recherchées. Elle m'a offert en numéraire le prix desdites denrées. J'ai cru devoir accepter cet offre. Elle m'a compté la somme de 1,750 livres de Milan (875 livres de France) et a néanmoins versé sur Peschiera six sommes de maïs et deux chars de foin. Elle a promis de verser dans le magasin de Desenzano douze sommes de maïs.

La commune de Ponté m'a aussi compté 1,000 livres de Milan (500 livres) pour le même objet. Cette commune a, en outre, versé deux chars de foin sur Peschiera et m'a promis de payer samedi prochain une autre somme de 1,000 livres. La municipalité de Castellaro m'a offert 900 livres de Milan et expose que cette somme est tout ce que peut contribuer cette misérable commune. Comme je ne veux point prendre sur moi de disposer de ces sommes, je

« J'ai bien pensé, général, dès le commencement de l'entreprise, que nous ne manquerions pas de gens que l'avidité nous amènerait de toutes parts (¹), mais si vous vous en rappelez, général, il n'a jamais pu être question entre nous et Berthier que de frapper un coup qui put aider notre armée à avoir meilleur compte de nos ennemis, de servir enfin notre pays de notre mieux et en même temps, comme tous les généraux qui ont existé depuis le commencement du monde, de faire en chemin par nos économies nos petites affaires, afin de pouvoir vivre en France, où vous n'avez rien et moi peu de chose, sans exciter des jaloux d'une trop haute fortune, mais aussi sans être écrasés par l'opulence d'autrui, soin que nous n'aurions pas besoin de prendre sous une monarchie, où le principal intéressé, c'est-à-

---

les ai déposées entre les mains du citoyen Mayoli, de Desenzano. J'attends pour les retirer que vous m'ayez prescrit l'emploi que je devrai en faire. Si vous m'ordonnez d'en acheter des denrées, je m'empresserai de passer les marchés les plus avantageux au bien du service. Je vous observe que le commissaire des guerres Roux m'a assisté dans toutes ces opérations.

Veuillez, je vous prie, me répondre par le même express et je me conformerai strictement à vos ordres.

Salut et respect,
GRAS.

Plus bas est écrit par moi : *Ordonné d'acheter et faire verser à Peschiera et de compter avec Deltenre. Ces réquisitions ne me regardent pas.*

Sur un feuillet collé à la lettre est écrit par le même inspecteur :
« Cette lettre est par forme, vous pouvez disposer de cette somme que je vous prie de me reprendre. Je vous prie, général, de vous rappeler de moi » et paraphe.

1. Il paraît aussi que messieurs les inspecteurs pouvaient s'attribuer à eux-mêmes une forte partie de ces sommes et que les généraux étaient obligés de les en croire sur leur simple énoncé. Aussi ne fus-je pas du tout étonné à mon retour en France d'en voir quelques-uns dans de fort belles berlines avec des valets mieux vêtus que moi. C'est encore une portion des malheurs de la guerre que tout le monde ne connaît pas.

dire le souverain, s'occupe de ceux qui l'ont bien servi, — ce qui est bien différent dans une République dont le gouvernement soutient à un soldat, vieilli sous le drapeau, qu'il a servi sa propre cause, la chose publique, et *partant quitte.*

« Vous m'avez dit que 500.000 fr. vous suffiraient pour soutenir votre état de général divisionnaire en cas de retraite forcée. Je serais très satisfait avec 200.000 fr. Jusqu'à présent les choses vont rondement, avec justice et sans compromettre personne. Bergame ne se plaint pas, puisque les 100.000 fr. que vous avez reçus, et les 35.000 fr. que j'ai touchés, ne proviennent que des bons marchés que j'ai fait faire sur les vivres et fourrages et qu'elle nous en a abandonné le bénéfice ; elle n'a fait que manquer de gagner.

« Mais si Couthaud ramasse ainsi tous les voleurs de l'armée pour me les envoyer et s'il s'avise, en conséquence, de faire de son côté des tentatives pour avoir plus que vous ne lui avez promis, les peuples se plaindront avec raison ; on croira que je m'entends avec les concussionnaires et je perdrai toute confiance et tout crédit. Il faudra abandonner honteusement cette si noble entreprise. Des plaintes arriveront de toute part au général en chef et irons-nous lui dire, surtout après avoir vilainement échoué, que nous ne savions pas ce qui se passait dans nos troupes ? Le croira-t-il de moi ?

« Voyez un peu ceci : l'inspecteur m'offre 4.650 lires (2.325 de France). Nul doute qu'il n'en ait envoyé autant à son protecteur Couthaud et, comme un fripon est rarement un sot, je pense qu'il ne se sera pas oublié lui-même, et, selon toutes les apparences, il en aura autant pour lui, si toutefois il n'en n'a pas le double ; et voilà ce pays dont nous connaissons la pauvreté, dépouillé de près de 10.000 fr. non compris les fourrages et maïs que cet arabe l'a forcé en outre de verser.

« Votre intention ni la mienne, général, ni celle du général en chef, je pense, n'ont jamais été de livrer ces communes au pillage. Je me servirai de toute l'autorité que vous, mon général, et la Terre-Ferme de Venise m'avez confiée pour l'empêcher. Vous ordonnerez, je vous prie, à Couthaud de rappeler son homme aux fourrages que je ne ferai pas arrêter par considération pour l'armée. Prévenez-le, je vous prie, que s'il le laisse encore exercer et qu'il tombe sous ma main, je le lui fais fusiller sans procès. Sa lettre me suffit et les soldats ne demandent pas mieux. Vous connaissez leur haine contre tous ces agents qui sont cause des mauvaises réceptions qu'ils endurent chez les habitants.

« Lhermite est à Milan. Il loge chez le commissaire des guerres Rossignol. J'apprends qu'il avait extorqué ici avant mon arrivée 30.000 fr. de France au comité de police, pour son espionnage, a-t-il dit. Vous le ferez arrêter, je vous prie, et lui trouverez cet argent qui sera rendu au comité. Ce drôle doit être content de ce que vous lui avez donné pour sa campagne.

« Je vous envoie la lettre de Couthaud ([1]). Voyez, si

1.  Quartier général de Milan, 13 germinal an V
    (2 avril 1797).

*Couthaud, chef de l'état-major de la Lombardie,
au citoyen Landrieux.*

Il est arrivé ici un bataillon de la 58e demi brigade qui devait partir. Je le fais passer par Bergame : ils passeront à Vaprio par le plus court. Ils doivent arriver cette nuit. Il serait bien qu'on leur fit donner un peu de vin à Camonica. Les deux obusiers partiront de suite en poste, ainsi que les souliers. Je pense qu'avec ce renfort vous serez à même de terminer et même d'exterminer tous les brigands. Lahoz parle de vous envoyer 3 à 400 hommes, mais avant que tout cela ne soit prêt, tout sera fini, je pense.

vous vous contentez de cette raison qui consiste en une dénégation, tandis que j'ai ici les registres du comité, ceux de la caisse, et le reçu de Lhermite. C'est à Bergame que Lhermite a volé et non à Milan. Couthaud fait le niais. Que veut-il prouver avec le témoignage de Tardero et de Bazzoni, employés au comité de Milan ([1]).

« Je vous ai fait passer copie de deux lettres de Brescia. Il n'y aura pas d'affaire avant mon arrivée. Rien n'est prêt chez les Vénitiens et, pour dérouter un peu les paysans, j'envoie Colomb de Bergame à Salo à travers les montagnes. S'il n'y a pas de chemins, il en forgera ; un soldat sans bagages, sans canon, doit passer partout. Il a 400 hommes avec lui, et *point de vinaigre.* Il fera plus qu'Annibal. C'est un homme bien brave et bien intelligent que Colomb ! Si Bonaparte lui avait commandé une pareille expédition, il n'en sortirait qu'avec le grade de général. Avec nous, c'est autre chose. Nous le récompenserons d'une autre façon et je connais bien de bonnes gens qui préféreraient nos manières. Je suis sûr que l'armement des paysans va être bien dérangé par cette incursion dans toutes les vallées brescianes, et que tout au moins cela me donnera le

---

(Couthaud ne se doutait pas encore que nous en voulussions à toute la Terre-Ferme et à tout l'État vénitien. Il croyait que l'affaire de Bergame finie tout était terminé. Aussi, quand il sut que je me rendais à Brescia, il y courut comme un porteur de sacs galoppe à la recette ; on verra comment il y fut reçu.)
Je garde ici Lhermitte qui sera plus utile qu'ailleurs aux affaires des Bergamasques. (On verra plus loin pourquoi faire il le gardait). Je vous serais obligé, si Pascal vous était inutile, de me le renvoyer, j'en ai besoin. Bazzoni, qui se trouve en ce moment dans ma chambre, va partir pour faire donner du vin à Vaprio. Il m'assure en même temps que Lhermite n'a jamais reçu un sou du comité de police. Tardero ne le connaît point.

1. Faute de temps pour m'en occuper, cette affaire en resta là pour quelque temps.

temps d'aller corriger à coup de baïonnettes les plus entêtés sous les murs de Brescia et de convertir une partie des autres.

« Je fais partir le colonel du 7ᵉ de hussard, Payen, pour aller avertir le général Balland, à qui je pense vous avez déjà écrit, ainsi que nous en étions convenus. Balland a avec lui un *factotum* nommé Beaupoil, se disant de Saint-Aulaire, auquel il a donné le commandement de la place. Payen ne signifie pas grand'chose comme militaire puisqu'il y a longtemps que le général en chef ne veut plus de lui. Mais c'est un roué du Palais-Royal, un joueur de profession, et il remplira bien la commission que je lui donne. Vous savez, général, que ce qui cause si souvent des malheurs en guerre, c'est d'employer les gens en raison du grade que le brevet leur attribue. Je prétends que le brevet ne doit être suivi que chez le payeur et qu'il faut mettre les hommes à la besogne qu'ils savent faire utilement. Je les prends tous pour ce qu'ils valent, et rien au monde ne m'empêcherait d'employer un caporal, si je lui en connaissais la capacité, aux fonctions d'un général divisionnaire, de préférence à un titulaire qui n'aurait que son parchemin. Payen me sert d'émissaire, parce qu'il ne peut faire que cela.

« Balland, plus brave que Payen, a bien peu de moyens aussi. Le pire de tout c'est Beaupoil qui, malgré une excessive incapacité et ses impertinentes jalousies, fait l'entendu et l'entêté. Je n'ai rien écrit, mais Payen est chargé de 12.000 fr. de Bergame pour Balland et de 3.000 fr. pour ce Beaupoil et si, d'après Berthier, je n'ai nul besoin d'autre logique, avec cet argent ils doivent obéir tous, même à un fantassin.

« Je fais dire à Balland qu'il doit avoir appris de vous qu'il existe une conspiration des Vénitiens contre l'armée française. Qu'il ait à se tenir sur ses gardes et à forcer tous les Français épars dans Vérone à aller se loger dans le Château-Vieux, au fort de Saint-Pierre ou au fort Saint-Félix ; à y établir promptement toutes les administrations françaises et leurs papiers; à avoir une troupe affidée pour aller enclouer au premier ordre tous les canons vénitiens placés sur les remparts et surtout à rappeler un certain Girard, commandant à Brescia, suspecté d'être vendu au Sénat de Venise; il suffit qu'on le craigne.

« Vedel est arrivé. Faivre, en partant pour son redoutable commandement de Como, se regardait comme un héros, avec la copie de votre ordre en portefeuille, tous mes compliments dans sa tête et mon argent dans son porte-manteau. Je croyais voir Sancho-Pança partant pour son île en Terre-Ferme. Si quelque malin lui fait ouvrir les yeux ! Mais je m'en charge. Faivre n'est pas rancuneux. J'ai mis dans ma tête de marier ce vieux soldat. Je n'ai que ce moyen de lui faire accepter un bien-être. Tant il est vrai qu'on peut être un très honnête homme et un très brave militaire et vivre dans l'ignorance la plus plate des diverses façons de se conduire dans ce siècle-ci. J'aime ce brave homme de tout mon cœur. Je vous ai dit, général, combien il m'en coûtait de lui jouer un tour si mince qu'il fût. »

Les divers commandants français qui s'étaient succédés à Bergame depuis l'époque des conventions arrêtées par le général Baraguey d'Hilliers, avaient tous négligé les fortifications de la ville, du fort ou citadelle et surtout des faubourgs, et principalement les ouvrages extérieurs qui avaient presque totalement disparu. Ils s'étaient souvent disputés avec les gouverneurs vénitiens, pour savoir qui payerait la dépense du rétablissement.

Comme il pourrait arriver que pendant que je serais occupé à Brescia, à Vérone ou ailleurs, les Vénitiens tentassent de se saisir de Bergame derrière moi, je fus obligé de m'occuper de ces travaux et de mettre d'abord les faubourgs où était la grande majorité de la population à l'abri d'une insulte. J'ordonnai au capitaine de génie Fabre de me présenter les devis et j'assignai des fonds. Cette mesure, qui prouvait aux Bergamasques que je prenais plus d'intérêt à leur sûreté que jamais Venise, avec ses phrases, n'en n'avait montré pour eux, leur plût infiniment et ils s'empressèrent de payer une forte partie de la dépense. Je payai le reste sur les fonds de mon bureau, c'est-à-dire avec leur propre argent. Ils payèrent donc tout. C'était juste, mais je n'avais pas voulu les effrayer d'abord. Dans le règlement des comptes à la fin de la guerre, ils s'égayèrent beaucoup de ma petite ruse. Au reste Bergame est riche, non par son commerce et son industrie comme Brescia, car il n'y a presque rien de tout cela à Bergame, mais par l'extrême aisance de ses habitants. Je n'ai vu nulle part autant de comtes que dans le Bergamasque. Ils ont presque tous cette qualification. Je crois qu'il la prennent quand ils se trouvent en état de la soutenir et qu'ils la quittent lorsqu'ils sont ruinés. Il y en a beaucoup qui ne savent comment dépenser leur revenu. Il en est de même dans presque toute l'Italie. C'est pour cela, sans doute, qu'il fut si facile à la ville de Milan de payer à notre entrée 21 millions de francs en or, le jour même que la contribution fut notifiée.

Bergame s'est révoltée pour être mieux. Je souhaite de tout mon cœur qu'elle ne se soit pas trompée dans son espérance, car ce sont de bonnes gens et les milleurs de tous les Italiens. Je n'ai aucun reproche à leur faire. Cette ville avait de beaux privilèges et elle était assez bien traitée par Venise à cause de sa fidélité de vieille date (1). Je crois plutôt qu'on la traitait moins mal que les autres, parce qu'elle était la plus éloignée et qu'on craignait qu'elle ne se donnât quelque beau matin aux Suisses ou à l'empereur d'Allemagne, qui par le Tyrol n'en est pas à dix lieues.

Quelque désir que j'eusse de presser mon arrivée à Brescia, je fus obligé de me rendre encore à Milan pour voir par moi-même si, sur les situations des diverses garnisons de la Lombardie et du Mantouan et même sur les Cispadanes, je ne pourrais pas prendre encore quelques troupes pour remplacer celles que j'étais obligé de laisser à Bergame et sur divers points de la province pour y maintenir la tranquillité *un peu forcée* que j'y avais établie et ce que j'avais perdu dans les affaires qui avaient eu lieu ; et j'ai dit, je crois, que pour entretenir à Brescia, en attendant que je puisse y aller, l'esprit d'insurrection qui nous était si nécessaire, j'y avais fait envoyer par l'adjudant-général Couthaud quelques hommes de plus de la garde nationale de Milan et cet officier général y avait ajouté quelques canonniers et une pièce de huit. Comme ils arrivèrent avant mes dépôts de cavalerie et que Pascal, qui les conduisait, ne sut pas maintenir la discipline dans cette petite troupe, il fut presque méprisé par les insurgés, qui ne le traitèrent pas bien convenablement ni lui ni ses soldats. Ce secours fut donc presque nul. Heureusement, il n'était pas encore bien nécessaire.

---

1. Elle avait imité en 1512 l'insurrection de Brescia contre l'armée française et aucun historien n'a dit, que je sache, si elle reçut aussi sa correction de la part de Gaston de Foix.

Je pus tirer encore environ 1,000 hommes, tant des garnisons que de divers détachements, mais je vis avec plaisir qu'avec de l'activité dans la confection de l'habillement et de l'équipement nécessaires aux convalescents, je pourrais avoir sous peu 4 ou 5,000 hommes de plus. Le comité de police de Milan se chargea encore de cette dépense, qui fut prise sur les 750,000 fr.

## CHAPITRE XVIII

Force de l'armée des convalescents en entrant à Brescia. — Conduite des Milanais. — Réunion des commandants français. — Premier combat de Navé. — Deuxième combat au même lieu. — Le général Monetti est fait prisonnier et s'échappe. — Première apparition d'un corps d'Esclavons. — L'ennemi est battu le même jour à ces trois affaires. — Renvoi des paysans prisonniers avec des proclamations. — Réforme et punition des officiers milanais. — Pascal adjoint et affidé de Couthaud. Ce que c'était. — Camisade aux paysans de Sainte-Euphémie. — Trait d'héroïsme de Gaston de Foix à Brescia. — Diplôme de dictateur. Comment présenté et pourquoi accepté. — Idée sur la fondation d'un Etat à part avec toute la Terre-Ferme. — Facilité de s'emparer alors de ce trône nouveau.

Je retournai à Bergame d'où je me rendis enfin à Brescia à la tête de 400 cavaliers, chasseurs, dragons et hussards, dont Kilmaine se priva momentanément, 80 artilleurs à cheval, deux obusiers de six, deux pièces de trois. Les 1,000 hommes des dépôts étaient en marche. Il y avait à Brescia 350 Français et 15 pièces de divers calibres avec les canonniers nécessaires. Colomb, que je devais trouver à Salo, avait 400 hommes. Desenzano avait un très fort dépôt de convalescents, dont je pouvais tirer 5 ou 600 hommes au besoin et il y avait à Peschiera, outre la garnison, 500 hommes dont je pouvais disposer. Les dépôts de cavalerie pouvaient me faire 400 hommes en leur donnant des selles et j'en fis fournir de toutes les façons et par Brescia; beaucoup de bourgeois prêtèrent les leurs. Ainsi j'avais en tout pour Brescia 2,400 hommes d'infanterie, 800 hommes de troupes à cheval, 80 hommes de l'artillerie légère bien montés et 20 pièces de canon, dont 13 de fort calibre, en position au château de Brescia et sur une partie des remparts de la ville avec des affûts de côté et par conséquent incapables de servir dans la guerre de partisans que je voulais faire et pour laquelle il me resta 7 pièces de 8, de 4 et de 3, plus les deux obusiers de 6.

L'effet de l'expédition du général Colomb commençait seulement à se faire sentir et déjà les 10,000 Valériens des vallées et montagnes de Calépio et Manca bergamasques au couchant du lac d'Iseo, de Franza-Curta au midi, Tompia à l'est, et de l'immense Val Camonica au nord du même lac, où le colonel avait paru, s'étaient hâtés de retourner dans leurs foyers et avaient abandonné dans les défilés de Brescia leurs camarades des autres vallées et les brigands de la rivière de Salo et de la plaine, quand j'entrai dans Brescia. J'admirai comment plus de 20,000 paysans n'avaient pas osé assaillir la ville pendant plus de huit jours qu'ils étaient restés à une ou deux lieues des portes. Ils pillaient les voyageurs, voilà tout !

Je n'ai pas besoin de dire combien de détours je fus obligé de prendre, combien de champs et de bois je fus obligé de traverser, ainsi que la quantité de ruisseaux ou canaux qu'il fallut passer pour dérober ma marche, pour cacher mon arrivée à ce qui restait des paysans et à leurs chefs. J'évitai de me présenter par la porte de Piles. Je glissai le long des remparts du midi et je m'introduisis sans bruit par la porte Sainte-Euphémie, au levant, où je trouvai les Milanais de Pascal, qui rentraient sans tenir aucun ordre après une sortie du côté de Ponte-San-Marco, qui ne leur avait pas réussi. Pascal, qui n'aimait pas les choses difficiles, les avait abandonnés et était retourné à Milan, où je ne sais comment il fit pour justifier cette étrange conduite. Il s'en tira pourtant, puisqu'il me fut envoyé quelques jours après, et très malencontreusement pour lui, car il eut la jambe cassée, et sans le mériter certes, puisque le boulet traversa ma voiture où il s'était fourré à l'ambulance.

Les Milanais, sans chef supérieur, allaient se battre ou plutôt piller, quand cela leur plaisait, sans prendre d'ordres de personne, pas même du commandant de la place, qui n'était pas assez fort pour leur faire la loi. En rentrant presque toujours ivres, ils faisaient mille sottises dans la ville que leur présence fatiguait extrêmement, en sorte que la municipalité délibérait sur les moyens à prendre pour se défaire d'eux.

Lorsque je parus, ils étaient poussés vigoureusement et la queue de ma colonne entra pêle-mêle avec eux.

Je laissai ma troupe en bataille sur le marché et je courus à la municipalité faire ordonner la plus exacte surveillance aux portes, pour que personne ne put sortir jusqu'au lendemain afin que l'ennemi ne fut pas averti du renfort que j'avais amené. Je couchai, ce soir-là, dans la salle d'audience du gouvernement où je fis venir le colonel Chambry, que le général Ballaud avait envoyé remplacer le commandant de la place Girard. Je fis appeler aussi le chef de bataillon Clément, commandant au château. Ils passèrent une partie de la nuit avec moi.

### PREMIER COMBAT DE NAVÉ

Avant le point du jour, je sortis par la porte Piles, avec ce que j'avais amené de troupes et la garnison de la place seulement. Les paysans nous prirent d'abord pour des Brescians et leur résistance les fit écraser. J'en purgeai tout le pays jusqu'à Navé. C'est dans l'action que je reconnus que les deux tiers de ce rassemblement venaient de la plaine et n'étaient composés que de filous et voleurs de grands chemins. Sur 7 ou 8,000, il y avait tout au plus 2,000 montagnards; on sait qu'ils sont faciles à reconnaître à leurs vêtements. Quant aux voleurs, il y en eut seize de reconnus par la justice de Brescia. Ils furent pendus sur les remparts. J'avais perdu 22 soldats dans cette première poursuite. J'avais ordonné de ne faire aucun quartier vu l'espèce de troupe et parce que c'était mon premier engagement. Nos soldats ne firent ces seize prisonniers que parce qu'ils étaient las de donner des coups de crosse et de baïonnette.

A neuf heures du matin, tout paraisssait fini et j'avais rallié ma colonne en dehors et au delà du village de Navé, lorsque nous entendîmes sonner le tocsin dans ce même village derrière nous. Cette hardiesse me surprit et j'envoyai 25 hommes pour mettre le feu au clocher. La porte donnait dans l'église et celle de l'église était barricadée. Faute de pétards, on mit plus d'une heure à les forcer toutes deux et pendant ce temps le tocsin redoublait. Il était imité par celui de tous les villages et vallées ce qui, répété par mille échos, dans ce pays de roches nues, faisait un vacarme très lugubre et qui nous étonnait.

Je m'attendais à une nouvelle affaire et au moment où mes vingt-cinq hommes étaient parvenus à briser la porte du clocher et qu'on commençait à voir la fumée de la paille qu'ils avaient mise auprès de la charpente de la cloche après avoir précipité du haut *du campanile* les deux enragés qui frappaient sur la cloche à coups de marteau, quatre chasseurs vinrent m'annoncer que j'allais être attaqué par des troupes de ligne à pied, qu'elles venaient de la vallée de droite dont l'embouchure donnait à un quart de lieue dans celle de Navé (la vallée de San-Ossetto). D'autres chasseurs ajoutaient que j'étais tourné et enveloppé par une nuée de paysans.

J'envoyai Noël Girard en avant ; il vint me dire qu'il y avait environ 500 hommes qui se mettaient en bataille sur le terrain assez large de l'enfourchure des deux vallées; il n'avait pas aperçu de canon: il ne connaissait pas cette espèce de troupe qui se plaçait assez régulièrement ; il y en avait de rouges et de gris, dont beaucoup portaient des barbes assez longues et des bonnets rouges et blancs. Ce dernier détail me fit voir que c'étaient des Esclavons ou Albanais, Arnautes, Morlaques, Croates ou Coménotitaris (anciens Thraces, Macédoniens, Epirotes, etc.) J'en fus réjoui et résolus de faire connaître les Français à cette première troupe vénitienne. Je la fis charger avec la dernière violence en gardant toutefois le village de Navé contre les paysans qu'on m'annonçait être sur mes derrières. J'arrivai sur les Albanais avant que leur complet déploiement fut achevé. On ne tira point. L'artillerie légère fut chargée d'aller sabrer ceux qui, dans la vallée, n'avaient pas eu le temps d'arriver pour se mettre en ligne. Tout fut culbuté à la baïonnette : 63 furent hachés dans la vallée, 45 furent tués dans leurs rangs. Le reste jeta bas les armes. Il y en avait 130 de blessés. Je n'y perdis pas un seul homme. J'eus quinze blessés, mais rien de grave.

Le général Monetti, espèce de bourgeois montagnard de la Val Sabbia, commandait cette troupe, qui attendait le général Fioravanti, lequel, disaient quelques paysans, devait commander la bataille, mais ne parut pas. Ce Monetti se colleta avec le comte Lupi, qui le désarma et le fit prisonnier. Il était très brave, ce Monetti, mais sa troupe, qui parlait un jargon esclavon, n'entendit pas bien son commandement ; il y a aussi loin du langage de ces gens-là, moitié grec, moitié goth et farci de mots huns et scandinaves, à l'italien que parlait Monetti qu'il y a du bas-breton à la langue de l'Académie française.

Il était midi et demi. Je ralliai et j'entendis une fusillade assez irrégulière vers Navé. Je m'y reportai et fus obligé d'attaquer environ 3,000 paysans qui, depuis trois-quarts d'heure, harcelaient ce que j'avais laissé de troupes pour garder le village et s'étaient emparés de quatre maisons. J'eus là 22 blessés. Mais le village brûla et nous passâmes sur le ventre de ces paysans, qui, sans ordre, sans discipline, et je crois même sans chef, encombraient la route jusqu'au défilé qui tourne vers Gardone. Nous rentrâmes à la nuit dans Brescia. Nous ne nous aperçûmes que le lendemain que Monetti avait disparu. Lupi ne l'avait donné en garde à personne. Les prisonniers furent conduits au fort. On les traita avec douceur et le lendemain je les envoyai désarmés dans leur pays pour joindre ceux que l'incursion de Colomb y avait ramenés et qu'ils m'assurèrent être au moins 10,000. Je leur ordonnai de répandre la proclamation qui suit, dans leurs montagnes, sous peine d'une promenade militaire. Ils croyaient tous que les Brescians allaient les mettre à mort et ils obéirent ponctuellement. Ils furent singulièrement étonnés de voir que les habitants de Brescia et leur municipalité n'étaient plus les maîtres de rien dans leur propre ville et qu'il n'y en avait pas paru un seul dans le combat.

Quartier général de Brescia, 18 germinal an V de la République (7 avril 1797).

*Le chef de l'état-major général de la cavalerie française au peuple de la province de Brescia.*

« Deux partis se sont élevés parmi vous. Je ne connais pas leurs motifs. J'ignore si leur division est réelle ou si ce ne serait pas plutôt une intrigue concertée pour nuire à l'armée française. Je serais assez porté à le croire, car j'en ai quelques preuves entre les mains. Un de ces partis a commis des hostilités contre l'armée française.

« Chargé de veiller à la sûreté des derrières de notre armée, je vous déclare que je ne connaîtrai aucune faction, que j'entends faire régner le bon ordre partout où je serai et que je ne souffrirai l'existence d'aucun attroupement armé. J'excuserai les ignorants et les gens séduits, mais je suis décidé à châtier avec la dernière sévérité les récalcitrants et leurs chefs.

« J'ordonne que toutes les armes soient déposées avant douze heures chez le commandant français le plus voisin : la moindre désobéissance sera punie.

J. LANDRIEUX.

« Pour copie conforme :
*La Municipalité de Brescia,*
S. P. SUARDI, *président.*
HYPPOLITE BARGUANI, *secrétaire.* »

Rentré dans Brescia, vers minuit, je fis arrêter et mettre en prison les officiers milanais (¹).

---

1. Couthaud qui, ainsi que je l'ai dit, m'avait adressé quelques Milanais et une pièce de huit avec ses canonniers sous les ordres de Pascal, qu'il devait venir joindre lui-même, car il voulait absolument en tirer quelque chose, me renvoya la lettre suivante de ce Pascal, et c'est sur cette lettre que je fis mettre en prison tous les officiers :
« Je vous attendais ce matin, je ne vous vois pas arriver. Je vais vous raconter ce qui s'est passé depuis mon arrivée hier à mon approche de Brescia; j'ai suivi vos instructions verbales, je ne suis pas entré en ville. Je me suis porté avec le détachement que je commandais sur la route de Salo, d'après les renseignements

Je leur en donnai d'autres qui surent les contenir. Ma venue ne pouvant plus être secrète, je fis placer des grandes gardes de cavalerie sur toutes les routes, et dans les intervalles à une lieue de la ville et des postes avancés d'infanterie sur les hauteurs, au nord et dans les défilés des vallées.

Dans la nuit, je me souvins que les Milanais avaient fui la veille devant des paysans qui les avaient pour-

que j'avais reçus du citoyen Payen, colonel de hussards. Je sentais bien qu'il m'était impossible de prendre la position que vous exigiez, attendu que les rebelles étaient aux portes de la ville. Si la conduite de ces braves républicains brescians et milanais avait été sage, j'aurais pu le faire.

« A mon arrivée à la porte de Salo en dehors de la ville, il s'est trouvé quantité de patriotes qui marchaient sur un village voisin, où il y avait des rebelles. A leur arrivée, il s'est tiré plusieurs coups de fusils. Moi et ma troupe étions gardiens de la pièce de canon. On a tiré trois coups sur le troisième village et ne voyant aucune utilité de faire continuer le feu, je l'ai fait arrêter.

« Au premier et deuxième village, les Milanais et les Brescians ont pillé et volé. Un capitaine commandant les Milanais a assassiné deux hommes. Ce capitaine est français. Un officier des canonniers l'a arrêté au troisième. On voulait mettre le feu au village. Cela n'était pas si cruel que de brûler la cervelle à de pauvres malheureux qu'on a arrêtés dans la rue sans armes et à des hommes qui peut-être sont pour la chose.

« Le détachement, d'après ces désordres et d'après mes ordres (*sic*), s'est logé dans la ville et attend vos ordres. Des affaires importantes m'appellent à Milan. Je vous préviens que je pars demain dans la journée. J'ai eu le plus grand mal pour faire loger ma troupe dans la ville. La municipalité m'a reçu on ne peut plus mal. Personne n'a voulu me connaître. Le commandant des canonniers s'est conduit avec tous les talents d'un officier de son arme.

« Signé : Pascal. »

Ceux qui liront cette lettre conviendront avec moi que Couthaud n'avait pas été heureux dans le choix de cet adjoint, qui ne nomme ni les villages où il a combattu ni les coupables des crimes dont il se plaint, et qui écrit comme un vrai fiacre. A quoi peut être bon un homme pareil qui dit enfin à son supérieur qu'il a quitté la troupe dont le commandement lui est confié, et devant l'ennemi, parce qu'il a des affaires ailleurs.

suivis jusqu'à la porte Sainte-Euphémie ou de Salo. Je me levai tout aussitôt. J'ordonnai de rassembler toutes les grandes gardes de cavalerie et l'infanterie des petits postes sur la route de San Marco et, deux heures après, étant parvenu à former environ 500 hommes, je montai à cheval et j'allai attaquer le village de Sainte-Euphémie, à environ un mille sur la route de Gavardo. Il y avait environ 150 cavaliers de la ci-devant garnison de Mocénigo, que personne ne s'était avisé d'aller quereller, et ils soutenaient environ 3,000 paysans qui faisaient le dégât. Cette camisade les surprit dans leur premier sommeil. On en assomma quantité dans leur lit ou sur la paille dans les granges où l'on mit le feu. Le reste des cavaliers fut conduit au château de Brescia, et leurs chevaux distribués au dépôt de Dubois, excepté un que je donnai à Clément quelques jours après. Je ne rentrai qu'à neuf heures du matin.

La ville de Brescia, l'une des plus anciennes d'Italie, est entourée de bastions que leur forme fait remonter au temps de Louis XI et même plus haut. Les remparts au levant sont chargés d'énormes cavaliers, qui les défendaient autrefois contre les hauteurs du Nord. Il y a lieu de croire que du temps des Avogadri, des Bagglioni et de Gaston de Foix, ils remplissaient le but dans lequel on avait construit ces immenses terrasses. Tout cela s'est affaissé depuis et la place n'est plus tenable de ce côté.

En général, toutes les défenses de la ville sont caduques et mal placées. Dans l'état où se trouve la science des sièges aujourd'hui, Brescia ne peut être, par sa situation, une ville de guerre, quelques ouvrages qu'on y fasse. Les Vénitiens l'avaient probablement jugé ainsi, puisqu'à la place des anciennes portes ils avaient placé de très belles grilles de fer qui ne sont qu'un ornement et dont partie servit à ferrer nos chevaux et les affûts neufs que je fis faire. Aussi concevions-nous difficilement, lorsque l'armée française parût pour la première fois devant cette ville, en germinal an IV, que le gouverneur Mocenigo se fût avisé de nous en refuser l'entrée. On grimpa par quelques brèches et la ville fut aussitôt inondée de soldats. Mocenigo, étourdi par les plaintes des cabaretiers qu'on ne payait pas, fut obligé de mettre sa fierté de côté et d'envoyer au camp supplier le général d'envoyer quelqu'un pour arrêter le désordre. On fit la sourde oreille pour le punir. Enfin je fus envoyé avec deux compagnies du 7e de hussards et je ne trouvai d'autre moyen pour ramener la troupe que de faire battre la générale par le premier tambour que je trouvai.

Le fort de Brescia ne tient que par quelques vieilles constructions, mais moins anciennes, à la courtine nord de la ville qu'il commande. Ce n'est plus qu'une prison d'Etat. Des Français s'y battraient encore quinze jours, parce qu'ils savent tirer parti de tout. Mais cette défense ne vaudrait jamais le mal qu'on ferait aux bourgeois.

Je n'eus pas de peine à convaincre les habitants de cette fâcheuse vérité et je les détournai du dessein qu'ils avaient formé de rétablir leurs fortifications surannées et d'y dépenser inutilement leur argent.

Recupérati était, comme nous l'avons dit, resté à Brescia pour voir ce que deviendrait l'insurrection et tenir ses compatriotes au courant de ce qui se passait et Bergame lui avait envoyé des lettres de créance, où on lui donnait la qualité de résident auprès du gouvernement brescian.

Il vint en cérémonie avec toute sa légation et les résidents et municipaux de Brescia m'apporter au palais

Gambara un parchemin garni de rubans verts auxquels tenaient deux sceaux de cire rouge. C'étaient mes patentes de général en chef, de médiateur et de plénipotentiaire des provinces de la Terre-Ferme. Brescia s'était jointe à Bergame pour cet objet et des députés des républicains de Vérone, de Vicence, de Padoue, de Frioul et de l'Istrie, en qualité de plénipotentiaires, y avaient mis leur adhésion.

Je ne fus nullement gonflé de cet honneur ; j'étais cependant bien aise qu'on me mît ainsi, sans que je l'eusse demandé et même insinué, ce qu'enfin j'aurais été obligé de faire, en état de tout conduire sans contradiction. Je reçus donc ces gens-là avec beaucoup de politesse et un grand air de reconnaissance. Je fis serrer très respectueusement le parchemin avec le ton le plus diplomatique possible et la fête se continua, comme partout, par un grand dîner au palais du Gouvernement et se termina par une assemblée au théâtre où les chansons et les violons ne me furent pas épargnés. Ils m'envoyèrent le lendemain un costume moitié civil, moitié militaire, que je ne voulus jamais endosser, quoiqu'il fût très richement brodé. On se serait moqué de moi. J'aurais eu l'air d'un sixième directeur !

Ce n'était pas à moi à exiger de ces plénipotentiaires de provinces non encore soulevées la vérification des pouvoirs qui les autorisaient à nommer un directeur. Bergame et Brescia me suffisaient pour avoir le pouvoir ostensible de gouverner ou de soumettre le tout.

On ne peut faire un pas dans ces Mémoires sans remarquer combien j'avais su m'attacher tous ces peuples. La crainte qu'ils avaient de Venise, qu'ils savaient être inexorable, et le pouvoir français, dont ils me voyaient revêtu, entraient sans doute pour beaucoup dans ce dévouement.

Mais aussi les marques réitérées de désintéressement et d'équité, que je ne cessais de leur donner, et l'activité raisonnée que j'avais déployée à leurs yeux, les avaient conduits à une assez grande considération à mon égard pour que je dusse compter sur eux. J'ai pensé cent fois qu'il m'était facile de m'établir souverain dans ce pays...

Je n'aurais eu qu'à cesser de les empêcher d'avoir une armée qu'ils m'avaient donné le droit de commander et je pouvais compter sur plus de 100.000 hommes. L'argent ne manquait pas, et il y avait du canon, des fusils et des munitions de guerre et de bouche en profusion.

Quelques potences ou sacs à l'eau, qu'on trouvait en abondance à Venise, eussent fait l'affaire des sénateurs récalcitrants, de leur Conseil des Dix et des Inquisiteurs d'État. Cette sévérité envers ces incorrigibles m'eût accrédité d'autant.

Le prestige de la gloire — c'était la mode alors — eût été l'un de mes principaux auxiliaires et personne n'a nié jusqu'à présent, pas même l'ouvrage des *Victoires et Conquêtes*, que dans le sens où fut faite la révolution de Venise, je ne m'en fusse habilement servi.

Bonaparte n'avait alors environ que 40.000 hommes, dont tous les chefs m'eussent suivi, comme le firent Balland, Lahoz, Chevalier, Serviez, Beaurevoir et Chabran, et pour les mêmes motifs, parce que la gloire et les honneurs militaires n'excluent jamais le désir de s'enrichir, lorsque cela se trouve (¹).

Le Directoire de France n'eût fait qu'en rire, car bien peu lui importait qu'il y eût une république cisalpine, fondée par la France, ou une souveraineté italienne avec un chef français. D'autre part, un partisan français

---

1. Mais Turenne ? Turenne ! il avait 200,000 livres de rentes....!

pouvait être lié beaucoup plus intimement avec le gouvernement français, qui avait besoin sans cesse de quelque argent et lui convenir mieux qu'une assemblée de discoureurs qu'on n'a jamais tous à soi et qui vendent leurs voix très cher. Voyez-les aujourd'hui.

Personne ne m'eût empêché, je pense, de traiter avec l'Autriche, aussi bien que le fin Bonaparte. J'avais les éléments de ce traité dans les mains et, si pour procurer la paix à l'Europe, il m'en eût coûté les provinces vénitiennes que Bonaparte fut obligé d'abandonner à l'Empereur, j'eusse pu les remplacer pour moi par tout l'État de Gênes et le Piémont, ce que Bonaparte ne fit pas par une gaucherie dont on ne saurait trouver la raison, ni d'exemple.

Je n'aurais pu porter d'ombrage à aucun voisin. L'Autriche agrandie n'eût pas eu à se plaindre. J'eusse mieux traité le Souverain Pontife qu'il ne le fût à la création des Cisalpins ; création si sotte et si ridicule en soi que Bonaparte, qui en était le père, la détruisit aussitôt qu'il le put. Le roi de Naples et le duc de Florence, désormais tranquilles, se seraient bien gardés de me quereller. J'aurais eu un chaud partisan dans le duc de Parme. Pie VI et Hercule III de Modène, auxquels je me serais empressé de rendre leurs États, m'eussent soutenu de tous leurs moyens. La gloire des Français fondant un État inattaquable, à la place d'un régime odieux, eût monté jusques aux nues.

Je ne me serais mis à la place de personne. Il n'y eut donc pas eu d'usurpation.

On sait d'ailleurs que les descendants d'un usurpateur heureux finissent toujours par devenir tous légitimes. Il n'y eut pas eu d'infidélité envers ma patrie. J'avais fini par lui renvoyer les Français qui m'auraient secondé et qui auraient rapporté en France les richesses dont je les aurais comblés. Bonaparte eût été perdu, c'est vrai, mais qu'importait alors Bonaparte à l'état de la France ? Nous n'aurions pas eu sans doute l'ouvrage des savants sur l'Égypte, qui est tout ce qui nous reste de lui et les ossements des Français n'auraient pas été semés dans tout l'univers.

N'aurais-je pas été dans mes rochers inaccessibles le rempart inexpugnable de l'Italie contre toute entreprise ultérieure de l'Allemagne ? Il n'aurait pas été plus aisé d'envahir mon État que de soumettre la Suisse.

Les principaux généraux français, tels qu'Augereau, Masséna, Kilmaine, Sérurier, n'aimaient pas Bonaparte. De l'argent à Masséna, un coup d'encensoir et de l'argent à Augereau, de bonnes raisons à Kilmaine, Victor et Sérurier, ainsi qu'à Joubert, un grade de plus à Guyeux, quelques écus à l'aide-de-camp de Dallemagne, m'eussent attaché ces braves qui, sans me servir, peut-être directement, m'auraient au moins laissé faire. Les citadelles de Bergame, Brescia et Peschiera m'auraient répondu des entêtés, à commencer par le général en chef et quelques-uns de son état-major, auxquels la France aurait demandé pourquoi ils s'étaient ainsi laissé surprendre. On leur aurait ri au nez.

J'avoue que ce projet entra et resta huit jours dans ma tête, lorsque Bonaparte eut arrêté notre marche au delà de Vicence pour mettre la main lui-même sur les trésors de Venise, qu'il s'empara de ce fruit de nos travaux que nous destinions à la consolidation des Etats nouveaux de Terre-Ferme et que je fus entièrement convaincu qu'on ne pouvait attribuer qu'à son agent Giovanelli, et par conséquent à lui, l'horrible et inutile égorgement de Vérone.

Kilmaine, le président Porro et Comeyras m'en détournèrent: le premier, par sa propre inertie; Comeyras, par sa haine invétérée contre tout ce qui pouvait ressembler à un souverain, et Porro, par ses idées démagogiques et sa philosophie.

Ils convenaient tous cependant de la possibilité de la réussite et de l'extrême facilité de l'exécution.

Le président philosophe me disait en riant :

— Vous êtes donc las de savoir la vérité, citoyen souverain ? Pensez-vous que vous seriez plus heureux sur votre trône montagnard que vous ne l'êtes aujourd'hui ? Votre erreur serait grande et, d'ailleurs, il faudrait commencer par faire pratiquer des cavernes dans les rochers, sur lesquels votre palais serait perché avec des issues secrètes, dont vous seul auriez la clef, pour vous mettre à l'abri des conspirateurs, c'est-à-dire des gens jaloux de votre élévation, de ceux qui crieraient au despotisme à la moindre punition, quoique la mieux méritée, de ceux qui, ayant autant de moyens que vous, seraient désolés de n'y avoir pas songé avant vous. Les terreurs de Cromwell et de Louis XI vous sont connues. Et, en supposant que personne ne vous tende la moindre embûche, quel est donc le sort si beau dont un prince jouit ? Il y avait autrefois à Rome deux populations, 3 ou 4 millions d'hommes vivants, et au moins autant de statues, et l'on disait assez gaiement que les rois de la terre qu'on jugeait, et qui attendaient leur sort sous le pérystyle du temple de la Concorde, regardaient fixement ces figures innombrables de marbres de toutes sortes dont ils étaient entourés et disaient : « Voilà bien la ressemblance parfaite des courtisans et des conseillers que nous avions. Quand nous leur parlions, ils ne répondaient rien. Quand nous les consultions, ils cherchaient à deviner ce qui pouvait nous plaire, et ces automates vivants, ces échos de nos cours ne disaient que ce que nous voulions. » Il faut qu'un souverain soit le plus habile homme de son royaume et le plus instruit. S'il compte sur les lumières de ceux qui l'entourent, il est perdu. Il ne peut ouvrir la bouche, il ne peut dire un mot que celui qui l'observe n'en tire parti pour lui et pour ses amis, j'ai presque dit ses complices. Il est destiné à tout recevoir de sa cour, même des maîtresses dont ses favoris ne veulent plus. Ce sont aussi les favoris qui leur cherchent leurs confesseurs. Aujourd'hui, vous faites tout, mon cher, et, par conséquent, vous connaissez tout. Là-haut, on ne vous laissera rien faire, et vous ne connaîtrez rien.

J'interrompis là mon sophiste, et d'un ton à demi souverain, je lui dis de me laisser tranquille et lui prophétisai qu'un jour sa république et lui seraient fâchés de m'avoir tant chapitré.

C'est ainsi à peu près que disparut cette extravagance, semblable à tant de châteaux en Espagne qui se succèdent tour à tour, et dont l'un chasse l'autre dans les têtes volcaniques, et même dans celles des gens d'esprit et de jugement [1].

Bonaparte fut plus constant dans ses idées, dont la ressemblance avec ce qu'on vient de voir est si frappante.

Il réussit : mais sa tête ne fut pas suffisante. Il en perdit le bon sens et il finit par nous plonger tous

---

1. Mon idée sur l'établissement d'une souveraineté dans le nord de l'Italie n'était pas neuve. Je suis bien aise de le faire savoir à ceux qui hausseront les épaules en lisant le commencement de cette longue dissertation. Nicolas III, en 1268, voulait établir en Italie deux monarques principaux, l'un en Lombardie, l'autre en Toscane. Le premier aurait contenu les Allemands, et l'autre les Français, qui étaient alors maîtres de Naples et de la Sicile. Ce pape était un très grand homme et très digne par sa piété, sa science et ses vertus, d'occuper la chaire de Saint-Pierre.....

dans un état de malheur dont nous ne pouvons prévoir la fin.

Je dois dire ici pour ne pas revenir sur cet article, que, lorsque nous eûmes pris Vérone et que je fus assuré que Bonaparte s'était mis en mesure d'achever lui-même l'affaire des Vénitiens, je renvoyai leur parchemin aux Bergamasques avec la lettre suivante :

*Le chef de l'état-major général de la cavalerie de l'armée française et du camp sous Vérone,*
*Au peuple bergamasque.....*

Citoyens,

« Hier les troupes républicaines entrèrent dans Vérone. Les satellites de la tyrannie oligarchique sont désarmés, soumis, prisonniers ou dispersés. Les avant-postes de ma petite armée ont poussé des partis jusqu'à Mestre. L'orgueilleuse Venise est près de sa chute. Je puis donc vous annoncer la liberté !

« Soyez désormais tranquilles, citoyens, jouissez en paix du succès de vos efforts généreux.

« J'abdique le généralat et les pouvoirs que vous m'aviez confiés dans des moments terribles.

« Le péril est passé. J'ai rempli ma promesse et je rentre à votre égard dans la classe des simples citoyens. Je vous remercie de l'honneur que vous m'avez fait et de la confiance que vous avez eue en moi. »

Bergame me répondit sur-le champ ce qui suit :

« *Au nom du peuple souverain bergamasque.*

Le 9 floréal an V de la République française et premier de la Liberté italienne.

Citoyen,

« L'entrée dans Vérone de votre troupe nous a assuré notre liberté et vous a couvert de gloire. Nous voyons dans cette entreprise l'*écrasement* de la tyrannie oligarchique qui a pesé sur nous *pour* plus de trois siècles.

« Vous nous donnez en même temps une triste nouvelle, que vous abdiquez le généralat et les pouvoirs que nous vous avons confiés. Quoique le péril soit passé, vous ne devez pas nous refuser votre ouvrage à l'égard de l'organisation militaire. Nos jeunes hommes brûlent de devenir de braves défenseurs de la patrie. Ils avaient conçu beaucoup de confiance en vous et nous vous assurons qu'ils auraient répondu à vos soins. Nous vous prions néanmoins de ne pas nous priver tout à fait de vos attentions et de vos faveurs et nous souhaitons de trouver les occasions de vous témoigner notre estime et notre reconnaissance.

» Salut et fraternité.....

« Roncali, *président.*
Solza, Carissimo, Marchesi, Moscheni, Medolago, Calépio, Alessandri, *de la municipalité active.*
Morali, *secrétaire.* »

Je fus satisfait de cette lettre, elle flatta ma vanité beaucoup plus que ne l'avait fait ma nomination qui, au fond, ne faisait de moi qu'un Paoli, qu'un Kocziusko, un chef de rebelles. J'avais pourtant été un peu consolé de cette nomination par l'idée que tous les généraux de la République française avaient été nommés, soit par le Comité de Salut public, soit par ses représentants en mission, soit par le Directoire, c'est-à-dire par des rebelles aussi. L'autorité qui m'avait nommé ne dura pas longtemps, il est vrai, mais les divers gouvernements républicains de la France ont-ils duré davantage ? Je suis bien loin de faire valoir ce titre que je n'acceptai que parce qu'il nous était extrêmement utile. On doit reconnaître le peu d'importance que je lui donnais, puisqu'aussitôt qu'il cessa de m'être nécessaire, j'envoyai ma démission. On ne m'a pas trop tenu compte de mon désintéressement, et j'eusse fort embarrassé les diplomates autrichiens et autres, si, ainsi que je l'ai dit plus haut, il m'eût plu de tout conserver, de me défendre dans mes monta-tagnes, ou tout au moins de marchander avant de m'en défaire. Et qui m'eût empêché de faire comme Lahoz sous le généralat de Brune en Italie?

FIN DU TOME PREMIER

# TABLE DES MATIÈRES

|  | Pages |
|---|---|
| Jean Landrieux. — *Étude biographique et historique*, par Léonce Grasilier | (5) |
| Avant-propos | 5 |

### CHAPITRE PREMIER

Coup d'œil rapide sur ce qui s'était passé en Italie depuis l'entrée de l'armée française jusqu'à l'arrivée du prince Charles au commandement .................................... 81

### CHAPITRE II

Projets de Bonaparte sur Venise : Ordres secrets à cet égard. — Diplomates. — Ecrits publiés et désavoués. — Politique de Venise dans l'insurrection de la Terre-Ferme. — Affaire curieuse du duc de Modène. — Bureau secret. — Armistice du 14 avril. — Réflexions sur les dates des combats livrés par le général Joubert dans les Alpes Rhœtiennes et Noriques. — Sur des conventions secrètes avec l'Autriche et sur l'égorgement des Français à la seconde fête de Pâques à Vérone ..................... 85

### CHAPITRE III

Détails sur le genre de travail du bureau secret. — Opinions sur les révolutionnaires italiens en général. — Causes de la propagation de l'esprit insurrectionnel en Italie ................................................................. 107

## CHAPITRE IV

Caractère du général Kilmaine. — Ses observations sur les propositions ou ordres de Bonaparte relatifs à Venise. — Sa mauvaise humeur à cet égard. — Son opinion sur Bonaparte et autres généraux. — Il se décide enfin à obéir et pourquoi. — Conduite particulière de Bonaparte envers les autres généraux. — Lettre de convention à Kilmaine pour entamer l'affaire de Venise dans le sens des ordres reçus .................................................... 112

## CHAPITRE V

Ordre militaire et politique du commandement de la partie du Mantouan à la droite du Mincio. — Assassinat de soldats français sur la frontière du Mantouan par les agents des Vénitiens et mise de Castiglione en état de siège. — Faux réquisitionnaires armés par les Vénitiens. — Conseil de guerre. — Accommodement qui en change les dispositions. — Lettre au général en chef sur les savants enfermés dans Mantoue pendant le siège. — Maison Gambara de San Giulio. — Le Sénat commence à faire des levées. — Avis secret. — Amas d'armées. — On tracasse les amis des Français. — Mesures prises à Milan. — Rectifiées. — Foscarini, résident de Venise, entre en scène. — M$^{me}$ Albani. — Causes de haine invétérée de Bonaparte contre cette maison............................ 128

## CHAPITRE VI

Troupes laissées dans le pays conquis à la disposition du général Kilmaine (pluviôse an V). — Statistique militaire et financière de Venise. — Mesures prises à Milan avec les comités cisalpins contre les tentatives du Sénat de Venise. — Tentatives de Foscarini pour gagner les généraux français ; propositions captieuses. — Arrangements divers relatifs au traité de Sainte-Euphémie. — Comment on trouve moyen d'établir insensiblement des garnisons françaises dans toutes les villes de la Terre-Ferme. 167

## CHAPITRE VII

Assemblée nocturne. — Ce que c'était à Milan. — Le Président Porro fait à ses collègues le tableau le plus piquant et le plus vrai des affaires républicaines et de l'opinion en Italie. — Discours de Salvatori. — Tous les moyens du comité sont mis à la disposition des généraux français restés en Lombardie. — Conspiration à Venise d'un genre nouveau. — Envoi un espion à Bergame pour le soulèvement de cette ville. — Sa maladresse extrême ... 199

## CHAPITRE VIII

Fautes énormes des Vénitiens. — Leur position dans la balance européenne. — Remarque sur le Gouvernement suranné qu'ils s'obstinaient à conserver. — Usure. — Notes sur le comte Carlotti. — Bassesse de sa conduite envers Louis XVIII. — Friponnerie d'un gouverneur de Corfou. — Le Sénat tente de corrompre le Directoire de France. — Vivanti le fournisseur ...................... 222

## CHAPITRE IX

Maladresse de Couthaud, adjudant-général de la Lombardie. — Rapports des évènements passés à Bergame, tant par les autorités constituées que par le bureau secret. — Par quelle espèce de gens fut commencée l'insurrection à Bergame. — Giovanleli vendu à Bonaparte. — Preuves du concours du Sénat à la Révolte. — Proclamations prématurées et intempestives de Bergame. — Plainte de Foscarini. — Il se laisse amuser. — Rapport du chef de l'état-major de de la cavalerie sur les évèneemnts de Bergame. — Raisons particulières aux généraux pour ménager le Sénat dans le commencement. — Officiers et soldats. — Ce qu'ils font dans certains gouvernements. — Fuite ridicule d'Ottolini. — Lettre insérée dans la *Gazette de Schaffouse*. — Réflexions sur l'emploi de Lhermite... 229

## CHAPITRE X

Exilés de Brescia. — Journalistes. — Pièce diplomatique insérée sur *l'Ami des lois*. — Procurateurs de Saint-Marc. — Broglio de Venise. - - Fautes reprochées au Sénat et motifs secrets de l'armement. — Lecchi. — Proclamations intempestives des Bergamasques. — Ils nomment pour médiateur le chef de l'état-major général de la cavalerie française. — Utilité de cette nomination. —

|  | Pages |
|---|---|
| Leurres du résident Foscarini. — Réflexions politiques.— Procès contre Ottolini. — Considérations sur l'obéissance passive militaire. — Constitution bergamasque......... | 249 |

## CHAPITRE XI

Actes de générosité de la part des Bergamasques. — Réflexions. — Monge, Bertholet, Bassal et Blésimard. — Contradictions entre les Directeurs...................... 268

## CHAPITRE XII

De l'esprit d'insurrection en Italie et ailleurs. — Troupe cispadane à Bergame. — Caprara. — Opinion politique sur le Souverain Pontife et ses Etats. — Serment. — Solza, Calépio, Alesandri, Lupi, gens honnêtes. — Propositions de Caprara écartées. — Galerie Caprara à Bologne. — Modène. — Lettre du prince Albani. — Révolte dans les Etats Romains (8 ventôse). — Lettre de Madame Albani. — Etat de l'artillerie dont les Français étaient en possession à Bergame...................... 272

## CHAPITRE XIII

Suites fâcheuses des proclamations prématurées deBergameet de Brescia. — Cocarde de Saint-Marc. — Conduite d'un général français à Milan. — Correspondance du colonel Faivre, commandant à Bergame. — Proclamations aux Valériens. — Rapport du capitaine Boussion, adjudant de place. — Méthode antique pour les assemblées du peuple.— Poltronnerie des Bergamasques. — Lettre pour intimider le commandant Faivre. — Rapport au général Kilmaine. — Bravoure de Saint-Hilaire et du prince Trivulzi. — Annonce de la prise de la forteresse de Crema. Marche sur Bergame ................................. 285

## CHAPITRE XIV

Rapports. — Les Valériens s'avancent en masse. — Epouvante à Bergame. — Ils font feu sur les parlementaires. — L'aqueduc est coupé par eux. — Précautions à cet égard. — Fausse attaque. — On les attire en plaine.— Ils y sont mis en pleine déroute. — Lettre de Boussion sur Faivre. — Ecole des Brescians mêlés avec les Français à Salo où ils sont assassinés. — Lettre de félicitation au nom du Sénat aux assassins de Salo. — Les insurgés proposent de l'argent pour retirer leurs camarades prisonniers qui n'ont pas été assassinés. — Proclamation française.— Imposition sur les paysans au profit des villages qu'ils ont dévastés. — Leur but politique. — Ordres donnés dans la nuit à Bergame........................ 306

## CHAPITRE XV

Le prieur ou curé Agazài est employé dans un but politique. — Ses qualités. — Détail de la prise de Créma. — Etat ordinaire des armées au commencement d'une guerre après une longue paix. — Causes et but de l'établissement du bureau secret de l'armée. — Détails particuliers sur l'artillerie prise à Créma. — Négligence des Vénitiens à l'égard de cette place. — L'évêque de Créma.

## CHAPITRE XVI

Le colonel Faivre est envoyé à Como et le chef de bataillon Vedel le remplace. — Réflexions sur Faivre. — Etat de situation des troupes expéditionnaires contre les Vénitiens, appelées l'armée des convalescents............... 331

## CHAPITRE XVII

Etat de la révolution à Brescia au 13 germinal an V. — Lettre des comités. — Lettre de Recuperati, résident de Bergame à Brescia. — Lettre du comité de surveillance. — Conventions secrètes. — Envoi des dépôts de chasseurs et dragons et de quelques soldats milanais à Brescia. — Colonne mobile du colonel Colomb dans les hautes montagnes du Nord du Brescian. — Son utilité extrême. — Mesures de Vénitiens tournées contre eux-mêmes. — Rapport au général Kilmaine. — Dernières promenades militaires dans le Bergamasque. — Précautions pour les approvisionnements. — Friponnerie d'un agent. — Lettres qui le condamnent. — Couthaud. — Premier vol de l'espion Lhermite dont ce Couthaud prend la défense. — Avis au général Balland. — Réparations aux fortifica-

Pages

tions de Bergame. — Aisance des habitants de cette ville. — Secours donnés par les comités de Milan........ 334

### CHAPITRE XVIII

Force de l'armée des convalescents en entrant à Brescia. — Conduite des Milanais. — Réunion des commandants français. — Premier combat de Navé. — Deuxième combat au même lieu. — Le général Monetti est fait prisonnier et s'échappe. — Première apparition d'un corps d'Esclavons. — L'ennemi est battu le même jour à ces trois affaires. — Renvoi des paysans prisonniers avec des proclamations. — Réforme et punition des officiers milanais. — Pascal adjoint et affidé de Couthaud. — Ce que c'était. — Camisade aux paysans de Sainte-Euphémie. — Trait d'héroïsme de Gaston de Foix à Brescia. — Diplôme de dictateur. — Comment présenté et pourquoi accepté. — Idée sur la fondation d'un Etat à part avec toute la Terre-Ferme. — Facilité de s'emparer alors de ce trône nouveau ............................................ 354

www.ingramcontent.com/pod-product-compliance
Lightning Source LLC
Chambersburg PA
CBHW061949300426
44117CB00010B/1269